사법시험·고등고시 합격수기 모음집

다시 태어난다 해도 이 길을

사법시험·행정·외무·기술고시·CPA 시험 합격수기 걸작선

고시연구사

제22판을 내면서…

　사법시험이나 행정고시를 비롯하여 우리가 살면서 치르는 각종 시험에 있어서 어느 한 시험이라도 각고의 노력 없이 우연히 합격할 수 있는 시험은 없다.
　그 노력의 크기는 각각의 사람이 직면한 상황이나 시험의 종류에 따라 다를 수 있겠지만 그 노력의 크기에 관계 없이 합격한 사람들은 나름대로의 최선을 다하였기에 최종합격의 영광을 차지하였다고 할 수 있다.
　1982년 초판을 발행한 이후로 지금까지 독자들의 변함 없는 애독서로 자리할 수 있었던 것은 그 어떤 소설이나 드라마보다도 더 소설같고 드라마같은 이야기들이 이 책의 페이지마다 소중하게 담겨있기 때문일 것이다.
　이 책의 주요 내용들이 사법시험이나 행정고시 등 각종 국가고시에 합격한 사람들의 합격기이지만, 이 책에 실려있는 합격기 중에는 별다른 어려움 없이 평탄하게(수월하게) 고시에 합격한 경우도 있으나 9급 공무원시험부터 시작하여 그야말로 천신만고 끝에 합격한 경우가 많기 때문에 이러한 합격기를 읽음으로써 시험의 종류에 관계 없이, 또한 시험을 준비하는 수험생이 아닐지라도 각자의 위치에서 오늘을 살아가면서 부딪치는 여러 가지 어려움들을 슬기롭게 극복하고 용기를 북돋아주는 데 큰 힘이 되리라 확신한다.
　사법시험의 경우 2001년 3월 28일 사법시험법이 제정되어 시험주관부서가 종래의 행정자치부에서 법무부로 이관되고 1차시험과목과 출제방식이 바뀌었고 2007년에는 법학전문대학원 설치에 관한 법률이 통과되어 2009년부터는 법학전문대학원이 개원되는 등 사법시험 전반에 걸친 대대적인 개혁이 있었으나 인생을 살아가는 데 있어서 고난의 극복이라는 명제 앞에서 이 책의 가치는 더욱 빛을 발할 것이다.

2009. 2. 1. 편집자

머 리 말

　장구한 역사와 전통을 갖고 있는 고시제도는 부분적인 제도변경은 있었을지언정 그 근간은 오늘까지 유지되고 있으며 앞으로도 지속될 것으로 전망된다. 이런 고시제도가 1995년으로 접어들면서 열풍같은 개혁논의로 세상을 놀라게 한 바 있다. 문민정부의 사법개혁차원의 일환으로 주창된 개혁논의는 「시험에 의한 선발보다 교육에 의한 양성」이라는 기치하에 심하게는 사법시험을 폐지하고 변호사시험으로 대체하자는 등 사뭇 혁명적인 발상이었다. 그러나 이러한 개혁논의는 사법시험의 선발인원을 대폭 증원하고 1차시험을 기준으로 응시회수를 4회로 제한하며 1차시험에서 필수와 선택과목의 배점비율을 달리하는 등 결말을 대수롭지 않게 매듭하고 말았다.
　대표적인 고시합격기로 엮어진 본 책자가 출간된지도 어언 16년, 그동안 시험제도의 부분적인 개편이 몇차례 있었지만 1996년처럼 획기적인 개편은 아니었다. 그만큼 수험가의 양상이 달라지고 수험전략도 달리하지 않으면 안되게 되었다. 따라서 수년 전의 합격기와 근래의 합격기를 비교하면 생활패턴과 수험상황에 따라 많은 차이를 발견할 수 있다. 그러나 아직껏 변하지 않은 것은 그동안 많은 수험생들이 이 합격수기집을 고시준비서 곁에 두고서 애독해 왔던 것처럼 지금도 필독서로서 자리매김하고 있다는 것이다. 드디어는 수험공부를 시작하면서 가장 먼저 보아야 할 책이고 합격할 때까지 꼭 참고해야 할 책으로서의 각광을 받게 되었다. 심하게는 고시준비에서 「합격기학」이란 새로운 용어가 나오기에 이르렀다. 이에 멈추지 않고 이 책은 비단 고시준비생 뿐만 아니라 목표를 설정하고 그 목표달성을 위해 의욕을 불태우는 그 외의 사람들로부터 사랑을 받아왔다는 것도 부인할 수 없다. 그만큼 정상정복을 향한 집념과 열정, 실의와 좌절을 딛고 일어서려는 재기의 몸부림 같은 수험여정의 고백적 체험이 본 책자의 자구(字句)마다 묻어나고 있어 인생독본(人生讀本)으로서의 구실도 톡톡히 하고 있기 때문일 것이다.
　본 책자는 그러한 고시수험여정을 걸어온 합격자들의 수기를 20여년동안 하나 둘씩 「考試硏究」지에 게재한 3백편이 넘는 작품 중에서 주옥같은 60편을 모아 놓은 것으로 각 고시별(考試別)로 고루 안분(按分)함은 물론 합격수기 내용의 특색에 따라 일곱부분으로 편제하여 엮었다. 이번

신판(新版)에서는 최근의 각 고시별 수석합격자들의 수기를 따로 모아 7편에 편제하여 고득점전략수립에 참고하도록 한 것이 특징이다.

이번에 새로 들어간 '95~'97 수석합격기 퍼레이드를 보면 최근에 우수한 성적으로 합격한 사람들의 고시관이나 수험준비방법이 많이 달라졌음을 실감케 한다. 고시대열에서 목표달성을 위해 쉬지 않고 노력하고 있는 사람들에게 참신한 고시공부요령을 제공하기에 충분하다고 본다.

특히 책의 말미의 부록은 최근 司法試驗令의 개정(1996. 8. 31. 개정)으로 1997년부터 개편된 내용에 의해 시행되는 司法試驗 및 각 高等考試의 시험제도의 상세한 해설과 더불어 시험과목과 예년의 시험통계 그리고 각종 자격·면허시험의 안내도 덧붙였다. 따라서 고시입문자에게는 고시가이드로서, 또 이미 고시에 들어선 수험생들에게는 공부방법, 수험준비의 제반정보를 얻을 수 있음은 물론 고시합격자들의 신념과 열정은 독자로 하여금 타산지석이 될 것으로 믿는다. 또한 고시외의 일반인들에게는 고시제도를 접할 수 있는 기회와 실의와 좌절을 극복하고 다시 일어설 수 있는 용기를 배울 수 있으리라 본다.

한편 여기에 수록된 합격기 외에도 좋은 내용의 주옥같은 합격기들이 많이 있으나 지면의 제한으로 다 싣지 못함을 아쉬워하며, 본 책자의 발간을 축하해 주시고 추천의 글까지 주신 현 이화여대 법대학장이신 李在祥 교수님, 행정자치부의 朴明在 이사관님과 玄天旭 변호사님께 심심한 감사의 뜻을 전하며, 독자들에게 용기와 희망을 안겨준 필자제현의 앞날에 무궁한 발전이 있기를 바라마지 않는다.

1997. 10. 20. 편집자

머리말

人間(인간)의 體驗(체험)의 過程(과정)들은 어떤 의미로서는 迷界(미계)의 작은 小史(소사)가 될 수 있다. 그런 까닭에 考試(고시)라는 峻嶺(준령)을 넘기까지의 合格體驗談(합격체험담)은 차라리 「考試小史(고시소사)」라 하는 것이 당연할런지 모른다. 그러나 여기서는 그렇게 命名(명명)하지 않았다.

또한 가장 權威(권위)있는 國家試驗(국가시험)으로서의 考試(고시)는 젊은 學徒(학도)들에게 선망의 대상인것도 사실이고 더욱이 합격하기까지의 그들의 百折不撓(백절불요)의 의지나합격후 제시하는 合格秘訣(합격비결)(?)같은 것으로 보아 「고시의 지름길」 아니면 「고시에의…」라고 冊名(책명)을 달 법도 하나 결코 題名(제명)으로 선택하지 않았다.

其實(기실) 고시에의 길은 險難(험난)하고 준엄하며 苦行(고행)의 길이긴 하나 한 번 해 볼만한 價値(가치)있는 것임에 틀림없다는 것이 합격생들의 衆論(중론)이지만, 이 말이 뜻하는 것이 무엇인가는 우리로서는 언뜻 理解(이해)되지 않는다. 그러나 이 合格手記(합격수기)를 읽어가는 동안 이 말이 賦與(부여)하는 의미는 자연히 吟味(음미)되리라 본다. 本 冊子(책자)의 題名(제명) 역시 이런 연유에서 붙여진 것도 사실이다.

우리는 누구나가 때때로 挫折(좌절), 失意(실의), 彷徨(방황), 試行錯誤(시행착오)와 같은 灰色(회색)으로 얼룩진 經驗(경험)들을 조금씩은 갖고 있음을 否認(부인)할 수는 없을 것이다.

더구나 고시의 受驗旅程(수험여정)에서는 이 같은 灰色(회색)의 늪이 항시 가로 놓여있는 것은 물론이어서 무엇보다도 그것을 克服(극복)한 이들의 體驗談(체험담)은 우리에게 信念(신념)과 勇氣(용기)를 불어넣어 주기에는 충분하리라 본다. 곧 이 合格手記選(합격수기선)은 人間授業(인간수업)을 위한 한 패턴으로서 누구나가 읽어 삶의 開拓(개척)에 活力素(활력소)가 되고 智慧(지혜)의 디딤돌이 되며 모든 사람에게 龜鑑(귀감)이 될 것이 틀림없다.

그리고 「사람은 먼저 사람에게서 배운다」는 어느 語錄(어록)중의 말처럼 고시합격의 先者(선자)들이 제시하는 工夫方法(공부방법), 受驗要領(수험요령) 등은 합격의 지름길을 열어주는 열쇠가 될 것으로 思料(사료)되어 고시입문자는 물론 고시생들에게는 그 이상 좋은 기회가 없을 듯싶다. 또한 이 珠玉(주옥)같은 합격수기들은 先者(선자)들의 피와 땀으로 結晶(결정)된 체험의 기록이라는 점에서 고시주비생들에겐 어느 무엇과 바꿀 수 없는 寶典(보전)으로서 수험준비기간동안 精神的 支柱(정신적 지주)가 되고 자신을 새롭게 무장시키는 伴侶者(반려자)의 구실을 충분히 해낼 것으로 믿어 의심치 않기에 敢(감)히 선뜻 이 책자를 발간하기에 이르렀다.

　여기에 收錄(수록)된 40篇(편)의 합격수기들은 만 8년여 동안 하나 둘씩 考試硏究誌(고시연구지)에 揭載(게재) 1백여편 중에서 傑作品(걸작품)만을 추려낸 것으로서 司法試驗(사법시험), 行政高試(행정고시), 外務高試(외무고시), 技術高試(기술고시), cpa試驗(시험), 기타 5급시험 합격생들이 자신의 모든 것을 고시에 걸었던 考試鬪爭史(고시투쟁사)의 생생한 기록들이다. 이것을 다시 내용에 따라 총 6章 (장)으로 분류한 동시에 각자의 합격수기 末尾(말미)에 간단한 약력과 함께 현재의 위치나 部處(부처)를 添記(첨기)하여 읽는 이로 하여금 도움이 되게 했다.

　그리고 본 책 끝 부분에는 고시의 종류에 따라시험제도에 관한 해설과 더불어 試驗科目(시험과목), 예년의 시험추세 등을 자세히 附錄(부록)했으며, 그 밖에 각종 資格(자격)·免許試驗(면허시험)의 시험과목을 상세히 수록함으로써 일반인들에게 近來(근래)의 고시제도, 자격·면허시험에 대한 이해를 促求(촉구)했고 그리고 고시입문자에겐 더 할 수 없는 受驗準備資料(수험준비자료)가 될 줄 믿는다.

　끝으로 본 책자의 발간을 祝賀(축하)해 주시고 「추천의 글」까지 주신 서울法大(법대) 강구진교수님, 현천욱변호사님, 총무처의 박명재사무관님께 심심한 感謝(감사)의 뜻을드리는 바이다.

　　　　　　　　　　　　　　　　　1982年　5月　　편저자 씀

추천의 글

어려움을 딛고 목적을 이루게 하는 반려

이화여대 법대학장 李在祥

　제6회 사법시험에 합격하여 "amor fati"라는 제목의 합격기를 쓰면서 자신의 운명에 대한 사랑을 이야기한 것도 이미 20여년 전의 일이 되었다. 그러나 지금까지 내 생활에서 내가 경험한 가장 극적이고 잊지 못할 순간은 분명 합격의 소식을 들은 때였다고 말할 수 있다. 합격기는 바로 이 순간을 경험한 많은 사람들의 체험과 감동, 실패와 성공담을 압축해 둔 기록이라고 할 수 있다. 그것은 잿빛 하늘 아래 고독을 씹다가 찬란한 태양을 바라보는 순간, 그리고 젊음을 썩혀 온 음울하고 습기찬 공간에서 푸르름을 호흡하는 때를 간결하고도 격정적으로 표현한 글이기 때문에 독자들에게는 더욱 깊은 감동과 흥분을 줄 수 있게 된다.
　본서에는 합격기 가운데 보다 깊은 인상을 남긴 여러 사람들의 글들이 기록되어 있다. 나는 이 합격기가 법학도나 수험생 뿐만 아니라 고시와 관계없는 사람들에게도 많은 도움이 될 것으로 생각한다. 법학도들은 본서를 통하여 고시의 가치와 고시에의 매력을 느끼게 될 것이다. 고시를 준비하는 수험생 등이 합격에의 집념과 각오를 새롭게 하고 수험준비의 방법을 배울 수 있게 될 것은 말할 필요도 없다. 좌절과 실의에 빠져 있는 수험생들에게는 새로운 용기와 희망을 갖게 할 수도 있을 것이다. 그것은 시험합격을 위하여 무엇보다도 중요하고 크게 도움되는 일이라 하겠다. 그러나 본서는 법학도나 수험생이 아닌 독자들에게도 고시를 준비한 젊은이들이 어떻게 어려움을 이기고 모든 젊은 이에게 보다 높은 뜻을 가지게 하고 어려움을 극복하면서 뜻을 이루게 하는 보다 가치있는 삶을 살아갈 수 있게 하는 길잡이가 될 것으로 생각한다.

◯ 추천의 글

합격기는 인생독본의 필수과목이다

행정자치부장관 朴 明 在

　고시에는 필수와 선택이라는 과목 외에 합격기라는 또 하나의 과목이 존재한다.
　말하자면 합격기는 필수라는 강제성과 선택이라는 임의성을 동시에 내포하고 있지만 경우에 따라서는 오히려 필수과목 이상의 중요성을 띠고 있다 하겠다.
　고시라는 장기 레이스에서 합격기는 슬기롭게 합격이라는 최종 목적지에 안전하게 이르게 해주는 나침반이요, 안내자의 구실을 하게 된다. 결코 짧지 않은 고시의 여정에서 아무리 강한 자라 할지라도 때로 좌절과 실망, 나태와 회의, 자만과 요행, 불안과 공포의 와중을 수 없이 헤매이게 된다.
　바로 이러한 때 합격기는 우리에게 한없는 용기와 신념, 자극과 격려, 인내와 극기, 겸허와 자기 점검을 통하여 다시 한 번 차분한 정기(精氣)의 자세를 가다듬게 해준다.
　인내와 신념으로 어려운 여건을 헤치고 승리한 의지의 기록과 짧은 기간내에 능률적인 수험방법의 개발로 비교적 쉽게 합격을 따낸 비법(?)과 수차례의 실패에도 중단하지 않고 끝까지 합격의 준령을 넘어선 칠전팔기의 투쟁들을 이 합격기를 통하여 접할 수 있게 될 것이다.
　더욱이 그 수많은 합격기 중에서도 가장 빛나고 감동적인 정수(精髓)만을 모아 한 권의 책으로 엮은 것이 이 책이다. 그야말로 이 책은 가장 훌륭한 스승과 가장 좋은 양서, 가장 효과적인 수험방법과 가장 견실한 수험태도 등 우리가 알지 못하고 깨닫지 못하였던 합격의 비결을 총망라하여 수험의 출발에서 최종합격에 이르기까지 그 모든 것을 적나라하게 교시해 줄 것이다.

감히 말하건대 한 편의 합격기를 읽지 않고서 그 누가 고시 합격을 운운할 수 있단 말인가.

고시에 뜻을 둔 자, 이미 고시를 시작한 자, 그리고 고시의 최종 문턱에서 좌절하여 실의에 빠져 있는 모든 이들에게 이 책을 권한다. 이 책은 비단 고시생 뿐만 아니라 자기의 일정한 목표를 세워 끝까지 이를 달성하려고 노력하고 애쓰는 모든 분야의 사람들에게 신념과 용기, 지혜의 길을 밝혀줄 것이고 한 걸음 더 나아가 그들의 인생설계를 새롭게 해주게 될 것이다.

왜냐하면 이것은 가장 빠르고 가장 안전하게 최종의 목적지에 이르는 비결을 체득케 하여 인생(고시)의 험로(險路)를 헤쳐나가는 훌륭한 동반자가 되어 줄 것이기 때문이다. 수험생 모두와 더불어 「고시연구사」의 또 하나의 배려와 장쾌를 기뻐하는 바이다.

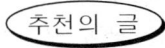

합격기 이전의 자랑스런 인간 체험기

변호사 玄天旭

고시에 대한 평가는 시대에 따라, 가치관의 변화에 따라 상당히 유동적이기는 하나 여전히 그것은 현재에 있어서도 우리나라에서 가장 권위있고 공정한 인재의 등용문이라는 사실은 부인할 수 없을 것이다. 고시의 길이 멀고도 험난함을 가리켜 일찍이 선배들은 "밑빠진 독에 물붓기"라는 재미있는 표현을 쓰기도 하였다. 공부를 하지 아니하고는 합격을 할 수 없다는 것이 정설(定說)이나 공부를 하여도 반드시 합격을 보장할 수 없다는 것이 또한 고시의 비정함이기도 하다.

그러나 최근 고시의 문호는(특히 사시의 경우) 상당히 넓게 개방되었다. 고시는 결코 천재를 뽑는 시험이 아니다. 일정한 수준의 잘 정리된 실력을 요령있게 잘 표현하면 그것으로 합격은 충분하다고 나는 생각한다.

그러나 내 경험에 비추어 고시는 그 합격 수준에 필요한 절대량을 독파하는 데만도 적어도 1년 반 이상이 소요되는 끝이 보이지 않는 지루한 마라톤과도 같다. 따라서 무엇보다도 고시에 도전하기에 앞서서 "고시와 자신과의 관계"를 명백히 하는 일이 대단히 중요할 것이다. 며칠 밤의 심사숙고 끝에 고시가 자기 인생에 충분한 가치를 가지며 이를 위하여 어떠한 난관도 반드시 극복하리라는 결단이 섰을 때 비로소 실행에 착수할 것이며, 일단 시작한 이상 자신의 모든 것을 집중적으로 경주하여 가장 합리적인 시간내에 그 정상을 정복하여야만 할 것이다. 우리의 인생은 두 번 다시 반복할 수 없다. 그러나 인간의 지혜는 선임(先人)들의 체험을 간접 경험함으로써 똑같은 시행착오의 반복을 피할 수 있다.

여기에 모은 주옥같은 합격기들은 고시라는 살벌한 전쟁터에서 선배들이 피와 땀으로 기록한 생생한 체험기들이다. 나의 지나간 경험으로도 공부에 능률이 떨어지고 합격에 대한 신념이 눈 녹듯이 사라져 갈때마다 합격기를 읽고 나서 용기를 낸 적이 한 두 번이 아니었고 또한 일주일에 한 편 정도씩 합격기를 읽어서 보다 나은 공부방법을 찾아 보기도 하였고 공부 진척 상황을 점검해 보기도 하였다.

그 뿐만 아니라 그 속에 담겨진 철저한 고독 속에서의 자신과의 한없는 대화, 인고의 기쁨, 인생에 대한 겸허감 그리고 뼈아픈 충고들은 영영 끝날 것 같지 않은 여러분의 회색빛 전쟁에 한 줄기 샘물이 되어 위안과 격려를 줄 것이며, 때로는 따끔한 회초리가 되어 채찍질을 할 것이며, 결국에는 여러분의 인생에 시행착오를 덜어 주어 여러분을 고시의 정상에 서게 하는데 결정적인 반려자가 될 것으로 확신한다.

또한 반드시 고시의 길에 들어서지 않은 사람들에게도 땀과 눈물로 쓴 이 기록들은 최선을 다하여 살아 온 자랑스러운 인간의 체험기로서 누구에게나 감명을 줄 수 있으리라 굳게 믿기에 선뜻 이 한 권의 책의 출간을 진심으로 축하하며 감히 추천의 글을 쓰는 바이다.

차 례

제1부 내가 나를 이기고

- 너 스스로의 길을 가라 / 소형석 ·········· 13
- 방황의 닻을 내리며 / 허은강 ·········· 24
- 인고, 그 순수의 절정에서 / 박명재 ·········· 36
- 이런 얘기 / 김영혜 ·········· 48
- 벽을 넘어서 / 한숙희 ·········· 63
- The Road Not Taken / 손성연 ·········· 70

제2부 시련의 날개를 접고

- 고시와 삶 / 한기준 ·········· 83
- 내조기 / 이증례 ·········· 89
- Run Forrest, Run! / 김세욱 ·········· 93
- 새로운 길의 시작점에서 / 홍진영 ·········· 98
- 시험의 상대성 이론 / 강성민 ·········· 107
- 하나님 고맙습니다 / 김종근 ·········· 115

제3부 암흑의 터널을 지나

- 나는 이겨야 한다, 그리고 이길 수 있다 / 이민영 ·········· 131
- 다시 태어난다 해도 이 길을 / 박영립 ·········· 143
- 길 잃은 날의 지혜 / 김동준 ·········· 160
- 저의 힘을 다 하였나이다 / 장진호 ·········· 166
- 제4의 전환점 / 김장홍 ·········· 177

제4부 시행착오의 정정

- 시작도 늦고, 결과도 늦었던 지각생 / 백종인 ·········· 197
- 오직 하나의 길 / 정운진 ·········· 210
- 결정했다면… 대범해라! / 황성원 ·········· 227
- 14전 15기 / 조승래 ·········· 237
- 7년간의 유배생활 / 이종국 ·········· 252
- 수석합격의 변 / 이창양 ·········· 261

- 자기탁마의 결정 / 권태호 ··· 270
- 기다림의 세월 / 김귀건 ··· 279
- 도전과 성취 / 송인만 ··· 294

제5부 정상에 핀 꽃

- 한 번의 좌절, 더욱 값진 열매 / 이동현 ································· 307
- 인생에는 연습이 없다 / 전용수 ·· 316
- 내 인생 내 어깨에 지고 / 노관규 ··· 326
- 불혹의 나이에 한 최악의 선택 / 박구진 ································ 349
- 첩첩 밀림에서의 비상 / 하승완 ·· 362

제6부 외도자의 변

- 결단, 그리고 도전 / 조권탁 ··· 383
- 잃은 만큼 얻고 얻은 만큼 잃는다. / 이정국 ··························· 400
- 선생님에서 사무관으로 / 이주현 ·· 408
- 40대 직장인의 고시연대기 / 진행섭 ····································· 417
- 외도자의 또 다른 경험 / 홍병의 ·· 432
- 길고도 지루한 여행 / 조성훈 ··· 440
- 엔지니어의 외도 / 김삼수 ··· 450

제7부 수석합격으로 가는 길

- 내 가장 소중했던 시간 / 황승화 ·· 461
- 아빠, 딸 계선이가 수석이래요 / 정계선 ································ 477
- 물리학도의 방향전환, 기뻐하시는 부모님에게 효도한 느낌 / 이시열 ····· 496
- 언제나 좌절 후에는 그 다음이 있다. / 장혜정 ······················· 507
- 선택의 연속 / 김제중 ··· 514
- 기대 이상의 결실 / 조인형 ·· 524
- 별이 빛나던 밤에… / 이문희 ··· 534
- 암흑 속에서 찾은 소중한 빛 / 성백문 ··································· 546
- 아름다운 꿈의 실현 / 강전관 ··· 556

제1부

내가 나를 이기고

- 너 스스로의 길을 가라
- 방황의 닻을 내리며
- 인고, 그 순수의 절정에서
- 이런 얘기
- 벽을 넘어서
- The Road Not Taken

너 스스로의 길을 가라

— 초등학교 교사가 감당해야 할 경우, 거듭되는 실패 끝에
불굴의 의지로 행정고시 합격하기까지의 고백 —

소 형 석

· 제27회 행시(교육직) 수석 합격
· 전북 남원 출생
· 전주 교육대학 졸업
· 초등학교교사 · 경기도교육청사무관
· 미국유학(교육학 박사)
· 교육부서기관 미국체류

• 글머리에

 남들은 2~3년 동안에 성취한 목표를 10년이나 걸려서 성취했다는 점으로 볼 때 분명 저는 능력도 부족하였고, 공부방법도 지름길이 아닌 곡선 코스를 거쳐 왔음이 분명합니다. 더구나 글솜씨마저 부족하여 독자 여러분의 귀중한 시간만을 빼앗게 될까 봐 두렵습니다. 독자 여러분께서 저와 같은 어리석음을 범하지 아니하고 또 초지일관하는데 다소나마 도움이 되길 바라는 마음에서 이 글을 씁니다. 특히 직장에 근무하시면서 주경야독하시는 분들에게 조금이나마 용기와 위안을 드리게 된다면 저로서는 큰 기쁨이겠습니다.

• 어린 시절

 나는 춘향(春香)의 절개와 정열이 살아 숨쉬는 남원(南原)의 한 산골마을에서 태어났습니다. 내가 태어난 집은 평범한 농가였으며 가난 속에서 성장하였지만 부모님과 형제자매들의 따뜻한 사랑 속에서 건전한 성품을 가진 아동으로 자랄 수 있었습니다. 어릴 때에도 남들이 하는대로 무조건 따라가지 않는 개성이 강한 어린이였고, 중학교 1학년 때 영어 교과서 본문을 전부

암기하였으며 중학교 3년 동안 우수반에 속했다는 점 등이 기억됩니다.

고시에 배아(胚芽)는 고등학교 입학 때 형성되었는지도 모르겠습니다. 남원농고 입학 시험에서 3등을 차지하였다는 사실이 무슨 일이든지 노력하기만 하면 할 수 있다는 자신감으로 연결되었기 때문입니다. 개성이 강한 나는 농고에서 농사꾼이 될 농업 과목보다는 대학 입시에 필요한 공부에만 열중하였으니 학교에서 별로 신통치 않은 존재일 수밖에 없었습니다. 물론 학원에 다닐 돈이 없어서 완전한 자습이었으니 이 때가 10년 고시 공부의 예행연습이었던가 봅니다. 덕분에 제1회 대학입학 예비고사에 무난히 합격한 나는 서울농대를 간다고 고집을 세웠으나 부모님께서는 교육대학 진학을 권하시는 것이었습니다. 장남과 차남을 군에서 잃은 부모님께서 병역 혜택과 안정된 직업이라는 매력에 이끌리셨던 것입니다. 당시 철이 덜 들었던 나는 차라리 모범농민이 되겠다고 대학 진학을 포기하고 농사일에 달려 들었습니다. 지게로 나무를 해나르고 봄배추 조기 재배와 벼 이모작 재배를 하였습니다. 몸이야 이루 말할 수 없이 고달펐으나 잘 살아보겠다는 희망으로 괴로움을 이겨냈습니다.

그러나 조기 재배한 벼가 고개를 숙이기 시작한 8월 말경에 나는 부족하기만 한 자신을 발견하고 더 배워야 할 필요성을 깨달았습니다.

• **교육과 고시**

부모님의 희망대로 난 무난히 대입 예비고사에 합격하고 전주교육대학에 입학했습니다. 그러나 이 때 몸에 이상이 나타나기 시작했습니다. 지난 해의 급격한 중노동과 잇따른 급격한 칩거가 원인이 되어 때때로 무릎의 굴신(屈伸)이 아주 불편한 신경통이 나타난 것입니다. 이 신경통은 특히 RNTC 훈련을 받을 때 나를 괴롭게 했으며 오랜 고시공부 기간동안 나를 괴롭혔습니다.

2년이라는 짧은 대학시절에 나에게 가장 잊을 수 없었던 일은 CCC라는 서클 활동이었습니다. CCC는 기독교 선교단체인데 나는 이 서클활동을 통하여 신앙의 확신을 얻었던 것입니다. 곧 인생의 목적이 하나님을 영화롭게 하는 일이며 그것은 자기의 직분에 충성함으로써 이루어진다는 신앙을 갖게 된 것입니다. 그리고 어떤 일을 성취하기 위해서는 그 일에 미칠 정도의 정열을 가져야 된다는 사실도 배웠습니다

짧은 대학생활은 싹트려던 사랑을 꽃피우지도 못하고 졸업을 하게 되었습니다. 교사로서의 사명감을 느끼며 교육대학을 졸업하고 3월 1일에 남원군 운남국민학교로 첫 발령을 받았습니다. 14년 간의 피교육자 위치에서 일약 교육자의 위치로 서게 된 나는 참된 교육을 실시하기 위하여 내가 맡은 70여명의 6학년 어린이들을 열심히 가르쳤습니다. 지적으로는 창의력·분석력·종합력 등의 고등정신기능을 가진 어린이, 정의적으로는 성취동기와 학습의욕이 왕성한 어린이, 심체적(心體的)으로 건강한 어린이를 기르려고 노력했습니다. 자발적인 탐구학습을 강조하고 완전 주관식 시험을 실시했습니다. 박용헌 교수의 "성취동기" 책을 참고로 "성취동기 육성과정"이라는 교재를 만들어 가르치기도 했습니다. 창조성을 기르려고 자유스런 분위기를 강조하였고 자신감을 갖게 하려고 꾸중 보다는 칭찬을 많이 하였습니다. 이처럼 학생들을 위하여 온 힘을 쏟은 결과 학생들과 학부모님들로부터는 많은 사랑과 대접을 받았습니다. 이듬해에도 6학년을 담임하여 비슷한 교육활동을 전개하였습니다.

2년 동안 애정과 정열로 가득찬 교육을 계속하면서 나의 마음에는 하나씩 실망의 그림자가 드리워지기 시작했습니다. 가장 큰 실망은 나의 무능함을 깨달은 일입니다. 그처럼 정성과 힘을 다해 가르쳤지만 학생들의 고등정신기능은 아주 낮은 수준이었고 성취동기와 학습의욕을 높이려 힘썼음에도 큰 효과를 보지 못한 것을 볼 때 교사의 할 일이 너무 힘들고 그 성과인 학생 행동의 변화는 너무 미미한 것 같았습니다. 학부모들의 태도도 당시의 사회적 분위기와 함께 실망을 안겨 주었습니다. 그토록 힘든 일을 해야 하는 교사는 사회적으로 연약하고 초라한 존재라는 것을 깨달은 것입니다. 오늘날 반성해 볼 때 당시의 판단은 많은 부분이 너무 조급하고 미숙한 판단이었다고 생각됩니다.

2년 간의 교직생활이 끝나가는 어느 토요일, 나는 나의 인생을 생각해 보는 시간을 가졌습니다. 무엇인가 일생을 바쳐 가치있는 일을 하고 싶었습니다. 나의 모든 정열과 힘을 바쳐 충성할 대상을 찾고 있습니다.

국민학교 교사, 그것은 내 인생 전부를 쏟아 넣기에는 너무 초라해 보였고 노력의 결과로 얻어질 것은 좌절감 뿐일 것 같았습니다. 이때 대학시절에 상담실에서 들었던 행정고시를 생각하였습니다. 그 당시 나는 고시에 대하여 잘 알지 못하였습니다만 일단 내 인생의 방향은 고시 쪽으로 기울어지게 되었습니다.

• 어둠 속의 시행착오

운남국교에서 2년 간의 근무를 한 뒤 이백국교로 전근을 하였습니다. 고향집에서 자전거로 30분 정도의 통근 거리였습니다. 학년 초에 조그마한 사건을 통하여 교사의 사회적 위치를 실감했으며 고시행(考試行)의 결심을 굳게 하였습니다.

우선 고시잡지의 정기구독을 신청하였습니다. 고시잡지를 통하여 얻은 정보대로 생활을 단순화하기로 하였습니다. 학교 근무를 최우선으로 하고 다음으로는 오직 고시공부만 생각하기로 하였습니다. 학교 근무와 고시공부 외에는 모든 것을 포기하였습니다. 그 결과 고시는 나의 우상이 되었습니다. 처음 몇 년간은 교회 예배에도 빠졌습니다. 이와 같이 고시에 미친 나의 태도는 공부하는데 필요한 여건을 조성하는데 무관심했다는 점에서 잘못이었다고 생각됩니다. 그러므로 직장을 가진 분들의 경우 생활의 단순화는 공부할 수 있는 시간 및 공간과, 분위기를 확보하기 위한 방편으로만 활용해야 되리라고 생각합니다.

수험공부로 인한 현실과의 갈등은 점차 나를 공격해 왔습니다. 가장 일찍부터 가장 오랫동안 나를 괴롭힌 것은 매월 말에 실시하는 전교 일제 고사였습니다. 이것은 점수올리기 전쟁이었습니다. 창의력과 같은 고등정신기능, 성취동기 같은 정의(情意)의 교육, 체력과 기능의 육성 등을 위한 차분하고 소신있는 교육은 거의 도외시해야 하였고 점수 그 자체가 목적이 되다시피 한 이 전쟁에서 패배하지 않기 위해서는 해가 질 때까지 학생들을 붙잡고 지식의 주입에 전력을 다 해야 했습니다. 고시공부를 시작하여 정상시간 수업과 교육과정 준수의 원칙을 세운 내가 이 전쟁에서 승자가 될 수는 도저히 없었습니다. 나는 패자의 위치에 서서 밀려오는 대가, 즉 고통을 받을 수밖에 없었습니다. 이 때에 나는 교육행정의 중요성을 절실히 느꼈습니다.

나는 지역사회에서도 형편없는 평가를 받았습니다. 시험점수 전쟁의 결과는 바로 지역사회에 전달되었으며 더구나 각종의 친목모임에 가능한 한 빠져서 공부시간을 1분이라도 더 얻으려는 내가 남에게 좋은 인상을 줄 수 없는 것은 당연한 귀결이었습니다. 홍보활동이 전무했던 탓인지 같은 학교 직원들의 협조마저도 거의 얻지 못했다고 생각됩니다. "올라가지 못할 나무는 쳐다보지도 말랬다." "주임 자리를 주어도 못차지하는 바보"라는 등의 말을 들으며 나는 단테의 시 "너 스스로의 길을 가라, 그리고 사람으로 하여금 말하는 대로 버려두어라"를 마음 속으로 외웠습니다. 그리고 오직 고시공부에만 정신을 모으고 닥쳐오는 어떤 괴로움도 고시합격을 위한 필연적 과정으로 받아들이기로 했습니다.

1974년의 제17회 행정고시 때부터 1차시험에 응시하였으나 평균 약 3점 정도의 점수차로 21회까지 계속 불합격이었습니다. 18회 1차에서 실패한 후에는 고시공부를 그만둘까 하는 생각도 해보았으나 결국 결실을 볼 때까지 계속하겠다는 결단을 내렸습니다.

당시의 나의 형편을 생각하면 계속적인 1차의 불합격은 당연한 귀결이었다고 생각됩니다. 학교에서 매일 5시간 이상의 수업을 하고 나면 피로가 몸을 덮쳤습니다. 학생들이 하교하고 나면 사무처리에 시달려야 했고 시간이 생겨 교실에서 공부를 하려 하면 도대체 불안하여 마음이 차분히 가라앉질 못했으니 공부가 될리 만무였습니다. 피곤한 몸으로 자전거를 타고 퇴근하여 집에 오면 녹초가 되어 공부가 되질 않았습니다. 매일 평균 3시간도 공부하지 못했다고 생각됩니다.

개인적인 피로와 시간부족, 그리고 사회적인 비웃음 외에도 나를 괴롭게 한 것은 건강문제였습니다. 교육대학 시절부터 나를 괴롭혔던 신경통이 더욱 심해져 보행이 부자유스런 경우가 자주있게 된 것입니다. 그럴 때마다 고시공부를 계속할 용기를 갖지 못하였으나 통증이 멈추면 또 다시 공부를 해야 한다고 책을 들었습니다. 신경통은 1976년까지 나를 괴롭히고 공부를 방해했으나 1976년 여름 군산교육대학에서 있었던 1정강습을 계기로 매일 아침 맨손 체조를 계속함으로써 마침내 신경통을 몸에서 추방할 수 있었습니다.

1978년 1월에 나는 줄곧 4년간 1차 시험에서 불합격한 원인을 분석하고 시간부족과 몸의 건강상태를 해결하기 위하여 몇 년간 비워두었던 학교 관사의 방 한칸을 수리하여 그 곳에서 공부하기로 하였습니다. 병중이신 아버님 곁을 떠나는 것이 불효임을 느꼈지만 고시에 합격하는 것으로 불효를 용서받기로 결심하고 독거생활(獨居生活)을 시작하였습니다. 물론 학생들의 하교 후 시간이 나면 관사로 들어가 공부를 하려고 생각했습니다. 그러나 퇴근 시간 전에는 관사에 들어가 공부를 하려해도 불안해서 공부가 되지 않았습니다. 퇴근시간 후에는 연탄불 관리에 많은 신경을 써야 했고 깜깜한 밤에는 빈 집이 무섭기도 하였습니다. 어느 여름밤에는 토방 위에 또아리틀고 있는 독사를 보고 기절을 할 정도로 놀란 적도 있었습니다. 이러한 애로가 있었음에도 공부할 수 있는 시간은 종전보다 많이 확보할 수 있었고 1차 합격이 가능할 것 같은 생각이 들었습니다.

여름방학이 지나고 2학기가 시작되면서 거대한 시련이 나를 기다리고 있었습니다. 운동회와 도(道) 집단장학지도가 한꺼번에 닥친 것입니다. 도 집단장학지도는 현직 교사들이 가장 부담스럽게 생각하는 것으로서 수업을 제쳐두고 그 대비에 총력을 기울여야 하는 어마어마하게 무거운 짐이었습니다. 5년만에 처음으로 합격의 가능성이 보이는 1차시험을 앞둔 나에게 이 두 가지 준비는 너무나 큰 짐이었습니다. 고민과 갈등 속에서 세 가지 일을 힘겹게 계속해 나갔습니다. 이렇다 할 정신적인 지원없이 외롭게 고군분투하는 나에게 이 세 가지 짐은 너무 과중한 정신적 부담이었기에 끝내 난 버티지 못하고 무너지고 말았습니다. 1차시험을 일주일 앞두고 입이 돌아가 버린 것입니다. 안면신경마비(顏面神經痲痺)였습니다. 학교의 냉정한 태도를 느끼며 나는 한 달 가량의 병가를 내고 고시도 무엇도 모두 포기한 채 편히 쉬며 병을 치료했습니다. 합격 일보 직전에서 5년동안 애타게 추구하던 고시를 포기해야 하는 눈물을 머금었습니다. 7월에 아버님께서 돌아가신데 이어 나에게 닥치는 또 하나의 슬픔이었습니다. 실로 1978년은 감당치 못할 시련이 겹친 한 해였습니다.

• 서광에서 광명으로

(1) 새 출발과 한 줄기 빛

그해 겨울 돌아가버린 입이 치료된 때에 나는 전도사님의 소개로 아가씨와 맞선을 보았습니다. 5년 동안 전 정열을 바쳐 추구하던 고시에 참패한 패잔병인 나를 그 아가씨는 선택하였고, 나도 그녀를 평생의 반려자로 선택하였습니다. 1979년 1월에 우리는 결혼을 하여 새 출발을 하였습니다. 결혼식장에서까지 나는 패배감에 젖어 있었고 그만큼 나의 신부와 축하객들에게 깊이 감사하였습니다. 둘이 하나가 된 새출발 이후 아내의 사랑과 믿음 속에서 나의 영혼과 육신은 용기를 되찾았습니다. 고시에의 정열이 서서히 되살아나고 나는 다시 책을 잡았습니다.

3월이 되어 일대국교로 전출을 하였습니다. 관사에서 신혼 살림을 차렸고 행복한 나날들이 흘렀습니다. 그 행복 속에서 나는 공부에 열중하였고 아내는 나의 영혼과 육신의 약함을 보살펴 주었습니다. 일대국교에서도 고시공부로 인한 내적 갈등과 괴로움은 여전하였지만 아내의 위로 덕분에 심리적으로 안정을 유지할 수 있었고 공부시간도 보다 많이 확보할 수 있었습니다.

마침내 나에게도 한줄기 빛이 비쳤습니다. 1979년 가을에 있었던 23회 행시 1차시험에 합격한 것입니다. 실로 5년 만에 비친 서광이었습니다. 그렇게도 어렵게 느껴지던 1차에 합격하니 정말 기뻤습니다. 한편 주위 사람들의 놀라는 모습들을 볼 수 있었고 나를 보는 눈빛이 무시와 비웃음에서 감탄과 협조의 눈빛으로 변하는 것도 느낄 수 있었습니다.

계속하여 실시된 2차시험은 첫날의 헌법만 경험삼아 치르고 내려왔습니다. 전 과목을 응시해 보라는 교감선생님의 권유를 따르지 않은 실수를 그 후 두고 두고 후회했습니다. 전 과목을 한번 응시해 보는 것이 얼마나 귀중한 경험인가를 훗날 깨달았기 때문입니다.

(2) 또 다시 좌절과 시련이

처음으로 1차에 합격한 1979년 12월에 첫 아들 순산(淳山)을 얻었습니다. 단칸방에 어린 식구가 생기니 공부하는데 지장이 있었고, 호전된 주위 분위기로 팽팽하던 정신상태도 다소 느슨해졌습니다. 고시는 사정없이 나의 노력부족을 현실화시켰습니다. 1980년의 2차시험에서 커트라인에 평균 2.23점 부족한 점수로 불합격했습니다. 나는 실력부족을 자인했고 12월에는 둘째 아들 순강(淳江)이를 얻었습니다.

어린 식구가 둘로 늘어나자 공부하기는 더욱 힘이 들었습니다. 학교에서 근무하면서 고시에 합격하기는 불가능은 아닐지라도 아주 어려운 것임은 사실인 것 같습니다. 특히 가을운동회 준비기간은 공부시간을 얻기가 어려웠습니다. 고시에만 전념함으로 인한 인간성의 고갈도 불만스러웠고 이런 이유들로 정신집착이 되지 못한 채 한달 정도의 시간만 낭비하였습니다. 하루하루 남은 시간은 잡념만 가중되어 가고 초조감은 이루 말할 수 없는 것이었습니다. 결국 약간의 휴식 뒤에 나는 다시 고시공부를 시작했습니다.

1981년도에는 1·2차 동시합격을 목표로 공부하였습니다. 여름방학 때까지 2차시험 준비를 거의 마치고 2학기가 되어 1차시험 준비를 시작했는데 이건 또 무슨 날벼락입니까? 도 집단장학지도를 받아야 된다는 것이었습니다. 물론 운동회도 치러야 했습니다. 악운의 1978년과 똑같은 Case였습니다. 책임감 때문에 나는 시험공부보다 운동회 준비와 도 집단장학지도 대비에 더 힘써야 했고 집단장학 2일 전에 1차시험에 응시하였지만 그것은 떨어지기 위한 요식행위에 지나지 않았습니다.

(3) 마침내 광명의 길로

1982년이 되자 행정고시 제도가 바뀌어 직류별로 모집을 하게 되었습니다. 그것은 나에게 반가운 소식이었습니다. 교육학에 취미와 어느 정도의 자신이 있었기 때문이었습니다. 때마침 방송통신대학이 학사과정으로 개편되어 초등교육과 3학년에 편입하였습니다. 교과서와 신문을 통하여 교육학의 동향을 파악하는데 도움이 되리라 생각하였습니다.

3월에 이곳 광덕국교로 전근하였습니다. 학교가 오지에 위치한 관계로 시간여유가 있어서 안정된 마음으로 공부를 할 수 있었습니다. 1학기 동안은 주로 교육학을 공부하였고 여름방학 때부터 1차준비를 하였습니다. 2학기가 되어 운동회 연습이 시작되어 쩡쩡 울리는 확성기 소리가 시끄러워 공부를 할 수가 없었습니다. 관사로 들어와 문마다 담요를 치고 귀를 솜으로 틀어막고 기를 쓰며 공부를 해나갔습니다. 필요한 수준의 공부량을 확보하여 26회 행시 1차시험에 무난히 합격하였습니다.

2차시험을 앞두고 연가(年暇)를 얻으려 했으나 냉정하게 거절당하였습니다. 시간의 부족함을 절감하면서 있는 시간을 최대한으로 이용하였고 2차시험에 응시하였습니다. 평균 54.77점으로 커트라인보다 약 7점이 높았으나 경제학이 과락이었습니다.

1983년에 들어서는 미리부터 공부량 확보에 노력하였습니다. 결정적 시기에 연가(年暇)를 얻으려던 계획이 수포로 돌아간 지난 해의 경험을 교훈삼아 출근 전과 퇴근 후는 물론 점심시간과 쉬는 시간에도 책을 보았습니다. 여름방학이 끝나자 하나님께서 마지막 기회를 내리시는 것을 느낄 수 있었습니다. 옆집 선생님의 전출로 공부방이 생겼고 해마다 하던 운동회도 교내 소운동회로 하기로 하여 쩡쩡거리는 확성기 소리의 방해를 받지 않고 공부를 할 수 있게 되었기 때문입니다.
 제27회 행시 2차시험은 10월 5일부터 있었는데 농번기 방학 덕분에 10월 1일부터 최종정리에 들어갈 수 있었습니다. 시험이 시작되면 문제를 답안지에 옮겨 쓰고 10분 동안 초안작성을 한 다음에 써 나갔습니다. 많은 문제들이 공부한 곳에서 나온 무난한 문제들 같았고, 특히 경제학에서 평범한 문제가 나와 안심하였습니다. 행정법과 제1선택시험 때는 준비와 정리가 덜 된 문제가 나와 고전하기도 했고, 작은 문제에서 막히는 과목도 있었으나 관련된 사항들을 모두 적어주려고 머리를 짜내기도 하였습니다. 시험이 끝나면 상봉동에 있는 누님집으로 돌아와 잠깐 쉬었다가 밤 12시까지 공부를 했으며 새벽 4시가 되면 일어나 아내는 교회에 새벽기도를 나가고 나는 공부를 하였습니다. 아내의 기도와 영양제의 복용 덕분으로 시험기간 4일 간은 수면부족인데도 피곤함을 느끼지 아니하고 전력투구하여 공부할 수 있었습니다.

• 쏟아지는 밝은 빛

 2차시험 합격자 발표가 있던 날 아내는 맹장염으로 입원 중이었습니다. 아침에 병원을 나와 시내버스로 출근하려고 걸어갈 때 아저씨 한 분이 서울신문을 보고 있었습니다. 잠깐 빌려서 합격자 명단을 보았습니다. 아! 거기에는 내 이름이 나와 있었습니다. 가슴이 두근거렸습니다. 10년 만의 성공, 십전십일기(十顚十一起)의 성공이었습니다. 나는 빨리 아내에게 이 소식을 전하고 싶었습니다만 시간관계로 전화도 못하고 버스를 타고 오면서 아내의 기뻐하는 모습이 생각나고 돌아가신 아버님과 "반중조홍(盤中早紅)감이 고와도 보이나다" 하는 시조가 생각났습니다. 어머님, 형님, 처가의 장인, 장모님의 모습도 보였습니다. 교감선생님께서 수업 중에 신문을 가지고 오셔서 축하해 주셨고 점심시간에 아내와 형님께 전화로 소식을 전하였습니다. 다음 날부터 축전과 축하전화를 받기에 바빴고 남원방송국의 인터뷰에도 응하였습니다.
 3차시험에 대해서는 거의 아는 바가 없었기 때문에 별 준비를 하지 못했습니다. 어떤 공부를 해야 할지 감을 잡을 수 없어 책이 손에 잡히지 않았고 결국 책 한권도 변변히 읽지 못하고 3차시험에 응시하게 되었습니다. 오전에 개별면접이 다 끝나지 못하자 나는 오후 첫 순서가 되었는데 교육행정을 공부한 동기를 묻는 질문에 평소의 생각을 말씀드렸으나 위험한 사고방식이라는 평을 들었고 또 하나의 질문도 잘 대답하지 못한 편이었습니다. 뒤이어 집단토의에서는 교육자치제에 관한 토의주제가 주어졌는데 나에게는 생소한 문제였으나 초안을 작성하여 약 4분동안 발표하였습니다.

　개별면접에서 답변이 잘못된 것 같아 상당히 불안한 가운데 최종합격자 발표를 기다렸습니다. 운명의 12월 17일, 학교에 출근하니 앞서 출근하신 선생님께서 축하를 해주셨습니다. 잠시 후 형님으로부터 전화가 왔습니다. 합격! 그것도 교육분야에서 수석합격이라고… 수석합격, 그것은 정말 의외였습니다. 한번도 생각해 본 일이 없었던 것이었습니다. 오전에 배달된 신문을 보고 그 사실을 확인할 수 있었습니다(평균 57.52점).

· **공부방법**

　다음에 나의 지난날을 반성하면서 적당하다고 생각되는 공부방법을 몇가지 적어 보겠습니다.

　① 고시는 공부시간의 양과 공부시간의 질에 의하여 결정되는 것 같습니다. 또 공부시간의 질은 심리적·공간적으로 안정된 분위기 속에서 공부에 전념할 때 최상이 되는 것 같습니다. 공부시간의 양과 공부에 전념할 수 있는 분위기의 확보를 위하여 생활의 단순화가 필요하고 결혼문제도 생각되어야 합니다.

　② 안정된 분위기가 안된 분은 결혼이 도움이 되리라 생각하나 아기가 있게 되면 공부에 어려움이 많아진다고 생각됩니다.

　③ 1차시험에 빨리 합격할수록 고시공부 시간은 단축된다고 봅니다. 특히 직장인의 경우 협조를 얻는 데에도 1차합격 여부가 중요합니다.

　④ 고시는 장기간을 요하므로 수면시간은 건강과 컨디션에 지장이 없는 범위 내에서 조절해야 한다고 봅니다.

　⑤ 교사의 고시공부는 운동회가 시험기와 겹치는 등 어려운 점이 많으므로 신중한 결정이 요청되며 일단 결심하신 분은 남보다 배로 일하고 고생도 배로 할 것을 각오하고 용감하게 일로매진해야 할 것입니다. 학생교육은 출세주의 교육관에 무조건 따르지 않고 참으로 학생에게 필요한 지적 능력과 태도 및 가치관 그리고 심체기능을 길러주도록 부단히 연구하고 노력해야 할 것입니다.

⑥ 1차시험 공부는 기본서의 철저한 이해 후에 많은 연습문제를 풀어보되 틀린 문제는 ∨표시를 해두고 반복해야 합니다. 2차시험 공부는 먼저 그 과목의 체계를 파악한 후 철저한 이해 및 숙지가 있어야 하겠고 중요부분과 심화·정리도 필요하다고 생각됩니다.

⑦ 예상문제만 공부할 때 백전백패하게 되나 전 분야의 공부가 되어 어떤 곳에서 출제되더라도 과락을 면할 자신이 있으면 중요한 부분, 논쟁이 있는 부분, 이해가 잘 안되는 부분을 여러 참고서를 종합하여 정리·요약하여 두면 이해도 철저히 되고 암기도 되며 최종정리를 할 때 유용하게 사용할 수 있으리라 봅니다.

⑧ 기본서나 문제집의 선택은 정평이 있고 최근에 출판된 책일수록 좋다고 생각됩니다. 기본서가 개정될 경우 개정된 부분은 꼭 정리해 둘 필요가 있습니다.

⑨ 나는 1979년에 처음으로 「고시연구」라는 월간지를 보았는데 풍부한 시험정보가 맘에 들어 이후 계속하여 정기구독하였고 이에 많은 도움을 받았다고 생각합니다.

· **새로운 길**

이제 나는 새로운 출발점에 서 있습니다. 지나온 과정을 돌이켜 볼 때 감사를 드려야 할 분들이 많습니다. 먼저 하나님께 지금까지 나를 여러 방법으로 일깨워 주시고, 내가 원하는 삶을 살아갈 수 있게 하여 주심을 감사드립니다. 다음으로 나의 아내에게 감사를 보냅니다. 어려운 여건 속에서 불평 한마디 하지 않고 남편이 안심하고 공부할 수 있게 해준데 대해서 말로 다할 수 없는 고마움을 느낍니다. 항상 나를 사랑으로 감싸주고 도와주신 어머님과 형님 내외분, 누님 내외분께도 감사를 드립니다. 나를 항상 격려해 주셔서 안정된 마음으로 공부할 수 있게 해주신 최정우 교감 선생님과 이희준 교감 선생님, 어려운 일이 있을 때마다 도와주던 친구 수열이, 그리고 여러 교장 선생님과 선생님들께 감사드립니다.

앞으로 보이는 길은 평탄하기만 한 길도 아닌 험난한 과정이 남아 있음을 봅니다. 그러나 하나님께 약속한대로 직업에 충실함으로써 하나님과 이웃을 사랑하는 성실한 삶을 살아가고자 노력하겠습니다.

방황의 닻을 내리며

— 나는 지독하게도 시험운이 없는 사람인가. 합격자명단을 확인하고
고시여정에 종지부를 찍던 날 아내는 믿기지 않은 듯 울먹이고 있었다. —

허 은 강

· 제35회 사법시험(최고령) 합격
· 1955. 9. 6. 경기 김포 출생
· 용산고교 · 서울대 법대졸업
· 변호사(서울 중구 태평로 1가 61-1
  동양법무법인)
· 전화 : 738-0016

• 글을 쓰면서

대학문을 나선지도 어언 10년, 이제서야 겨우 고시라는 큰 고비를 넘어서면서 학창시절에 못다한 꿈을 이루었다는 기쁨보다는 그간의 숱한 시행착오와 실수 투성이의 고시행적을 뒤돌아 볼 때 부끄러움이 앞선다. 나의 지리멸렬한 고시경력을 남에게 공개한다는 것이 부끄럽기도 하고 글재주도 없어 사양하고 싶은 것이 솔직한 심정이지만 잡지사의 거듭된 부탁을 거절하기 어려웠고 개인적으로는 나의 고시여정을 글로써 결산한다는 의미에서 또한 수험생 여러분께서는 저와 같은 시행착오를 겪지 않으시기를 바라는 마음에서 감히 용기를 내어 적어보고자 한다.

• 못다 이룬 꿈

경기도 김포에서 3형제 중 장남으로 태어났다. 중학교에서 교편을 잡고 계신 아버님을 따라 다니다 중학교 1학년 때 서울로 이사를 하여 강남중과 용산고를 졸업하였다. 고교진학과 대학진학 때 각각 한번의 재수경험을 갖고 있다. 전자는 공부를 하지 않아서였고 후자는 열심히 하고서도 실패하였으

니 시험과는 이래저래 운이 없는 것 같다. 고교시절에는 전체 1등을 하고서도 시험에 떨어져 부모님과 학교에 크나큰 실망을 안겨드린 것은 지금 생각해도 고개를 들 수가 없다.

　대학입시의 실패는 충격과 함께 나의 진로를 돌려놓는 계기가 되었다. 장차 공대에 진학하여 유능한 과학자가 되리라던 꿈은 재수를 하면서 문과쪽에 적성이 맞는 것 같아 전과(轉科)를 하게 되었다. 일년의 재수생활을 거쳐 1976년 서울대 사회계열에 입학하였으나 군신체검사를 미리 받은 상태여서 1학기를 마치고 군에 입대해야 했다. 군복무를 마치고 보니 입학동기들은 벌써 4학년 졸업반이었는데 그제서야 1학년 2학기에 복학을 하게 되는 꼴이 되었다. 3년간의 군생활에 대한 공백을 메꾸고 한번 열심히 공부하고 싶은 생각에서 법대로 진로를 정하였다. 당시 법대에는 나와 같은 복학생이 많아 외롭지 않은 대학생활을 할 수 있었다.

　법대생이어서 고시와의 인연은 자연스럽게 이어졌다. 학교공부에 충실하다 보니 결국 고시공부를 겸하게 되었다. 사실 대학생활의 기억이란 도서관에 아침 일찍 나갔다가 밤늦게 집에 돌아오는 낭만도 모르고 지낸 그런 무미건조한 생활의 연속이었다. 3학년 때 1차에 처음 합격하고 보니 진짜 고시공부한다는 생각이 들었다. 그 해 2차는 첫날만 응시하여 난생 처음 문제를 적은 방(榜)이 내려지는 것을 보았다. 4학년 때의 2차는 상법에서 과락을 기록하며 전체적으로 실력이 부족하다는 생각이 들었으나 4일간의 시험을 다 치러냈다는 자신감을 갖게 되었다.

　졸업하던 1983년의 25회 시험은 1차합격 후 2차시험에서 cut-line을 상회하는 성적에도 불구하고 행정법 과락으로 고배를 들어야 했다. 패자로서 무슨 변명이 소용있을까마는 그래도 나름대로 최선을 다 한다고 했는데… 특히 과락으로 시험을 망치고 보니 진이 빠지는 느낌이었다. 실패에 대한 냉철한 반성도 없이 좌절속에 책보기도 싫고 졸업하고 나니 소속감도 없어지고 공부장소도 마땅치 않아 집에서 빈둥거리다 보니 어느덧 찬바람부는 취업시즌이 닥치고 있었다. 집에서 지내기도 눈치만 보여 취직하기로 마음먹고 정유회사에 들어가게 되었다. 이것이 나의 첫 사회생활인 동시에 고시여정의 시행착오가 시작된 출발점이기도 하다.

• **직장생활**

　입사 후 발령받은 부서가 법제실이라 전공하고도 관련이 되었고 부장님 이하 윗분들이 한 식구처럼 대해 주셔서 좋은 분위기 속에서 근무할 수 있었다. 학교공부를 통해 알고 있던 것을 실제로 주주총회, 이사회 의사록 등을 작성해 보고 정관개정, 자회사 관련 업무 등을 처리하면서 새로운 것을 배울 수 있었다. 업무와 관련되는 책을 본다는 것이 다시 공부하고 싶은 생각이 들게 된 것 같다. 1984년의 1차는 한번 응시해 본다는 것이 뜻밖에 합격이 되었고 2차는 실력부족으로 중도포기하고 말았다. 과연 내가 고시공부를 다시 해야 될 팔자인가 고민하는 가운데 어는 날 학교선배이신 과장님께서 회사를 그만두고 미국유학을 가신다고 하는 것이 우유부단한 나에게 신선한 자극이 되었다. 나보다 나이 많으신 분도 공부한다고 하는데 나는 과연 무엇인가. 시험에 실패했다고 너무 안일하게 현실에 안주한 것이 아닌가. 또 회사에 들어왔으면 직장에 충실할 것이지 그러지도 못하면서. 나 자신이 부끄러워짐을 느끼게 되었고, 다시 한번 해보자는 결심을 하게 되었다. 막바로 사표를 낼까 했으나 과장님이 그만 두신지 얼마 안되어 그러지도 못하고 망설이다 연말에 사직을 하게 되었다. 당시 부모님은 이젠 직장도 가졌으니 장가나 들지 또 무슨 고시공부를 한다고 회사를 나오느냐고 반대하시는 것을 결국 내가 우겨 회사를 나오고 말았다. 비록 1년간의 짧은 직장생활이었지만 좋은 분들과 헤어진다는 것이 아쉽기도 하고 미안한 마음을 금할 수 없었다.

• **방황속의 좌절**

　그러나 정작 회사를 나와서는 시행착오의 연속이었다. 우선 공부장소부터 정착이 안되어 집근처 독서실을 전전하다 고시원에 가서는 한달도 못되어 적응을 못하고 다시 나오고 말았다. 그리고 사회생활을 한 탓인지 책을 보아도 정신집중이 안되고 신경만 날카로워졌다. 이런 가운데 공부가 제대로 될 리가 있는가. 그 해의 27회 시험은 합격에 대한 자신도 없이 참가하는 의미 밖에 없었다. 공부는 흐지부지하고 집안사정으로 난생 처음 부모님을 도와 문방구 가게를 하게 되었다. 이제 고시준비한다고 말할 용기도 없었다. 괜히 직장이나 잘 지키고 있을 것이지 죽도 밥도 아니고 나와서 이모양이 되었으니 신세타령까지 나오게 되었다. 또한 집안의 장남으로서 결혼도 급하게 되었다. 더 이상 고시고 뭐고 다 귀찮아졌다.

결국 1986년 10월 증권회사에 다시 취직을 하게 되었다. 멋모르고 들어간 증권회사이지만 매일 매일의 변하는 주식시세에 흥미도 있고 먼저 다니던 회사가 정적이라면 동적인 변화의 분위기 속에 색다른 맛을 느낄 수 있었다. 이제 고시와는 완전히 거리가 멀어졌고 성실한 직장인이 되고자 노력하였다. 1988년 초에는 지금의 처와 결혼을 하게 되었고 11월에는 첫딸을 낳고 보니 이젠 완연한 가장으로서 직장생활, 가정생활에 충실하는 것이 최상의 방책이었다. 솔직히 그 당시에는 고시에 대한 미련은 전혀 없었다. 그러나 근무를 하면서 차츰 증권회사의 생리를 알게 되고 앞날에 대한 회의가 생겼다. 좀더 보람있고 뜻있는 일을 하고 싶다는 생각과 여기서 뿌리를 내리고 커가기는 풍토가 나와는 맞지 않는다는 결론을 내리게 되었다.

• 최후의 도전

그런 가운데 1989년 여름부터인가 처는 나에게 고시잡지를 사다 주면서 고시에 다시 관심을 가지게 해 주었다. 이따끔 술이라도 한잔하고 와서 직장생활의 불만과 회의를 토로할 때면 처는 그런 내 모습이 안타까웠던 모양이다. 그렇지만 막상 처자식까지 딸린 상황에서 삼십 중반의 나이에 다시 모험을 한다는 것이 엄두가 나지 않았다. 그 당시 나는 직장을 바꿔 볼까 생각중이었는데 처는 나의 그런 의도를 알고 공부하기를 권유하였다. 처의 그런말이 고마웠으나 지난번 공부한다고 직장을 나와 실패했던 경험도 있는지라 만약 또 실패할 경우 현재보다 더 어려운 처지에 놓일 것이라는 위험부담도 있어 결단을 내리기가 어려웠다. 처는 나에게 당신은 꼭 해낼 수 있다는 용기를 북돋아 주었다. 마침내 3년만 해보겠다며, 최선을 다하리란 다짐속에 1990년 2월 두 번째의 사직을 하게 되었다. 이로써 고시를 향한 최후의 도전을 하게 된 셈이다.

고시공부를 하면서 만약 고시가 안될 경우의 대안(代案)을 염두에 떠올려 보았다. 두차례 직장생활을 경험했던 나로서는 더 이상 물러설 곳이 없는 그런 절박한 상황이었다. 오직 합격만이 있을 뿐이다. '안되면' 하는 식의 가정은 생각지 않기로 했다. 그러나 다시 공부를 시작하면서 교재를 구입하고 보니 책 내용도 옛날에 공부하던 것과는 판이하게 달라지고 양도 많아졌다. 언제 이 많은 것을 다 보아 합격한단 말인가. 보기만 해도 기가 질리는 것 같았다. 그러나 걱정하고 있을 시간이 없었다. 우선 낯익은 민법 교과서부터 읽어 책과 친해지기로 하였다.

 1990년 제32회, 1차준비는 안되었지만 시험감각을 익히기 위해 응시하였다. 처음에는 공부장소로 집근처 시립도서관을 이용했으나 분위기도 그렇고 혼자 하자니 정보도 부족하고 답답함을 견딜 수 없었다. 그러던 차에 마침 대학동창이 운영하는 포천 운현고시원이 있어 그 곳으로 가기로 하였다. 결혼 후 처음으로 처자식과 떨어진다는 것이 아쉽기는 하지만 어차피 나선 길 빨리 끝내는 것이 상책인 이상 아내도 내 뜻에 동의해 주어 고마웠다. 고시원까지 따라왔던 아내가 돌아가는 길에 차안에서 눈물을 짓는 것을 보고 가슴이 아팠다. 열심히 노력하자. 그리고 꼭 합격하여 돌아가겠다고 마음을 다졌다.

* **수험생활**

 1. 고시원생활의 시작

 그 곳에서의 생활은 오랜만에 군대생활을 연상시키며 좋은 자연환경과 친구들을 만나 재미있게 지낼 수 있었다. 죽죽 하늘 높이 곧게 뻗은 전나무, 잣나무는 보기에도 시원스럽고 맑은 공기속에 눈덮인 산길을 산책하던 기억은 지금도 즐거운 추억이다. 그러나 그곳은 교재 구입하기도 불편하고 거리가 멀어 집에 다녀오기도 힘이 들었다. 사실 신림동 고시촌은 예전에 잠시 그곳에서 고부할 때 주변 생활소음 때문에 적응하지 못한 기억이 있어 이곳에 왔던 것인데 결국 오랜 생각 끝에 6개월만에 고시의 메카라 할 수 있는 그 곳으로 다시 옮기게 되었다.

 2. 1차 낙방

 1991년의 1차는 3개월 정도 준비하고 보았는데 경제학, 국사, 문화사가 어려웠다. 결과는 특히 경제학에서 52.5의 점수를 기록하며 3개차로 낙방하였다. 그 당시 경제학시험은 답을 자신있게 쓴 것이 많지는 않았으나 50점대의 점수는 충격이었다. 가족까지 뒤로 하고 집을 나와서 공부한다면서 1차도 낙방이라니 이건 입이 열 개라도 무슨 변명을 하겠는가. 비법과목의 투자부족,

정보부족이 실패의 원인이 되었다. 그해 여름에는 처음으로 학원에 나가 경제학 강의를 들었다. 그리고 겨울방학 때는 허영 교수님의 헌법특강을 들었는데 헌법이론을 체계잡는데 큰 도움이 되었다.

3. 또 한번의 시행착오

2차과목 위주로 책을 보다 보니 벌써 해가 바뀌어 1992년 1월 중순이 되어 1차가 급하게 되었다. 우선 취약과목인 경제학부터 3인 공저 교과서를 읽고 문제집을 병행해 가면서 한달을 투자했다. 기본 3법은 교과서 위주로 책을 읽어 나갔다. 헌법재판소 결정례는 빠뜨리지 않고 보려고 하였다. 독어는 평상시에 틈틈이 단어와 문법을 익혔다. 시험을 한달 앞두고서는 암기과목을 집중적으로 하였다. 국사, 문화사는 고교참고서와 문제집을 보고, 개관동양사를 훑어보았다. 국제사법은 김명기 저 문제집을 보고 법조문을 암기하려고 노력하였다. 그리고 공부하면서 잘 틀리는 부분, 이해 안되는 부분은 따로 정리하여 산책할 때나 화장실에 갈 때마다 들여다 보았다. 그런 가운데 2월에는 둘째 딸을 얻는 기쁨도 있었다.

1992년의 1차시험도 애매한 문제가 많아서인지 시험이 끝난 뒤에도 자신이 서질 않았다. 발표일이 다가올수록 불안하여 공부도 제대로 되질 않았다. 결과는 다행히 합격이었다. 형법은 약간 저조했으나 헌법, 민법, 독어, 국제사법에서의 고득점은 합격의 견인차였다. 실로 오랜만에 합격의 기쁨을 맛보았다. 그러나 1차는 용케 통과했으나 2차준비가 제대로 된 것이 없었다. 1차만이라도 된 것을 다행으로 여기고 2차는 부담없는 마음으로 응시하기로 하였다. 소송법과 행정법을 제대로 다 보지도 못하고 시험을 보게 되었다. 그런데 운도 따라 주는지 셋째날 민법까지는 무난히 잘 보았으나 민소법에서 그만 걸리고 말았다. 관할부분은 읽지도 않아 제대로 쓰지도 못하고 다른 문제도 횡설수설한 것 같아 틀림없이 과락을 면키 어려울 것으로 생각되었다. 답안지에 잘 알지도 못하면서 거짓말이나 쓰는 것이 자기 양심을 속이는 것 같아 자책감속에 완전히 전의상실하고 말았다. 책을 보아도 머리에 들어오지 않고 도저히 다음날 시험장에 참가하고 싶지 않았다. 나라는 위인은 매번 과락 때문에 영 고시와는 도무지 인연이 없는 것이 아닌가 하는 한탄까지 나오게 되었다. 밤새 고민하다 잠도 제대로 못잤다. 짐을 싸들고 집에나 가겠다고 전화하니 처는 노발대발, 당신은 그렇게 마음이 약해서 무슨 고시

공부를 하느냐면서, 다시는 보지도 않겠다는 것이 아닌가. 이게 무슨 꼴인가. 결국 내가 고시는 왜 하는가? 인생의 황금기를 고시에 바치면서 매번 중도 포기나 하는 나라는 인간이 미워졌다. 그래 떨어져도 좋다. 끝까지 해보자. 하지만 전날을 그냥 보내고 말았으니 어이없는 과락 걱정으로 통한의 대실수를 저지르고만 셈이었다. 이날 처는 걱정이 되어 학교출근도 못하고 아버님과 함께 시험장까지 쫓아오는 해프닝까지 벌이면서 34회 사시는 어이없게 끝나고 말았다.

4. 뼈아픈 반성

다시 고시원에 와서 내년을 기약하고 공부하기로 하였다. 좋다! 운으로 붙지 않고 내년에는 정말 실력으로 붙겠다고 자위하면서. 나중에 알아보니 민소는 40.33으로 과락을 용케 면하고 평점 0.96차이로 불합격하였으니 이 얼마나 통탄할 노릇인가. 나의 경망스러운 행동이 다 잡은 대어를 놓치고만 꼴이었다. 끝까지 최선을 다하지 못한 것이 너무나 한스러운 일이었다.

5. 마지막 기회

(1) 수험준비

그러나 지난 일에 연연하고 있을 수만은 없었다. 정신을 차리자. 이제 기회는 단 한번 뿐이라고 다짐하면서도 막상 공부는 잘 되지 않아 초조하였다. 여름방학 때는 동국대에서 김형배 교수님의 민법 case 특강을 들었다. 그리고 9월부터는 태학관에서 하는 집중강의도 몇과목 들어 보았으나 학원강사의 진도에 끌려 다니는 것 같아 그만 두었다. 벌써 1992년도 2달 남짓 남았다. 연말까지 전과목 1회독하기로 계획을 세웠다. 일일 공부량은 오전에 3시간, 오후 4시간, 저녁먹고 취침시까지 4시간을 확보하려고 하였다. 헌법은 허영 교수님 책을 주로 보았는데 헌법에 대한 새로운 시각과 함께 문제의식을 심어 주었다. 국민윤리는 법과목에 쫓겨 시간부족으로 고전했으나 형설출판사 교재를 일독하고 고교참고서의 전통사상 부문을 참조했다. 그리고 틈틈이 신문사설도 읽었다. 행정법은 교재의 단권화에 애를 먹었는데 석종현 교수님과 박윤흔 교수님 책을 섞어서 보고 고시잡지의 모범답안에서 잘 된 부분을 발췌하여 정리하였다. 하권은 이상규 문제집을 보았다. 상법은 교재가 많아 공부하기에 부담스러운 과목이었다. 가장 비중이 큰 회사법은 이태로·이철송 교수님 책으로 보고 박민배 문제집으로 기타 부문을 보았다.

어음・수표법은 정동윤 교수님 책을, 보험・해상은 최기원 교수님 책을 보았다. 상법은 실제로 직장생활에서 배운 경험이 공부하는데 많은 도움이 되었다. 민법은 곽 교수님 책을 읽고 문제집으로 보완하였으며 친・상 부문은 김주수 교수님 책을 보았다. 민소법은 이시윤 재판관님 책을 기본서로 하고 문제집을 참고하였다. 형법은 다시 공부하면서 가장 힘든 과목의 하나였다. 이재상 교수님 책을 기본서로 하였는데 읽어도 이해가 안되는 부분이 있어 애를 먹었다. 그리고 고시잡지에 연재되는 case 문제풀이를 빠뜨리지 않고 보았다. 형소법은 이재상 교수님 책에다 백 변호사님 책을 보충하여 보았다.

(2) 결전의 해, 1993년

아내와 약속한 3년의 마지막 해인 1993년이 밝아왔다. 신경이 예민한 탓도 있지만 고시원에서 생활하면서 항상 걱정되는 것은 소음문제이다. 밖의 소음도 문제이지만 내부 소음도 여간 신경이 쓰이는 것이 아니어서 그 때마다 고시원과 방을 옮기곤 하였다. 시험일자가 다가올수록 시간은 부족하고 불안, 초조해지는 것은 올해도 예외는 아니었다. 답안작성연습을 해보아야겠다는 생각이 들어 태학관의 모의고사반에 참여하였다.

답안지를 작성하면서 나의 부족한 부분, 오류 등을 확인할 수 있었고, 시간안배 등 실전감각을 익힐 수 있었다. 글씨를 못써 만년필로 쓰면 나아질 것 같아 써 보았으나 볼펜보다 속도가 느려 시험장에선 결국 볼펜을 사용했다. 국민윤리를 끝으로 모의고사를 끝내고 보니 시험이 한달도 남지 않았다. 날씨는 더워지고 고시원 주변은 공사가 많아져 낮에는 유영고시원에 가서 공부를 하였다. 이제 진짜 마지막 기회가 될 것이라는 생각에서 공부에 박차를 가하였다. 잠은 하루 4~5시간으로 줄이고 2~3시까지 책을 보았다. 피곤한 날은 책상에 앉아 졸면서 버티었다. 그전까지 한달에 두 번 정도 집에 다녀오던 것도 시험 두달 전부터는 가지도 못하고 안부 전화로 만족해야 했다. 둘째녀석이 보고 싶었지만 참아야 했다. 시험 전날 아버님이 시험장소인 성대 근처에 하숙방을 구해 주셔서 짐을 싸가지고 옮겼다.

(3) 4일간의 결전

시험 첫날부터 예년과 달리 방이 걸리는 대신 문제지가 배포되었다. 순간 이번은 case문제가 출제된다는 것을 직감할 수 있었다. 국민윤리는 큰 문제에서 답안구성에 고전했으나 작은 두 문제는 고교참고서 내용에 헌법 지식까지 동원하여 적었다. 헌법은 세 문제 다 무난히 잘 쓴 것 같았다.
 둘째날 행정법은 큰 문제가 신뢰보호원칙을 묻는 것인데 확약으로 단정하고 쓰는 바람에 성적이 가장 저조하였다. 문제를 잘 보아야 하는데도 속단하고 덤빈 꼴이 되었다. 오후의 상법도 큰 실수를 저지를 뻔하였다. 표현대표이사 문제는 빠짐없이 잘 썼으나 어음·수표법 문제는 어음행위 독립의 원칙인 줄 알고 개념을 적다 그것이 아닌 것을 발견하고 황급히 고치게 되었다. 상인개념을 묻는 문제도 고전이었다. 둘째날이 이번 시험의 가장 어려운 고비였다.
 셋째날의 민법은 작은 문제 하나는 변죽만 울린 꼴이 되었으나 나머지 문제는 그런대로 쓰는데 어려움은 없었다. 민소법은 평이한 문제라 생각되어 무난히 쓸 수 있었다.
 마지막날 형법은 열심히 쓴다고 했는데 일부 논점이 빗나갔다. 드디어 이번 시험의 종착역에 도달했다. 형소법 문제를 보는 순간 최소한 과락 걱정은 안해도 되겠구나 하는 안도의 한숨이 나왔다.
 4일간의 시험기간 동안 이번이 마지막이라는 절박감에서 최선을 다한다는 자세로 잠을 하루 2~3시간씩 자며 시험에 임하였다. 극도의 긴장상태에서 피곤한 것도 잊고 책장을 넘겼다. 그러나 막상 시험문제는 예상 외의 문제가 많이 나와 시험직전 본 것보다는 평소 실력대로 쓴 것이 더 많았다. 매번 문제지가 배포될 때마다 피를 말리는 기분이었다. 끝나는 종소리가 울릴 때까지 한줄이라도 더 쓰고자 버티었다. 마지막 시험을 끝내고 나오면서 과락만 없다면 해볼만 하다는 자신감에 발걸음이 가벼웠다.
 (4) 드디어 합격
 시험직후 고시원에서 미련없이 짐을 싸가지고 집으로 왔다. 3년만에 집에 돌아온 셈이다. 결과야 아직 알 수 없지만 식구들과 함께 지낼 수 있어 좋았다. 공부하는 동안 이따금씩 집에 왔다가 가곤 하는 도깨비같은 아빠가 함께 있는 것이 애들에게는 이상한 모양이다. 그러나 시간이 지날수록 특히 행정법이 걱정 되었다. 지난 날의 악몽이 되살아 나는 것은 아닌지 하는 불안감에 잠을 제대로 잘 수 없었다. 발표일을 2일 앞두고서 그동안 아내가 정성껏 가꾸어온 해바라기 꽃이 활짝 피었다. 좋은 소식이 있을 것 같았다. 발표 전날 저녁에 기다리다 못해 태학관에 가서 이제 막 합격자 명단을 붙이고 있는 가운데 내 이름을 확인하고 드디어 파란만장했던 고시여정에 종지부를 찍는구나 하는 생각이 들었다. 나의 합격소식을 듣고 있던 아내는 믿기지 않는 듯 울먹이고 있었다. 그렇지만 절친한 동료들과 합격의 기쁨을 함께 하지 못하는 미안한 마음을 금할 수 없었다. 이번 시험을 통해 하고자 하는 일에 정성을 다해 최선을 다한다면 신도 그 뜻을 들어주신다는 것을, 그리고 기회는 주어지는 것이 아니라 스스로 만들고 개척하는 가운데 얻어진다는 것을 체험할 수 있었다.

• 고시방법론

고시방법론은 각자의 능력, 취향 등이 다르므로 모두가 같을 수는 없지만 자기에게 맞는 방법을 체득하는 것이 중요하다. 여기서는 제가 수험공부를 하면서 느낀 점을 참고 삼아 적어볼까 한다.

1. 자기관리 : 고시공부는 시간확보가 필수적이다. 그러기 위해서는 철저한 자기관리가 요구된다. 자기를 이기지 못하고서는 남과의 경쟁에서 승리하기 어렵다. 저의 경우는 하루에 10~12시간 확보하려고 노력하였고 작년부터 수험일기를 쓰면서 그날 그날의 생활을 반성하고 공부한 것을 check해 보았다. 또 모든 일의 우선 순위를 고시공부에 두고 생활을 단순화시키는 자세가 필요하다는 점을 강조한다.

2. 확고한 의지 : 저자신 시행착오를 거듭한 데는 의지박약, 배짱부족이 큰 몫을 차지한 것 같다. 확고한 의지야말로 합격의 원동력이다. 시험은 참가하는데 의의가 있는 것이 아니라 합격하기 위해서이며, 따라서 꼭 합격할 수 있다는 신념을 갖는 것이 중요하다.

3. 흐름을 타는 공부 : 하루종일 책상에 앉아 있다고 다 공부가 잘되는 것은 아닐 것이다. 잡생각으로 시간을 낭비한다면 아무 소용이 없다. 하루 중 공부 잘되는 흐름을 타서 집중적으로 할 필요가 있다.

4. 교재선택 : 대다수 수험생이 보는 책이 무난하다고 본다. 다만 요즈음 교과서가 많아지고 두꺼워져서 수험생에게 부담스러워지는 것 같다. 고시는 학문하는 것이 아니라는 것을 명심하고 너무 많은 교재를 보는 것은 피해야 한다. 단권화가 바람직하나 부족한 부분, 빠진 부분은 복사를 하거나, 여백에 써넣든가 또는 고시잡지의 모범답안을 활용하여 보충해야 할 것이다. 그리

고 가급적 교재를 바꾸지 않는 것이 나중에 정리할 때 속도를 낼 수 있어 유리하다.

5. 독서방법 : 책을 읽으면서 중요한 부분은 밑줄을 긋고 나중에는 밑줄친 부분을 중점적으로 읽어나가야 효과를 높일 수 있다. 그리고 제도의 취지 등 문제의식을 갖고 읽는 것이 필요하고, 읽고 나서는 대충 목차를 연상해 보기를 권한다. 공부한 양도 문제되나 질이 더 중요하다. 이해 위주의 정독이 우선 필요하다. 이해가 안된 상태에서 진도만 나간다고 능사는 아니다. 이해가 되면 자연 속도도 빨라질 것이다. 그리고 철저한 개념파악이 요구된다. 써보면서 익히는 것이 좋다고 생각된다. case문제에 대비하여서도 교과서 위주의 공부가 바람직하다. 학설·판례를 숙지하고 주어진 문제의 논점파악이 해결의 열쇠이다.

6. 건강관리 : 고시는 단거리가 아닌 장거리임을 인식하고 건강관리에 유의해야 한다. 적당한 휴식, 영양식 섭취, 규칙적인 운동으로 공부할 수 있는 체력을 유지해야 한다.

7. 답안작성연습 : 시험에서 평가받는 것은 머리속에 든 지식이 아니라 답안지에 나타난 지식이므로 답안작성연습은 필수적이다. 제한된 시간안에 제한된 지면에 얼마나 논리정연하게 자기류의 문장으로 나타낼 수 있느냐도 실력이므로 평소 연습이 필요하다. 저는 학원의 모의고사반을 활용하였는데 실전에서 큰 도움이 된 것 같다.

8. 고시잡지 활용 : 졸업한지 오래되어 더구나 혼자서 공부하는 스타일이라 정보면에서 어두워지는 것을 막기 위해 수험기간 동안 고시잡지를 꾸준히 구독하였다. 교수님 강평란은 논점파악에 매우 유익하였고 case연습강좌는 사례풀이에 큰 힘이 되었다. 그리고 헌법재판소 결정, 최신판례 소개, 법률개정안도 좋은 수험정보가 되었다.

이상 두서없이 적어 보았지만 고시공부에는 왕도가 없다고 생각됩니다. 꾀 많은 게으른 토끼보다는 느린 성실한 거북이가 고시에는 적격일 것 같습니다. 굳센 의지를 갖고 꾸준하게 성실히 노력하는 것이 합격의 지름길이라 생각됩니다.

• 글을 마치며

  쓰고 보니 더욱 부끄러운 글이 된 것 같습니다. 너그러운 마음으로 이해해 주시길 바랍니다.

  고시합격이 어찌 저 혼자만의 힘으로 가능했겠습니까. 합격의 결승점을 향해 저혼자 뛴 것이 아니고 저를 도와주신 모든 분들과 함께 뛰어 얻은 귀중한 결실이라고 생각됩니다. 도와주신 분들께 진정으로 감사드립니다. 특히 아내의 도움이 없었다면 이 합격기를 결코 쓸 수 없었을 것입니다. 수험기간 동안 저보다 더 많은 고생을 한 사랑하는 아내 선희(先喜)에게 이 글을 바치고 싶습니다. 그동안 물심양면으로 도와주시고 격려해주신 부모님과 장인, 장모님, 못난 남편을 만나 고생한 아내, 저를 지켜주시고 어려울 때마다 힘이 되어주신 부모님, 이 분들께 고마움과 합격의 영광을 드립니다. 그리고 항상 따뜻한 충고와 진한 우정을 보여준 벗 정복, 광규씨, 상권씨, 재기씨에게 감사의 마음을 전합니다. 고시합격이 결코 최종목표가 아니라는 것을 잘 알고 있습니다.

  이제 겨우 새로운 시작입니다. 그것도 남들보다 늦은 출발점에서 성실하게 노력하는 법조인이 되고자 합니다.

  끝으로 이 순간에도 수험생활에 정진하고 계실 모든 분들께 건강과 행운이 함께 하시길 바라며 조속한 합격을 기원합니다. 감사드립니다.

인고, 그 순수의 절정에서

— 나의 언어의 한계는 나의 세계의 한계다

— Wittgenstein —

박 명 재

· 제16회 행정고시 수석 합격
· 경북 영일 출생
· 중동고, 연세대 행정학과 졸업
· 네덜란드 국립사회과학대학원,
  연세대학교 행정대학원 졸업
· 용인대학교 명예행정학 박사
· 행림자치부장관

· 序

 일단 활의 시위를 벗어난 시촉(矢鏃)의 방향과 운동은 궁수(弓手)의 의도와는 무관한 채 그 자체의 방향과 속도를 갖는다.
 같은 비유로 합격기가 필자의 손을 벗어나서 활자화되어 독자들로부터 받아들이는 시비(是非)의 평가는 필자의 의도나 목적 의식과 전혀 다를 수 있으리라. 물론 합격기라는 것은 문학상에 어떤 독특한 「장르」를 차지하고, 특별한 성격이나 형식이 있는 것이 아니기 때문에 다양·다종의 내용을 담을 수 있다고 본다.
 다만 여기서 이야기할 수 있는 것은 어떤 종류의 합격기든 그것이 자기 과시의 표현일 수 없으며 고시의 문턱을 턱없이 높이 쌓아 수험자들을 압도케 하거나 혹은 고시의 준령(峻嶺)을 폄하(貶下)하여 경시의 풍을 띠게 하여서는 더욱 안 되며, 또한 미려한 문장의 나열에만 그칠 수는 더욱 없다는 점이다.
 필자는 지금 졸문의 이 합격기를 운필(運筆)하면서 이것이 어느 정도 읽는 이들에게 일조를 줄 수 있을는지 심한 당혹과 고심의 와중에서 비교적 짧았던 수험기간, 순탄치 못했던 수험 여건 속에서 남들이 말하는 소위 「수석의 비결(?)」을 조심스럽고 적나라하게 개진하고자 한다.

아마 합격기의 효능은 수험 과정의 여러분께 자기 점검의 기회를 부여하는 데 있지 않나 한다. 이 점검을 통해서 합격자의 이야기에 어떤 권위성을 부여하여 남의 사고나 견해의 노예가 되어 당황과 불안에 빠지지 않기 바란다. 우리는 수험생에서 합격자로 바뀌는 순간 사고의 차원이나 영역이 코페르니쿠스적 전환을 하는 것을 수 없이 보아 오지 않았던가. 그렇다고 효과적이고 능률적인 타인의 수험 방법에 대해서 지나친 경계와 주저는 또한 금물이리라.

동양의 중용(中庸)(Golden Mean)이라는 덕(德)이 이처럼 고심과 방황·사색 끝에 오지 않는다면 그것은 극단보다 몇 갑절 더 나쁜 것이 되고 말리라.

· **분명한 목적의식**

(1) 확고한 목표 설정, 목표에 대한 불변의 의지가 성공의 첩경임을 우리는 잘 알고 있다. 흔히 고시에 대한 동기를 혹자는 맹목적 의지로, 또 다른 이는 집념이나 의지의 도전으로 규정짓는데 소박한 이야기로는 빵의 해결과 출세가 되겠고, 차원을 높이면 국가와 사회에 봉사하기 위해서다. 이 모든 복합적 요인들에 의해서 우리들의 고시에의 도전은 엄숙히 결정지어지는 것이다.

문제는 어떤 목적하에 고시를 시작했건 그 동기나 목적이 중요한 것이 아니라 불변하고 흔들리지 않는 목적의식의 화신(化身)이 되라는 점이다.

고시는 결코 무시하거나 경시할 수는 없는 것이지만 그렇다고 정복하지 못할 정상은 더욱 아니며, 비범(非凡)한 두뇌의 소유자나 일류대학 출신자의 전유물은 아닌 것이다. 여러 합격기 속에서 강조되는 "하면 된다"는 신념의 강조는 이 글 전체를 통해서 수백 번을 강조하여도 유위부족(猶爲不足)이다. 한 포기의 풀에서 우주의 오묘(奧妙)를 보고 한 알의 모래알에서 세상의 신비를 발견하려는 심경, 그것을 필자는 수험과정의 시작에서 철저히 강조하고 싶다.

물론 인생의 길은 고시 이외에도 더 큰 보람과 입신양명(立身揚名)을 가져다 주는 숱한 길이 있겠고 또 국가에 봉사하는 길이 고시뿐만이 아님은 재론의 여지가 없다. 하지만 적어도 고시공부에 뜻을 두고 출발을 했다면 한 술의 밥, 한 걸음의 보행, 일순간의 호흡도 고시를 위한 것으로 몰아가자.
　이러한 정신, 이러한 집념은 여러분의 수험과정을 단축시킬 것이며 능률을 또한 배가시켜 줄 것임에 틀림없다.
　일회독(一回讀), 일행(一行)이라도 바로 합격에 직결된다는 심정으로 책을 대하라.
　"매사에 열렬한 정열을 가진 사람은 자기에 관한 일에서 하나의 우연만을 보지 않으며, 만사에 그를 위해서 하늘이 작정한 것이요, 가장 사소한 일에서도 지고(至高)한 의지의 표적을 찾는다"라고 「예수의 생애」를 저술한 르낭은 갈파했다. 그렇다. 결국 아무 것도 아닐 수도 있는 고시이지만 일단 뜻을 세워 이를 정복하기로 결심했다면 자타가 공인하는 최고 권위의 시험일진대 배수의 진을 치고 우주의 오묘(奧妙)와 세상의 신비를 그리고 나 자신의 의지의 표적을 이 고시에서 찾도록 하라. 이러한 한계 상황에서 행하는 수험생활은 1년이라는 기간이 오히려 길 수도 있다는 속전속결의 철리(哲理)를 십분 증명해줄 것이다.
　(2) 경북(慶北) 영일(迎日) 그 어느 궁벽한 시골에서 초·중학교를 수석으로 마쳤을 때 어머님의 흑심한 병고(病苦)로 고교 진학이 불가능하게 되자 단신 서울 탈출의 용기를 내어 상경, 성실과 노력이란 이념의 푯대 아래 아르바이트로 전전, 역시 중동고(中東高)를 수석으로 마쳤다. 고교 시절 불같이 타오르는 끝없는 지식욕(知識慾)과 안으로 응결진 야망의 충일(充溢)로 지식의 섭렵과 글쓰기, 과외 활동을 게을리하지 않았던 덕택에 서울시 교육위원회와 각 대학교가 주최하는 문예콩쿠르에서 두루 장원(壯元)의 족적(足跡)을 남겨 훗날 논리성 있고 체계성 있는 문장 기술의 실력을 터득했다. 졸업 후 일년 간 기십만원의 학자금을 모은 후 경이와 기대를 가지고 풍요한 지성과 자유의 광장인 연세(延世)에 발을 들여 놓았다.
　(3) 처음 연세(延世)가 주는 무한한 가능과 자유에 젖어 자유에 뒤따르는 책임을 망각한 나머지 잘못 오도된 대학관(大學觀)에 심취하여 독어(獨語) 대리시험 사건으로 자퇴를 강요받는 등 대학 생활이 엉망이 되고 이수표(履修表)는 F 투성이었다. 대리시험 사건으로 빨간점수가 고향으로 통보되자 어머님의 간곡한 애소의 편지가 다시 나를 심기일전(心機一轉)케 했다. 겨우

낙제를 면하고 2학년에 진급하자 대학 생활에 대한 확고한 설계와 계획을 세우고 내 일생을 위한 기반의 정지작업(整地作業)에 돌입했다. 우선 학교 수업에 충실, 교수 사회에 인정을 받아 일차적 본분을 다하고 서클 활동을 통해 잠재력과 판단력·창의력의 계발에 주력하여 항시 문제 의식 속에 나를 살게 했다.

「이상(理想)이 없다면 인간은 쉬지 않고 일하는 개미에 불과하다」는 Hegel의 사유(思惟)는 바로 나의 사유였다. 뚜렷한 목적의식 없이 참가한 데모 대열 속에서 최루탄과 곤봉, 돌팔매질이 머리 위에 난비(亂飛)할 때 비로소「아! 조국, 아! 대학」하는 문제들이 절박하게 내머리를 질타해 왔다.

무엇보다 대학 과정을 통해서 겪은 최대의 고민거리는 시인 윤동주(尹東柱)의 말대로 현실적 자아와 이상적 자아 사이에 유리된 gap이었다. 현 대학이 안고 있는 고뇌, Academism과 Journalism의 조화는 우리의 갈등을 불러일으키는 한국적 상황의 한국적 슬픈 이야기일 수밖에 없고 이 슬픈 연대기를 살아 온 우리 젊음이 역사의 어느 페이지에서는 가장 현명했던 젊은이들로, 또 다른 어느 페이지에서는 가장 못난 사람들로 기록된 것임을 우리는 잘 알고 있다.

대학 2년은 나에게 가장 아름다운 한 해였다. 과(科) 전체를 통틀어 우등을 하고, 학생회관 내의 교수와 학생들 간의 대화실을「푸른샘」으로 명명, 영원히 그 이름을 남기게 하였고, 제2회 전국 대학생토론대회(미군철수와 한국안보문제)에서 최우수 발표상을 획득하였고, 그 중에서도 가장 인상적인 것은 연세(延世)의 상징 독수리 상을 건립하면서 전 연세인을 대상으로 모집한 비문 공모(碑文公募)에서 당선의 영광을 차지한 것이다. 또 방송국에 입사하여 어나운서 생활을 하면서 Y 시민논단에 연사로 가끔 나아가 제한되고 차단된 대학 생활을 경계하기에 노력했다.

3학년에 진급하면서 정립된 인생관에 따라 나는 학생 활동에 투신, 자기 개발과 조국에 기여하기로 작정하고 정법대학 학생회장직을 맡았다. 이 때까지 고시는 전혀 염두에 두지 않았으며, 다만 사회과학도로서 인접 학문에 대한 폭넓은 지식을 섭렵하기에 게을리 하지 않았고 한편으로는 대학이 민족의 심장으로 기능하고 실추된 대학의 권위를 회복하여 진취적이며 창조적인 대학을 이끌기 위하여「방관보다는 관심을, 거부보다는 협조」를 내걸고 열심히 뛰었다. 순수한 학생 연사만으로 이루어진 「대학풍향(大學風向)」은 크게 각광을 받았고 당국에서도 그 결과에 크게 만족하여 학생 활동의 새로운 방향을 모색토록 공동노력을 제의했다.

그 때까지 보충역에 편입되어 있던 병역관계가 10월 30일 입대 영장으로 전달되어 왔을 때 나는 일대 결단을 내리고 학장님의 연기 만류를 뒤로 하고 결연히 입대를 감행했다. 학생회 활동으로 막연하게 손에 잡히지 않는 불안 속을 헤매느니, 그리고 지금까지 알찬 경험을 쌓았으니만큼 일단 군에 입대하여 군 생활을 마치고 학교로 돌아와서 여건이 허락되면 가슴 한 구석에 자리 잡고 있는 그 고지, 고시의 정상을 정복할 것을 작정하였던 것이다.

군 3년 동안 불분명했던 조국관과 현실에 대한 인식이 굳어져 꿈에 그리던 연세 캠퍼스에 1973년 10월 다시 돌아왔으니 바야흐로 도전의 깃발은 서서히 저만치서 오르고 있었다.

• **수험생활 -그 미로의 여정**

(1) 복교(復校) 수속을 하고 나니 11월 초순, 졸업시까지 꼭 1년이 남았다. 고시를 할 것인가, 대학원 진학을 할 것인가, 아니면 취직을 할 것인가, 며칠을 숙고한 끝에 결단을 내렸다. 뒤의 둘은 훗날에도 이룰 수 있다. 그러나 고시는 지금 하지 않으면 내 일생에 다시 도전해볼 기회가 마련되지 않는다. 행정학도로서 행정고시에 한 번도 응시치 않는다면 평생을 미련과 회한 속에 보낼 것이다.

그렇다. 합격 후에 다른 진로를 걸을망정 나의 의지와 능력을 시험하는 이 결전에서 기필코 승리하자. 그리하여 부모님께 기쁨을 드리고 스승의 은혜에 보은하고, 모교의 명예를 올리고, 내 조국에 봉사하고, 그리고 내 자신에 대하여 용기를 갖게 하자.

결단을 내린 다음 은사이신 심치선(沈致善)·노정현(盧貞鉉) 교수님을 찾아뵈었다. 등록금은 총장님 장학금으로 해결토록 하고 연대 정법대학 내에 있는 화백실(和白室)로 침구, 취사용 냄비를 싸들고 들어갔다. 숙식이 가능한 곳이라 밥은 손수 끓여 먹기로 하고 잠은 의자 몇 개를 모두어 조립하면 훌륭한 침대가 되었다. 이렇게 하여 11월 8일, 1차 과목을 위한 몇 권의 책을 우선 구입했다. 출전의 나팔을 울리고 감격과 두려움에 입술을 굳게 깨물면서 순수한 인고를 기꺼이 감수할 것을 다침한 그 순간을 잊지 못한다. 1974년 2·3월 경에 있을 1차에 우선 합격하고 2차는 다음 회에 응시키로 계획을 세우고 완전 백지 상태에서 비장의 각오로 달라 붙었으니 도박도 엄청난 도박이었다. 그러나 고시돌입의 과정에서 다음 두 가지 마음의 준비가 되어 있었다.

첫째, 고시는 책을 깡그리 씹든지, 사진을 박을 정도의 수준을 이룩해야 한다.

둘째, 이 일년 내에 붙지 않으면 나의 인생은 파멸이다 라고….

(2) 1차 공부와 합격

우선 1차에 2개월 여의 전력 투구로 달라 붙었다. 수년 간의 학창생활에서 하루 종일 나의 시간을 가진 것이 이 때가 처음이어서 그 감격에 일 초를 허송하기 아까왔고 뒷바라지를 해주시는 교수님들을 의식하면 그것은 채찍이 되어 나를 엄습해 왔다.

① 헌법 : 문홍주 교과서를 기본으로 박일경 문제집, 전효전 문제집으로 1·2차를 겸했다. 방법은 우선 1·2회독은 통독으로 전체를 대강 훑고, 3회독부터는 조문·교과서·문제집 3가지를 병용시키되 교과서 전체를 일독한 다음 문제집을 보는 것이 아니라 정부편은 정부 한 단원의 조문을 우선 읽고 다음 교과서 정부편을, 끝으로 문제집의 정부편을 풀어 봤다. 교과서를 완전히 익힌 후에 문제집을 보는 것이 아니라 2·3회독 때부터 문제집을 보게 되면 이런 것이 "문제화 될 수 있구나"라고 짐작하게 되어 다음 번에 교과서를 읽게 되면 그 부분에 주의를 하게 되어 퍽 효과적이다. 1차는 모두 이 방법을 택하였다. 1차 대책은 여러 문제를 많이 보아두는 것이다. 교과서 4회독에 문제집 2권을 2회독하였으나 15회 헌법 문제가 까다로왔던 관계로 34개를 맞추었다.

② 민법 : 모든 법률 지식의 척도라고 평가할 수 있을 정도로 중요하면서도 어려운 과목이다. 곽윤직 교과서에 국가법정학회의 문제집, 강구진 문제집, 정동욱 문제집을 보았다. 총칙만으로는 이해하기 곤란한 혼동·상계(混同·相計) 따위의 용어를 법률학 사전을 찾아 익혔다. 비교적 온건하게 출제되며 학설은 통설을 따르게 될 것이다. 6회독에 38개를 맞추었다.

③ 행정법 : 1차 과목에서 제외되었으므로 생략한다. 처음 대단한 분량에

압도당했으나 서브노트를 하다 보니 오히려 쉬운 과목이 되어서 39개를 맞추었다.

④ 영어 : 1차 합격의 당락을 결정하는, 단시일 내에 정복할 수도 없는 그리고 별다른 정복의 방법도 있지 않는 과목이다. 1차 불합격자의 50%가 영어 과락이라 하니 평소에 꾸준히 실력을 쌓아 두는 수밖에 없다. 김태성 TOEFL 고급영문해석, 삼영사 객관식영어, KOREA HERALD, 영어정해를 봤다. 주로 새벽에 단어 외우기에 주력하고 단어의 의미를 문장 속에서 발견하도록 애썼다. 32개를 맞추었다.

흔히 2차를 중시하여 1차를 경시하는 경우가 많은데 우선 1차가 되어야 2차의 의미가 있는 것이니 아기도 배지 않고 옥동자를 얻으려는 우는 범하지 말아야 할 것이다. 영어를 제외한 3과목은 90점 이상을 받도록 계획을 세우고, 영어는 60점대를 받도록 하여 330점을 최저선(最低線)으로 설정하고 1차 시험장에서는 일초라도 끝까지 물고 늘어져서 문제를 정독하여 절대로 성급하게 답을 고르지 않는 것이 승패의 관건이다.

(3) 2차 준비의 제반 문제

처음 응시한 1차가 아무래도 불안하여 미처 2차 준비에 돌입치 못하고 한 달 여를 머뭇거리다 4월 17일, 1차 돌파를 무난하게 한 것을 알고 교수님께 알린 뒤 고향의 부모님께도 비로소 고시를 한다는 것을 처음으로 알려드렸다. 늘릴 수도 줄일 수도 없는 7개월을 혼신의 정력으로 밀어 부치되 합격의 통지를 받는 순간 쓰러지는 한이 있더라도 2차를 기꺼이 뚫으리라고 어금니를 줄근줄근 씹으며 손아귀에 힘을 모아 쥐었다.

5월 8일, 2차 과목을 위한 책을 구입하여 5·6월 두 달 동안은 학교수업 관계로 헌법·행정법을 제외하고 전 과목을 통독으로 2회독하였다. 2차까지 7개월이 남았으니 한달에 1회독을 하더라도 도합 7회독밖에 할 수 없었다. 또한 본교「한국어학당」에 나가 미국인을 상대로 하루 2시간씩 우리말 지도를 하다 보니 처음 두 달은 아무런 진척이 없는 것 같았다. 7월 초에 책 보따리를 싸들고「경기법률연구원」을 찾아 본격적인 공부에 돌입, 18일에 1회독, 21일에 2회독, 24일에 3회독을 하는 알찬 성과를 거두었다.

인간의 정신력은 무서운 것이어서 잠을 자유자재로 조절할 수 있는 능력을 터득케 되었고, 1회독·1행에 합격의 전부를 걸고 극도의 긴장속에서 일순의 휴식이나 호흡까지 고시를 위한 것으로 몰아갔다. 건강은 누구의 표현처럼 자전거와 같아서 계속 달리면 넘어지지 않는 법이며 가다가 쉬면 쓰러지는 것이니 숫제 건강에 무관심하고 말았다. 산이 있으니 오른다는 철리는 고시가 있으니 붙는다는 사고와 다를 것이 없다. 좌절 극복의 가장 효과적인 방법은 누차 언급한 확고부동한 목표설정 위에서 고시에서 전부를 발견하고 실현하려는 집념이 바로 그것이었으며, 불합격시에 내가 대할 주위 사람들의 모습을 상상, 내 비참한 몰골을 그려보는 것이었다. 거의 하루에 한 자루의 볼펜을 소모하는 박진력으로 산사(山寺)에서 3개월 간 4회독을 하고 아울러 모든 과목을 sub-note하여 최종 2개월을 서울서 하기로 하고 사설 도서실로 들어갔다.

• **최종정리-그 극한의 전율**

　필자는 2차 준비는 1차와 달리 2회 통독 후 각 과목에 대한 체계적인 이해 위에 하나의 approach 방법을 모색했다.
　국사를 일례로 들면 만일 어떤 문제가 나오면 먼저 시대 구분을 했다. 즉 이조 하면 임진란을 전후하여 가르고, 고려 하면 무신란을 전후하여, 삼국시대 하면 신라통일을 전후하여 문제의 성격이 달라지므로 갈라서 접근을 시도했다. 그 다음 사건의 배경 내지는 원인이 나오고 다시 그 사건의 발단·전개·변천되어 가는 과정이 뒤따르고 이어서 그 사건의 결과·경향이 나오게 된다. 결과나 경향은 다섯가지 면에서 approach해 들어 갔는데 정치적 영향, 사회적·경제적 영향, 군사적 영향, 사상적·문화사적 영향 등이 그것이다. 끝으로 그 사건의 의의나 현대사에 끼친 의의를 서술토록 하고 항시 전체적 흐름의 파악에 주력하였다. 행정학의 이해는 「고시연구」의 「2차시험 예상문제와 시범답안」에 언급되나 여타 과목에 대해서는 지면의 제약상 언급치 못함을 아쉬워 한다. 최종 2개월을 사설 도서실 등지에서 보내면서 평소의 방법을 그대로 유지하되 다만 시험 일자에서 역산하여 15일을 최종 1회독 기간으로 정하고 안광(眼光)이 지배(紙背)를 철(徹)하듯 성(誠)과 정(精)을 다해 하루 14시간의 독서량을 확보해 나갔다. 소위 예상 문제와 내가 중요하다고 생각하는 문제에 중점을 두었으며, 시험 이틀 전에 전 과목 점검을 행하여 다음과 같은 결과를 얻었다.

① 헌법은 1차 때 교과서 4회독, 박일경 문제집을 이틀에 한 번씩 정독 총 4회독

② 국사는 한국통사(한우근)를 2회 통독하고, 한국사요론을 2~3일에 1회 정독, 완전국사 1회 정독 도합 6회 정독

③ 행정법은 김도창 교과서를 1·2차 6회 정독, 60여 개를 뽑아 문제 중심으로 공부

④ 행정학은 유훈의 원론 2회독, 박동서 한국행정론 1회독, 4인 공저 문제집 4회독, 그 외 행정학과인만큼 각론은 노정현 박사님을 비롯해 여러 교수님께 수강했다.

⑤ 경제학 : 이정환의 원론을 철저히 암기 이해했고, 진세인 문제집을 3회독 기타 여러 수험 자료를 보완했다. 각론을 전혀 보지 못했으며 마의 과목으로 과락을 넘길 작정이었다.

⑥ 재정학 : 김명윤 교과서 7회독, 문제집 3회독, 차·배 교수의 교과서를 sub-note하여 김 교수의 책을 보완했다.

⑦ 조사방법론은 이만갑 교과서를 중심으로 김해동·이관우의 교과서를 보완, 완전 문제를 만들어 외워버렸다. 7회독

⑧ 국제법은 박관숙 교수의 교과서에다 박·배 교수의 문제집으로 완벽하게 커버하였다.

이상의 점검을 끝내자 극도의 흥분과 긴장 탓으로 밥이 먹히지 않았고 소화 기관이 all stop을 하는 것 같았다. 시험 전일 준비물을 갖추면서 다음 사항을 메모하여 두루마리가 펴질 때까지 보기로 하였다.

첫째, 문제집의 title을 가능한 한 지양하자.

둘째, 문제의 핵심을 명백히 파악하여 문제집에 있는 것인 양 착각하지 말자.

셋째, 항시 한국 문제(韓國問題)의 언급을 잊지 말고 포괄성 있게 그리고 관련성 있는 문제는 모두 언급해 주자.

넷째, 아는 문제가 나왔다고 흥분하여 졸속에 흐르지 말고 모르는 문제가 나왔다 하여 당황하지 말고 최선을 다해 과락만은 넘기자.

다섯째, 과욕하지는 말되 최고 답안을 작성한다는 심경으로 임하자.

12월 2일 : 격전의 날이 밝았다. 헌법과 국사를 완전히 읽고 갔으나 불안과 초조 그것이었고, 두루마리가 펴지기를 기다리는 순간을 무딘 붓으로 어

떻게 표현해야 좋을까. 저 감겨긴 한 문제가 각고의 몇 년을 헛되게 하기도 하고 또한 인간의 영욕을 좌우하나니 꼭 감은 눈 언저리에 부모와 스승이 얼굴이 착잡하게 교차하고 있었다. 국사는 너무 과욕한 나머지 만족할만한 답안을 작성치 못했고(66.88점), 헌법 역시 2문 정부 형태도 비중을 고루 두지 못했다(58.33점).

12월 3일 : 행정법과 행정학은 득점 과목으로 보았고 문제도 눈여겨 본 것이라 무난히 썼으나 행정학은 몇 가지를 빼 먹었다. 행정법(67.00점). 행정학(68.00점)

12월 4일 : 가장 난감한 경제학과 재정학이 걸린 시간인데 날씨까지 혹한으로 돌변, 잔뜩 겁을 먹은 채 시험장에 임했다. 아닌게 아니라 경제학의 제2문 환율제도는 한 번도 본 적이 없는 문제로서 그저 상식정도로 알고 있는 고정환율제도는 고정되어 있고, 변동환율제도는 변동되는 것이라는 정도의 지식뿐이었다.

핏기가 가시고 아찔했으나 외환관리정책을 물고 늘어져 적어도 논리만은 닿도록 하고 제도에 관한 문제인 만큼 의의·목적·종류·장단점 비교·한국에 있어서의 환율 제도 등의 순으로 다섯장을 꼬박 채우고 나왔다. 역시 최악의 점수를 받았다(47.33점).

경제학 시험을 끝내자 소화 관계로 사흘을 꼬박 밥을 먹지 않고 의지 하나로 버터 왔는데 시험을 놓쳤다고 생각하니 걸음이 휘청거려 같은 응시생인 동료의 하숙방에 들어가 오후 시험을 포기한 채 드러누워버렸다. 한참을 누워 있다 가게를 찾아 데운 우유 2병을 마시고 가게 아주머니가 준 물수건으로 머리를 축이고 다시 시험장으로 향했다.

다행히 재정학 두 문제는 의외의 문제가 아니어서 대강 쓴 채 나왔다(60.00점).

그 무섭고 악몽 같았던 하루를 잊을 수가 없다.

12월 5일. 조방(73.00점)과 마지막 국제법(77.33점)은 그런대로 썼다.

특히 국제법에서는 한자를 잘못 썼으나 잘못 쓴 한자를 번연히 알면서도 시간의 제약상 고치지를 못했다.

필자는 답안지 10매를 첫 장 첫 줄에 문제를 쓰고 간혹 한 줄씩 띄어쓰면서 모든 과목을 10매 전량을 채웠다. 동료들이 달필이자 속필이라 하지만 속필은 분명히 하루 두 과목 40page를 채우니 볼펜 한 자루가 바닥이 났었다.
　물론 간략하고 명쾌한 답안이 최상의 것임은 재론을 요치 않겠지만 시간과 쓸 것이 있다면 구태여 여백을 남겨 놓을 필요 또한 없을 것이다. 시험을 끝낸 즉시 입대 전에 하던 입주 아르바이트를 주선, 여고 3년생 4명을 지도하면서 만일의 결과에 대비, 재도전의 채비를 갖추고 경제학만 과락을 넘겼으면 하는 일념에 담담한 심경으로 나의 일상생활에 다시금 충실했다.

· **합격- 인고, 그 순수의 절정에서**

　1975년 1월 14일, 2시 경 응시 원서에 내 주소로 기재된 친구의 집에서 석간을 뒤적이고 있을 때 차 소리와 더불어 내 이름을 찾는 소리가 들렸다.
　어디 그 극적인 장면을 묘사해 보자.
　"이 댁에 박명재씨 계십니까?"
　"예, 왜 이러십니까?"
　"아, 축하합니다. 서울신문사 이 기자인데 금년도 행정고시 수석입니다. 우선 사진 좀 찍고 인터뷰 좀 하십시다."
　눈물이 흐리지 없다. 그렇다고 허허로운 웃음을 날린 것도 아니었다. 지고(至高)한 감사의 념으로 충만된 가슴에 다만 안으로 침잠하여 응결되는 새로운 용기와 각오가 서서히 그리고 뜨겁게 차올랐다. 시험은 정직하고 노력은 반드시 그 댓가를 보상하느니 하늘은 스스로 노력하는 자를 돕느니라.
　고향과 친지·은사님과 선배·동료들 그리고 본 고장 출신의 의원·군수님으로부터 쌓여드는 축전 위에서 상경 12년 간의 인고가 자꾸만 순수의 절정으로 높아만 보였다.
　존경하는 총장님, 이 적은 영광은 크신 경륜으로 당신이 이끄시는 아름답고 자유스러우면서도 책임이 수반되는 연세 풍토 속에서 배양된 것입니다. 다망하심에도 불구하고 항시 관심과 배려를 부어주심을 충심으로 감사드립니다.
　노 박사님, 항시 무한의 가능성을 보이시어 보다 넓은 시야와 잠재력을 일깨워 주시고 배려의 손길 미치심을 고개 숙여 감사드립니다. 공직에 나아가더라도 편협되고 낙후되지 않게끔 더욱 채찍질하여 이끌어 주시옵기 바랍니다. 심 처장님, 공부할 수 있는 여건을 만들어 주심이 일조였다면 자극이 되어 채찍이 된 것은 이조였으며, 처장님의 인격에서 감사에 넘친 생활을 배운 것은 헤아릴 수 없는 도움이었습니다. 건강에까지 자상한 배려를 하시어 약봉지를 꾸려 주신 그 자애로운 손길을 잊을 수 없습니다. 고맙습니다.

그 외 중·고시절의 은사님, 부모님, 형님, 동생 그리고 저에게 관심과 격려를 보내주신 이웃 친지 어른들, 여러 벗들에게 뜨거운 감사를 드립니다. 다시금 출발의 문턱에 서서 사회로부터 받은 이익을 다시 사회로 돌려 보내는 철학의 실천인, 고(故) 유일한씨를 본받아 성실하고 겸허한 공복으로서 더욱 추구하며 노력하여 사회와 국가에 헌신할 것을 굳게 다짐합니다. 독일의 철혈(鐵血) 재상 비스마르크는 젊은이에게 권하고 싶은 말은 단 세 마디라고 했습니다.

일하라.

더욱 일하라.

그리고 끝까지 일하라고,

필자는 이 말의 의미를 다시 한 번 되씹으면서 수험생 여러분의 건승을 빌어마지 않는다.

이런 얘기

― 스스로 엉터리라 자처하며... 발랄했던 여대생이
명쾌한 문장으로 솔직하게 털어놓는 사법시험수험기 ―

김 영 혜
· 제27회 사법시험 합격(여자)
· 1959. 9. 24. 인천 출생
· 고려대 법학과·서울대 대학원 수료
· 서울 가정법원·부산지방법원 판사
· 서울지방법원 판사

· **법대 이전의 이야기**

　법조계통으로 인연이 닿은 것부터가 전혀 우연에서 비롯된 것이라 할 수 밖에 없는 나의 이야기는 결국 뒤죽박죽임을 피할 수 없을 듯 싶다. 대부분의 사람들은 어렸을 때부터 자기의 장래에 대해 막연하나마 꿈을 갖게 된다. 나 역시 가까운 곳에서 둘째 오빠가 공부하는 모습이 좋아 보여 무조건 외교학이 내 길이라 생각되었고 활발하던 중학시절까지만 해도 그저 국제사회에서 한국을 이롭게 하는데 수완을 발휘할 외교관을 꿈꾸었다. 다른 방면은 전혀 생각 밖이었고 그런대로 수월하게 진행되나 싶었는데, 추첨제 고교입학 1기생으로서 예기치 못했던 장애를 맞게 되었다. "불합리와 소양의 사장"이라는 환경의 벽 앞에 적응력이 약한 난 제대로 배기질 못했고, 잠재적 불만과 무기력만 가득 안은 채 학교생활은 엉망이 돼버렸다. 이름하여 "무시험 제도의 희생물"이라 할 수 있을지. 하여간 훗날에 영악하지 못했던 자신에게 큰 반성과 많은 의미의 교훈을 준 3년이었지만 아직도 그 억울함이라는 한 끝은 남아있음도 부인할 수가 없다.

　성적은 정상과 바닥을 기복있게 넘나들었고 입시 지옥은 나완 무관한 단어요, 그 필수적인 정통영어나 수학정석은 졸업할 때까지 반도 볼수가 없었다. 웬만큼 나온 예비고사 성적과 몇 등인지도 모른 채 졸업 때 받아 쥔 우등상만이 기특할 뿐이었다. 결국 점잖은 문제아는 그리도 어려서부터 원하던 대학에 낙방했고 전혀 차선책을 마련하지 못한 채 멍하니 있을 때 친구가 대강 원서를 사다가 접수시켜 줘서 들어간 곳이 외국어 대학 영어과였다.

비슷한 모습의 학생들, 어쨌거나 대학이라는 새로운 세계는 새로운 느낌으로 다가왔고, 신입생 환영회에서 "여러분의 그런 대로의 입학을 그런 대로 축하한다"는 선배의 비뚜름한 인사가 제격이었다. 자기에 대해 정리해 볼 새도 없이 모의 올림픽에서 소프트볼 미국 대표부동의 5번 타자로 나서 보기도 했고 어렸을 적 친구 빼쩡한 여자들 일곱이서 "노르먹"이라는 놀고 먹자는 모토를 앞세운 나태한 클럽도 결성하여 잘도 어울려 다니며 쉽게도 1년이 흘러갔다.

그러나 공부엔 영 취미를 붙일 수 없고 고등학교 유사 분위기에서 벗어나지 못하는 시스템이 영 대학답지가 않아서 거북스러움은 커갔다. 문법·회화·강독·작문 등으로 이어지는 영어 강의는 전혀 내가 생각지 않던 데에 와 있구나 하는 생각을 일으켰다. 휴학하고 재수하는 학생도 꽤 있었지만 재수기간을 배겨낼 수 없을 내 성격을 알고 있으므로 그냥 묵묵히 다닐 뿐이었다. 그러니 관심은 늘 밖으로만 돌아 데이트에 노르먹 친구들과의 여행, 일일찻집 등으로 늘 분주하였고, 78년 말에는 영어 회화 클럽 fire fly에 가입해서 meeting시간의 재미난 콩글리쉬 공방전, 크리스마스 파티가 즐거웠다.

그러던 중에도 이게 아닌데 싶은 생각은 밑에서 맴돌고 우연히 친구가 편입 시험이란 걸 공부한다는 얘길 듣게 되었다. 귀가 솔깃했다. 재수는 싫고 벗어나고 싶다는 생각은 있고…. 들어 맞는구나 하는 생각이었다. 성적분포표를 놓고 정치외교 방면만 생각했으면서도 점수라는 허영 때문에 반사적으로 골라 잡은 게 고대 법대였다. '외교학은 부전공하면서 외시 준비를 하면 되겠지 뭐' 하는 무모한 생각에서. 이러한 충동적 결정은 그 날로 달려가 편입시험 문제집을 두 권 사다가 일주일 동안 대강 훑어보고 변장하고 가서 시험을 치렀으니 후에 어떻게 법학과로 오게 되었느냐는 빗발치는 질문에 부끄러워 할 말이 궁했다. 시험에 관해 떠들썩한 건 딱 질색이라 근 한달간 아침에 친구들과 광성학교에 가서 테니스 라켓을 휘두르고 fire fly에서 기획한 영어 연극에서 질투심 많고 수다스런 wife역을 맡아 제물포 고등학교에서 열심히 연습했다.

혼자서 터벅터벅 들어선 고대 운동장에서 합격을 확인하고선 기분이 아주 좋았고 뭔가 새로 시작할 수 있다는 뿌듯함에 벅찼다. 비록 미도파 앞 지하도 계단에서 미끄러졌지만 아프면서도 괜히 웃음이 비죽비죽 새어 나왔다.

허나 식구들에게 알리자 의외로 반응은 떨떠름했다. "무슨 법학과냐…. 뭐 정 니가 원한다면…." 이셨다. 자율적 집안 분위기에 따라 무작정 학교를 옮겨 버렸고, 석조 건물로 짜임새 있게 자리잡은 캠퍼스는 가위 매혹적이었다. 외대 친구들에겐 학교를 저버린 괘씸한 친구로 보여졌지만 그래도 아주 좋은 우리반 친구들은 지금 만나도 모두 반갑기만 하다.

• 엉터리 법대생

고대는 교문에서부터 맘에 들었고 면접시험날부터 친절하게 대해 주신 김진웅 선생님, 쭈빗대는 외로운 여학생에게 자상하시던 사무실의 여러분들, 합리적인 학사행정, 학교와 함께 나이드신 용원 아저씨, 아주머니들, 그리고 미묘한 생동감의 분위기까지 모두 고대에 대한 사랑을 무럭무럭 키워주었다.

다만 법학이 무엇인지는 깜깜하나 소시적에 본 "검사와 여대생"이란 영화에서의 감과 사법시험은 공부를 무지막지하게 하는, 나와는 멀고먼 희한한 사람들만이 보는 거라는 무식한 상식밖엔 없었다. 편입생끼리 처음 학사 다방에 모여 얘기하다가 "근데 시험은 볼 겁니까?" 하는 한 학생의 질문에 "무슨 시험요? 또 봐야 돼요?" 하면서 이제 들어왔는데 무슨 시험을 또 봐야 되나 보다고 내심 걱정스러워 했던 게 우스운 기억으로 떠오른다.

그러면서도 fire fly에서 열심히 연극연습, club meeting After로 늘 밖으로 돌았고 성황리에 연극을 마치곤 많이도 아쉬워했다. 새로운 맘으로 시작한 학교생활은 자리맡기 다툼이 요란한 가운데 아무런 책도 없이 달랑 노트만 들고 다니는 몰지각한 법대생에 머물러 있고 수업시간에도 연극을 하던 광경과 대사가 가물거려 갈피를 못잡았다. 결국 선배들과 디스코 테크에서 쌍 파티를 하고 아쉬운대로 학교생활로 돌아왔다.

새로 나타난 뻣뻣한 여성 동지에게 평숙이는 다정하게도 이것 저것 안내했고 민총·형총·헌법책은 뭣뭣을 사라고 코치해 줘서 2학년 중반쯤 그딴 책들을 갖게 됐지만 워낙이 책 읽기에 무관한 사람인지라 그저 강의나 꼬박 챙겨 듣고 필기하고 하면서 시험시간엔 법전도 없이 옆사람 것 빌려 보면서 지내고 정말 어이없을 정도여서 새삼 얘기하기도 창피스러우나 유치한 교만이 아니라 무지의 소치였던 고로 어쩔 수가 없다.

  2학년이 끝나가면서 그런 식의 공부는 한계를 드러냈고, 성적도 차츰 불안해졌다. 그래도 워낙이 느긋하고 태평한 면이 있는 탓에 시험 전날에야 여행에서 돌아와 겨우 시험치르고 했던 배짱도 생각났다. 79년말은 10. 26으로 노르먹 친구들과 시류에 따라 정세 판단에 설왕설래하면서 보내야 했고 캠퍼스는 잃어버리고 말았다. 왜 그렇게도 그 땐 학교가 가기 싫던지.

  어느새 80년 3학년이 되고 한창 캠퍼스가 활기를 되찾았을 때 난 불안정의 절정에서 비틀댔다. 고시에 전적으로 매달려서 1차에 붙은 친구들은 영 나와는 다른 사람 같았고, 형사 모의재판에서 기획 파트에 한몫끼어 구색갖추느라 넣어 준 여학생이었지만 딴에는 열심히 하려 했고 같이 일하는 사람들과 스터디 그룹도 만들어서 지금 생각해 보면 유치한 단계지만 공부도 좀 하곤 했다. 그러나 5. 17로 모의재판은 유산되고 남은 건 화려한 성적 뿐이었다. 학교에선 늘 외톨박이였고 워낙 사람을 두루 사귀는 성격이 못되는 데다 강의는 퍽 흥미로웠지만 전체적인 감을 잡을 수 없고 너무 힘들다고 생각되었다.

  학장 선생님은 지나가는 날 부르셔서 요즘 한 눈 파는 것 같다고 꾸중하시는 바람에 뜨끔해졌고 사법시험을 당연히 보는 것으로 전제하고 말씀하시는데 어떤 결정을 명확히 해야 한다는 생각이 들었다. 그러면서도 불안한 상태는 계속되어 club에는 안 나갔지만 노르먹 친구들과 속리산·설악산·무주구천동, 어디 그 뿐인가 부산 등지로 잘도 어울려 다니며 시간을 보냈다.

  겨울 방학이 되면서부터 혼자서 끙끙 앓던 끝에 나도 사법시험을 봐야겠다고 마음 먹었다. 3학년이 끝나도록 민총·형총 한 번 안 읽은 엉터리 법대생은 뒤늦게야 정신이 들었던 것이다. 외무직 쪽은 이제 떨어져 갔고 법학 강의는 생각지 못했던 흥미를 자극했지만 평숙이 한테서 사법시험 과목을 알고는 그 많은 걸 지금부터 언제 다 공부하나 싶어 도무지 불가능한 도전 같기도 했다. 그래도 다른 학생들도 다 한다는 사실에서 용기를 갖기로 하고 나도 공부 좀 했다는 기억을 만들고도 싶었다. 허나 병원 신세지는 바람에 계획은 또 약간 미뤄지고 4학년이 되어서 강의시간에 몇 안되는 출석자 중의 하나가 되어 고시 안보는 사람의 외로움을 느껴야 했다. 썰렁한 강의실, 그 북적대던 사람들은 다들 꿋꿋하게 도서관을 지키고 난 인천서 전철타고 와서 강의만 겨우 듣고 집으로 가 통학에 시달렸네 하며 늘어지기 일쑤였다.

3월인지 4월인지 23회 1차시험은 정말이지 구경삼아 가 보았다. 전혀 무식장이로서 낯 뜨거운 행차였으나 어차피 거쳐야 한다면⋯ 하면서 버텨왔다. 답안지 쓰는 방식도 몰라 전부 틀리면서도 뭔가 희망이 고갤드는 걸 느꼈다. 그 날이 둘째 오빠가 뉴질랜드로 발령나고 송별회를 갖기로 한 날이라 마침 식구들 모인 데서 한 번 해볼만 하다고 처음으로 얘기할 수 있었다. 그저 사법시험은 별 따는 노릇으로만 알았다가 배운 과목들 공부해서 똑같이 시험을 치르는 것이라는 평범한 사실을 그제서야 깨달은 것이니 그 우매함이란.

• **사법시험 준비**

4학년 봄부터 도서관에 발을 디밀기 시작했는데 안하던 공부를 하려니 좀이 쑤시고 머리도 띵하고 도무지 책상 앞에 오래 앉아 있는 것 자체가 힘들었으며 책도 더디 읽고 또 도서관에 아는 사람도 없어 혼자 쉴 데도 마땅찮고, 그래서 마지못해 자리 지키는 것이 갑갑의 극치였다. 비능률의 행군은 그때부터 시작했나 보다.

이때, 인하대로 자리도 옮겨 보고 집에서 방 하나를 조명 고쳐달라, 추월타니까 난로 설치해 달라, 유난히도 떠들면서 실상 책은 이것 저것 닥치는 대로 보는 상태고 친상법·민소법의 강제집행까지 교과서를 열심히 읽느라 시간을 잘도 낭비했고 전체적인 이해는 그저 오리무중이었다. 학교에서는 평숙이와 같이 공부하기로 했었는데 개인 사정으로 그녀가 못나오게 되자 하루 종일 말 한마디 나누지 않고 지내는게 고문처럼 괴롭혔고 혼자 끼니 때우는 노릇이 영 처량해서 대충 굶고 지냈다. 모르는게 있어도 나의 완벽한 무지 상태가 적나라하게 나타날까 봐 그저 혼자 끙끙, 도무지 주변머리 없는 건 공부를 더 어렵게 만든 원인이 되었다.

인천에서의 통학은 피로를 더 하게 하여 시험볼 2년 동안만이라도 서울로 옮겨야 한다는 생각이 들었고 책과 옷 몇벌 가지고 친구네 집으로 들어가게 되었다. 새벽잠이 없는 옥자는 정확하게 날 깨웠고 졸음 덮힌 눈으로 이른 아침, 버스에 기대 앉아 서울대교를 지날 때 새벽 한강변을 바라보며 이런저런 계획도 생각하면서 도서관으로 향했다.

마음은 내키지 않았지만 어차피 시험은 피하지 말아야 한다는 생각에서 고시실 입실겸 특강수강 자격시험을 여름에 치렀고 성적이 괜찮은 것이 좀 의아스러웠지만 하여간 특강을 듣게 됐고 고시실은 남학생들만 잔뜩 있는 곳이라 강의실 들어가기도 거북스러웠던 난 거기 끼일 엄두도 못냈었다. 선배들의 고시생같은 분위기, 특강 시간이면 물밀 듯 들어오는 학생들, 해박한 지식에 그 넉넉한 질문 등으로 자꾸 기가 죽었고 행정법이나 형소법 같은 건 무슨 소린지 전혀 모르다시피 해서 쩔쩔매었다. 특강 한 과목 끝나면 모의시험 보고 장학금도 주곤 했었는데 내가 그걸 심심찮게 받았던 건 전혀 뜻밖이었고 따라서 근거없는 교만이 솟기도 하는 복잡한 상태였다.

남보다 뒤늦게 시작했기 때문에 2년 예정으로 몰아붙이기도 힘이 들었고 조급하므로 시간만 많이 확보하겠다고 수면시간을 갑자기 줄이고 식사시간도 아끼고 하다보니 한 달새 체중이 8kg가 줄어 버렸다. 점차 기력이 없어지고 소화가 안되는 후유증이 나타나기 시작했다.

여름방학에 옥자가 연수를 떠나는 바람에 학교 근처에 아파트방 하나를 얻어 자취를 시작했다. 난생 처음 남의 집 살이가 영 어색해 새벽같이 집을 나서고 밤늦게 들어가는 생활이었고, 고 3 때 조차 공부해 본 기억이 없어 얼마만큼 해야 하는지 감이 안 잡혔다. 1·2차 과목을 병행해 읽으면서 외곬으로 공부만 해야 한다는 선입견에서 그저 힘들어도 앉아 있고 남들도 다 어려워하는데 내가 힘겹다는건 핑계에 지나지 않는다고 생각했다. 부족한 영어는 고시영어, 고급영작문 등을 수강해서 보충했고 전혀 모르던 경제학은 이학용 선생님의 강의와 방학 특강으로 대강 이해할 수 있었다. 그러면서도 친구를 만나고 철늦은 데이트에 한눈 팔고 하면서 뺏기는 시간도 적지 않았다. 성격이 똑 부러지게 공부에만 매달리지 못해 이리저리 휩쓸리는게 스스로 안타까우면서도 자제되지가 않았다.

4학년이 끝나가니까 그냥 도서관에서 버티기가 어렵겠다는 생각이 들어서 호석정 문을 두드렸다. 나를 받아들이느냐로 임시 회의까지 열었다는 호석정이 그럭저럭 자리 하나 마련해 주어 들어가 보니 무시무시한 분위기는 내기를 꺾어 놓기에 충분했다. 잔뜩 쌓아놓은 책과 논문들, 앞에 붙인 시간표와 자기 다짐의 글귀들, 너무나 가라앉은 분위기, 난 숨쉬는 것 마저도 불편할 지경이었고 왜 왔나 싶었지만 졸업하고는 여기 박혀 있는게 낫겠다 싶어 가까스로 버텼다. 책도 얄팍한 것만 골라서 제대로 읽기도 바쁘던 내겐 논문까지 끼워 두툼한 책들은 경이로워 보이기까지 했다.

그러던 중 건강은 급속도로 나빠졌고 하루 커피 석잔으로 버티던 몸은 기력이 없어 늘 어지러웠고 위장은 망가져서 이젠 먹으려 해도 음식이 받지를 않았다. 바로 앉던 습관은 잃어버리고 늘 눕고만 싶었다. 그러나 쉴 곳도 마땅찮고 맘은 조급했고 지금 생각하면 그런 상태로 공부한다는게 불가능인 것 같다. 여학생 휴게실에 쓰러져 그대로 잠들어 버렸던 늦은 밤, 가야잖냐고 깨우며 학생 어디 아프냐고 용원 아저씨가 묻던 때는 참 서글퍼지기도 했었다. 위장약은 한없이 졸음을 몰고 왔고 저녁 때면 눈이 침침해져서 맘이 있어도 책을 읽을 수가 없었다. 그저 남들도 다 이렇게 힘든데 잘들 견디고 있는 거라고 스스로를 나무라기만 했으니 그 무지몽매함이란.

1차도 뭐 그리 알아야 할게 많은지 세세한 암기에 짜증도 났지만 문답식으로 공부하던 게 도움이 됐고 시험이 다가올수록 불안은 커졌지만 책은 놓지 않으려 애썼고 가속도를 붙여 반복하면서 과목당 문제집 한권 정도는 꼼꼼히 볼 수 있었다. 워낙 책을 더디 읽는 편이었지만 다급하니까 저절로 좀 나아졌다. 시험 전날은 오전 내내 빈둥거리다가 오후엔 갑자기 오래전 덮어뒀던 이효구 경제학 문제집을 급히 들춰보고 친·상 조문도 암기하면서 늦게까지 앉아 있었다. 24회 1차시험은 힙겹게 치렀고 답안을 수정할 수 없다기에 잘못 쓴게 있었는데도 뭐 이것 때문에 떨어지지야 않겠지 싶어 그냥 냈던 기억도 있다.

오랜만에 인천에 가서 푹 쉬었고 발표 때까지 빈둥댔다. 바로 2차 준비하는 사람은 초인처럼만 보이고 도저히 책이 손에 안 잡히고 간만에 쐰 바깥 바람이 퍽 상쾌했다. 1차는 준수한 성적으로 합격했고 상당히 기분이 좋았다. 코 앞에 닥친 2차야 남의 일이었고 25회를 목표로 계획을 세우려니 그것도 빠듯했다. 민소법·행정법은 감을 못 잡은 상태고 윤리·형소법·민법도 사실상 감감, 1차준비 한다고 너무 2차과목을 미루었던 것이 큰 오산이었다. 어쨌던 24회 2차는 선배따라 시험장 구경을 가봤다. 방이 떨어지는 모습이 재미났고 선배가 택시 안에서도 마지막 순간까지 매달리는 모습을 바라보면서 나흘을 잘도 따라 다녔다. 민소 같은 경우엔 용어를 몰라 설명식으로 작문도 해보곤 했는데 나중에 전과목 40점 미만인 줄만 알았었는데 꽤 괜찮은 점수도 있고 하여 신기했을 따름이었다. 선배가 합격하고 몇몇 주위 사람들이 합격되는 걸 보면서 '나도 내년에는' 하고 각오를 새롭게 했다. 과락으로 아깝게 떨어졌네 하는 사람들의 말은 아깝지 않은 사람이 어디 있으랴 싶어 패자의 구차한 변명 같아만 보였다.

　그러다 보니 금새 가을도 깊어지고 빨리 전열을 가다듬어야겠다는 생각이 들었다. 그런데 그동안 같이 공부하던 친구가 개인사정으로 떠나고 호석정에 댕그마니 혼자 남으니 주변없는 힘겨운 생활은 다시 이어졌다. 그 고립된 상태인 느낌이 너무 싫고 사람들과의 부딪힘도 짜증스럽고 후줄근한 스스로의 모습이 지겨웠으며 마음은 자꾸 약해져 깜짝깜짝 놀라는 버릇이 생겼다. 1차 끝내고 느슨하던 상태가 조임에 익숙지 않았고 뭘 믿을 구석이 있다고 시험에 임박해서 피치올리면 되겠지 하면서 늘어지려고 했다. 이때 막연히 대학원에 적을 두고 싶다는 생각이 들었고 모교는 장학금 받을 만큼 평점이 높았다면 그냥 갔겠는데, 송 교수님의 상법강의가 유익했던게 생각나고 모호하나마 시야를 넓힌다는 생각에서 서울대를 택했다. 그것 역시 소란이 싫어서 시험을 어찌 치르는지도 모르면서 전전긍긍, 바닥난 독일어는 최신 독일어로 차근히 정리했고 고시잡지의 기출문제를 보면서 그저 답답한대로 진행했다. 12월이 시험이니까 두 달 동안 기본 3법과 상법을 공부하고 그후에 나머지 과목에 집중하자고 계획하고 영어는 1차때 했던 실력으로 때우고 독어에 치중했는데 도중에 사전이 주어진다는 것은 정말 우연히 알았고 그 때부턴 단어는 안 외우고 문맥구조 파악 요령만 종합독문해석연구로 익혔다. 남몰래 하는 공부가 스릴있어 두달 동안은 모처럼 신나서 공부했다. 막상 시험날이 되면 가기 싫은 병이 도졌지만 스스로 달래서 시험을 치렀다. 어학이 실수 없었으니 웬만큼 기대도 했지만 뭐 나만 못한 사람 있으랴 싶어 그냥 접어두고 다시 특강에 들어가고 고시로 방향을 돌렸다.

　그 때부터 전체적인 법과목의 윤곽이 잡혀오고 뭘 하자는 얘기인지 알게 되자 어느날 갑자기 득도의 경지에 오른 듯한 착각을 갖기도 하면서 이시윤 민소법과 이상규 행정법을 반복해서 읽어 나갔다. 발표나던 날은 특강을 듣고 저녁 때가 되어서야 정숙이가 발표는 봐야잖냐고 해서 같이 나섰다. 크리스마스가 다가온 것도 모른 채 나갔는데 미도파 앞의 인파가 별세계 사람들 같았다. 어두운 교문 앞에서 가로등 불빛으로 이름을 찾다가 "어머 언니 여기 있다. 축하해요" 하는 정숙이 소리에 얼른 확인해 보고 기분이 상쾌해져서 인천에 갔는데 집에선 의외로 받아들이셨고 혹시나 시험준비에 소홀해진 건 아닐까 걱정하시는 빛이셨다. 그러다 보니 또 한 번 다급해져서 동생에게 휴학 절차를 부탁하고 마지막으로 분발해 보고자 했다.

그러나 일은 조금씩 틀어졌다. 지금까지 한 곳만 바라보고 오던 것이 산만해졌고 웬만큼 알게 되니까 더 나아지는 것 같지도 않고 그저 미래의 불확실성에 대한 짜증만 더해갔다. 점점 더 피치를 올리는 호석정 분위기에 질렸고 의욕만큼 따라주지 않는 체력이 원망스러웠다. 안되겠다 싶어 그룹 스터디를 제안했고 공부한 것 얘기하면서 정리하려 했다. 난 거의 배우는 상태였고 나에게 시험전 석달의 중요성을 역설하며 헤매는 동료를 격려해 주었다.

정말이지 영원히 멀기만 할 것 같던 날이 다가오는데 대한 압박감은 너무나 커서 아예 외면하고 피하고픈 생각이 들었다. 책을 주욱 훑는 방법에 싫증나고 너무도 빨리 망각되는 지식이 억울하기만 했다. 너무도 승산없는 게임이 아닌가 하는 불안이 가슴을 누르고 2년 여의 갑갑증은 도를 더해 보지도 않던 신문을 사다가 샅샅이 읽는 못된 버릇이 붙고 약간만 피곤해도 아파트에 가서 넋 놓고 TV 앞에 매달리게 되었다. 시험전 날엔 어머님이 도시락 싸들고 오셨는데 2년 동안의 힘든 행군이 보상없이 끝난다는 느낌, 그렇게 공부했던게 4일동안 몇자 적지도 못하고 말거라는 생각에 괜스리 억울하여 눈물을 콩콩 찍어내던 기억도 있다.

25회 2차시험 4일간은 괴로움이었다. 잠도 잘 수 없고 시험장에선 녹초가 되어 글씨가 써지지 않았다. 긴장 때문에 떨리는 건줄 알았는데 기진해서 온 몸이 후들댔던 거를 나중에 알았다. 그럭저럭 치른 시험이 그저 홀가분하기만 했고 모두들 걱정하는 채권의 보전문제를 제대로 써줘서 내심 붙기야 하겠지 하는 딱한 생각을 갖고 있었다.

대학원에 복학하고 그림도 그리고 피아노를 두드리며 발표를 기다렸다. 못 만나던 친구들과 어울려 전혀 딴 세상에 나온 듯 신기해 하며 돌아 다녔다. 반포로 거처를 옮기고 대학원 강의에 열심히 나갔다. 박사과정하시는 분들의 해박한 지식, 실무에 계시는 분들의 경험론으로 이어지는 강의는 제법 상법에 관해 깊이 배운다는 뿌듯함을 선사하기도 했고 연파회 사람들과 재미나게 몰려 다니기도 했다.

그러나 가벼운 마음으로 기다리던 발표날 아무도 내게 전화하지 않는 그 외로움이란…. 학교에 확인해 보고 너무도 막막하여 꺼이꺼이 울어 제꼈다. 부모님은 오히려 시험의 어려움을 역설하시며 달래느라 애쓰셨고 발표 날짜와 가까운 내 생일도 한 상 차려 주셨지만 미역국을 스트레이트로 먹어야 했던 아이러니로 멋없는 생일잔치가 되고 말았다.

시험은 오직 한 번 뿐이라고 다짐했던 계획이 깡그리 무너지고 나니 갈피를 잡을 수 없었고 대학원 강의는 기계적으로만 나갈 뿐 준비는 최소한의 것으로 그치는 상태였다. 친구들의 위로, 소망회라는 모임아닌 모임 사람들과의 어울림도 그 당시의 들뜬 즐거움 뿐 혼자 있으면 그저 막막했고 너무나 소모전으로 공부했기에 또 한 번의 공부가 영 두려웠다. 당최 맘대로 안되는 일에 대한 짜증으로 못 먹는 맥주를 실컷 마시고 괴로워했던 때도 있었다.

11월부터는 독서실에 자릴 잡으려고 노력하면서도 친구들 시집가는 함 받는 것 참견하고 따라 다니느라 자꾸만 미뤄졌다. 텅빈 독서실에 썰렁하니 혼자 앉아 오전 시간을 지키기가 고역이었고 잡지·신문·추리소설로 이어지는 스트레스 해소책은 오히려 주업이 되어버렸다. 보장없는 시험에 다시 매달리는 게 영 도박 같지만 한 답답함은 그저 거리를 마구 쏘다니고 물건을 사들이고 하는 걸로 풀기도 했다. 84년에 접어들면서 공부하고 싶다는 생각이 커졌지만 환경은 오히려 방해적이었다. 집에서는 그저 혼자 잘 하겠거니 방임하셨지만, 노르먹 여자들 연달아 시집가고 유학가고 하는 거 참견하느라 맘을 한갓지게 못하고 들떠 지냈고 2월 쯤에는 개인적 일로 신경을 쓰기도 하였다.

길다란 머릴 싹둑 자르고 각오를 새롭게 했지만 책 한 번 제대로 안읽은 상태에서 2차까지 바라기는 역부족이었고 그저 이번엔 1차라도 건졌음 싶었다. 3월부터 1차과목을 보는데 그래도 한 번 봤던거라 암기가 수월한게 다행이었지만 오래 공부하는 습관을 잃어버린 터라 침침한 독서실에서 버티는게 힘들었고 책을 더디게 읽는 버릇은 갈수록 더해 시험 때까지 책 한권씩 완전히 읽은 게 없는 상태였다.
  원서 내던 날 덥수룩한 학생들을 보니 가슴이 찔리고 자신감이 사그러 들었다. 시험 전날, 독서실서 사귄 진영이는 장미 꽃과 이쁜 카드로 날 응원했고 시험날 아침은 잠 많은 날 염려해서 아파트 벨을 누르고 어서 가시라고 깨워 주기도 했다. '어떻게 되겠지' 하는 기분으로 가벼우려고 노력하면서 시험장에 갔다. 오전 시간은 괜찮다 싶었는데 문화사·국사는 알고 쓴 답이 드문 것 같아 불안하기도 했지만 처음이 아니라서인지 퍽 가벼운 기분이었다. 시험장에서의 낯익은 얼굴들이 반가웠고 그 전처럼 시험에 주눅들은 마음은 없어져서 제법 밝을 수 있었다.
  그런데 1차발표가 나던 날 아무런 연락이 없었다. 낙담은 컸다. 1차 마저 안되면 안되는데 그래도 한가닥 희망을 갖고 발표날 새벽 수봉산에 올라 간절하게 소망했다. 이번 1차가 가까스로라도 된다면 내년엔 정말이지 열심히 하겠다는 생각으로. 아버님이 날 찾아 산에 오셔서 합격을 알려 주셨고 한숨 놓을 수 있었다. 부모님께서는 이번엔 2차준비가 전혀 안되었으니 기대 마시고 내년까지만 기다려 보시라고 제법 진지하게 말씀드렸다. 늘상 힘든 공부하는 딸을 자랑스럽고도 안스럽게 생각하시는 두 분은 언제나와 같이 신뢰와 애정으로 감싸 주셨다.
  6월부터는 둘째 오빠가 귀국하여 여의도에서 4남매가 함께 생활하기 시작했다. 26회 시험은 안 볼 수가 없어서 한 번 책을 훑어 보려고도 했지만 왜 그땐 그리도 잠이 쏟아지는지. 잠을 즐기는 현장을 오빠들한테 자주 들켜 체면이 영 말이 아니었다. 깜깜하게 까먹은 상태로 뻔뻔스럽게도 시험장엔 열심히 가서 제법 열심히 답안지를 메꿀 수 있던게 신기할 따름이었고 나흘간 바래다 준 오라버니한테의 미안함만 가득했다. 합격을 바랄순 없는 처지였고 어서 27회에 대비하고 싶은 생각만 컸다. 모처럼 공부답게 해보자는 의욕이 새로이 솟았다. 예상했던 발표지만 기분 나쁘긴 매일반이었고 민법만 좀 신경썼더라면 끝낼 수도 있었다는 간사한 아쉬움이 일기도 했다. 이제는 후배들이 동기보다 많은게 부끄러웠고 어느새 무자비하게 시간에 밀려 갈데 없는 노장대열에 서게 된게 영 칩칩했다. 그래도 노는덴 빠질 수 없어 거제도로 시집간 미형이네 집에 가서 안개에 싸인 한려수도를 본 것 같지도 않게 보고 돌아왔고 부산에도 들러서 홀가분하게 웃고 지낼 수 있었다.

• **다시 한번 시작**

　호석정에 다시 나가기가 쑥스러웠지만 시험에 붙기 위해선 그게 최선일 것 같아 자릴 부탁했고 이젠 후배들이 많고 여학생도 좀 있는 것이 훨씬 편했으며 안스러운 대왕대비 마마를 편하게 대해줘서 아주 잘 온 것 같다고 생각했다. 특강을 다시 들어가니 그 전보다 훨씬 수월하게 들리고 내 상태도 밝고 의욕이 참신해져서 남의 눈엔 주착없는 노처녀로 보였을지 몰라도 새로 시작한다는 신선함이 자극적이었다. 후배들과 어울려 고·연전에 가서 못부르는 노래 실력이 탄로나기도 하면서 신나게 응원하고 여성 동지들끼리 의기투합하여 근우네 집에 가서 호호대며 밤 늦도록 떠들던게 좋은 청량제가 되었다. 공부방법은 무조건 자리만 지키려는 비능률은 떨어버리고 짧은 시간이라도 의욕으로 집중력 있게 하려 했다. 그 전처럼 새벽에 학교에 가려고 했지만 잘 안되긴 했다. 하지만 저녁에 피곤해서 책이 안 읽힌다거나 하는 일은 없어 다행이었다. 여러번 읽은 책들은 그냥 눈을 스치고 달아나 버려 후배들 얘기를 참고해서 새로 마련하기로 했다. 박윤흔 행정법으로 기본서를 바꾸고 허영 헌법으로 이론적인 면에 새로이 눈뜨고 이형국 형법총론으로 보충하고 이태로 회사법, 정동윤 어음·수표법 등을 장만하고, 정리하는 습관이 부족하여 민소법과 행정법은 sub-note식 참고서로 보강했다. 12월 종강과 더불어 호석정에 한갓지게 나올 수 있었고 특강 시험도 보면서 영 지루할 때는 친구와 영화구경, 그리고 숨가쁜 편지 교환으로 달랬다.

　학교에서 연수생들과 그룹 스터디를 하도록 주선하여 이왕 하는 것 성실히 해보려 했지만 뜻만 같진 못했다. 그래도 다섯이서 제법 오랫동안 공부하면서 공연한 불안감을 해소시키고 새로운 문제를 습득하는 데 도움이 되었다. 건강도 아주 좋아져서 동생이 출근 전에 준비해준 아침밥이 아주 맛있었고 도너츠와 라면으로 반복되긴 했으나 거르지 않은게 기력을 유지하는데 아주 도움이 되었다. 주말이면 우르르 집에 내려가고, 안가는 때면 오빠들과 아침나절부터 외식 행렬·영화·야구구경으로 피곤이 쌓일 겨를이 없는 지경이었다.

　85년에 들어서서 선생님들께 인사도 다니고 나니 성큼 다가선 27회 시험에 전력하고 싶다는 생각이 강하게 솟았다. 서서히 공부는 틀이 잡혀가고 새로운 논문도 읽어 보고 복잡한 문제는 시험답안을 참조해서 틀을 짜 보고,

가끔 선배랍시고 내게 후배들이 묻는 문제를 찾아보면서 확인하고, 진행은 제법 괜찮았다. 그래도 워낙 공상과 망상이 많아 책을 빨리 못 읽고 정리하는 꼼꼼함이 결여되어 언닌 단권화를 어떻게 하느냐는 후배들 물음엔 해줄 말이 없었다. 그냥 기본서 하나 읽기도 바쁘고 다른 책에 색다른 문제가 있다는 얘길 들으면 그것만 뽑아 읽어 보고 sub-note는 용두사미라 아예 포기하고 가끔씩 너무 장황한 문제일 때 요점을 적어보곤 하는게 고작이었는데 이런 식의 공부가 아마 시간을 끌게 한 요인이었던가 보다. 귀찮더라도 철저하게 마무리 해두는 게 중요할텐데 그게 맘 먹은 대로 안되니 탈이었다. 책은 늘 깨끗했고 가운데 논문을 끼운다든지 하는 것은 맘이 내키지도 않았을 뿐더러 그렇게 많이 읽을 능력도 없었다.

 2월이 되자 많지 않은 시간에 정신이 들었으나 따지고 보니 전과목을 제대로 읽은 것이 없고 읽다가 그만둔 것이 몇 개나 되어 초조한 생각도 들었다. 시간을 뺏기는 일도 더러 있었지만 이번 시험에 대한 집착이 컸기 때문에 무난히 극복할 수 있었던 건 다행이었다. 등교시간도 좀 당기고 식사 후의 커피 타임도 줄이려고 노력했지만 늘 수다에 젖어 먼저 일어나자고 재촉하는 건 후배들이었다. 시험 몇 번 치다 보니 맘도 좀 느긋해져서 불안해 하는 후배들에게 도움말도 줄 수 있었고, 나 자신은 동요없이 꾸준히 페이스를 지키는 게 중요하다고 생각하여 지독하게 공부에 매달리진 못해도 기분은 늘 편했다. 주말이면 집에 가는 것도 좀 삼가고 놀더라도 서울에만 있으려 했다. 이젠 친구들도 모두 떠나버려 쉴새 없는 편지질, TV 앞에 매달리는 게 고작이었다. TV 앞에 넋 놓고 있는 나를 보고 "희야, 거기서 사법시험 특강 해준다데? 얘 아직도 정신 못차렸구먼" 하는 오빠의 개그적인 걱정도 일주일을 제대로 공부한 날은 가볍게 들리기만 했다. 식구들은 그전 만큼 공부하는 빛이 안 보이는 내게 은연 중 염려의 눈길을 보냈지만, 실상 공부에 집중하는 시간은 더 알찬 것을 스스로 알고 있으므로 나중에 보십시오 하는 생각이 은근했다.

 3, 4월엔 제법 마음이 급해져 아침 일찍 오고 저녁엔 더 늦게 일어설 수 있었고 속도감있게 머리에 들어오는 책 내용이 맘에 들었다. 커피타임이면 희진이 정현이와 호석정의 주변사로 늘 웃을 일이 있었고 희진이와 의문점을 서로 얘기하면서 힘을 얻을 수 있었다. 이젠 정말이지 우리 노르먹 친구

들의 쉴새없는 기원과 기대를 말짱 도루묵으로 만드는 사기행각은 그치고 싶었고 웬만큼 되겠다는 생각도 키울 수 있었다.

시험을 한달 남기고 거처를 옮겨야 했는데 하숙이 마땅치 않아 일단 이사하는 며칠을 쉰다 생각하고 성수동으로 옮기고 등·하교는 택시를 이용하기로 했다. 그땐 제법 공부에 속도가 붙었고 한달만 더 있다면 아주 잘 하겠는데 하는 아쉬움이 컸다. 자신없는 과목인 행정법을 모의고사에서 80점 받았던 게 기분을 상쾌하게 하는데 도움이 됐고 시험 전날까지도 불안해 하지 않고 평상시처럼 읽었으며, 내 생전 처음으로 계획대로 했다는 느낌이었다. 시험 나흘 간은 시험장에서 헤매는게 오히려 마이너스일 것 같아 6시간씩 잤고 오후엔 학교가서 평상시처럼 10시까지 공부했다. 그럭저럭 열심히 치렀는데, 상법은 이사회에 대해선 거의 언급 안하고 주주총회만 늘어 놓았던 게 영 마음에 걸리고 형소법은 영장제도의 논평은 커녕 설명도 조리있게 못하고 어영부영 끝낸 게 마지막 날 기분을 저조하게 만들었다. 또 한 번 외면당하나 싶은 불안감도 솟았지만 이젠 내손을 떠난 일이어서 발표 때까지 잊고 논문을 준비하려 했다. 그래도 내 딴엔 퍽 차분하게 공부했는데 그냥 끝난다면 허무하다는 생각이 솟았고 동생과 이대앞으로 돌아다니다가 들쳐 본 고시잡지에서 시범답안을 보고 또 한 번 과락인가 가슴이 철렁해서 맛있는 볶음라면 앞에 입맛이 가셔 버렸다. 발표를 앞두고 집에 앉아 있기 어려워 이번에 안되면 또 하겠다고 말씀드리고 논문준비 핑계로 서울에 왔지만 점점 안될 경우의 상상만 커져 초조해서 공연히 길에서 헤매는 시간이 많았다. 막상 발표날은 맘이 차분해져서 방에 납죽 엎드려 할 일없이 지금까지 본 책과 영화 제목을 죽 써내려가고 있었는데 후배가 같이 기다리자고 연락했다. 잘 됐다 싶어 함께 영화구경 가는데 길에서 좋은 조짐을 보고 '난 됐다'고 혼자 되뇌었던 기억도 있다. 후배가 합격을 전할 땐 '휴 살았다'는 느낌이었다. 사정회 끝난 후 바로 연락해 주신 최교수님께는 정말이지 너무너무 감사하단 생각뿐이었다. 부모님께서 기뻐하시고 선생님 여러분들이 반가워하시는 것을 보고서 내가 그동안 못나게도 게을렀구나 싶은 생각이 새삼스러웠다.

3차는 제법 부담스러웠고 성적은 감잡을 수 없어 신중하자고 생각했다. 도서관에 가서 요즈음 문제되는 분야에 관한 글을 읽으며 기다렸지만 법서는 다시 손에 잡히지 않았다. 3차시험 당일은 퍽 긴장했고 너무나 가기 싫었다. 이틀째 시험이 끝나고 성적을 확인하고서야 다소 안심할 수 있었다.

앞서 합격하신 분들의 글을 읽으며 나도 저런 기회가 올까 생각한 적이 있었는데 막상 고시연구사에서 배려해 주시니 괜스리 부끄럽고 쑥스럽기만 하다. 행여나 붙은 후의 건방 떠는 모습이나 혹은 공부한 걸 과장되게 떠벌리는 어리석음이 있더라도 그건 순전히 못 생긴 글재주 탓일 것이다.

큰딸을 위해 편안히 공부에 전념할 수 있도록 세심하게 배려해 주신 부모님, 기대와 신뢰로 보살펴 준 우리 동기간, 그리고 친지, 친구들 그리고 무엇보다도 법학에 흥미를 깊게 하도록 해 주신 우리 좋은 선생님들, 여러분의 과분한 사랑이 고맙게만 느껴진다. 모든 이들이 말하는 또 하나의 시작을 앞에 두고 겸허하고 성의있게 임할 수 있길 바라며, 희진이를 비롯한 호석정의 좋은 식구들과 올 가을 환한 웃음으로 만나길 기원한다.

벽을 넘어서

— 사시에의 도전 · 나는 고시의 문외한, 그러나 CPA를 준비하던 남편과
그 동료들의 모습은 아름답고 빛나 보였다. —

한 숙 희

- 제31회 사법시험 합격(여자)
- 1961. 5. 15. 출생
- 중앙대 경제학과 · 법학과 졸업
- 인천지방법원 판사

• **처음에**

'여자'란 참 슬픈 존재다.
운명적으로 한계지워진 여성의 삶.

힘들고 어려웠던 취직문을 통과한 나는, 직장생활을 통해 상반된 감정을 맛보았다.
육신에 있어서는 안락함과 자유—경포대의 밤바다, 겨울의 설악산, 갑사의 늦가을 감나무들은 또 얼마나 아름다웠던가—그러나 정신적으로는 퇴보와 구속의 좌절이 있었다.
그런 나에게 C.P.A시험 준비 중이었던 현재 남편의 세계를 통해 본 수험생들, 반쯤 지친 듯 허탈한 모습으로 하나 둘 시험장을 떠나는 그들이 그렇게 아름답고 빛나 보일 수가 없었다. 나도 내 인생을 걸고 승부하고 싶다.

기회가 왔다.
결혼은 이해심 많고 다정다감한 한 남자와 고시를 선사했다.

• 1차 시험 1988

 신혼여행에서 돌아온 1987년 4월 초 큰 가방을 메고 학교에 갔다. 법학에 문외한인 나는 남편과 상의하여 학사 편입을 했었다. 호랑이를 잡으려면 호랑이 굴에 들어가야 한다던가. 학교 강의와 병행하여 곽윤직님 교과서 시리즈와 진계호님 형법총론을 읽어 나가기 시작했는데 낯설은 법률용어와 한자 때문에 고생은 많았지만 참 재미도 있고 흥미로웠다.
 대개 아침 9시쯤 남편과 함께 집을 나와 9시 10분쯤 학교에 도착, 강의와 공부를 하고 저녁 6시쯤 집에 돌아와 저녁 밥을 해서 같이 먹거나, 남편이 늦는 경우 혼자 먹고 다시 학교에 와서 9시 30분 정도까지 공부를 했다. 신혼 흉내를 내다 보니 공부량 확보가 제대로 이뤄지지 않았다. 안 되겠다 싶어서 밤 9시 30분까지 계속 공부를 하고 남편이 먼저 와서 저녁식사를 준비하기로 했다. 확실히 덜 피곤하고 시간도 1시간 정도 벌 수 있었으나 남편이 한 밥을 먹는 것도 쉬운 일이 아니었다. 음식이 입에 맞지 않아서 고생이 많았다. 여름방학 때에는 한달동안 대입학원에 가서 국사와 세계사를 수강했는데 의외로 크게 도움을 받았다. 한여름에 땀을 뻘뻘 흘리며 재수생들과 3time 5시간을 지내고 밤 늦게 집에 오면 녹초가 되었다.
 가을이 되면서부터 법학에 대해 뭔가 감이 잡히기 시작했으며 낯설은 법률용어도 점차 줄어들게 되었고 상대적으로 나 자신에 대한 만족감이 커졌다. 11월말까지 민법과 형법을 계속 공부했으며 이 때의 공부로 1차와 2차를 해결했다. 12월 1일부터 본격적으로 1차준비에 들어갔다. 종래와 달리 저녁을 학교에서 먹고 중앙도서관이 문을 닫을 때까지 대략 오전 9시부터 오후 10시 30분까지 매일 11시간 정도를 시험 전날인 5월 7일까지 밀고 나갔다. 2~3달이 지나니까 책상에 앉으면 다리가 매우 아팠다. 묵지근하고 짜증스럽게 신경을 자극하는 통증이어서 애를 먹었다. 압편으로 찔러도 보고 일어나서 다리 운동을 해보기도 했으나 1차시험 때까지 괴롭혔다. 다행히 정신집중은 잘 되는 편이어서 화장실 가는 시간 외에는 자리에 앉아서 공부를 했다.
 공부방법으로는 오전에는 법률과목, 오후에는 비법률과목, 밤에는 다시 법률과목, 마지막으로 영어를 한시간씩 공부했다. 교과서와 문제집의 비율은 헌법・민법・형법은 기본서와 문제집 2권, 비법률과목과 국제사법은 기본서와 문제집 1권을 선정하여 법률과목의 경우 교과서 1회독 후 문제집 1번 풀고, 비법률과목의 경우 문제집 2번에 기본서 1회독 비율이었다.

법률과목은 2차시험 대비와 맞물리기 때문에 항상 기본서를 중요시했으며, 다만 객관식이라는 1차의 특성상 테크닉과 순발력 및 기본서를 공부할 때 간과하기 쉬운 지엽적인 문제해결을 위해 문제집을 이용했다. 문제집을 볼 때 처음 2번은 처음부터 끝까지 다 풀어보고 그 다음부터는 내가 잘 틀리는 문제, 중요한 문제들만 check한 후 5~10번 정도 보았다. 어떻게 문제집을 10번씩 보느냐고 반문하시는 분도 계실지 모르나 처음에는 1번 보는데 5일 정도 걸리지만 나중에는 이틀~하루 정도밖에 안 걸린다. 답은 문제집 여백에 표시한 후 풀 때마다 가려서 확실하게 알고 있는가 확인해 보고 틀린 문제는 교과서로 보충했다.

공부는 비교적 순조롭게 진행되고 있었으나 시험에 대한 불안이 점점 가중되기 시작하였다. 만약 떨어진다면 혼자 창피한 것은 접어두고라도 남편까지 망신 당할 것을 생각하니 입에 침이 마르고 속이 타들어 갔다. 구토 증세가 나타나 마실 것을 항상 옆에 준비하고 속이 미식거리면 얼른 한 모금씩 마셔서 참아 냈다. 약국에 물어보니 매일 너무 장시간 글자만 쳐다보니까 그런다면서 잠시 공부를 쉬라고 권했다. 공부를 쉰다? 그 보다는 차라리 죽는게 낫지.

아아! 인생은 고(苦)다.

직장생활을 해본 나는 그래도 공부하는 것이 가장 행복하다는 것을 잘 알았다.

3월말 경 학교의 1차 모의시험에 응시를 했다. 첫 1차시험 경험이었는데 시간 안배, 화장실 문제 등 주의해야 될 점들이 많았으며, 특히 하루에 320문제를 맑은 정신으로 풀기 위해서는 체력의 중요성을 절감했다. 오후 시험 도중에는 너무나 힘들어서 시험이고 뭐고 다 때려치우고 벌떡 일어나 나가고 싶었다. 결과를 보니 응시자 중 가장 성적이 좋았으며 완전히 1차에 대해 자신감을 얻게 되었다.

시험 당일 남편은 나를 시험장에 데리고 가 자리에 앉혀 주고 저녁에 데리러 오겠다면서 돌아갔다. 오전 시험이 끝나갈 무렵 '붙겠구나'하는 확신이 들어 편안한 마음으로 점심까지 잘 먹었으나 남편은 걱정이 되어서 먹을 수가 없었다고 한다. 점심 때 차가운 물수건으로 머리를 식히며 쉰 다음 오후 시험이 되자 잘 마무리해야 한다는 생각에 바짝 긴장이 되었고, 너무 긴장을 해서인지 목구멍이 간질간질하며 기침이 나오기 시작했다. 한 5분 정도를 정신없이 기침을 하다가 감독관에게 손을 들어, 가방 속에서 음료수를 꺼내 마시고 겨우 진정을 했다. 저녁에 시험장을 나오며 다시는 1차시험을 보지 않으리라 맹세를 했다. 그후 이틀 동안 드러누워서 죽지 않을 만큼 앓았다.

아아! 인생은 고(苦)다.

• 2차시험 1989

한 주일을 쉰 뒤에 2차 시험준비에 들어갔다. 1차시험에 대한 불안이 없는 바는 아니나 1차란 2차의 자격을 얻기 위해 있는 것, 운명의 화살은 이미 내 손을 떠났으니 내가 할 일이란 2차 공부를 하는 것 뿐이었다. 그동안 못들었던 학교 강의를 다시 들으면서 행정법·형사소송법·민사소송법·상법(상)을 2회독하였는데 모두 신기하고 재미있었다. 이해 안되는 부분도 상당히 많았지만 전체적인 흐름 파악에 역점을 두고 읽었다.

1차 시험발표 전날 기말고사를 치르고 후배와 함께 신림동에 갔다. 아직 합격자 명단이 안 나와서 우선 점심을 먹고 나오는데 서점 앞에 사람들이 웅성거리고 있었다. 손이 덜덜 떨리고 다리가 후들거렸다. 내 이름을 죽 찾아 내려가는데 거기 '한숙희'가 있었다. 붙었다.「붙었어」를 외치는 나의 눈에는 눈물이 줄줄 하염없이 흘러 내리고 있었다.

4일동안 2차시험을 치러 본 후 주관식에 대한 대책에 들어갔다. 객관식과는 달리 주관식은 문제파악 능력, 짜임새 있는 답안작성, 한자, 논리의 일관성, 학설이 나뉘는 부분에 대한 정확한 이해 등과 예상출제위원에 대한 분석이 필요하다.

문제파악, 짜임새 있는 답안작성 등에 대한 대비로 사시·행시의 각종 기출문제와 수석 모의답안을 모아 분석하고 채점평을 열심히 읽어서 위원들이 싫어하시는 일(오·탈자, 불성실…)은 최소한 피하려고 애를 썼다.

한자는 평소 자꾸 쓰는 연습을 했으며 애매한 경우 과감하게 한글로 썼다.

학설 부분은 도서관에서 타 교재를 빌려 정리하여 기본서에 옮겨 놓았으며 논리의 일관성을 위해 가능한 한 기본서로 선택한 저자의 학설을 받아들이고 전혀 납득이 안되는 부분만 신중하게 다른 책에서 옮겨 적었다.

예상출제위원에 대한 분석은 고시연구사에서 제공한 5~10년 동안의 출제위원명단을 입수, 31회 출제위원이 될 가능성이 높은 분들을 뽑아 성격, 문제 출제성향, 주장하는 학설 등을 파악했다. 우리 학교처럼 특강을 자주 하지 않고 또 개인적으로 고시생활이 짧고 다른 수험생들을 접할 기회가 별로 없는 나는, 이를 위해 고시연구의 '답안첨삭 지상모의시험' 4년치를 준비하여 과목별로 분류 정리하고 고시연구·고시계의 '예상문제답안 및 강평' 부분을 정리·분석하고 몇 개년 지난 각 학교의 중간·기말고사 문제들을 과목별·학교별로 정리·스크랩하였고, 특강모의고사를 정리한 자료를 입수하여 검토하였다. 이 모든 자료들을 갖추고 분류하여 과목별로 정리해 준 법학과의 후배들에게 고마움을 표한다.

1차시험 준비기간에 건강의 중요성을 절감하고 보약을 한재 지어 먹고 토요일은 5시까지만 공부하고 남편과 즐거운 시간을 가졌다. 일요일 오후를 쉬게 되면 월요일 오전에 무기력 해지는 것 같아서였다. 고시생으로의 자리가 잡혀 가면서 스트레스 해소방법도 터득하게 되었다. 울적하고 초조한 기분이 드는 날은 집에 갈 때 오징어와 맥주 한병을 사서 남편과 마시곤 했다. 정보 부족에 대한 불안, 시험에 대한 초조, 자기 자신에 대한 혐오감이 극도에 달했을 때에는 성지순례를 했다. 고시의 메카 신림동을 순례하는 것이다. 길을 사이에 두고 있는 양쪽 서점에서 새로 나온 책이 있는가 살펴보고 고시잡지 등을 뒤적이며 마음을 다독이고 고시촌을 돌아 보았다. 츄리닝에 슬리퍼를 신은 남자들, 얼굴이 허옇고 광대뼈가 튀어나온 남자들이 걷거나, 고시원 앞에 앉아있는 모습들은 슬프고도 감동적이었다. 오! 그대들도 나와 같은 병인가. 끈끈한 정같은 것이 흘러나왔다. ─우리 열심히 공부하여 꼭 붙읍시다.

11월까지는 기본서를 정하여 반복하여 읽고, 강의·특강 등으로 체계를 잡은 후 12월부터 단권화 작업에 들어갔다. 우선 기본서에 사시·행시 기출문제를 연도별로 기입하여 중요도를 알 수 있도록 했으며 참고도서에서 필요한 부분, 잘된 부분을 옮겨 적거나 포스트-잇(메모지)에 적어 붙여 놓았다. 기본서라도 쓸데없이 장황한 부분은 과감하게 사선을 그어 시간소모를 줄이도록 하였다. 문제집의 잘된 소목차를 옮겨 기본서의 문제집화에도 신경을 썼다.
 단권화 작업이 끝나갈 무렵 수험생활에 큰 위기가 닥쳐왔다. 막내 시동생을 데리고 있어야 했으며 이사를 하게 되고 그리고 도서관에서 쫓겨 났다. 중앙도서관에서 자치위원의 배려로 고정석을 배정받아 공부해 왔었는데 고정석이 말썽이 많아 없앤다는 것이었다. 대책없이 공부할 곳을 잃은 나는 방황하기 시작했다. 법대 도서관에도 가보고 신림동 고시촌에도 가보고, 집에서 공부할까도 생각하며 떠돌기 시작했다. 정신은 산만해지고 절망감은 깊어갔으며 이렇게 고시공부가 끝나고 마는가 하는 허탈감마저 들었다. 고시고 뭐고 다 포기하고 머리나 박박깎고 산속으로 들어가고 싶었다. 하루에 열 페이지 넘기기도 힘들었다. 하도 답답하여 용하다는 점쟁이한테 점이라도 쳐보고 싶은 생각이 간절하였으나 돈이 아까워서 그만 두었다. 자학하는 심정으로 학교에서 남영동까지 걸어갔다 걸어오기도 했는데 한강다리를 걸으며 시퍼런 강물을 보니 겁이 많아서 죽을 위인도 못된다는 것을 알았다. 어떤 결단이 필요하다는 것을 절감한 나는 시동생을 시댁으로 돌려 보내고, 자치위원에게 통사정을 하여 고정석 대신에 일찍 오는 사람들 몇몇이 돌아가며 자리를 잡아주기로 하고, 칼끝 같이 예민해진 신경을 완화시키기 위해 종합 비타민제를 먹었다.
 한달 반만에 정신을 차리고 단권화시킨 내용을 집중적으로 반복하였으며 각종 고시잡지에서 3년치의 예상문제를 분석하여 가능성이 높은 문제들을 선별, 과목당 고시 답안지 한권 정도에 세목차를 작성해서 활용했다. 시험치르는 동안은 이틀째 토한 것 외에는 비교적 담담한 마음으로 치렀으며 붙을 것 같은 예감이 들었다. 마중 나온 남편과 술집에서 잔을 부딪히니 뽀글뽀글 맥주의 거품이 혀끝을 간지럽힌다.

• **글을 맺으면서**

　매일 아침 거울속에서 보는
　<나>라는 여인

　언제고 약간의 덤을 주어
　그 뜻에 보탬해 왔었지

　구석진 속마음마저
　내보이듯 할 때라도
　또 하나 은밀한 손 있어
　그 난처하고 수치스런 걸 덮어 주었거니
　하면 <나>란 무엇일까.
　　　⋮
　고요한 시간 위로 밤이 오면
　어둠에 섰는 바람을 향해
　영혼의 팔을 벌리느니.

　밤에 거울을 보면 거기 또 있는
　<나>라는 여인
　진정 이건 누구일까　　　　　　　-김남조 "자화상"에서-

양가 부모님과 가족, 학교 은사님들, 학우들 그리고 사랑하는 남편에게 깊이 감사드리며 수험생 여러분의 건투를 빕니다.

The Road Not Taken

— 제2부라해도 역시 기본서적은 우리 것으로 공부하고
영문자료는 살을 붙이는 공부방법에 따랐다. —

손 성 연

- 제32회 외무고시 제2부 수석합격
- 1975. 10. 11. 출생
- 가락고·연세대 정외과 졸업
- 연세대 국제대학원 재학

• The Objective

 먼저 저 보다 앞서 고시공부를 시작하신 지식의 선배님들과 인생의 선배님들께 송구스러움을 전합니다. 겁도 없이 멋모르고 시작한 외무고시에 합격하여 이 글을 쓰게 된 제 자신을 비춰 볼 때에 첫째, 실감이 나지 않는다는 것과 둘째, 제가 미처 성숙하기도 전에 너무 어른스러운 일이 제게 일어난 것 같아 두려움이 앞선다는 생각이 듭니다.
 이러한 제가 과연 여러분께 도움이 될 수 있는 말을 할 수 있을까를 고민한 끝에 저는 이 글을 쓰는 목적에 대하여 다음과 같이 정리를 해보았습니다. 우선 저는 고시를 준비하는 데는 한 가지의 공부원칙이 있는 것이 아니라 각자 나름대로의 방법이 있다고 생각하여 저의 케이스를 제시함으로써 여러분이 적어도 제가 겪은 시행착오를 똑같이 겪지 않았으면 합니다. 다음으로, 2부 외무고시가 시작된 때로부터 고시공부를 시작한 제가 비교적 빠른 시간 안에 좋은 성과를 거둘 수 있게 된 비결을 설명하여 특별히 앞으로 2부를 준비하는 분들께 도움이 되었으면 합니다. 마지막으로 비록 고시공부를 하면서 얻은 지식의 양과 깊이는 미흡하다고 생각되지만 제 나름대로 최선을 다했으므로 저의 개인적인 경험과 생각을 여러분과 나누고자 합니다.
 그러면 위와 같은 목적을 바탕으로 여러분이 궁금해 하실 점에 대하여 순서대로 글을 풀어나가겠습니다. 먼저 저에 대한 간단한 소개를 함으로써 제가 어떠한 수준에서부터 공부를 시작하였는가를 설명한 다음, 어떠한 자료들을 가지고 공부했는가를 과목별로 정리하고, 공부하면서 제가 터득한 것 그리고 고민한 것을 소개하고, 마지막으로 저의 개인적인 이야기를 하겠습니다.

· From Where I Began

저는 아버지의 직업으로 인하여 독일과 태국에서 학창시절의 반 이상을 보냈습니다. 독일에서는 초등학교 1학년에서부터 4학년까지 미국학교를 다녔고, 태국에서는 중학교 1학년에서부터 고등학교 1학년까지 국제학교를 다녔습니다. 그 뒤 저는 한국에 와서 고등학교를 졸업하고 1993년에 연세대학교 정치외교학과에 입학하였습니다. 그리고 지금은 연세대학교 정외과를 졸업한 뒤 연세대학교 국제학 대학원에 재학 중입니다.

이와 같이 저는 외국에서는 영어로 학업을 하는 국제학교를 다녔기 때문에 영어로 의사소통이나 공부하는 데는 지장이 없습니다. 다만 영어가 모국어가 아닌 제3국에서 영어를 배웠으므로 진정한 native speaker라고는 할 수 없겠고, 저 또한 한국어를 더 편하게 느낍니다. 그러나 또 한편으로는 학창시절의 중요한 시기에 외국에서 공부해서 그런지 책을 읽는데는 영어가 더 익숙하다는 것을 이번에 공부하면서 느꼈습니다.

또한 같은 이유로 국사와 같이 한국에서만 배울 수 있는 과목에 대해서는 체계적으로 공부해 볼 기회가 없었기 때문에 국사에 대한 지식은 거의 없었다고 해도 과언이 아닙니다. 그러하였기 때문에 국사를 공부해 볼 생각으로 그것을 1차 시험 선택과목으로 택했었습니다.

다음으로 국제정치학에 관하여는 제가 학부 때 정치외교학을 전공했고 대학원도 관련학과에 들어 갔으므로 이 과목이 생소하지만은 않았습니다. 그러나 지금 생각해 보면 학교에서는 제가 줄곧 소극적으로 공부를 해왔기 때문에, 고시에 대비하며 스스로 국제정치이론을 공부하기 전에는 정리되지 못한 단편적인 지식들만을 갖고 있었던 듯 합니다. 따라서 전공자라고 해서 특별히 유리할 것도, 그렇다고 해서 비전공자라고 해서 불리할 것도 없다고 봅니다.

마지막으로 국제법은 제가 고시공부를 시작하면서 처음 접해 본 과목입니다. 법 과목은 딱딱하다는 저의 선입관과는 다르게 국제법은 조약, 해양, 우주 등 다양한 분야를 포괄하고 있어 흥미로운 영역이라고 느꼈습니다. 시험 결과상으로도 저의 국제법 성적이 국제정치학 보다 높은 것을 볼 때에 여기에도 역시 비전공자라고 해서 불리할 것이 없다는 논리가 적용될 수 있겠습니다.

이상과 같이 제가 고시공부를 시작할 때 어떠한 수준에서 출발했는가를 염두에 두고, 다음으로는 시험에 대한 설명과 과목별 자료들을 소개하겠습니다.

• With What I Prepared

고시공부를 처음 시작할 때 가장 당혹스러운 점은 어디에서부터 손을 대야 할지 모르는 막막함입니다. 아마도 그것은 자료의 방대함에서 오는 일종의 두려움일 것입니다. 따라서 그 많은 자료들 가운데서 가장 적절한 서적과 올바른 정보를 선별하여 자기의 것으로 만드는 것이 고시공부의 첫 걸음이며 그 과정의 반이라고 할 수 있습니다. 여기서는 여러분께 길잡이가 될 수 있을만한 과목별 필수서적을 과장됨이 없이 소개하겠습니다.

1. 1차시험 과목

한 마디로 말해 1차 시험과목에 대해서는 특별히 조언해 드릴 것이 없습니다. 시험은 필수과목 영어와, 선택과목으로서는 국사와 세계사 중에 택일을 하므로 총 2개의 과목에 대해 시험을 치릅니다. 문제유형은 객관식이며 선택과목인 국사와 세계사는 국문으로 문제가 주어집니다.

영어는 1부시험과 문제가 같으므로, 고시영어를 다룬 문제집을 문제유형을 익히는 차원에서 각자의 안목으로 선택하여 보시기 바랍니다. 국사의 경우에는 1부와는 별도의 문제가 주어지는데, 앞으로의 방향이 어떠할지는 예측할 수는 없으나 제가 1차 시험을 볼 당시에는 한국 고등학교 교과서에 충실하면 별 지장 없이 시험을 볼 수 있다고 생각되었습니다. 그러므로 국사도 역시 교과서를 응용한 문제집을 보시면 될 것입니다.

2. 2차 시험과목

2차 시험과목에서는 필수과목인 영어(영어 인터뷰 포함)와 국어논술, 그리고 선택과목인 국제정치학·국제법·경제학 세 과목 중에 택 2를 합니다. 따라서 시험을 치르는 과목은 총 4과목입니다. 문제유형은 주관식이며, 국어논술을 제외한 모든 과목들은 1부 시험과 같은 문제가 주어집니다. 다만 2부 시험은 영문으로 답안을 작성하여야 합니다.

제가 보기에 고시라는 것은 지극히 한국적인 제도이므로 2부 시험을 영어로 치른다 하더라도 그것은 언어전환의 의미만을 갖는 것입니다. 다시 말하면 문제 출제위원님들이 한국 교수님들이시므로 한국 학계에서 중시하는 주제와 요구하는 시각을 중심으로 공부해야 한다는 것입니다. 따라서 기본적인 골격은 한국 서적을 통해 잡아놓고 영문자료로 살을 붙여 나가는 것이 가장 적합하리라고 봅니다. 뿐만 아니라 저는 한국서적들이 더 체계적으로 정리가 되어 있다고 느꼈기 때문에 전체적인 그림을 보는데는 한국서적을 권유하고 싶습니다. 요컨대 기본서는 한국서적으로 그리고 영문서적은 필요한 부분을 취사선택하여 보십시오.

여기서는 이러한 생각을 바탕으로 각 과목별로 줄기가 될 만한 한국서적과 가지가 될 만한 영문서적들을 소개하겠습니다.

3. 국제정치학(3문제)

국제정치학은 2부시험의 경우 세 문제 중 마지막 문제는 군축·안보에 관한 문제가 나옵니다. 여기에서 소개하는 책들 외에도 (중복되는 것도 있지만) 저는 대학원을 다니면서 교재로 사용했던 교과서들로부터 도움을 많이 받았음을 밝힙니다.

<국제정치 이론>

국제정치 패러다임 (박재영, 법문사)
- International Relations Theory (Viotti and Kauppi, MacMillan)
- International Politics (Art and Jervis, Harper Collins College Publishers. 4th ed.)
- Contending Theories of International Relations (Dougherty and Pfaltzgraff, Longman. 4th ed.)
- Classics of International Relations (Vasquez, Prentice Hall. 3rd ed.)

※ UN헌장 조문은 필히 읽고 중요한 조항을 알아두셔야 할 것입니다.

<군축・안보>
Arms Control On The Korean Peninsula
(Moon, Yonsei U. Press.)
┠────── Arms Control Toward The 21st Century
             (Larsen and Rattray, Lynne Rienner Publishers.)
新한국책략
(김우상, 나남)

4. 국제법(3문제)

국제법의 경우, 한국서적과 외국서적이 중점을 두는 주제와 시각에서 다소 차이를 보이기 때문에 한국시각에 중점을 두되, 어느 한쪽을 간과하지 않도록 유의하여야 하겠습니다. 국제법에는 국제경제법이 포함되는데 제 경우에는 대학원에서 수강한 국제경제법 강의가 큰 도움이 되었습니다. 강의를 통해 경제법에 관한 내용 뿐만이 아니라, case study 문제를 접근하는 방법을 배운 것은 특히 케이스 스터디 문제가 나온 이번 해에 제게 유용했습니다.

<국제법 일반>
┌ 국제법(유병화, 진성사), 국제법 신강(이중범・이병조, 일조각), 국제법(김대순, 삼영사) 중 하나
├ Akehurst's Modern Introduction to International Law
│   (Malanczuk, Routledge. 7th ed.)
└ International Law
   (Malone, Smith's Review.)

※ 각 분야마다 대표적인 case를 알아두셔야 할 것입니다.

<국제경제법>
국제경제법
(김대순, 삼영사)   The World Trading System-
      ┠────── Law and Policy of International Economic Relations
WTO, Trading Into The Future   (Jackson, 2nd ed.)
(WTO 자체발행 책자)

※ GATT 조문은 필히 읽고 중요한 조항을 알아두셔야 할 것입니다.

5. 국어논술(3문제)

 국어논술 문제는 이제까지 한국의 문화와 정신, 그리고 가치관 등과 관련된 문제가 출제되었다. 이는 한국을 대표할 사람으로서의 자질과 생각을 전달할 수 있는 능력을 동시에 가늠해 보려는 것임을 알 수 있습니다.

 한국어를 잘하고 글을 쓸 줄 아는 것과 자신의 생각을 논리적으로 전달할 수 있는 능력은 자동적으로 일치하는 것이 아닙니다. 이러한 까닭에 저는 시험을 불과 두 달여 앞두고 저의 부족함을 느끼게 되어, 대입논술을 가르치는 학원에서 논술문제를 접근하는 요령과 글의 논리력을 유지하는 방법을 배웠습니다. 따라서 국어논술에 관하여는 대입논술을 준비하는 방식으로 공부하시라는 조언을 드리고 싶습니다.

6. 영 어

 영어 시험에 대하여는 2부 자격요건이 되는 분들이라면 자신의 취약한 부분만 보완하면 무리없이 치를 수 있을 것입니다.

 2차 시험에서의 영어 필기시험은 1부시험과 마찬가지로 번역(영역과 한역)과 요약, 그리고 (이번 해에는 없었지만) 짧은 essay writing이 있습니다.

 영어 인터뷰는 영어 필기시험과 별도의 날에 치러지며 오전 오후로 나뉘어 외국인과 한국인 한 분씩 총 네 분으로부터 질문을 받습니다. 영어 인터뷰는 그 사람의 영어 회화능력을 평가하는 것으로 영어 질문을 잘 이해하는지 그리고 영어로 자신의 생각을 어려움없이 영미인과 가깝게 표현할 수 있는지를 시험합니다. 질문 내용은 시사적인 것보다는 그 사람의 생각과 가치관을 엿볼 수 있는 문제를 냅니다.

 저는 다른 과목들에 더욱 신경을 써야 하는 시간적인 제약으로 인하여 영어는 별도로 공부하지 못했습니다. 그러나 영어는 언어이기 때문에 짧은 시간 안에 실력을 향상시킬 수 있는 성질의 것이 아니므로 꾸준히 실력을 쌓는 것이 중요합니다. 따라서 여기서는 참고로 제가 대학에 입학하면서부터 지금까지 제 영어실력에 도움이 될만한 활동을 한 것을 소개하겠습니다.

 저는 대학에 입학하여 연세대학교 영자신문사에서 활동을 했고, 3학년 때는 미국에서 1년간 교환학생으로 있었습니다. 한국에 돌아와서는 비록 좋은 점수는 받지 못했지만 GRE도 공부했고, 대학생활 전반에 걸쳐 번역과 통역 아르바이트를 했습니다. 고시공부를 하며 영어에 들인 노력을 굳이 찾아내

자면 영자신문을 구독하여 영어단어에 대한 기억이 퇴색하지 않도록 했다는 것입니다. 이와 같이 제가 특별한 목적의식없이 했던 다양한 활동들이 결국에는 고시에 대비하는데 크게 도움이 되었음을 알 수 있습니다.

• Few Tips For Preparation

그러면 지금부터는 제가 고시공부를 하면서 개인적으로 터득한 몇 가지 이야기를 여러분과 나누고자 합니다. 이를 참고하여 여러분들이 시간과 노력을 헛되이 소모하지 않고 보다 효율적으로 공부하실 수 있기를 바랍니다.

1. 공부는 한 길로 통한다

저는 감히 "공부는 한 길로 통한다"라고 말하고 싶습니다.

비록 제가 고시를 준비한지는 1년 남짓 되지만 지금까지의 제 일생이 고시를 보기 위한 준비기간이었다고 볼 수 있습니다. 다시 말하면, 제가 이제까지 거쳐왔던 많은 과정들 중에 그 당시에는 별 의미를 지니지 못했던 사소한 것 하나라도 고시공부에 도움이 되지 않은 것이 없습니다. 예를 들면 우리가 흔히 과제물로 받는 보고서도 그 쓰는 법을 제대로 터득한다면 결과적으로는 고시공부에 도움이 될 것입니다. 따라서 저는 사람들이 흔히 생각하는 바와 같이 학교공부와 고시공부는 별개의 것이라고 생각지 않고 둘은 상호보완의 관계에 있다고 생각합니다. 이러한 생각으로 저는 고시공부를 하면서 학교수업을 게을리 하지 않도록 노력했고, 수업을 통해 많은 것을 얻을 수 있었습니다.

같은 맥락에서 저는 고시공부를 너무 일찍 시작하는 것은 바람직하지 않다고 봅니다. 만약 제가 이 시험을 2년 전에 보았더라면 저는 오늘의 결과를 얻지 못했을 것입니다. 2년 전에 저는 이런저런 시험에서 떨어지느라고 정신이 없었던 것으로 기억하는데, 그것은 곧 제가 어느 정도 수준의 시험을 볼만한 실력을 갖추지 못했기 때문이라고 생각합니다. 따라서 자신에게 주어진 일에 최선을 다하고 차곡차곡 실력을 쌓아 나가다가 자기의 수준에 적합하다고 생각되는 일(혹은 시험)에 차례대로 도전해 보는 것이 바람직하다고 봅니다.

2. 길에 들어선 후에는 뒤돌아 보지 않는다

흔히들 고 3때 처럼만 공부한다면 합격할 수 있다고들 말하는데 머리가 커서 복잡해진 지금에 와서 그렇게 하기란 참 어려운 일입니다. 그러나 고시 공부를 하며 갖고 있던 그 복잡했던 고민들도 합격이라는 사실 앞에서 무색해진 듯 합니다.

왜 나는 공부를 해도 아무 것도 모르는 것일까, 왜 다른 사람들은 공부에만 전념하는데 나는 불안하고 고민에 빠져 있을까, 내가 무슨 사명감을 갖고 태어났기에 이 아까운 청춘을 고시실에서 보내야만 하는가, 정말 여자가 고시해서 뭣하나, 결혼은 어떻게 할 것인가. 이러한 것들을 저는 틈만 나면 고민했습니다. 그러나 지금에 와서 보니 공부를 해도 명쾌하게 아는 것 같지 않은 느낌과 남들은 흔들림이 없어 보이는 것은 다른 사람의 입장에서도 마찬가지였고, 나머지 걱정들은 고민한다고 해서 해결될 문제가 아니었음을 알 수 있습니다. 때문에 일단 고시공부를 시작한 다음에는 이러한 고민들을 접어두시라고 조언하고자 합니다.

그렇다고 이러한 고민들이 불필요하다는 뜻은 아닙니다. 외교관이 되고자 한다면 이러한 문제들에 대해 진지하게 고민하셔야 할 것입니다. 다만 어차피 고시는 1년 주기를 따르므로 시험을 치르고 난 후에야 앞으로 공부를 계속할 것인가 그만둘 것인가를 진지하게 생각해 보시고, 시험보기 전까지는 공부에만 전념하시라는 말씀을 드리고 싶습니다.

3. 스터디 그룹을 활용한다

제가 공개할 수 있는 최고의 비법은 아마도 스터디 그룹을 활용하시라는 것일 겁니다. 저는 작년 2차시험에서 만난 두 분과 스터디 그룹을 구성하여 모두 합격한다는 생각으로 함께 공부했습니다.

스터디 그룹을 활용하면 다음과 같은 이점이 있습니다. 첫째, 방대한 분량의 자료를 각자 분담하여 정리해오므로 시간과 노력을 절약할 수 있습니다. 둘째, 저희 스터디 그룹의 경우 각각 다른 학교를 다녔기 때문에 다양한 정보를 교환할 수 있었습니다. 셋째, 저는 세부적인 것에 치중하는 편이라 전체적인 맥락을 파악하지 못하는 경향이 있는데 다른 두 분이 저의 모자란 부분을 보완해 주셨습니다. 넷째, 스터디를 하면 서로에게 자극이 됨은 물론 시험볼 때까지 정신적으로 큰 힘이 되어줄 수 있습니다. 그러나 스터디 그룹은 개인의 공부 스타일에 맞아야 한다는 조건과 마음이 맞는 사람들과 만나야 한다는 제약이 따릅니다.

이 뿐만 아니라 저는 학교 고시실에서 공부하면서 덕을 많이 봤습니다. 고시실에 있음으로 해서 학업과 고시공부를 병행할 수 있었고, 노하우가 있는 고시실 사람들로부터 많은 조언과 도움을 받았습니다. 특히 3차시험을 같이 준비함으로써 시사성있는 문제에 대비할 수 있게 된 것은 저에게 큰 도움이 되었습니다. 그러나 고시실 또한 개인의 공부 스타일에 맞아야 한다는 제약이 있습니다.

이상으로 제가 무엇을 갖고 어떻게 공부했는가를 부족하게나마 보여드렸습니다. 제가 선택하지 않은 과목인 세계사와 경제학을 설명하지 못해 죄송하고 다음에 합격하시는 분들이 이 부분을 보충해 주시리라 믿습니다. 끝으로, 앞으로는 2부시험의 경쟁이 더욱 치열해질 것으로 예상되는데 더욱 더 실력을 갖춘 분들을 만나뵙기를 기대하겠습니다.

• **My Personal Story**

이제까지는 제가 무엇을 가지고 어떻게 공부했는가를 보여드렸는데 제가 왜 외무고시를 공부하게 되었는가를 설명하여야만 비로소 이 글이 완성될 수 있을 것 같습니다.

저는 어렸을 때부터 외교관이 되고 싶어했습니다. 실은 저도 이처럼 신념에 찬 이유를 멋지게 대고 싶지만, 제가 외무고시를 보게 된 것은 이와는 거리가 먼 이야기 입니다. 물론 정치외교학과를 택한데는 외무고시에 대한 생각이 깔려 있었지만 시간이 지날수록 저는 고시와 나는 맞지 않다는 결론에 다다랐습니다. 우선 저학년 때 학점이 낮게 나오면서 나는 고시과목에 소질이 없다라고 생각했었고, 한국생활에 몸과 마음이 정착이 되면서 내가 과연 3~4년 마다 이곳 저곳으로 옮겨다니는 생활을 좋아하는가에 대해 의문을 갖는 한편, 내 자녀들에게 내가 겪은 정체성에 대한 고민을 똑같이 안겨주고 싶지 않다라는 생각을 가졌었습니다.

이러한 생각으로 학과 공부를 계속하거나 학과와 관련된 업종에 종사하기로 방향을 잡은 와중에서 외무고시 2부 제도가 새로이 실시되었습니다. 그러자 행정고시 출신이신 저의 아버지께서 늘 제가 당신과 같은 길을 걷기를 내심 바라셨던 뜻을 비치시며 이 2부시험을 권유하셨고, 저는 시험을 보게 되었습니다. 1차에 합격하자 주위 사람들의 찬사에 정신을 잃어버린 저는 이

전의 고민들을 뒤로 하고 이것이 기회다라는 생각으로 오늘에까지 왔습니다. 그러나 3차 시험을 준비하면서 다시 한 번 외교관이 되고자 하는 이유에 대해 생각하게 되었고 저는 외교관이 되고 싶은 마음을 가졌던 저를 발견할 수 있었습니다. 부모님을 따라 그리고 교환학생으로 외국을 다니며 제 자신을 가장 먼저 증명할 수 있는 것은 국적이었고, 이러한 인식이 자긍심으로 발전하여 제 마음속 기저에는 국가를 위해 일하고 싶다는 생각이 자리잡았던 것입니다.

저는 여전히 새로운 고민들을 만들어가며 제 앞길에 펼쳐질 일들에 대한 기대와 불안감으로 지내고 있습니다. 하지만 저는 이 길에 들어섰고, 들어선 이상 즐겁게 걸어가고 싶습니다. 그리고 무엇보다도 가지 않은 길에 대해 아쉬워하지 않는 사람이고 싶습니다.

마지막으로, 시험을 불과 몇 주 앞두고 아무리 부모님과 나를 생각해 주는 사람들이 있다 하더라도 결국은 나 혼자서 어두운 터널을 지나야 하는구나 라는 두려움에 부딪쳤을 때 제가 혼자임이 아님을 일깨워 준 고마운 분들이 계십니다. 격려해 주신 선생님들, 선후배님들, 친구들, 그리고 나의 사랑하는 형제 자매들에게 감사드립니다. 또한 시험보는 그날까지 든든한 동반자가 되어준 유창호씨, 김동조씨와 사랑과 기도로 후원해 주신 부모님과 조부모님, 그리고 살아계신 하나님과 이 기쁨을 나누고 싶습니다.

제2부

시련의 날개를 접고

- 고시와 삶
- 내 조 기
- Run Forrest, Run!
- 새로운 길의 시작점에서
- 시험의 상대성 이론
- 하나님 고맙습니다

고시와 삶

附 : 부인의 내조기

— 불합격의 충격, 아내는 하나님의 뜻이라며 내년을 목표하자고 눈물을 흘렸다
아직도 노병들에게 돌아갈 입장권은 남아 있으니 좌절하지 말도록 —

한 기 준
· 제33회 사법시험 합격
· 1954. 9. 10. 서울 출생
· 연세대학교 법과대학 졸업
· 변호사 (서울 영등포구 당산동 3가 386-1)
· 전화 679-6311

양쪽 목발 장애자의 사시합격과
남편을 내조한 장애자 부인의 수기

· **처음에**

험한 물살 건네주신 하느님, 그 은혜에 감사드립니다. 비틀거리는 저를 잡아주시고, 곧바로 걷게 하소서.

측은한 눈길로 바라보는 여러 사람들의 애정어린 간섭도 있었다. 심심해서 찔러보는 간섭도 있었다. 누구의 말이나 가시처럼 목에 걸렸다. 고시공부, 무슨 매력으로 포기하지 못하고 이대도록 하다가 이제사 고목에 꽃 한송이 피웠나.

· **실행의 착수**

고시의 선배들이 쓴 합격기를 읽으면서 대학생활을 시작하였다. 그들의 실패와 성공, 좌절과 극복의 드라마를 읽으면서 그저 남의 일처럼만 느껴졌다. 물결에 휩쓸리듯이 시작한 고시공부였다. 실행의 착수시기는 제대로

잡아낼 수 없지만 대체로 대학 2학년 때부터인가 싶다. 그해 봄은 데모로 인한 휴학이 한달 이상 계속되었다. 법현대관(연대 법대 도서실)에 자리를 잡고 과제물로 내준 뢰벤스타인 지음 김기범 교수역 '현대헌법론'의 요약을 했다. 매일 매일 의미도 이해못한 채 중요하다고 생각되는 단어와 귀절을 적어 놓고 요약했노라 생각했다. 요령없는 단순 노동이었다. 다만 끝까지 다했다는 데에서 만족을 찾을 수밖에 없었다. 나의 고시여정이 바로 이런식이었던 것 같다. 끝을 내기는 하였지만, 얼마나 정력이 낭비된 수고로운 작업이었던가. 가장 무지했던 점은 머리 속에 다른 생각을 하면서 책을 읽는 것이었다. 책장은 많이 넘어갔는데도 남는 것이 거의 없었다. 이에 따라 법학에 대하여 흥미를 잃어갔고, 이해도 잘되지 않았다. 법현대관에서 시간확보는 잘 되었는데, 성과는 별로 없었다. 어느 때에는 너무 공부를 하기 싫어서 시간당 50쪽씩 네 시간 동안 200쪽이나 읽고 허무한 심정으로 거리를 방황하기도 했다. 방향을 잡지 못하고 하는 공부는 진정한 공부가 아니었다. 버스를 타고 종점까지 가서는 변두리 경치를 두리번거리다가 돌아올 때 느껴지는 답답했던 심정.

 1977년에 시행된 19회 사법시험에 응시원서를 썼다. 처음 써보는 응시원서였다. 남들 하는대로 흉내를 내고 1차시험의 결과를 보니 큰 차이의 불합격이었다. 특히 영어는 간신히 과락을 면한 지경이었다. 영어의 벽을 넘어야만 1차시험에 자신을 갖게 되리라 생각했다. 틈만 나면 영어에 매달렸다. 그래도 영어는 나를 비껴 지나쳐 버리고 성과는 보잘 것 없었다. 애쓰고 고뇌하는 데에 대한 대가가 주어지지 않는다고 얼마나 원망의 세월을 보냈는지 모른다.

 대학졸업 후 법현학사(법대 고시 기숙사)에 입사하여 공부를 계속했다. 처음엔 기숙사 생활이 낯설고 적응이 잘되지 않았다. 그 때 공부하던 방식이 단권화 작업이었다. 교과서를 2~3종 펴놓고 잡지 논문에 합격생 시범답안까지 참조하여 기본교과서에 빠진 내용을 간지에 정리하였다. 민법총칙, 물권법, 채권각론, 아마 여기까지 하다가 그만두었던 것 같다. 한 구절이라도 빠진 내용은 기본교과서에 보충하는 식으로 단권화를 하였기 때문에 하루 진행속도가 몇 장되지 않아서 지루한 감을 이겨낼 수 없었다. 그 후로는 단권화란 말만 들어도 '힘든 일'이라는 선입견이 든다. 그러나 그런 방법이 아니고, 큰 타이틀이 빠졌을 때 채워넣는 단권화는 유용하고 별 힘도 들지 않는다는 것을 나중에 알았다.

　기숙사 생활에 익숙해 지면서 비로소 다른 사람들은 어떻게 공부하는가 면밀하게 분석하는 때가 많아졌다. 그 전에는 무슨 책을 보는지 몇 시간이나 공부하는지 정도 밖에는 관심을 보이지 않았었다. 어떤 요령으로 무슨 각오로 하는지 알고 싶었다. 알고자 하면 할수록 더 큰 벽을 쌓는 것 같았다. 내가 저렇게 열심히 할 수 있을까. 잠자는 시간 외에는 대부분의 시간을 공부만 하고, 잠자는 시간도 줄이며 공부하는 모습들, 그렇게 하지 못하는 내 자신이 너무나 원망스러웠다. 집에 계신 부모님께서는 "기숙사에 가 있는 자식이 매일 매일 성실히 생활하고, 곧 합격해서 기쁨의 선물을 가져올테지." 아버지께서는 나의 긴 고시여정에 단 한 번도 이제는 그만두고 다른 길을 찾아보라고 말씀하지 않으셨다. 떨러질 때마다 조금 쉬면서 다음에 대비하라고 격려하시는 것이었다. 내 입으로 이제 다른 일을 하겠다고 했으면 또 그러라고 하셨을 것이다. 내가 고3 때 국문과에 가겠다니까 그러라고 하셨고 재수할 때 법학과를 가려하니 또 허락하셨다. 그리고는 아침마다 절에 가서 부처님께 나의 소망이 이루어지도록 간구하셨다.

　그렇게 나를 믿어주시고 밀어주시는 아버지를 생각하면서 나는 자괴감에 담배를 피우며 울었다. 울면서 피우는 담배 맛이 참 묘했다. 그리고 공부 안 되는 게 스트레스가 쌓여서 그럴 것이고, 스트레스 해소야 뭐니뭐니 해도 술 아니겠느냐고 사흘이 멀다 않고 신촌에 나아가 술타령을 했다. 그러나 술을 마실수록 더 스트레스가 쌓였고, 또 다시 술을 마시게 되는 악순환이 거듭되었다. 그래서 어느날인가 술을 끊어버렸다. 담배도 끊고(이건 건강을 위해 먼저 끊었다), 술마저 끊어버리니 삭막한 세월이 될 수밖에 없었다. 한동안 머리 속에서부터 시작하여 온몸으로 술의 공급을 간절히 호소하였다. 그러나 이것을 이겨내었고, 술에 의해서가 아니라 나 자신에 의해서 생을 운영할 수 있다는 소득을 얻었다.

　제24회 응시원서를 내던 해는 1차준비에 총매진할 수 있었다. 한눈팔지 않고 기숙사와 도서관을 왕복하면서 하루하루가 성실하고 뿌듯하게 채워져 간다고 스스로 느낄 수 있었다. 다른 해와 다르게 1차시험에 대비해서 많은 것을 준비하였다. 시험 당일 컨디션 유지를 위해 식사조절도 궁리하였고, 모르는 문제가 나올 때 가장 확률높은 선택의 방법, 1차문제집도 후배들이 틀린 것을 표시한 것을 빌려다가 그 부분만 보고, 길을 가면서도 1차에 대비해서 토론하면서 다녔다. 식사시간에는 퀴즈문답같이 한 사람이 문제를 내면 나머지 사람들이 답하는 형식으로 1차준비를 했는데, 아주 흥미진진했다. 좀 특이한 문제를 가져다가 출제하고, 정답이 나오지 않으면 해설까지도 하고, 식사시간이 언제 다 지나갔는지 모를 지경이었다. 처녀림을 처음 답사할 때의 조심스러움과 치밀함이 농도 짙게 채워진 때였다. 그러니 결과는 좋을 수밖에 없었고 총점 20점을 남기고 합격하였다. 그때의 노력 중에서 무용한 것도 많았던 것 같다. 예컨대 모르는 문제는 정답을 고르는 방법을 아무리 궁리했다고 해도 맞출 도리가 없었다.

1차시험에 있어서는 시험 당일 얼마나 예리하고 총명하게 5개 중에서 선택하느냐가 당락을 좌우한다고 생각된다. 24회 합격 후에도 1차시험을 여러 번 보았지만 준비를 많이 한 해에도 시험 당일 분명한 태도로 고르지 못했다고 생각되어 약간의 차이로 실패한 경험이 있었다. 시험은 학문이 아니라는 말이 있다. 특히 1차시험은 시험에 대비한 방법론이 철저히 숙지되어 있어야 접근할 수 있다고 생각된다. 어느 후배는 1차시험 준비를 하면서 잘 이해가 안되는 문제가 생기면 이것을 물고 늘어져 아예 진도는 생각하지 않고 파고드는 것을 종종 보았다. '출제자의 질문요지가 무엇이고 이런 문제에 대한 답은 이런 식이다'라고 정리해 나가면, 부담도 적고 많은 문제를 다룰 수 있고 기억도 오래 남는 것 같다. 물론 기본적인 지식이 어느 정도의 수준에 올라와 있다는 전제가 있어야 하겠지만.

24회 1차에서 만족할 만한 성과를 올렸지만 전력투구 이후의 허탈함과 2차시험에 대한 접근방법이 아주 무지했던 점, 그리고 게으름으로 그 이후 1차시험은 수월하고 자신있게 준비하였는데 2차시험에 대해서는 절망감을 안고 응시를 반복하였다. 이러한 정신력으로는 합격시켜 주려해도 그럴 수 없었을 것이다.

• 신앙과 혼인

28회 2차시험에 떨어진 후에 이제는 뭔가 새로운 환경에서 다시 시작해야 겠다는 생각을 하고 있었다. 그러던 중에 지금 아내와 만나게 되었다. 우리는 만나자 곧 의기투합하여 일주일만에 결혼하기로 합의하였다. 그녀는 나를 성당으로 데리고 가서 하나님의 사랑을 알게 해 주었다. 이 두가지 사랑이 사실은 하나의 뿌리를 가지고 있었다. 방황하던 나의 마음 속에 사랑이 채워지면서 차츰 안정이란 결실을 맺게 되었다. 그 이전 철없던 시절, 마음에 없어 하는 여자 뒤를 따라다니며 시간과 정력을 많이 낭비하였다. 그러나 이번 상대는 상대방이 고시공부를 잘 이해하고 그 좌절과 극복을 격려해주며 나 이상으로 아파했다. 이러한 행복이 나의 고시여정의 말기를 장식하였다. 늦은 가을에 그녀를 만났는데 다음해 봄에 치른 1차시험에 떨어졌다. 우리의 만남을 위한 선물로 1차합격이라도 선사해야겠다고 벼루었었는데, 합격자 발표가 있었던 날 우리는 신촌에서 무거운 마음으로 만났다. 떨어질 때마다 평범하게 그 불행을 받아들이던 나는 그날 그녀의 눈물 앞에 당황하였다. '내년을 바라봐요, 하나님 계획이 이러하신가 봐요' 위로하는 그녀 앞에서 부끄러움과 뉘우침으로 범벅이 되었다.

내가 보고 싶어 만나자면 언제든지 달려왔고, 어떤 무리한 요구도 될 수 있으면 들어주려 애썼다. 공부 안하고 놀고 먹는 것 같아도 잔소리 하지 않았다. 멀지않아 당신은 꼭 시험에 합격할 것이라고 내게 주입하듯이 자주 말했다. 자신감이 없어지다가도 그런 말을 들으면 새로이 용기를 얻곤 했다. 그녀가 나를 화나게 하고 잘못도 종종해서 말다툼도 하였지만 나에 대한 근본적인 신뢰가 무너진 때가 없었다. 특히 고시공부에 있어서는 공부는 언제나 힘든 일이었지만 그녀와 놀 때의 즐거움이 이를 상쇄시켜 주었다.

아내도 나도 장애인이다. 우리가 만났을 때 주위에서 반대하면 어쩌나 걱정이 많았다. 우리의 예상과는 달리 양가의 부모님들 형제들 모두 축복해 주셨다. 2년간 사귀다가 88년 장애자올림픽이 거행되는 기간 중인 10월 22일 결혼식을 올렸다.

결혼과 더불어 그 십년간 정들었던 법현학사를 떠나서 집과 독서실에서 공부하였다. 여럿이 공부하면 정보도 얻기 쉽고, 자료도 쉽게 구할 수 있는 반면, 스트레스도 종종 느끼게 된다. '누구는 독서량이 얼마라더라, 모의고사에서 고득점 했다더라'는 등 말이 많았는데 혼자 공부하면서 이 장·단점이 역전되었고, 가능한 한 동기·후배들과 전화를 하면서 공부이야기도 주고 받으면서 외로움을 달래곤 하였다.

1990년 32회 1차시험에 불합격하고 나서 감정평가사 자격을 따야겠다고 결심하고 단기간 준비하였다. 사법시험과 공통되는 과목도 있어 부담이 적었음에도 불구하고 준비기간이 너무 짧았던지 결과는 1차에 불합격되고 말았다. 한해 두 번의 1차에 불합격하는 동안 아내가 임신했다. 늦은 37살 나이에 첫 아이가 잉태된 기쁨도 있었지만 '장애의 몸으로 어렵게 직장에 다니는 아내가 과연 무거운 몸을 이끌고 직장에 다닐 수 있을까. 못다닌다면 가정경제는 내가 책임져야 하며 따라서 대단히 아쉽지만 고시공부는 여기서 마감해야 할 것이다.' 이런 생각이 몇 달 동안 나를 괴롭혔다. 아침마다 직장을 향하는 바쁜 걸음들이 얼마나 부럽던지. 먹고 살 만큼 준다면 어느 직장이라도 받아들여야겠다는 마음이었다. 고시공부가 싫어서 포기하는 것과 어쩔 수 없어 포기하는 것과는 다르다. 궁리 끝에 아내는 퇴직하고 퇴직금으로 얼마간 버텨보기로 최종 결정을 내렸다. 아이 낳을 비용까지 합쳐보면 다음 시험이 끝날 때까지는 빠듯하게 견딜 정도였다. 그러나 궁하면 통한다고 아내는 주위의 고마운 분들의 도움으로 출퇴근의 편의를 받고, 직장에서도 힘든 일은 동료들이 도와주는 혜택을 입게 되었다. 1990~1991년 겨울에 2차를 대비해서 교과서를 착실히 1회독하였고, 이후 1차준비도 충분히 했다.

33회 1차시험을 십여일 앞두고 아내는 제왕절개수술로 사내아이를 낳았다. 그때는 매우 기쁘고 매우 피곤했다. 낮에는 독서실에서 밤에는 병실에서 보냈다. 그러나 1차도 2차도 모두 합격하였다. 합격은 나에게 있어서 애써 획득하였다기 보다 누구의 결심으로 주어진 것이라고 생각된다.

• 장애, 장애인

시험에 떨어졌을 때나 오랜 고시공부에서 오는 초조함·절망감을 극복하기란 쉽지 않았다. 그리고 장애인이 받는 편견과 홀대에서 오는 스트레스 또한 수시로 아픔이 되어 다가왔다. 모든 사람들에게는 갖은 모양의 극복되어야 할 고통이 있을 것이고 고통과 극복이 없는 삶이 무슨 의미가 있을까. 장애인이기 때문에 비장애인보다 더 고통스러웠다고 생각되지는 않는다. 나보다 더욱 고뇌에 빠져 몸부림치던 고시의 동료를 많이 보았다. 고시를 하였기에 나는 더 수월하게 사막을 건너는 중일지 모른다고 생각된다. "사막을 건너는 법"이란 소설을 여러 번 생각했다.

• **마지막에**

　강을 건넜다. 그리고 지나간 여정을 되돌아 보았다. 대체적으로 행복하게 고시를 했다고 생각된다. 게으름도 피울 만큼 피우고, 잠도 잘 만큼 잤으며, 공부하기 싫으면 기꺼이 의자에서 일어났다. 이것이 15회전을 다 뛰고나서, 심판의 판정까지 가게 된 원인일 것이다. 그러나 더 혹독하게 자기관리를 하였더라면 10년 이상 단축되었을지도 모른다는 아쉬움도 남는다.

　고시의 동지들, 먼저 지나간 바퀴자국에 자기의 바퀴를 빠뜨리지 마시고, 최선을 다하여 성실하시기 바랍니다. 그리고 이미 노장이란 명칭으로 불리우는 동지들, 아직도 그대들을 위한 입장권이 남아 있으니 쉽게 포기하거나 무기력에 빠지지 마시고 분발, 분발하여 주십시오.

　끝으로 저를 위해 노고를 아끼지 않았던 모든 분들 정말 고맙습니다. 제가 이후로 정성과 성실을 가지고 살아나감으로써 그 은혜에 보답하려고 합니다.

내 조 기

― 한송이 국화꽃을 피우기 위해 봄부터 소쩍새는 그렇게 울었나보다
　　퇴근후 남편의 지친 몸을 보며 수돗물을 틀어놓고 울기도 하고 기도도 했다. ―

이 증 례

· 1959. 9. 13. 일생
· 1988. 10. 22. 한기준씨와 결혼
· 1984년 동덕여대 도서관학과 졸업
· 국립중앙도서관 사서직 근무

　사법시험 합격! 가슴이 뛰고 아찔해졌다. 남편은 결국 해냈다.
　오늘을 위해 혼자서 겪어야 했던 외롭고 힘든 고시공부의 긴 세월.
　옆방에서 남편이 공부할 때 간절한 마음으로 얼마나 오늘을 고대했던가. '한 송이 국화꽃을 피우기 위해 봄부터 소쩍새는 그렇게 울었나 보다'라는 싯귀가 가슴에 이렇게 와 닿을 수가 없다.

남편이 너무나 자랑스럽다. 그 긴 세월 많은 어려움 속에서도 포기하지 않고 끝까지 해낸 남편의 굳은 의지가 존경스럽다. 남편과 함께 울고 웃었던 한 순간 한 순간들이 주마등처럼 스쳐 지나간다.

5년 전 어느 모임에서 고시공부를 하고 있다는 지금의 남편을 만났다. 그 당시 남편은 현실적인 여건으로 결혼하기에는 부족함이 있었지만 남편의 사람됨이에 반해 고시공부하는 남편에게 작은 힘이나마 되고자 결심했다. 고시의 세계에 대해서는 전혀 모르고 결심 하나만 가지고 시작한 것이지만 순간 순간 너무나 많은 인내를 필요로 했다.

우리의 연애시절 남편의 공부 때문에 자주 만나지는 못하고 많은 편지로써 사랑을 나누고 남편을 격려하곤 했었다.

남편을 가을에 만나고 그 다음해 봄 1차시험을 봤는데 떨어졌다. 우리가 만나고 처음 맞이하는 시험이라 기대감도 있었고 남편의 능력을 믿었기 때문에 실망이 컸다. 그러면서도 남편에게 아무 도움을 못준 것 같아 미안하면서 나 나름대로 다시금 마음을 다부지게 고쳐 먹었다.

가끔 만나면서 편지로써 남편을 격려하고 위로한다는 것이 한계가 있고 항상 마음이 더욱 착잡하고 안타깝기만 하였다.

우린 만난지 2년만에 우리들만의 보금자리를 꾸미고 남편도 학교 기숙사를 떠나 집에서 험하고 긴 여정의 고시공부를 시작했다. 환경이 바뀐 탓인지 남편은 집에서 공부가 안된다고 하며 하루 하루의 생활을 힘들어 했다.

아침에 내가 출근하고 나면 하루종일 빈 집에서 말 한마디 하지 않고 책과 씨름한다는 것이 얼마나 힘들고 외로운 자신과의 싸움이었겠는가.

점심 때면 하루도 빠짐없이 남편에게 전화를 걸어 점심식사도 확인하고 남편 기분도 전환할겸 해서 재미난 얘기도 나누며 함께 웃곤 했다. 결혼을 통해 항상 남편과 함께 할 수 있어서 더 없이 행복했지만 가까이에서 공부하는 모습을 지켜봐야 한다는 것은 너무나 힘든 일이었다.

전화선을 타고 들려오는 남편의 착 가라앉은 목소리를 접할 때면 그 순간 남편 옆에 웬지 내가 있어야 될 것 같은 생각에 혼자 애태운 적도 많았다.

결혼하고 그 다음해 남편은 1차시험을 면제받고 2차시험을 치르게 되어 집을 떠나 기숙사로 들어갔다. 남편의 시험 때가 다가오면 소화가 안되고 무엇이든지 먹기만 하면 체하는 버릇이 나에게 생겼다. 남편 시험기간 동안 배가 계속 아프고 음식 먹은 것을 계속 토하며 지내고 있었는데 어느날 남편에게서 전화가 왔다. 자기는 컨디션이 좋으니 걱정하지 말고 잘 지내라고…

내가 아픈 것을 남편이 눈치 못채게 하기 위해 태연한 척 하는데 눈물이 자꾸만 나왔다.

 늘 시험을 보고 오면 남편은 기대를 하는 눈치였다. 그러나 발표가 가까워 오면 남편은 밤잠을 못이루고 뒤척거리며 밤을 보냈다. 남편이 침묵 중에 있으면 내 마음은 무너질 것처럼 쓰린 데도 남편 앞에서 수다쟁이 처럼 떠들어대며 기분이 좋은척 하기도 했다.

 발표날 새벽 남편은 신문을 사오겠다며 밖에 나갔는데 좀처럼 들어오지를 않았다. 마음을 졸이며 기다리는 그 시간이 얼마나 길었던지.

 불안한 마음을 달래기 위해 성모상 앞에 꿇어앉아 기도를 하고 있는데 시험에 떨어졌다는 남편의 전화를 받았다. 난 출근을 해야 되는데 빈 집에 혼자 들어올 남편을 생각하니 그냥 이대로 출근하면 안될 것 같아 "여보! 우리 힘내서 다시 시작해요. 마음 조급하게 먹지 말고 하나 하나 차근차근 밟으며 다시 시작해요. 당신은 꼭 해낼거예요"라는 내용의 메모를 남기고 출근하는데 눈물이 두 볼을 타고 줄줄 흘렀다.

 시지프스의 신화처럼 목적지를 눈앞에 두고 바위가 굴러 떨어져 처음부터 다시 시작해야 할 남편을 생각하니 그가 너무나 가엾어 견딜 수가 없었다. 남편이 시험에 떨어졌다는 사실보다는 계속되는 낙방에 남편이 혹시나 좌절할까봐 그것이 항상 불안스러웠다.

 남편의 공부를 나눠서 할 수 있다면 좋으련만 그럴 수도 없고 내가 할 일은 항상 곁에서 남편에게 희망을 불어 넣어주는 일이었다.

 우린 TV가 없기 때문에 남편과 많은 대화를 항상 주고 받을 수 있었고 그 대화를 통해 서로에 대해 늘 확인하는 계기가 되었다. 일요일이면 남편과 함께 성당에 나가 일주일 동안 힘들었던 일을 위로 받고 미래에 대한 희망, 남편에 대한 믿음을 안고 다시 한 주 생활을 시작하곤 했었다.

 퇴근해서 집에 돌아와 아주 지친 얼굴로 누워 있는 남편을 보면 안타깝기도 하고 속상해 세수를 하는 척하고 목욕탕에 들어가 수도물을 틀어 놓고 울곤 했다. 남편에게 싫은 소리 한마디 하지 않고 기도하며 남편이 다시 힘을 얻을 때까지 묵묵히 기다려주는 것이 참으로 힘들었다.

 남편 공부 때문에 그리고 경제적인 문제 때문에 2년 동안 우리 부부는 아이를 미루어 오다가 내가 임신을 하게 되었다. 남편은 너무나 기뻐하면서도 현실적인 문제 때문에 고민하는 눈치였다.

 자식 때문인지 몸은 힘들었지만 어디서 그런 힘이 나오는지 정말로 열심히 살았다. 그러나 나 또한 건강치 못한 몸으로 임신이 되어 직장을 다닌다고 하는 것은 너무나 힘이 들어 울기도 많이 울었고 대상없는 그 무엇인가에 대해 원망도 많이 했다. 아마 그 때가 이 세상에 태어나서 가장 힘들었던 때라고 생각된다. 고시공부 하는 남편과 함께 살아오면서 혼자서 울며 불안해 하던 시간은 이제 지나갔다.

힘든 중에서도 항상 자상한 남편과 아이가 있어서 감사했다. 또한 시련을 통해 주님께 보다 가까이 갈 수 있었고 실패 속에서도 좌절하지 않으면 다시 일어설 수 있다는 진리도 깨달았다. 남편이 '사법시험'이라는 그 길고 어두운 터널을 빠져 나왔다는 사실이 너무나 기쁘다.

이제부터 또다른 시작이다. 끝없이 펼쳐진 많은 일들을 향해 새로이 출발해야겠다. 사람들은 고시의 결과에 대해서만 말한다. 그러나 더 중요한 것은 과정에서 겪는 끊임없는 도전과 극복이며 그것을 지켜보면서 더더욱 남편을 존경하고 사랑하게 된 것이다.

Run Forrest, Run!

─ 어쩌면 믿음이 더욱 강한 사람이 되라고
　사법시험의 길로 인도하여 주신 것 같습니다. ─

김 세 욱

· 제46회 사법시험 합격
· 1981년 11월 27일
· 경기고등학교 졸업
· 서울대 법학과 졸업
· 서울대 법학과 석사과정

「고시촌 서점 앞에 붙어 있는 합격자 명단을 살핀다. '11137181 김세욱'을 확인하고 감격에 겨워 환호성을 지르면서 서울대 대운동장까지 숨이 넘어가도록 뛰어간다. Forrest Gump OST의 'Run Forrest Run'이라는 배경음악이 나오면서 나는 인생 최고의 속도로 대운동장을 가로지른다.」 저는 합격발표가 나기 전까지 이런 가슴 벅차는 상상을 수도 없이 많이 하였습니다. 정작 이런 시나리오를 실천에 옮기지는 못하였습니다. 하지만 사법시험 합격이라는 꿈은 이루었습니다.

1학년을 마치고 겨울방학을 맞이하였을 때입니다. 사법시험 공부를 어떻게 해야하는지 아무것도 모르면서 무턱대고 서점으로 달려가서 곽윤직 민법 시리즈, 권영성 저 헌법, 이재상 저 형법을 싸들고 당시 부모님이 계시던 벨기에의 브뤼셀로 갔습니다. 패기로 충만했던 때였죠. 하루에 교과서 80여 페이지를 읽어나가면서 이해되지 않는 내용과 씨름을 하였습니다. 이렇게 고시공부에 첫발을 디딘지 4년이라는 세월이 흘러서 이제 이렇게 수기를 쓰고 있습니다.

어려운 때도 많았습니다. 3학년 올라가면서 본 1차시험에 떨어졌습니다. 주변에서는 한 번 떨어진 것 같고 뭘 그리 실망하느냐고 하였지만 그 때까지 어려움을 잘 모르고 철없이 커왔던 저에게는 큰 시련이었습니다. 또 다른 힘든 시기는 재시를 칠 때였습니다. 시험 바로 전날 밤에는 잠이 안 와서 밤을 거의 꼴딱 새고 시험장에 들어갔었습니다. 잠이 많던 사람이 서너 시간씩밖에 안 자면서 나흘을 버티려니 여간 어려운 것이 아니었습니다. 그러나 더 어려웠던 것은 일상적인 것들이었습니다. 학교 도서관에서 해가 지는 것을 바라보고 있노라면 잔잔히 서글퍼졌습니다. 추운 겨울에 밤늦게 도서관에서 귀가할 때면 따뜻한 온돌방에서 뒹굴면서 TV보는 것이 그리웠습니다. 방학 때 방학다운 생활을 하지 못한 것은 물론이요 크리스마스, 설날, 추석을 모두 반납해야 할 때도 있었습니다. 소개팅이나 미팅에 나가는 친구들을 보면서 옆구리가 시리기도 했습니다. 종강파티가 있을 때 혹은 친구들이 놀자고 할 때 '미안해'라는 말을 하고 싶지 않았지만 해야만 했습니다. 매일같이 시간에 쫓기고 모 아니면 도라는 압박감에 시달리며 사는 것이 무엇보다도 싫었습니다. 사법시험 합격에는 그만한 대가를 치러야 하나 봅니다.

저는 4학년에 올라가면서 1차를 합격하였습니다. 지금 되돌아보면 저에게는 1차가 2차보다 더 힘들었던 것 같습니다. 3학년 올라가면서 한 번 떨어져서인지 자신감도 부족했고 무엇보다도 정해진 시간 내에 40문제를 풀어내야 한다는 압박감이 견디기 힘들었습니다. 1차를 붙고 자신감을 많이 회복하였습니다. 1차합격의 여세를 몰아 초시 때 나름대로 열심히 공부하였습니다. 초시 때는 합격하지 못하는 것은 물론이요 점수도 안 좋을 것이라고 예상했었는데 결과는 의외였습니다. 행정법 과락을 제외하고는 모두 면과락 했던 것입니다. 조금만 더 열심히 할걸이라는 아쉬움도 있었지만 여기서 저는 큰 깨달음을 얻었습니다. 과락 막는 것을 제일 중요한 목표로 삼아야 하겠다는 생각이 들었습니다. 이에 따라 문제의 방향을 제대로 잡을 것, 조문을 놓치지 않을 것, 교과서 읽을 때 큰 목차를 중시할 것, 글씨는 대충대충 쓸 것 등 과락을 방지하기 위한 여러 방안을 마련하고 실천에 옮겼습니다. 이러한 노력이 이번 2차에 결실을 보았던 것 같습니다.

수석을 노리는 사람이 아니라면 책을 늘리는 일은 피하는 것이 좋다고 생각합니다. 언제나 시험 전날 다 볼 수 있는 양인지 염두에 두어야 합니다. 과목별로 보면, 헌법의 경우에는 저는 정회철의 CASE단문만을 반복하여 보았습니다. 판례집만 옆에 놓고 가끔 참고하였습니다. 행정법은 이병철의 행정법강의를 기본서로 하고 이재화 사례집을 끝까지 병행하여 보았습니다. 상법은 임재철 요론을 기본서로 하면서 필요할 때 이현복의 상법특강을 참고 하였습니다. 어음수표법이 처음에 이해하기 어려워 고생하였는데 이철송의 어음수표법 교과서가 많은 도움이 되었습니다. 민법은 노재호의 민법교안을 기본서로 하면서 지원림의 교과서를 참고하였습니다. 노재호의 교안만으로는 불안한 감이 있어 김종률 사례집을 기본서와 같이 반복해서 보았습니다. 민사소송법은 이시윤의 교과서를 기본서로 하고 최평오 사례집을 보았습니다. 형법은 총론 각론 모두 임웅의 교과서를 기본서로 하고 형사판례평석을 반복해서 참고하였습니다. 마지막으로 형사소송법은 이재상 교과서를 기본서로 하고 강용택의 보충서로 부족한 부분을 메웠습니다.

지금 되돌아보면 학교 수업을 열심히 들었던 것이 정말로 많은 도움이 되었던 것 같습니다. 학원 강의는 세월이 흐르면 까먹어도 학교 수업 때 들은 얘기는 기억이 오래 가더군요. 저에게는 특히 윤진수 교수님의 민법 수업, 이용식 교수님의 형사소송법 수업, 송옥렬 교수님의 유가증권법 수업, 그리고 김유환 교수님의 행정법 수업이 2차를 준비하는데 큰 도움이 되었습니다.

조문이 중요하기 때문에 저는 경각심을 일깨워주는 빨간색으로 조문번호에 동그라미를 쳤습니다. 판례는 녹색으로 밑줄을 긋고 나머지는 청색으로 처리하였습니다. 시험을 두 달여 정도 남겨놓고서는 형광펜을 과감히 사용하였습니다. 물론 사람에 따라 다르겠지만 저는 형광펜을 칠하면서 책을 보면 집중이 잘 되었습니다.

사법시험을 빨리 합격하려면 지나치게 꼼꼼하고 완벽을 기하는 습관은 버리는 것이 좋다고 생각합니다. 저는 1차 공부하면서 한 동안 책을 보물 모시듯이 다루는 '책 결벽증'에 시달렸었는데, 만약 자꾸 지우고 잘못 쓰면 심기가 불편해지는 증상이 나타난다면 주위에 책을 함부로 다루면서도 공부 잘하는 친구의 책을 빌려 보시라고 권하고 싶습니다. 공부할 때에도 진도 범위 내의 모든 내용을 완벽하게 알려고 하기 보다는 이해가 안 되더라도 일단은 빨리 넘어가서 진도를 제때 마치는 성취감을 느끼는 것이 중요하다고 생각합니다. 저는 토픽(topic)별 접근방식을 애용하였습니다. 별 대단한 것은 아닌데, 아침에 그날 하루 동안 볼 진도 내에 있는 토픽을 종이 한 장에 쭉 나열한 후 교과서를 페이지 순으로 읽는 것이 아니라 토픽 순으로 읽어나가는 방식입니다. 시간이 남으면 토픽들 사이에 있는 덜 중요한 내용을 읽었습니다. 과락의 위험이 상대적으로 높은 행정법, 형사소송법, 형법 등의 과목은 사례집을 한 권 더 구입하여 목차를 검토하는 등 사례에 신경을 많이 썼습니다. 기본적인 요건 암기사항 등은 미리 미리 두문자로 외워두면 막판에 엄청난 위력을 발휘합니다.

평소 잠이 많은 저는 밤에 충분한 수면을 가졌습니다. 학교에 와서 해롱해롱 졸기보다는 공부할 때 집중하는 것이 낫다고 판단하여 바쁠 때에도 적어도 7시간씩은 잤던 것 같습니다. 저는 하루를 2-4-4로 쪼개어 원칙적으로 10시간 공부하는 것으로 하였습니다. 아침 9시까지 학교에 와서 11시 반에 점심 먹으로 가고 1시부터 1시 반까지는 낮잠을 잔 후 5시 반까지 공부하고 저녁을 먹으로 갔습니다. 6시 반에 도서관으로 돌아와 7시까지 또 잠시 눈을 붙였다가 11시까지 공부하고 귀가하였습니다. 밤에 집에 와서도 공부를 하려고 했지만 정작 집에 와서까지 책을 편 날은 별로 없었던 것 같습니다. 공부하는 절대적 시간보다는 할 때 얼마나 집중할 수 있느냐가 더 중요한 것 같습니다.

저는 쭉 학교 도서관에서 공부하였습니다. 잠시 고시촌에 있는 독서실에 나간 적도 있었지만 답답함을 견디다 못해 이내 다시 학교로 올라오곤 했습니다. 고시촌은 인구가 밀집되어 있고 녹지가 부족하여 그곳에 잠시는 몰라도 오래 있으면 정신이 피폐해지는 것 같습니다.

합격하는 데에는 두 가지가 필요하다고 생각합니다. 첫째는 합격에 대한 굳은 결의라고 생각합니다. 이를 뿌드득 갈게 되고, 눈빛으로 불씨를 지필 수 있을 정도로 지독한 결의가 있어야 한다고 생각합니다. 저는 공부하면서 하루에 수십 번씩 '합격에 대한 믿음!'이라는 구호를 마음속으로 외쳤습니다. 불안감이나 긴장감이 엄습해오면 이러한 구호를 마구 외쳤습니다. 학교에서 도서관과 식당을 오갈 때에는 '이번 겨울은 학교에서 보내는 마지막 겨울이 될거야'라고 스스로 다짐하기를 반복하였습니다. 혼자 생각을 너무 많이 할 때에는 내가 약간 미친 것이 아닐까 의심하기도 하였습니다. 이렇듯 힘들지라도 시험에 바친 소중한 청춘의 나날을 헛되지 않게 하기 위해서라도 이를 악물고 공부하였습니다.

합격하는 데 필요한 둘째 요소는 은혜라고 생각합니다. 하나님의 도움을 받아야 합격할 수 있다는 생각에 저는 열심히 기도하였습니다. 사법시험을 공부하면서 더욱 독실한 사람이 되었다고 생각합니다. 어쩌면 믿음이 더욱 강한 사람이 되라고 사법시험의 길로 인도하여 주신 것인지도 모릅니다. 기독교가 아니라도 종교가 있으신 분은 공부를 하면서 신앙생활을 성실히 하시라고 권하고 싶습니다. 힘들 때 믿고 의지할 수 있는 곳이 없다면 흔들리기 쉽습니다.

저는 여러모로 은혜를 많이 받았다고 생각합니다. 제일 큰 은혜 중 하나는 좋은 사람들과 공부를 함께 할 수 있었다는 것입니다. 1차 때에는 법대후배 김태균과, 2차 때에는 친구 송영복과 함께 할 수 있었다는 것이 정말 큰 축복이었던 것 같습니다. 같은 스터디의 강동원, 허정현 누나, 이세정 누나도 이번에 같이 합격하여 곱빼기로 기뻐할 수 있었습니다. 그리고 공부뿐만 아니라 인생과 연애에 있어서도 많은 것을 일깨워 준 이준민 형과 2차공부의 마지막 반년을 함께 할 수 있었다는 것에 너무나도 감사할 따름입니다. 이들을 통해 많은 것을 배웠고, 이러한 인연과 배움이 없었더라면 합격은 머나먼 것이었을 뻔 했습니다.

그 무엇보다도 하나님이 주신 제일 큰 은혜는 우리 가족이라고 생각합니다. 특히 물심양면으로 제 뒷바라지에 여념이 없으셨던 어머니께 감사드립니다. 또한 마음이 넓으신 아버지와 친구 같은 동생 없이도 오늘날 제가 있지 못하였을 것입니다. 이제는 이러한 축복에 감사하며 여태껏 받은 은혜를 다른 사람들에게 베풀며 살겠습니다. 힘들 때에는 가슴속으로 언제나 "Run 세욱, run!"이라고 외치면서.

새로운 길의 시작점에서

― 공부는 해도해도 끝이 없는 것이어서 '자신감'을 잃어버리면 안되겠지만
'자족감'을 느끼는 것은 경계해야 한다고 생각한다 ―

홍 진 영
· 제46회 사법시험 수석합격
· 1981. 11. 7. 출생
· 대원외국어고등학교 졸업
· 서울대학교 법과대학 졸업

▪ 들어가며

"홍진영 씨, 축하합니다." 3차 면접장에서 대기 중에 감독관 한 분이 건넨 말씀에 처음에는 그냥 긴장된 분위기를 풀기 위해 말을 걸어주신 것이려니 했으나 옆에 계신 분이 수석 합격일 거라고 말씀해 주셨다. 오만가지 생각이 머릿속을 스쳐 지나갔다. 모의고사 최고답안들을 돌이켜보건대 나보다 훨씬 잘 쓰시는 분들도 많던데 내가 과연 수석으로서의 자격이 있는 것인지 하는 의심부터, 당장 면접을 볼 텐데 대답을 잘 못 하면 창피해서 어쩌나 하는 걱정, 앞으로 정말 쉽게 살려고 들면 안 되겠다는 책임감까지…. 지금도 별로 실감은 나지 않지만, 어쨌든 눈앞에 다가와 있는 현실이니만큼 그러려니 하고 받아들이고, 합격기를 써 보려고 한다. 2차 공부를 하면서 길이 보이지 않을 때면 지난 4년간의 수석 합격기를 다시 읽어보며 계획을 정비하곤 했는데, 나의 글도 힘든 길을 가고 있는 수험생들에게 조금이나마 도움이 되었으면 하는 바람이다.

▪ 사법시험 준비의 시작

고등학교 때의 치열했던 내신 경쟁에 지친 나에게, 다시 한 번 무서운 경쟁의 대열에 뛰어들어야 한다는 것은 마치 지옥처럼 느껴졌다. 게다가 공부

만 하느라 덜 자란 채로 대학에 들어온 탓에 진로, 인간관계, 사회의 부조리, 내 정체성 등 고민만 늘어갔지만 결국 어느 하나 제대로 해결하기가 어려웠다. 그렇지만 일단은 사회에 나갈 준비를 해야겠다는 생각, 행정법 수업을 계기로 생긴 법학에 대한 관심, 동아리 활동의 은퇴 시기 등이 맞물리면서 결국 3학년 여름방학 때부터 사법시험 준비를 시작하게 되었다. 그 시점에서 이듬해 1차에 붙는다는 것이 녹록치 않다는 것을 잘 알고 있긴 했지만, 아는 선배들이 그렇게 할 수 있었던 것을 보고 용기를 얻어 2년 안에 2차 시험까지 끝내자고 결심을 했다. 여러 가지 일을 병행할 수 있는 능력이 부족한 내가 사법시험을 준비하게 되면 시험 하나에만 집중할 것이 뻔했고, 그러면 준비 기간이 길어질수록 과정에 지나지 않는 '고시 그 자체'에 매몰될 내 자신이 두려웠기 때문이었다. 최대한 심신을 덜 다치고 시험에 합격하려면 단기간에 죽도록 하는 수밖에 없다는 다짐과 함께 나의 고시 생활이 시작되었다.

• 1차 시험의 준비

집이 학교와 그리 먼 편은 아니었지만 최대한 시간을 아끼고 공부에 몰두하기 위해 신림동에 있는 원룸에서 자취 생활을 시작했다. 자취라고는 하지만, 어차피 학교에서 밥 먹고 수업 듣고 공부하고 밤에 잠깐 만화방에 갔다가 방에 오면 거의 12시였기 때문에 딱히 어려운 점은 없었다. 공부 방식이 산만함과 시끄러움을 어느 정도 수반하는 편이고, 답답한 환경을 잘 참지 못하는 성격이어서 공부는 학교 도서관에서 하기로 했다.

1차에서는 중요 쟁점을 선별하거나 내용을 깊이 있게 완전히 이해한다기보다는, 어떻게든 그 광범위한 범위에서 어떤 부분이 출제되더라도 답을 맞출 수는 있게 공부를 해야 한다고 생각했다. 또한 출제자의 관점에 따른 애매함이 그다지 없는 판례 지문만큼은 확실하게 맞추고 들어가야 점수를 확보할 수 있다고 생각이 되었다. 그래서 매일 조금씩이라도 문제풀이를 통해 내가 무엇을 모르고 있는지를 파악하고, 판례의 충실한 대비에 중점을 둔 공부를 했다.

우선, 여름방학이 끝날 때까지 기본강의 테잎을 들으며 기본서 1회독을 마치려고 했지만 두 달 반 동안 헌, 민, 형 세 과목을 처음으로 본다는 것은 쉬운 일이 결코 아니어서 결국 과목마다 뒷부분에 구멍이 뻥뻥 뚫려있는 상태로 2학기를 맞이했다. 2학기 때에는 수업 다섯 과목과 함께 2회독을 병행해야 했는데, 아무래도 진도에 대한 압박감을 가지기 위해서는 밤에 시험을 치는 것이 좋을 것 같아서 심야 모의고사반을 등록했다. 수업을 듣기 위해 매일 시간을 내야 한다는 점에 부담이 컸지만 전공 수업의 경우 그때까지만 해도 숙제도 적은 편이었고 공부에 직접적으로 도움이 되었기 때문에 결과적으로는 병행하기를 잘 했다고 생각한다. 또한 이 때 휴학을 하지 않았기에 2차 공부를 할 때 1년간 휴학하여 시간을 절대적으로 확보하는 것이 가능했다. 민, 헌, 형의 순서로 매일 1회독 때 정리했던 기본서를 다시 복습했고, 이 때 별도로 마련한 판례집을 통해 본격적으로 판례 공부를 시작했다. 진도가 없는 토, 일요일에는 밀린 진도를 따라잡고 모의고사 문제를 복습하는 데 할애했다. 주말에는 쉬어야 한다고 각종 합격기에 다 써 있었지만 시간이 너무 부족했기에 정말 쉬거나 놀고 싶다는 생각이 절실하게 들지 않는 경우라면 늦잠은 자더라도 학교에 나와 공부하려고 노력했다.

　겨울방학이 시작되니 벌써 남들은 7-5-3-1과 같은 막판 정리에 돌입하고 있었지만 그럴 수 있는 사정이 아니었기 때문에 이런 저런 궁리 끝에 내 방식대로 계획을 세우고 밀어붙이기로 했다. 우선 과목당 10일 내지 14일 정도의 여유를 가지고 천천히 3회독을 해 나갔고, 이 때 민법은 타 학원의 진도별 모의고사를, 형법은 김일수 교수님 문제집을, 헌법은 민경식 교수님 문제집을 풀어서 문제풀이 능력을 집중적으로 향상시켰다. 이 시점에 무슨 교수 문제집이냐고 말리는 사람들도 있었지만 개인적으로는 다양한 문제를 풀 수 있어서 큰 도움을 받았다. 이즈음에 노동법을 시작했다. 원래 더 일찍 시작하고 싶었지만 마땅한 강의가 없어서 1월의 무료특강까지 기다릴 수밖에 없던 것이었다. 돌이켜보면 너무 편법으로 공부한 것 같아 부끄럽긴 하지만 강의에서 중요하다고 말해준 내용을 중심으로 조문·판례집을 하루에 조금씩 암기해 나갔고 두문자를 매우 많이 활용했다. 그리고 이때부터 마지막 1주일 전까지 매일 한 시간씩 독일어 공부를 병행했기 때문에 잠을 다섯 시간 정도로 줄였다.

　1월 말부터 2월 초까지는 판례만 한 번 1회독을 했다. 원래 보던 판례집에 맞는 강의 테잎을 사서 2배속으로 하루 종일 테잎만 들었다. 천장이나 딴 데를 보면서 귀에 꽂히는 대로 듣다가, 암기가 되어 있지 않거나 여전히 이해가 안 되는 내용이 나오면 테잎을 끄고 해당 부분의 판례집을 다시 정독하는 방식이었다. 이것을 마치고 나니 시험까지 3주도 남아 있지 않았다. 약 열흘 남짓의 기간 동안 하루에 헌, 민, 형, 노동법 각 1회씩 전범위 모의고사를 풀었다. 헌, 민, 형에 각 4시간, 노동법에는 한 시간 반 정도를 배정하여 정해진 시간 안에 문제를 풀고 남는 시간에는 틀린 문제를 검토하고, 그 회 문제를 풀면서 가장 자신 없었던 부분을 세 개 정도씩 선정해서 그 부분만 다시 책을 집중적으로 보았다. 이렇게 하니 이미 알고 있는 것은 짧은 시간에 확인하고, 아직 잘 모르는 것에 시간 투자를 할 수가 있어 '구멍'을 메꾸어 나가는 데 매우 효과적이었다. 이 때 잘 하면 이번에 붙겠다는 생각이 처음으로 들었다. 마지막 1주일 동안에는 그동안 정리해왔던 정리서와 판례집을 빠른 속도로 한 번 다시 읽는 데 투자했다. 기존의 3회독과 전범위 때 표시한 내용을 중심으로 강약을 조절하니 완독이 가능했다. 이 때 아직도 헷갈리는 것만 간략하게 메모를 해 두었는데 분량이 과목 당 노트 서너 페이지 쯤 되었다. 이것을 시험장에 가져가서 쉬는 시간에 마지막으로 확인함으로써 암기 상태를 가능한 한 높이고자 했다.

시험장에 가니 너무 긴장이 되었지만, 크게 심호흡을 하고 최대한 침착하게 문제를 풀어나갔고, 시간이 좀 모자랐던 민법을 제외하고는 두 번씩 검토를 한 후에 신중하게 답안지에 답을 옮겼다. 밤에 채점을 해 보니 평균 92점 정도가 되어 합격을 확신할 수 있었다.

• 2차 시험의 준비

애초에 초시는 경험삼아 보고 재시 때 충분히 대비해서 붙자는 생각이었지만, 일단 면과락은 해야 하지 않을까 싶어서 민사소송법 책과 테잎을 사서 듣기 시작했다. 그러나 8개월간 스스로를 너무 몰아친 이후여서 머릿속에 내용이 하나도 들어오지 않아 애꿎은 강사 탓을 하며 -나중에 들어보니 괜찮은 강의였다- 몇 개 듣다가 그만두게 되었다. 결국 학교 수업 듣고 놀면서 시간을 보내다 막판에 겨우 민사소송법과 형사소송법의 강의 테잎을 한 번 들을 수 있었다. 시험장에서 남들은 1초가 아까운 듯이 써 내려가는데 쓸 말 안 쓸 말 다 쓰고도 30분이 넘게 남아있는 상황이 나름대로는 고역이었다. 결국 두 과목 빼고 다 과락이었지만 별 기대도 안 한 형법이 50점대가 나와서 하면 되겠다는 용기를 가질 수 있었다.

2차 시험은 대부분의 수험생이 하듯이 학원 시간표에 맞추어 순환별 공부를 했다. 1순환 때에는 일단 강의 테잎을 들으면서 내용을 이해하고, 단권화의 기초를 마련하는 것을 목표로 삼았다. 다만 개념의 의의와 판례 문구는 이때부터 암기하려고 노력했다. 그리고 주위 사람들과 스터디를 결성해서 서로 모르는 것을 물어보고, 책이나 학원 강의 내용에 있는 오류를 지적해주는 시간을 하루에 한 시간씩 가졌다.

2순환 때에는 단권화를 완성시키는 것을 목표로 삼았고, 일주일에 다섯 번 시험을 치는 심야 모의고사반을 다녔다. 헌법을 제외하고는 모두 교과서를 바탕으로 단권화를 했고 강의 교재나 내용 정리가 잘 되어있는 참고서, 평석집을 참고하였고 마땅한 자료를 찾기 힘들 때에는 고시 잡지나 기타 법학 잡지에 실린 논문을 활용하기도 했다. 그리고 이 때 기출문제의 채점평을 읽기 시작했는데, 출제위원들의 조언 하나하나를 명심하려고 했던 것이 답안 쓰는 능력을 기르는 데 도움이 많이 된 것 같다. 후사법 중 세 과목은 사례 스터디를 했지만 스터디원들이 각자 진도가 밀리다보니 흐지부지되어서 결국 밥터디로 전환하게 되었다.

3순환 때에는 단권화된 교과서를 토대로 개념, 주요 목차, 학설, 판례의 암기의 정도를 높여나가는데 주력했지만 여전히 이해도 다 안 된 부분이 많아 걱정이 많이 되었다. 필요한 부분은 두문자도 조금씩 따 놓았는데, 시험에 의외로 도움이 되었다. 사례풀이의 감을 잃지 않기 위해 -과목별로 편차는 있었지만- 사례 목차잡기 연습을 꾸준히 했다. 3순환 때에도 계속 심야 모의고사를 다니고 2순환 때에는 듣지 않았던 강평도 들었다. 모의고사에서는 채점에는 거의 기대지 않고, 출제자가 제시한 답안과 내 답안을 비교해가면서 내 답안을 두세 번 다시 읽고 스스로 오류를 찾는데 중점을 두었다.

3순환이 끝난 후에 남들처럼 4-2-1을 해야 할지 고민이 되었는데 도저히 내 능력으로는 불가능이라고 생각되어서 그냥 5-2를 하기로 했다. 5일씩 볼 때에는 거의 다른 것은 보지 않고 책만 다시 읽었다. 예상 단문의 경우 완전히 암기하는 것은 불가능하다고 여겨져서 수첩에 목차를 적어서 가지고 다니며 틈틈이 읽었다. 문제 푸는 감각을 잃어서는 안 될 것 같았기 때문에 모의고사를 등록해서 이틀에 한 번이라도 시험을 볼 수 있도록 노력했고, 학교에서 하는 GAIUS 기출문제와 고려대 모의고사 문제를 구해서 목차잡기 연습을 계속 했다. 정리가 부족하다고 느껴진 민사소송법과 행정법, 민법의 경우 사례강의나 최종정리 강의 테잎을 집에 오갈 때나 자기 직전에 틈틈이 들어서 조금이나마 보완을 할 수 있도록 했다. 이때는 거의 체력이 바닥난 데다 감기까지 떨어지지 않는 상태여서 공부에 집중도 잘 안 되고 불안감이 커져서 시험 준비 기간 중 최대의 위기 상황이었다. 시험이 끝나면 운동을 정말 열심히 해야겠다고 다짐하는 계기가 되었다.

이틀씩 볼 때는 내용이 머리에 들어오는지 안 들어오는지도 모르고 정신없이 책장을 넘겼다. 각 시험 전날에 후사법 교과서를 다 보기에도 벅찰 것을 예상했기 때문에 민법과 형법의 경우는 단문을 약 20개 정도만 뽑아서 점심시간에 볼 수 있도록 미리 표시해 놓았다.

드디어 시험이 다가왔다. 우리 스터디 사람들 말고도 아는 얼굴들이 많아 비교적 편안한 기분을 느끼며 시험을 칠 수 있었다. 민법을 제외하고는 평소에 해 왔던 대로 20분간 세부 목차까지 다 잡고 거기에 맞추어 답안을 써 내려갔다. 불의타도 여러 개 있었지만 어차피 남들도 불의타일 거라고 스스로를 위로하며 열심히 법전을 뒤지고 가물가물한 기억을 바탕으로 내용을 만들었다. 평소에는 항상 10분 정도가 꼭 부족해서 불안함이 있었는데 실전이 닥치니 글씨 쓰는 속도에서 괴력을 발휘할 수 있게 되었다(그러나 하루 시험을 끝내면 근육통이 생겨서 어깨에 계속 약을 발라야 했다). 시험을 치고 나서는 되도록 앞의 과목은 잊고 다음날 과목에 신경을 쓰도록 노력했지만, 자꾸만 내가 범한 실수와 빠뜨린 논점이 눈앞에 아른거렸다. 형사소송법을 치기 전날에는 집중력이 거의 바닥을 치고 있었다. 결국 끝까지 책을 다 보기 위해서 꾸벅꾸벅 졸면서 밤을 새우고 말았다. 마지막 시험을 다 치르고 나니 무슨 말을 썼는지 기억도 잘 나지 않았다. 그러나 할 수 있는 건 다 했으니 이제 담담하게 결과를 기다리는 수밖에 없다고 생각하고 일단은 근심 걱정을 잊기로 했다.

그 후로 기다림의 긴 시간이 지나고, 12월 2일에 발표가 나는 줄 알고 미리 하룻밤을 꼬박 새우고 말았던 나는, 3일 오전에 있던 기말고사 시험을 위해 긴장감 속에서 또 하룻밤을 새워야 했다. 시험을 마치고 비몽사몽의 상태에서 녹두에 내려오니 건너편 상원서점에 사람이 와글와글했다. 무슨 배짱인지 몰라도 사람들을 마구 헤치고 명단을 보니 내 이름과 제일 친한 친구의 이름이 눈에 확 띄었다. 기쁘기도 했지만, 그것보다도 다시 하지 않아도 되어 너무 다행이라는 안도의 한숨이 흘러나왔다.

• 마치며

최종 합격자 발표가 난 후에, 어떻게 해서 수석까지 할 수 있었냐는 질문을 많이 받았다. 사실 수석은 운으로 하게 된 것이라고 생각하지만, 합격을 위해 나름대로 지켜온 원칙 몇 가지는 있었던 것 같다.

첫째, 가능한 한 치밀하게 계획을 세우고 그것을 실천하려고 했던 것이다. 물론 '진도는 밀리라고 있는 것'이라는 수험가의 명언도 있듯이, 야심차게 세운 계획을 완벽하게 지킬 수 있는 사람은 아무도 없을 것이다. 그러나 어차피 지킬 수 없는 계획이라고 해서 세우지 않고 만연히 하루하루를 보내는 것보다는, 지키기 어렵다는 것을 알더라도 부단히 목표점을 정하는 것이 수험 생활을 보다 밀도 있게 보낼 수 있는 방법임은 틀림없다. 시간을 아끼기 위한 전략은 얼마든지 다양하기 때문이다.

둘째, 항상 실전을 염두에 둔 공부를 했다는 것이다. 아무리 법률 지식을 많이 가지고 있어도 그것을 답안으로 연결시키지 못한다면 적어도 시험에 있어서는 소용이 없다. 그러기 위해서는 1차, 2차 모두 문제를 많이 접하는 것이 필요하다고 생각했고, 2차의 경우 과목당 평균 30장 이상씩은 답안지를 써 보도록 했다. 여러 번 써 나감으로써 목차가 부실하다든지, 서론부에서 횡설수설한다든지, 검토가 빈약하다든지, 판례를 풍부하게 못 써준다든지, 시간이 모자란다든지, 법전 활용을 잘 못한다든지 하는 자신의 약점을 파악하고 고쳐나가야 한다. 일단 약점을 파악하면 그것을 고치는 것은 크게 어려운 일이 아니지만 학원에서의 대량 채점은 각 개인의 약점까지 파악해 줄 만큼 세밀하지는 못하므로 자신이 쓴 답안이 -다시 쳐다보기도 싫을 때도 많기는 하지만- 무엇이 잘못되었는지 거듭 읽어보며 스스로 파악해 나가는 과정이 중요한 것 같다.

셋째, 사법시험 공부를 하면서 다른 취미 생활이나 즐거운 일을 병행한다는 것은 어차피 소수의 천재들이나 가능한 일이라고 생각했기 때문에, 틈틈이 쉴 때는 즐겁게 쉬더라도 -그러나 공부할 것이 남아있는데 놀러가는 기분이 유쾌했던 적은 거의 없었던 것 같다.- 공부 자체에 흥미를 붙여서 스트레스를 줄이고자 했다. 교과서의 논거나 사례집의 풀이가 설득력이 없다고 생각했는데, 궁금해서 찾아본 논문이나 다른 연습 사례에 내가 생각했던 것과 비슷한 내용이 나올 때 특히 큰 희열감을 느꼈다. 고등학교 때나 고시 공부 할 때나 공부에 쏟아 붓는 노력은 크게 다르지 않았지만 내가 비교적 좋아하는 공부를 하고 있다는 사실이 크게 위안이 되어 훨씬 덜 힘들었던 것 같다.

 넷째, 마지막으로 -이것은 성격이 다른 사람에게는 별로 조언이 되지 않는 것 같지만- 시험장에 들어가 있을 때 말고는 절대로 내 자신을 믿지 않았다는 것이다. 최선을 다해야 한다는 스스로에 대한 질책이 지나칠 때에는 자학 상태에 빠져서 좀 우울할 때도 있었지만, 나에게 고쳐야 할 점과 모르는 것이 너무나 많다는 것을 항상 잊지 않는 것은, 나 자신을 억세게 밀어붙이는 원동력이 되었다. 공부는 해도 해도 끝이 없는 것이라서, -'자신감'을 잃어버리면 안 되겠지만- '자족감'을 느끼는 순간만큼은 반드시 경계해야 한다고 생각한다.

 살다보면, 쓰린 실패의 경험을 맛볼 법도 한데 이날까지 그런 실패의 아픔을 많이 겪지 않고 어찌어찌 버텨올 수 있었던 게, 거기서 더 나아가 수석이라는 자리까지 오게 된 것이 신기하기도 하고, 한편으로는 두렵기도 하다. 실패는 나중에 찾아올수록 더 감당하기 힘들다고 하니까…. 그러나 일단은, 감사히 여기고 빚진 것을 갚는다는 심정으로 한번 열심히 살아보려고 한다. 이 자리가 나의 노력만으로 이루어진 것이 아니란 것을 지금은 잘 알고 있지만, 앞으로 살아가면서도 절대 잊지 않도록 더욱 정진하고, 소외된 사람들에게 헌신하는 삶은 살 수 없더라도 최소한 양심에 거스르지 않는 짓은 하지 않고 살 수 있도록 나의 행복과 다른 사람들의 행복을 위해 노력해야겠다.

 끝으로 다른 걱정 없이 공부에 전념할 수 있도록 도와주신 부모님, 어려서부터 키워주시고 합격을 위해 매일매일 기도해주신 할머니, 수험 기간 내내 서로 의지하면서 끝까지 함께 해 온 고마운 친구 아람이, 항상 옆에서 격려해 주고 힘이 되어준 기원이,

 내 합격을 자기 일처럼 기뻐해 준 가람 오빠, 수희, 한진, 해상, 다영 등 우

리 다솜 공부방의 사랑하는 선, 후배, 동기 교사들, 법학의 길로 이끌어주신 법대의 여러 훌륭하신 교수님들, 수험에 관한 조언을 아끼지 않은 지웅 오빠와 정우 오빠, 나의 성장에 밑거름이 되어준 여블 동료들 오이 언니, 가진, 유진, 효, 2차 시험 때 내 뒷자리여서 편안하게 시험을 볼 수 있는 원동력이 되어 준 은주 언니, 인생의 가장 어두우면서도 빛나는 시절을 함께 했고 공부하면서도 힘들 때 만나면 든든했던 고등학교 친구들 혜진, 보나, 정현, 진아, 영아, 현미, 그 외에 일일이 이름을 거명할 수 없어 미안한 모든 사람들에게 감사의 마음을 전하고 싶다.

시험의 상대성 이론

— 순조롭게 2차준비를 하는 동안 뜻밖에 병원에 입원하여
   치료를 받아야 했고 때마침 할머니의 타계로 눈물을 흘려야 했다. —

강 성 민
- 제40회 행정고시(최연소) 합격
- 1975. 1. 24. 출생
- 동인천고 · 성균관대 행정학과 졸업

공부하다가 심심할 때 몇번 읽어본 합격기를 음미할 때 일정한 틀이 있다는 생각이 들지는 않습니다. 살아온 얘기, 공부하면서 어려웠던 점, 고마운 분들, 과목별 공부방법론, 자신의 성적 등 여러 내용이 있는 듯 합니다. 저도 그런 내용들을 나름대로의 방식으로 써내려 갈까 합니다.

• 서 설

제 고시여정을 말씀드리기 전에 제가 공무원이 되고자 했던건 아마도 초등학교 5학년 정도였다고 생각됩니다. 국민을 위해 봉사한다는 것이 어린 저에게 좋은 이미지를 남긴 듯 했습니다. 그리고 행정고시란 시험이 있다는 걸 알게 된 것은 중학교 2학년 때 아버지가 주위에서 들은 이야기를 제게 말씀해 주셨을 때였습니다. 그후 행정고시는 제 인생의 하나의 목표가 되어서 고등학교에서도 주저없이 문과를 택했고, 가고 싶은 대학 학과도 언제나 행정학과라고 적어냈습니다.

그래서였는지 대학입학도 후기에 성대 행정학과를 유념해 놓고 전기에 우리나라 최고 학부라는 곳에 원서를 내보았습니다. 물론 문제가 어렵게 나올 경우 어느 정도 합격의 가능성이 있다고 생각한 끝에 내린 결정이지만 93년 전기 대학입시는 유례없이 문제가 쉽게 출제되었고 그래서 시험보면서 느낀 대로 떨어졌습니다.

마음속에 계산한대로 성대에 입학하긴 했지만 실제로 제가 행시에 대해 알고 있는 것은 고급공무원의 채용시험이라는 것 정도였습니다. 그러니까 시험시기, 직렬, 시험과목, 교재 등 거의 아는 것이 없었습니다. 더욱이 그런 정보를 가르쳐 줄 사람이 제 주변에는 없었습니다. 과선배라고 해도 과활동 중에 만나는 선배들은 고시를 준비하고 있지 않거나 또는 혹 고시에 대해 좀 알아도 어린 놈이 벌써 무슨 고시 공부냐는 듯 진지하게 말을 해주는 이가 없었습니다.

이때 그나마 제가 도움을 받을 수 있었던건 고시안내 서적이었고, 이를 통해서 만 20세 이상이라는 나이제한(하한)이 있다는 것, 일반행정이나 재경직 같은 직렬이 있다는 것, 1차·2차·3차 시험으로 구분된다는 것, 어떤 과목이 있다는 것 등을 알 수 있었습니다.

대학에 들어가면 얼마 안 있어 붙을 수 있겠지라는 선무당같은 생각을 갖고 대학에 들어왔는데 대학 3학년 때가 되어야 첫 도전의 기회가 부여된다는 걸 알았을 때는 실망하기도 하였습니다. 그러나 1차 공부를 2년간이나 하기는 그렇고 해서 나이제한이 없고 성격이 비슷한 사시공부를 해보기로 했습니다. 그래서 첫학기 중반쯤 와룡헌에서 들어오라는 제의도 물리치고 말았습니다. 그러나 이 때 해두었던 법학공부가 이후 행시공부에 많은 도움이 되었음을 부인할 수 없습니다.

95년 3월까지 헌법, 민법, 형법을 한번씩 정독하고 문제집을 약간 풀어 본 다음 시험에 임했습니다. 예상대로 떨어지긴 했으나, 4월 말에 성적을 확인해 보니 65점 정도였습니다(약 80점대에서 자름). 남들은 처음 봐서 과락없이 그 정도면 잘했다고 했지만 아무래도 체계적으로 공부하지 않으면 안될 것 같아 와룡헌으로 들어가기로 했습니다. 와룡헌 지도교수님이신 김현구 교수님을 찾아가 뵈었더니 5분 면담 끝에 쾌히 승낙하셨습니다. 명확하게 직렬을 선택했던 때가 바로 이 때쯤이었는데 지금까지 학과공부 도중 가장 흥미롭게 공부했던 경제학에 대한 애착이 많은 영향을 준 듯합니다. 경제학의 설명방식은 지금까지 공부했던 법학적 논리체계나 행정학적 사고와는 약간은 이질적이면서도 신선한 새로운 경험이었기 때문입니다.

• 제39회 행정고등고시

 와룡헌에 들어간 것은 1994년(2학년 1학기) '부처님 오신날'이었습니다. 그러나 들어가자마자 1차 공부를 시작한 것은 아니었습니다. 물론 영어공부는 계속했지만 12월 중순까지 제가 계속 공부한 것은 경제학, 행정법, 통계학, 재정학 등 2차과목이었습니다. 따라서 2학기에 있었던 2차 위주의 특강도 빠짐없이 들었습니다. 이것은 동차합격을 노리고 한 것이긴 하지만 만약 동차가 안되더라도 재경직에서 공부해야 할 분량을 고려해 본다면 당연한 것이라고 생각되었기 때문입니다.
 결국 1차시험을 위해서는 4개월 정도밖에 공부하지 않은 셈이 됩니다. 그러나 39회 행시 1차는 과목이 바뀌기 전이어서 민총, 정보체계론이 있었고, 계산상 민총이나 헌법은 사시 경험으로 많은 시간의 투자가 필요없어 보였습니다. 국사는 고등학교 때의 실력에 약간을 보강하면 되겠고, 그리고 한 번도 공부해 본적은 없지만 정보체계론은 과목 개편으로 40회에 일반행정 2차과목이 되기 때문에 그리 어렵게 내지 않으리라 생각하여 별로 걱정하지 않았습니다. 게다가 영어는 몇 개월 쉰다고 눈에 띄게 떨어지는 과목도 아니기 때문에 4개월 동안 모의고사 등을 통해 감각만을 현상유지시키고 오히려 다른 과목에 많은 투자를 했습니다.
 1차 공부할 때는 정신력에다 약간의 체력이 바탕이 되었는지 거의 하루에 14시간 정도 공부를 할 수 있었고, 시험 막판 1주일간은 하루 5시간 반만 자고 식사 외에는 계속 공부에 전념했는데 긴장감이 체력적 한계를 보충해 준 듯합니다. 시험당일 사실 1차시험 합격을 자신했고(성적 84.5), 그래서 시험이 끝난 후 2차 공부에 전념할 수 있었으며 3학년 1학기 성적도 그런 자신감과 함께 그 때까지의 성적 중 가장 좋은 기록을 냈습니다.
 그해 있었던 제39회 2차시험에서는 행정법의 경우 모의고사에서 한 번 풀어 본 문제이었기에 넉넉히 쓸 수 있었고 재정학은 평범한 문제라 잘 쓸 수 있었지만 경제학 큰 문제에서 고전했으며, 통계학의 다중공선성 문제는 언뜻 보고 지나간 것을 억지로 엮어 내어 썼습니다. 제 생각엔 합격선에서 크게 벗어날 것으로 예상되지 않았고 잘 하면 합격도 가능하지 않을까 하는 마음이 들었습니다.
 그러나 나중에 성적이 나왔을 때 알게 되었지만 평균점수가 53.8로 합격선

(58.3)에 비해 제 기준에서는 큰 차이를 보이고 있었습니다. 잘 봤을 것으로 생각했던 행정학, 행정법은 그 성적이 아주 저조한 반면, 과락이 걱정되던 경제학은 간신히 과락은 면했고, 제일 위험할 것으로 여겨졌던 통계학이 최고성적을 받았다는 점을 고려할 때 고시라는 것이 갖는 특이성을 명확히 인식하는 계기가 되었습니다.

 선배들로부터 들은 이야기를 내가 직접 경험한 것으로 볼 때 자기가 못쳤다고 생각되는 과목도 사실은 고득점이 될 수 있고 따라서 성적은 나와 봐야 아는 것이라는 점, 문제를 잘못 이해해서 다르게 문제에 접근하더라도 논리적으로만 글을 쓸 수 있다면 충분히 좋은 점수를 받을 수도 있다는 점, 가장 중요한 것은 2차시험 도중이나 그전 공부 중에라도 자신의 실력을 의심해서 미리 포기해서는 안된다는 것은 중요한 교훈이라고 생각합니다. 특히 미리 치른 한 두과목에서 실수를 했다해서 다음 시험과목에까지 영향을 미치게 하는 것만큼 고시생에게 치명상을 주는 것은 없다고 봅니다.

• 제40회 행정고등고시

 39회 행시 2차를 본 후에 제일 신경이 쓰인 것은 40회부터 바뀌는 과목개편으로 화폐금융론이 빠지게 됨으로써 대신 선택하게 된 회계학이었습니다. 지금까지 공부한 적이 없는 회계학을 위해서 회계원리, 재무회계, 회계이론 등의 책을 읽었습니다. 그 외에 다른 과목에서도 약간 미진한 부분들을 위주로 보강에 들어갔습니다.

 그런데 10월 하순쯤 해서 제 고시인생에서 가장 큰 장애가 생기기 시작했습니다. 결국은 제가 몸을 생각하지 않고 너무 책상에만 앉아 있었던 것이 원인이었습니다. 호흡곤란과 함께 어깨에 심한 통증을 가져다주는 기흉이란 병으로 입원을 하게 된 것입니다. 병원에 처음 입원했을 때는 하늘에서 제가 공부하는 게 딱해 보여 1주일 정도 쉬라고 배려해 준 것 쯤으로 생각했습니다. 그리고 실제로 저도 책에서 손을 놓고 여유있게 생활을 했습니다. 그리고 10일 후 병원에서 나왔는데 6일 후 재검을 받기 위해 가니까 아직 공기가 약간 남아 있다면서 그걸 빼내야 하므로 다시 입원하라는 것이었습니다. 이번에는 정말 병원에 있는 것이 얼마나 고통스러운지를 절실히 느낄 수 있었습니다. 처음보다 입원기간이 짧았음에도 불구하고 처음 입원기간 중 늘었던 몸무게가 이번엔 빠져 버렸습니다. 그래도 입원기간동안 매일 같이 찾아와 병실에 같이 있어 준 친구 찬식이의 우정을 느낄 수 있어서 기뻤습니다.

그러나 여기서 고통이 끝난 것은 아니었습니다. 제가 병원에 있는 동안 할머니께서 몸이 불편해지셨다는 소식을 접하게 되었습니다. 그리고 병원에서 나와 보니 할머니께서는 몸져 누워 계셨습니다. 그리고 한달 동안 암으로 고생하시다가 12월 중순에 돌아가셨습니다. 할머니는 돌아가시기 며칠 전까지도 삶에 대한 의지를 내비치셨습니다. 그러나 가물가물해지는 의식 속에서 죽음을 예견하셨는지 돌아가시기 며칠 전 저에게 행정고시에 합격하는 것을 보고 싶었다고 하시며 눈물을 글썽이셨습니다. 그 때 저는 세상에서 자신을 가장 사랑해 주신 분을 더 이상 이 세상에서 만날 수 없다는 슬픔을 느껴야 했습니다.

할머니가 돌아가시기까지 총 2개월 정도 손에서 책을 놓았다가 49제까지 집에 있기로 하고 1월 중순부터 회계이론과 원가관리회계를 한 번씩 읽어 보았습니다. 이미 시간적인 한계로 인해 회계학에서 고득점을 얻기는 힘들거라는 점을 알았기 때문에 방향만을 정확히 설정하여 공부하려 노력했습니다.

49제가 끝나고 본격적으로 공부하기 위해 와룡헌으로 다시 돌아와 제일 먼저 경제학부터 시작해서 재정학 등을 보강하기로 하였습니다. 그러나 전처럼 무식하게 책상에 오랫동안 앉아 있는 것으로 승부를 내려 하지는 않았습니다. 하루에 1시간 정도는 꼭 양현관 뒷산을 올랐고 어느 정도의 정신적인 여유를 찾으려 노력했습니다.

2차시험을 얼마 앞두고서야 전과목이 어느 정도 자리를 잡아가는 듯 했습니다. 행정법 케이스 푸는 방법이 눈에 들어왔고 회계학의 틀이 구체적으로 나타나기 시작했습니다. 그러나 공부를 하면 할수록 과연 내가 합격할 수 있을까 하는 의구심은 더해 갔습니다. 그렇다고 해서 초조해 하진 않았습니다. 지금까지 공부한 것에 불만이 없는 것은 아니었습니다만 내가 할 수 있는 만큼은 다 했다는 심정으로 2차시험에 임했습니다.

그러나 사실 2차시험 기간내내 계속 실수했다는 느낌을 지울 수 없었습니다. 행정법은 작은 문제 둘 모두를, 경제학은 코우즈 정리를, 행정학은 큰 문제를, 회계학은 재무회계와 관련된 부분에서 고전을 면치 못했습니다. 그러나 앞 과목의 실수 때문에 다음 과목에 영향을 미치지 않도록 앞 시험에 관한 것은 다 잊으려 했습니다. 사실 이것이 합격을 하는데 어느 정도 기여를 한 듯합니다.

2차시험이 끝난 후에 무엇을 할 것인지 많은 계획을 세웠지만 사실상 제대로 한 것은 하나도 없습니다. 2학기에 복학을 할까도 생각해 보았으나 합격의 보장이 없었기 때문에 그저 빈둥빈둥 시간을 보내면서 이제까지 고시공부를 하는 동안 바닥난 체력을 어느 정도 회복하는 데에만 신경을 썼습니다.

어느덧 훌쩍 3개월이 지나고 2차 합격발표를 며칠 남겨 두게 되자 굳이 사람들을 피하고 싶지도 않아서 양현관에서 기다리고 있었습니다. 발표예정일 하루 전에 후배와 학교 뒷산에서 배드민턴을 치고 내려와 칠판에 적힌 합격자 명단에서 제 이름 석자를 발견할 수 있었습니다. 그냥 담담할 뿐이었습니다. 오히려 3차시험을 보고 최종합격발표를 기다리던 1주일 간이 제겐 더 가슴 떨리게 하던 시간이었습니다. 그리고 발표예정일 이틀전 아침에 최고령 합격자인 임준성 선배님의 합격소식을 듣고나서 10분 후 한 언론사로부터의 연락으로 내가 최연소 합격인 것을 알았습니다. 뒤에서 묵묵히 저를 응원해 주시던 분들의 얼굴이 순간 머리속을 스쳐 지나갔습니다.

• **여러 문제상황에 대하여**

합격한 후에 주위 사람들로부터 공부방법이나 고시공부 중에 힘들었던 점에 대해 많은 질문을 받았습니다. 고시공부 중에 힘들었던 점이라면 건강문제가 가장 큰 것이라고 할 수 있습니다. 소화기능이 안 좋은 경우 먼저 속병을 치유하는 것이 급선무겠지만 시험공부 때문에 그럴 수 없으니 가장 좋은 방법은 규칙적인 생활습관을 들이는 것이 중요하다고 생각했고 그렇게 하려고 노력했습니다.

그 외에도 힘든 것이 많았지만 적어도 사람들과 관련된 것, 예를 들어 여자 문제나 자주 찾아오는 친구들의 경우와 같은 문제들에 있어서 저는 공부를 하는 동안만은 담을 쌓으려고 노력했습니다. 애초에 여자를 사귀어 본 일이 없었으나 주위의 사람들을 보면 이성을 사귀면서도 좋은 성적을 유지하여 합격하는 사람들이 있는가 하면, 이성문제 때문에 공부에 많은 어려움을 겪는 사람들도 있었습니다. 사람 성격이나 상황에 따라 상대적인 것 같습니다. 친구들의 경우 그 수가 많지는 않지만 모두 제가 공부하는데 방해가 안 되도록 신경을 써주는 그런 고마운 친구들이 었습니다.

사실 건강문제와 함께 정신적으로 저를 괴롭혔던 것은 너무 어린 나이에 공부하려는 게 아닌가 하는 주위의 시선이었습니다. 합격이 어렵지 않겠느냐는 사실적인 의문에서부터 너무 어린 나이에 붙으면 좋지 않다는 당위적인 의문을 비롯해서, 이에 동조하는 또 다른 제 자신이 공부를 시작한 초기에는 부담으로 작용했습니다. 어쩌면 사람들의 일반적인 통념이 옳은 측면이 없는 것은 아니지만 발전이나 변화라는 목표를 위해서는 이런 통념에 도전하는 것이 때로는 필요하다고 생각합니다. 제가 합격함으로 해서 지금 공부하고 있는 후배들이 더 이상 제가 들었던 그런 말에 고심하지는 않으리라 생각하니 그나마 위안이 됩니다.

공부방법과 관련해서 말씀드린다면 저도 공부하는 동안 선배님들로부터 많은 얘기들을 들었지만 모두가 똑같은 말을 하는 것은 아니었습니다. 어느 과목이나 체계가 있는 것이니 만큼 이런 체계를 습득하는 것이 중요할 것입니다. 그 이상 제가 말씀드릴 수 있는 뾰족한 공부방법은 없을 듯 합니다. 원론적인 얘기를 한다면 자기 자신에게 맞는 공부방법을 터득하는 것이 중요하다고 할 것이고 실제로도 공부하는 도중에 그렇게 된다는 점입니다. 그리고 과목별 특성이 있으니까 그에 맞추어 방법을 조금씩 달리하는 것이 좋을 것이라는 점입니다.

주위에서 행시 공부를 하고 계시는 다른 분들의 모습을 지켜보는 것도 괜찮고 직접 같이 공부하는 것도 좋을 것입니다. 이 경우에는 같이 공부하는 사람들끼리 아무 벽이 없어야 할 것입니다. 적어도 그런 사람들이 나의 경쟁자라는 생각을 해서는 안될 것이며 따라서 자료가 있으면 서로 교환하는 것이 중요합니다. 그러는 것이 좋은 점수로 서로 합격하는 비결입니다. 서로 함께 스터디한다고 해서 모든 그룹들이 동일한 성적을 거두는 것이 아니라는 사실에서 이 점을 알 수 있습니다. 저는 그러지 못했고 그래서 지금도 같이 공부하던 선배님들에게 항시 미안한 마음을 갖고 있으며 또한 성적도 말씀드리기 부끄러울 만큼 저조했습니다.

• 맺음말

　마지막으로 글을 마치면서 하고 싶은 말은 사회의 모든 것들이 다 그러하듯이 시험에도 어떤 절대적인 것이 존재하지는 않는다는 것입니다. 모든 것이 상대적인 것입니다. 단지 절대적인 것이 있다면 모든 것이 상대적이라는 사실 뿐입니다. 오히려 우리에게 중요한 것은 그 상대성의 정도일 것입니다. 예를 들면 남들에게 효과적인 교재나 공부방법이 반드시 나에게도 효과적인 것은 아니며, 고시공부 외에는 모든 문제와 담을 쌓는 것이 좋다 하여도 같이 공부하는 사람들의 협조없이는 무척 어려운 싸움이 될 것이라는 점도 그렇고, 자신이 잘못 봤다고 걱정하던 과목이 사실은 가장 높은 점수가 나올 수도 있는 것이 현실입니다. 결국 인생이란 새옹지마 아니겠습니까. 삶의 불확실성을 개척해 나가는 데 의의를 두시고 계획적으로 공부하시되 너무 초조해 하거나 삶의 여유를 잃지 않으셨으면 합니다.

하나님 고맙습니다

— 급할수록 돌아가라! 1차에 떨어진 그 날부터 1차공부에 매달렸다.
매일 산에 올라 운동을 하며 '나는 합격한다'고 외쳤다. —

김 종 근
· 제35회 행시(일반행정) 합격
· 1959. 11. 24. 경북 달성 출생
· 광운대학교 행정학과 졸업
· 서울시 서대문구청 사무관
· 서울시 예산담당관실 사무관

그날이 오면 그날이 오며는
삼각산이 일어나 더덩실 춤이라도 추고
한강물이 뒤집혀 용솟음 칠 그날이 오며는!

그날이 와서 오오! 그날이 와서
육조앞 넓은 길을 울며 뛰며 뒹굴어도
그래도 넘치는 기쁨에 가슴이 미어질 듯 하거든!
우렁찬 그 소리를 한 번만이라도 듣기만 하면
그 자리에 꺼꾸러져도 눈을 감겠소이다!

민족시인 심훈은 일제 암흑기에 조국광복을 바라보며 "해방"이 구원이었다면 저는 "합격"이 그 날이었습니다. 그날이 오면 실컷 울고, 외치고, 쏟아놓고 싶었습니다. 허나 주위가 조용히 정리되어 감사의 마음이 출렁이는 출발선상에서 촛불을 사르는 마음으로 인생 모두에게는 수많은 길이 있으나 제가 왜 고시(考試)를 택했고, 그로 인한 그 동안의 짧은 여정을 가급적 솔직담백하게 털어놓고자 합니다. 그리하여 수많은 불면의 밤으로 고시의 길을 걷고 있는 분들께서 이러한 인생이야기도 있음을 알고 조그마한 격려가 되어 새롭게 심기일전하는 계기가 되기를 바라는 마음입니다.

• 우울했던 어린시절

저의 고향은 경북 달성군 논공면의 북동이라는 시골입니다. 사랑과 부지런한 삶이 전부이신 부모님께서는 5남 1녀를 낳으셨는데 막내가 저였습니다. 그리하여 집안에서 많은 사랑을 차지하며 자랐습니다. 일은 주로 아버지와 어머니, 형님들께서 하시었으나 저도 이따금 산에서 나무도 하고 소꼴을 뜯고, 논밭을 매기도 해야 할 만큼 가난한 우리나라의 여느 시골 가정과 다름이 없었습니다. 가끔씩 같은 반 아이들이 계란 후라이 등으로 도시락 반찬을 해오는 것을 볼 때면 그렇게 부러울 수가 없었습니다. 그러나 오직 6남매를 위해 늘 일만하시는 선량한 부모님이 계셨고 그에 따라 우리 형제들도 우애와 화목으로 살았습니다. 국민학교 때는 시골의 정겨운 들판과 오솔길들, 중학교 시절은 형님들로부터 물려받은 자전거로 10리길을 통학하며 낙동강변 야산에 올라가 친구들과 큼직한 산딸기를 따던 추억들은 지금도 기억에 생생합니다.

고등학교는 대구의 성광고교에 입학하게 되어 정든 시골을 떠나 큰 형님 댁에서 두 형님들과 같이 생활하게 되었습니다. 이때 큰 형님께서는 잘 되어가던 사업이 1972년 오일쇼크로 타격을 받아 허름한 전셋집에서 힘들게 살 수밖에 없었습니다. 남달리 내성적이고 우울한 저였는지라 많은 외로움이 떠나지 않았으나 고 3시절부터는 왠지 모르게 긍정적·적극적으로 조금씩 변해가고 있었습니다. 그리하여 장교이셨던 둘째 형님의 영향도 있었고 하여 어느날 문득 하늘을 나는 비행기를 보며 '파이롯트'가 되고 싶었습니다. 특차인 공군사관학교에 지원, 1차신체검사와 본고사, 예비고사 등에 모두 통과되었으나 정밀신체검사에서 좌우의 시력차이를 이유로(미사일 추적 등) 합격의 문턱에서 좌절되었습니다. 재수를 하면서도 3군사관학교 체전의 열광적인 응원모습과 사관생도의 제복의 화려함이 내눈을 끌었고 남자로서 한 번 가볼만한 곳이라 여겨져 끝내 육군사관학교에 입학했습니다. 육군사관학교! 조국과 젊음과 정열이 나를 사로잡는 듯 했습니다. 그러나 2학년이 되면서 사관생도가 아니라 군인의 길이 싫어지고 과연 이 길이 전부인가 하는 회의가 엄습했습니다. 그러는 동안 어느새 3학년이 되었습니다.

• 육사 제복을 벗고

평범한 것을 싫어하는지라 바쁜 와중에도 "선임부분대장"이라는 직책을 맡아 어차피 이 길이 내 길이라면 열심히 하고자 했습니다. 그런데 그때 전혀 예기치 않았던 먹구름이 내게 몰려 들고 있었습니다. 그로 말미암아 전혀 딴길로 가야 할 운명인 것을 누가 알았겠습니까? 1980년 3월 8일, 자치지휘제로 운영되는 육사인지라 어느 중대의 직책을 맡은 관계로 뜻하지 않은 사건에 대한 책임을 지고 육사를 중도에 나오게 되었습니다. 한편 후련함 속에서도 그에 대한 것은 필설로 다 할 수 없는 비통함 그 자체였습니다. 한 인간에 대한 비정한 매도와 사람에 대한 분노와 책임회피의 기회적인 모습에 대한 실망으로 몸과 마음을 가눌 수 없게 되었습니다. 젊은 시기의 위기! 그러나 그 무렵의 나를 일으켜 세워줄 만한 위로자나 구원의 신앙도 없어 아픔은 더 했습니다. 결국 군인의 길은 나의 길이 아님을 깨닫고 자의반 타의반 새로운 길을 걷게 되었습니다. 그렇다. 여기서 주저앉을 수는 없다. 새롭게 처음부터 시작하자. 그때의 느낌은 산으로 오르던 한 마리의 사자가 절벽으로 떨어지는 것이었습니다.

육사당국의 무성의로 일반대학에 편입학할 기회를 놓치고 막바로 전방 25사단에서 육군하사의 계급장을 달고 32개월을 근무하였습니다. 마침 참모장님 배려로 사단보충대 내무반장을 맡아 많은 신병과 제대병을 통솔하며 지휘능력도 익히고 사람을 사랑할 수 있는 기회도 얻게 된 듯 했습니다. 그러나 때때로 "육사를 왜 나왔습니까?"라고 질문을 받을 때마다 난 그저 가슴이 아릿아릿하여 묵묵부답으로 혼자 아픔을 삭일 수밖에 없었습니다. 그 당시 교회에는 음악과 외출하는 맛에 나가곤 했으나 큰 깨달음도 못 얻었습니다.

제대 후 청주사범대(현 서원대) 이동희 학장님의 비서로 근무하게 되었습니다. 대학입시와 직장 사이에 갈등하던 저로서는 일시적인 피난처가 되었지만 직장에서 학벌에 대한 차별과 갈등, 대학생에 대한 동경과 교직원으로서 느끼게 되는 소외의식 등이 늘 나를 괴롭혔습니다. 청주의 벚꽃과 진달래를 보면서도 버려졌다는 느낌과 외로움은 곧장 나를 터널 속으로 몰아넣는

듯했습니다. 그때 내게 유일한 안식은 술과 담배 뿐, 한마디로 방황의 시기
였습니다. 그럼에도 "대학을 마쳐야 한다. 대학을…"라는 것이 나의 유일한
소망이었습니다.

• 다시 대학으로

그때는 1980년부터 시행한 졸업정원제로 일반편입이 금지되어 있었기 때
문에 대학에 편입하는 길은 막연했습니다. 그런 와중에도 하숙집 아저씨를
따라 교회에 나가기 시작하였고 안정도 찾아 나의 진로에 진지한 고민을 하
기 시작하였습니다. 무언가 나의 생을 의미있게 사는 길은 없는가? 나만을
위한 것이 아닌 이웃을 돌아볼 수 있고 내 적성에도 맞는 일은? 친구 종서
를 생각하기도 하고 주위 여러 형편을 보면서 행정고시에 도전하고 싶었습
니다. 종서는 나의 둘도 없는 친구였고 그 당시 행시를 준비하며 서울대 대
학원에서 행정학을 공부하고 있었습니다. 그렇다! 어릴 때 시골에서 언젠가
어렴풋이 공직(公職)을 생각하곤 했지 않은가? 이를 위해 편입을 하되 행정
학과를 택하기로 결정했습니다. 1984년 1월부터 마침 편입이 공식으로 허용
되자 광운대학교 3학년 편입시험에 응시할 수 있었습니다.

이 때의 일은 내 삶을 나락에서 올려 놓은 계기가 되었습니다. 목요일에
마지막으로 어렵게 원서를 접수하고 보니 시험과목이 영어와 전혀 공부해
보지 않은 행정학 두 과목이었고 시험은 이틀 뒤 토요일에 있었습니다. 전
포기할 수 없었습니다. 시험이 객관식임을 확인한 저는 이 길이 대학에 갈
수 있는 마지막 기회임을 다짐하고 행정학과 사무실 앞에서 서성이던 3학년
학생 서너명으로부터 중요한 행정학 원리들을 물어 원서봉투에 번개처럼 적
었습니다. 경쟁율이 약 5대 1이었는데 행정학을 한 번도 공부하지 않고 시험
을 치르려고 하는 나를 보고 용기가 가상했던지 3학년 학생들은 약 1시간동
안 친절하게 가르쳐 주었습니다.

사람의 정신력과 집념은 놀라운 것입니다. 그 날부터 이틀간 박동서의 얇
은 문제집을 세 번 보면서 거의 행정학의 개요를 암기하다시피 했습니다. 하
나님이 도우셨는지 마음도 편안했고 문제도 잘 풀렸습니다. 시험 전날 밤 두
손을 모으고 하나님께 처음으로 진지하게 기도했습니다. "하나님! 제게도 기
회를 한 번 주십시오. 당신께서 정말 살아계신다면 저를 불쌍히 보셔서 이번

시험에 꼭 합격하도록 해주소서. 그리하면 저의 남은 생애를 제 것만이 아닌 이웃을 위한 빛과 소금이 되는 삶을 살겠나이다. 도와주소서!"

 청주에서 서울까지 차 속에서 책을 보면서 시험장에 도착하여 오전에 영어를 치르게 되었습니다. 그러나 예상보다 어렵게 나와 5문제는 찍을 수밖에 없었고 오후 시험은 더 난감했습니다. 그러나 이왕 시험을 치는 이상 끝까지 최선을 다해야 했습니다. 이 경험이 훗날 고시를 본격적으로 하면서 어떠한 시험이든 중도포기하지 않고 끝까지 버티는 근성을 키워 주었습니다. 행정학시험! 웬 일입니까? 약 15분이 지나니 40문제 중 38문제가 하나같이 답이 보이는 것이었습니다. 저는 이것이 기적이라고 생각했습니다. 하나님께서 저의 기도를 들어주신 것이라 확신합니다. 인간으로서 초비상으로 공부한 것도 한 요인이었지만 하나님이 필사적이고 간절한 서원기도를 꼭 들어주신다고 하던 것이 내게도 일어났습니다. 월요일에 합격의 소식을 들었지만 도대체 믿어지질 않아 세 번씩이나 장거리 전화로 확인해야 했습니다. "대학해결"은 내게 큰 용기를 주었으며 특히 하나님이 살아계심을 확실하게 체험한 계기가 되어 그 때부터 지금까지 늘 하나님이 나와 동행함을 알고 얼마나 감사했는지 모릅니다.

 그 때는 산이 춤을 추는 듯했고, 동쪽으로 갔다가 서쪽으로 갔다가 하는 것이었습니다. 육사를 중퇴하고 3년 간의 군생활과 1년 간의 청주에서의 직장생활 끝에 동굴 밑으로만 내려가던 한 인생이 한줄기 빛을 발견하고 감미로운 세상을 맞는 그 자체였습니다. "하나님 감사합니다! 이제 저의 서원기도대로 진정 이웃의 빛과 소금이 되는 삶을 살겠습니다. 저를 인도하소서!" "그렇다! 이제는 행정고시를 하자. 길은 어느 정도 정해졌다." 그러나 그 이후 본격적으로 고시공부를 시작하기까지는 또 다시 4년이 흘렀습니다. 대학 3~4학년, 농협중앙회에서의 2년의 방황과 갈등이 그것이었습니다.

 3학년이 되자 얼마나 감사하고 기뻤던지 광운대학교(光云大學校) 정문 앞을 빗자루로 쓸고 싶을 정도였습니다(실행에는 못옮겼지만). 대학 3~4학년은 정말 공부에 신들린 사람처럼 보냈습니다. 시험을 치를 때 길을 가면서도 암기사항을 체크하며 하숙집 뒷산에서 고시에의 열정을 태우면서 보냈습니다. 편입생으로서 학과수석도 하면서 행정학과 행정법을 열심히 공부했습니다. 물론 처음에는 약 4년동안 공부와 거리가 먼 생활을 했기에 수업시간에는 도대체 무슨 말을 하는지 이해를 할 수가 없었으며 시험때는 무조건 암기할 수밖에 없었습니다. 그 때의 경험은 나중에 고시에서 늘 자신감을 가질 수 있었던 귀중한 체험이 되었습니다.

졸업후 대학원에 가서 고시를 계속하려던 꿈은 무산되고 그렇게 가지 말자고 다짐했던 직장이었지만 공기업체와 유사한 농협중앙회에서 실시하는 입사시험에 약 100대 1의 경쟁을 뚫고 합격하고 보니 욕심이 생겼습니다. 한때 고시공부를 한 경험이 있는 셋째 종식형님이 말렸지만 이 직장생활은 고시와 병행할 수 있으며 나이 30이 다되어 부모님으로부터 또 다시 학비와 생활비를 타서 공부하는 것도 도리가 아니라는 생각 때문에 입사하고 말았습니다. 처음에는 봉급타는 맛과 노는 맛으로 그런대로 재미가 있었으나 삼척군에서 1년, 본부서무과에서 1년을 근무하는 동안 점점 고시에 대한 미련이 커졌습니다. 그리하여 어느날 부턴가 평범한 직장인의 한계를 느끼게 되었고 고시열병은 나를 그냥 두질 않았습니다. 삼척근무시절 푸른 동해바다와 설악산, 울릉도 등을 혼자 다니면서 고민하고 갈등을 수없이 느꼈습니다. 서울에서는 혼자 퇴근하여 수색동의 어느 산에서 석양을 바라보며 눈물을 지을 때가 한 두 번이 아니었습니다.

그때 저는 고시를 저주하고 있었습니다. "고시! 제발 내게서 떠나라고" 몇번이나 술을 가까이 하고 싶었지만 건강상의 이유와 고시를 끝내기 전까지는 먹지 않겠다는 나 자신과의 철저한 약속 때문에 술과 담배를 가까이 할 수도 없었습니다. 할 수 없이 주경야독으로 퇴근 후 전세방에서 공부를 시도했으나 집중이 되질 않았습니다. 당장 사표를 내고 오직 고시에 전념하고 싶었지만 노부모가 시골에 계시고 형님들도 형편이 어려운지라 도저히 용기를 낼 수가 없었습니다.

그러나 내면의 깊은 곳에서는 "결단! 결단!"이라고 외치는 것 같았습니다. 급기야는 서울대 대학원을 목표로 하되 합격하면 사표를 내고 고시행, 그렇지 않을 경우 농협을 평생직장으로 여기고 살 결심을 했습니다. 그러나 준비부족으로 대학원 입학시험에 실패하자 영영 고시와는 멀어지는가 했습니다. 이때 무리한 탓으로 위궤양 병을 얻어 고려병원에 입원하는 동안 드디어 고시에 대한 본격적인 결심이 섰습니다. 그렇다! 남자로 태어난 이상, 31살의 나이면 어떠냐, 하고 싶은 일을 끝내자. 죽는 한이 있더라도 고시를 끝내고 죽자! 그렇게 다짐하면서 둘도 없는 친구 종서, 종식형님과 상의한 끝에 그 동안 정들었던 농협에 사표를 내고 말았습니다.

그 때가 1988년 2월 8일! 나이가 31세, 직장과 주위에서는 진정어린 만류가 있었으며 걱정스럽게 심사숙고를 하라고 권했습니다. 하지만 마지막 한 걸음을 내가 걸어야 하는 것이기에 부모님께는 최소한 1차라도 합격한 뒤에 연락드리기로 하고 몇몇 친구에게만 알린채 신림동 고시촌으로 짐을 옮겼습니다. 이제 본격적인 고시와의 투쟁의 깃발이 오르고 있었습니다. "울려라! 진군의 나팔이여! 고시! 내 너를 사랑한다. 나는 너로 말미암아 새로 태어날 것이다. 기다려라! 고시 너를 기필코 내 손에 꽉 쥐고야 말리라!"

· 한 문제만 더!

신림동의 삭막한 고시생활이 시작되자 사람인지라 직장에 대한 미련이 가시지 않았으나 성경에 "장기를 가지고 뒤를 돌아보는 자는 하나님 나라에 합당치 않다"고 하는 말씀을 되새기고 '88년 6월에 있는 32회 1차에 총력을 기울였습니다. 고시를 시작한 며칠 후 어머니께서 농협본부로 우연히 전화를 하셨다가 내가 사표를 냈다는 사실을 아시곤 혹시 사고를 낸 것이 아닌가 하여 가슴속앓이가 이만저만이 아니었다는 말을 들었습니다. 어머니께 사실을 말씀드릴 때 전화통을 부여잡고 얼마나 울었는지 모릅니다. 다행히 부모님의 허락으로 지원도 받으며 계속할 수 있게 되었습니다. 그해 32회는 최선을 다했고 합격을 확신했으나 4개월이 짧았는지 77.5점으로 불합격이었습니다. 직장동료들이나 부모님과 가족에게 면목이 없었으나 어머니의 따뜻한 격려와 내자신 새롭게 무장한 믿음의 말씀으로 이겨낼 수 있었습니다.

"여호와께서 사람의 걸음을 정하시고 그 길을 기뻐하시나니 저는 넘어지나 아주 엎드러지지 아니함은 여호와께서 손으로 붙드심이로다."

그렇다! 하나님을 믿는 사람도 실력이 부족하고 준비가 부족하면 때론 넘어지고 실패할 수도 있으나 "심은 대로 거두리라"라는 법칙이 있지 않은가? 그러나 더 중한 것은 어떠한 실패나 고난 속에서도 하나님이 늘 함께 하신 사실을 실감할 수 있었고 그로 인해 큰 동요없이 때로는 눈물을 흘렸으나 다음 해를 기약할 수 있었습니다.

또한 1988년은 국가의 큰 행사인 올림픽이 있었고 저 개인적으로 고시 뿐만 아니라 인생 전체에 걸쳐 어떻게 살아야 될 것인가에 다시금 다짐하고 결심하게 되었습니다. 그것은 빈민선교와 농촌에 인생을 건 기독교의 큰 인물이신 김진홍 목사님께서 저의 교회인 사랑의 교회에서 가졌던 집회에서 제가 받은 감격 때문이었습니다. "새벽을 깨우리라"라는 제목이었는데 내 인생에 지진이 일어났습니다. 예수님께서 우리 인간을 위해 당하신 고난과 그의 부활은 내게 직접 와 닿았고 그로 말미암아 육사에서 저를 나오게 했던 모든 이들을 깨끗하게 용서할 수 있었습니다. "그렇다! 내겐 분명 주님께서 맡기실 사명이 계신거다. 예수님의 삶을 살자. 그를 나의 진정한 주인으로 모시고 살자."

이듬해 33회 행시 1차시험이 점점 다가왔습니다. 작년의 실패를 거울삼아 영어는 매일 두 시간 이상, 민총은 송희성 박사님의 강의를 수강하고 헌법도 교과서를 정독하는 등 시험에 만반의 준비를 다했습니다. 그때 같이 스터디한 친구가 전해에 1차합격을 하였는데 얼마나 부러웠는지 모릅니다. 드디어 시험일 전날! 저는 또 한번 피눈물을 흘리지 않을 수 없었습니다. 전날 평소보다 2시간 일찍 잠자리에 든게 화근(?)이었는지 밤새도록 30분도 못잔 것입니다. 아마 지나친 긴장과 스트레스가 원인이었던가 봅니다. 전 일어나 옥상에 올랐다가 책상에 앉았다가 하며 기도도 했지만 다 소용이 없었고 잠은 커녕 눈은 더욱 말똥말똥해지는 것이었습니다. "오! 하나님 저를 불쌍히 여기소서, 제발 단 30분만이라도 자게 해주소서" 그러나 난 기진맥진한 채로 뜬눈으로 꼬박 새우고 아침은 먹는둥 마는둥 시험장에 도착했습니다. 남들은 시험보기 전까지 한자라도 더 보려고 혈안이 되다시피 하는 반면 전 운동장 옆 긴 나무의자에 누워 울고 또 울 수밖에 없었습니다.

그 때의 비통함은 겪어보지 않은 분은 모를 겁니다. 전 누워서 울면서 하나님께 기도했습니다. "하나님! 1년 농사가 이렇게 헛되어서야 되겠습니까? 제발 합격이든 불합격이든 시험이라도 치르게 해주십시오." 전 머리가 띵하고 속이 울렁거렸으나 오직 기도로 겨우 시험을 마쳤습니다. 시험을 마친 후 뚝섬에 가서 하나님께 큰 일없이 시험을 치르게 해주심을 감사드렸습니다. 발표일이 다가왔습니다. 결과는 또 불합격이었습니다. 며칠 후 점수를 알아보니 커트라인에 한 문제인 0.5점이 부족한 82.5점이었습니다. 부모님과 형님들께 불합격을 전할 때는 죽고 싶었습니다. 특히 어머니께서는 다시는 예수를 믿지 말라고까지 하셨습니다. "예수님! 제게 용기를 주소서, 당신의 명예를 위해서라도 제가 꼭 합격해야겠습니다." 한 문제! 그 생각은 제 뇌리를 떠나지 않았습니다. 너무 억울한 생각이 들었으나 하나님의 말씀은 이 때도 변함없이 내게 용기와 더불어 새로 도전할 수 있는 힘을 주었습니다.

"무화과 나무의 비유를 배우라. 그 가지가 연하여지고 잎사귀를 내면 여름이 가까운 줄 아나니…" 인간사회의 모든 여정이 끝나 예수님이 다시 오실 때의 징조의 말씀이었으나 나도 이제 합격의 때가 왔음을 깨닫게 된 어구였던 것입니다. 그러나 한 문제만 더 맞췄더라면 1년 더 고생을 안해도 될 터인데 하는 후회감이 아침에 눈을 뜨고 나면 나를 엄습했습니다. 그러나 신앙과 타고난 적극적·긍정적 삶의 자세를 다음 해인 34회 시험에 처음부터 준비할 수 있는 힘을 주었습니다. —반드시 밀물 때가 온다. 카네기—

• 1차를 합격하고

노장들이나 1차에 자주 실패하는 분들은 그 전해부터 준비를 시작하지 않고 1차전 약 3~4개월 가량만 준비하면서도 1, 2차 동시합격을 노리기 때문이라고 결론짓고 저의 경우는 늦을수록, 급할수록 돌아가라는 격언과 같이 1989년 10월부터 다음해 5월말까지 계속 1차에 집중했습니다.

(1) 특히 정보체계론의 부담이 컸던 것도 한 요인이 되었습니다. 안교수와 방교수 책을 기본으로하여 시중의 문제집은 거의 보았습니다. (2) 한국사는 이기백 저를 한자 한자 뜯어서 보다시피했고, 변태섭과 강만길 저로 보완했습니다. 정리는 양영환 저로 했으며 기출문제를 풀 때 만약 답이 틀리면 여러 책을 펴놓고 확실히 체크하고 넘어갔습니다. (3) 헌법은 철저하게 교과서를 파고들었으며 특히 법전의 조문에 중요한 것을 작은 글씨로 정리하며 조문을 외우다시피 했습니다. (4) 민총은 송희성 저와 곽윤직 저로 반복했으며 케이스문제를 대비하여 권용우 저 중 그와 흡사한 문제를 풀며 헌법과 같이 조문에 중요 암기사항을 적어넣고 외우다시피 하였습니다. (5) 영어는 동리철 저와 아카데미토플, 정통종합영어를 매일 2시간 이상 투자하며 시험 전날까지 시간을 재가면서 풀었습니다.

또한 시험 한달 전까지는 4명이 스터디를 하였는데 매일 시험문제를 내면서 점수를 합계하여 식사내기를 하는 등 큰 효과를 보았습니다. 1차시험 전

내심 합격할 수 있는 자신감이 생기는 듯했습니다. 그러나 작년의 잠 못잔 사실이 나를 괴롭혔습니다. 그 때 담대한 마음이 생겼는데 "밤에 한숨 못자더라도 합격하자"라는 각오가 그것이었습니다. 무사히 시험을 치르고 마침내 합격할 수 있었습니다.

합격! 2번의 실패 끝에 합격한 것인지라 매우 기뻤습니다. 드디어 저도 합격하였다는 사실이 얼마나 좋았던지요. 고시생으로서의 자격이 생긴 것입니다.

1990년 8월의 2차시험에는 끝까지 참석했는데 그 때의 경험이 매우 중요하다고 판단됩니다. 혹 실력이 부족하여도 1차에 합격한 분들은 그해 2차에 끝까지 응시하십시오. 이것이 다음해의 합격을 보장하는 길입니다(답안작성, 인내심, 시험분위기 숙지 등). 저의 경우(비록 34회 시험에서 불합격 했습니다만) 행정법 과락을 제외하고는 평균 52점이 나왔습니다. 저는 그해 여름에 태학관 종합반 강의와 민총실력 그리고 오직 뚝심으로 임했습니다.

10월에는 혼자의 삶을 청산코자 고시와 연애는 상극이라는 불문율이 있음에도 같은 교회에 다니는 여성을 소개받아 결혼을 전제로 같은 신앙안에서 교제하며 본격적인 35회 행시 2차를 준비하기 시작했습니다.

• 땀, 눈물 그리고 기도

막상 2차공부를 하려고 하니 워낙 공부량이 부족해 엄두가 나지 않았고 주위에서 2차에 합격한 사람이 별로 없는지라 꽤나 애를 먹었습니다. 그러나 9월, 10월은 경제학을 공부하고 그 다음 석달은 행정법에 집중투자키로 했습니다. 이 두 과목은 2차공부의 반 이상을 차지하였는데 역시 난코스였습니다. 때로는 중학교 수학책으로 그래프를 이해하며 경제학을 이준구 미시와 정운찬 거시로 계속 반복했습니다. 행정법은 석종현 상·하를 선택하여 공부하고 송희성 박사님의 행정법 강의로 체계를 잡았으나 여전히 불안했습니다. 행정학은 전공인지라 김영식 문제집을 위주로 정리했고 정치학은 이극찬 저와 서울대 8인 공저, 최광해 문제집을 위주로 앞뒤를 잘 연결토록 했습니다. 사회학은 김경동 저에다 이승민과 방통대 교재를 합쳐 단권화했으며 지방행정을 선택하여 정세욱 저를 기본서로하여 한원택과 방통대 교재로 정리했습니다. 특히 지방행정은 점수가 후한 듯 했으며 이번 합격에 큰 견인차 역할을 했습니다.

4월이 되어 4명이 그룹스터디를 구성하였는데 효과가 매우 컸던 것 같습니다. 주로 시험위주로 운영하고 서로 격려하며 축배는 합격 이후로 미루는 등 지독하게 열심히 한 결과 3명이 합격했습니다. 2차의 경우 스터디를 꼭 권합니다. 자신감을 가질 수 있는 좋은 기회가 되어 2차과목에 대한 기본틀이 형성되는 듯 했습니다. 2차는 무엇보다 암기인지라 집중력이 요구됨에도 체력과 정신력의 한계는 늘 집중력을 방해했습니다.

그러나 목표에 대한 확고한 의지와 가끔씩 만나는 지금의 아내가 된 완희와의 숨막히는 테이트, 주일마다 드리는 예배로 마음을 잡고 공부에 박차를 기할 수 있었습니다. 오직 합격을 최우선으로 삼고 철저하게 단순화된 삶에 몰두했습니다. "이번에 기필코 합격하자. 1년 더 연장되면 끝장이다"라는 각오로 밑빠진 독일지라도 확 들어부으면 물이 고이리라 믿었습니다. 부모님의 배려로 소위 개소주라 불리우는 것도 2번 해먹는 등 건강에도 만반의 준비를 하며 저녁식사 후에는 반드시 산에 올라가 30분 간을 운동하는 동안 크게 "나는 합격한다"는 소리를 3번 외치고 내려오곤 했습니다. 개나리와 진달래가 언제 폈다가 지는지도 몰랐고 아카시아의 진한 향기는 공부를 마치고 잠자리에 들 무렵 코에 진하게 와 닿았습니다. 특히 공부시작 전 아침에 부근 교회에 나가 기도한 것이 정신집중과 합격에의 신념유지에 큰 도움이 되었던 것 같습니다. "하나님! 심은대로 거두리라는 말씀과 같이 무엇보다도 먼저 신림동에서 가장 열심히 공부하는 자가 되게 해주소서, 눈물을 흘리게 하소서, 지금 울고 나중에 웃게 하소서, 그리고 겸손하면서도 합격에의 신념과 확신을 주소서!

드디어 1991년 8월 5일부터 4일간 한양대학교에서 열전이 벌어졌습니다. 그 전날은 교회에서 예배를 드린 후 마음을 가다듬고 주위에서 많은 분들의 기도지원을 받으며 담담한 마음으로 시험에 임했고 다음 말씀으로 무장했습니다.

"두려워 말라, 내가 너와 함께 함이니라. 내가 네게 명한 것이 아니냐, 내게 능력 주신 자 안에서 내가 모든 것을 할 수 있느니라"

시험을 치를 때 기본은 9~10장, 잘아는 작은 문제로부터, 특히 우리나라 현실을 반드시 언급토록 했습니다. 국민윤리 큰 문제는 정치·경제·개인윤리 등으로 한국인상 문제를 썼고, 행정법의 경우 공물이용자의 법적 지위는 석종현 하에서 공부한 것을 기억하느라 애먹었으며, 경제학의 경우 시간부족으로 그래프는 손으로 그릴 수밖에 없었습니다. 행정학, 정치학은 무난하게 넘어갔었던 것 같습니다. 마지막날 사회학시험에는 시작 10분 후 답안지를 교환하는 등 순간 당황하기도 했으나 지방행정에서 특히 도시행정문제는 도시재개발주민참여를 행정법 하와 연결하였습니다.

 이번의 경우 전과목에 걸쳐 거의 예상외의 문제가 나왔는데 행정법, 경제학의 작은 문제가 이에 속하며 앞으로도 이런 경향은 계속될 것 같습니다. 주의할 것은 고시잡지에 실리는 예상문제선을 지나치게 의식말라는 것입니다. 이렇게 하여 4일 간의 혈투는 대과없이 끝낼 수 있었습니다. 시험을 마치던 날 한양대학교 숲속에서 아침을 금식하며 기도로 저를 도운 완희를 만나 위커힐 부근 파인힐에서 한강을 내려다 보며 긴장을 풀었습니다.

 다음날 시험 전에 부모님과 연락이 안된 이유를 알게 되었는데 청천벽력 같은 소식이었습니다. 6월경 아버지께서 몸을 다치셨고 2차시험 두 번째 날에 수술을 받아 병원에 입원하고 계시다는 것이었습니다. 가슴이 무너져 내린 듯 했습니다. 저의 공부에 방해가 될 것을 염려하여 그동안 형님과 비밀에 부치기로 하셨다는 것입니다. 그러나 다행히 수술 결과가 좋아 약 20일 후에는 퇴원할 수 있다는 말씀에 겨우 진정하고 그 길로 대구로 내려가 일주일동안 아버지 곁에서 병간호를 해드렸습니다.

 개천절인 10월 3일에는 약간의 진통이 있었음에도 양가 부모님, 친척들을 모신 가운데 완희와 대구에서 결혼식을 거행하고 서울에 거처를 정했습니다. 무엇보다 2차합격에 관계없이 서로 사랑과 믿음으로 결혼할 수 있었던 것은 하나님 앞에서의 같은 신앙인으로서 가지고 있던 이해와 확신이 기초가 되었던 것 같습니다.

 10월 26일 2차발표일! 그날은 내 생애에 가장 잊지 못할 하루가 되었습니다. 신촌에서 아르바이트를 마치고 고시원촌의 상원서점에서 합격자 명단을 확인하기 위해 달려가고 있었습니다. 버스안에서 수만번도 더 기도했습니다. "주여! 저를 불쌍히 여기소서. 당신의 이름이 걸려 있습니다. 부디 합격시켜 주소서. 그러나 비록 실패하더라도 좌절하거나 낙담치 말게 하소서."

 드디어 밤 10시경 상원서점 앞에 도달하였더니 방이 붙어 있었습니다. 떨리는 마음을 겨우 진정하며 명단을 확인하는 순간 내 이름이 어렴풋이 보인 듯하여 자세히 보니 거기에는 분명 "65132 김종근"이라는 제 이름이 있었습니다!

"하나님, 고맙습니다!" 이 한 마디밖에는 할 말이 없었습니다. 전 서점 앞에서 다른 사람들도 의식하지 않고 두 손을 모아 무릎을 꿇은 채 눈물을 흘리며 하나님께 감사의 기도를 드렸습니다. 주님! 영광 받으소서!

난 즉시 아내에게 연락하였으나 그는 벌써 후배로부터 합격소식을 전해 듣고 있었습니다. "여보! 수고했어요. 사랑해요"라는 아내의 말이 어찌 그리 달콤하고 가슴에 파고드는지 그동안 모든 고통과 눈물이 다 사라지는 듯 했습니다. 부모님과 형님, 교수님들도 모두 축하와 더불어 기뻐해 주셨습니다.

그후 3차면접에서 오전 면접과 오후 면접의 "행정개혁" 문제를 토론주제로 선정받아 무난히 넘겼습니다. 작년보다 달리 4명이 최종합격에서 제외되는 살벌한 과정이었습니다. 면접을 위해서 그룹스터디 멤버가 다시 모여 예상질문과 답을 해보는 등 끝까지 성실하게 준비한 바 면접시험에 모두 통과되어 큰 기쁨이었습니다.

11월 23일 서울신문과 동아일보를 통해 최종합격을 확인하고는 긴 고시여정을 마치게 되었습니다. 결혼 후 곧 받았던 합격소식인지라 아내에게 진정한 결혼 선물이 된 것 같습니다. 또한 12월에는 과천 정부청사에서 총무처장관 외 각부처 장차관이 대거 참석한 가운데 양가 부모님, 아내와 함께 합격증 수여식을 갖고 다과회에 참석할 수 있었던 것도 또 다른 기쁨이었습니다. 모교에서도 고시반을 운영하는 등 많은 노력을 해왔기에 제1호로 합격한 저로 말미암아 조총장님과 전공교수님들, 후배들과 함께 기뻐하셨습니다.

• 글을 맺으면서

하나의 끝은 또 다른 시작이듯 이제 곧 공직자가 될 요즈음 많은 생각과 두려움이 앞섭니다. 그러나 저의 지나온 여정은 짧기는 하나 의미있던 삶이었다고 자부하기에 처음의 생각과 각오를 공직생활을 해나가면서 계속 견지하고자 다짐하고 있습니다. 저 한 사람이 걸어가며 이만큼씩이나 올라설 수 있기까지 주위에 많은 분들의 염려와 눈물과 헌신이 있었습니다. 양가 부모님, 아내 완희, 종식형님을 비롯한 형님들, 교수님들, 사랑의 교회 여러 교우

들, 종서, 진욱 등 친구들에게 진심으로 감사드리고 복중의 5개월째된 아기에게도 멋진 아빠가 되고 싶은 마음 간절합니다.

　그러나 고시생활을 돌아볼 때 제게 가장 큰 힘을 주고 능력을 주신 분은 바로 역사의 주인이신 "하나님"이십니다. 체력이 달리고 합격에의 의심이 저를 맴돌고 집중이 안되어 마음이 분산될 때, 모든 상황이 어두울 때일수록 하나님께 대한 기도는 모든 것을 이기게 했습니다. 제가 지치고 외로워 남모르는 눈물을 흘릴 때 거기에 예수님이 저와 함께 계셨습니다. 유한한 우리 인간 모두는 영혼의 주인인 예수그리스도를 영접하지 않고는 참된 행복과 안식이 없으며 진정 진리의 삶을 누릴 수가 없음을 고시공부를 하는 동안 확실하게 깨달았습니다. 주님께 모든 영광을 돌려드립니다.

　하나님, 고맙습니다! 그리고 부족한 저의 글을 끝까지 읽어주신 분들께 감사드리며 겨울이 지나면 봄이 분명히 온다는 신념을 갖기 바라고 기필코 합격의 영광을 누리기 바라는 마음 간절합니다.

제3부

암흑의 터널을 지나

- 나는 이겨야 한다, 그리고 이길 수 있다
- 다시 태어난다 해도 이 길을
- 길 잃은 날의 지혜
- 저의 힘을 다 하였나이다
- 제4의 전환점

나는 이겨야 한다, 그리고 이길 수 있다

— 가세가 기울어 중학교에도 가지 못했으나 독학으로 8전 9기 끝에
사시합격을 얻어낸 수험역정 —

이 민 영
· 제25회 사법시험 합격
· 1948. 10. 26. 충북 음성 출생
· 사법 및 행정요원시험 합격
· 변호사(창원시 사파동 56-1
  <현승빌딩 3층>)
· 전화 : (0551) 66-3747~9

· 글 머리에

　사법시험 합격의 여운이 가신지도 근 1년이 가까워 오는 지금 이제 제26회 사법시험도 3차를 눈앞에 두고 있는 것을 보면, 새삼 세월의 흐름이 빠르다는 것을 실감하게 된다. 지난 날 그 오랜 세월의 갈등과 번뇌, 실의와 좌절에서 해방되었다는 안도감만으로는 바쁜 나날을 아쉬움없이 보낼 수 있게 되는 것 같다.
　어려운 역경 속에서도 내일의 영광된 고지를 향해 분투하는 많은 분들에게 진정으로 축복을 보내드리고 싶은 마음이다. 지난 날의 수험생활을 회상하며 수험기를 쓰려 하니 새삼 감회가 서린다.
　철이 들 무렵 국민학교를 졸업할 때부터 합격에 이르기까지 나는 그야말로 격렬한 전투와 같은 인생을 살아오지 않으면 안되었다. 삶을 마감하는 날까지 인간에게 진정한 휴식은 없다지만 이제 조그만 봉우리를 넘고 잠시 마음을 가다듬어 지나온 힘했던 길을 더듬어 보고자 한다.
　촌음을 다투는 여러분의 귀중한 시간을 빼앗는 결과가 되지 않을는지 두려움이 앞서지만, 이러한 뼈저린 과정을 겪어야 했던 노장 수험생도 있었구나 하는 정도의 가벼운 마음으로 읽어 주시면 더 바랄 것이 없겠다.

• 다시 지난 날을 되돌아 보며

(1) 부족함이 없었던 어린시절

나는 대한민국 정부가 수립되던 해인 1948년 10월 26일, 충청북도 음성군 맹동면에서 태어났다. 산으로 둘러싸인 그 조그만 마을은 교통이 불편한 외딴 곳이었지만 지나온 36년의 인생행로를 반추해 볼 때 그곳은 가장 행복하고 아늑한 공간이었다. 유난히 개구장이였던 나는 달도 없는 캄캄한 밤에 친구들과 달리기 시합을 하다가 넘어져 무릎을 깨기도 했고, 가을이면 남의 산에 올라가 밤을 따다 주인에게 들켜 혼구멍이 나기도 했다.

어느 해던가…. 유독 눈이 많이 내리던 겨울, 그 근처 몇 동네를 통틀어 제일 큰 20칸이 넘는 집에서 나는 밤새 내린 많은 눈을 혼자서 다 치우겠다고 고집을 부렸고, 결국 그 눈을 다 치운 덕에 동상에 걸려 한동안 고생을 하기도 했다. 아침 저녁으로 아령 체조와 역기를 한 덕으로 나이 많은 형들과 팔씨름을 해서 이길 정도로 주위에서는 기운센 아이라는 소리를 들었다. 형님과 싸우다 아버지 앞에 불려가 벌을 받던 일…. 모든 것이 평화롭고 따뜻하고 포근했던 시절이었다. 부족함이 없는 생활…. 그것이 얼마나 귀한 것인지는 뼈저린 가난을 경험하고 나서야 비로소 알았다.

4. 19혁명이 나던 1960년, 우리 식구들은 정든 고향을 등진 채 무거운 걸음으로 산을 넘어 중원군 신니면 동락으로 이사를 했다. 내가 국민학교 6학년이 되던 해 봄이었다. 충주사범학교를 나오셔서 교편생활을 하셨던 아버지는 맹동면장을 거쳐 그 무렵 감찰위원회 음성군 책임자로 계셨는데 4. 19 와중에 직장을 잃으셨고, 무슨 일인지 가산이 차차 기울어 더 이상 고향에 머물 수 없었기 때문이었다. 20여 칸이나 되는 큰 집을 팔아버리고 세 칸짜리 오두막에 들어서면서도 왜 갑자기 이런 집으로 이사를 해야 하는지도 모를 정도로 그 때는 철부지였다.

(2) 가세는 점점 기울고

아버지께서는 뒤늦게 한의학 공부를 하시어 한약업 허가를 얻어 약방을 차리셨지만 낯선 곳에서 제대로 영업이 될 리 없었다. 집에서 가사를 돌보던 누님은 외삼촌이 계신 부산으로 기술을 배우러 떠나고 중학교 2학년이던 형님은 학교를 중퇴할 수밖에 없었다. 개구장이이긴 했지만 나는 그래도 초등학교 졸업식에서 도지사상과 6개년 개근상을 탔다. 하지만 그것이 무슨 소용이랴! 졸업식이 끝나고 급우들이 다 떠나고 난 뒤 나는 화장실 뒤에서 서럽게 울었다. 그 눈물이 바로 그 이후의 내 앞길에 고난과 슬픔을 예고해 주는 비운의 서곡이 될 줄이야.

진학 못한 슬픔에 젖어볼 겨를도 없이 곧바로 생활전선에 뛰어 들어야 했다. 무엇이든 닥치는대로 일을 했지만 나이가 어린 데다가 동작이 둔해 일꾼 한 사람의 반 몫도 해내지 못했다. 그런 까닭에 품삯을 받지 못하고 허기진 배를 채우는게 고작이었다. 집에서는 쌀 몇알 들어가지 않은 잡곡밥이나 나물죽으로 끼니를 때워야 했고, 때로는 굶기도 했지만 남의 집 일을 열심히 해주면 흰 쌀밥을 먹여주니 그 정도라도 감지덕지였다.

배고픔은 참을 수 있었지만 진학하지 못한 슬픔은 한이 되어 내 가슴에 남아 있었다. 내가 일을 해주는 주인집 아이들과는 한 때 같은 교실에서 공부하기도 했는데 이젠 그들에게 시커멓게 그을고 야윈 몰골로 퇴비를 나르는 내 모습을 보인다는 것은 가슴에 못이 박히도록 부끄럽고 슬픈 일이었다. 처음에는 어찌된 일이냐고 묻던 친구들도 어색하고 부끄러워 하는 나를 동정해서 자기네들이 먼저 나를 피해 주었다. 공부하리라. 꼭 다시 시작하리라! 나는 이 때 눈을 부릅뜨고 이를 악물었다.

한약방의 경영이 어렵게 되자 선비이신 아버지는 이웃집의 사랑방을 빌어 한문 서당을 차려 아이들을 가르치셨고, 일하는 사람을 두고 집안 일을 하셨던 어머니는 이제 남의 집 일을 하러 다니셨다. 가족의 생계를 위해 손끝이 터지고 나중에는 뼈마디가 튀어나올 정도로 일을 하신 어머니의 희생은 지금도 진한 여운으로 남아 있다.

(3) 공사판에 나가 일을 하다

15세가 되면서부터는 자조 근로 사업장이나 공사판에 나가 일을 했다. 새벽 6시에 일어나 6~7 킬로미터나 떨어진 공사장에 가서 일을 하고 돌아오면 어두운 밤이었고 온몸은 매맞은 것처럼 아프고 저려왔다. 발 씻고 자는 날조차 드물 정도로 고된 나날이었다. 도저히 안되겠다 싶어 일이 좀 편할 것 같은 기와공장으로 자리를 옮겼다. 공사장보다 일은 쉬웠지만 잠시도 쉴 틈을 주지 않아 힘들기는 마찬가지였다. 일을 하다 쓰러질 것 같으면 몰래 화장실에 가서 쉬었다. 그러다 한번은 감독에게 들켜 멱살을 잡히고 또 다시

꾀를 부리면 쫓아내겠다는 호통을 들었다. 어머니의 품이 그리웠다. 도저히 이렇게 희망없는 생활이 언제까지 계속될 것인지 차라리 사는 것이 두렵기조차 했다. 이러한 생활 속에 나의 가슴에는 조그만 불씨가 타오르기 시작했다. 그래 나도 공부를 하자. 생각이 여기에 미치자 집으로 돌아가고 싶어졌다.

집으로 돌아와 예전처럼 산에 가서 나무를 해다 팔기도 했고 남의 집 농사일을 도우면서 우선 아버지 서당에서 한문을 배우기로 했다. 이전까지만 해도 초등학교를 나온 주제에 한문은 배워 무엇하나, 다 쓸데없는 짓이라고 생각하여 공부하겠다는 마음은 꿈에도 안가졌지만 객지에서 어린나이에 겪은 고통은 이제 무엇이든 배워야 한다는 굳센 신념을 심어주기에 충분했다.

아버지로부터 틈틈이 한문을 약 6개월간 배우고 나니 조금씩 흥미가 생기고 공부에 대한 강한 열망이 일었다. 우스운 이야기이지만 열심히 한 덕분에 아버지 대신 내가 학생들을 가르치게 되었다. 같은 또래의 학생들에게 선생님 소리 들어가며 가르쳤는데 지금 생각하면 재미있는 일이었다. 그러나 그렇다고 해서 욕을 먹었던 기억은 없으니 큰 실수는 하지 않았던 모양이다. 신문을 읽게 되자 사회의 움직임에 눈을 뜨게 되었다.

(4) 독학 2년만에 중·고등과정을 마치고

이대로 일생을 시골에서 취생몽사할 수는 없다. 어떠한 어려움이 있더라도 배워야 한다. "아는 것이 힘"이라고 했지 않은가. 그러나 끼니 걱정을 해야 하는 마당에 부모님께 공부하겠다고 조르는 것은 철없는 짓이었다. 나의 고민을 눈치채신 부모님이 먼저 이야기를 꺼내셨다. "네가 하다하다 쓰러지는 한이 있더라도 하는 데까지는 힘껏 해 보아라." 아버지는 전에 따 놓으셨던 한약방 허가증을 반납하시고 책을 사 주었다.

꿈같은 일이지만 나도 대학에 가고 싶었다. 어엿한 대학 뺏지를 달고 싶었다. 그러나 생계유지도 급급한 형편인데 대학생이 되기 위해 검정고시 준비를 한다는 것은 내 자신이 용납할 수 없었다. 그보다는 공무원시험을 쳐서 면서기가 되어 가계를 돕는 것이 부모님에 대한 도리라고 생각되었다. 말이 독학이지 막상 착수하고 보니 도대체 종잡을 수가 없었다. 친구들은 벌써 고등학교에 다니는데 뒤늦게 공사장에서 일을 해가며 공부하는 것이 무모한 것처럼 생각되기도 했다. 그러나 더 이상 뒤지지 않기 위해 때와 장소를 가리지 않고 영어 단어와 수학 공식을 외웠다. 영양실조로 쓰러지기도 했고,

피곤이 쌓여 코피를 쏟기도 했지만 용케도 견디어 냈다.
 한번은 공사장에서 지게를 진 채 단어를 외우며 일을 하다가 널판자 위의 큰 못에 발을 찔려 언덕 아래로 굴러 떨어지기도 했다. 정신없이 못을 빼고 발을 감싸 쥐었는데 벌써 피가 번져 신발이 붉게 물들고 있었다. 공사장 현장감독이 뛰어와 내의를 찢어 상처를 싸매고 시골병원으로 데려갔다. 발의 상처도 컸지만 온몸의 타박상은 더 심했다. 죽지 않은게 다행이었다. 이 일로 인해 나는 한 달을 누워 있어야 했다. 집으로 돌아와 몸이 저리도록 차가운 방에 누워 하염없이 눈물을 흘렸다. 넌 왜 유복한 환경에서 공부하지 못하느냐, 그래 공부가 네 목숨을 걸만큼 중요한 거냐, 무엇이 너를 이렇게 만들었느냐, 이게 무슨 분수 넘치는 짓이냐, 쓰라린 자기비하와 누구를 향하는지 모를 원망이 나를 괴롭혔다. 그러나 그 순간에도 내 손에는 책이 잡혀져 있었다.
 너무나 추워 화로를 껴안은 채 책을 보다 잠든 일이 있었다. 얼마나 지났을까, 갑자기 온몸이 후끈후끈할 정도로 따뜻해져 잠을 깼다. 뒤집어 쓴 이불에 불이 붙어 조금씩 타들어 오고 있었다. 불이야! 소리지르며 뛰쳐나와 타 죽기는 면했지만 불을 끄고 나니 방이 온통 엉망이었다. 방 한구석에는 아버지가 한약방 허가증을 반납하고 사주신 책이 물에 젖은 채 나뒹굴고 있었다.
 이렇게 사연 많은 독학을 시작한지 2년만에 나는 중·고등과정을 마칠 수 있었다. 1966년 만 18세 되던 해 봄이었다. 이제는 어엿한 공무원이 되어 펜대를 잡나보다 하고 흐뭇한 생각으로 군청에 가서 공무원시험 일자를 알아보니 만 20세가 되어야 응시할 수 있다는 것이 아닌가. 하늘이 노랬다. 지방공무원이 되어 이 고생을 벗어날 수 있고, 부모님께 도리를 할 수도 있다는 소박한 꿈마저 산산조각이 나는 순간이었다. 이제는 또 무엇을 해야 하나. 2년을 더 기다릴 수는 없었다. 나는 좀 더 눈을 크게 뜨고 이 세상을 보고 싶어졌다. 차라리 더 어려운 시험을 찾아보자. 무모한 생각인 줄은 알았지만 그 때까지의 체험으로 열심히 하면 무언가 손에 잡힐 거라는 믿음이 생겼다.
 신문에서 본 기억으로 이웃마을에 사는 대학출신인 형에게 가서 고시가 무엇이냐고 물었다. 그 형은 내 생각을 눈치챘는지 쓸데 없는 생각은 집어치우고 열심히 일을 해서 고생이나 면해 보라고 나를 타일렀다. 여러 모로 생각한 끝에 고시계통 잡지사에 문의를 해 보았다. 고등고시에 대해 상세히 안내된 답장이 왔다. 당시에는 학력제한이 있어서 4년제 정규대학을 졸업해야만 사법시험이나 행정고시에 응시할 수 있었기 때문에 나와 같은 독학자는 사법 및 행정요원 예비시험을 치러야 했다. 시험과목은 국어·국사·영어·정치학·행정학·문화사·철학개론·법학개론·경제원론·자연과학개론 등 도합 10과목이었다.

(5) 첫번 도전으로 고등고시 예비시험에 합격하다

고등고시 예비시험을 준비하겠다고 하니 부모님은 펄쩍 뛰셨다. 올라가지 못할 나무는 쳐다보지도 말라며…. 주위에서는 중학교도 못간 애가 공부에 미쳤나보다, 괜히 젊은 애 하나 버렸다고 수근거렸다. 그러나 뜻이 있는 곳에 길이 있다고 기쁜 소식이 날 찾아왔다. 아버지께서 한약방을 하실 때 사정이 어려운 손님에게 무료로 약을 지어준 적이 있었는데 이를 감사하게 여긴 그 분이 내 어려운 사정을 듣고 친척되는 아주머니에게 도움을 요청했다. 어느 아주머니께서 날 만나자고 하셨다. 나는 그 댁에 머물면서 난생 처음 공부에만 전념할 수 있었다. 고시응시 티켓을 따느냐, 미친 놈 소리를 듣고 물러서느냐의 한판이었다. 약 9개월 간 피나는 노력을 했다.

1966년 11월말 드디어 첫번의 도전으로 제7회 사법 및 행정요원 예비시험에 당당히 합격했다. 그것은 나의 보람인 동시에 부모님의 기쁨이었고, 나를 대신해 가계를 꾸린 동생 화영, 화숙의 고생의 댓가이기도 했다. 그리고 도와주신 아주머니의 은혜에 대한 조그마한 보답이었다. 나의 합격이 믿어지지 않았던지 동네 유지 한 분이 응시표를 확인하고 나서 기뻐하시는 것도 보았다.

합격이 확인되자 갑자기 주위의 시선이 달라졌다. 나는 차츰 자만심에 빠졌으며 곧 고시에 합격할 것 같은 착각에 들떠 있었다. 뚜렷한 가치관이 정립되지 못한 상태에서 오직 승부기질 하나만으로 합격했다는 데 문제가 있었다. 지나친 자만심은 자신을 게으름과 방종의 구렁텅이로 몰아 넣었다. 예전처럼 일을 열심히 하는 것도 아니고, 고시에 대한 방향도 제대로 잡지 못한 채 세월만 허송하다가 군에 입대하게 되었다. 그 때 허비된 시간들은 나에게 내면적 성숙이 따르지 않은 외면적 성공이란 얼마나 허무한 것인가를 여실히 보여주었다는 의미에서 차라리 값진 경험이었다고 생각한다.

(6) 군 생활을 마치고 다시 생활전선에 나서다

군에 입대하자 나는 철없던 국민학교 시절 이후 처음으로 단체생활을 하게 되었다. 그리고 비로소 나의 시야가 얼마나 좁았는가를 느꼈다. 자신의 내적 충실을 이룬 후에 눈을 뜨고 큰 것을 보자, 내실없는 외화는 사상누각이 아닌가?

이제는 제대 후 자력으로 공부할 수 있는 학자금을 마련해야 했다. 더 이상 남의 신세를 질 수는 없었다. 숙고 끝에 월남전에 지원하기로 했다. 백마부대 30연대에 배속되어 20개월 간 수많은 전투에 참가했다. 죽을 고비를 넘기고 기적적으로 살아난 것도 여러 번이었다. 생사를 넘나드는 전투의 체험은 어떠한 난관에도 굴하지 않는 의지력과 인내심, 그리고 살아 숨쉬는 것만으로도 신에게 감사할 수 있는 겸허함을 가르쳐 주었다.

1972년 여름, 월남에서 돌아왔을 때 내 손에는 제대 후 2년 정도는 공부할 수 있는 약 30만원이란 돈이 쥐어져 있었다. 고향에 돌아오자 나는 너무나 엄청난 현실에 망연자실해야 했다. 1972년 8월 중순 충주지방 일대에 가옥과 농경지를 휩쓴 큰 물난리가 나서 당시 충주 달천에 이사해 있던 우리 집은 가재 도구 하나 건지지 못하고, 실의에 빠진 가족들은 탈진한 상태에서 무작정 상경을 하고 난 뒤였다. 재대하고 착실히 공부하리라던 꿈은 산산조각이 났고 이미 학자금은 내 몫이 될 수가 없었다. 고생하는 부모 형제를 어찌 외면할 수 있단 말인가.

한가닥 희망의 여지도 없이 제대를 하고 사회에 나왔을 때, 그 절망감은 스물일곱살인 내 나이에 어울리지 않게 깊고 어두운 그림자를 드리웠다. 게다가 설상가상으로 제대 후 얼마 있지 않아 국가고시에 학력제한철폐라는 대개혁이 있었다. 독학자들에게는 일대 복음같은 이 학력제한철폐가 나에게는 현실적인 불이익으로 다가왔다. 어렵게 따낸 나의 예시 합격증이 휴지가 되는 순간 나는 단지 국졸에 불과한 원위치로 돌아오고만 것이었다.

남들은 대학을 졸업하고 취직을 하여 자리를 잡았을 27세에….

이제는 모든 것이 쓸모없게 되었구나 하는 심경에서 자포자기가 되어 방향감각을 잃고 있었다. 다시 공사장의 노무자로, 야간 작업장의 경비원으로 떠돌게 되었다. 어떠한 일도 안중에 없다는 듯 그저 우직하게 일만 해댔다. 방 한칸 전세낼 돈이 없어 사글셋방을 전전하며 그날 그날의 호구도 어려운 부모 형제를 보면서 한없는 슬픔에 잠겼다. 추운 겨울에 밤을 지새우고 돌아갈 때에는 자신의 처지가 너무나도 서러워 별을 보며 울었다. 이렇게 흘린 눈물은 어느덧 기뻐도 슬퍼도 울지 않는 딱딱한 사람으로 자신을 단련시켜가고 있었다. 나는 울지 않는다. 결코 울지 않는다. 언제인가 기뻐할 수 있는 그 날이 오면 그날을 위해 눈물이라도 저축해 두어야지. 이러한 생활이 계속되면서 또 다시 나에게는 생명의 불꽃이 일기 시작했다. 옛날에 그 고통 속에서도 책을 잡았던 자신이 아닌가? 한 때 나를 붙잡아 세웠던 불우한 이웃을 위하여 일을 해야만 한다는 사명감이 서서히 솟아 올랐다. 곰팡내 나는 음지를 비출 수 있다면 비록 작은 빛이라 할지라도 불행한 이들에게 얼마나 값진 것인가를 배웠다. 이 체험을 통한 확고한 신념은 그 뒤 역경 속에서도 나를 지탱시켜 주는 힘의 원천이 되었다. 낮에 아파트 공사장에서 일을 하고 돌아오면 저녁 늦게 공부하는 주경야독의 생활이 시작되었다. 하루일을 마치고 돌아오면 나는 내 자신의 육체와 끈질기고 외로운 싸움을 했다. 솜방망이처럼 풀어진 온몸이 정신집중을 방해하였지만 절대로 굴복할 수는 없었다. 공부의 성과보다 그 어려움 속에서도 나의 정신자세가 다시 확고해 질 수 있었다는 점만으로도 값진 시기였다.

(7) 누님의 도움으로 사시준비에 돌입

이렇게 기약없는 생활이 계속되고 있을 때 부산 누님에게서 소식이 왔다. 만사 제치고 내려오라는 것이었다. 나의 고통을 더 이상 볼 수 없다는게 그 뜻이었다. 누님은 중학 2년을 중퇴한 형을 부산으로 데려다가 중학교에 복교시키고 고등학교까지 졸업시켜 주었다. 호영 형님은 이것을 토대로 자신의 길을 개척, 감리교 신학대학과 동 대학원을 거쳐 현재 구로구 시흥동에 있는 자혜감리교회 목사로 봉직하고 있다. 고생하는 가족들을 두고 혼자 떠나는 것이 마음 아팠지만 뒷 일은 동생들에게 부탁하고 부산행 완행열차에 몸을 실었다. 부모님께서는 네가 다시 공부를 하게 되니 죄를 벗는 것 같다며 오히려 기뻐하셨다.

누님댁에 기숙하며 독서실에 나가는 생활이 계속되었다. 누님을 실망시키지 않기 위해 열심히 노력했지만 어디서 어떻게 시작해야 할지조차 모르는데 능률이 오를 리 만무했다. 나의 심정을 알고 누님은 무리를 해서 고시준비생들의 하숙인 부산법우회관으로 보내 주었다. 당시 법우회관에는 부산・경남 일대의 쟁쟁한 고시생들이 포진하고 있어서 그들과 접하면서 처음으로 주먹구구식 공부에서 벗어날 수 있었다. 나의 어려운 처지를 안 그곳 원장님은 하숙비를 면제해 주는 온정을 베풀었다. 그러나 고생하시는 부모님을 동생들에게 맡긴 채 떠나온 죄책감, 책값・잡비 등 일체의 보조 지원을 약속하셨던 누님의 파산이 겹치게 되었다. 원장님의 크나크신 후의에도 불구하고 공부를 제대로 하지 못한 채 제21회 사시에서는 1차에도 낙방하고 제22회는 겨우 1차만에 합격하였으나 정든 법우회관을 떠날 수 밖에 없었다. 법우회관생활 중 파산한 누님을 대신해서 형을 돕겠다며 원양어선을 타고 외국에 나가는 등 애써 주던 동생 화영은 진한 형제애를 느끼게 해 준 징표였다.

(8) 공무원 고시학원 강사생활

어느 조그만 암자에서 잡일을 해주며 쉬고 있을 때 법우회관 원장님으로부터 새로 설립한 부산고시학원에서 강사로 일해 보면 어떻겠느냐는 전갈이 왔다. 나 자신 스승에게 배워본 적이 없는 처지에 공무원시험 준비생들을 가르친다는 것이 두려웠다. 그러나 부족한 실력은 열성으로 극복하리라 마음먹고 강사생활을 시작했다. 어려운 여건 속에서도 내일을 위해 공부하는 학생들을 보니 새삼 용기가 솟았다. 나보다 더 불우한 청소년들이 많은데 내가 좌절해서는 안될 일이었다.

학생들과 생활하는 가운데 이들에게 하나의 좌표를 제시해 주어야만 한다는 사명감이 서서히 불타올랐다. 열심히 공부하라고 말로만 가르치지 않고 몸소 실천해서 모범을 보이자 그들의 기대는 내게 식을 줄 모르는 용기를 주었다. 집을 옮길 때마다 이삿짐을 날라다 주던 학생들의 성의와 수강을 마치고 난 후에도 개인적으로 찾아주던 정은 지금도 아름다운 추억으로 남아 있다. 그러나 또 이 무슨 운명의 장난인가! 제22회 사시 2차에 떨어진 것은 그래도 좋았는데 제23회는 1차에 마저 간발의 차이로 패배하는 쓰라린 상처를 남길 줄이야!

1차시험에서의 패배 그것은 일년 간의 피땀어린 노력을 물거품처럼 만들어 버렸다. 실패에는 이유가 있을 수 없다. 또 변명을 해서도 안된다. 시험에 떨어질 때마다 며칠 밤을 뜬 눈으로 지새우며 괴로워 했던 일이 어디 한 두 번이랴만 그 때의 충격은 너무나도 컸다. 이 광활한 대지 위에 다시 홀로 서게 된 나! 승리의 기쁨을 찾기보다 패배의 괴로움을 피하기 위해서 싸움에는 반드시 이겨야 한다는 것을 뼈아프게 느끼게 해준 계기였다. 나는 이겨야 한다. 그리고 이길 수 있다.

(9) 본격적으로 고시와 대결하다

조용히 아무도 몰래 부산을 떠나기로 했다. "고시여! 그대는 얼마나 많은 젊은 가슴에 한과 눈물을 안긴 채 살과 뼈를 깎게 했는고, 이제 그대와의 1대 1의 대결에서 기필코 그대의 오만한 콧대를 꺾어 나의 응어리진 설움을 꼭 풀고 말리라" 부산을 떠나며 꼭 합격해서 도와주신 분들에게 보은하리라 마음 먹었다.

서른네살 노총각의 비애를 아무도 모르리라. 시험준비 자체 뿐만 아니라 합격·불합격에 대한 기대와 예측으로 빚어지는 인간적 갈등과 좌절, 이 극복의 드라마를 당해 보지 않고는 누군들 쉬이 짐작이나 할 수 있겠는가?

무작정 내가 도착한 곳은 통도사 S암이었다. 앞길에 방향이 설리 만무했지만 어떻게든 2년 후면 꼭 합격하겠노라고 이를 악물었다. 내가 아무도 모르게 부산을 떠나 버리자 몇 개월 후 나의 주소를 수소문하신 누님이 찾아오셨다. 더 이상 고생하는 누님께 짐을 지워드리기 싫어 몰래 떠나온 것인데….

이젠 딴 일에 매달리지 않고 오직 공부에만 몰두할 수 있게 해줄테니 운명을 걸고 한번 더 해보라는 것이었다. 가세가 이미 기울어진 누님이었지만 동생에게 거는 눈물겨운 마지막 열의였다. 마음이 아팠으나 합격 후 감사드리기로 하고 꾹 참았다. 오랜 세월만에 처음으로 공부에 전념할 수 있는 기회가 내게 주어진 셈이다. 피나는 노력을 했다. 한 여름의 대나무 죽순처럼 실력이 쑥쑥 느는 것 같았다.

그러나 인생사는 마음먹은 대로 되는 것이 아닌지 통도사에 온지 몇 개월 못되어 묘한 인연으로 본사 박물관에 근무하는 J양을 만나게 되었다. 오랜 떠돌이생활 속에 메말라버린 심신에 J양과의 만남은 횟수를 거듭할 수밖에 없었고, 제24회 시험을 불과 3개월 앞둔 중요한 시기였음에도 불구하고 그녀에게로 향하는 마음을 정지시킬 수가 없었다. 은근히 걱정이 되었다. 합격하기 전에는 절대 여자를 가까이 하지 말라고 다짐하시던 누님의 얼굴이 떠올랐다. 온갖 정성을 다해 뒷바라지를 해주는데 아가씨와 연애를 하다니 아무래도 용납될 것 같지 않았다. 그러나 아무래도 J양을 포기할 수는 없었다. 좋다. 내 분명히 다 성공해 보이겠다. 어쨌든 약속한 2년 안에 합격하면 되는 것이 아닌가.

잠을 줄였다. 1시간 만나면 1시간 덜 잤다. 긴장 덕분으로 제24회 1차에는 아주 좋은 성적으로 합격하였지만 2차에는 민사소송법 과락으로 불합격되고 말았다.

원래의 목표가 제25회 합격이었기에 큰 충격이 되지는 않았다. 오히려 2차 시험의 성적은 나를 고무하기에 충분했다.

그러나 은근히 합격을 기대하셨던 누님은 더 이상 뒷바라지를 해줄 수 없을 정도로 지치셨고, 더욱이 자기 말을 듣지 않고 연애를 해서 떨어졌다는 누님의 노여움은 풀릴 줄 몰랐다. 연애를 안 했어도 결과는 마찬가지였을 텐데…. 변명이 통할리 없었다. 또 다시 모르는 곳으로 떠날 계획을 은밀히 세웠다. 이러한 나의 표정을 눈치챈 J양이 밤 새워 자신의 부모님을 설득시켰는지 어느날 갑자기 J양의 부모님으로부터 만나자는 전갈이 왔다. 마을로 내려가니 학자금 지원을 해주시겠다는 것이 아닌가. 나는 거절했다. 어려우신 그 분들에게 폐를 끼쳐 드리기도 죄스러웠지만 이제 고지 가까이 와 있는데 마지막에 여자쪽 도움을 받는다는 것이 싫었다. 몇번 강력하게 거절하는 의사표시를 했지만 결국에는 고사(固辭)하기 몇 번만에 그 분들의 진심에 설득되고 말았다.

이제 J양의 부모님께서 생활의 이모저모를 자상하게 보살펴 주셨고 J양의 진실된 마음은 내게 새로운 힘을 불어 넣어 주었다. 누님의 노여움도 차츰 풀리셨기에 더욱 공부에 박차를 가했다. 이제껏 산발적으로 쌓였던 실력이 차곡차곡 정리되는 것 같았다.

(10) 팔전구기로 사법시험에 합격

1983년 여름, 서울에서 나흘 간 제25회 2차시험을 치렀다. 이상하게 마음이 평온했다. 마지막 도전이라 생각하고 최선을 다했기에 아쉬움은 없었다. 2차시험 발표날이 가까워 올수록 된다는 생각만을 하기로 했다. 떨어진다는 것은 상상조차 하기 두려웠기 때문이다. 오후에 합격소식을 들었다. 칠전팔기가 아닌 팔전구기의 순간이었다. 지나온 20여 성상을 되돌아 보며 그 발자국 하나하나의 눈물은 줄줄이 뺨을 타고 흘렀다.

부모님께 마지막 도리를 다 했다는 기쁨, 누님·동생들에게 정신적이나마 해방감을 드렸다는 안도감이 생겼다. 도와주신 분들에게 비로소 보은을 했다는 느낌이었다.

2차 발표 후 3차시험까지는 상당히 지루했다. 기다리던 때의 초조감에 비해 3차시험은 비교적 무난했던 것 같다. 3차 발표날은 공교롭게도 35번째로 맞는 내 생일이었기 때문에 다시 태어난다는 기분으로 최종합격의 기쁨을 누릴 수 있었다. 합격 후 바쁜 나날이 계속되었고, 몸은 피로에 쌓여 있었지만 그래도 마음은 뿌듯했다. 오랜 세월 헤어져 있던 가족들이 10여년 만에 다시 모일 수 있는 분위기가 되었다는 사실 하나만으로도 지나온 파란만장의 역사를 청산할 수 있을 것 같았다.

• 글을 맺으며

두서없는 이야기로 지면을 낭비한 점을 사과드린다.

고시에 있어 "하면 된다"는 신념은 필수적인 요소가 된다. 문제는 자기에게 주어진 여건을 어떻게 슬기롭게 극복하느냐에 있다. 고시 자체, 아니 합격의 영광에 의미가 있다기 보다는 무슨 일에도 최선을 다할 수 있는 사나이의 집념, 소기의 목표에 도전해서 뜻을 이루었다는 성취감 그 자체에 고시의 의미를 부여하고 싶다. 현재의 어려운 처지를 약진의 발판으로 삼아 굳센 전진을 계속할 때 승리는 반드시 자신의 것이 되리라 믿는다. 인간적인 최선 앞에 신(神)인들 외면할 수 있겠는가?

이제 새로운 출발점에 서서 겸허한 자세로 성실하게 사는 길만이 오늘을 있게 해주신 여러분께 보답하는 길임을 안다. 위에서 언급한 여러분 외에도 잊을 수 없는 분이 많다. 제20회 1차 실패 후 방황하던 때 거제도로 안내해주신 H형·K형, 행정고시를 중단하면서 고시잡지 50여권을 몽땅 넘겨준 K형, 통도사 생활 중 친절을 다하신 H형 그리고 법우회관, 암자 등지에서 고락을 같이 하던 고시동지들, 특히 친절했던 C, P, L, N 형들께 감사드리며 빨리 그 분들이 합격의 영광을 누리시기를 빈다.

다시 태어난다 해도 이 길을

― 선택의 여지가 없을 때 한 가지에만 전념하게 된다.
국졸로서 20세에 검정고시를 시작하여 사시합격의 결실을 얻기까지, ―

박 영 립
- 제23회 사법시험 합격
- 1953. 2. 8. 전남 담양 출생
- 고입, 대입 검정고시 합격
- 숭전대 법학과, 동대학원 졸업
- 법무법인 '화백'변호사
  (서초구 서초동 1717-10)
- 전화 : 596-6000

• 글 머리에

　진정 이 사회와 모든 분들께 대해 감사하는 마음으로 펜을 듭니다. 그러나 막상 펜을 들고 보니 저의 수험기간 동안 커다란 힘이 되고 길잡이가 되어 주셨던 선배님들의 합격기에 혹은 누(累)가 되지 않을까, 이 글을 읽으시는 분들께 역겨움이나 분노를 자아내지 않을까 하는 마음이 듭니다. 또한 이제 그만 묻어두고 싶기도 하고 부끄럽기도 한 지난 날들, 그러나 오늘의 저를 있게 해 준 소중한 날들을 반추(反芻)하려 하니 만감이 교차함을 금할 길이 없습니다.
　저의 그동안의 평범한 생활 속에서 얻은 경험은 개인적이고 주관적일 수밖에 없는데 부족한 문장 실력으로 개념화하고 문장화하려 하니 어색한 마음이 앞섭니다.
　운이 좋았고 이 사회와 수많은 분들께 물심양면의 많은 도움으로 조그만 결실을 맺었다 하여 합격기를 쓴다는 것이 어쩐지 건방진 생각같고 정말 어려운 처지에서 공부하시는 많은 분들께 송구스러울 뿐입니다.
　그러나 이 글을 쓰고 읽으면서 우리의 지난 날을 잠깐 뒤돌아 보고 반성과 분발의 계기로 삼아 밝아오는 내일을 준비하고 설계하고 싶은 충동에서 감히 펜을 들게 되었으니 넓은 이해와 관용을 빌겠습니다.

• 서울의 하늘 밑

전남 담양의 조그만 산골 동네에서 태어나 중학교 입학시험에 합격은 했으나 진학을 포기하고 광주에 있는 조그만 사무실에서 사환으로 객지생활을 시작했습니다. 이 때 사무실 책상 위에서 잠을 자던 며칠 밤은 바닥으로 떨어졌으나 곧 습관이 되어 잠 버릇하지 않고 곱게 자는 습성이 길러졌습니다. 그 해에 아버님께서 돌아가시고 이듬 해에 대바구니장수 아주머니들을 따라 무작정 상경했습니다. 밤 새워 달려온 완행열차에서 내린 새벽의 노량진역은 하얗게 서리가 내려 있었고, 2월말의 찬바람이 겁먹은 15살 촌놈을 더욱 춥게 만들었습니다.

그 길로 앞 뒤도 없는 전차에 몸을 싣고 청량리에서 일하고 있는 친척을 찾아갔습니다.

「당장 오늘 저녁차로 내려 가거라. 서울이 어떤 덴데…」

친척의 첫 마디였습니다. 무언가 있을 것 같았습니다. 막연하나마 화려한 설계도 해보았고 금의환향도 꿈꾸어 보았던 서울이었습니다. 그러나 쉽지 않은 서울이었고 친척 역시 시골 소문과는 달랐습니다.

「죽어도 못 내려 갑니다. 죽어도…」

무슨 일이 어찌되던 내려갈 수만은 없었습니다. 주위의 반대를 무릅쓰고 겨우 올라온 서울인데, 내려간다는 것은 상상조차 할 수 없습니다. 얼마 후에야 그곳이 숭남동이라기 보다는 「양동」으로 더욱 잘 알려져 있었고 여관이란 곳이 나그네들의 숙소만이 아니라는 것도 알게 되었습니다. 「어둠의 자식들」의 「카수 영애」 등을 볼 수도 있었습니다. 그럭저럭 3개월이 지났을 무렵 시골에서 수학여행 온 중학생 단체손님을 받았습니다. 여관 측에서는 학생들의 점심을 배달해 주기로 하고 그들은 창경원을 구경하러 떠났습니다. 얼마 후에 전화벨이 울렸습니다. 저는 무척이나 전화라는 것을 받아보고 싶던 타라, 때는 이 때다 싶어 뛰어가 받았습니다.

"열 두시까지 「근천문」 앞으로 점심을 배달해 달라"는 것이었습니다. 저는 분명 그렇게 들은 것 같았는데 몇 통의 전화가 다시 오고, 두시가 훨씬 넘어서 점심이 배달된 후에야 저는 비로소 약속 장소가 「근천문」이 아니고 「근정전」이라는 사실을 알았습니다. 좌우간 그 일로 말미암아 처음으로 여관 주인과 수학여행 인솔자로부터 심한 꾸중을 들었고, 앞으로 또 꾸중들을 것이 두려웠습니다. 그 놈의 「근정전」인가가 도대체 어디에 붙어 있는 무엇이길래….

런닝 셔츠와 슬리퍼 차림으로 여관을 아무 말도 없이 뛰쳐 나왔습니다. 어린 저의 판단으로는 그것이 최선인 듯 싶었습니다. 여관에서는 월급이 없었기 때문에 제가 손에 든 것이라고는 손님들이 준 5원, 10원의 팁을 틈틈이 넣어 둔 진흙 저금통 뿐이었습니다. 우선 급한 김에 나오긴 했으나 그 꼴로는 아무 데도 가기가 어려울 것 같아 저금통을 깼습니다. 600원 정도 들어 있었습니다. 남대문 시장에 들러 남방 셔츠와 운동화를 산 후 한 번 청량리행 전차에 몸을 실었습니다. 그러나 지난번 찾아 갔을 때 내려가라던 일이 생각나 그대로 돌아서서 노량진 대바구니 장수 아주머니들께로 향하였습니다. 그 곳에도 저를 기다리는 사람은 없었습니다. 이미 다른 곳으로 장사를 떠나버린 후 였습니다.

이제는 갈 곳도 없었습니다. 이 넓은 서울 땅에서 철저하게 혼자라는 것을 깨달았을 때 거리에는 땅거미가 깔리고 있었습니다. 저의 발걸음은 서울역 앞 지금의 「대우빌딩」 「남대문 교회」 등이 자리잡고 있는 잔디밭 위에 멈췄습니다. 어머님 얼굴이 떠올랐습니다. 고향 생각이 났습니다. 그곳에서는 잠깐이나마 내가 몸담고 있던 여관이 빤히 바라다 보였습니다. 지금이라도 용서를 빌고 들어갈까 하는 생각도 해봤으나 용기가 나질 않았습니다. 6월이었지만 밤이슬 때문에 잘 수가 없어 신문을 주워서 깔고 덮고 잤습니다. 자다가 추워서 움직이면 나을 것 같아 돌아 다니다가 파출소 순경 아저씨에게 야단을 맞고 골목으로 들어가 음식점에서 내다버린 온기가 있는 연탄재를 안고 그 밤을 지새웠습니다.

다음 날은 일자리를 구한답시고 남대문 시장, 서울역 부근 일대를 두리번 거려 보았으나 헛수고였습니다. 엎친 데 덮친 격으로 오후부터는 비가 내리기 시작해 어느 건물 밑에서 비를 피하고 있는데 발 밑에 굴러 다니는 신문쪼가리가 보였습니다. 무심코 던진 시선은 「직업소개」라는 네 글자가 있는 곳이었습니다. 신문을 집어들고 쏟아지는 비도 아랑곳 없이 공중

전화를 찾아 신문 광고란에 난 직업 소개소에 전화를 했습니다. 서울은 참으로 자비로운 곳이라는 생각이 들었습니다. 아무 것도 없는 제게 서울의 「직업소개소」라는 곳은 자고 먹을 수 있는 일자리를 소개해 준다는 것이었습니다. 조금 전 남산 위에 올라가서 서울 시내를 바라볼 때는 셀 수도 없이 엄청난 건물과 사람들 중에 나 하나 잘 곳, 아는 사람 하나 없는가 하고 모든 것이 원망스러웠는데 이제는 완전히 달라졌습니다.

그날 저녁은 무작정 찾아든 분식 센타에서 대충 지내고 아침 일찍 전화로 가르쳐 준 곳을 묻고 물어 찾아 갔습니다. 세운상가 부근에 있는 직업소개소에서는 소개비 천원을 요구하였으나 제게는 100원 정도 밖에 없어 월급을 타서 갚겠다고 눈물로 하소연하여 종로 3가 단성사 부근의 음식점에 일자리를 얻었습니다. 나중에 이곳도 「종삼」으로 더 잘 알려진 곳이라는 것을 알았으나 일자리를 구해 준 직업소개소에 고맙다는 인사도 여러 차례 했고 그들도 제가 있는 곳으로 잊지 않고 음식을 주문해 주었습니다. 거리는 약간 멀었으나 정성껏 배달을 해주었습니다. 그런데 이상하게도 돈은 항상 주지 않고 주인에게 가서 얘기하면 된다고 하였습니다. 월급날에 가서야 직업 소개비 외상 900원보다 조금 많던 저의 월급에서 그들이 먹던 밥값이 충당되었다는 것을 알았습니다.

그럭저럭 3개월 정도 흘렀을 무렵, 우연히 고향의 국민학교 동창을 만났습니다. 양복점에 다니던 그 친구가 동대문 시장에 심부름으로 전차를 타고 가다가 길을 건너던 저를 알아보고 다음 정거장에서 내려 달려왔던 것입니다. 기술을 배우고 있다는 그 친구 얘기를 듣고는 일자리를 부탁했습니다. 잘 곳도 먹을 곳도 없을 때는 가릴 것이 있을 수 없었으나 저도 이제는 서울에 와서 어언 반년이 지나고 보니 막연하나마 앞날을 생각하지 않을 수 없었습니다. 얼마 후에 그 친구와 같은 양복점에 있게 되었고 그 때까지 여관에서나 음식점에서 항상 「꼬마」로만 불리던 저는 이름을 되찾을 수 있었습니다. 양복점에서 보낸 그해 겨울은 제게는 유난히도 추웠습니다. 양복점 공장 한 켠에 자리를 마련하고 누우면 춥고 배가 고팠습니다. 양복점에서 받은 돈으로는 쌀을 사고 소금과 막간장을 조금 사고 나면 없었습니다. 감기에 약을 사 먹을 만큼 여유도 없었으나 돈도 없었습니다. 이 때부터 거의 매일같이 1년이나 계속된 감기가 축농증으로 되어서 지금도 코가 완전하지가 못한 형편입니다. 이 당시에 가장 먹고 싶었던 것은 월급 무렵에나 간혹 먹는 콩나물 국과 어쩌다 얻어 먹어 보는「샘표간장」이었습니다. 빈병을 가지고 가서 조금씩 사먹는 막간장에 비하면「샘표간장」은 그렇게 맛이 좋을 수가 없었습니다.

그러나 그곳은 기술 정도에 따라 월급이 달랐으므로 내일을 생각할 수 있었고, 가능성이 있었습니다. 기술자 선생님들은 자신들을 거들 수 있을 정도의 기술은 강요하다시피 가르치나 그 이상은 잘 가르쳐 주지 않기 때문에 그들이 다 가고 없는 밤을 꼬박 새워 조금씩 보고 들은 것을 익히면서 소위 말하는「기술자 곤조」(?)가 어떠한 것인가를 차츰 깨달을 무렵 바지를 간신히 만들 수 있었습니다. 양복점에 들어온 지 약 6개월 정도 되었을 때였습니다.

이제는 양복점 공장 자취생활에도 이골이 나 있었고 월급도 저축할 정도가 되었습니다. 차츰 안정이 되면서 고향에 계시는 어머님과 동생들, 우리 식구가 서울의 한 구석에 보금자리를 마련하였습니다. 당시 17살이던 저는 9급(당시 5급 을류) 공무원 월급 수준의 거의 두배에 가까운 수입을 올린 적도 많았습니다. 양복점 주인은 기능 올림픽에 나갈 준비를 위해 윗저고리 등의 기술을 배우도록 권유했으나 기술 배우는 동안 다시 수입이 줄어들므로 망설이고 있을 때 기성복이라는 거센 유행의 물결이 밀어닥치고 있었습니다. 또한 양복점 기술자는 하루 일의 양에 따라 수입이 정해지므로 나이가 들수록 수입이 오르지 않고 오히려 줄어드는 경우가 대부분입니다. 그리고 교복 입은 아이들에 대한 부러움이, 사회와 부모에 대한 원망과 미움이 점점 커가고 있었습니다.

어떻게 되겠지 하는 마음으로 양복점을 그만 두어 버렸습니다. 막연한 계획은 막연한 것으로 끝나버리는 것인지 낮에 일하고 밤에 공부할 곳을 찾아 보았으나 헛수고로 끝나버렸습니다.

이리하여 정해진 일자리 없이 약 반년 동안을 노동판·버스 승객계수원· 가축병원·전선회사 임시직공·신문보급소 등을 닥치는대로 전전하였습니다. 가축 병원에 있을 때는 애완용 개들이 웬만한 사람들보다 훨씬 고급으로 먹는 것도 보았습니다. 이제는 공부고 뭐고 양복점 외에 일정한 일자리를 구하는 것이 문제였습니다. 구로동 부근의 공장지대 일대를 하루에도 몇 바퀴씩 돌며 기웃거렸으나 어쩌다가 모집공고가 있으면 자격은 대부분이 중졸·고졸 이상이었습니다. 거짓으로 이력서를 꾸며 제출하기도 해 보았지만 막상 졸업 증명서를 요구하는 데는 포기하지 않을 수 없었습니다. 제게는 이 사회가 중요시하는 것은 졸업장이지 결코 사람이 아닌 것처럼 보였으며 실업자가 어떠하리라는 것을 어렴풋이나마 짐작할 수 있었습니다.

이러던 중에 어머님께서 일을 거들어 주신 댁에서 이불 솜을 파는 동대문 시장 점원 자리를 소개해 주었습니다. 이름과 나이, 고향 등을 묻고 학력을 물었습니다. 중학교 중퇴라고 거짓말을 했습니다. 이런 저런 얘기를 더하고 나서 신원보증서와 주민등록등본을 갖추어 내일 아침 9시까지 나오라고 했습니다. 그런 절차없이 떠돌아 다녔던 저는 「신원보증서」란 대서소에 가서 양식을 사다가 간단하게 적어내는 것인 줄만 알고 이제는 취직이 되나 싶어 그 길로 대서소에 물어보니 그게 아니었습니다. 제 주위엔 재산세 얼마를 내면서 저의 신원을 보증해 줄 사람이 하나도 없었습니다. 쉽게 풀리나 했더니 역시…. 다음 날 저의 사정을 말씀드리고 돌아서려니 앞이 막막하고 공연한 분노가 일었습니다. 나중에 안 일이지만 그러한 업종에서는 하루에 금전을 꽤 다루기 때문에 보통 필요한 서류인데도 그것을 모른 저는「아저씨, 저의 고향이 ○○○이기에 신원보증서가 필요한 겁니까? 그렇다면 어린 저의 마음에 커다란 못이 되겠습니다. 죄송합니다」하고 맥없이 돌아설 때였습니다.

「어이, 여보게」

뒤돌아 보니 주인 아저씨께서 손짓을 하셨습니다.

「잘 할 수 있겠나?」

「네, 장담은 못하나 열심히 하겠습니다」

그 날로 점원이 되었습니다. 그곳 생활을 익히면서 성실과 신용이 살아가는데 가장 큰 자본이며, 똑같은 크기의 같은 업종인 점포에서도 세금 등에 커다란 차이가 있음을 보고 무엇을 알아야만이 자기의 정당한 이익을 보호받을 수 있다는 것을 절실히 느꼈습니다. 사람들은 공동생활을 하면서 서로를 오랫동안 사귀어 평가하기도 하나 대부분은 각자가 가진 외형적인 어떤 기준으로 먼저 선입견을 가진 후에 대하는 것 같았습니다. 그동안 국민학교 졸업 학력으로 얼마나 많은 벽에 부딪혀 왔던가…. 저도 남처럼 살고 싶었습니다. 남보다 나은 생활이 아닐지라도 지금의 위치보다는 낫게 살고 싶었습니다. 누구에게 경리학원 얘길 듣고 어떻게 할 줄 몰라 하던 차에 「검정고시 학원」 광고를 보았습니다.

• 꿈에도 그리던 교복

「해낼 수 있을까」 하는 의구심도 있었으나 지금 아니면 영영 할 수가 없을 것 같았습니다. 얼마를 생각한 끝에 어머님께 말씀드렸습니다.

「9개월이면 됩니다. 제게 9개월만 주십시오. 중학교 졸업장만 있으면 하늘이라도 훨훨 날 것 같습니다」 주인 아저씨께도 말씀을 드렸더니 너무나 고맙게도 오전 시간을 할애해 주셨습니다.

제 나이 스무살, 국민학교를 졸업한지 8년, 국민학교 동창들이 대학교 2학년, 지금은 군에 가 있는 남동생이 중학교 2학년 때인 1972년 9월 6일, 종로 2가 부근에 있는 중학교 과정 검정고시 학원에 나갔습니다. 겸연쩍기도 하고 쑥스럽기도 하여 맨 뒷좌석에 앉았는데 첫 시간이 수학시간으로 방정식을 푼다고 했습니다. 활자체 대문자도 익숙치 못한데 꼬부랑 글시 x, y가 어떻고, 좌변에서 우변으로 넘기면 부호가 어쩌고 하는데 아무리 정신을 바짝 차려도 알아 들을 수가 없었습니다. 다른 과목도 비슷하게 보내고 학원 문을 나섰습니다. 눈 앞이 캄캄하였습니다. 그 다음날 알아보니 내가 다니는 반은 이미 3개월 전에 개강한 반인데 학생수가 적어 합반하다 보니 진도가 꽤 나갔다는 것이었습니다. 그러나 포기할 수는 없었습니다. 수학이 가장 문제였기에 그날 배운 걸 모두 외워버리기로 작정했습니다. 모르는 것은 동생에게도 물어 보았습니다. 어느 날 저녁은 대학 다니는 국민학교 동창 친구가 왔길래 모르는 것을 밤 새도록 물어 보았습니다. 바로 옆에서 그것을 듣고 계시던 어머님은 그날 저녁 한잠도 못 주무시고 국민학교 다닐 때는 성적이 남에게 별로 떨어지지 않았는데 부모 때문에 저렇게 엄청난 차이가 나다니 하시면서 우셨다고 제가 합격한 후에 말씀하신 적도 있었습니다.

오전 중에 학원에 나갔다가 뛰다시피하여 가게로 돌아오면 오후 2시경이 되었습니다. 가게 인근의 시장 상인들은 제가 가게에 가면 「아, 지금 2시군」 할 정도였습니다. 검정고시 학원 광고에는 9개월 속성과정이라고 했으나 몇 개월이 되었던 국가에서 시행하는 검정고시 시험에 합격해야만 자격이 인정되었습니다. 1973년 7월 말경에 시험이 있었습니다. 불안했습니다. 초조했습니다. 될 것 같지가 않았습니다. 그러나 다른 생각은 할 겨를도 없이 책만 붙들고 있었습니다. 식사할 때도, 화장실에 갈 때도, 버스 속에서도, 길에 다니면서도…. 사법시험 준비를 할 때도 이 때만큼 열심히 하지는 못했습니다. 시험을 얼마 앞두고는 어머님과 여동생에게 모든 살림을 떠맡기고 그 가게를 그만 두었습니다. 이미 양복기술자가 된 여동생은 못난 오라버니를 수없이 원망했으리라. 이런 상황이었기에 제게 남은 길이라곤 합격 이외엔 선택의 여지가 없었습니다. 천만다행으로 최고 득점으로 합격했습니다. 합격만 하면 뭔가 될 줄 알았는데 넘어야 할 산들은 더욱 많았습니다. 최고 득점 덕분에 수업료가 면제되어 고등학교 과정 공부를 계속할 수 있었습니다. 1974년 8월 고등학교 졸업 학력 검정고시에도 무난히 합격은 했습니다.

다음해 K대학교 상대에 입학원서를 냈습니다. 그 때 형편으로는 대학 다닌다는 것은 상상조차 하기 어려웠기에 꼭 합격해야 되겠다는 생각은 없었습니다. 다만 지금까지 해온 공부가 과연 정규 중·고등학교에서 배운 것과 같은 것인지 궁금했고, 제 실력이 어느 정도일지 비교해 보고 싶었습니다. 역시 실력은 떨어져 불합격이었습니다. 다닐 형편은 못되었다 할지라도 불합격은 유쾌한 일이 아니었습니다. 집에 틀어박혀 있는데 후기에 응시하라는 간곡한 격려와 함께 각 대학교를 소개하는 진학관계 잡지를 같이 공부했던 여학생이 보내 주었습니다. 그 때 진학관계 잡지를 처음 본 저는 대학이 그렇게 많은 줄은 미처 몰랐습니다. 그리하여 집에서 도보로 통학이 가능한, 지금은 모교가 된「숭전대학교」에 원서를 냈습니다. 신의 뜻이었을까. 저는 법경대 수석으로 합격한 덕분에 꿈 속에서도 그리기 어려운 대학생이 되었습니다.

대학생! 몇 년 늦긴 했으나 가슴 부푼 단어인가. 그렇게도 입어보고 싶던 교복을 맞춰 입으며 저에게 주어진 정규 학창생활을 알차게 보내리라 몇 번이고 다짐했습니다. 학교 측과 교수님들의 배려로 매 학기 장학금을 받을 수는 있었으나 등록을 할 때마다 이번 학기가 마지막이 될지도 모른다는 생각을 할 정도로 대학생활을 지탱하기엔 어려움이 많았습니다. 저학년 시절에는 가정교사·그룹지도·월부서적 외판 등을 해보았으나 신통치 않아 공부에만 전념하기로 하였습니다.

어머님께서 그 일대의 삯빨래 등을 도맡아 하셨고, 용산 시장·노량진 수

산시장·날품팔이·새마을 취로사업 등을 계속하셨습니다. 어머님과 자식과의 관계는 그래야만 하는가? 어머님께서는 저를 위해 온 몸과 마음을 다 바치셨습니다. 저는 그 분께 어떻게 해드려야 하는지 모르겠습니다. 그저 어려우신 생활 속에서도 성실하고 진지하게 삶을 사시는 그분께 고개가 수그러질 뿐입니다. 또한 지금은 결혼하여 한 아이의 어머니가 된 여동생, 한창 멋부릴 나이에 마음에 드는 좋은 옷 한벌 제대로 못 사입고 우유부단하고 강단없는 오라버니 대신 가족의 생계와 학비를 담당했습니다. 제가 대학 3학년 때 동생이 결혼하던 날, 친구와 술 한잔하고 무기력한 저 자신이 원망스러워 눈물을 흘렸습니다.

• 해볼만 한 것, 사법시험에 도전

 호젓한 캠퍼스 잔디 위에 누워 저 자신의 지난 날들을 반추하여 보았습니다. 밉기만 하던 교복 입은 학생들, 당장 뒤집혀 버리기만 바랬던 이 사회, 못나 보이고 원망스러웠던 부모님, 신을 저주하고 부정했던 나날들, 이 모든 것이 오늘의 제가 대학생이 될 수 있게끔 해준 소중하게만 느껴지는 것들이었습니다. 그리고 당시에는 도저히 풀릴 것 같지 않고 막막하기만 했던 것들이 하나하나 풀린 것을 보면 어떤 「절대자의 섭리」 같은 것이 분명있다고 믿어졌습니다. 오늘의 저를 있게 한 절대자의 뜻은 뭘까? 대학 생활을 설계했습니다. 대학 1학년 때에는 정규 학교생활을 될 수 있는 한 많이 음미하기 위해 약간의 나이 차이는 있었으나 자주 어울려 대화하고 미팅도 해보고, 술·담배·당구 등도 빠지지 않았습니다. 대학 2학년이 되면서 좀더 구체적으로 저의 앞날을 생각해 보았습니다. 또한 이 사회에서 받은 도움도 만의 하나라도 환원해야 된다는 생각도 들었습니다.
 저에게는 선천적인 인맥도 금맥도 없습니다. 가진 것이라고는 맨 몸뚱이 하나 뿐이었습니다. 이 맨 몸뚱이를 가지고 이 사회의 한 구성원으로 할 역할은 많을 것입니다. 그러나 피해의식이 남달리 강한 사람들과 더넓은 공감대를 형성하기 위해서나 알찬 대학생활을 위해서나 한 번쯤 부딪혀 보리라, 도약해 보리라, 사법시험에 도전하기로 했습니다.
 1976년 4월초, 방위소집 명령서가 날아들었습니다. 저는 숙부님께 양자로 입적되어 있었고, 당시 숙부님 가족이 모두 돌아가셨기 때문에 보충역으로 편입되어 있다가 이번에 나온 것입니다. 먹구름이 끼는가 두려웠습니다. 2학년이 되면서 운좋게 받게 된 외부 장학금은 액수가 많아 학비는 한시름 놓았다 했는데…. 휴학을 하게 되면 장학금을 받지 못하게 될 것은 뻔했으며 또한 복학이 걱정되었던 것입니다.

그러나 부름이 부름인지라 그 때 걱정은 그 때 하기로 하고, 일단 휴학을 하여 방위병으로 6개월의 근무 끝에 1976년 11월 말에 자유로운 몸이 되었습니다. 방위병으로 근무하면서부터는 남는 시간에 영어 공부만 하였습니다. 짧은 중·고등학교 과정 때문에 영어 실력은 형편 없었습니다. 그리하여 아는 여학생들의 눈초리가 여간 따갑지 않았으나 좀더 시간을 확보키 위해 일과가 끝나면 방위병 복장을 한 채로 학교 도서관으로 직행하여 영자신문과 TOEFL을 보았습니다. 그 뒤로도 계속적으로 하루에 2~3시간씩 공부한 덕분에 1차시험에서 간신히 과락을 면할 수 있는 실력이나마 갖추게 되었습니다.

1977년 신학기 복학까지에는 3개월 정도의 시간이 있었으므로 그 동안에 학비조달을 염두에 두고 몇 군데 알아보았으나 여의치 못하였습니다. 기왕에 도전장을 마음 속으로 내놓은 터였기에 3개월 동안 마음의 준비를 하여 정식으로 1977년 3월의 19회 사법시험 1차에 명함을 내밀었습니다. 뚜렷하게 사법시험 준비를 하는 학교 선배님이나 동료들이 거의 없었기에 별다른 얘기나 방법론 등을 듣지 못하고, 책 선택도 합격기나 서점에서 많이 팔리는 책을 위주로 하여 1차 전과목을 무슨 소리인지도 모르면서 겨우 1회독하고 시험장에 들어갔습니다. 막상 시험지를 받고 보니 확실한 답은 가려낼 수 없다 할지라도 알 듯한 단어들이 눈에 많이 띄어 소문처럼 어려운 시험은 아닌 듯 싶었으며 내년이면 1차 정도는 가능할 것도 같아 가벼운 마음으로 시험장을 나왔습니다. 후에 시험성적을 알아보니 예상 외로 과락이 없어서 사법시험의 고지가 가깝게만 느껴졌습니다. 그러나 이것이 화근이 되어 그 뒤로 두 번이나 1차에 떨어졌습니다. 역시 자만은 금물인 모양입니다.

1977년 10월 경, 학교 측의 배려로 도서관 지하에 법학과 학생들만을 위한 조그만 방이 마련되었습니다. 이 곳에 한 자리를 얻어 제 나름대로 열심히 공부하였습니다. 5시 50분 쯤 일어나 맨손 체조 등을 하고 6시부터 7시까지 지금은 시간이 변경된 KBS라디오 영어 강좌를 들은 후 도시락을 두 개 싸들고 학교까지 걸어가면 8시 경, 점심먹고 1시간 정도 자고 저녁 10시 30분 경에 귀가하여 영어 단어나 법전 조문을 조금 본 후에 12시 경에 자리에 누워 그날 공부한 것을 머리 속에 그리다 보면 어느 덧 잠에 빠지곤 했습니다. 최대한의 시간확보를 위해 하루 하루의 공부시간을 엄격하게 표시하였습니다. 별로 건강하지 못하던 몸이었으나 이 때의 규칙적인 생활과 저녁에 잠깐씩 하는 맨손 체조와 팔굽혀 펴기, 30분 정도의 거리를 도보로 등·하교한 덕분에 오히려 건강해졌습니다. 또한 저녁에 자리에 누워 그날 공부한 것을 머리에 떠올리다 보니 불면증으로 고생을 했던 기억도 별로 없었습니다.

 1978년 3월, 이번에는 기어코 붙고 말겠다는 심정으로 20회 1차에 응시했으나 영어에서 겨우 과락을 면하는 낮은 점수와 80점이 넘는 높은 커트라인으로 고배를 마셨습니다. 좌석에다 장담하는 구호까지 써놓은 터였기에 자신에 대한 실망과 함께 동료들을 대하기가 어색했습니다. 1977년 3월 19회 응시로 1차에 감을 잡았다는 것은 득이 되었으나 시건방지게 1차를 경시한 탓으로 10월 말 시험공고가 날 때까지 느슨한 공부가 절대 패인이었습니다. 그러면서도 아직도 정신을 차리지 못하고 이번의 분패를 설욕한다는 계획으로 4학년 초에 1·2차 동시라는 터무니 없는 설계를 했습니다. 처음 며칠 동안은 그런대로 잡히는 듯 하더니 얼마 지나고 나서는 2차 과목을 잡으면 머리에 잘 들어오지 않아 불안했고, 1차를 잡으면 1·2차 동시라는 계획이 마음에 걸리고⋯. 이럭저럭 하다 보니 10월 말 또 시험공고가 났습니다. 그 때부터는 1차에 더 많은 투자를 하였으나 1979년 3월, 21회의 결과는 또 한 번의 쓴잔을 저에게 안겨주었습니다.

 이제는 누구에게 말하기도 두려웠습니다. 제가 무엇을, 무슨 공부를 하는지도 알려하지 않으신 어머님이셨고, 공부에 관한 한 말씀 한 마디 없으신 분이었습니다. 그러하신 어머님까지도 비록 무슨 시험인지는 잘 모르셨지만 이제 그만 했으면 하는 눈치를 보이셨습니다. 학교에서도 제법 기대를 건다고 교수님들이나 학생들의 시선을 받아왔는데⋯. 용기가 나질 않았습니다. 저 자신에 대한 회의가 엄습하였습니다. 이제 그만 물러서 버릴까도 수없이 생각했습니다.

 그러나 여기서 물러설 수는 없었습니다. 지금까지 투자해 놓은 것이야 아까울 것 없었습니다. 원래 가진 것이 없는 놈이라서 잃은 것도 없었습니다.

오히려 규칙적인 생활로 건강이 많이 좋아졌습니다. 제게는 아직 대학생활도 1년이 남아 있었습니다. 이제 새로운 마음으로 다시 시작하자. 1차부터 차근 차근하게…. 하늘을 보지 않고 어떻게 별을 따겠는가. 1차에 합격하지 않고는 2차 시험장에 들어가 볼 수 조차 없지 않은가. 법학 전공에다 몇 번이나 도전했으면서 1차조차 못 붙고 그만 둔다면, 그리고 기회가 없다면 또 모르겠거니와 기회도 있는데 포기한다면 과연 앞으로 이룰 것이 무엇이 있겠는가. 인생의 삶은 자기 자신이 사는 것이며 자기가 책임져야 한다. 누가 대신 살아주거나 남이 책임져 줄 성질의 것이 못된다. 남이 어떻게 보든 기어코 하겠다.

한 인간의 삶의 「대차대조표」나 「손익계산서」는 죽을 때나 한 번 쓰는 것이지 어떤 순간마다 쓰는 것은 아닐 것이다. 처음에 중학교 과정을 시작할 때는 다른 학생들에 비해 약 8년이나 늦었는데 몇 년이 지난 오늘날은 비슷하게 되지 않았는가. 늦었다고 생각할 때가 가장 빠르다고 하지 않는가. 지금 이 순간부터 다시 시작하자.

이리하여 이번에는 1차에만 전념하였습니다. 사실 법학과 학생이라면 1차와 2차를 구분한다는 것이 우스운 일인지도 모릅니다. 기본 3법은 1·2차 공통과목이고, 그외 2차과목은 4학년 이전에 대부분 학교수업에서 다루어지기 때문입니다. 하여간 2차는 의식하지 않기로 하였습니다. 학기 동안에는 장학금이 걸려 있었기에 시험기간 1주일 전부터는 학점 과목을 하고, 여름방학에는 비법률 과목, 그 나머지 시간에는 기본 3법 위주로 하였습니다.

겨울방학이 되면서부터 약 100여 일을 3등분하여 1차 마무리에 들어갔습니다. 회독수는 중요시하지 않았습니다. 회독수를 남보다 적게 한 것 같으면 불안하고 남과 같이 하고도 이해가 안된 부분이 있거나 남보다 떨어지면 자신의 실력에 회의를 가지기 때문이었습니다. 따라서 전 기간을 책의 두께와 내가 확보할 수 있는 최대한의 시간에 따라 적당히 배분하여 고루고루 배정하였습니다. 60여일 동안 영어는 매일 조금씩 하였으므로 이를 빼고 7과목을 적당히 배분하여 기본서를 1회독 하고, 곧바로 같은 과목의 문제집을 푸는 방법으로 1회독을 하고, 약 30여일 동안 기본서의 미진한 부분을 보충하면서 다른 문제집을 한권씩 더 풀었습니다.

그후 약 10일 동안 매 과목당 하루 정도 배분하여 문제집 두 권에 표시되어 있는 틀린 문제와 중요문제 위주로 전체적으로 살피고 마지막 시험 전 하루 이틀에 전과목을 두루 살핀 다음 곧 1980년 3월, 22회 사시 1차 시험장으로 향하였습니다. 이미 2월에 대학을 졸업한 후였습니다. 운이 좋아서 전체수석 졸업의 영광은 안았으나 이것이 도리어 부담이 되었습니다. 명색이 수석 졸업생인데 1차마저 떨어지면 무슨 얼굴로 동문들을 대할 수 있단 말인가. 막상 시험지를 받고 보니 경제학과 영어가 괴롭혔습니다. 영어는 10문제도 채 풀지 못했는데 학생들이 나가기 시작했습니다. 오랫 동안 고개를 숙인 탓으로 목은 아파오고…. 불안한 마음으로 취직과의 갈림길에서 책을 제대로 잡지 못하고 있던 중에 발표가 났습니다. 합격이었습니다. 참 오랜만에 들어보는 생소한 단어였습니다. 기뻤습니다. 2차는 준비하지 못하고 참가한 관계로 첫 날 두 과목이 과락이었습니다.

 이제 앞으로 1년간 공부할 경제력이 문제였습니다. 여동생이 결혼한 후로 그 뒤를 이어 생활비를 담당했던 남동생이 4학년 말에 군대를 갔기에 이제는 제가 나서야만 할 차례였습니다. 어머님의 삯일과 날품팔이는 한계에 와 있었습니다. 궁하면 통한다던가, 학생처장으로 계실적부터 장학금을 배려해 주신 박길준 교수님의 소개와 법학과 교수님들의 적극적인 후원에 힘입어 재일교포 사업가로부터 장학금을 받을 수 있었습니다.

 「교수님, 감사합니다. 누구에게도 부끄럽지 않고 후회스럽지 않을 1년을 보내겠습니다.」

 장학금 덕분으로 2차 문제집과 참고서 등을 일괄 구입하였습니다. 이 무렵 고시 잡지 4년분을 정성껏 모아 두었다가 아낌없이 건네 준 채광기 형의 배려도 잊을 수가 없습니다.

 5월 중순에 경기도 양평에 있는 보림사에 짐을 풀었습니다. 재학 중에도 방학 중에도 계속 학교 법률연구실을 이용했기에 학교 도서실 외의 생활은 처음이었습니다. 처음에는 좀 어색했으나 주위의 따뜻한 배려로 곧 익숙할 수 있었으며, 아침 6시 이전에 일어나 가벼운 조깅과 맨손 체조를 한 후 책상에 앉으면서 오늘 하루도 성실히 보낼 것을 다짐하고 밤 12시 경 잘 때까지 빡빡한 계획으로 강행군을 시작했습니다. 일주일에 한나절 정도는 쉬었습니다.

 학교 다닐 때는 친구들과 만나서 탁구를 치거나 가볍게 술을 마셨으나 이

곳에서는 냇가로 멱을 감으러 가거나 물고기를 잡으러 나갔습니다. 비가 억수같이 쏟아지던 날 밤 깡소주를 마시며 물고기를 잡던 일, 멱 감으며 돼지고기 돌구이를 해먹던 일들이 지금도 생생합니다. 자제한다고 했으나 천성적으로 마음이 모질지 못하고 많이는 못마셔도 술을 좋아하는 편이라서 날이 갈수록 시간 확보가 줄어들었습니다. 후회스럽지 않을 1년을 보내겠다고 약속을 하지 않았던가.

9월 초, 정들었던 보림사를 뒤로 하고 10월에 신림고시원에 자리를 정했습니다. 기계적으로 규칙적인 생활을 했습니다. 머리에 남을 정도의 슬럼프는 없었던 것 같습니다. 저는 소위 슬럼프니 매너리즘이니 하는 것은 불안과 초조에서 오며, 불안과 초조는 만족한 공부를 못하는데서, 계획된 만족한 공부를 못하는 것은 자기의 정도를 넘는 무리에서 온다고 봅니다. 경제력이 빠듯한데 어떤 형태로든지 무리하여 지출한다든가 하면 경제적으로 불안과 초조가 올 것이고, 체력이 한계가 있는데 너무 지나친 운동이나 음주 등으로 다음날 영향을 미친다든가, 어떤날 밤 공부가 잘 된다고 평소보다 밤 늦게까지 하여 그 다음날 영향을 미쳐 하루 양을 다 채우지 못할 경우, 즉 하루를 만족스럽게 보내지 못했을 경우 불안과 초조가 오는 것 같고, 이것이 며칠 계속되다 보면 거기에서 헤어나오기 힘든 것 같습니다. 따라서 하루 하루를 무리하지 않고 규칙적으로 보내면서 몸에 피로가 오기 전에 일주일에 한나절쯤 쉰다면 슬럼프니 매너리즘이니 하는 것도 그렇게 큰 문제는 아닐 것 같습니다.

사람에게는 선택의 여지가 없을 때 한 가지에 억세게 매어 달리는 모양입니다. 검정고시 중학과정을 공부할 때도 선택의 여지가 없었기에 혼신의 힘을 다 하였습니다. 이 기간에 좋다고 자랑하던 시력이 뚝 떨어져 안경을 끼기 시작할 정도로 악착같았습니다. 이 순간은 저에게 선택의 여지가 없었습니다. 9개월만 공부하겠다고 해 놓고 대학까지 졸업했으면서 그것도 부족하여 공부를 하고 있었으니까 그 기간은 무려 9년이 되었습니다. 꼭 붙어야만 했습니다.

여러 편의 합격기에서 공부방법을 요약하여 나의 생활에 맞게 계획을 세웠습니다. 6월 말까지는 2차 전과목을 위주로 일별하였습니다. 7월부터는 각 과목마다 기본서를 읽고 참고서를 참고한 후 다시 기본서를 보는 방법으로 하여 예정보다 늦은 11월말까지 국민윤리와 헌법을 제외한 전과목을 1회독 하였습니다. 2회독 이상의 효과는 충분했으리라 봅니다. 이 때에 고시잡지 목차와 예상문제·기출문제·미채택문제 등을 해당과목 해당 부분에 전부 표시하여 중요도를 알 수 있게 하였습니다. 아무래도 중요한 문제가 여러번 다루어졌을테니까. 12월부터는 국민윤리·헌법·행정법을 제외하고는 문제집을 보면서 기본서의 자료를 모두 문제집에 옮겼습니다. 고시잡지의 중요 논문이나 모범답안 등도 참고하였습니다. 2월말까지 그 작업을 마치고 2월말 경부터 국민윤리와 헌법을 공부하였습니다. 3월 말부터 4월까지 다시 전과목 1회독을 하려 했으나 채 끝마치지도 못하고 마지막 4일을 맞았습니다.

「나의 실력을 충분히 발휘하도록 하여 주소서!」

하루에 2~3시간씩 자면서 최선을 다하려 하였습니다. 뚜렷하게 잘 치렀다는 과목은 하나도 없고 「민소법」과 「형소법」이 특히 마음에 걸렸습니다. 5월 8일, 어버이날이 마지막 시험날이었습니다. 집에 돌아오는 길에 언제나 한결같이 성실한 자세로 진지하게 살아오신 어머님 가슴에 꽂아 드리기 위해 꽃 한송이를 샀습니다. 그날 저녁 친구들과 만나 술을 마시면서 이런 얘기를 했습니다. 사법시험 합격은 우선 장기간을 버틸 수 있는 체력, 수험기간 동안을 뒷받침 할 수 있는 재력, 꾸준히 닦은 학과 실력, 시험을 얼마 앞두고 극도의 불안과 초조·긴장 속에서 이를 극복하고 자기 페이스를 유지할 수 있는 절대자에 대한 신앙이나 정신력 등등이 합쳐서 이루어지는 하나의 작품같다고….

• 어머님의 눈물

시험이 끝나던 날 밤에 너무나도 선명하게 불합격이 된 꿈을 꾸고 불안과 초조 속에서도 행여나 하는 마음으로 기다렸습니다. 발표 하루 전이었습니다. 미리 연락주겠다던 친구에게선 아무런 연락이 없었습니다. 역시 떨어졌구나 생각했습니다. 그동안 나름대로 마음의 정리를 해오던 터라 조금쯤은 담담했습니다. 6월 중순이었지만 제겐 연말의 느낌이 강하게 다가왔습니다. 한 해를 마무리짓고 새해를 맞이하듯 이제까지 있었던 나의 지난 날을 결산하고 어떤 직장이든 취직해서 새 생활을 시작하는 것으로…. 저는 취직하기로 마음먹고 졸업증명서와 성적증명서를 신청하였습니다. 발표가 있을 그날 아침, 어머님께 합격하지 못했음을 알려드렸습니다.

「내 정성이 부족한 모양이구나, 남들은 절에 공도 드리고 한다던데 그 짓 한번 못했으니…」

그 순간에도 어머님은 못난 자식을 탓하시기 보다는 당신의 정성 부족을 후회하셨습니다. 이 때까지 자식들에게 약한 눈물 한번 내비치시지 않던 어머님이었습니다. 그 눈가에 물기가 감돌자 말끝을 흐리셨습니다.

앉아 있을 수가 없었습니다. 집을 나왔습니다. 교외선을 탈까 생각하다가 졸업증명서 등을 찾으러 학교에 갔습니다. 잠깐 들른 법경대 조교실에서 "2차시험 사정 위원으로 들어가셨다가 나오시는 교수님으로부터 연락을 받았는데 합격을 했답니다. 합격!" 하였습니다.

시험은 학생이 보지만 채점은 교수님이 하신다든가, 나중에 알아보니 과락을 걱정했던 과목이 오히려 평균 점수를 넘었습니다. 역시 중도포기는 금물인 모양입니다. 믿어지지가 않아서 총무처와 고시연구사로 확인 전화를 하고 나서야 집으로 달려왔습니다.

「어머님, 감사합니다」

어머님과 저는 부둥켜 안고 한없이 울었습니다.

「네가 내 한을 풀어 주었구나. 이젠 죽어도 여한이 없겠다.」 처음이었습니다. 어머님의 눈물은….

• 새로운 출발점에 서서

축전과 축하도 뜸해진 지금 조용히 지난 날들을 반추해 보며 내일을 생각해 봅니다. 뭔가 제가 원하던 것을 이루었다는 성취감을 맛보았다는 이외에 특별히 합격했다는 실감이 나지는 않았습니다. 시험을 준비할 때는 합격 이외에는 구체적으로 생각해 본적이 없었으나 막상 합격이 되고 장차 법조인이 된다 생각하니 막중한 임무에 두려움이 앞섭니다. 모두가 공감할 수 있는, 소신있고 정(情)이 있는 판결을 할 수 있을까.

남보다 자신이 부족하다고 느끼는 사람들과 좀더 넓은 공감대를 형성하겠다는 나의 마음에 위선은 없는가. 얄팍한 동정심 따위는 아닐까. 그동안 이 사회와 여러분께 받았고 지금도 받고 있는 도움을 만에 하나라도 환원할 수 있을까. 그러나 제게 지금 필요한 것은 두려움이 아니라 용기라는 것을 압니다. 제겐 지금부터 참 용기와 슬기가 필요하며 그것을 위해 열심히 노력하고, 항상 시작하는 마음으로 저를 성원하여 주셨고 앞으로도 성원하여 주실 여러분들의 기대에 보답할 것을 다짐합니다.

끝으로 저의 이런 이야기들이 보는 이에 따라 여러 가지로 비칠 것으로 보나 저에게 남다른 특이한 성격이나 환경이 주어진 것이 아니고 평범한 사람이 살아가는 동안 흔히 겪을 수 있는 과정이며, 다시 태어난다 해도 이 길을 걷겠다고 저는 분명히 말씀드릴 수 있겠습니다. 나를 낳아 주신 부모, 내가 태어난 고향, 조국 등은 선택할 수 없어도 그밖에 많은 것들은 자신의 마음 여하에 따라 선택할 수 있으며, 항상 자기에게 주어진 환경 속에서 하루하루를 최선을 다할 때 어떠한 형태로는 보답이 주어지는 것이라는 생각도 하게 됩니다.

사실 저는 보시다시피 저의 의지나 노력보다는 주위 환경의 변화나 여러분들의 도움으로 오늘이 있게 되었습니다. 따라서 감사를 드려야 할 분들이 너무 많습니다. 모교의 총장님을 비롯한 교수님, 교직원 선생님들께 감사드리고, 항상 친가족처럼 대해 주시며 격려를 주셨던 박길준 교수님, 민소법의 강현중 판사님께 감사드립니다.

어려울 적마다 학비를 보태 주신 조명준 선생님, 로타리문화장학재단 이병창 사장님, 제가 중고등학교 과정을 공부할 수 있었던 검정고시 과정의 고려학원 문상주 원장 선생님을 비롯한 여러 선생님들께 감사드리고 특히 마음으로부터의 정성을 모아 기념패와 기념선물을 마련, 전달하여 주었고 어려운 환경 속에서도 굴하지 않고 밝은 내일을 설계하며 검정고시 과정을 공부하는 고려학원 학생들께 감사의 마음과 함께 그 정성 길이 길이 마음 속에 새길 것을 다짐합니다. 또한 저를 알게 모르게 성원해 주신 여러분과 항상 격려를 아끼지 않고 어려운 일을 해주었던 모교의 법학과, 검정고시 동문회, 법률연구실, 행정연구실 실원들과 친우들에게 감사하며 지금 이 순간에도 이 길을 가시는 여러분들의 건투를 빕니다.

길 잃은 날의 지혜

— 작은 것 속에 이미 큰 길로 나가는 빛이 있고
큰 것은 작은 것들을 비추는 방편일 뿐 —

김 동 준
· 제39회 외무고시 합격
· 1974년 10월 25일 출생
· 서울 잠신고등학교 졸업
· 연세대 정치외교학과 졸업

· **큰 것을 잃어버렸을 때는**

"큰 것을 잃어버렸을 때는 작은 진실부터 살려 가십시오."
 확실히 나는 길을 잃었었다. 아니 길을 잃었다기보다는, 내 길이 앞에 보이는 상황에서 그저 망연자실 앞을 보면서 주저앉아 있었다고 하는 게 옳겠다. 내 길은 신기루처럼 아지랑이처럼 뿌옇게 보일 뿐이었다. 그래, 또 다음이구나, 아직 아니구나 라는 생각에 그저 지쳐갈 뿐이었다.
 박노해 시인의 "길 잃은 날의 지혜"를 내가 접한 건 2003년 고시 공부가 한창인 가을 때, 우연이었다. 사람은 자신만의 눈으로 모든 걸 투영한다고 나 역시 예외는 아니었다. 작은 감동으로 다가온 이 시는, 이후 아버지가 손수 써 주신 몇몇 성경 구절과 함께 내 책상에 항상 붙어 있었고, 내게 힘을 주었다. 올해 2차를 보고 나서 행시 2차를 치는 친구, 후배에게 이 시를 프린트해서 준 기억이 난다. 외시 1차, 2차를 아쉽게 떨어진 몇몇 후배들에게도 프린트해 주었다. 내게 힘을 주었다고, 너희들에게도 힘을 줄 것이라고.
 나는 2001년 2차를 처음 치른 이래, 올해까지 2차를 다섯 번 겪었다. 0.1점 차이로 떨어진 해도 있었다. 여태껏 모든 과목에서, 심지어 초시에서도 겪어보지 못한 과락을 2004년에 경제학에서 맞아보기도 했다. 나로서는 그 중간 과정이 상실감 그 자체였다. 그렇다면 나에게 있어 "작은 진실"은 무엇이었을까?

"나는 연세대학교 정치외교학과를 갈거야. 그리고 외교관이 될거야." 어렴풋이 기억이 나지만, 초등학교 6학년 때 내가 한 말이라고, 내가 떨어질 때마다 초등학교 6학년 때부터 친구인 직장 5년차 내 친구가 술을 사주며 내게 해 준 말이다. 그 때 우린 얼치기였지만, 또렷이 기억한다고, 그때 우리끼리 말했던 꿈을 이루려고 노력하는 사람은 너 뿐이라고, 네가 자랑스럽고 멋있다고. 그래서 힘내라고.

내게 있어 작은 진실은 어렸을 때부터 가져온 나의 꿈이었다. 1994년에 정외과에 입학을 하고, 입학해서는 술, 사람, 그리고 "철학학회"가 내 대학생활의 거의 전부를 차지했다. 1996년부터 1998년까지 육군 제8사단에서 복무를 했다. 군대는 완전 반칙(?)이었다. 병장 2호봉 때까지 제대로 읽은 책은 한권도 없었고, 영어는 약간 과장해서 "danger"를 "당거"로 읽을 만큼 바보가 돼 있었다. 군에서 책을 읽을 수 있을 짬밥이 되었을 때 내가 어떤 책들을 사거나 부탁했는지 아직도 기억난다. 당시 "계간사상", "이상문학상수상집", 김성기 편의 "모더니티란 무엇인가", 하버마스의 "현대성의 철학적 담론", 거로 "토익" 등을 사들고, 혹은 부탁을 해서 받아들고 어찌나 기뻐했는지 모른다. 제대해서 진로를 고민할 때 어렸을 때부터 꿈이 외교관이라는 내 말에 힘을 실어주는 선배들은 별로 없었다. 고시를 하려면 사시를 하라고, 같이 공부하자고, 지금은 검사 혹은 변호사인 친한 친구도 선배도 그런 말을 해주었다. 1999년 가을에 화백실(고시반)에 들어가면서, 본격적으로 외무고시를 위한 공부를 시작했다. 어릴 때부터 막연하게나마 가져왔던 꿈을, 고등학교때 조금씩 구체화하면서 일기장에 쓴 내 꿈을 저버리기에는, 난 너무 생각이 단순하고 어렸다.

어쨌거나 항상 나의 꿈을 일깨워준 주위 사람들에게 너무 감사할 뿐이다. 감사하고 싶은 사람이 너무 많다. 하느님께도 너무 감사할 뿐이다. 예전엔 2차 시험에 합격하면 "아 XX, 드디어 됐다."이런 생각이 들 것만 같았다. 그런데 아니었다. 그저 "감사"할 뿐이었다.

이 글을 읽으시는 분들에게도 꿈이 있을 줄 믿는다. 그 꿈이 정말 작은 것이든 거창한 것이든 그건 자신만이 항상 지니고 있는 소중한 진실이라는 생각을 해 본다.

최고령. 타이틀이 무엇이든 간에, 내 글이 자신만의 꿈을 가진 분들에게 조금이나마 희망이 되기를 바라는 마음에서 이 글을 쓴다. 자신이 떨어졌음에도 항상 나를 응원해 주었던 내 동기, 후배들에게 감사하는 마음으로 그들을 생각하며 이 글을 쓴다. 정말 어려운 글을 아무 생각 없이 흔쾌히 받아들였구나 하는 후회도 하면서.

• **오늘 비록 앞이 안 보인다고**

"오늘 비록 앞이 안 보인다고 그저 손 놓고 흘러가지 마십시오."
 이른바 "노장"이라고 부르는 분들이 공감하는 것은 무엇일까? 그건 무엇보다 실패일 것이다. 실패에 이은 내 자신의 미래에 대한 두려움일 것이다.
 앞이 안 보였다. 2003년에 1차를 붙어서 마지막 유예를 받았기 때문에, 작년에 처음 PSAT라는 과목을 접하고, 올해 처음 시험을 봤다. 2004년에 노장들이 1차에서 대거 탈락했다는 우울한 얘기들이 떠돌았다. 올해 1월에 마지막 PSAT 실전모의고사를 봤을 때, 난 그저 평균 언저리에서 맴돌 뿐이었다. 이승일/방재훈 선생님의 모의고사 수업을 들었는데, 너무 부족하다고 느낀 나는 이승일 선생님에게 조언을 구하고, 고맙게도 선생님은 나에게 집중 강의 인터넷 강의를 열어주셨다. 시험보기 전까지 PSAT 때문에 전전긍긍했던 기억이 난다. 작년에 PSAT를 봤던 내 동기, 후배가 절대로 채점하지 말고 바로 2차에 매진하라는 조언을 해주었다. 그렇지만, 결과가 너무 두려워서, 1차 시험 후 방황을 했다. 담배는 늘고, 당구를 많이 치고, 스타크래프트도 많이 했다. 무엇보다, 시험을 빨리 포기하고 토익 준비를 해서, 나이 제한이 상대적으로 덜한 공기업에 원서를 낼까하는 생각이, 고민이 나를 괴롭혔다.
 1차 시험 이후 올해 제일 마음고생을 많이 했다. 인간만사새옹지마라고 했던가. 아이러니컬하게도, 여태까지 1차시험 붙은 것 중에서 상대적으로 가장 많은 차이의 점수로 합격을 했다. 그저 쓴 웃음이 날 뿐이었다. 난 앞이 너무 불투명해서, "손놓고" 그냥 나를 아무렇게나 세월에 맡긴 것이었다.
 쪽팔렸다. 나를 응원해 주려고 술 사주고 용돈까지 가끔 쥐어줬던 친구들에게 보였던 꿈, 그걸 항상 되뇌었던 나는 이거밖에 안 되는 것이었나 하는 생각이 들었다. 올해 마지막으로 해 볼게요 라고 부모님께 여자친구에게 친구들에게 몇 년간 말해왔던 내 자신이 부끄러웠다. 몇 십일 남지 않은 시점에서 난 정말로 마지막이라는 생각으로 공부를 했다. 마음은 오히려 비우려고 노력했다. 이번에 떨어지면 다시 일 년을 초심으로 돌아가서 열심히 할 자신이 없었기 때문이었다.

내가 붙은 건 "운"이었다. 고시 합격에서 실력은 필요조건이고 나머지는 운이라는 생각이 든다. 실력이 됨에도 불구하고 내년을 기약해야 하는 많은 분들이 있다는 점에서 더욱 그런 것 같다. 예전의 나는 실력이라는 전제가 없었다. 고시반에 몇 년간 있을 때, 주위의 선후배, 동기들이 항상 나는 "1순위"라고 치켜세웠다. 그렇지만 역시 자신을 제일 잘 아는 건 나다. 지금 생각해보면, 그런 표현은 나에게 가당치 않은 것이었다. 어쩌면, 그런 치켜세움에 늘 우쭐해 하지 않았나 하는 생각을 해본다. 자신을 낮추고 최선을 다하는 사람들 속에서 난 어쩌면 그런 칭찬 속에서 자족하며 위안을 삼고 있었는지 모른다. 실패가 거듭되면서 난 조금이나마 겸손의 미덕을 깨달으려고 노력했다. 겸손은 결국 자신의 발전에 밑거름이 된다는 것을 어렴풋이 알게 되었다.

자신의 꿈이 있고, 그 꿈에 매진한다면, 운명은 자신의 손을 들어준다고 믿는다. 최선을 다했으면, 그래서 깨끗이 포기하는 거라면 또 다른 운명이 자신을 위로해줄 것이다. 그러나 중간에 손을 놓아버리는 건 자신의 꿈에 대한 변절이요, 배신이다. 그럼에도 나에게 합격의 영예를 준 하느님께 나의 운명에게 감사할 뿐이다.

• 작은 일 작은 옳음 작은 차이 작은 진보

"작은 일 작은 옳음 작은 차이 작은 진보를 소중히 여기십시오."
"작은 것 속에 이미 큰 길로 나가는 빛이 있고 큰 것은 작은 것들을 비추는 방편일 뿐입니다."

고시든 연예든 내가 정말 좋아하는 야구든 "작은 것"을 놓치기 쉽다. 작은 것을 놓치면 결국 큰 것을 얻을 수 없다는 생각이 든다. 돌이켜보건대, 초시든 재시든 삼시든 사시든 오시든, 작은 진보가 없다면 무의미한 것 같다. 작은 차이를 만들어 내지 못하면 중간에 지칠 뿐이다. 고시는 재시에 붙는 것이 가장 이상적이라고 생각한다. 고시생으로서 그렇게 훌륭한 위업(?)을 달성한 분들은 부지불식간에 작은 차이를 빨리 깨달아서 체화했기 때문에 짧은 기간에 합격한 것이라는 생각이 든다.

　나에게 있어 작은 차이는 별 것 아니었다. 실패를 인정하고 부족함을 인식하고 어떻게든 다음에 붙기 위해 작은 몸부림을 치는 것이었다. 2004년 경제학에서 보기 좋게 과락이 나왔을 때 충격 그 자체였다. 제 2외국어가 필수가 아니었던 예전에는 민법총칙과 정치학을 선택했었다. 민총은 사시 붙은 선배와 친구가 많이 도와주고 시험도 정말 잘 봤다고 생각했음에도 점수가 너무 안 나왔다. 제2외국어가 상대적으로 높은 점수가 나오니, 제2외국어를 꼭 선택하라던 선배들의 조언을 가벼이 흘려버린 내 만용이자 업보였다. 역시 선배 말은 들으라고 있는 거였다. 2004년에는 정말 변명거리가 하나도 없었다. 정말 실력이 부족해서 떨어졌다는 깨끗한 승복만 있을 뿐이었다. 패인은 무엇이었을까? 여태까지의 자신의 실력과 노하우를 믿고, 내 자신의 틀 속에 갇혀서 다양한 문제를 접근하지 않은 것이었다.

　진단이 나왔으면 처방은 간단하다. 기출문제, 학교 모의고사/강평 문제를 많이 접하고, 교수님들의 주옥같은 특강을 들을 때도 초심으로 돌아가려고 노력했으며, 신림동 GS강의를 이용했다. 국제법은 안진우 선생님 강의, 경제학은 최병권, 김진욱 선생님 강의, 국제정치학은 1년간 공부를 거의 못하다가 막판에 신희섭 선생님의 강의를 들었다. 개인적으로 안진우 선생님은 정말 나에게 많은 도움을 주셨다. 나에게는 은사다.

　외시에 있어 큰 산은 역시 영어다. 나같은 완전 무공해 순수 신토불이 토종 된장(세칭 순수 국내파)에게는 더욱 그렇다. 고시반에 있을 때는 영어 특기자들의 도움을 많이 받았고, 정영한 선생님의 강의를 많이 들었다. 작년 여름에 통역대학원 학원 실전반에까지 찾아가서 조언을 구하고 강의를 듣고, 신림동 강의도 들었던 기억이 난다. 좋은 표현은 늘 정리해 두고 한 번이라도 더 보려고 노력했다. 좋은 문장은 통째로 외우려고 노력했다. 외시 공부하면서 영어 점수는 잘 안 오른다고 하는데, 나의 경우 이번 시험에 조금이나마 분명히 올랐다.

　고시생에게 작은 진보는 무엇일까? 자신이 좀 더 나아지고 있다는 믿음, 집에 가면서 오늘 하루 동안 공부한 것을 떠올리며 예전에 미처 몰랐던 것을 알게 된 점, 알았지만 깊이가 얕았던 지식에 깊이를 더한 점에 조금이라도 뿌듯함을 느낄 수 있으면 그게 고시생에게는 작은 진보라고 생각한다. 고시는 "레고블록쌓기"라는 2004년 최연소 최다연씨의 수기를 읽은 기억이 나는데, 공감이 가는 표현이다.

· 희 망

"현실 속에 생활 속에 이미 와 있는 좋은 세상을 앞서 사는 희망이 되십시오."

합격하니까 좋다. 다른 적당한 표현이 안 떠오른다. 미사여구 필요 없이 좋은 건 좋은 거다. 가족, 여자친구, 친구, 선후배 등 주위에서 너무 좋아해 주셔서 더 좋다. 어떻게 보면 내 꿈에 있어 아직 중간과정에 있을 뿐인데, 그래도 일단 좋아하고 넘어가야겠다. 내가 좋아하는 모습을 솔직히 보여주는 것이 같은 꿈을 꾸고 있는 사람들에게 보다 자극이 되어서 보다 열심히 하는 계기가 된다면 난 더 좋아 할 것이다. 그래서 내가 아끼는 친구, 후배들이 나를 보고 조금이라도 더 열심히 해서 합격한다면 더욱 좋겠다.

희망은 "바랄 희", "바랄 망" 두자로 되어있다. 사람에게 희망이 없다면, 바람이 없다면 어떻게 될까? 오늘 먹고 자고 싸고 울고 웃는 것도 역시 희망이 있기 때문이 아닐까? 희망이라는 것은 두 가지의 측면이 있다. 외부로 향한 나의 희망, 나로 향한 외부의 희망. 아직 난 이룬 것이 많지 않다. 다만 중간과정에서 나는 나의 꿈이었던 외교관의 길목에 들어서고 있고, 주위 사람들이 내게 가졌던 기대를 조금이나마 충족시켰다는 점에서 이룬 것이 없지는 않다. 나는 앞으로도 항상 희망을 안고 살고, 주위사람들의 희망이 되기 위해 노력할 것이다. 거창한 뜻은 없다. 내 자신과 내 주위 분들에게 부끄럽지 않도록 노력할 뿐이다.

나에게 도움을 주셨던 모든 분들, 마음속으로 응원해 주셨던 모든 분들에게 감사합니다. 충분한 자격이 있음에도 아쉽게 실패의 고배를 마신 친구, 선후배에게 진심으로 응원을 보냅니다. 아울러 이 글을 읽으시는 모든 분들의 건승을 기원합니다.

사랑하는 자여 네 영혼이 잘됨같이
네가 범사에 잘되고 강건하기를 내가 간구하노라(요한 3서 1:2)

저의 힘을 다 하였나이다

— 일찍부터 생활전선에 뛰어들어야 했던 운명
24회부터 33회까지 굴하지 않는 도전으로 얻어낸 결실 —

장 진 호

- 제33회 사시 최고령 합격
- 1946. 1. 7. 전북 전주 출생
- 고려대·방통대 중퇴
- 변호사(전주시 덕진구 덕진동 1가 420-8)
- 전화 : (0652) 254-0700

· **코스모스가 싫었던 시절**

 시골의 가을은 더 빨리 오는 듯합니다. 특히 임실의 갈마리, 갈마천변에 흐트러진 코스모스의 모습은 가을의 스산했던 상념을 부채질 했고, 그 때마다 들었던 낙방의 참담한 소식은 코스모스 뿐이 아닌 주위의 모든게 싫었던 시절이었습니다.
 길 끝, 아득히 들려오는 국민학교 아이들의 맑디 맑은 노래소리, 가을볕의 한 웅큼 마저 끝까지 기다리며 새를 쫓는 아낙의 낭랑한 목소리, 갈마리의 효자문 방에서 멍하니 앉아 듣는, 이 모든 정다운 소리들 마저 내겐 큰 아픔이었던 시절이었습니다.
 "이만큼 견뎠으면 되지 않았나이까?"라는 공허한 물음도 수없이 뇌까려 봤고, 아내의 말없는 격려와 기도를 괜한 중압감으로 오해도 했던 시절이었습니다. 실로 긴 세월이었습니다.
 담담히 쓸 수 있을 것 같았던 이 합격기가 막상 펜을 손에 잡고 보니 잘디 잔 온갖 추회가 엇갈려 가며 한참을 망설이게 합니다.
 자랑보다는 부끄러움이, 내세움보다는 후회스러움이 더 돋보이는 글일지라도 나의 진솔한 고백이, 혹 저보다 더 큰 인고를 되씹고 있는 동도 학형들께 또 앞으로의 후학들께는 저 같은 지나온 길에 발들여 놓지 않으시길 바라는 염(念)으로, 작은 용기를 내 이야기하려 합니다.

• 끝이 보이지 않던 길, 그 앞에 초라히 서서

내가 사법시험과 인연을 맺게 된 것은 어릴 때의 성장과정과 깊은 상관관계가 있었다.

중3 때 아버지가 타계하셨고, 주위 친척들의 무관심 속에서 어머니와 누이동생, 우리 세 식구는 어려움을 참고 견디며 세파를 헤쳐 나가야 했다.

어린 남매를 위하여 어머니는 행상을 하셨고 나도 생계를 보조하기 위해 그때부터 가정교사를 할 수밖에 없었으니, 아마도 최연소 가정교사가 아니었나 싶다. 한편으로는 수석을 놓치면 장학금이 없는 학비부담 때문에 학교 공부도 게을리 할 수 없었던 시절이었다.

그러나 살림은 더욱 쪼들려 갔고 고등학교의 진학은 생각도 할 수 없는 일이었으나 어머님은 당신의 모든 꿈과 희망을 자식에게 건 일념으로 주위의 눈치에도 불구하고 날 고등학교(全州高)에 진학시키셨다.

하루 한 끼로 주린 배를 움켜 쥐면서도 우리 세 식구는 살아야 했다. 아마 이때부터 현실에 대한 냉철한 눈뜸, 그리고 내 운명에 대한 도전의식이 싹텄으리라.

고3 때 선배의 권유로 한남대(그 당시 大田大) 영문과의 특별장학생 선발시험에 합격하였으나 중도에서 그만 둔 것은 이러한 의식의 연장으로 보아야 할 것이다. 이때부터 내 인생항로에 있어서 시행착오의 서곡이 울린 것이리라.

이후 2년간 재수생도 아니고 사회인도 아닌 어정쩡한 상태에서 중학생들의 영·수 그룹지도로 가계를 도왔으며 틈틈이 하나의 초점을 향해 왔던 자아의 열정과 아픔, 방황에서의 탈출을 시도하였으니 바로 고대법대의 진학이었다.

• 그을 수 없었던 획

나에게 캠퍼스의 낭만은 거리가 멀었다.

돈암동의 사설독서실에서 라면으로 끼니를 때우며 의자 위에서 새우잠을 자는 생활, 가정교사 입주생활 등으로 전전하는 외롭고 고달픈 일정이 계속 되었다. 그러다가 2학년 가을, 각박한 서울 생활도 한계에 이르렀고 고향에서 고생하시는 어머님과 동생을 팽개치고 학교에 다닌다는 것은 일종의 사치이고 분에 넘치는 행위라 결론짓고, 3선개헌 반대데모로 어수선한 분위기의 학교를 뒤로 하고 전주로 내려갔다.

다시 시작한 중학생들의 영·수 그룹지도, 화장품회사의 직원생활 등으로 가족의 생계를 책임져 갔고, 그 기간에 모인 약간의 돈으로 선배가 경영하던 공무원 고시학원을 인수받아 학원 경영을 약 2년 하다보니 생활은 안정되었고, 이제 완전한 변신을 위한 획을 다시 그어야 한다는 생각이 들기 시작하였다. 어느덧 30세를 바라보는 나이가 되었으니 자아발현을 위한 새로운 삶을 모색하고자 하는 동기와 각오가 뜨겁게 차올랐던 것이다.

마침 동생이 국가공무원시험에 합격하여 서울대 병원으로 발령이 나서 74년 초에 서울로 이사를 하였고 서서히 사법시험에의 접근을 시도하였다. 하지만, 이는 마치 검은 수건으로 눈을 가리운 자가 힘있게 뛰어가는 사람을 쫓아가는 듯한 막연함 속에 일종의 만용이 아닌가도 생각했으나 이대로 주저앉기에는 정열이 허용치 않았다.

청계천에서 고시잡지 과월호 수십권을 구입하여 합격기를 탐독했고, 합격생들이 일반적으로 선택한 교재를 마련, 집 한 쪽 골방에서 공부를 시작하였다.

이후 원효로의 성균관 독서실, 광주 산곡(山谷)을 전전하며 어느 정도 실력이 쌓일 쯤에 불의의 사고로 인해 또 다시 경제적 어려움에 처하게 되었고, 생활의 방편으로 76년에 세무공무원시험에 응시하였다.

다행히 성적이 좋아 서울 중부세무서에서 근무하게 되었으나 현실과 이상 사이에 놓여진 갭을 극복하기엔 무척 힘이 들었다. 다만, 이 때가 부가가치세제 실시를 위한 행정지도기간이었으므로, 이때 현장에서 터득한 경험과 지식은 훗날 행정법 공부에 많은 도움이 되었다.

• **결혼, 암담한 시절의 또렷한 빛, 그리고 또 다른 변화**

그해 겨울 친구의 중매로 그의 고모와 결혼을 하게 되었다. 돌이켜 보면 나의 암담한 추억 중에 또렷이 남은 빛남이 있다면 아내와의 만남이 아닌가 싶다.

　현실에 안주하려고도 했다. 그러나 현실과 타협하며 적응하자니 역부족이었다. 결국 그 이듬해 가을 사표를 던지고 선배의 주선으로 녹음테이프 제작 판매회사인 에이스 상사의 경영자로 취직하여 백여명의 세일즈맨들을 관리하며 회사를 운영도 해보고 또한 공인중개사 수험서적 출판사업에 손을 대었다.

　1979년 2월 초 어머님 별세.

　평생을 우리 남매를 위해 고생만 하시던 어머님이 세상을 뜨셨다. 어머니의 주검 앞에서 터져 나왔던 오열은 한 번도 소리내어 울지 못하셨던 당신의 한이 어린 생을 대신 함이었기도 했고, 갑자기 쭉지가 꺽인 것 같은 나의 절망감과 퀴퀴한 늪에서 허우적 거리기만 했던 지난날의 앙금들이 사무쳐 소리내었던 통곡이었다.

　전망이 좋았던 출판사업도 10. 26 사태로 인하여 중개사시험이 무기 연기됨으로 인해 거액의 빚만 지는 최악의 사태에 직면하였으니 결국 아내와 상의 끝에 생활비를 절약하고자 모든 것을 정리하고 처가가 있는 임실(任實)로 내려가게 되었다.

　마음 깊은 곳으로부터 죄송함을 금할 길 없어 채권자들에게는 서신으로 양해를 구하고 81년 7월 말 남의 눈에 띨 세라 한 밤중 작은 트럭에 약간의 세간을 싣고 핏덩이 막내녀석을 품에 안은 채 내려오는 시골의 밤 풍경을 아내는 「아름답다」며 석고상처럼 굳어 있던 나를 위로하고 있었다.

• 희미했던 길, 그러나 획 그음

　-24회-

　처가 2층 한 구석에 공부방을 차려 놓고 다음 해 24회를 목표로 전신을 쥐어짜듯이 파고 들었다. 유난히 눈이 많았던 그해 겨울, 밤새 책을 읽고 마당에 내려서면 왜 그리 별빛이 맑았는지….

　아무런 생각이 없었다. 겨울이 무척 빨리 지남을 안타까워 했고 나와 사회를 연결한 모든 고리들이 하나 하나 끊어지는 기분이었다.

　외출하고 싶어도 갈 곳도 없었으니 철저한 혼자임을 느끼며 조순 교과서를 근간으로 하여 경제학 sub-note를 작성하였고 영어는 매 식후 1시간씩 할애하는 한편 Time지를 정기구독하고 기본 3법은 1·2차 동시합격을 위하여 철저히 씹는다는 생각으로 책장을 넘겨갔다.

누가 날 밀치면 푸석 먼지만 날 것 같이 피폐해질즈음 시험이 6월로 늦추어지자 1월에서 3월은 양 소송법과 행정법, 상법을 1~2회독씩 하였으며 4월 초 진안의 어느 조용한 목장으로 장소를 옮겨 본격적으로 1차에 매달렸다.

1차시험을 광주에서 치르고 나오며, 광주에서 1명만 뽑는다 해도 붙을 것 같은 자신이 조금 들었다. 발표일, 먼지나는 길모퉁이를 돌아오며 찾아든 아내의 밝은 모습에서 1차 합격을 확인했고 성적은 cut-line에서 평균 9점을 상회하는 좋은 점수였다.

7월 하순 동국대에서 치른 2차시험은 민법, 형소법의 고득점에도 불구하고 국민윤리의 과락으로 무위로 끝났으니, 내 긴 시련의 처음은 이렇게 시작되었다.

-25회-

곧바로 25회를 대비하여 후배 S와 함께 고창의 어느 재실로 들어가 2차 준비에 박차를 가하였다. 이때 처음으로 개념노트를 만들어 틈틈이 개념 암기에 치중하였고 24회 과락인 국민윤리는 철저히 「파괴」한다는 기분으로 정리해 나갔다.

그곳은 사방이 묘지로 둘러 쌓여 있었기 때문에 밤엔 섬뜩한 공포를 이용했고, 낮엔 엄습하는 고독을 즐기는 심정으로 하루 평균 10시간 이상을 확보할 수 있었던 것 같다. 83년 봄. 재실 주변의 화사한 봄기운은 밀려오는 슬럼프와 함께 전주의 호남법률연구소로 날 밀쳐 내게 되었다.

高소장님의 배려에도 불구하고 마지막 정리를 위한 시도는, 우선 정다운 후배들과의 넉넉한 지냄으로 그 맥을 잃어갔으니 25회의 2차는 무참한 패배였다. 변명이 있을 수 없었던 낙방.

오로지 아내의 말없는 격려만 있었던, 발등을 찧고 싶었던 25회였다.

-26회-

26회의 준비는 전주 근교의 오도재로부터 시작되었다. 얼마 후 정읍대실로 자리를 옮겼고 그곳에서 1차까지를 무난히 치를 수 있었다.

대실(竹室)

생각하면 할수록 정이 깊었던 곳이다. 그곳에서 함께 지냈던 각기 개성이 다른 좋은 후배들과의 만남, 도도한 뜻 이룸을 위해 몸과 마음을 절절이 부대끼며 생활했고, 이야기했고, 그리고 서로를 아껴줬던 시절이었다. 할머니의 카랑한, 정이 듬뿍 담긴 독설도 공부에 좋은 청량제였으니까, 장소를 임실로 옮겼고 후배 L과 함께 2차에 대비하였다. 3법을 제외한 과목에 온힘을 쏟았으나 지금도 기억이 생생한「민법과락선풍」의 제물이 되어 평균점수가 커트라인 보다 5점이나 상회하면서도 또 다시 고배를 마실 수밖에 없었다.

-27회-

「제물」이라기 전에 확실한 모자람 때문이라는 생각으로 어긋나는 머리 속을 겨우 바로 잡을 무렵은 이미 경제력은 완전 고갈상태였고, 세상의 모든 것에 조금도 저항할 수 없는 심정으로 망연해 하고 있을 때였다. 다행히도 전 명성그룹 김회장 실제(實弟)인 김장로님의 도움으로 임실읍 갈마리에 있는 김회장의 본가 효자문에 딸린 방을「갈마헌숙(渴馬軒塾)」이라 이름짓고 27회를 대비하였다. 이 때가 11월, 마침 선배님의 도움으로 84년 겨울의 연세대, 성대 등의 특강, 특히 이시윤 재판관님과 김형배 교수님의 강의를 들을 수 있었던 것은 루틴한 생활에 큰 활력소가 되었다.

그러나…, 지긋지긋한「그러나」다.

1차 면제자들이 흔히 겪는 슬럼프와 가족의 생계를 책임져야 하는 강박감으로 인해 시험직전의 마지막 정리에 실패하여 27회 2차도 역시 무위로 끝났다. 갈마헌숙에서 같이 공부했던 J의 합격을 축하해 주고 누가 볼까봐 모자를 푹 눌러쓰고 힘없이 돌아오는 갈마리의 환한 달빛에 코스모스가 유난히 눈에 선했다.

-28회·29회-

상황이 여기에 이르자 아내는 호구지책으로 읍내에 조그마한 분식점을 열어 생계를 맡겠다고 나섰으나 경제난으로 인한 정신집중력의 분산은 피할 수 없었다.

그해 가을.

갈마헌숙의 뜰에 어김없이 노란 은행잎이 수북이 쌓여 갔고 난 또다시 1차합격에 이어 2차에 나가 떨어졌다.

다음해 또 가을.

들깨를 거두는 고소한 내음이 내 공부방 안에까지 가득찰 무렵. 1차면제의 호기인 29회의 2차 또한 민법과락으로 멀어져 가고 있었고, 막내 아이 마저 어느새 초등학생이 되어 있었다.

• 불혹, 그 방황의 시작

-30회-

어느덧 나이도 40을 넘어섰고 다른 대안이 있을 수 없었다. 주위의 비난은 아내 혼자서 힘겹게 막아내고 있었고 난 모른 체 하며 30회 1차를 챙기려 했다.

허나, 두 문제 차이로 1차부터 나가 떨어졌다.

문제유출시비로 고시가를 경악케 했던 때다. 시험의 공정성도 문제였지만, 지금껏 부담을 느끼지 않았던 1차를 다소 경시한 것이 패인이었다.

여하튼, 국가 최고시험이 어찌하여 이 지경까지 되었는가? 두번 다시 이러한 일이 없도록 고시당국과 출제의원의 반성을 촉구한다.

-31회-

사랑하는 아우 송홍식 군의 합격으로 1차 패배의 상처를 힘써 아물리고 있는 동안 굴러가는 세월은 31회를 내앞에 다시 떠다밀어 놓았다. 심신은 지칠대로 지쳐 있었고 생활은 전형적인 매너리즘에 빠져 들었다.

언제나, 시험이 끝나면 서너달 집안 생계와 수험생활 준비자금 마련에 정신을 빼앗기고, 연말 쯤부터 공부를 시작할 수밖에 없는 내 처지가 한심스럽고 서러웠다. 과거의 패기와 정열은 사라져버렸고 떠밀려 본 듯이 본 31회는 불 보듯 뻔한 결과였다. 기대는 할 수 없었지만, 막상 결과를 접하니 아찔한 생각이 들었다.

깊고 검은 나락으로 곤두박질 치는 듯했다. 내 능력에 대한 철저한 회의와 끝없는 절망의 늪에서 발뺌을 할 수가 없었다.

당연히 주위의 비난은 빗발치듯 하고 나의 행위는 「작태」가 되어 그들의 입방아로 되씹어지고 있었다. 그런 시절이었다… 그런 나날이었다.

늦가을 양광이 시드는 어느 저녁 무렵 먼지낀 기타를 꺼내 소리죽여 만지고 있을 때 아내가 조용히 방문을 열었다. 그리고 포얗게 차분한 목소리로 말을 꺼냈다.
「조금만 더 견뎌 보세요. 조금만 더…, 그리고 나머지는 하나님께 맡겨 봐요」 얼핏 고이는 눈물을 감추려고 고개를 돌렸을 때 아내의 등 뒤에 노란 은행잎 하나가 비늘처럼 번쩍이며 떨어지고 있었다.

-32회-

전열을 가다듬었다. 후배 K도 합류하였다. 과거와는 달리 1차에 약 100여일을 투자하며 그 어느 때의 1차보다 혼신을 다했다.

무난히 합격

국민대에서 치른 2차시험은 마지막 날 지나치게 긴장한 탓으로 수면량을 잘못 조절하는 바람에 형법·형소법을 졸면서 치르는 통한의 우를 범하고 말았다. 딸 서연이와의 약속이 있었다.

네가 수학경시대회에서 1등을 하면 아빠도 이번 시험에 꼭 합격하리라는 내용이었다.

2차 낙방의 후유증이 거의 잊혀질 무렵, 딸애는 수학경시대회에서 1등을 하였고 내겐 그 약속이행을 1년 후로 미루어 주었다.

• 보이는 길 끝, 그 언저리에서

-32회-

이제는 1차면제의 마지막 기회를 살리느냐 아니면 온 가족이 파멸할 수밖에 없느냐의 갈림길에서 마지막 승부수를 던질 때라고 생각이 되었다. 합격에의 기대감은 온통 가슴에 차올라 있었고, 한 술의 밥, 일순의 호흡도 시험을 위한 것이라는 각오로 진지하게 생활하려고 하였다.

더욱 다행이었던 것은 고시가에서 만나 형제처럼 지내온 현종유 회장의 도움으로 은행대출을 받아 주변을 다소 정리하였고, 1주에 4시간씩 사무관 승진시험 개인지도도 하며 이번 만큼은 그간 경제난 때문에 집중력이 분산되었던 전철을 밟지 않아도 될 수 있었다.

후배 K와 함께 2km 떨어진 집까지 자전거로 아침 저녁 식사하러 다니며, 그날 공부하였던 것을 서로 암기테스트하는 방식을 택하여 자칫 밀려오기 쉬운 권태로움을 방지하기도 했다.

폭설에 넘어져 뒹굴기도 하였고 세찬 바람에 눈물이 얼어 눈썹에 고드름이 맺히기도 하였으나 우리의 유일한 운동이었으며 또 훌륭한 체력유지 방법이 될 수 있었다.

5월까지 서브노트와 기본서를 병행하여 2회독을 마치고 6월에는 마지막 정리에 들어갔다.

식후마다 개념암기에 주력하였고, 심증이 가는 문제는 답안지에 쓸 분량만큼 철저히 암기하였다. 잠자는게 무척 아까웠으나 억지로 잠을 청하곤 했으며 몸은 완전히 시험 보는 사이클에 맞춰져 갔고 마음은 텅빈, 바로 「공허」에 도달하는 듯할 때 언뜻 D-day가 코앞에 닥쳐왔다.

• 정지했던 순간들

송 변호사의 도움으로 프리마 호텔에 진을 치고 4일 간의 사투에 들어갔다.

첫째날, 국민윤리의 큰 문제는 방교수님의 책에 나온 내용대로 토해 놓고, 약술형 두 문제도 무난히 쓰며 10장을 꽉 채웠다. 헌법도 무난히 치렀으나 국회의 자율권은 예상외의 문제라 면책특권 등의 관련 논점의 부각에 그쳤다.

둘째날, 행정법은 큰 문제가 경찰권의 근거와 한계 문제라고 결론짓고 통설과 유력설을 부각시키며 경찰행위 개입청구권까지 언급하고, 직접강제 문제도 현재 입법추세와 서독의 동향까지 터치해 주었다. 역시 고득점으로 합격에 큰 몫을 하였다. 상법 큰 문제는 풍부하게 써주며, 금전배당의 경우와 주식배당의 경우의 차이점을 부각시켰다.

셋째날, 민법 케이스문제는 무난하였고, 총유문제는 예상외의 문제였으나 공유, 합유와의 차이점을 부각시키는 한편 교회의 재산 분규문제도 언급하였다. 민소법은 평소부터 흥미를 느낀 과목이라 큰 문제는 없었다.

마지막날 형법 케이스 문제는 도대체 무엇을 쓸 것인가 고민하였으나 결국 중지미수와 불능미수 문제 및 실행의 착수를 쓸 수밖에 없었다. 절도죄와 사기죄 문제는 평소부터 관심이 있는 분야라 3장이나 채워 고득점을 노렸다.

형소법 역시 강세과목이기 때문에 어려움없이 치렀다. 공소장변경 문제는 평소부터 관심있는 문제여서 거의 완벽하게 쓰고, 관련문제인 공소시효와의 관계까지 언급하였다. 거증책임 문제는 민소법상의 입증책임과의 차이와 영미법상의 증거제출책임까지 언급하며 폭넓게 구성하였다.

형소법 답안지를 내는 순간 이제는 떨어져도 여한이 없다는 생각이 들었다. 저절로 눈이 감겼고 힘없이 고개가 숙여졌다. 살아서 시험을 무사히 치르게 됨을 감사했고 멍한 상태의 머리속에는 이명처럼 기도소리가 울려오고 있었다.

• 다다른 길 끝, 그리고 시작

추석연휴를 앞 둔 그날.

난 역시 갈마리의 방에서 서성거렸다. 서울에서 연락이 오기로 되어 있었으나 참기가 힘들었다. 본 채의 양해를 구해 고시잡지사에 다이알을 돌렸다. 몇 시쯤에 결과를 알 수 있겠느냐의 질문에 번호를 말하란다. 엉겁결에 번호를 대고 그 기다리는 잠시의 시간이 너무 길었다. 땀 방울이 등골을 타고 내리고 있었고, 머리 속에서는 온갖 생각이, 주변의 모든 사람의 얼굴들이 순식간에 그려지고 있었다.

다리가 떨렸고 수화기를 든 손에 힘이 빠지고 있었다. 「장진호…」까지만 듣고 수화기를 놓았다. 환청인 것 같았다.

한동안 그대로 서 있다가 다시 전화를 해 확인을 했다.

서울 소식을 기다리고 있을 읍내의 아내에게 가는 도중, 이미 연락을 받은 아내를 길 중간에서 만났다. 서로 아무말도 할 수 없었다.

"저의 힘을 다 하였나이다" 시험의 마지막 날 펜을 놓으며 혼자 되새긴 말이었습니다. 하지만 돌이켜 생각해 보면 제가 최선을 다 할 수 있었던 그 힘마저도 저의 혼자 힘이 아니었습니다.

물론 크신 한 분 여호아의 힘이 계셨고 제 주위의 모든 분들의 격려가 모여진 힘이었습니다. 묵묵히 참아주며 기도해준 아내, 아빠와의 약속을 지켜준 딸들, 그리고 건강하게 커 준 아들녀석, 오빠의 늦음을 언제나 이해해 준 동생 내외, 어려움을 도와주던 친구들, 또한 우리 청지가족들의 뜨거운 격려…, 또한 평소에 많은 관심을 보여주신 방영준 교수님, 현 회장, 같은 수험생이면서도 헌신적으로 신경 써준 김길동 후배, 임실중앙교회 목사님과 교우 여러분, 전 목사님 등… 이루 헤아릴 수 없습니다.

밤을 새워 이 글을 쓰고 난 새벽 성큼 다가선 겨울의 낌새가 갈마헌숙의 토방에 가득합니다. 겨울이 오면 이곳 갈마리에 올해도 푸근히 눈이 쌓일 겁니다. 바람이 있다면 이젠 저의 발자취 같은 깊고 거칠은 흔적들이 희고 고운 눈으로 다시는 보이지 않게 덮혀졌으면 합니다.

 코스모스는 항상 아름답게 보여야 하고 아이들의 노랫소리는 언제나 정답게 들려야 합니다. 부끄러움 보다는 자랑이 앞세워져야 하고 앙금보다는 즐거움이 더 많이 기억되어야만 합니다.

 마지막으로 바램이 이루어질 수 있다면 전국 곳곳에서 내일을 위해 뛰시는 선배님과 아까운 후배들의 귀한 뜻 빠른 이룸을 위해 함께 기도드리려 합니다.

제4의 전환점

— 「내 어제 꽃을 세워 오늘 여기 이르렀네 작은 촛불이 쓰러질 때
그 아픔이 이러련가? 아낌없이 아낌없이 살라 온 밤을 밝혀」 —

김 장 홍
· 1955년 12월 5일
· 중·고등 검정고시
· 중앙대 법학과 졸업('87년)

· **글 머리에**

무척 추우리라던 예상과는 달리 올 겨울은 따뜻하기만 하다. 이제 정녕 추운 겨울은 오지 않을 것인가?

그랬으면 하는 바램을 안고 이 글을 쓴다. 뒤늦게 사법시험에 합격하였으니 다른 수험생에게 모범이 될 것도 없고 하여 합격기는 사양하였으나, 오히려 어렵게 공부하는 이들에게는 큰 힘이 될 수 있다는 잡지사측의 용기의 말씀에 힘입어 승낙을 하긴 하였는데 무엇을 써야할 지 난감하기만 하다.

다른 훌륭한 합격기에서 공부방법이나 책 소개 등은 잘 되고 있으니 나는 시험에 합격하기까지 내 지나온 삶의 자욱들을 있는 그대로 진솔하게 그려 보려 한다.

나처럼 어려운 환경 속에서 고군분투하는 수험생에게 한 가닥 희망의 빛이 되길 기원하면서...

· **어린시절 - 어머니 여의고 14세때 무작정 상경**

내가 태어나 자란 곳은 충남 예산군 봉산면이라는 산골마을이었다. 뒤로는 겹겹이 산들이 둘러쳐저 있고 앞으로는 꾸불꾸불 작은 논들이 모여 있으며 작은 개천이 흐르는 전형적인 한국 농촌이었다. 보릿고개가 봄마다 아니 어

쩌면 가난한 사람들에게는 사시사철 찾아들던 시절에 나는 배 고픈 것 모르고 별 부러운 것 없이 자랐다. 당시 집엔 과일나무도 많았고, 짐승도 많았으며, 유성기, 라디오도 있었으니 꽤 부유한 편이었다.

아버지께서는 낭랑하게 소리내어 책을 읽으셨고, 야학지도도 하시고 연극도 하셨다. 집에는 책이 많아서 어린 나였지만 여러 가지 책을 보았던 기억이 난다. 순 한문으로 쓰여진 책에서부터 장수왕전, 능라도, 검사와 여선생이라는 책까지 몇 궤짝이나 되었다.

아버지의 늘 공부하시던 모습은 후에 나의 인생에 결정적 영향을 미친 것 같다.

나는 재주는 많았지만 조금 소심하고 내성적이었다. 비가 많이 내리면 내가 불어서 학교에 가지 않아도 되었는데 그날이 가장 기뻤었고, 큰 일이 있을 때면 그 핑계를 대고 결석을 하곤 해서 개근상은 한번도 타 본적이 없었다. 그래도 자손이 귀한 집에 위로 형하고 나, 아들만 둘이다 보니 귀여움을 독차지 하고 자랐다. 아마 이후에 어려운 생활을 겪지 않았더라면 나는 아주 다른 성격의 사람으로 자랐을 것이다.

단란하던 가정에 먹구름이 덮여 왔다. 호랑이 할아버지께서 돌아가시고 4학년말(음력 1월 4일) 이어 어머니마저 병환으로 돌아가시자 아버지는 술에 의지하기 시작했다. 술주정도 심해지고 집안을 날로 기울어만 갔다. 1년 후엔 결국 모든 재산을 처분하고 이사를 가야 했다. 겨우 겨우 중학교에 입학하였으나, 밥을 굶기 일쑤였고 1학년 마칠 즈음엔 봄에 뿌릴 씨앗인 콩, 팥을 삶아 먹어야 하는 지경에 이르렀다. 더 이상 견딜수가 없었다. 일곱 살 위인 형은 군대에 가고, 나는 스스로 자퇴를 했다. 그리고는 자그마한 가방을 질질끌며 14세의 나이로 무작정 상경할 수밖에 없었다.

서울로 가는 열차안에서 가방을 끌어안고 눈물짓던 일이 눈에 선하기만 하다.

• 절망의 시절에 꿈을

맨 처음 직장은 가게였다. 당시로서는 꽤 큰 가게였는데 요즈음 슈퍼마켓 같은 곳이었다.

시골에서 자랐기에 "어서 오세요", "안녕히 가세요", "무엇을 찾으세요"

등 서울말 자체도 힘들었거니와 쑥스러워서 어지간히 애를 먹기도 했다.
 그러나 더욱 어려운 것은 커다란 짐 자전거에 배달용 대나무바구니 가득 물건을 싣고 배달을 할라치면 곧잘 균형을 못잡고 넘어져서 버둥거리는 일이었다. 또 주인은 자전거 타기를 가르쳐 준다면서 언덕배기 위에서 밀어버리곤 했는데 번번이 길가에 쳐박혔고 다리가 성할 날이 없었다. 결국 자전거 타기도 배우지 못하고 그 곳을 떠나고 말았다.
 다음으로 기름 방앗간에 취직을 했다. 깻묵을 큰 망치(소위 오함마)로 깨는 일, 헌 목재를 어깨에 메고 나르는 일 등 어린 나이에는 힘에 겨운 일이 많았지만 세끼 밥을 먹을 수 있었고, 따뜻한 잠자리가 제공되니 다른 생각없이 열심히 일만 했다. 월급은 없었지만, 용돈을 쓸 수는 있었으며 그 중 아끼고 아껴서 저축도 할 수 있었다. 그러나 일년 정도 지났을 때 아버지가 어떻게 알고 찾아와서는 주인한테서 쌀 한가마니 값을 가져갔다는 말을 듣고는 그 곳을 떠날 수밖에 없었다. 그렇게 해서 다시 화장용 붓 공장에 취지하였는데 지금 생각하면 부도가 난 회사였다.
 당시 글을 옮겨 본다.
 「처음와서 보니 한 마디로 한심하다. 기숙사라고 있는 것이 방문은 어디갔나 없고 앞쪽 벽은 무너져 찬 바람이 들어오고 방은 불을 안때는 냉방이다.」
 월급도 나오지 않아서 양말을 살 돈도 없고 담요 헌 것을 기워서 버선을 만들어 신기도 했다.
 3일을 굶은 후 이웃 동네 집에서 팥죽을 한그릇 얻어 먹고는 도망치듯 그 곳을 빠져 나오고 말았다.
 다시 16세때 과자공장에 들어가게 되었는데 자그마한 가내공업이라서 오랜 만에 따뜻한 밥을 먹을 수 있었다. 일도 힘들지 않아서 비로소 조금 여유가 생겼고 이때부터는 꼬박꼬박 일기를 쓰기 시작하였다. 그때부터 지금까지 써논 일기장이 18권이나 된다. 떠돌이 공장생활을 하면서 받은 멸시와 냉대가 너무 괴로웠고 내 인생을 모두 기록하고 싶었다. 1년여동안 열심히 일했지만 특별한 기술이랄 것도 없는 생활과 주인아저씨와의 갈등 등으로 인해 다시 그곳을 떠났다. 그리고는 건설현장 소위 막노동판에 가서 일을 하다가 견디지 못하고 직업소개소에서 알선 받은 곳이 고무공을 만드는 공장이었다. 자그마한 가내공업이었는데 방 한 가운데에 긴 탁자를 놓고 그 위에 고무원본을 늘어놓고 커다란 붓으로 본드를 계속 문질러 대야만 했다. 본드 냄새, 신나냄새, 고무냄새가 방안 가득 쌓여있고 속이 메스껍고 몽롱한 가운데서 아침 7시경부터 밤 12시까지 일을 했으니 감당하기 어려웠다. 그렇게 해서 받는 월급이 3,500원이었다. 그나마 겨울이 되면서 일거리가 없어지고 우리는 모두 떠나야만 되었다. 가방하나 가슴에 안고 얼마간이든 정들었던 곳을 떠나 다시 직업소개소를 찾아가야 할 때면 외롭고 서글픈 마음에 눈물을 흘리곤 했었다.

　돈을 벌어야 겠다는 마음에 술집에도 가보았으나 적성에 맞지 않아 하루만에 도망쳐 보기도 했다.

　식당에 취직하여 주방일을 배우고 싶었지만 그것도 마음대로 되지 않았다. 홀에서 몇 달동안 식탁을 닦으며 배달도 하고 열심히 했지만 주방일은 허락되지 않았다. 다시 공장생활을 하기로 마음먹고 그곳을 떠났다.

　이후 여러 공장을 전전하며 마치 하루살이와도 같이 살았다. 당시의 일기 한 토막을 옮겨 본다.

　1973.2.28

　월급은 4,500원인데 밥값을 빼면 1,500~2,000원 정도 남는다. 밥은 아이들끼리 끓여 먹었으므로 형편없다. 보리가 2/3, 쌀이 1/3 반찬은 시장서 사오는 김치 200원어치 가지고 30명이 먹는다. 그 김치도 적어서 거의 맨밥이다. 방은 그야말로 양아치 소굴같다. 한방에 12명 정도씩 잔다. 바에는 나무를 깔아놨다. 정말이지 미칠것만 같다. 점심은 라면과 국수를 섞어서 먹는다. 30명이 라면 10개에다 국수 180원어치 조그만 밥그릇에 한그릇씩 먹으나 마나였다.

　누군가 철공기술을 배우면 기술자로서 살아갈 수 있다기에 철공일을 배울 수 있는 공장만을 고집해서 간신히 조그만 가내공업식 공장에 취직할 수 있었다. 프레스 1대와 조그만 기계 몇 개 있는 그런 곳이었다. 이곳에서 몇 개월간 기본적인 일을 익히고 나니 더 배울 것이 없었다. 다행이었던 것은 짬짬이 책을 볼 수 있었다는 점이었다. 천자문, 명심보감 등 한문공부를 나름대로 하면서 공부를 해야겠다는 꿈을 심을 수 있었다. 그러나, 우선 기술자가 되기 위해 그곳을 떠나야만 했다. 다시 직업소개소를 통해 취직한 곳은 꽤 큰 공장이었다.

• 제1의 전환점 – 선반공이 되다.

　새로 취직한 곳은 동원금속이라는 기아산업 납품업체였다. 공원도 30~40명 정도되고 기숙사며 식당까지 갖추어진 당시로서는 좋은 환경이었다.
　객지로 떠돈지 4년만에 처음으로 마음 편히 일할 수 있게 됐으며 열심히 일한 덕불에 공장장님의 눈에 들어 선반일을 배울 수 있었다.
　저축도 열심히 했다. 남들이 버리는 옷과 신발을 주워입고, 주어신으면서 저금통장의 액수도 조금씩 불어났다. 내 일기장에 처음으로 희망이라는 단어가 보이는 때이다. 그러나 이곳에서는 전문작업이라서 선반기술을 익히는 데 한계가 있었다. 난 최고의 기술자가 되고 싶었다.
　그러자면 수많은 곳을 전전하며 다양한 일을 접해보아야만 했다. 결심을 하고 정들었던 그곳을 떠나고 말았다. 그리고는 많은 곳을 다니면서 일을 배웠다.
　처음에는 기술이 모자라서 쫓겨나기도 했지만 10여군데 이상 다니면서 많은 일을 다루고 나니 이제 어떤 일도 처리할 수 있는 기술자가 돼 있었다. 이때가 가장 정열적으로 살았던 것 같다. 마치 무엇에 홀린 것 같은 느낌이었다.

• 제2의 전환점 – 내 집을 짓다.

　그러는 사이 형이 제대를 하고 시흥군 소래읍에서 일을 하고 있다고 연락이 되었다. 형이 자리를 잡고 있으니 아버지와도 연락이 되서 3부자가 함께 모였다. 아버지는 여전히 술을 마시고 주사를 하셨지만, 셋이 모여 살고 싶었다.
　그동안 모아온 돈을 가지고 집을 짓기로 하고 열심히 뛰어 다녔다. 블록을 세우고 슬레이트만 간신히 그 위에 걸친 초라한 집이었지만 누구의 간섭도 받지 않을 수 있는 곳이었고, 7년만에 우리 세식구가 집을 가지고 모여살 수 있게 된 것이었다. 이것은 내 인생에 있어 두 번째 맞는 전환점이었다. 이제 공부할 수 있는 기틀이 마련된 셈이었다. 얼마나 갈구하여 기다렸던 일인가? 얼마나 많은 세월을 절망 속에서 헤매였던가?
　이제 선반기술자가 됐고, 내집을 마련했으니 남은 것은 최소한 고등학교 졸업자격증을 얻는 일이었다. 그러나 육체적·정신적으로 긴장의 연속되는 생활이었기에 건강이 점점 나빠져 갔다.

• **중학교 졸업자격 검정시험을 통과하다.**

　신체검사를 받고 일을 하면서 입대 날을 기다렸지만 입영예정일을 넘기고 나서 알아보니 다음해에 방위소집을 받는다고 했다. 하늘이 주신 기회일지도 모른다는 생각이 들었다. 방위소집을 받고 중대본부에서 행정요원으로 근무하면서 시간적 여유가 생겼다. 특히 중대장님은 공부해야 한다고 충고의 말씀을 자주해 주셨다. 그렇게 하여 10년만에 중학교 책을 잡기 시작했다. 그러나 쉬운 일이 아니었다. 건강은 자꾸 나빠지고… 그래도 영어, 수학을 중심으로 틈틈이 공부를 하면서 이제 조금씩 조금씩 공부하는 일은 내 일상의 한 부분이 되고 있을 무렵 제대를 하고 취직을 하게 됐다.
　아파트 건설현장에 나가서 냉난방하는 회사에 취직을 했는데 곧 부도가 났고, 다시 몇 군데 공장을 전전했지만 안주할 수가 없었다. 기술자가 되고 난 다음부터는 불의를 보면 참지를 못해서 내가 모든 책임을 지고 사표를 내곤 했다. 참으로 악덕 기업주가 많던 시절이었다.
　세상일에 부대끼면서 이제 본격적으로 공부를 해야겠다는 결심을 하게 됐다. 이대로 공원 생활로 인생을 끝맺고 싶지 않았다.
　1979년에 들어서면서 직장도 안나가고 집에 앉아 중학교 과정에 집중했다. 4월에 시험이었으므로 시간이 촉박했다. 아무도 설명하거나 도와주는 사람없이 혼자서 책을 보면서 모든 것을 이해해야 하니 여간 어려운 일이 아니었고 또한 건강이 늘 문제였다. 그러나 하나 하나 알아갈 때의 희열이란 말로 표현할 수 없는 기쁨이었다. 중·고등 과정을 하는 동안 내내 지속시켜준 원동력은 "앎에의 희열" 바로 그것이었다. 열심히 공부한 덕분에 4월 중학교 졸업자격 시험에 합격할 수 있었지만 이제 돈이 떨어졌다. 할 수 없이 다시 취직을 하였는데, 그곳에서 지금의 아내와 운명적인 만남이 있게 됐다.

• **아내와의 운명적 만남**

　다시 취직한 공장의 규모는 공원이 40여명 정도였는데, 기업주의 의식은 형편없었다.
　퇴근 시간이 지나서 모든 사람을 다 못가게 막아놓고는 두세명을 시켜 하수구를 파게 했다. 그동안 쌓인 분노와 함께 참을 수가 없는 일이었다. 난 사표를 던지기로 하고 그 곳을 빠져나오고 말았는데 사무실에서 근무하던 아내도 퇴근을 하고 있었다. "모두 퇴근을 못하고 있는데 아가씨는 왜 나오느냐?"고 따지듯 물은 것이 인연이 되어 우린 많은 얘기를 나누게 됐다. 몇 번 만날수록 동지애같은 느낌, 순수한 느낌을 서로에게서 느꼈지만 서로의 처지가 달랐기에 길게 지속될 수는 없었다.

- **고등학교 졸업자격 검정고시를 통과하고**

회사를 그만 두고 얼마 후 조그마한 공장을 동업으로 해 보자는 제의가 들어왔다. 마음의 갈등이 없지 않았으나 공부를 잠시 뒤로 미루고 공장을 차렸다. 그러나, 세상일은 그리 호락호락하게 아니였다. 우리도 끝내 화합하지도 못하고 헤여지기로 했다. 무엇보다 급한 것은 고등학교 졸업자격 검정고시 시험이 4개월여 앞으로 닥쳐온 것이었다. 미련없이 모든 것을 내던지고 집에 틀어박혀 고등학교 과정을 공부했다.

고등학교 과정은 혼자서 해내기에 훨씬 힘들었다. 그렇지만 학원은 꿈도 꿀 수 없는 형편이었다. 엉덩이가 벗겨지도록 책상앞에 앉아 씨름하는 것이 최선의 방법이었다.

너무 힘들고 괴로울 때면 혼자서 술을 마시기도 하고, 책을 내동댕이 치기도 여러번이었지만, 끝까지 참고 견디어야만 했다. 남은 기간동안 죽음을 각오하고 견디기로 했다. 그러다 보니 몸은 형편없이 되가고 있었다. 안경도 쓰게되고, 잠을 자면서도 코피를 쏟기 일쑤고 잠을 자다가 계속 울어대서 옆방 형이 달려온 것도 여러번 그러나, 나는 해낼 수 있었다. 그해 8월 1일 시험을 치르면서 합격을 확신할 수 있었다. 용기가 생겼다. 이제 그 무엇도 나의 앞길을 막을 수는 없다. 운명아 비켜 서라! 내가 간다! 난 가슴깊이 외치고 또 외쳤다.

- **장학생으로 대학 캠퍼스에**

다시 취직을 해서 돈을 벌여야만 했다. 이제는 늘 있는 일이라서 힘도 들지 않았다. 몇 달만 일을 하면 한 일년 집에서 공부만 할 수 있었다. 취직을 해서 3~4개월 다닐 즈음 신문광고에서 장학생 모집공고를 보게됐다. 학력고사에서 일정점수를 맞으면 돈없이도 대학에 다닐 수 있다니. 그것은 구세주의 말씀 같았다.

극구 만류하는 것을 뿌리치고 사표를 낸 다음 대학 입시 준비에 들어갔다. 지금까지 혼자서만 공부했기에 이대로는 안되겠다 싶어 학원에 다니기로 했다.

오고가는 차안에서는 계속하여 영어공부를 했다. 차안에서는 영어 문고판 60권을 다 읽을 수 있었다. 학원에 다니면서 얻은 것이 많았다. 공부잘하는 아이를 내 옆에 앉게하고 그 아이의 공부하는 방법을 유심히 관찰했는데 무엇보다 책에 정리를 잘한다는 점이었다.

학원까지 한시간 반정도 걸렸으므로 3시간 이상 길에서 허비하고 나면 공부시간이 많질 않았으나 학원성적은 늘 상위권을 유지했다.

건강이 안좋은 것은 정신력으로 버텨내었지만 가장 큰 문제는 돈이었다. 학원비가 없어 쩔쩔맬때면 고향친구 영오가 도와주기도 했고, 사우디에 간 친구 기선이도 내가 어려울 것을 알고 얼마간의 돈을 보내주기도 하여 겨우 버틸 수 있었다.

천신만고 끝에 학원을 계속 다녔고 무사히 시험을 치를 수 있었다. 학력고사 시험을 끝내고 책상위에 붙어 있던 수험번호표 종이에 적었던 시를 옮겨 본다.

「내 어제 꽃을 세워
오늘 여기 이르렀네
작은 촛불이 쓰러질 때
그 아픔이 이러런가?
아낌없이 아낌없이 살라
온 밤을 온 밤을 밝혀」

최선을 다했고 후회는 없었으나 웬지 허전했다. 이런 것을 위해 그 많은 날들을 바쳤던가?

서울대에 갈 것인가. 다른 대에 장학생으로 갈 것인가 망설였지만 결론은 나 있었다.

난생 처음 입학원서를 들고 대학 캠퍼스에 들어설 때의 감동을 잊을 수 없다. 마침 눈이 소복히 내려 잘 정돈된 나무며, 잔디위에 하얗게 덮여있었던, 길게 늘어선 스피커에서는 '샌프란시스코'라는 음악이 경쾌하게 흘러나왔다. 그것은 꿈에도 그리던 모습이었다. 내가 이렇게 당당하게 대학 캠퍼스에 들어설 줄이어야.. 그것도 장학생으로 감격에 차서 눈물이 흘러내렸다. 야! 너 장훈아 해냈구나! 지난 세월이 하나 하나 눈앞을 스쳐지나 갔다.

• 자퇴 그리고 수험준비에 인생을 걸고 재도전

　감격에 찬 날들이 지나고 수업이 시작되면서 마음이 흔들렸다. 처음 부닥친 문제는 책값, 차비 등 경제적인 것이었다. 형 역시 나를 도와줄 형편이 못 되는지라 기댈 수가 없었다. 또 다른 문제는 그곳 대학에서는 사법시험에 합격하기가 어렵다는 주위의 귀뜸이었다. 난 대학에 대해서 너무나 아는 것이 없었다. 단지 서울대가 좋다는 것 외에는 …
　한 달 간의 고민 끝에 자퇴를 했고, 다시 집에 틀어박혀 대학입시준비에 들어갔다.
　혼자 시험을 치르고 그래프로 체크하면서 전력투구를 했다. 각 과목을 정리하고 특히 영어·수학에 집중적인 노력을 기울였다.
　나빠진 건강 때문에 일요일에는 늘 등산을 다녔고, 들판에 나가 개구리를 잡아서 건강식으로 먹었다.
　그러나, 그나마도 몇 번 먹으니 두드러기가 일어서 포기하고 말았다. 가을에 들어서는 그동안 써왔던 일기마저 중단했다. 내 생에 있어서 이 기간은 지워진 기간으로 하고 싶었기 때문이었다.

• 제3의 전환점 - 결혼

　7개월여 준비기간은 충분하지 않은 것인지 수학시간에 그만 일이 벌어지고 말았다. 첫 문제가 3원 연립방정식이었는데 마음만 초조해지고 도대체 답을 낼 수가 없었다.
　절망적인 기분으로 수학시간을 넘기고 나니 식은 땀이 흘러 온 몸이 흠뻑 젖어 있었다.
　포기하고 싶은 것을 참아가며 남은 시험은 무사히 치루었다.
　결국 우려했던대로 수학에서만 10여점이 깎이고 말았다. 점수는 314점이었다. 아쉽기만 했지만 그것으로 만족해야 했다. 서울대에 가고픈 마음이 간절했지만 현실은 그리되질 않았다. 내민 손 잡아주는 사람은 아무도 없었던 것이다.
　나는 다시 장학생으로 중앙대에 가기로 했다. 인문계 전체 수석이었다. 다행히 생활보조비로 매월 일정액을 지급받을 수 있어서 공부를 계속할 수 있다는데 만족하기로 했다.
　원서를 써들고 헤어졌던 지금의 아내를 다시 찾았다. 수소문 끝에 우린 다시 만날 수 있었고, 다시금 서로의 존재를 재인식할 수 있었다.
　학비없이 공부하고 생활보조금을 받으면서 결혼을 할 수 있었으니 나는 이를 제3의 전환점이라고 생각했다. 입학하자마자 공부해야 한다는 중압감이 나를 눌렀왔다. 내 나이 29세였으니 그럴만도 했다. 하지만, 새내기는 새내기였다. M.T도 가고, 한참 중앙대가 잘 나가던 농구장에도 가고, 생맥주도 마시면서 대학생 기분을 맛볼 수 있었다. 지금의 아내와도 열심히 데이트를 했다. 동기생들이 아내를 영원한 83학번이라고 부를 만큼.

• 첫 사법시험 도전 - 실패

　2학년때는 사법시험은 어떤 것인가 보기위해 1차에 응시했는데 아. 모두들 열심히구나 하는 것만 느끼고 돌아왔다. 강의시간에 빠지지 못하는 성격으로 인해 시험공부에 애로사항이 많긴 했지만 나름대로 열심히 공부했다. 대학에 입학할 때엔 건강이 최고로 나빠져서 앉아있다가도 쓰러질 정도였는데 결혼을 하고 나서는 조금씩 회복이 되고 있었다. 그러나 시험준비에 매달리면서부터 다시 몸이 눈에 띄게 나빠져 갔다.
　2학년 겨울방학에는 그런대로 시간을 확보할 수 있었으나 다시 개학을 하고서는 학교 강의시간 때문에 하루 서너시간 정도밖에 개인적인 시간을 마련할 수 없었다. 그래도 1차시험에 합격하지 않겠는가 기대를 많이 했었는데 고시잡지 답안지와 총무처 답안지가 틀렸던 관계로 해서 기대를 물거품이 되고 난생 처음 시험에서 떨어져 보게 되었다.
　패인을 분석해 본 결과 자기 시간을 확보하지 못한 결과였다. 강의를 빼먹지 못한다는 점, 건강 때문에 긴 시간 동안 공부할 수 없다는 점이 문제였다. 그래서, 우선 가능한 것부터 해보기로 하고 3학년 2학기에는 강의시간을 조금은 빠져보자고 마음먹었는데, 그게 큰 문제를 일으키고 말았다. 아침 일찍 있는 강의 두시간을 안 나갔는데 그를 이유로 학점이 떨어졌고(B+) 4학년 때는 A학점이 유지되야 장학생을 계속 유지할 수 있다는 것이었다. 입학할 때는 그런 말을 들어본 적이 없었다. 얼마나 황당하고 어이없었는지… 이사람 저사람 찾아다니고 사정하고 한 끝에 송석언 조교의 도움으로 간신히 구제받을 수 있었다. 그러면서도 1차시험에 응시했고 다행히도 합격할 수 있었다. 그러나, 이제 강의시간을 빼먹을 수는 없었다.

수업을 듣고 남는 시간에 Sub- note를 했다.

4과목을 끝내고 나니 시험은 두달 앞으로 다가와 있었고, 학교는 졸업을 했다. 졸업 이후에는 생활보조금이 나올데 없으니 그동안 장학금 중에서 조금씩 저축했던 돈을 생활비로 쓸 수밖에 없었다.

어렵게 2차시험을 치르고 합격할 지도 모른다는 마음으로 기다리는데 출제교수 한 분이 모 대학에서 특강을 한다기에 친구와 함께 갔었다.

교수님 말씀이 이번에 민법 과락자가 많은데, 특히 모 교수 책만 본사람은 어려운 것 같다는게 아닌가.

그순간 과락일지도 모른다는 생각이 들었다. 건강 때문에 많은 시간을 혹보하지 못하고, 여러 책을 볼 형편이 못되므로 늘 불안감이 있었기 때문이다. 결국 커트라인을 넘겼음에도 민법 과락으로 떨어지고 말았다. 그것이 유명한 부동산 이중양도 문제였는데, 난 그때까지 그말을 들어본 기억도 없었으니 한심한 일이었다.

• 가정과 수험생활

졸업도 했고 시험에도 낙방했으니 가진 돈도 없고 갈 곳도 없었다. 설상가상으로 전세에서 월세로 집을 옮기면서 전세자금을 빌려 주었었는데 그마저 못받게 되어 그야말로 무일푼이 되고 말았다.

할 수 없이 이곳 내집이 있는 시흥시로 내려오고 말았다. 여기서는 형이 결혼해서 살고 있었는데 우리가 내려오게 되어 한 지붕에서 두 가족이 살게 되었다.

아내는 큰 아이를 임신중이었는데 무거운 몸을 안고 고생도 많이 했다. 처음에는 자그마한 방 하나 남은 곳에 하숙을 쳤다. 그러나 큰 아이를 출산하면서 하숙도 칠 수 없었고 시험은 다가오고 있었으니 직장에 나갈 수도 없고 하여 주위에 도움을 청할 수밖에 없었다. 어렵게 공부를 했지만 다시 1차에서 낙방했다. 문제는 시간확보가 제대로 되지 않고 외국어에서 영어를 보는데 언제나 다른 외국어와 난이도에서 문제가 있었다. 그렇다고 다른 외국어로 바꾸기에는 엄두가 나질 않아서 시작했다가도 포기하곤 했다.

시험을 치르고는 조그마한 공장에 취직을 했다.
다시 예전에 검정고시 준비할 때처럼 얼마간 일하고 얼마간 공부하는 생활이 되었는데 예전에는 그래도 몸이 어느 정도 버텨주었는데 이제는 몸이 잘 따라주질 못했다. 다행인 것은 아내는 내가 그렇게 어렵게 공부하는 것에 대해 반대하지 않았다.
세상에 욕심을 내고 세상을 향해서 떠들기 위해서 살지는 않는다는 점에서 우린 언제나 마음이 통했다. 그저 삶의 한 과정으로서 할 수 있으면 열심히 하고 도저히 할 수 없을 때는 한 발 물러나 쉬는 생활이었다.
그러는 중에 둘째 아이도 태어나고 경제적으로는 힘들었지만 자라나는 아이들과 함께 하면서 가정의 소중함을 다시 한번 느낄 수 있었다. 어찌보면 어머니를 잃고 나서 25년만에 진정으로 우리 가정을 이제야 이룬 것이었다.
무엇과도 바꿀 수 없는… 아내는 수험기간동안 공장이나 식당에 나가서 돈을 벌겠다고 했지만 나는 동의할 수 없었다. 신문배달, 우유배달이라도 하겠다고 할 때면 나는 내가 시험을 포기하겠다고 하면서 끝내 동의하지 않았다. 무슨 일을 해서든, 어떻게 해서든 내가 해결하면서 가정만은 아니 아이들만은 엄마·아빠의 보살핌 속에서 자라게 하고 싶었다. 가정이라는 뿌리가 뽑힌 생활을 20년이 넘게 해 본 나였다.
덕분에 시험기간이 길어졌는지 모르지만 요즈음 세상에 아빠와 늘 함께하며 자란 아이들은 흔치 않을 것이다. 그것만으로 족했다. 검소한 생활, 공부하는 모습, 절제하는 태도를 보여준 것만으로도 난 가치있다고 생각했다.

• 스승 라즈니쉬와의 만남 – 진정한 전환

틈틈이 공부하는 생활이었는데도 90년도 제32회 1차시험에 합격을 했다. 아이들을 지도하던 일도 정리를 하고 다시 2차시험에 매달리기 시작하면서 몸이 또다시 나빠져 갔다. 약을 많이 먹어서 머리가 허옇게 쉬어갔고…
다음해 2차시험에 임박했을 때는 도저히 4일을 버틸 수 없을 것 같았는데, 약에 의존하며 간신히 전과목 시험을 치루었다.
너무나 몸이 나빠져 있었기에 몇 년은 쉬어야 겠다는 생각을 하고 직장을 구하기로 했다.
먼저 형이 하는 탁구장에 아르바이트겸 나가면서 잠시 시험을 잊기로 했다. 그동안 읽고 싶었던 책이나 두루 섭렵할 생각이었다.

그리하여 우연히 정말 우연히 접하게 된 것이 B.S 라즈니쉬의 책이었다. 그의 책을 처음 대하고 인도에 가서 그를 만나보려고 준비까지 했었으나 알고보니 그는 이미 세상을 떠난 후였다. 그의 강의는 그리스·로마시대 헤라클레이토스, 피타고라스에서부터 유대교 시인 칼리지브란의 시강의, 기독교 성경강의 제5복음서 강의, 이슬람 수퍼들의 강의, 우파니샤드강의 힌두교 강의, 불교 경전 강의, 달마강의, 중국 선사들의 강의, 논·장자강의, 일본산사 강의 등 모든 정신적 스승에 대한 것이 망라되어 있었다. 나아가 밀교, 탄트라까지 그리고 현재의 지구, 현재의 세계와 미래에 대한 대안까지 모두 있었다.

그의 강의는 한편의 시이며, 존재의 춤이었다. 어떤 때는 비수보다 더 날카로운 칼이었고 불이였으며 또 어떤 때는 부드러운 솜사탕이었고 흐르는 물이었다. 그의 노래와 춤에 취해 2년여의 세월이 꿈같이 흘러갔다.

지난 많은 날들동안 시달려 왔던 강박감에서 해방되고 온 몸이 산산히 해체되는 공포에서도 벗어났다.

그의 책을 100여권이나 읽어가면서 모든 의문과 갈등에서 해방될 수 있었다. 이 기간동안 주위사람들 일도 많이 거들어 주었다.

책으로 공부만하다가 실제 사건, 사고에 부닥쳐보니 느끼는 점이 많았다. 이상과 현실 아니 이론과 현실의 벽이라고나 할까… 후에 법조인이 되면 어떻게 처신하고 무엇을 해야할 것인지 깊이 생각할 수 있었다.

• 다시 재도전 - 그러나 실패

마치 농부가 봄이되면 씨를 뿌리고 여름 가을동안 가꾸어 거두어 들이는 것을 삶 그 자체로서 하듯이 나도 그렇게 봄이 되면 1차에 응시하고 떨어지길 계속했다.

그러면서 스승을 만나고 몇 년이 지나는 동안 건강도 많이 좋아졌고 사법시험 인원도 늘리기로 했다니 다시 한번 힘을 다해 시험준비를 해야겠다는 생각이 들었다.

늘 혼자서 떨어져서 집에서만 공부를 했기에 변화도 없고 정보에도 어두웠다. 학원에 나가보기로 결정을 하고 그동안 일을 봐 준 형님에게 부탁을 해서 얼마간 자원을 받기로 했다.

이곳 시흥시에서 신림동 학원까지 가려면 차를 네 번 갈아타고 1시간 30분 정도 걸렸고 버스와 전철에서 시달리느라 힘이 들었지만 마지막이라는 심정으로 버텨냈다. 제일 도움이 된 것은 영어였다.

어쩌면 처음으로 들어보는 영어강의인 셈인데 들으면서 실력이 향상된다는 것을 느낄 수 있었다.

언제나 마지막 순간에 건강이 나빠져서 실패를 하게 되므로 무리는 하지 않으려 했다. 더구나 아직 1차 준비였는데 늘 산책을 하고, 농구장을 만들어 아이들과 농구도 하고, 휴일이면 등산을 다녔다.

무엇보다 다행인 것은 정신적 갈등과 방황이 사라졌다는 점이었다. 한 줄기 시원한 바람결에 감사하면서 행복한 기분으로 삶을 즐길 수 있었다. 갈 곳이 없었으므로…

1차 시험을 치르면서 크게 기대를 하지 않았는데 결과는 합격이었다. 아내도 믿기지 않는 표정이었지만 사실이었다. 나중에 알아보니 영어가 80점이나 되었다. 수험생들이 농담으로 "형 사인 하나 해줘요"할 정도였다.

여하튼 2차시험 준비를 서둘러야 했다. 다시 학원에 나가야 하는데 버스·전철을 4번이나 갈아타면서 다녀가지고는 더 이상 어려울 것 같아 친구에게서 얼마간의 돈을 빌어가지고 30만원짜리 중고차를 구입했다. 처음에는 운전이 서툴러서 고생했지만 점차 익숙해졌고, 저녁 강의때는 닭다리를 튀겨서 보온 도시락에 넣어가지고는 한손으로 그것을 뜯어가며 학원에 열심히 다녔다. 그러나 몇 개월을 다니고 나니 체력에 한계가 왔고 한 달여를 집에서 쉬고 말았다. 집에서 공부를 하게 되면 자꾸 눕게 되고 쉬게 되어 하루 공부시간이 6간을 확보하기가 어려웠다.

결국 다시 학원에 나갔고 다음해 4월경까지 다녔다. 학원에 다니면서 얻은 것이 많았다.

혼자서 공부하는 것이 얼마나 무모한 일인가를 알 수 있었고 모의시험을 쳐 가면서 시험의 노하우를 터득할 수 있었다. 특히. 남이 쓴 답안지를 보면서 점점 눈이 틔여갔다. 그러나, 문제는 내 스스로의 공부시간이 없다는 점이었다. 차를 몰고 학원에 갔다오면 녹초가 됐고, 겨우 다음 날 진도를 대강 훑어보기가 바빴다. 그래도 매일 집에서 4시간을 확보하기 위해 노력하였다.

시험치기 전 두달 정도는 집에서 혼자 마무리를 했는데 하루 6시간을 기본으로 삼았지만 쉽지 않았다.

더구나, 학원에서 마지막에 단문을 계속 출제해서 단문공부를 할 시간이 없었던 나는 막판에 흔들리고 있었다. 그러나, 어김없이 시험날은 다가왔다.

처음 이틀 동안은 그래도 버티는데 삼일째 과목부터는 책을 보지 못하고 시험을 치게 된다. 몸이 따라주질 않는 것이다. 그래서인지 언제나 뒷날 과목은 점수가 좋질 않다.

어렵게 4일간 시험을 치르고 한 가닥 희망을 안고 결과를 기다리기로 하였다. 그러면서도 한 편 걱정이되서 8월 한 달을 학원에 다니면서 새로 들어온 스페인어에 대해 들어 두었다.

스페인어란 이런 것이구나 하는 정도로 귀동냥만 한 다음 모든 것을 2차 발표 이후로 미루고 아내와 아이들을 데리고 처음으로 여행을 떠났다.

결혼 후 13년만에 처음 갖는 여행다운 여행이었다. 고향에도 가보고, 바닷가에 가서 수영도 해보고 설악산도 함께 넘으면서 즐겁게 지냈다.

그러는 사이 합격자 발표일이 됐고 아내와 나는 신림동에 있었다. 서점 앞에 붙은 합격자 명단을 보고 또 보았지만 내 이름은 없었다. 아내는 몹시 놀라는 모습이었지만 난 담담하게 말했다. "없어, 이제 가자"

• 제4의 전환점 ―「드디어」사법시험 합격

아내의 실망, 아이들의 실망을 가슴으로 느낄 틈도 없었다. 1차시험이 3개월도 남지 않았고, 새롭게 해보는 스페인어에다 선택과목 역시 모두 새로운 것이었다.

형사정책, 경제법을 선택하고 영어에서 스페인어로 바꿨다. 아내는 이번 1차시험은 포기하라고 했다. 외국어까지 새로이 하면서는 합격이 어렵다는 것이고 3개월도 안 남은 기간에 또 무리를 하게되면 몸이 걷잡을 수 없이 나빠지리라는 생각에서였다. 하지만 또다시 길게 늘려 놓으면 지난 해 동안 공부한 것이 모두 헛일이 되고 길어지면 질수록 경제적으로 어려워진다는 생각에 강행군을 하기로 했다.

바로 다음 날 신림동에 나가 강의 Tape와 교재를 사가지고 와서 하루 10시간씩 강행군을 했다. 그렇게 한달 여를 보내고 다음부터는 하루 8시간~6시간씩 온 힘을 다 쏟아서 책에 매달렸다.

대학에 들어간 이후 제일 열심히 한 기간이었다. 다행히 헌·민·형 기본 과목은 어느 정도 안정이 되 있으므로 나머지 과목만 집중적으로 공부했다.

시험을 치면서 합격할 수 있겠다는 기분이었는데 객관적으로는 너무 짧은 기간이라서 아예 생각을 말기로 했다. 더군다나 매스컴에서 스페인어 응시자는 합격생이 거의 없다는 말까지 나오고 나니 미련도 없었다.

이제 경제적으로 안정을 찾고 나서 공부를 다시 하자는 생각에서 법무사 시험준비를 했다. 사시 1차시험 후 두달동안 법무사 강의 Tape와 교재를 구해서 열심히 공부했다. 부동산 등기법, 비송사건 절차법, 공탁법, 호적법, 상법까지 문제집까지 풀어가며 어렵게 공부를 하고 있었다. 아무 생각없이 법무사 시험준비를 하고 있는데 아내가 흥분한 목소리로 "합격이래요"하면서 달려왔다. 신림동 고시촌에 있는 친구가 전화로 연락을 해 준 모양이었다. 기뻐할 틈도 없었다. 2차시험까지 남은 기간은 두달밖에 없었다. 1년전에 정리한 책들을 꺼내놓고 보니 엄두가 나질 않았다. 두달동안 내 체력으로는 불가능하다는 결론을 내리고 욕심내지 말고 할 수 있는 한도내에서만 하기로 했다.

밑줄 그어진 부분만 빠르게 읽고, 중요 판례가 어떤 것이 있었는지 회복하는 데만 한달여가 소비됐다.

아침 식사 후에는 매일 같이 아내와 함께 소래산에 올랐다. 하루 5시간만 공부하자는 생각이었다. 다음 해를 위해서... 마음을 편히하고 애초에 무리하게 하질 않으니 오히려 공부가 잘 되는 것 같았다. 그러나 이번에 합격할 것은 꿈도 꾸지 않았고, 내년에 합격하면 된다는 생각으로 건강을 최우선으로 삼았다.

그렇게 두 달을 보내고 시험을 치루는데 여유가 있었다. 4일간 방을 얻어 가지고 있으면서 아내가 옆에서 음식을 챙겨주고, 산책도 같이해 주어서 편안한 마음으로 시험을 볼 수 있었다.

마지막 시험을 치루고 나오니 아내가 이번에는 합격할 것 같은 느낌이라면서 좋아했다.

2차시험을 치고 나니 공부가 손에 잡히질 않았다. 강의 Tape를 구해다가 들어가며 판례를 정리하는 정도로 날자를 보내고 있었다.

매일 같이 오전에는 등산을 하고 오후에는 아이들과 농구를 하면서 하루

4~5시간 공부시간 외에는 체력관리에만 유의했다.

그러는 사이 합격자 발표일이 다가왔다. 우리는 또다시 신림동으로 갔다. 아내가 이번에는 꼭 합격이니 현장에서 그 기쁨을 체험해보고 싶다는 것이었다. 신림동에서 몇 친구를 만나서 발표를 기다리는데 이번 시험에 과락도 많고 점수도 나쁘다는 이야기가 들렸다. 특히 뒤의 과목인 형법, 형사소송법이 그러하다니 어렵겠구나 하는 생각이 들었다. 게다가 발표가 안나고 있었다. 아내와 나는 6시경까지 기다리다가 그만 포기하고 돌아오고 말았다. 집에 와서 저녁을 먹고 다음 일을 의논하고 있는데 전화벨이 울렸다.

아내와 나 그리고 아이들까지 너무 긴장해서 숨소리조차 멎는 듯 했다. 그리고 다음 순간 "합격이래요"하고는 어쩔 줄을 몰라하는 아내를 보며 아이들은 만세를 불렀다. 나는 그저 웃고 있었다. 눈물이 나올 법도 한데…

14세의 나이로 가방하나 부여안고 무작정 상경한지 30년만에 제4의 전환점을 나는 이렇게 맞이했다. 이제 더 이상 인생의 전환점은 없기를 기원하면서 아내와 나는 맥주 한 병을 나눠마시면서 자축연을 했다. 진정 긴 세월이었다. 어느새 내 나이 44세 그리고 머리는 거의 반백이 되 버렸다. 아픈 상처를 상징이라도 하듯이…

• **또 다른 삶을 위하여**

2차 합격자 발표가 있은 후 동아일보에 기사가 실리고 KBS 아침마당, MBC 화제집중 프로에 소개됐다. 여성지에는 아내의 이야기가 실리고, 주위 사람들도 모두 축하해 주었다. 그동안 만나지 못했던 옛 친구들도 만날 수 있었고, 옛 초등학교 선생님도 만나 뵈었다.

너무 많은 변화가 한꺼번에 몰아닥쳐 정신을 차릴 수 없을 지경이었다.

힘들게 공부할 때 직설적으로 비난하던 사람들도 장하다며 칭찬을 하니 어리둥절할 뿐이다. 나는 그대로 이건만… 이제 조금씩 수험생에서 사회일원으로 바뀌어 가면서 적응 훈련을 하고 있다.

아내와 함께 아침 등산을 하면서 "이제 행복 끝 고생시작이야" 했더니 픽 웃고 만다.

경제적으로 힘들었지만 조용하고 욕심없는 생활을 해 왔는데 벌써부터 내 의지와는 다른 시간을 보내는 일이 생긴다. 다만 다행인 것은 이제 세상안에

살지만 세상에 속하지 않고 살 자신이 생겼다는 점이다.

　이제 사회에 진출하면 지금까지의 경험과 스승의 가르침을 잊지않고 어렵게 힘든 사람들을 위해 일할 수 있도록 늘 깨어있을 것이다. 언제나 곁에서 지켜준 아내에게 감사하고, 거듭되는 실패에도 믿어주고 격려해 준 친구들께 감사하며…

제4부

시행착오의 정정

- 시작도 늦고, 결과도 늦었던 지각생
- 오직 하나의 길
- 결정했다면… 대범해라!
- 14전 15기
- 7년간의 유배생활
- 수석합격의 변
- 자기탁마의 결정
- 기다림의 세월
- 도전과 성취

시작도 늦고, 결과도 늦었던 지각생

— 농사일에서 9급·7급 공무원생활, 아파트 수위, 학원강사의 여정
사시합격소식을 듣자 이제 수험생활은 면했구나 하는 생각이… —

백 종 인
· 제39회 사법시험(최고령)
· 1952. 1. 25. 전남 영광 출생
· 대입검정고시·단국대 정외과 졸업

· 서 언

　때아닌 늦겨울 척박한 길가에 마음대로 뿌려진 꽃씨 하나도 봄날 천상의 구름 위를 날아가는데 지금 이 시간에도 시험공부에 여념이 없을 수험생 여러분들께 '나도 할 수 있다'는 자신감을 이 글에서 얻는다면 고맙겠습니다.
　우선 이 글을 통해 진솔한 나의 수험생활을 밝혀 볼까 합니다.
　다만 장기간의 수험생활이 결코 자랑스럽지만은 않기 때문에 이런 길은 가지 말아야 할 길이라는 생각으로 읽어주시면 고맙겠습니다.
　지게를 지고 불갑산까지 나무하러 가고 농사를 짓던 때와 면사무소 공무원을 가장 부러워하시던 아버지의 뜻을 이룬 9급 공무원 시절을 가장 행복했던 시간으로 기억하는, 순이와 함께 뒷산 풀숲에 누워 파란 하늘 흰 구름을 보고 기와집 같다고 하던 촌놈은 왜 가혹한 세상사가 요구하는 눈물과 땀의 삶을 택하였을까요?

· 어린시절의 기억

　나는 전남 영광군 불갑면 불갑산 아래의 작은 마을에서 가난한 농부의 8남매 중 셋째로 태어났다. 어릴 때 백일해 기침 등 잦은 병치레로 10살까지 어머니를 너무 힘들게 했던 기억이 난다.

집안에는 한약이 떨어지질 않았고 별의별 민간요법을 모두 동원해 보던 중 어느 날 갑자기 몸이 거뜬해지면서 다 나았다. 출발부터 늦은 내 삶에서 초등학교는 10살이 되어서야 겨우 입학할 수 있었다.

아버지는 오전 일만 하시고 매일 술에 취해 계셨는데 소꼴을 베고 농사 잡일 하는 것은 초등학교 입학 이후부터는 내 몫이 되었다.

지금까지 내가 술을 자제할 줄 알고 가정의 평화와 사랑을 중요시하는 것도 어린시절 아버지의 술취한 모습과 잦은 부모님의 다툼 때문인지도 모른다.

부모님은 내가 초등학교 입학 후 공부하란 말씀도 없었고 관심도 없었다. 부모님은 늘 맏형에 대한 생각 뿐이었다. 소외되고 외롭게 자란 나는 초등학교 4학년 때부터 밖에 나가 놀지 않고 소꼴을 베는 일 외에는 방안에 앉아 스스로 공부를 해 나갔다. 이후부터 꼭 우등상은 놓치지 않았다.

8km 떨어진 영광중학교를 3년간 걸어서 통학했는데, 이때 만들어진 건강한 신체는 이후에도 큰 힘이 되었다.

• **좌절의 시작**

영광중학교를 졸업하고 어려운 형편 때문에 고등학교 진학을 포기하고 검정고시제도가 있는지도 모르고 시골에서 농사를 짓다가 1973년 군 입대를 하여 일반하사가 되었다. 그런데 군대에서 중학졸업이라는 학력 때문에 장교가 되는 단기사관 응시를 할 수 없게 된 나는 심한 좌절감으로 장래에 대한 자신감마저 잃어버리고 있었다.

1976년 군제대 후 아버지의 뜻에 따라 농사를 지었으나 집과 농지의 대부분이 아버지 소유가 아니며 대도시행의 시류가 일반적이어서 아무 생각없이 그해 12월 송정리역에서 형이 살고 있는 수원으로 완행열차를 타고 오면서 많은 생각을 했다. 생각보다 빠른 완행열차가 수원역에 도착할 무렵에는 다시 시골에 내려가 부모님과 함께 농사를 지을 것인가 아니면 아버지가 가장 부러워하시던 9급 공무원 시험준비를 해볼 것인가 하는 생각이 순간적으로 교차하면서 갈등했다. 수원의 형이 공무원 학원을 보내줄테니 9급 시험준비를 하라고 하였으나 겁이 덜컥 났다. 수학, 영어 등에 대한 준비가 전혀 안되었기 때문에 형 몰래 검정고시 학원에서 2개월을 수강하면서 영어 교과서를 전부 암기할 만큼 열심히 공부했다. 1977년 4월과 5월에 서울시 9급과 총무처 9급에 합격했는데 그때의 감격은 이번 사법시험 합격의 감격보다 훨씬 더 컸다.

• **과욕과 좌절**

그해 6월부터 서울시 공릉동 사무소에 근무하면서 8월에는 대입검정고시에도 합격하였다. 비록 하숙비를 해결할 정도의 공직생활이었지만 부모님과 내가 바라던 것이었기에 하루하루가 재미있었다. 그런데 11월 새로 옮긴 하숙집에서 서울대 공대생들과 함께 기거하면서 나의 초라함은 더해 갔고 대기업에 취업한 공대 졸업생들 얘기를 들었을 때에는 저 편에 새로운 다른 세상이 있을 것 같기도 하여 대학진학을 하고 싶은 마음에 견딜 수가 없었다.

1978년 1월 공릉동 사무소에 사표를 내고 공부를 더 하기로 결심했다. 우선 성북구 장위동 뚝방 무허가판잣집 방 한 칸을 얻어 생활을 했는데, 시골 부모님이 보내주신 식량을 근처 친척집에 맡기고 식사를 해결했다.

생활비를 벌기 위해 일주일에 한두 번 정도는 하계동 벽돌공장에서 손벽돌을 찍고 공부는 독서실에서 했다. 이때 연탄가스를 마셔 친척 아주머니가 부축해 나오다 계단에서 넘어졌는데 그때 허벅지에 커다란 상처가 난 상태에서 아주머니는 계속 김칫국물을 먹여 겨우 사흘만에 깨어났던 기억이 난다.

그후 그 방에 다시 들어가기도 두렵고 상처가 쉽게 아물지 않아 1달여 동안 고생하면서 삶의 비애를 느꼈으나 상처가 아물어 가는 동안 다시 정신을 가다듬어 새로운 각오로 더욱 열심히 공부하게 되었다. 그 결과 그해 예비고사 성적이 상당히 좋게 나왔다.

1등으로 합격하면 등록금을 면제받을 수 있기 때문에 1979년 M대 법대를 지원했으나 1등이 못되어 등록금이 문제되었다. 수원의 형에게 합격사실을 알리고 학비조달을 부탁해 보았으나 거절당하고는 등록을 포기했다. 그리고 다시 재수를 시작했는데 나는 대학을 다닐 만한 돈도 없고 또 도움을 받을 만한 사람도 없기 때문에 아주 좋은 성적으로 장학금을 받는 학교를 택해야만 했다. 설상가상으로 1979년 6월에 아버지가 돌아가시게 되었고 시골에서 농사일을 돌볼 사람이 없어서 농사를 지으며 공부해야 했다. 그런데 예비고사 점수가 의외로 좋게 나와서 1980년 J대 법대에 장학생으로 입학했으나 생활비가 문제되었다.

그래서 서울 성북구 장위동에서 유행하던 그룹과외를 시작했는데 2명으로 시작한 학생수가 4개월만에 40명으로 불어났다.

그런데 그해 8월 정부의 과외금지 조치로 과외를 할 수가 없게 되었고 1학기동안 과외를 하느라고 학교성적이 엉망이었다. 그래서 장학금을 받지 못하게 되자 지도교수의 근로장학금을 받으라는 설득을 무시하고 1학년 2학기 때 자퇴를 하였다. 그리고 바로 다시 재수를 하였는데, 이때 독서실에서 대입준비를 같이 했던 좋은 친구들을 지금도 가끔씩 만난다. 특히 이수복이라는 친구는 늘 자기 집으로 데리고 가서 식사를 제공해 주었다.

• **시행착오**

1981년 31살의 늦은 나이에 단국대 법정대에 입학하였으나 2학년 때는 나의 희망과는 달리 정치외교학과에 배정되어 대학생활에 갈등이 생겼다. 내가 하고싶은 공부는 법학이었기 때문에 여러번 그만둘까 생각하고 다시 대입준비를 하기도 했으나 2학년 여름에 행정고시 1차를 합격하게 되자 2차 합격에 대한 기대와 경제문제가 어느 정도 해결되어 대학을 다니던 중 4학년 때는 총무처 7급시험에 합격하게 되었다. 경제적 어려움 때문에 1985년 대학을 졸업하자마자 서울시 교육위원회에 근무하는 7급 공무원이 되었다.

근무 중에도 항상 마음 한구석에는 사법시험 공부를 해야겠다는 생각이 떠나질 않고 있었는데, 공직생활 3년이 지나자 어느새 대학동기생들중 사법시험 등에 많은 합격자가 나와 나도 할 수 있겠다는 자신감이 생겼다. 그런데 38살이라는 늦은 나이 때문에 심한 갈등을 겪었다. 그러나 사람이 하고 싶은 일을 하면서 살아야 가장 행복한 것이 아닌가 하는 생각에 사법시험 공부를 하기로 결정했다.

휴직을 권유한 상사의 조언을 뿌리치고 공직생활에 대한 미련을 없애기 위해 88년 교육위원회에 사표를 낸 후 그해 9월 신림동 고시원 생활을 시작했다.

처음에는 공부가 잘되지 않고 공직생활에 대한 미련 등으로 몇 개월을 방황했다. 밤을 새우는 방탕은 또 방탕을 낳고 불혹의 나이가 내일 모레인 시점에서 나 자신을 주체할 수 없었다. 이때 매일 술을 마시고 다니는 나에게 어떤 친구가 평생 공부해도 사법시험에 합격할 수 없겠다는 말에 큰 충격을 받았다. 그해 12월부터 술도 끊고 마음도 정리하여 열심히 제31회 사법시험 1차준비를 했다. 영어 덕분에 1989년 5월 제31회 1차시험에 너무 쉽게 합격하게 되었는데, 이것이 8전 9기의 장기 수험생활이라는 고달픈 선물이 된 셈이다. 왜냐하면 너무 쉽게 합격한 1차시험은 이후 1차 경시와 자만심에 빠져 충분한 2차 준비를 하지 않는 습관을 생기게 했기 때문이다.

그러나 1차합격은 2차시험에 대한 자신감을 주게 되어 경기도 남양주 고시원에서 전과목 서브노트를 완성했다. 그런데 생소한 2차 과목을 서브노트만으로 체득하기는 어려웠고 너무 자료가 방대하여 스스로 무너지게 되어 2차에 실패했다.

다시 1991년도 제33회 사법시험 1차에 합격했으나 이미 완성한 서브노트와 많은 자료에 집착하고 바닥난 퇴직금 등 경제사정으로 1992년 제34회 2차에 또 실패했다. 그리고 나서 1993년 1차시험에 떨어지고 허탈한 마음을 달래기 위해 계룡산을 찾았다가 허유라는 화가를 만났다. 나도 목적없이 계룡산을 가는 길이었지만 허유씨 또한 아침에 여의도 집을 나와 무조건 차를 타고 오다보니 계룡산행이 되었다고 했다.

처음 만났지만 일주일 동안 함께 여행을 하면서 풍수지리와 그밖의 다른 해박한 지식을 가진 허유씨의 얘기를 들으며 마음을 추스렸다.

• 새로운 시작

합격은 바로 눈앞에서 잡힐 듯한데 경제적·정신적으로 안정이 되지 않았다. 누군가 동반자가 필요했다. 그리고 기대고 싶었다. 그래서 다시 힘을 얻어 공부를 하면 반드시 해낼 것 같았다. 그후 성남에서 어느 교회 목사님의 중매로 지금의 아내를 만났다. 한두 번 만나 의견을 교환해 보니 공부를 하고 있던 집사람이 나를 이해하여 정신적으로 동반자가 될 수 있다고 믿었기에 계속 데이트만 하는 것은 공부를 하는 나에게 중요한 시간의 낭비일 것 같아 아내를 설득하여 만난지 일주일만에 결혼식도 안하고 혼인신고부터 했다. 그리고 6월 30일 고시원에 있던 모든 짐을 싸들고 아내와 함께 고향집으로 내려갔다.

고향에는 어머니 혼자 밭농사 일을 하시며 집을 지키고 계셨다. 조용한 시골집에서 공부를 하면 공부가 잘 될 것 같았으나 잘 될 리가 없었다.

동네에 젊은 사람들이 없으니까 특별히 힘든 일이나 눈에 보이는 일을 전혀 안할 수가 없었고 공부의 리듬이 깨지기 때문에 몹시 힘들었다. 그후 아내는 임신을 했고, 1993년 10월부터 나는 시골집에, 아내는 성남에 있는 친정집에, 어머니는 여동생 출산 뒷바라지 때문에 서울로 가시게 되어 서로 떨어져 있는 생활이 시작되었다. 조용한 집에 혼자 있게 되니 마음이 안정되고 공부도 어느 정도 되어 방안에 있는 시간이 더욱 길어졌는데 동네에서는 정신이 이상하다는 등 소문이 돌아 밖에 나가기가 어렵게 되었다.

따라서 시골 장날에 장을 볼 수가 없어 생활필수품 구입문제 때문에 무척 애를 먹었던 기억이 난다. 또한 몇 가구 되지 않는 동네에서 우리 집은 산 바로 밑에 있었기 때문에 산짐승 들이 무서워서 항상 몽둥이를 옆에 놓고 공부해야만 했다. 어떤 때는 깜깜한 밤에 일부러 밖에 나와 큰 소리를 내며 운동을 했다.

1994년 제36회 사법시험 1차시험을 보고 발표를 기다리던 중 아내는 94년 4월 13일 첫째 아이 지영이를 출산했다. 이때부터 처가집으로 들어가서 1년여 정도 처가살이를 하면서 사설독서실, 공공도서관에서 공부를 계속했다.

• 시행착오에 대한 반성

1995년 제37회 1차시험에 또 실패했다. 이때 마음은 끈 끊어진 연처럼 허공을 곤두박질쳤다. 며칠동안 방황하면서 분석을 해 보았다. 문제는 1차를 너무 경시하고 시간투자가 적었음을 깨닫고 38회 1차 시험준비를 철저히 구상하면서 여름을 보낸 후 그해 9월부터 경기도 광주 신학대학 야간 경비직을 맡게 되었다. 사람이 있는 조직사회에서 맡은 임무만 충실히 이행한다고 하여 잘한다고 볼 수 없지만 사법시험 1차 2달 전부터 나에게 가해지는 상급자들의 은근한 시샘과 압력은 시험 전날까지 계속됐다. 이때 아픔을 기록한 비오는 날의 글을 적어본다.

오늘
선지동산에 비가 내립니다.
긴긴 겨울, 외롭고 추운 저에게
따뜻한 얘기와 쇼팽의 선율을 들려주던 아름다운 교정에도

얼마 후엔 아지랭이 피어 있는
분홍빛 교정에선
선택된 자들의 축제가 이어지고
더 따라
잔디밭 위에서 신의 구원과 기도의 목소리가
천사의 노래 소리가 되어 지금 내 귀에 와 들립니다.

하나님의 우연한 부름을 받고 선지동산의 한 경비원으로 재직한 7개월은 첫 인간사를 접한 순결한 시골처녀의 실망과 아픔, 보람과 기쁨이 교차한 바로 그것이었습니다.

신관 저편 서쪽 하늘의 빨간 노을
샘나무 끝의 바둥이는 나뭇잎 하나
그냥 스치는 바람이지만
소슬 치게 차가움으로 와 닿은 이 겨울
몹시도 인간 세정이 그립습니다.
우연히 보게 된 성경 속의 인간상 가운데
지금 나에게 위안을 준 것은 사마리아인의 아름다운 손입니다.
아픔을 사랑으로 승화시킨 사마리아인들   -중 략-

밤에는 근무하고 낮에는 도서관에서 공부를 했다. 공부는 그런대로 잘 되었다. 이렇게 묻혀서 공부하다 보니 정보가 부족했지만 최선을 다했다.
그사이 1996년 1월 15일 둘째 아이 수혐이를 출산했다. 산부인과 병원에서 아빠를 붙잡고 떨어지지 않으려고 울던 첫째딸 지영이를 떼어놓고 직장으로 갈 때는 자식을 둔 아버지가 겪는 부정(父情)의 갈등 바로 그것이었다.
아무튼 1996년 제38회 1차에 무난히 합격했다. 이제 2차시험 기회를 살려야겠다는 급한 마음에 4월 초 야간직장을 그만두고 신림동으로 갔다. 그러나 문제는 경제사정이었다.
생활도 해야 했고 신림동 고시원에도 들어가야 했고, 학원도 다녀야 했다. 아내는 3살, 1살짜리 아이들 때문에 돈을 벌 수 있는 상황이 아니었다. 제38회 2차시험을 치렀는데 형소법에서 큰 실수를 하여 확실한 과락이었지만 내년 2차에는 합격할 것 같은 자신감이 생겼다. 1996년 2차시험을 끝내고 바로 내년 2차시험 준비를 해야 하는데도 12월 10일까지 입시학원에서 강의를 했다. 이후 몇 사람의 경제적 도움으로 12월부터 신림동에서 공부를 할 수 있었다. 학원에서 모의고사 반을 다녔는데 1997년 2월까지는 다른 사람들을 따라가기에 바빴다. 집중적인 노력끝에 2월부터는 학원 모의고사 점수가 조금씩 올라가기 시작했다. 학원의 모의고사가 끝난 후 고시원에서만 공부하게 되자 졸리면 자고 식사 때가 되면 식사하면서 나태해져 시간을 낭비하고 있었다. 한정된 공간에서 하루종일 책을 붙잡고 있었지만 진도는 나가질 않아 공부에 대한 리듬을 찾지 못했다.

5월말 경 성남집으로 내려와 공공도서관에 다니기로 결정하였다.

아내는 새벽 4시에 일어나 도시락을 2개씩 싸주고 나는 한달여 동안 아침 6시까지 도서관에 도착하여 밤 10시에 집에 돌아오는 타이트한 생활을 계속했다. 잠은 10시 30분부터 5시 20분까지 충분히 잤다.

이때 얼마나 공부가 잘되었는지 낮에 공부한 부분이 잠자리에 누우면 슬라이드처럼 다시 머리속을 스쳐 지나갈 정도였다. 도서관에서 마지막으로 전과목을 정리했는데 마음도 뿌듯하고 머리도 맑아지는 기분이었다. 시험전 한달의 정리기간은 평소의 1년과 맞먹는다는 말이 실감날 정도로 이번 합격의 결정적인 역할을 하였다. 공부장소나 방법론에 있어서는 각자 나름대로의 비법이 있겠지만 마지막 정리기간 중에 공공도서관 이용은 꼭 권해보고 싶은 방법이다.

• **2차시험**

학원에서의 모의고사 연습과 평소 사례중심의 공부를 많이 했기에 사례형 문제에는 어느정도 자신이 있었지만 단답형은 전혀 준비가 없었다.

그러나 사례형 중심의 공부를 했으므로 단답형에서 불의타를 면할 수 있다고 생각했다. 헌법에서 사례형을 너무 잘 쓰려고 하다 보니 글씨가 난필이 되고 시간배분이 문제되어 20점짜리 단답형은 10분정도 할애하여 의의를 쓰는 정도에 그쳤다.

행정법에 있어서는 세 문제 모두 너무 친숙한 문제여서 바로 써 내려갔다. 그러나 너무 흥분되어 글씨가 난필이 되었다.

상법의 경우는 2차시험에 있어 가장 많은 시간투자를 했으나 가장 힘들었다. 시간이 없어서 회사법・어음수표법만은 종전의 관행대로 철저히 하였으나 보험・해상은 학원에서 그냥 지나가는 정도로 공부했기 때문이다.

보험법에서 50점 짜리가 나왔을 때는 눈앞이 깜깜했다. 10분 정도 멍청히 있다가 과락이나 면해야겠다는 생각으로 다른 문제를 정성들여 풀고 보험법 문제는 30분 정도 할애했는데 서론에서 보험일반을 쓰고 학설대립이 있는 것 같은데 생각이 전혀 나질 않아 학설을 스스로 고안해 썼다. 시험이 끝난 후에 찾아보니 다수설과 소수설은 정확히 쓴 것 같아 마음이 놓였지만 발표 전까지 괴롭혔다. 민법의 사례형 문제를 푸는데 상법의 영향을 받아 법률행위 취소에 관한 법조문이 생각나지 않을 정도였다.

그러나 민법 사례형 문제는 거의 총칙, 물권, 채권, 가족법이 모두 걸치게 된다는 생각으로 풀었다. 민사소송법은 두 문제 모두 사례형 문제에서 이미 많이 다루어본 문제였다. 이때도 너무 기분이 좋아 글씨가 난필이었다.

형법은 사례형 문제를 너무 자신있게 풀려다 보니 용두사미가 된 기분이었으나 구성요건해당성의 검토와 죄의 성립, 쟁점에 대한 학설대립, 죄수론 등을 염두에 두면서 풀었다. 형사소송법은 검증조서의 검증조서 일반과 실황조사서가 문제된다고 보아 실황조사서의 증거능력에 관한 대법원의 판례, 학설대립을 쓴 후 결론을 내렸는데 점수가 좋지 않았다.

• **기다림과 발표**

2차시험을 치르고 나서 얼마간 집에 있다가 생활을 위해 막노동을 한후 분당에서 아파트 경비원을 하고 있었다. 발표일이 가까워질수록 하루에도 몇번씩 합격, 불합격이 교차하여 몹시 괴로웠다.

쉬는 날에는 학원강사를 했는데 경비아저씨와 선생님 역할을 번갈아 하면서 바쁜 생활을 하다보니 합격에 대한 불안감을 어느 정도 잊을 수 있었다.

11월 20일 발표 하루 전날에는 분당아파트에 일찍 출근하여 주위 청소를 깨끗이 마친 다음 오전 11시경 신림동 고시학원으로 전화를 해보았으나 오후 5시쯤에나 알 수 있다고 하여 더욱 초조해졌다. 공중전화 박스까지 5분 정도 걸리는 100m의 거리를 1시간여 동안 걸어 갔는데 걸어가는 동안 귀에는 "명단에 없습니다"라는 소리만 쟁쟁하게 들렸다. 걸어가다 다시 돌아오기를 반복하는 동안 머리 속에는 온갖 상념이 다 떠올랐다. 불합격이 될 경우

다시 삶의 밑변에서 살아야 되는 현실, 주위의 따가운 시선들, 형제자매들 조차도 이미 외면해 버린 지 오래되고 이사도 갈 수 없이 고갈될 대로 고갈된 경제문제, 더 이상 공부할 수 있는 상황이 못되기 때문에 공부도 그만둬야 하는 문제 등 불합격에 대한 불안이 너무 컸다. 곧바로 수화기를 들고 직접 신림동 고시학원으로 확인할 수는 없었다.

그래서 지금쯤 아내는 어떤 생각을 하고 있을까 궁금하여 아내에게 전화를 했는데 아내가 먼저 합격소식을 알고 있었다. 총무처에 근무하고 있는 친구가 합격자명단에 나와 있는 이름을 보고 집으로 합격에 대한 축하전화를 해주었다는 것이었다. 막상 합격했다는 소식을 듣자 아무 생각이 없어졌다. 담담하게 더 이상 사법시험 공부는 안해도 되겠구나라는 생각뿐이었다. 아내는 합격소식을 듣고 그 자리에서 큰 딸을 안고 아빠가 합격을 했다며 펄쩍펄쩍 뛰었다고 했다.

• 공부방법 등

(1) 1차시험

1차시험에서는 외국어 선택이 문제인데 영어선택의 경우 평소 한두 시간씩 영자신문을 읽어 영어를 멀리하지 않으면서 1차시험 1달 전부터는 영어를 손에서 놓고 다른 암기과목에 시간을 투자해도 지장이 없었다. 다른 과목의 경우 기본서를 3회독 정도 속독한 후 객관식 문제를 가능한 한 풍부히 풀어보되 각 과목당 1권의 객관식 문제집을 정선해 놓고 1차시험 20일 정도 남았을 때는 정선된 문제만으로 정리하면 될 것 같다.

(2) 그룹스터디

1·2차 시험에 있어 스터디를 많이 한다고 하는데 나의 경우 마땅한 스터디 상대도 구하기 힘들고 스터디를 할 수 있는 여건이 되질 않아서 스터디는 전혀 해본 적이 없다. 스터디의 경우 상대만 좋으면 공부효과가 크고 슬럼프 기간도 줄일 수 있으며 학원비용 등을 절약하여 경제적으로도 도움이 된다는 것이 일반적이다.

(3) 서브노트

방대한 서브노트와 많은 자료에 대한 집착은 나의 경우 4번의 낙방과 마음을 억누르는 압박감 뿐이었다. 그래서 마음을 비우기 위해 1993년 시골집에서 3~4일에 걸쳐 불태워 버리고 새로운 기본서를 구입해 읽었다. 서브노트의 중요성은 단답형에서 문제가 되는데 1993년 이전의 나처럼 완벽하게 작성할 필요는 없고 꼭 필요하다고 생각되어 작성하는 경우 목차 정도와 판례를 상기할 수 있는 중요한 단어 몇 개가 필요하다고 본다.

(4) 사례형 문제

고시학원의 모의고사나 그룹스터디 모의고사가 있겠는데 어느 경우를 선택하든 최소한 한번의 순환은 필요하며 그후에는 사례형 문제집 1권을 정선해서 문제를 읽고 구상한 후 대강 써보는 연습을 반복하면 쉽게 접근할 수 있다고 본다. 사례연습을 충분히 하면 어떠한 난문이 출제되어도 불의타를 맞는 일은 없다고 생각된다.

(5) 기본서 읽기

기본서를 구입하여 중요한 부분은 밑줄을 그으면서 공부하되 밑줄을 가능한 한 적게 긋도록 해야 한다.

의의, 학설대립, 판례 등은 각기 구별되도록 그으면서 공부하면 시각적 효과도 있고 시간도 절약된다. 기본서 여백에 새로운 판례, 학설대립 등을 요약하여 간단히 적는 것도 도움이 된다. 책을 읽는 방법과 속도가 문제인데 나는 정독으로 1시간에 15페이지 정도 읽었다.

(6) 기 타

첫째, 수면문제이다.

1차 때는 4~5시간 정도 수면을 취했는데 2차공부 중에는 체력이 떨어져서 7시간 정도 잤다. 공공도서관을 이용할 경우 더욱 충분한 수면이 필요하다. 왜냐하면 하루 14시간 이상을 책상에 앉아서 공부하게 되는데 만약 피곤하거나 졸게 되면 오히려 손해이기 때문이다. 깨어있을 때 최선을 다해야 한다.

둘째, 합격에 대한 신념이다.

많게는 1년에 5개월 여를 막노동할 때와 제38회 1차시험 합격 후 96년 12월 초까지 학원강사를 한적이 있었는데 이때도 나는 합격할 수 있다는 신념을 버린 적이 없다. 만약 한순간이라도 합격에 대한 신념이 사라졌다면 나는 무너졌을 것이다. 특히 어려운 수험생활을 하고 있는 분들일수록 굳은 의지와 합격에 대한 신념이 필요하다.

셋째, 냉정한 정신이 필요하다.

기왕에 공부를 하려고 마음을 먹었다면 철저하게 고독해져야 한다. 초야에 묻혀 있다는 생각으로 신문은 뒤적거릴 필요도 없고 조금 삭막하게 들릴지 모르지만 옆사람과 자판기 커피 한잔도 얻어 마시거나 사줄 필요가 없다. 서로 친해져서 얘기를 하게 되면 외로움은 덜 수 있을지 모르지만 마음이 안정되질 않고 마음이 떠서 집중력이 떨어진다. 물론 시간낭비도 엄청나다.

넷째, 나이 문제이다.

나이가 들게 되면 집안에서 결혼하라는 압력도 있고, 경제력도 거의 바닥이 나며 주위의 곱지 않은 시선도 있다. 그리고 혼자 공부하다 보면 허무감 때문에 식은땀이 날 때도 있고 외롭기도 하다. 그러나 직장도 없고 경제력도 없어 어렵겠지만 공부하는 것을 이해해 주고 공부하는데 도움이 될 수 있는 정신적 동반자인 결혼상대자를 만나 결혼하게 되면 마음의 안정과 함께 어려운 문제를 어느 정도 해결할 수 있게 된다. 또한 나이가 들게 되면 공부하는 데 성급해진다. 나도 한때는 1·2차 동시합격을 바라다가 1차마저도 떨어진 때가 있었는데 나이가 들수록 차근차근 정리하면서 공부를 해야 한다. 느려도 황소걸음이라는 말이 있듯이…

• 글을 맺으며

언제나 시작도 늦고, 결과도 늦은 내 삶 속에서 나의 고통도 말할 수 없었지만 주위 사람들의 안타까움도 컸다. 한해 밭농사를 지어 얼마 안되는 돈을 내 손에 쥐어 주고는 영광 버스터미널에서 고속버스가 떠날 때까지 배웅해 주시던 어머니, 버스가 서울에 도착할 때까지 어머니의 안타까운 모습은 나의 머리속을 떠나지 않았으며, 이후 내내 삶을 지탱하고 세상의 힘겨움을 이겨내게 해 주시던 어머니에게 감사한다.

각자 힘든 삶의 길을 찾아가다 보니 어렵게 공부하는 나에게 많은 도움을 줄 수 없어 혈육의 정으로 고민했을 형제들에게도 미안하다. 연세대학교 대학원에서 박사과정을 밟고 있는 김용래 친구는 경제적으로 어렵던 시절 나에게 많은 도움을 주었는데 그 친구 앞날에 행운을 빈다.

어려운 형편에도 조건없이 나의 뒷바라지에 헌신하고 대부분 여자들의 결혼조건이 되는 직장과 경제력 등 아무 것도 없는 사람을 만나 힘든 생활을 같이한 아내에게 고마움을 전한다.

자기 일처럼 아침 일찍 일어나 도서관까지 데려다 주고 저녁에는 데려오던 큰 처남의 고마움도 잊을 수 없다.

  지금 어려운 경제여건과 늦은 나이에도 열심히 공부하고 있을 N. L. S. J. 씨 등에게도 빠른 합격을 기원한다. 끝으로 격려와 축하를 해주신 단국대학교 이사장님, 권용우 법과대 학장님, 학교 동문 등에게 감사하며, 귀중한 지면을 할애하여 주신 고시연구사에 깊은 감사를 드린다.

오직 하나의 길

— 3차에서의 불합격, 나락으로 빠뜨렸다.
그러나 하나님의 시련으로 알고 재도전하여 승리를 얻어냈다. —

정 운 진
・제25회 외무고시 합격
・1965. 2. 26. 서울 출생
・연세대 정치외교학과 졸업
・외무부사무관(미국유학 중)

줄잡아 5~6년 동안의 고시생활. 공부하면서 느끼고 겪었던 수많은 일들이 주마등처럼 뇌리에서 스치고 지나간다.

합격기를 쓸 기회가 주어졌다. 힘들었던 과거일들을 다시 돌이켜 봄으로써 지나간 시행착오를 반성하고 앞으로 주어지는 나의 미래를 다시 한번 가늠하며, 나와 같은 길을 가시는 제형들이 공부하시는데 조금이나마 도움이 될까 하여 이렇게 펜을 잡는다.

・입지하면서

사실 외교관이 되는 것은 어렸을 때부터 나의 꿈이었다. 중학교 때였던 것 같다. 수업시간에 한 선생님이 학생들에게 각자의 꿈을 물으셨을 때 나는 주저없이 외교관이 되겠다고 하였다. 그 당시는 그냥 막연하였으나 그 때 나의 대답은 지속해서 나의 진로에 커다란 기준이 되었다. 고등학교 때 문과를 택하고 대학진학할 때도 그리고 그후 외무고시를 시작하게 된 것도 그러하였다.

그 꿈이 이루어진 지금 나는 무척 기쁘고 자랑스럽다. 이 세상에는 자기를 계발하고 사회에 봉사할 수 있는 직업이 수없이 많다. 그 우열을 가림은 불가능하고 또한 무가치하다고 생각한다. 가장 중요한 것은 자기가 정말 원하고 바라는 일을 해야 한다는 것이다. 그런 점에서 나는 정말 다행스럽다.

사실 어렸을 때 외교관이 되고자 한 것은 A만 알고 A를 선택한 것이었다. 아버님이 공무원이셨던 것도 내게 큰 영향을 미쳤고, 내 적성상 외교관이 맞다고 생각하였다. 그러나 대학진학 후 나의 생각은 바뀌어갔다. 외교관이 되는 것 이외에도 수많은 대안이 있음을 알았다. A에서 이제는 B, C…G까지 알게 되었다. 외교관이 고생만 하고 실속없는 직업이라는 말도 들었다. 무엇보다도 큰 실망은 우연히 세종로에 있는 정부종합청사에 들렀을 때였다. 어떻게 외무부층을 지나가게 되었는데 그 복도가 너무도 답답하고 좁게 느껴졌고 사무실을 들여다보니 이게 아니다 싶었다.

외교관이라는 직업에 대한 매력은 사라졌고 뚜렷한 확신과 목표의식도 없어졌기 때문에 4학년에 올라가면서 두드려본 제20회 외시 1차는 당연한 낙방으로 나타났다. 최선을 다하지 않았기 때문에 별 기대도 느낌도 없었다.

이제 4학년이고 해서 남들이 다 가는 군대를 가야 한다고 생각했다. 1986. 7. 7. 용산에서 신체검사를 받았다. 그런데 이게 웬일인가, 군대면제였다. 너무 뜻밖이었다. 남들은 군대 안갈려고 그렇게 애쓰는데, 나는 오히려 군대를 못가게 된 것이 너무 안타까웠다. 사실 하나의 도피처로 생각했던 입대도 부동시(不同視)라는 별로 심각하지 않은 이유 하나로 나는 군대면제라는 영광(?)을 얻었다.

여름방학이 끝나고 4학년 2학기에 접어들면서 앞으로의 삶에 대한 전반적인 재검토를 해야 했다. 대학시절을 돌이켜보면 철없던 1학년 때 학교도서관에서 Time지를 한 시간에 네다섯장을 줄줄 막힘없이 읽어내려가는 것이 그리 멋져보여 영어 배운다는 핑계로 열심히 따라 다녔던 그 멋진 선배 누나도, 3학년 때 경제학 강의를 들으면서 같이 공부했던 M도 이제 내겐 대학생활에서 하나의 추억과 낭만으로 흘러가고 없었다. 아카라카 응원부나 클래식 기타반과 같은 활동서클반에도 다니고 싶었지만 판단이 늦어 가입을 하지 못했고 결국 공부도 취미생활도 제대로 못하고 시간을 보낸 느낌이었다. 앞으로는 판단은 신중히 내리되 빠를수록 좋고 일단 결정된 것은 행동으로 주저없이 옮겨야겠다고 생각했다. 좀더 적극적인 사람이 확실히 좀더 많은 것을 성취한다는 것이 대학생활을 반성하면서 얻은 결론이었다.

졸업 후면 사회생활을 시작해야 했다. 하지만 내게는 아무런 준비도 없었다. 그냥 해왔기 때문에 다시 외시준비를 하고 싶지는 않았다. 재충전이 필요했다. 우연치 않게 외시에 합격한 수많은 선배님들의 합격수기를 거의 다 모아서 읽어보게 되었다. 거기에는 나름대로의 철학이 있었고, 외교관이라는 직업을 멋있게 생각하고 힘든 일들도 도전적인 기회로 받아들일 줄 아는 보이지 않는 어떤 힘이 느껴왔다.

이제 철없던 시절은 지나가고 나 스스로의 선택에 의해 내 인생을 살아야 할 때가 왔다. 막연한 삶의 자세를 떨쳐버리고, 나 자신의 나침판을 갖고 drifting이 아닌 sailing을 해야 한다고 생각했다. 수많은 대안을 알고 난 후 나는 필연적으로 나 스스로의 선택에 의해 다시 A를 선택했다. 이젠 나의 삶에 외교관이라는 직업을 나의 길로 택한 것에 대해 뿌듯한 자부심을 느낄 수 있었다. 앞으로 남은 것은 노력이요, 실천 뿐이었다.

• 합격을 향해

몇 개월의 준비 후 나는 대학을 졸업하면서 1987년 21회 1차시험에 응시하였으나 몇 문제 차이로 고배를 마시게 되었다. 그 무엇도 손에 쥔 것 없이 나는 졸업장 한 장만 든 채 학교문을 나와야 했다. 그때가 1987년 2월이었다. 다시는 이런 초라한 모습을 반복하지 않겠다고 다짐했다. 2년만에 시험을 끝내겠다는 각오로 신림동 고시원에 틀어 박혔다.

거기서 학교선배님 동료들과 함께 있으면서 힘든 것을 잊고 공부할 수 있었다. 특히 윤화 형은 나의 공부방향에 큰 도움을 주셨고 동규, 승룡, 은호와 연달아 영어 study를 하면서 공부와의 씨름에서 initiative를 잡았다. VOC 22,000, word power, 아카데미 TOEFL, 이재옥 TOEFL, VOC 33,000, 영작문제들을 하나씩 떼어나갔다.

8월에는 신촌집으로 돌아와서 공부를 계속하였다. 1차합격 전에 2차공부가 어느 정도 되어 있어야 한다는 윤화 형의 말을 듣고 10월까지 2차과목 책들을 읽어 나갔다. 대학 때 불어에 관심을 두고 5개월 정도 불문학과에서 수강하였었고, 경제학은 부전공하였으며, 국제법도 수강한 상태이고, 국제정치학도 전공인지라 대충 훑을 수 있었다. 11월부터 제22회 1차를 향해 100일 작전에 들어갔는데, 갑자기 체력이 떨어져 악전고투했지만 다행히 현격한 점수차로 합격하였다. 이제서야 진정한 고시인이 되는구나 싶었다. 1988년 2월 1차 합격발표날, 친구 상규·은호가 집에 찾아와서 대신 서울신문사에 전화를 걸어주었는데 그때 "19번 정운진씨 합격 축하합니다. 합격자 중 접수번호가 제일 앞에 있군요"라는 말을 전해 들었을 때의 그 기쁨은 이루 말할 수 없었다. 1차합격의 첫 기쁨은 고시기간 중 가장 잊을 수 없는 순간이었다.

대충 정리하고 2차 시험장에 들어갔다. 처음 들어간 2차 시험장이어서인지 시험장에서 큰 감명을 받았다. 감아올린 두루마리가 펼쳐질 때마다 나는 주어진 시간에 나름대로 답안을 매꿔나갔다. 결과는 암기가 부족한 법과목 외에는 모두 면과락이었고 어학점수는 괜찮게 나와 다음 1989년 23회 2차합격을 어느 정도 타진할 수 있었다. 2차공부에 필요한 자료와 정보를 어느 정도 정리하면서 지금까지의 생활을 정리하고 단순화해야겠다고 생각했다. 그래서 하나의 돌파구로 말로만 듣던 지리산으로 혼자 내려가기로 했다. 그때가 1989년 4월 13일 나는 두손에 가방 두 개만을 들고 지리산 암자를 찾아 고속버스에 몸을 실었다.

공부 때문에 애버리겠다고 그렇게도 만류하던 집안 식구들도 나의 결심을 꺾을 수는 없었다.

"모든 것은 마음이 만들 뿐 침묵이여 내게로 오라, 잡념이여 내게서 사라져라, 내 모든 정열을 다하여 이 순간들을 불태우리(1988.4.13. 서울을 떠나면서)."

떠나는 날 일기장에 글을 남기고 나는 서울생활을 뒤로 하고 혼자서 지리산으로 떠나갔다. 다행히 당일날 절을 찾아 거처를 정할 수 있었다. 그 이후 나는 내 공부에 몰입할 수 있었다. 사람도 별로 없고 경치도 좋으며 음식도 입에 맞았고 정자에 앉아 공부하노라면 정말 신선노름하는 기분이었.

그 당시 레이저 근시수술이 한창 유행인지라 6월 초순 서울에 잠깐 올라와 한쪽 눈에 수술을 받았는데 3개월 간 눈이 충혈되고 눈가리개를 끼고 다녀야 했다. 하지만 상황이 어려워도 다 빠져나갈 구멍이 있었다. 눈으로 공부하기가 힘들었기 때문에 이번엔 귀로 공부하였다. 과목들을 나름대로 요약하고 테이프에 녹음하여 들으면서 산속을 거닌 기억이 난다. 눈도 거의 다 회복되어 뿌듯한 마음으로 4개월 간의 지리산 생활을 마치고 1988년 8월 서울로 올라왔다. 신림동 어느 고시원으로 들어갔는데 거기서 2차준비를 하던 준하 형, 동수 형을 알게 되어 11월까지 국제법, 영어, 불어 study를 같이 하였다. 경제학은 최병권님의 경제학강의를 들으면서 정리해 나갔다. 1988년 서울 Olympic의 팡파르와 함께 1989년 2월 2차 시험을 향한 나의 마라톤도 병행되었다.

• 시련, 재도전 그리고 극복

(1) 시험이 막판에 이르자 체력도 떨어지고 마음으로도 힘들었지만 다행히 제 pace를 유지하면서 1989년 23회 2차 시험장에 들어갔다. 첫째날 윤리를 치르고 다음에 영어를 치는 도중 너무 손에 힘을 주고 쓴 나머지 손 근육이 이완된 것을 고시원에 돌아와서야 알았다. 누구에게 말하기도 창피하고 약한 모습을 보이고 싶지 않아 그냥 꾹 참고 다음날 시험장에 들어갔다. 엎친데 덮친 격으로 국제법 문제방이 떨어지는 순간 아차 싶었다. '국제하천의 비항행적 이용'은 시험보기 한달 전 책에서 대충 요약하여 두었는데 바로 전날 그냥 skip하고 지나간 문제였다. 긴장한 나머지 생각이 경직되어 종치기 5분 남겨 좋고 한 페이지를 대충 메꾸는 것으로 끝내버렸다. 시험장을 그냥 나오고 싶었으나 이순간 시험장을 나가면 영원히 시험장에 들어오지 못할 것 같아 꾹 참고 마지막 날까지 버텼다. 시험보고 대충 따져보니 붙어도 뒤에서 붙겠구나 싶었다. 그런데 그것이 현실로 나타났다. 2차 cutline이 62점으로 26명을 뽑았고, 최종합격자 20명선 안의 cutline이 62점이었는데 내 성적이 62.28로 20등과 26등 사이에 끼는 운명에 놓이게 되었다. 3차 때 면접도 무사히 치르고 나왔으나 가장 큰 기준은 2차성적이었다. 주범은 역시 40점대를 맞은 국제법이었다. 3차 최종합격 발표 전날, '그날의 운수'를 어느 잡지에서 읽었는데 발표날이 부모님에게 크게 효도하는 날이 될 것이라 하였다. 그런데 이는 웬걸 결과는 반대로 나타났다. 그것은 하나의 악몽이었다. 나는 그날 한숨도 잘 수가 없었다. 2차 합격 때 수십통의 축하전화를 받았는데 이게 웬 운명의 장난인가 싶고, 앞으로 그 어려운 공부를 다시 어떻게 해 나갈까 싶고…. 정말 아쉬움이 남는 1989년 2월 23회 시험이었다.

(2) 그후 나는 의식적으로든 무의식적으로든 기나긴 slump에 빠져 들어갔다. 이 기간은 나에게 암흑시대였다. 주위에는 내게 힘이 되어줄 가족들과 친구들이 있었으나 결국 나 스스로의 한계를 깨지 못하고 시간을 허비하여 나갔다. 더욱 안타까운 일은 1990년 24회, 1991년 25회로 가면서 35명, 50명

으로 모집인원수가 늘어났음에도 나는 나의 깊은 잠에서 깨어나지 못한 채, 그 기회들을 놓쳐갔다. 23회 3차시험에서 떨어진 6명 중에서 한명 만이 1990년 24회에서 탈출하였고 나머지는 모두 나와 같은 운명이라는 사실 하나로 나 자신을 합리화하려 하였다. 다른 곳에 취직하는 것도 생각해 보았으나 실천에 옮기지도 못했다. 외교관이 되는 것은 나의 어렸을 적부터 꿈이었고 내게 주어진 운명을 일순간의 시련으로 포기할 수는 없다고 생각했다. 공부에 매진하려면 흐트러진 정신과 기운을 가다듬고 최선을 다하겠다는 마음자세가 필요할 것이다. 적어도 수험생에게는 시험합격이 최대의 목표이고 보면 평소의 실력도 중요하겠으나 공부에 임하는 자세와 마음가짐이 가장 중요함을 이 동안의 경험을 통해 뼈저리게 느꼈다.

1990년에는 과친구 헌, 종하와 모교인 연대도서관에서 여름을 잘 보내고 1991년 1월, 25회 1차에 응시하여 합격하였으나 2차시험까지 25일 간을 효율적으로 보내지 못해 2차시험장에서 후회의 가슴아림을 해야 했다. 1·2차 동시계획은 물거품으로 사라졌다.

어디론가 떠나고 싶었다. 20명 뽑을 때 2차까지 붙었으면서 35, 50명으로 숫자가 계속 느는데도 그것도 못붙다니 이게 말이 되는가, 결국 23회 2차합격은 순전히 운이었다고 자책했다.

더 이상 내가 고시공부하는 것을 아는 사람들은 만나고 싶지 않았고 솔직히 정말 어디론가 사라지고 싶었다. 아버님, 어머님 뵐 면목도 없었다. 자신에 찼던 나의 모습도 이젠 나의 눈동자에서 사라지고 없었다. 결국 고시책을 당분간 잡지 않기로 했다.

그러던 중 4월 들어 기자시험을 준비하던 고등학교 친구 명수와 같이 지내게 되었는데 카튜샤출신인 명수와 우연히 시작한 영어 group study에 틀에 박힌 고시공부 이외의 다른 무언가를 찾고 있던 나로서는 정신없이 몰입할 수 있었다. 5월부터는 처음으로 영어 회화공부도 하고 싶어 종로 H영어학원에도 두달정도 다녔는데 지금은 친구가 된 Joswiak을 영어선생으로 알게 되었다. 그리고 25회 2차 국제정치학 시험에서 <미국력쇠퇴론> 문제를 서울대 H교수님이 출제하셨다는 말을 듣고 기분전환겸 서울대에서 청강을 하기로 하였다. 그 동안의 고시생활과는 전혀 다른 세계에서 고시라는 '고'자만 들어도 머리가 아파왔던 나는 정말 하루하루가 즐거웠다.

시간이 흘러 1991년 8월이 되었고 나의 비고시생활도 이젠 4개월이 흘렀다. 1989년 23회의 악몽 이후 지금까지 나는 숨을 쉬고 있으면서도 산 것이 아닌, 정신적으로는 인생 밑바닥 생활을 힘들게 겪어왔다고 생각했다. 이제는 나 자신을 가만히 그냥 두고 싶어졌다. 4개월의 비고시생활 후 내 머리 속의 screen엔 수없이 떠올랐던 많은 생각들이 어느샌가 사라지고 없어져 있었다.

　이제 그 무엇도 다시 시작할 수 있을 것 같았다. 더 이상 힘들고 무거운 내마음을 웃음과 미소로 도배질하고 싶지도 않았다. 현실에 발을 딛고 또 다시 일어서고 싶었다. 나는 하기만 하면 결국 합격할 수 있고 따라서 합격에 이르는 필연적인 과정으로서의 이 순간에 대해 그리 비관할 필요도 스스로를 초라하게 느낄 필요도 없다. 신께서 내가 좀더 큰 그릇이 되도록 남다른 시행착오를 하게 하셨고 결국 내겐 시련만이 있을 뿐 결코 실패는 없을 것이라고 굳게 믿었다. 나는 필연적으로 최후의 웃는 자가 될 것이고, 먼 훗날 지금의 내 모습을 돌이켜 볼 때 이제부터라도 최선을 다한다면 스스로에게 결코 부끄럽게 느끼지 않으리라. 지금까지의 공부는 없는 것으로 하고 새로 처음 시작한다는 기분으로 공부에 임하기로 했다.

　때마침 과친구 대욱이가 서울로 올라왔고, 25회 3차시험에서 불합격을 경험한 영대 형과 셋이서 모여 연대도서관에서 다시 공부를 시작하였다. 이제는 공부해야 한다는 강박관념을 버리고 단지 책을 보면서 즐긴다는 기분으로 여유있게 공부하려고 하였다. 8월을 어느 정도 여유있게 보냈고 9월부터는 좀더 tight하게 공부해 나갔다. 일주일에 두세번 group study를 하였는데 세명 모두 공부가 어느 정도 되어 있는 상태였고, 서로의 자료와 지식을 허심탄회하게 교환하였기 때문에 study가 상당히 효율적이었다.

　Group study가 효율적이려면 시험이 단지 한 명만을 뽑지 않는 이상, '더불어 붙는다'라는 open된 자세가 무엇보다도 중요할 것이다.

　공부하던 중 또 하나의 자극제가 있었다.

　국제정치학은 나의 전공일 뿐 아니라 여러 책들과 논문들을 그동안 공부해왔기 때문에 어느 정도 자신이 있었다. 하나의 전초전으로서 내 국제정치학 실력도 테스트해 볼 겸해서 서울대 외교학과 대학원에 응시하기로 하였다. 학교강의시간 때 알게 된 찬호씨 덕분에 몇몇 자료를 얻을 수 있었고 나 나름대로 정리한 후 시험을 보았다. 시험친 후 당연히 합격할 것으로 생각했으나 결과는 그 반대였다. 정보가 너무 부족했고 타대학의 특수성을 파악 못한 것이 원인분석결과였다. 하지만 그때 그렇게 기분이 나쁘지만은 않았다.

모처럼 정신을 집중할 수 있는 기회를 가졌고 내겐 보다 큰 목표가 있었다. 수많은 불합격 속에서 내가 얻은 결론은 이젠 또 떨어져도 다시 일어설 수 있고 결국은 해내고야 만다는 일종의 오기섞인 자신감이었다.

별 흔들림없이 조용히 시험공부에 충실하여 갔다. 책상 앞에다 "버려라. 그러면 얻을 것이다"라는 문구를 크게 써 붙였다. 모든 집착을 버리고 시험공부에 정성을 다하면 필연코 행운의 여신은 나를 찾아올 것이라고 확신하였다. 이번이 내가 갖게 될 마지막 기회로 생각했다. 다시 지리한 그 날이 반복된다면 나는 숨만 쉬고 있을 뿐 죽은 목숨이나 다름없을 것이다.

(3) 시간은 어김없이 흘러 1992년으로 들어서고 1월 6일이 되었다. 모집인원수가 50명에서 30명으로 줄어든다는 소식을 영대 형으로부터 들었다. 그렇게 되면 2차시험 경쟁율이 10대 1을 넘어서게 되고 역대 최고의 경쟁율이 될 것이라 했다. 그러나 약간의 흥분이 있었을 뿐 그다지 마음의 동요를 느끼지 않았다. 10명을 뽑더라도 나는 해내고야 말 것이라고 끊임없이 다짐하였다. 세상사는 '一切唯心造'이고 내 마음은 지금 공부에 집중하고 있으므로 결국 승리는 나의 것이라고 굳게 믿었다. 2차 7과목 모두를 둘러보건대 그 어떤 과목에서도 평균점수 이상을 써낼 자신이 있었다. 같이 공부하던 대욱이가 대구로 내려가고, 시험도 얼마 남지 않아 각자 따로 공부하기로 하였다. 마침 과선배인 남동 형과 같이 공부하게 되어 1달 계획으로 전주로 내려갔다. 나는 서울 촌놈이고 여행을 그리 못다녀본지라 이곳은 처음이었다. 남동 형집에 머무르면서 전북대 도서관에서 공부하였는데 형님 식구들의 따뜻한 배려로 별 어려움없이 공부하였다. 2월초 막판정리를 위해 서울집으로 올라와 다시 집근처 연대도서관에 나가면서 마지막 정리를 하였다. 정신적으로 너무 힘들고 체력이 한계에 부딪혔으나 작년 5월부터 우리집에서 같이 생활해 온 학교 후배 재권이는 내게 큰 힘이 되었고, 학교도서관에서 공부하면서 영대 형과 다시 만나고 후배 원익이가 합류하면서 서로 큰 자극이 되었다. 영대 형, 원익이와 함께 약 2~3주간 점심·저녁을 같이 먹으면서 거의 전과목을 말로 정리할 수 있었다. 이때 우리 셋의 만남은 하나의 운명이었다.

(4) 결국 운명의 D. Day는 어김없이 찾아왔다. 그동안 영어와 불어는 매일같이 꾸준히 해두었고 논문과목은 평소에 생각을 많이 하면서 전체를 크게 몇 part로 나누고 거시적으로 정리해 두었었다. 그리고 이런 문제가 나오면 이것은 꼭 쓰고 나온다는 것을 미리 준비해 두었다.

1992년 2월 19일부터 22일까지의 2차시험. 나는 마치 전쟁터에 나가는 병사와 같은 마음이었다. 첫째날부터 기선을 제압한다는 생각에 마음을 단단히 먹었다. 1교시 윤리시간에는 남·북한통일정책비교, 환경문제, 동·서양 윤리 차이점을 묻는 문제가 나왔다. 통일정책문제에서 기본적인 것은 다 써주되 획일적인 서술을 피하기 위해 타이틀 [二] 에서 Jacob의 <정치통합 10가지 조건>을 틀로하여 남북한 통일여건과 동서독 통일여건을 비교함으로써 우리 통일의 장애요인이 국제적 여건보다 남북한간 상호불신 문제에 있음을 언급하였고, 환경문제는 ① 서, ② 특징, ③ 문제점, ④ 대책으로 나누고 입체적 접근을 위해 대책을 대책-Ⅰ, 대책-Ⅱ로 나누어 대책-Ⅰ에서는 자연은 정복의 대상이 아니며 인간과 자연과의 조화를 강조한 동양사상, 특히 노장사상의 내면화를 주장하였고, 대책-Ⅱ에서는 개인, 가정, 학교, 사회, 국가, 국제적 차원으로 나누어 구체적인 실천방안을 제시하였다.

영어는 꽤 양이 많았으나 영작문 문제는 영어답게, 한국어 번역은 한국말답게 쓰려고 노력하였다. 한줄씩 띄워썼는데 좀더 답안지가 깨끗해 보였다.

둘째날, 국제법은 바로 전날 시사성 있는 문제를 중심으로 훑어보았는데, 너무 고전적인 문제(외교사절의 특권과 면제, 조약의 유보, 남극)가 나와 2~3주 전에 본 기억을 더듬어 써야 했다. 그러나 대충 빠뜨리지 않고 옮길 수 있었다. 경제학은 국제경제 큰 문제와 미·거시에서 한 문제씩 나왔는데 나름대로의 시각을 갖고 써내려갔다.

셋째날 국제정치학의 경우 큰 문제로 현 국제체제의 결정요인과 변경요인, 작은 문제로 Locarno체제, UNCTAD를 묻는 문제들이 나왔는데, 큰 문제는 system 이론적 approach를 하고 Locarno체제는 외교사적 사실의 나열 외에 '국제정치사적 평가'라는 타이틀에서 이상주의, 현실주의, 힘의 전이이론, 외교정책결정이론 등 다양한 국제정치이론들을 도입하여 비평을 가했고, UNCTAD문제는 국제정치경제학의 시각을 갖고 답안을 작성하였다. 답안지에 작은 두 문제를 먼저 써내려갔는데, 너무 신바람을 낸 나머지 시간이 모자라 큰 문제를 25분 남기고 쓰는 우를 범했다. 2시간이라는 제한된 시간에 3문제를 다 써야 하므로 시간안배의 중요함은 아무리 강조해도 지나치지 않을 것이다. 불어는 양이 그리 많지 않았고 글을 매끄럽게 다듬어가면서 불역은 불어답게, 한역은 한국말답게 옮겨나갔다.

마지막 날, 국제사법은 공존조항, 외국판결승인, 영사혼 3문제가 떴는데 마음 뿌듯하게 쓰고 나왔으나, 영사혼에 관한 섭외사법조문을 엉뚱하게 쓰고 나왔음을 시험장을 나와서야 알았다. 4일간의 시험을 마친 후 어느 정도 합격의 자신감을 느낄 수 있었고 기분도 전환할겸 해서 3월들어 영어회화, 불어회화 학원에 접수하였다.

드디어 2차발표날이 다가오고 있었다. 학원에서 집으로 돌아와 방문을 여는 순간 옆방에서 셋째 형인 근이 형이 나와 합격소식을 전해주었다. 나는 그때 피가 거꾸로 솟아오름을 느꼈으나 이상하게 10초도 안돼 마음이 쫙 가라앉았다. 몇년 전 3차실패 때의 불운이 갑자기 뇌리를 스쳐지나갔기 때문이었다. 과거 실패경험도 있고 해서 3차대비를 위해 주위에 2차합격한 사람들과 함께 철저하게 준비하였다.

3차면접을 치른 후 발표 전에 미리 3차 합격소식을 받았다. 주위에서 같이 공부한 영대 형, 원익, 재권이가 붙어서 정말 기뻤으나 실력이 충분함에도 운이 나빠 불합격한 여러 선후배, 동료들에 대해서는 정말 안타까움을 느꼈다. 실패의 아픔을 누구보다도 잘 아는 나로서는 이들의 실패가 남의 일 같지 않았다.

3차 최종합격자 명단을 책상 앞에 붙여 놓고 시간가는 줄 모르고 멍하니 쳐다보고 있었다. 기쁨보다는 허탈함이 앞섰다. 내가 무엇을 위해 여기까지 왔는지 잊어버리고 있었다. 어느 순간엔가 훌륭한 외교관이 되어 국제무대에서 국가를 위해 노력해보겠다던 푸른 꿈은 잊어버리고, 오직 합격을 위한 시험공부에만 매몰되어 있다가 합격 후에 그 목표가 사라지면서 나는 무척 허탈하고 공허하였다.

하지만 지금까지 나의 여정이 비록 힘들기는 하였으나 의미있는 삶이었다고 자부하므로 이제 지난 일들을 매듭짓고 새로운 삶의 출발에 서 있는 지금, 앞으로 주어지는 나의 삶을 위해 배우고 노력하면서 살고 싶다는 생각이 들었다. 3차 불합격이라는 남다른 시련과 이를 극복하는 과정 속에서 겪었던 그 뜨거운 경험은 앞으로 또다시 그 어떠한 어려움을 겪게 되더라도 이를 견디고 이겨낼 수 있는 강한 힘이 되어줄 것이기에 내겐 참으로 소중한 경험이었다. 1992년 4월 25일. 연수원 입교 이틀 전, 영대 형, 원익이와 함께 우리의 고시생활을 마감하고 그 의미를 마음속 깊이 간직하기 위해서 연대 동산 뒷등성이에 한 그루의 나무를 심었다. 구상나무라 하여 '구상이'라고 이름붙였다. 가끔 요즘도 우리 구상이를 보기 위해 그곳에 들리곤 하였다.

• 드리는 말씀

다음에는 고시공부를 하면서 수험생으로 내가 꼭 필요하다고 느꼈던 몇 가지 점들을 여러분들께 남기고자 한다.

(1) 무엇보다도 확고한 목표의식이 필요할 것이다. 일단 시험합격을 목표로 정했으면 끝을 봐야 한다. 목표의식을 확실히 갖춘 후에야 효율적인 공부방법도 생각해낼 수 있고, 최선의 노력도 다할 수 있지 않나 생각한다.

(2) 공부과정 중 건강관리의 중요성은 재언을 요하지 않는다. 고시는 마라톤경기와 같다. 시험공부가 막판에 이르면 모두가 열심히 하므로 결국은 체력싸움이 되고 만다. 미리미리 철저한 자기관리, 특히 건강관리를 해두어야 할 것이다.

(3) 생활을 단순화할 필요가 있다.

고시공부기간을 되도록 단축시키려면, 고민거리가 될 소지가 있는 모든 것들은 가능한 한 피하고 생활체제를 단순화하여 고시공부에 전념할 수 있어야 한다. 여기에는 이성문제도 포함될 수 있다. 공부는 머리로 하는 것이고 사랑은 마음으로 하는 것이다.

감정이 이성을 앞서게 될 때 책을 보되 생각은 딴데 가 있게 되고 합격의 꿈은 점점 멀어질 것이다. 애초에 확실한 사이라면 모르나 수많은 불확실한 변수들이 있는 상황이라면 공부는 그냥 혼자 해나가는 것이 좋을 것이라는 것이 나의 결론이다. 이것은 물론 각자의 가치판단문제이고, 수많은 예외적인 경우도 찾아볼 수 있다. 하지만 공부도 하나의 도(道)이고 보면 정성을 다해야 그 소기의 목적을 달성할 수 있다고 본다. 제 말은 어떠한 결정을 내렸건 공부할 때 만큼은 정신을 집중할 수 있어야 한다는 것이다.

(4) 합격에 도달하기 위해서는 효율적인 시험전략과 공부방법이 필수적이다. 책상에는 오래 앉아 있는데 공부방법이 효율적이지 못해 낙방을 거듭하는 사람이 있다면 정말 안타까운 일이다.

먼저 자신의 공부스타일을 파악해야 한다. 한나절 중 언제가 가장 공부가 제일 잘 되는지, 정독이 공부가 잘되는지 속독이 그러한지, 암기스타일인지 이해위주스타일인지, 혹은 체력이 약한지 강한지, 예민한 타입인지 둔감한 타입인지 등등 먼저 자기를 파악한 후에 약점은 피하고 강점은 키워가면서 본인이 스스로 생각할 때 공부가 무리없이 잘되는 쪽으로 이끌어가야 한다.

여기서는 간단히 일반론적으로 1·2차과목 공부방법에 대해 소개하고자 한다.

◉ 1차과목(객관식 5지선다형, 헌법·정치학·영어·한국사·문화사)

처음 응시하는 경우는 적어도 4개월 이상, 한번 1차에 붙은 경험이 있으면 100일 정도, 적어도 80일은 잡고 공부해야 안정되게 붙을 수 있지 않나 생각한다. 1차과목은 객관식문제로 출제되므로 될 수 있으면 자주 그리고 많이 객관식 문제를 풀어봐야 한다.

① 헌 법

처음엔 권영성 헌법이나 김철수 헌법, 허영 헌법을 한 두권 골라 읽어 내려감. 헌법조문암기는 필수적이고 결판은 객관식 문제집풀이에서 난다. 김철수, 구병삭, 강창웅, 권영성님 책 등 여러 종류가 있으나 시간이 나서 다 풀어보면 좋고, 시간이 촉박하면 권영성·민경식 문제집은 꼭 풀기 바란다. 가끔 판례문제가 강창웅 책에 있다. 고득점이 가능한 과목이다.

② 정치학

이극찬 정치학으로 frame을 잡고 서울대 8인 공저 책을 꼭 읽어야 한다. 객관식 문제집으로는 방통대 정치학문제집(부민문화사), 김찬규, 백상건, 이철형 객관식 문제집들이 있으므로 방통대문제집은 암기하다시피 하고, 이철형 문제집은 너무 복잡하므로 지나치게 지엽적인 것은 과감히 제껴야 한다.

정치학은 다양한 상식과 국제정치적 지식을 요구하므로 최신 상식책이나 신문을 보는 것도 중요하다(예컨대, 한·소수교는 몇년 몇월에? 블라디보스톡선언을 묻는 문제 등).

③ 영　어

먼저 기출문제들을 풀어봄으로써 출제유형을 익혀야 한다. 풍부한 vocabulary실력과 정확한 문법, 빠른 영어독해실력이 필요하고 시험장에서는 시간안배가 중요하다. 교재는 이재옥, 아카데미 TOEFL, VOC 22,000, word power, 이재옥 종합고시영어연구, 성문종합영어 등 여러 독해책, 기출문제집 등이 있다. 영어실력은 외교관으로서 필수적이므로 미리 준비해 둔다는 기분으로 공부하시기 바란다.

④ 한국사

가장 객관성 있는 고등학교 교과서와 참고서(ex. 새국사, 하이라이트 국사)를 먼저 읽고, 여기에 이기백 신론과 변태섭 통론을 읽으면서 살을 붙여야 한다. 문제집으로는 기출문제집을 먼저 풀고 임종대, 변태섭, 양영환, 조좌호 문제집 등 여러 종류가 있으므로 2~3권 정도 풀면 될 것이다. 여러 문제집들을 풀 경우 한 권을 기본서로 하여 제대로 풀고, 다른 문제집을 풀 때는 겹치는 문제는 체크한 후 다음에 다시 볼 경우 체크하지 않은 문제들만 풀면 시간이 단축될 것이다.

⑤ 문화사

분량이 국사의 3~4배나 되므로 각별히 신경써야 한다. 나름대로 재미있게 공부할 수 있다. 조좌호 문화사를 2회독하면서 frame을 잡고 고교참고서(ex. 새 세계사(법문사))를 보고 동양사의 비중이 커지므로 개관동양사를 읽으면 좋을 것이다. 기출문제집을 먼저 풀어보고 최문형 문제집, 강정식 55강(동양사가 잘 정리되어 있음), 조좌호 문제집 등을 보기 바란다.

● 2차 과목

논문과목은 2시간에 3문제(큰 문제 50점, 작은 문제 25점씩 두 문제)가 주어지고, 영어와 제2외국어는 한역 50점, 영역(불역, 일역…) 50점으로 나누어진다.

공부 approach는 기본서를 충실히 이해하여 공부절대량을 쌓고, 기본적인 fact암기를 마친 후 생각을 많이하여 전체적인 mapping을 통한 지식의 체계화를 한 다음 모의답안을 많이 써봄으로써 실제 적응력을 키운다(공부절대량→지식의 체계화→답안작성연습).

① 국민윤리

먼저 형설출판사 교과서를 반복해서 읽고 방영준 고시국민윤리를 반드시 참조하시기 바란다. 고등학교 윤리참고서(ex. 지학사)는 크게 도움이 된다. 모범답안은 없다고 생각하고 기존문제집들을 무작정 외우려고 하지 말고, 우선 문제를 보고 나름대로 답안목차를 잡아본 후 문제집의 답안과 비교해 보면 크게 효과적일 것이다. 백대균, 이동욱, 우태회 문제집 등이 있으며 기타 신문사설과 고시모범답안도 참고하시기 바란다.

② 영 어

어학은 단기간에 실력이 오르는 과목이 아니므로 꾸준히 공부해야 하고 하루에 두 시간 정도, 단어는 많이 아는 것보다 자주 쓰이는 표현을 적절하게 구사하는 것이 중요하다. 독해를 위해 고등영문해석연구(김태성), 인문, 사회과학 영어연구(시대평론, 한길사), Korea Herald, Times 등 잡지 다수를 참조하고, 작문은 시사영어사 작문시리즈(특히 기본영작문, 취직영작문, 시사영작문), 영자신문의 중요표현암기가 필요하다. 직역을 기본으로 하되 영작은 영어 답게, 한역은 한국말 답게 쓰는 것이 중요하다. 자주 써보고 노트를 만들어 좋은 표현들을 반복해서 암기해야 한다.

③ 국제법

처음 읽으면 잘 이해가 안가지만 빠진 것이 거의 없으므로 이중범·이병조 2인 공저 국제법신강을 반복해서 읽고, 유병화 국제법총론(혹은 Ⅰ·Ⅱ), 이한기, 김정진님 책들을 참조하여 빠진 것을 보충해야 한다. 이호진, 김명기, 유병화 문제집이 있으며 Subnote는 전체를 다하려면 시간이 너무 걸리므로 목차와 Keyword위주로 작성하시기 바란다. 특강과 학교강의를 꼭 들을 필요가 있다.

④ 경제학

학교수업에 충실할 필요가 있고 안국신 외 3인 공저, 정창영, 조순님 책중 한권을 기본서로 잡아 철저히 이해하기를 권한다. 그 이후에야 다른 책을 보면서 시야를 넓혀갈 것이며 미시는 이준구, 이학용, 박진근님 책, 거시는 정운찬, 김준구, 권오철(논점경제학-학파별 정리가 잘되어 있음), 국제경제는 김인준, 박진근, 방통대교재가 있다. 최병권님 강의노트가 요점정리가 잘되어 있으므로 참조하기 바라며 그래프가 중요하므로 항상 그리는 연습을 하고 여러 경제학이론을 현실에 적용하는 연습을 많이 해야 한다.

⑤ 국제정치학(외교사 포함)

국제정치학은 이론과 실제 part로 나눌 수 있고, 이론서로는 현대국제정치학(하영선, 이상우 공편)이 올해 새로 나왔으니 꼭 보시고, 현대국제정치이론(하영선), 박상식 국제정치학, 이철형 정치학주관식문제집 중 국제정치분야 정도는 읽어야 한다. 시간이 있으면 Horgenthau, 박경서, Spero, Gilpin책을 참조하기 바란다.

실제부문은 한반도통일과 국제정치(이기택), 한국문제와 국제정치(김학준)을 보시고 국제논총, 외교지, 국제문제 등 여러 잡지들은 과거 2년치 정도는 정리해 두는 것이 좋을 것이다. 신문스크랩도 하면서 고시잡지 국제정치답안도 시험장에서 써먹을 수 있도록 요약해 놓으면 좋다. 외교사의 경우 전순신·김철수 <외교사문제연구>나 백경남 외교사(구판)가 정리가 잘 되어 있으나 품절되었으니 각자 알아보시기 바라고 오기평 세계외교사, 이기택 국제정치사를 참조하면 될 것이다. 학교강의를 적극 활용할 것이고 최근 국제정치경제학이 중요시되고 있으니 이에 대한 대비가 필요하다. 답안작성은 Steretotyped한 것보다는 이론과 실제를 적절히 원용하여 다차원적으로 서술하는 것이 중요하다.

⑥ 불 어

불어 한역은 한국말 답게, 불어작문은 불어 답게 쓸 수 있어야 하며 불어 문법은 아무리 강조해도 지나치지 않다. 나는 고등학교 불어참고서를 3종류 정도 보았는데 크게 도움이 되었다. 사실 고등학교 불어책에 나오는 문장정도는 문법에 어긋남없이 작문해낸다면 대단한 실력이라고 할 수 있다. 불어학원이나 학교내 불어강좌를 유기적으로 활용하시고 스터디파트너를 정해서 공부하면 지루하지 않게 공부할 수 있을 것이다. 고교 불어책은 이미 그 유용성을 강조한 바 있고 완전불어(오증자), 박옥출 작문문법 Ⅰ, Ⅱ, 최신불작문 3인 공저는 작문에 도움이 되고 독해책으로는 민희식, 민계숙 프랑스어해석연구, 시사불어연구(이광현), 기타 La Corée tells quelle est라는 한국소개책자도 유용하다.

⑦ 국제사법

서희원 국제사법강의를 철저히 이해한 후에 김명기 국제사법요론에 나오는 요약부문을 참조할 것이며 이호정님 책도 참조해야 한다. 섭외사법조문을 줄줄 외울 수 있어야 하고 문제식 Sub-note를 미리 준비해 놓는 것이 좋다(50~60문제 정도). 나름대로 목차와 내용을 재구성해야 고득점할 수 있으며 민법지식이 많이 요구되므로 민법총칙 한권 정도 읽어 놓는 것이 좋다.

　2차공부 전반에 걸쳐 group study를 권하고 싶다. 혼자의 생각보다는 여러 사람들의 생각을 모은 집단지(集團知)를 활용하여야 한다. group study는 진도떼기, 말을 통한 체계잡기, 답안작성연습 등 3가지로 나눌 수 있는데 무엇보다도 스터디멤버 간의 실력이 서로 비슷한 것이 효과적이다. Open된 마음자세로 '같이 붙는다'라는 생각을 공유하는 것이 중요하며, 자칫 매너리즘에 빠져 스터디를 위한 스터디는 하지 말아야 한다. 그럴바엔 아예 혼자 공부하는 것이 나을 것이다.

◉ 3차대비

　올해는 2차에서 33명이 합격되었으나 3차에서 3명이 안타깝게 탈락하였다. 작년까지만해도 6명씩 매년 탈락시켰으므로 3차대비는 다른 고시와 달리 철저히 준비해야 한다.

　3차면접시험은 2차합격발표 이후 2주 후에 있는데 개별면접과 집단면접으로 이루어진다. 예상가능한 모든 문제들을 뽑아 2차합격자들끼리 모여 토론해 보는 것이 좋다.

　(5) 평소의 마음가짐으로서는 공부하는 이 순간부터 나는 외교관이라고 생각하는 것이 좋다.

　시간이 흐르면 나는 필연코 외교관이 되어 있을 것이라고 굳게 믿고 힘든 이 순간은 좀더 큰 일을 하기 위해서 그릇을 닦는 하나의 과정으로 생각해야 한다. 그 누가 우리와 같은 인생의 진국을 맛볼 수 있겠는가. 힘들고 괴로울 때 기도했던 <맥아더장군의 기도문>을 여러분들께 선사하고자 한다. 《약할 때 자신을 잘 분별할 수 있는 힘과 두려울 때 자신을 잃지 않는 용기를 가지고, 정직한 패배에 부끄러워하지 않고 의연하며, 승리에 겸손하고 온유할 수 있는 사람이 되게 하소서…》

• 글을 맺으면서

　지금까지 고시공부하면서 느끼고 겪었던 여러 일들을 나름대로 솔직히 적어보려고 노력하였습니다. 그러나 글이라는 불완전한 매개체를 통해 수험생활동안 겪었던 이야기들과 그 뜨거운 느낌을 여러분들에게 있는 그대로 전달하기란 그리 쉬운 일이 아닌 듯 싶습니다.

돌이켜보면 내겐 오직 하나의 길만이 있었습니다. 힘들게 얻었기 때문에 더욱더 소중한 합격이었습니다. 어렸을 적부터 꿈꾸었듯 훌륭한 직업외교관으로서 앞으로 펼쳐질 나의 삶에 대해 배우고 노력하는 자세로 임하고자 합니다.

고시라는 것은 누가 더 완벽한가를 논하는 시험이라기 보다는 누가 덜 불완전할 수 있는가를 평가하는 것이라고 생각합니다. 우리는 우리의 불완전함을 인정해야 할 것입니다. 하루하루 성실하게 묵묵히 자기자신의 불완전함을 채워나갈 때 결국 합격은 우리의 것이 될 것이라고 생각합니다.

지금까지 이 자식이 공부할 때 온갖 보살핌과 정성을 아끼지 않으신 아버님, 어머님께 감사드리고 형님들, 형수님들께도 그동안의 격려와 도움 잊을 수 없으며, 진우회 고교친구들과 진오, 은호 그리고 주한 형, 성배의 격려에도 고마움을 느낍니다.

윤화 형, 남동 형, 영학 형, 범흠 형에게 다시 영광의 그날이 있기를 기원하며 동규, 노식, 종하와 창호, 홍석, 정용, 상렬이를 비롯한 정외과화백실 후배들에게도 합격의 영광이 곧 찾아올 것임을 확신합니다.

끝으로 이 나라를 위해 지금도 웅지의 불꽃을 태우고 있을 여러 제형들의 시험합격을 빌면서 그 언젠가 외무부에서 만날 날을 기약합니다.

감사합니다.

결정했다면… 대범해라!

— 행정고시 일반 행정에서 사법시험으로, 다시 행시보호관찰직으로, 또 다시 소년보호직으로 수차례 방향이 바뀌면서 겪었던 시행착오를 극복하고 마침내 합격을 … —

황 성 원
· 제48회 행정고시 소년보호직 합격
· 1978년 2월 13일 출생
· 포항 대동고등학교 졸.
  성균관대 행정학과 졸

· 들어가며

 합격수기를 부탁받고 보잘 것 없는 나를 세상에 드러내려니, 지금도 열심히 공부하시는 선배들에게 누가 될까 두렵습니다. 그러나 저도 합격기에서 많은 도움을 얻었기 때문에, 공부하고자 하는 후배들에게 조금이라도 수험 간접체험의 도구로 이용되었으면 하는 바램으로 저의 이야기를 하고자 합니다. 그냥 이렇게 수험생활을 했던 사람도 있구나하는 정도로 가볍게 읽어 주시면 감사하겠습니다.

· 고시선택

1. 성 장

 저는 포항에서 태어났고, 고등학교를 졸업하기까지 포항에서 자랐습니다. 어렸을 때 집안은 비교적 유복해서 고등학교 때까지 별 어려움 없이 장난끼 많은 아이로 자랐습니다. 중학교 때까지는 공부에 취미가 없었는데, 고등학교에 오니 대부분의 시간을 학교에서 보내야 했고, 놀아도 학교에서 놀고 공부를 해도 학교에서 해야 했습니다. 그렇게 학교 안에서 사춘기의 방황도 뒤로한 채 시간이 흘러 고등학교를 졸업하고 대학에 입학하게 되었습니다. 애시당초 2년간을 목표로 한 대학과는 상관없이, 막상 수능을 보고 원서를 준비하면서 갑작스레 성균관대학교 사회과학부로 결정을 하게 되었고 1996년에 성대에 입학했습니다.

2. 대학입학(1996년)

대학에 원서를 접수하면서 처음으로 서울에 와보았습니다.

처음으로 대학교 정문을 통과할 때 행정고시, 사법고시 합격자 플랜카드가 크게 걸려있었는데, 그것이 강렬하게 마음에 와 닿았습니다. 바로 제가 처음으로 접한 '고시'의 이미지였습니다. 학부에서 행정학을 전공으로 선택하면서, 고시에 대한 교수님의 권유와 주변에 공부하는 선배, 합격하는 선배들을 보면서 나도 언젠간 고시를 봐야겠다라고 생각했습니다. 그때는 고시에 대해서는 그 정도가 전부였습니다. 그리고는 고등학교에서 미처 해보지 못했던 동아리, 당구, 술, 미팅을 하면서 대부분의 시간을 보냈습니다.

3. 군대(1997년 입대)

언젠간 고시를 해야겠다는 막연한 생각에 비해 입대시기를 결정하는 것은 구체적인 선택을 내려야하는 문제였습니다. 지금까지는 대충 놀면서 보냈지만 앞으로 열심히 고시공부를 할 것인지, 아니면 군대 갔다 와서 고시를 할 것인지 결정해야 했습니다. 군대를 연기하고 공부하는 친구들도 있었지만, 대다수는 군대를 갔다 와서 공부를 해야겠다는 분위기였기 때문에 저도 그런 분위기에 편승하여 2학년 1학기 때 군 입대를 결정하게 되었습니다. 그때까지만 해도 고시란 너무 막연한 것이었고, 고생 한 번 안해 본 나약한 정신상태를 스스로 잘 알고 있었기 때문이었습니다.

1997년 11월에 입대한 저는 53사단 사단사령부 군악대에서 근무를 하였습니다. 저에게 군생활은 많은 가르침을 주었습니다. 주요임무가 행사지원이므로 부산, 울산, 양산의 각급부대와 관공서, 장애인 합동결혼식, 참모총장, 시장, 국회의원 행사 등 사회에서도 해볼 수 없는 많은 경험을 하며 다양한 조직 안에서 구성원 역할, 책임감을 실감하고 보람도 많이 느껴보았습니다. 군악대는 군 내에서도 특수한 조직이다 보니 구성원들 사이의 갈등이 많았는데, 그런 갈등 속에서 '아무리 옳은 일이라고 해도 그것을 실천할 힘이 없다면 무력해 질 수밖에 없다'는 생각을 갖게 되었습니다. 그래서 군 생활 말년에도 틈틈이 책을 보며, 군에서는 비록 무력하지만 제대하면 반드시 합격해 정의를 실천할 힘을 기르겠다는 다짐을 많이 했었습니다. 지금 생각해 보면

웃음이 나지만, 당시에는 사뭇 진지했었습니다. 하여튼 분명한 건 이런 다짐들이 공부하는 과정에서 큰 힘이 되어 주었습니다.

• 고시여정

1. 제대(2000년 1월)

제대를 하고 나니 모든 것이 새롭게 다가왔습니다. 아마 마음가짐이 새로왔기 때문이었을 것입니다. 다시 서울로 올라와 학교를 다니게 된 것도, 책을 마음대로 볼 수 있는 것도, 오랜만에 만난 친구들도 새로웠습니다. 생활 자체가 감동이었습니다. 무엇이든 할 수 있을 것 같았습니다. 군대에서 유지했던 생활습관들을 최대한 유지하려고 노력했고, 많은 다짐들을 실천하려고 노력했습니다. 하지만 아무리 열심히 생활한다고 하더라도 모든 일을 다 잘 하기에는 무리가 따른다는 것을 알게 되었습니다. 그래서 일에 우선순위를 부여하기 시작했는데 고시공부가 1순위, 친구들이 2순위였는데 성격이 우유부단한 관계로 많이 힘들었습니다. 하지만 어려워진 집안 사정때문에 공부를 단기간에 끝내야 한다는 생각으로 공부에 최우선 순위를 두기로 결정하고 휴학을 하고 신림동으로 가게 되었습니다. 꼭 집안 사정이 아니라도 당시에는 그냥 미친 듯이 공부하고 싶었습니다. 공부하다 미치자는 다짐도 해보고… 물론 미치진 않았지만… 열정이 최고조였습니다.

2. 신림동에서 행정고시 시작(2000년 9월부터)

신림동에서는 대학동기 순욱이와 방을 같이 사용했는데, 순욱이는 군대를 연기하고 2차 공부를 하고 있던 터라 저에게 많은 도움을 주었습니다. 싸늘해 보이는 신림동 거리를 지나면서 내년에는 반드시 일차를 합격하고 다음 해에 2차를 합격하겠다는 생각으로 하루하루를 보냈습니다. 어디서 나오는 자신감인지도 모를 자신감에 휩싸여 토요일도 공부하고 일요일도 공부했습니다.

2001년도 일차를 본 후에는 대략 합격을 예상하고 2차 강의를 듣게 되었는데 원래 숫자를 싫어하는지라 경제학이 무척 어렵게 다가왔습니다. 예비순환을 다 들어갈 무렵에 발표가 있었는데 1점차로 낙방이었습니다. 발표 전에는 많이 긴장되더니 떨어졌다는 소식을 듣고 나니 이상하게 무척이나 홀가분했습니다…

3. 일반 행정직에서 사법고시로(2001년 4월부터)

2001년 일차에서 헌법이 87.5 행정법이 92.5를 맞았는데, 주위에 사시를 공부하는 선배들이 사법고시를 많이 권유했습니다. 저는 결국 최종합격이 목표라면 일차합격에 연연해 할 필요가 없다고 생각했고, 경제학에도 질려 있던 터였습니다. 선배들 말처럼, 스스로도 법과목이 더 적성에 맞다고 판단했고 당시에 사시 선택과목이 줄어들면서 민법, 형법만 하면 사시도 다음해에는 합격할 수 있고 최종합격도 오히려 더 빠르겠다는 생각으로 신속히 방향을 전환했습니다.

한 보름을 쉬고 다시 공부를 시작했습니다. 방대한 양의 민법과 이해하기 어려운 형법… 헌법과 행정법과는 좀 다른 듯 했습니다. 그래도 넘치는 자신감으로 밀어붙였습니다. 그러다 보니 신림동에 들어온지도 어느새 1년 6개월이 되었습니다. 학교를 때려치지 않는 한, 학교를 더 이상 미룰 수도 없는 노릇이어서 다시 학교 앞으로 이사를 해야 했는데 어려운 집안 사정에 방값도 만만치 않고 저 스스로도 부모님께 미안해서 시험을 보고 학교 고시반에 들어가게 되었습니다.

4. 학교 고시반에서(2001년 9월)

(1) 제가 들어온 학교 고시반은 행정고시반이었습니다. 사법고시를 시작한 지 얼마되지 않았기 때문에 사법고시반에 들어갈 실력은 못된다고 생각해서 그간 공부해온 실력으로 행정고시반에 입실하였는데… 처음에는 행시반에서 사시공부를 하니 마찰이 약간 있었습니다. 다행히 시간이 지나면서 이해를 받고 선배들과의 관계도 좋아졌습니다. 솔직히 당시의 저에겐 행정고시든 사법고시든 먼저 합격하는 것이 목표였습니다.

(2) 사시 공부를 시작하면서 내년엔 합격할 수 있다던 자신감이 수험 마지막에 와서 어디로 가버렸는지… 5과목을 정리에 내기가 쉽지 않았습니다. 그래서 사시 첫해엔 민법에 허덕이면서 시험에 응시해 본 것으로 만족해야 했습니다. 이 때 행정고시반에 있었던 관계로 의무적으로 행시를 보아야 했는데 법무행정직을 보았습니다. 하나도 합격하기 어려운데 두 개의 시험을 보고 나오면서 이미 떨어질 것을 알고 많이 씁쓸했었습니다.

(3) 그렇게 2002년 행시, 사시를 보고 또 다시 법원행시를 준비했습니다. 그냥 있는 시험은 다 보려했습니다. 성급하게 합격하려 했던 만큼 원하는 대

로 이루어지지 않았기 때문에 저는 정신적으로 많이 힘들었습니다. 그러던 중에 여자친구를 사귀게 되었는데, 이 친구를 생각하면 지금도 가슴이 찡해 옵니다. 2월에 시험이 끝나고 목표없이 방황하지 않으려고 9월에 있는 법원행시를 착실히 준비하면 이것은 합격할 수 있으리라 생각했지만, 봄이 되고 날씨는 좋고 공부 진도를 하루 이틀 미루며 여자친구와 놀러 다니다 보니 결국은 시험에 원서만 접수한채 공부를 안한 부담감으로 시험 응시조차 못하고 말았습니다.

5. 다시 행정고시로 - 보호관찰직 응시(2003년 47회 행정고시)

법원행시 미응시는 부모님에게 말하지 않았지만 너무 미안했습니다. 자괴감도 많이 들었습니다. 그러면서 다음 해 시험에서는 반드시 합격하겠다는 다짐을 했습니다. 사시도 이제 두 번째라 여력도 많이 생겼고 운만 좋으면 행시와 사시를 동시에 합격하리란 상상을 해 보기도 했습니다. 하지만 여자친구가 있으면서 2개의 시험을 공부하기는 어려웠고, 수험 기간이 지날수록 부담감은 더 커졌습니다. 고민 끝에 결국 그 해 시험 하나만을 응시하기로 결정했고, 사시와 행시를 고민하다가 행시를 보기로 결정하였습니다. 처음에는 법무행정직을 볼까 했었는데, 고시반에서 검찰, 출입국관리, 교정직을 준비하는 선배님들 덕분에 공안직에 대한 많은 정보를 접하게 되었습니다. 고민끝에 보호관찰직에 응시하게 되어 1차에 합격하였습니다. 다행히 일차점수가 예상 컷을 훨씬 넘었지만 한번도 합격을 해보지 못한 터라 합격까지 초조하게 보냈습니다. 하지만 한번의 기회라도 잡고자 노력했습니다. 그래서 1차 합격 발표 전에 잠시 신림동에도 다녀왔고 2차 시험에 응시하게 되었습니다. 2차 시험 결과는 53점으로 불합격이었지만 동차임에도 불구하고 컷에서 몇점차이 나지 않는 점수는 저에게 큰 힘을 주었습니다. 그 때 제 나이가 26살이었고, 보호관찰 유예때인 29살에는 반드시 합격할 수 있다는 자신감을 가지게 해 주었습니다.

6. 또 다시 행정고시 응시 - 소년보호직(2004년 48회 행정고시)

사실 보호관찰직을 응시하면서 직렬 정보 수집을 위해 인터넷에도 많이 드나들고, 법무부 직원들과 여러 차례 전화 통화를 하면서 조직의 역할과 비젼을 확인하고자 했었습니다. 개인적으로 호기심이 많은 편이라 그랬던 것 같습니다. 법무부에는 출입국관리국, 검찰국, 교정국, 보호국이 있는데 이들은 모두 공안직으로 타 직렬보다 인기 없는 직렬일 수 있지만 보람과 발전 가능성은 충분하다고 판단했습니다. 그래서 몇 년이 걸리더라도 공안직으로 승부를 보자는 다짐을 했었습니다. 2003년 2차 시험 후에는 다음해에 보호관찰직 시험이 없기 때문에 검찰직에 응시하기 위해 형법, 형사소송법, 교정학을 공부하고 있었습니다.

 (1) 1월초에 시험공고가 났는데, 공안직 중에 생소한 소년보호직이 있었습니다. 그래서 재빨리 정보를 알아보았는데 소년보호직은 보호관찰과 함께 법무부 보호국 소속의 공안직이었습니다. 법무부, 소년원, 소년분류심사원 등에 전화를 해 보고, 인터넷을 이용해 정보를 검색한 후 2004년 행시에는 소년보호직에 응시하기로 결정했습니다. 검찰사무를 보든 소년보호직을 보든 보호관찰 2차가 남아 있었음으로 크게 걱정하지 않고, 직렬을 선택할 수 있었고 그 해 일차 시험이 어려웠음에도 시험장에서 편안하게 시험을 보았습니다. 헌법, 영어, 한국사는 몇 년 동안 공부했던 과목이고, 심리학도 작년에 보호관찰직에서 1, 2차를 통해 공부했던 만큼 자신이 있었습니다. 준비기간이 짧아 저득점을 걱정했던 교육학도 85점이나 나와 1차 합격은 무난하리라 생각하고 2차 공부에 돌입했습니다.

 (2) 2차 준비를 준비하면서 이번에 합격해야겠다는 생각은 별로 없었습니다. 그냥, 떨어지더라도 작년보다는 잘 보자! 나중에 어차피 2차 할 때 도움된다! 그나마의 절박함이었다면 한번의 기회라도 소중히 하자! 이 정도였습니다. 이 무렵에는 계속되는 시험응시 때문이었는지 공부에 많이 지쳐있던 시기였습니다. 7급 시험에도 응시할 정도로 시험응시는 닥치는 대로 했었습니다. 그렇게 수험 매너리즘에 빠져있을 무렵에 '최 현'이라는 학교친구를 알게 되었습니다. 이 친구도 같이 소년보호직 2차를 준비했었는데, 이상하게 별로 경쟁심이 들지는 않았습니다. 하지만 가끔 만나서 이야기를 해보면 저보다 실력이 좋아 공부하는데 많은 도움과 자극이 되어 주었습니다. 비록 이번 면접에서 고배를 마셨지만, 곧 털고 일어나서 밝은 모습을 찾았으면 좋겠습니다.

 (3) 과목 중에 심리학, 교정학은 무난하게 본 것 같았고 사회학, 사회사업학, 교육학은 의외의 문제가 많아 난감했었습니다. 특히 사회사업학은 작년 2차에서 72점을 맞아서 이번에도 고득점을 예상했는데 전혀 예상치 못한 50

점 큰 문제 때문에 과락을 걱정하기도 했었습니다. 하지만 나름대로 2차 시험장 경험도 있고, 떨어져도 다음에 기회가 있으니… 마음을 편히 갖고 아는 범위 내에서 최대한 실력을 발휘하고자 노력했습니다. 그렇게 편하게 시험을 보았는데 2차에 덜컥 합격되니 참 놀라웠습니다.

굳이 2차 합격의 이유를 찾자면, 예상하지 못한 문제를 대해서도 평소에 가지고 있던 문제의식을 최대한 표출하고자 하였고, 결론에서는 정책적인 접근을 시도했던 점이 점수 획득에 도움이 되었던 것 같습니다. 그리고 작년 2차에서 보았던 겹치는 3과목이 일년 유예의 효과를 내주지 않았나 싶습니다.

7. 3차 면접과 합격

이번부터 개인발표가 추가되고 면접이 강화된다는 보도 속에서 기대하지 않았던 2차와는 달리 명단이 공개된 상태에서 한명이 떨어져야 하는 상황은 무척이나 긴장되었습니다. 하지만 의외로 면접 당일 날은 신문과 인터넷을 통해 정보를 정리한 대로 편안하게 말해 느낌이 좋았습니다. 그리고 집에 돌아와 발표 때까지는 마음을 많이 정리했습니다. 원래부터 합격을 기대하지 않았기 때문에 2차까지만 온 것도 성공한 거다. 떨어지면 '다시 힘을 내자'는 다짐을 많이 했습니다. 그러던 중에 발표 당일날 합격소식을 듣고 무척 놀랐습니다.

'아… 정말 이런 일이 나에게도 일어나는구나. 합격하긴 하는구나' 너무나 감사하고 가슴이 벅찼습니다. 힘겹던 1차, 2차, 3차의 과정이 순식간의 일처럼 느껴졌습니다. 저는 이렇게 합격했습니다…

• 당부의 말

공부 방법에는… 특별한 왕도는 없는 것 같습니다. 남들이 아무리 좋다고 해도 자신에게 맞지 않으면 소용없기 때문에 여러 가지 방법 중에서 자신에게 맞은 것을 택하고 체화시키는 것이 원론적이지만 가장 정답이라고 봅니다. 이것은 각자가 알아서 할 몫이라고 생각합니다. 다만 힘들고 불안한 수험 과정에서 당부의 말을 몇 자 적어 보겠습니다.

1. 자신감을 가지십시오.

수험에서 누구나 초조하고 불안합니다. 같은 상황에 처했을 때 초조함보다는 자신감있게 생활하십시오. 설사 떨어지더라도 자신감있게 떨어지는게 낫습니다.

왜냐하면 그나마 미련은 없기 때문입니다. 생활태도에서도 마찬가지입니다. 안 그래도 불안한 수험생활인데 자신감마저 잃으면 끝없이 위축되고, 위축되는 만큼 성격도 이상해지고 수험생활에도 득이 되지 않습니다.

2. 항상 긍정적이십시오.

수험생활이 길어지면 매사에 부정적이기 쉽고, 성격이 갈수록 날카로워집니다. 자신감이 떨어지는 만큼 상대적으로 자존심은 더 강해지는데 이는 다른 사람에게 뿐만 아니라 자기 자신의 수험생활에도 결코 도움이 안 됩니다. 의도적으로라도 웃으면서 생활하십시오.

처해진 상황을 비관적으로 보면서 공부를 조금이라도 더한다면 그나마 다행이겠지만, 그런 수험생은 거의 없는 것 같습니다. 이왕해야 할 공부라면 열심히 하면 합격할 것이라 믿고 미래에 대한 생각은 버리십시오. 비관적인 생각은 공부뿐만이 아니라 생활에도 도움이 안 되고 건강마저 해칩니다.

3. 쓸데없는 걱정을 만들지 마십시오.

수험생은 책상에 주로 앉아 있다보니 온갖 생각을 다 하게 되는 경우가 많은데, 걱정이 걱정을 낳게 되는 경우를 많이 봅니다. 어떤 문제에 대해 걱정만 하려면 공부를 잠시 접어두고 그 문제를 해결하러 가야지… 아니면 공부를 하는 것이 맞습니다. 쓸데없는 생각을 하는 것 보다는 잠을 자는 것이 낫습니다. 집안문제, 이성문제 등 걱정없는 사람은 없습니다. 분명한건 그런 걱정이 머릿속에 있을 땐 공부가 안된다는 사실입니다.

4. 이성 문제는 각자에 맞게 해결하십시오.

가장 바람직한 방법은 공부만 하는 것이겠습니다. 하지만 이성문제로 인해 공부가 더 안된다면 이성관계를 만들거나, 유지하는 것이 낫다고 봅니다. 또한 이성에 대한 가치관 문제는 사람에 따라 생각하는 바가 각양각색이므로 각자의 스타일에 맞게 하는 것이 공부에 가장 도움이 된다고 생각합니다.

5. 탄력을 두어서 공부하십시오.

일 년을 하루처럼 열심히 공부할 수는 없습니다. 자기에 맞는 공부스타일을 찾아야 합니다. 그냥 거북이처럼 하는 것이 맞는 사람은 그렇게 해야 하고, 토끼처럼 공부하는 것이 맞는 사람은 그렇게 해야 합니다. 전 과목을 공부하는데 있어 시간상으로나 기억능력상으로 처음부터 끝까지 모든 부분을 암기하는 것은 어렵기 때문에 평소에 자기 스타일에 맞게 공부를 하면 탄력있게 공부가 가능하고 효율도 높다고 생각합니다.

6. 너무 성급하게 이루려하지 마십시오.

당장 내년 합격을 목표로 공부하면 오히려 시험기간이 길어집니다. 특히 처음 공부를 시작하는 후배님들은 이를 꼭 명심해주십시오. 특히 이제부터는 유예제도가 없어졌기 때문에 마음을 느긋하게 갖고 장기적으로 탄력있는 공부를 하길 권합니다. 후배들에게 처음 공부를 시작할 때 5년을 잡고 공부를 하라는 충고를 하면 자기를 무시한다고 생각합니다. 고시 최종 합격이라는 목표 앞에 5년이란 세월은 짧다면 짧은 시간입니다. 눈앞의 목표를 달성하기 위해 진짜 목표를 놓치는 우를 범하지 않았으면 하는 바램입니다. 그런 면에서 공안직렬들도 어디 한 직렬에 승부를 걸지말고 출입국, 검찰, 보호관찰, 소년보호 등에 차례로 응시해 본다면 좋은 결과가 있으리란 생각이 듭니다.

7. 마지막으로 우리는 주변의 시선에 많이 흔들립니다. 하지만 그럴 필요가 없습니다. 시험에 떨어져도 나는 '나'입니다. 합격해도 나는 '나'고, 10번을 떨어져도 나는 '나'이지 않습니까? 수험을 도중에 그만두고 배추장사를 해도 그렇습니다. 그냥 무슨 일을 하던지 각자가 선택하는 것이고, 아무리 상황이 괴롭더라도 자기 선택을 믿고 그에 대한 결과에도 수긍할 수 있어야 합니다.

• 마치며

다소 두서없는 글을 늘어놓았지만 그간 27년간의 생활을 돌아보며 솔직하게 적어 보았습니다. 언젠가부터 정신을 차리게 되었습니다. 그리고는 저에게 고시가 인생의 전부가 될 수 없다고 생각했습니다. 계속 고시가 안 된다면 다른 일을 해도 좋겠다고 생각했습니다. 집착 때문에 고시를 계속하고 싶지는 않았습니다.

그 동안 고시가 제 인생의 9할을 차지하도록 하면서 살았던 적이 많았습니다. 고시한다면서 은근히 잘난 척하고, 사람들에게 따뜻한 관심갖지 못해 너무 미안하고 죄송합니다.

대부분의 사람들에게 수험생활은 반쪽 생활입니다. 시간이 갈수록 더욱 힘들어집니다. 빨리 합격하면 물론 좋겠지만, 현실에서는 우연한 계기로 시작해 일찍 합격하는 사람, 진정 국가에 봉사할 생각으로 공부하지만 끝내 합격하지 못하는 사람, 실력은 좋지만 계속 떨어지는 사람이 엄연히 존재합니다. 고시 여정에서 운명의 여신이 언제 나에게 손짓할지 아무도 모릅니다. 그러니까 이왕 공부할꺼면 마음 편히 공부하라고 당부를 드리고 싶습니다. 상황이 어려울수록 더 그래야 합니다. 결국 무슨 일이든 자신의 선택입니다. 누구를 원망할 필요없습니다. 이왕 고시하려고 결정했으면 과감하고 대범하십시오. 작은 일에 일희일비하지 마십시오.

어려운 여건 속에서도 힘들게 공부하는 선배님, 후배님들과 제가 공부하면서 공부로 맺은 인연들 모두 합격하길 진심으로 기원해 봅니다.

저의 합격은 제가 잘나서 합격한 것이 아닌 것 같습니다. 일일이 나열할 수도 없는 모든 인연들이 오늘의 저를 만들어 주었습니다. 저를 둘러싼 모든 인연들에게 감사합니다. 일일이 다 보답할 수는 없지만 바르게 사는 훌륭한 공무원이 되도록 열심히 노력하겠습니다.

14전 15기

— 검찰사무직 3차 면접에서 탈락한 후 9년,
공부한지 15년만에 끝내 합격의 영광을 따낸 인고의 세월 … —

조 승 래
· 제49회 행정고시 합격
· 1970년 2월 25일
· 함안 군북고 · 부산대학교 법학과 졸업

• 들어가면서

　시험에 합격하면 꼭 합격기를 한번 쓰겠다고 다짐했었는데 공부를 시작한지 15년 만에 쓰게 됩니다. 이번에도 합격을 못했으면 내년에는 나이관계상 아예 시험응시자격도 없는 상황이었습니다. 최연소를 꿈꾸다가 최고령이 된 꼴입니다. 그래도 개인적으로는 1996년도 행시 검찰사무직 3차 면접시험에서 탈락한 후 9년만의 합격이어서 정말 기쁩니다. 그런데 막상 책상 앞에 앉으니 무슨 말을 써야 될지 고민이 많이 됩니다. 15년 동안이나 공부하고 합격한 것이 무슨 자랑이라고. 사실 부끄럽습니다. 그냥 이런 사람도 시험 합격했구나 하고 부담없이 읽어주십시오. 아마 제가 써야 할 글의 내용이 "이렇게 공부하면 합격한다"가 아니라 "이렇게 하면 절대 합격 못한다"가 되어야 할 것 같습니다.
　공부 시작한 이후로 간단한 메모형식으로 일기를 써왔기에 기억을 더듬어서 그 동안의 과정을 한번 적어 보도록 하겠습니다.

• 검찰사무직 지원동기

　어릴 때부터 소방공무원인 삼촌의 영향으로 공무원이 되어야겠다는 생각을 갖게 되었습니다. 그 영향인지 경찰이나 소방공무원에 응시하고 싶었는데 결정적인 신체적 결함 때문에 포기할 수밖에 없었습니다. 고등학교 때 1년에 한번씩 하는 신체검사가 얼마나 싫었는지 모릅니다. 눈이 색약이기 때문입니다. 다른 친구들은 검사표상의 글씨가 잘 보이는데 저는 아무리 뚫어지게 쳐다봐도 보이질 않아서 그 당시 생물참고서 앞에 있는 색약검사표를 형광등앞에서 얼마나 뚫어지게 쳐다봤는지 모릅니다. 그전보다는 색약으로 인한 차별이 많이 해소 되었겠지만 아직까지도 많은 차별이 남아 있는 것 같습니다. 그래서 생각한 것이 신체조건상 아무런 차별이 없는 행정고시 검찰사무직이었습니다.

• **수험과정**

검찰사무직을 대학 3학년때인 1991년도부터 응시했는데 많은 세월이 지났음에도 바로 어제 일처럼 생각납니다.

(1) 1991년(1차 불합격)

당시에는 헌법, 민법총칙, 국사, 영어, 정보체계론이 시험과목이었는데 정보체계론에 대한 정보부족으로 합격선에서 2문제 차이로 낙방했습니다. 그래도 성적을 확인하고 나도 내년에는 반드시 합격할 수 있겠구나하는 자신감을 가지게 되었습니다. 그리고 법학관 도서관에서 옆자리에서 공부하던 분이 시험에 합격한 걸 보고 고시합격이라는게 내 주위에서 일어날 수 있는 일이라는 생각에 더 자신감이 생기기 시작했습니다. 그 분은 그때 행정고시 최종합격으로 경찰에 입문해 경찰서장을 하고 있는 것으로 알고 있습니다.

(2) 1992(검찰사무직 1차 합격)

전년도의 다짐대로 정말 열심히 해서 합격선보다 훨씬 남는 점수로 1차 시험에 합격했는데시험발표 전날 얼마나 불안했던지 부산에서 동해안까지 가는 버스를 타고 무작정 강릉까지 바다를 보면서 올라갔습니다. 강릉에 도착해 저녁을 먹고 공중전화로 합격여부를 확인했는데 ARS에서 흘러나오는 합격 멘트를 듣고 나도 이제 진정한 고시생이 되었다는 자부심에 정말 뛸 듯이 기뻤습니다. 그 이후 14년 동안의 긴 여정이 될지도 모르고 말입니다. 강릉에서 다시 부산으로 내려오는데 갈 때는 느끼지 못했던 거리가 왜그리 멀고 길게 느껴지던지… 발표전날의 긴장감은 표현할 수 없을 정돕니다.

이때 2차 준비는 거의 되어있지 않았지만 1차에 합격한 선후배들과 부산에서 기차를 타고 서울로 갔습니다. 지금은 KTX열차라도 있지만 그 당시에는 무궁화호 열차를 타고 완전히 소풍가는 기분으로 서울에 갔습니다. 내년에는 반드시 완벽하게 준비해서 시험장에 가겠다는 다짐과 함께! 그 당시 성균관대에서 시험을 치렀는데 그때 감독관으로 들어오신 분이 현재 중앙인사위원회 인재채용과장으로 계시는 정윤기과장님입니다. 그 당시 연수생신분으로 감독하러 오신 걸로 알고 있습니다. 요즘은 시험문제지를 일일이 나눠주지만 그 당시에는 칠판에 문제지 두루마리를 붙이고 호루라기 신호와 함께 두루마리를 찢어 내리는 방식으로 진행하였습니다. 옛날의 과거시험처럼!

(3) 1993(2차 불합격)

첫날 국민윤리시험부터 치기 시작했는데 엄청난 실수를 범하고 말았습니다. 25점짜리 문제하나를 아예 제목도 적지 못하고 시험장을 나온 것입니다. "절대적 윤리설에 대해 논하라"는 문제가 나왔는데 지금 생각하면 개념이라도 몇 줄 적었을 텐데 그 당시에는 워낙 경험도 없고 당황해서 마지막 5분 동안 그대로 가만히 있다가 시험장을 나왔습니다. 설마 과락이 나올까 하고. 그때 몇 줄이라도 과감하게 적고 최선을 다했더라면 이렇게 까지 고생하지 않았을텐데 하며 두고두고 후회하고 있습니다. 마지막 교정학 시험을 치르고 국민윤리만 과락이 아니면 합격하겠구나 생각하면서 시험장을 나왔습니다. 그러나 결과는 불합격! 예상했던대로 국민윤리가 39.33점으로 과락이 나왔습니다. 40점만 받았으면 합격이었는데 말입니다. 그때 마지막 1분까지 최선을 다했더라면 이렇게 10년이상 허비하지 않았을텐데 지금도 뼈저리게 후회하고 있습니다.

(4) 1994(1차 불합격, 법원행시 1차 합격, 2차 불합격)

2차 불합격의 충격(?)으로 검찰사무직 1차 시험마저도 불합격했습니다. 군대를 안갔기에 그냥 포기하고 군대에 갔다 와서 공부할까 하는 생각도 했지만 일단 법원행시를 보기로 했습니다. 다행히 법원행시1차를 합격하고 20일간의 2차준비를 했습니다. 아마 이때가 총시험 준비기간중 가장 열심히 한 것 같습니다. 신림동 뺀엘독서실에서 식사시간을 제외하고는 오로지 공부만 했으니까요. 당연히 합격할 것이라고 생각했습니다. 그런데 불합격이었습니다.

500점 만점에 총점 1점차이로 불합격이었습니다. 역시 국민윤리라는 놈의 과목이 저득점의 주원인이었습니다. 그리고 21명모집에 23등이었습니다. 정말 허탈했습니다. 시골에서 평생 농사지으면서 고생하고 계시는 부모님께는 도저히 얼굴을 들 수 없을 정도로 부끄러웠습니다. 내 능력이 이 정도 밖에 안되나하는 생각에 신세한탄도 참 많이 했습니다. 그런데 시험성적이 합격선과 많이 차이가 나면 포기를 할텐데 계속 될 듯 말 듯 하니까 쉽게 포기를 할 수도 없었습니다. 그래서 군입대는 합격이후로 연기하고 내년에 다시 한번 검찰사무직에 도전하기로 했습니다.

(5) 1995(검찰사무직 1차 합격, 2차 불합격)

새로운 다짐으로 열심히 한 결과 1차는 합격이었습니다. 2차는 신림동에서 2달간 준비하면서 열심히 했지만 동차는 역시 힘들다는 생각과 함께 또 실패의 한해를 마감(?)했습니다.

이때 시험기간 중 형사소송법을 치르는 도중 시험이 중단되는 일이 있었는데 S대 모교수가 중간고사에 냈던 문제를 그대로 출제했던 것입니다. 그 때문에 시험을 중단하고 휴식후 다시 시험을 치렀는데 정말 황당했습니다. 첫 번째 문제를 볼 때 너무 집중을 해서 두 번째 문제를 보니까 생각이 거의 나지 않았습니다. 비록 저는 형소법 때문에 떨어지지는 않았지만 수험생중 피해를 입은 사람이 많았을 겁니다. 출제교수의 부도덕함과 고시당국의 무능함의 합작품이었던 이런 일이 두 번 다시 일어나지 않기를 바래봅니다.

(6) 1996(검찰사무직 2차 합격, 3차 불합격)

올해도 떨어지면 이번에는 진짜 군입대를 해야 했었기 때문에 시험마지막까지 최선을 다한다는 각오로 성균관대에서 시험에 응했습니다. 2차시험이 끝난 후 선배님과 성균관대 후문 통닭집에서 시원한 호프한잔을 마시던 기억을 잊을 수 없습니다. 시험난이도가 조금 높은 것 같아 걱정을 많이 했지만 최선을 다했기 때문에 만족했습니다. 시험을 보고난 후 고향인 경남 함안에 있는 고시원에 내려가서 발표를 기다리면서 법원행시준비를 했습니다. 그러던 중 그해 8월에 평소 건강이 좋지 않던 형님이 대구 동산의료원에서 뇌수술을 받게 됐는데 농사일로 바쁜 어머님이 두 달이 넘게 아픈 형님 병간호 하신다고 얼마나 고생하신지 모릅니다. 형님이 간질을 앓고 있어 뇌수술을 받았는데 병원에서 본 형님은 평소보다 머리가 두 배 정도로 부어서 꼼짝도 못하고 누워있었습니다. 형님을 보는 순간 눈물이 왈칵 쏟아져서 더 이상 보지 못하고 병원을 뛰쳐나왔습니다. 집안에 아픈 사람이 있는 분들은 잘 아시겠지만 아픈 사람은 물론이고 옆에서 병간호하시는 분들의 고생은 말로 표현하기 힘듭니다.
　병원에서 두 달 내내 농사일도 팽개치고 형님 병간호를 하시던 어머니의 모습은 아직도 잊을 수가 없습니다. 그래도 다행히 형님 수술이 성공적으로 끝나고 이제 제가 시험만 합격하면 그 동안 부모님 고생하신거 한꺼번에 보답해드릴 수 있다는 생각에 얼마나 들떠있었는지 모릅니다. 합격자 발표전날 마산에 나가서 비디오한편을 보고 그래도 발표가 나지 않아 다시 고시원으로 돌아오는 길에 친구로부터 삐삐음성메시지가 들어왔습니다. 2차시험에 합격 했다는 통보였습니다. 너무나 기뻤습니다. 이제 모든 게 잘 풀리는구나 하는 생각에 절로 웃음을 나올 지경이었습니다. 병원에서 형님 병간호를 하고 계시던 어머님께 바로 전화를 드렸는데 어머니가 그 동안 얼마나 고생을 하셨는지 아무 말씀도 못하시고 그냥 우시기만 하셨습니다. 형님 수술도 잘되고 저의 시험도 합격하고 모든 것이 순조롭게 풀리는 듯 했습니다. 당시 검찰사무직 2차시험 합격자 6명중 1명이 탈락할 운명이었는데 저는 면접을 걱정하지 않았습니다. 그 동안 최선을 다했고 다른 가족들도 저로 인해 엄청난 고생을 했는데 설마 내가 떨어질까 생각했습니다. 더군다나 저는 아직 군대도 안 간 상태에서 더 마음을 놓고 있었는지도 모릅니다. 그렇게 생각하고 별다른 준비없이 마음 편하게 면접에 임했는데 그게 문제였습니다. 집단 면접때 공소시효와 관련하여 토론주제가 주어졌는데 답변을 제대로 하지 못했습니다. 면접을 보고 와서 조금 걱정은 됐지만 그래도 설마하는 생각으로 발표를 기다렸습니다. 행시 최종발표가 나기 전 9월 달에 본 법원행시 1차 시험 발표가 있었는데 1차에 합격했다는 소식이 들려왔습니다. 그리고 행시 최종발표 전날 형님이 수술 후 퇴원해서 시골집에 있었기 때문에 형님얼굴도 볼 겸 시골집으로 갔습니다. 그런데 저녁을 먹고 어머니, 형님, 아버지와 이야기를 나누고 있는데 전화가 울렸습니다. 외삼촌 전화였는데 합격자 명단에 없다는 겁니다. 순간의 침묵과 함께 어머니와 형님이 힘내서 다시 한번 도전하면 되지 않겠느냐 고 하였습니다. "형님수술도 잘됐고 네 시험도 합격했으면 좋았을 텐데 하늘이 두개를 동시에 선물을 주는 것이 아닌 모양이다"라고 격려하시는 어머니의 말씀은 도저히 귀에 들어오지 않았습니다. 내가 뭘 잘못했길래 저 개인적인 사정뿐만 아니라 형님 건강을 비롯하여 모든 집안 사정이 어려운데 이렇게 큰 고통을 주는지 세상이 정말 원망스러웠습니다. 술 많이 마시지 말라는 당부를 뒤로 하고 무작정 집을 나와 고시원으로 갔습니다. 정말 하늘이 노랬습니다. 고시원방에 조금 앉아 있다 마산으로 가기로 하고 도로변으로 나가 화물차를 얻어 타고 마산으로 갔습니다. 마산으로 가는 도중 그때 차를 태워준 기사분이 말을 걸어오는 바람에 눈물을 참느라 얼마나 고생했는지 모릅니다.

세월이 지나 지금 생각하면 나쁜 일도 하나의 추억이 될 수 있는데 면접 불합격은 지금 생각해도 너무 끔찍한 추억입니다. 최종발표 1주일 후 법원행시 2차시험이 있었는데 도저히 시험보러 서울에 갈 기분이 아니었습니다. 그래서 법원행시 2차를 포기하고 그날 이후 고시원방에서 하루 종일 누워 있다가 저녁만 되면 고시원 앞 슈퍼에 술 마시러 가는 일이 하루 일의 일과가 되다시피 했습니다. 상상이 가실런지 모르겠지만 거의 폐인과 다름이 없었죠. 보다 못한 외삼촌이 돈40만원을 주면서 혼자 여행이나 다녀오라고 하셨습니다. 그래서 그 돈을 들고 무작정 한번도 가본 적이 없는 전남 여수를 향해 갔습니다. 해질녘 여수터미널에 도착해 버스에서 내렸는데 "여수여고 졸업생 누구누구 제40회 행정고시최종합격"이라는 대문짝만한 플랭카드가 눈 앞에 들어왔습니다. 나도 발표가 나기 전에는 저렇게 플랭카드가 당연히 걸릴거라고 상상하면서 지냈는데 이렇게 혼자서 방황하는 제 모습을 생각하니까 정말 미칠 것만 같았습니다. 바람이 세차게 부는 바닷가에 혼자 앉아 소주를 마시면서 이제는 이렇게 지내지 말고 군입대를 해야겠다고 결심했습니다. 그때 소방공무원인 삼촌은 제가 여수에 갔다는 이야기를 듣고 혹시 자살하러 간 게 아닌지 걱정을 많이 하셨다고 합니다. 제가 욕심이 많아서 그럴 사람이 아닌데도 말입니다.

(7) 1997-1998(공익근무, 행시2차 불합격)

1997.1.6. 육군39사단에 들어간 저는 4주 동안 공익근무 기초훈련을 받았습니다. 추운 날씨와 훈련교관들의 무식한 욕설 때문에 정말 스트레스를 많이 받았습니다. 나이가 많이 들어서(만27세) 입대를 한 탓에 스트레스를 더 많이 받았던 것 같습니다. 교관들이 권위가 아닌 욕설로서 훈련병들을 통제하려는 모습때문에 더욱 더 힘들었던 것 같습니다. 그 당시 눈이 참 많이 내렸는데 소위. 중위되는 교관들이 자기들이 솔선해 눈을 치우면서 훈련병들

을 독려하는게 아니라 한손엔 몽둥이, 한손은 뒷짐을 진채 욕설과 명령이 반복됐습니다. 포로수용소를 상상하시면 될 겁니다. 이런 사람들이 아마 지금쯤 소령이나 중령쯤 됐겠죠. 공무원사회에도 이런 사람들만 있다면 대한민국의 미래는 암담하겠다고 생각했습니다.

훈련을 마치고 함안군에 있는 인구가 1,000명이 채 안되는 조그만 면사무소로 발령받아 주민등록등.초본 발급하는 일을 보조하는 공익근무를 시작하였습니다. 3차면접에 떨어진 사람에게는 2차 응시자격이 주어졌지만 최선을 다하지 못했습니다. 사실 그 당시에는 공부에 지쳤고 또 이제는 행시에 합격해도 저한테는 별 의미가 없다는 어리석은 생각에 공부에 별로 신경을 쓰지 않았습니다. 그냥 막연히 시험이 닥치니까 응한다는 생각으로 시험을 치렀습니다. 2차 결과는 당연히 낙방이었지만 3차 면접에서 떨어질 때 워낙 충격이 컸던 탓인지 별로 속도 쓰리지 않았습니다. 이제는 행정고시 검찰사무직은 절대 응시하지 않는다는 생각으로 노동법이나 교정학등 서브노트를 모두 불태워버렸습니다. 그 댓가로 2005년도 시험을 응시하면서 다시 서브노트를 만드느라 정말 고생했습니다. 그런데 지금 나이를 꽉 채워서 합격을 해도 기분이 너무 좋습니다. 그 당시에 쉽게 포기하지 않고 열심히 했더라면 하는 생각을 해봅니다. 1998.6.25. 공익근무소집 해제 후 모교인 부산대로 짐을 싸들고 부산대고시반으로 들어갔습니다. 몇 달간의 준비로 법원행시1차에 응시하였으나 역부족으로 불합격했습니다.

(8) 1999(행시교정직 1차 합격, 2차 불합격)

해도 바뀌고 올해는 뭐든지 하나는 해서 시험에서 탈출해야한다는 생각으로 행정고시 교정직에 동차합격을 목표로 공부를 시작했습니다. 2차과목인 심리학을 집중적으로 공부하면서 1차준비를 했습니다. 1차는 무난하게 합격하고 2차준비를 위해 신림동으로 올라가서 2차준비를 했습니다. 행정법을 시작으로 1주일 동안 무난하게 시험을 치렀다고 생각했습니다.

합격에 대한 자신감이 있어서 시험 시작 후 처음으로 제 명단을 확인하기 위해 상원서적으로 내려갔습니다. 그런데 마땅히 있어야 할 제 이름이 보이질 않았습니다. 꼭 될 줄 알았는데, 이번에는 반드시 시험이라는 지옥에서 벗어날 수 있을 거라고 생각했는데 참 마음대로 안되는구나 생각했습니다. 혼자서 걸어서 신림동에서 봉천동 신림사거리를 한바퀴 돌면서 마음을 달랬습니다. 그리고 예전처럼 술도 마시지 않고 독서실로 바로 들어가서 책을 봤습니다. 시험성적을 확인해보니 행정법이 40.00점으로 총점 500점만점에 1점차이로 불합격이었습니다. 합격하면 행정법때문일거라고 생각했는데 40점이라니. 나중에 보니까 완전히 엉뚱한 내용으로 10장채우고 혼자서 좋아했던 것입니다. 당시 행정법문제가 모든 행정법교과서에 나와 있는 위헌인 법률에 근거한 행정행위의 효력에 대한 헌재의 최신 판례와 관련된 내용이었는데 제 책은 오래된 책이라 그런 내용은 전혀 없었습니다. 완전히 최신 정보를 무시하고 공부한 탓이었습니다.

(9) 2000(법원행시 1차 합격)

(10) 2001(법원행시 2차 불합격, 행시교정직 2차 불합격)

(11) 2002(형님의 사망)

셀 수도 없이 시험에 떨어져서 그런지 이제는 떨어져도 별로 충격도 크지 않았습니다. 이제 확실하게 노장수험생의 길로 접어들었는데 다른 길을 모색 하지 않은 채 신림동에 남아 있는게 정말 괴로웠습니다. 시골에서 농사를 짓고 계신 부모님과 형님 생각에 많은 고민을 하면서도 막상 다른 대안을 찾으려고 노력하지는 않았습니다. 그런데 6월초에 충격적인 일이 발생했습니다. 캔맥주 하나를 사들고 친구 기영과 함께 서울대입구 공원에서 맥주를 마시고 있는데 외삼촌으로부터 한통의 전화가 왔습니다. 건강이 안 좋아 시골에서 부모님과 함께 농사를 짓고 계시던 형님이 갑자기 사망했다는 소식이었습니다. 1996년도에 성공적으로 수술을 마친 이후로도 간간히 나타나는 간질현상 때문에 고생을 하고 있긴 했지만 사망을 할 정도의 질병은 아니었는데… 제가 너무 사랑했던 정말 저에게는 한없이 배풀기만 했던 착하디착한 형님이 그 누구보다 부지런하고 다정했던 형님이 말한마디 남기지 못하고 그냥 그렇게 가버린 것입니다. 돌아가시기 며칠 전 진주에 있는 병원에 약타러 왔다고 진주역앞 공중전화에서 신림동으로 전화가 왔었는데 "집 걱정은 하지 말고 공부나 열심히 해라"라고 했던 한마디가 마지막 대화일줄은 꿈에도 생각지 못했습니다. 부모님의 충격은 이루 말할 수 없을 정도였습니다.

36살이 될 때까지 몸이 안좋아 결혼도 하지 못하고 힘든 집안일이며 농사일까지 그 어느것하나 소홀함이 없었던 믿음직하고 착하던 형님이 이 세상이 없다니 도저히 상상이 되질 않았습니다. 형님의 유해를 고향 인근 야산에 뿌리고 집으로 돌아오면서 이제는 제 욕심만 가지고 공부 하지 않겠다는 결심을 했습니다. 설사 공부를 하더라도 직장을 가지고 공부할 생각을 굳혔습니다. 그래서 생각한 것이 대한법률구조공단이었습니다. 12월에 필기시험을 치르고 최종합격을 통보받았습니다.

(12) 2003(대한법률구조공단 입사, 아내 박은현과의 만남, 법원행시 1차불합격)
　3월2일부로 대한법률구조공단 본부에서 3일 동안 동기생 7명과 연수를 받았습니다. 그런데 7명 모두 고시1차 합격 경력이 몇 번씩이나 되는 고시유경험자들이었습니다. 그중에는 서울 법대출신분도 있었고 평균나이는 35세 정도였습니다. 모두 공부에 찌들어서 그런지 그렇게 밝은 인상들은 아니었던 것 같습니다. 3일 연수가 끝나고 뿔뿔이 흩어져 저는 포항출장소에서 만33세의 나이로 첫 출근을 했습니다. 늦은 나이에 시작한 첫 직장생활이었지만 공단직원분들의 과분한 환대속에 직장생활을 해나갔습니다. 공단이 굉장히 젊은 조직(40대초인 계장님을 제외하고 나머지 6명은 30대 초중반)이라 퇴근 후에는 인근 한동대 운동장에 가서 미니축구도 하고 기분좋게 술도 마시고 정말 즐거운 생활을 했습니다. 이런 조직에 조금 더 일찍 들어오지 않은 게 후회될 정도였습니다. 공단업무도 오로지 약한 사람. 힘없는 사람. 법을 모르는 사람들을 돕는 일이었기 때문에 보람도 있었습니다. 그 와중에 포항출장소 김기범계장님의 구박(?)이 시작되었습니다. 하루에도 몇 번씩 빨리 장가가라는 말씀에 거의 노이로제가 걸릴 지경이었습니다. 정말이지 잔소리가 듣기 싫어 결혼을 해야겠다는 생각이 들 정도였으니까요. 여름쯤 고향후배인 성주의 소개로 교통방송의 리포터로 일하고 있는 아내를 만났습니다. 처음 만난 날 술을 많이 먹어서 실수를 많이 했던 것 같습니다. 그 이후로는 서로 연락이 없다가 포항에서 부산으로 가는 버스에서 흘러나오는 라디오방송에서 우연히 목소리를 듣게 되었습니다. 그래서 연락을 하게 되었는데 그 일로 인연이 되어 결혼까지 하게 되었습니다. 얼마 안 되는 월급과 제가 가지고 있는 고시생들의 이상한 성격(?)에 많은 나이에도 불구하고 아내는 제 이야기면 뭐든지 이해하려고 노력했고 정말 헌신적이었습니다. 그래서 부담없이 공부할 수 있었고 그러면서도 법률구조공단에서 하는 일이 전부 법과 관련된 일이기 때문에 일을 하면서도 책을 놓을 수가 없었습니다. 하루에도 몇십

건씩 쏟아지는 법과 관련된 질문에 민법.민소법.형법.형소법등을 틈틈이 보았습니다. 그러면서 법원행시1차에 응시하였으나 아깝게 불합격하였습니다.

(13) 2004(결혼, 행정고시 검찰사무직 1차 합격)

5월 달에 결혼을 할 예정이었으나 부모님의 강력한 권유로 1월초에 결혼을 하게 되었습니다. 설악산으로 신혼여행을 다녀온 후 1996년도에 면접탈락으로 충격을 받아 그 동안 다시는 응시하기 싫었던 검찰사무직을 다시 한번 볼까 생각했습니다. 법률구조공단사무실이 대부분 검찰청에 배치되어 있기 때문에 검찰청직원분들이 하는 일을 보면서 내심 많이 부러웠기 때문인지도 모릅니다. 1996년 행시 면접시험에 합격했더라면 내가 저 자리에 앉아서 일하고 있을텐데라는 생각도 떨칠 수가 없었습니다. 그래서 제 나이가 2006년이면 연령초과로 더 이상 행정고시를 응시하려 해도 할 수 없다는 생각에 마지막으로 원 없이 한번 해보자는 생각으로 응시결심을 굳혔습니다. 1차대비로 각 과목당 1권의 문제집을 마련하여 1달간의 준비를 하고 후배 창재와 함께 대구에서 시험을 보았습니다. 상대적으로 공부를 덜한 국사가 너무 어렵게 출제되어 저한테는 유리하게 작용한 것 같았습니다. 정말 운 좋게도 합격선에 걸려 합격을 했습니다. 지금껏 1차에 합격 때 이렇게 아슬아슬하게 합격한 적이 없어 더 기분이 좋았습니다. 1차 발표 다음날 퇴근만 하면 집근처 독서실에 나가 공부하기 시작했습니다. 일단 공부량과 관련하여 욕심을 내지 않기로 하고 과목당 기본서 한권과 케이스집 한권을 정하고 공부를 시작했습니다. 선택과목은 법률상담을 하면서 항상 민법을 대하기에 민법을 선택하였습니다. 일주일간의 휴가를 내서 신림동으로 갔습니다. 2차 시험 후 행정법만 과락이 아니면 합격하겠구나 하는 생각을 했습니다. 그리고 2차합격자 발표날 제가 근무하던 포항출장소가 본부의 감사기간이라 휴가도 가지 못하고 사무실에서 발표를 기다렸습니다. 그런데 오후2시가 되어도 개별 통지를 보냈다는 핸드폰 문자메세지가 들어오질 않는 겁니다. 불합격!! 그래도 예전처럼 충격은 받지 않았습니다.

제게는 저를 믿어주는 사랑하는 아내가 있었고 내일 아침 당장 출근할 수 있는 직장이 있었으니까요. 성적확인 결과 행정법과락과 민법의 저득점이 주원인이었습니다. 행정법 점수가 33점이었는데 저는 처음에 고시당국이 25점짜리 문제의 점수를 합산하지 않은 것이 아닐까하는 생각이 들 정도였습니다. 민법도 46점이 나왔는데 다른 선택과목과 비교해 많이 불리하게 작용한 것 같았습니다. 그래서 행정법은 그 동안 봤던 교과서를 버리고 장태주저 행정법 한권만 새로운 기분으로 보기로 하고 구입했습니다. 그리고 민법도 사무실에서 상담을 하면서 항상 대하는 책이긴 하지만 시험에서는 다른 선택과목과 관련 불리하게 작용할 것 같아 1996년 이전에 선택했던 노동법으로 바꿨습니다. 2004년 연말에는 공부를 하지 못하고 행정법교재와 노동법교재를 사서 쌓아 둔 걸로 만족했습니다. 내년에는 반드시 합격할 수 있다는 다짐과 함께!!

(14) 2005(최종합격!!)

새해 포항 칠포해수욕장에서 아내와 함께 일출을 맞이하면서 올해는 정말 열심히 해서 반드시 합격하리라 다짐했습니다. 좋아하는 술도 자제하리라는 다짐과 함께!! 사무실에서 회식등 특별한 사정이 없는 한 퇴근만 하면 집근처 독서실로 향했습니다. 주말부부를 하기에 평일은 시간을 많이 확보할 수 있었습니다. 주말에는 포항으로 올라온 아내와 함께 한동대 도서관에서 같이 공부하고 지루할 땐 인근 바닷가 해수욕장이나 영덕쪽으로 드라이브도 갔습니다. 그러던 중 3월 2일자로 포항에서 경북 상주출장소로 발령을 받았습니다. 인사이동으로 어수선한 분위기에 거의 10일 이상 공부를 하지 못해 많이 걱정했지만 상주출장소가 포항보다는 업무량이 다소 적은 관계로 심리적으로 공부를 하기에는 편했습니다. 특히 상주출장소의 선임직원분인 정달호님과 순진씨, 두 분 법무관님들이 정말 마음 편하게 대해줬기 때문에 그 또한 큰 힘이 됐습니다. 상주 출근 다음날부터 퇴근 후엔 집으로 가 간단히 밥을 해먹고 사무실에 다시 들어와 밤12시 전 후 까지 공부를 했습니다. 상주에서도 역시 주말부부를 했기 때문에 주말에는 상주에 올라온 아내와 상주대 도서관에 나갔습니다. 제 업무성격상 하루 종일 민원인과 전화 및 면접상담을 하기에 업무를 마치면 거의 진이 다 빠질 지경이었지만 그래도 저한테는 마지막 기회인지라 최선을 다했습니다. 그 와중에 제일 괴로웠던 건 퇴근 후 책상위에 잠깐 엎드려 쉰다는게 일어나보면 한 두시간이 흘러버린 일이었습니다. 친구들은 휴직계를 내고 공부하라고 권유했지만 그렇게 되면 시간이 많다는 이유로 또 나태한 생활에 빠질 것 같아 휴직하는 문제는 아예 생각도 하지 않았습니다. 시간이 조금 부족하더라도 현재의 위치에서 최선을 다하자는 생각이었습니다. 공부범위는 최대한으로 줄이고 가지고 있는 자료만이라도 반복해서 보자는 전략으로 공부를 하니 오히려 시간이 남을 정도였습니다. 여태까지 제 수험 경험상 괜히 방대한 자료만 모아두었다가 마지막에는 아무것도 제대로 정리하지 못하고 그냥 두리뭉실하게 답안작성을 해온 것이 실패의 원인이었다는 생각에 마지막에 보지 못할 자료는 과감하게 쓰레기통으로 집어넣었습니다. 답안지에 써 넣을 수 있는 단어 몇 개만 기본서에 적어 넣고 자료를 버리는 재미가 너무 좋았습니다. 2차시험일 1주일전까지 거의 단권화가 완성되었습니다. 7일간의 여름휴가를 내 배낭을 메고 시험일 이틀 전에 신림동에 있는 후배 준기의 자취방에 자리를 잡고 시험을 보러 다녔습니다. 마지막까지 최선을 다한다는 각오로 그러나 긴장하지 않고 시험에 임했습니다. 행정법을 제외하고는 무난하게 본 것 같아 사무실의 이런저런 일처리를 하면서 합격자 발표일을 기다렸습니다. 발표당일 민원인과 법률상담을 하고 있던 중 휴대폰 문자메시지로 2차합격통보가 왔습니다. 민원인이 앞에 앉아 있는데도 기분이 너무 좋아 벌떡 일어나는 바람에 저하고 상담하고 있던 분이 정말 놀랐을 겁니다. 그러나 기쁨도 잠시 2시간! 2차에 4명이 합격했고 최종 3명만 합격한다는 생각에 면접이 슬슬 걱정되기 시작했습니다. 2차 합격 후 시골집의 부모님과 친척분들 모두가 아주 기뻐하였으나 저는 지난번의 면접 공포 때문에 축하전화를 아예 받지 않았습니다.

  서울에 있는 2차합격자들은 면접스터디를 한다고 난리인 것 같은데 저는 토요일에 춘추관에서 하는 면접설명회에 한번 다녀온 걸로 만족하고 혼자서 면접준비를 했습니다. 점심시간에 시간을 내 혼자 산책을 하면서 중얼중얼 연습을 했습니다. 그리고 면접당일 절대 예전처럼 개별면접 때 면접관님 앞에서 떨지 않으리라고 다짐했습니다. 그러나 면접당일 면접실에 들어가기 전까지만 해도 떨리지 않던 다리가 면접실에 들어가 3분의 면접관님들을 보는 순간 다리가 후들거리면서 떨리기 시작했습니다. 개인발표도 덜덜 떨면서 겨우 마쳤고 면접관 님 질문에 제 생각대로 제대로 답변도 하지 못했습니다. 면접을 잘못 본 것 같아 최종발표 때까지 퇴근 후 거의 술만 먹고 지냈습니다. 너무 괴로워서 다시는 면접 보는 시험은 안 본다는 생각을 했습니다. 발표하루 전에 보통 발표가 나지만 저는 이미 휴가를 다 써버렸기 때문에 사무실에 나와야 했습니다. 오후 2시에 발표가 난다고 하는데 너무 초조해서 법률상담도 제대로 하지 못했습니다. 그래서 선임직원분께 양해를 구하고 점심때 사무실을 나와 무작정 차를 몰고 영주쪽으로 향했습니다. 영주 부석사까지 갔다 오기로 생각하고 출발하였으나 눈이 많이 와서 돌아올 때 고생할 것 같아 문경새재에 있는 문경온천에 들어갔습니다. 딱1시간만 기다리면 합격자발표가 나는데 너무 긴장이 되서 목욕탕안에서 기다리기로 했습니다. 정말 1시간이 그렇게 길게 느껴진 적은 없었던 것 같습니다. 정말 숨이 넘어갈 듯한 기분으로 탕에서 나와 목욕장 캐비넷을 열었습니다. 합격했으면 핸드폰이 반짝일거고 불합격이면 반응이 없을 거라 생각하고 핸드폰을 꺼냈습니다. 행운의 불빛이 반짝거리고 있었습니다. 뚜껑을 열자 후배 창우로부터 "합격을 축하합니다"라는 문자메시지와 함께 그외 많은 부재중전화가 와 있었습니다. 한동안 알몸으로 목욕탕 캐비넷을 붙잡고 울먹였습니다. 제가 합격해서 기쁘다기보다는 그 동안 절 위해 셀 수 없는 고생을 하신 부모님과 먼저 간 형님께 최소한의 보답을 해드렸다는 생각에 가슴이 터질 것 같았습니다. 그 후 늦은 나이에 합격했음에도 불구하고 제가 감당하기 벅찰 정도로 주위 분들이 너무 과분한 축하를 해주셨습니다. 너무 감사드립니다.

• 공부방법론

  늦은 나이에 마지막으로 합격했는데 무슨 좋은 방법이 있겠습니까마는 제 경험을 빌어 2차시험에 대해서 간단하게 말씀드리겠습니다.
  (1) 교재선택
  웬만하면 한번 선택한 교재를 바꾸지 말라는 것입니다. 가장 많은 사람들이 보는 교재를 선택하면 그것으로 끝입니다. 남의 이야기 듣지 마시고 그 교재만 반복해서 보십시오. 반복해서 교재를 정독하다보면 내 교재에 뭐가 빠지고 없는지 알 수 있게 됩니다. 그때 단문집이나 보충자료등을 참고해서 끼워 넣으면 됩니다. 교재를 자주 바꾸는 사람치고 빨리 합격하는 사람 못 봤습니다. 저를 포함하여!
   *행정법교재 : 장태주저 행정법(기본서), 김연태사례집, 2년간 고시잡지 모범답안
   *형법교재 : 신호진형법론(기본서), 이재상사례집, 이인규형법강의(참고), 2년간 고시잡지 모범답안

*형사소송법 : 이재상 형소법(기본), 이재상사례집, 광장출판사 단문집.2년간 고시잡지 모범답안
　*노동법 : 김명수주관식노동법(기본), 김유성노동법(참고), 김형배 노동법(참고), 2년간 고시잡지 모범답안
　*교정학 : 배종대교정학(참고), 이윤호교정학(참고), 7급교정학문제집요약부분(기본), 한국교정학회논문집, 2년간고시잡지모범답안,
　(2) 소위 고시장수생에게

　신림동이든 어디에 계시든 "귀하는 합격자명단에 없습니다"라는 ARS멘트를 너무 많이 들어 매너리즘에 빠져 헤어나지 못하는 분께 한번 진로의 방향을 바꿔보라고 말씀드리고 싶습니다. 저도 대한법률구조공단에 입사하기로 결정했을때 신림동의 선후배들이 많이 말렸습니다. 들어가면 영원히 안주할 것이고 공부하는 것이 결코 쉽지 않을거라고… 그러나 저는 최소한 신림동에서 공부한다는 간판만 걸어놓고 빈둥빈둥 시간만 보내는 일을 두 번 다시 반복하고 싶지 않았기 때문에 만류에도 불구하고 입사를 결정했습니다. 입사이후로 그 결정을 한번도 후회한 적이 없습니다. 제가 했던 신림동 생활을 생각하면 지금도 끔찍하니까요. 고시공부를 했다는 막연한 자만심으로 입사 했을 때 법률구조공단 동료직원분들은 실력이나 인품면에서 너무나 훌륭한 사람들이 많았습니다. 행정고시를 준비하는 분이라면 과감히 한번 생각을 바꿔서 7·9급 공무원을 선택하든 한번 바꿔보십시오. 지금은 주5일제를 대부분 시행하고 있기 때문에 공부를 하고자 하는 마음만 있으면 얼마든지 할 수 있습니다.
　(3) 이번 행시 면접탈락자분께

　1차나 2차도 아니고 3차면접에 떨어지신 분들 누가 어떠한 위로의 말을 해도 위안이 되지 않을 줄 압니다. 그러나 이미 엎질러진 물을 되돌릴 수는 없지 않겠습니까? 제가 1996년도에 면접에서 떨어지고 철없이 방황하다가 무려 9년이 지난 지금에야 우여곡절 끝에 합격했습니다. 저처럼 못나게 행동하지 마시고 지금이라도 내년 시험을 위해 매진하십시오. 시간은 결코 돌아오지 않습니다. 지금 조금만 참으면 내년에는 반드시 합격할 수 있습니다. 힘내십시오.

5. 감사의 글

늦은 나이에 합격했지만 정말 좋아하시는 부모님과 아내, 여동생부부, 장인장모님을 비롯한 친지분들을 보면서 합격을 실감 하고 있습니다. 2차발표 후 최종발표 때까지 매일새벽 절에 기도하러 다니신 어머니와 이 기간 중 아들 합격에 지장 있다고 그 좋아하시던 술도 끊으시고 합격을 기원하셨던 아버님, 태어나서 처음으로 남편의 합격을 위해 어머님 따라 절에 갔다가 1천배를 3시간에 걸쳐 해낸 아내, 저의 정신적 지주이시고 소방공무원으로 봉사하고 계신 작은아버지 조종제님과 외삼촌 심상출님께 머리숙여 감사드립니다. 그리고 살아 생전에 동생의 합격의 보지 못하고 먼저 간 하늘에서 흐뭇하게 웃으면서 보고 계실 춘래형님께 합격의 영광을 돌립니다. 공부기간 중 많은 도움을 준 선배 정운형과 후배 성주에게도 앞으로 행운을 뒤따르기를 진심으로 기원합니다. 그 외 여기서 일일이 성함을 언급하지 못한 모든 분들께 진심으로 감사드립니다. 또한 저의 잘못된 행동으로 인해 마음의 상처를 입은 분들께 진심으로 사죄드립니다. 앞으로 거창하게 "국가와 국민을 위해" 살겠다라기보다는 제가 만나는 한사람 한사람에게 최선을 다하겠다는 다짐으로 다시 한번 인사를 대신합니다.

2부 시행착오의 정정은 생략

7년간의 유배생활

— 나도 하면 될 수 있다는 특유의 오기와 진인사대천명이라는
문귀를 수천번 되뇌이면서 공부에 임했다. —

이 종 국

· 제32회 행정고시 수석합격
· 1957. 1. 8. 충남 보령군 출생
· 대동상고 · 한남대 경제학과 졸업
· 국민은행 근무
· 재정경제부 사무관

· **글을 시작하며**

　1988년 11월 23일 최종합격자 발표를 기다리다 불안한 마음을 떨쳐 버릴 수 없어 관악산에 올랐는데 내려다 보는 하늘과 버티고 선 산은 나약한 인간에게 보이지 않는 힘을 불러 일으켜 주는 신비로움과 매력을 가지고 있는 것 같았다.

　무념무상! 한 작은 자연의 품에서도 마음은 서서히 평정될 수 있었으며 다가올 미지의 결정을 정면으로 받아들이고 그 결정에 관계없이 언제나의 자연과도 같이 언제나의 나 자신의 일상으로 돌아가리라 생각을 가진 채 담담한 마음으로 하산하였다.

　내가 몸담고 있던 삼일고시원에 도착해 보니 놀랍게도 고시연구사로부터 보내온 수석합격이라는 통보가 나를 기다리고 있었다.

　수석합격! 만감이 교차하기 앞서 도저히 현실감이 들지 않은 멍한 상태에 빠지게 되었으며 주위의 축하를 뒤로 한 채 멍한 상태로 혼자서 고시원의 공부방으로 들어갔다.

　거기에는 나의 오랜 전우이자 스승이며 연인이었던 손때 묻은 전공서적들이 나를 반겨 주었다. 나의 눈 속에 비쳐지는 그 한권 한권의 책들이 지나온

시간들의 고독과 방황과 역경과 도전의 순간 순간들을 되살려 주고 있었다. 이내 사랑하는 사람들-부모님, 그리고 가족들, 친구, 후배들…의 얼굴을 떠올릴 수 있었다.

고시연구사로부터 합격수기의 원고청탁을 받았을 때 나는 무척 난감했다. 한편으로는 자신의 문장의 졸렬함에, 그리고 또 한편으로는 별로 자랑스러울 것이 없는 과거를 들추어 내야 하는 곤혹스러운 마음을 금할 수 없었기 때문이다. 그리고 먼저 시험에 합격한 것에 불과한 내가 누구에겐가 무엇을 들려 준다는 그런 과분한 입장에 서야 한다는 것도 퍽 망설이게 하는 요인이 되었다. 하지만 문장의 졸렬함은 이 글을 진실하게 씀으로써 조금은 보완이 되지 않을까 생각하였고 또 별로 자랑스러울 것이 없는 과거를 들려 주는 것은 같은 시대를 사는 한 인간의 인생여정이 한 case로서 미력하게나마 참고가 될 수도 있지 않을까 하는 생각으로 무리하게 pen을 들게 된 것이다.

나는 합격수기가 가지는 의미를 두 가지 측면에서 생각해 본다. 하나는 공부를 어떻게 하는 것이 나름대로 성과를 거둘 수 있는 요인이 되었는가를 밝힘으로써 하나의 참고자료가 되는 것이고 또 하나는 각자가 처한 다른 환경 속에서 한 사람이 어떤 길을 걸어 왔으며 어떻게 그 환경을 돌파하고 그 목표를 이루었는가 하는 것을 인생의 한 case로서 참고하여 서로 힘을 얻는 것이라 생각한다. 그런데 전자의 경우 합격생 좌담회(고시연구 1989년 1월호) 등을 통하여 말할 기회가 있었으므로 여기에서는 나의 지나온 시간에 대해 제 자신의 이야기를 밝히는데 그치고자 한다.

• 고시의 길로 들어서기까지

나는 1957년 충남 보령의 어느 두메산골에서 2남 2녀 중 차남으로 태어났다. 어려운 생활환경은 얼마 지나지 않아 우리에게 대전(大田)으로의 이주를 강요하였고, 그 이후의 성장과정은 거의 대전을 중심으로 이루어지게 되었다. 국민학교 2~3학년 때쯤 우연히 배우게 된 주산은 나의 인생 진로를 어느 정도 결정지어 주고 있었는데 넓은 세상사정을 몰랐던 당시 어린 생각으로는 주산만 잘하면 진학하는데 있어서 뿐 아니라 고교를 졸업한 후의 취업도 보장된다고 생각하였으므로 학교공부나 장래의 인생설계에 대해 특별한 고려도 없이 중학교를 졸업하고 서울에 있는 대동상고에 입학하게 되었다.

상업고등학교를 졸업한 후 국민은행에 입행할 때까지만 해도 이것이 막연하나마 나의 인생전개에 있어서 무난한 과정을 밟고 있다고 생각하였으며, 다른 세계에 대한 아무런 편견이나 의식없이 내 운명으로 받아들이고자 하였다.

그러나 19살의 어린 나이에 처음 대하는 사회의 현실은 애초의 기대와는 너무나 엄청나게 달랐으며, '아차' 이게 아닌데 싶었다.

은행에서의 업무는 매우 단조로왔으며 업무를 통한 성취욕이나 보람 등은 느낄 수 없었는데 이것이 고교 때 공부를 안했기 때문인가 하는 생각도 하여 보았다. 그러나 그것이 아니고 나에게 주어진 일 자체는 상고 졸업생에게 합당한 잔일 내지 심부름 정도에 불과한 것이라고 생각하게 되었다.

좀더 의욕적이고 진취적으로 사회생활을 하고자 했던 나는 두터운 학력사회의 벽을 느끼면서 좌절할 수밖에 없었고, 매일의 일과는 퇴근 후의 술과 방탕 그리고 그 뒤에 찾아오는 무미건조함과 방황의 연속이었다. 어린 나이에 탈출구를 찾지 못하고 이러한 생활을 3년쯤 되풀이 한 뒤 군입대의 영장을 받게 되어 정신이 새롭게 드는 느낌이었다.

군대생활을 통하여 정신을 새롭게 다지고 앞으로의 인생전개에 대한 새로운 전기를 마련하고자 적극적으로 군대생활을 하기로 마음 먹었으며 이 기간동안 새로운 계기를 마련하고자 하였다. 군대생활은 그 혹독한 훈련과정을 통하여 정신 각오를 새롭게 해주었으며 "불가능은 없다"라는 신조는 어느덧 늦었지만 대학에 진학을 하여 좀더 넓고 밝은 세계를 바라보자는 명제를 새기게 하여 주었다.

3년의 군대생활 도중 틈틈이 대학 진학공부를 하려고 하였는데 전역을 1년쯤 남겨 놓은 시점에서 상고 동창이자 선배가 외무고시를 합격했다는 소식을 접하면서 더욱더 공부에 박차를 가하기 시작했다. 고참·상관의 눈총을 받으며 숨어 다니는 공부를 5개월 정도 한 결과 학력고사에서 204점 정도 받아 간신히 대전에 있는 한남대 경제학과에 입학할 수 있었다.

1981년 제대와 동시에 대학교에 입학한 나는 처음에는 은행에 복직하고 야간수업을 들으면서 사회인으로 갖추어야 할 기본소양을 갖추고 은행 실무과정에서 느낀 이론적 한계를 전공과목을 들으면서 극복하고자 하였다. 나름대로는 "주경야독"한다는 자부심과 함께 양자를 다 병행할 수 있으려니

하는 자부심이 있었으나 은행생활은 한가한 것이 아니어서 학교공부를 하기가 힘들었고 양자 택일을 하지 않고서는 직업과 공부 두 가지 모두를 놓치겠다는 생각이 들었다. 공부를 하지 않고서는 나의 인생이 별볼일 없을 것이라는 걱정과 더 배우고 싶다는 학문적 욕구는 그동안 모아 둔 약간의 돈과 퇴직금으로 학자금을 마련할 수 있다는 계산과 함께 6년 동안의 은행생활을 청산하게 하였다.

부담감없이 공부만 할 수 있게 된 시점에서 학창생활 중에 무언가 마무리 짓겠다는 의욕으로 회계사 공부를 시작하였으나 1학년부터 회계사 공부를 하자니 기초지식이 너무 없어서 힘들었고 왜 회계사가 되어야 하느냐 하는 동기부여도 없는 상태여서 자연 회계사 공부는 지지부진할 수밖에 없는 상태에서 대학 2학년을 맞이하였다.

그때 행정고시를 4개 직렬로 나누어 뽑는다는 소식을 접하게 되었다. 그동안 은행 근무를 하면서 재무부에 파견근무를 했을 때에 느꼈던 점과 나의 전공과목 등이 고려되었고 또 공무원에 대한 사회적 평가 내지는 civil servant가 되어 사회에 봉사하고 싶다는 주제넘은 생각은 드디어 나에게 행정고시 재경직에 도전하게 만들었다.

• 의욕만 앞섰던 초기수험 시기

목표를 행정고시 재경분야에 두게 되면서부터 안정을 찾고 주로 경제학을 중심으로 공부해 나가기로 하였다. 남들처럼 정상적인 과정을 거쳐서 대학에 입학하지 못했다는 "만학도"라는 입장과 지방대에서 행정고시를 공부해 보았자 될 수가 없다는 주위의 시선도 아랑곳 하지 않고 나도 하면 될 수 있다는 특유의 오기와 "진인사대천명(盡人事待天命)"이라는 문귀를 수천번 되뇌이면서 공부에 임하고자 하였다. "떨어지면 어떻게 하나"라는 걱정이 매일매일 잠자리를 엄습해 왔던 것도 사실이지만 아직 젊고, 머리가 받쳐주지 못하면 건강한 신체로 밀어부치겠다는 각오로, 또한 합격 후의 나의 미래상을 그려보면서 공부에 임할 수 있었다.

1982년 제26회 1차시험에 응시했으나 공부량의 절대부족과 공부방법의 잘못을 절감하면서 불합격을 예상할 수밖에 없었으며, 결과는 역시 낙방으로 나타났다. 다시 마음을 가다듬고 바로 2차과목을 통독하기 시작하였으나 내용을 얼마나 알고 있느냐의 문제보다는 회독수를 늘리는데 급급한 공부를 하였으며 이러한 시행착오적인 공부방식은 그 후로도 몇번 이나 계속되었다.

그 당시 4학년이던 어느 선배님은 나를 불러 놓고 행시 재경직을 공부하는 것 같은데 당장 그만 두라는 자존심 상하는 충고를 하기도 하였다. 그러나 이러한 충고는 오히려 나의 공부에 자극이 되었고, 하면 안될 것이 없다는 오기에 가까운 신념은 나를 계속 행정고시 공부에 몰두할 수 있게 하였다. 새벽같이 도시락 2개를 싸가지고 등교해서 밤 10시 30분까지 꼬박 공부하고 다시 집에 돌아와서 영어를 공부하는 생활은 그해 겨울방학과 3학년 1학기 때까지 계속되었다.

이 때가 앞으로 서술할 전 수험기간을 통해 가장 열심히 한 기간이라고 생각되는데 합격하면 기뻐하실 어머님의 모습을 매일 같이 떠올리면서 투지를 불태워 나갔다. 그해 9월의 1차합격 소식은 내 생애에서 가장 큰 기쁨이었다는 기억과 함께 "나도 할 수 있다"라는 가능성을 심어준 한 해라고 생각된다.

• **거듭되는 좌절**

1차에 합격하고 며칠 뒤 2차시험에 응시하였으나 cut-line에 10점 정도 미달하는 점수로 너무나 당연한 낙방을 맞이해야 했다.

다음해 제28회 2차시험에 대비해서는 sub-note를 해나가면서 공부를 하게 되었는데 공부량의 절대부족과 과목당 전반적인 이해가 부족한 상태에서 한 sub-note는 한번 써보았다는 의미와 글씨연습을 해본 것 이외에는 거의 무용지물에 가깝다는 생각이 들었다.

예를 들어 행정법의 경우, 너무 방대한 내용 때문에 위압감을 느꼈으며 무엇이 중요한 것인지를 파악하지 못한 채 회독수 늘리기에만 급급하였다. 부문별 중요성에 대한 인식도 없이 하권에 매달려 거의 한달을 소비했던 기억이 난다.

지금 생각해도 후회스러운 것은 실력이 어느 정도 수준에 있는 분의 조언을 들어가면서 공부했었다면 좋은 결과가 나올 수도 있었지 않았겠느냐 하는 생각이 든다. 자신의 고집과 자존심으로 남에게 나를 드러내 놓으려 하지 않고 조언을 구하지 않았던 것이 지금까지 수험생활을 길게 끌고 오게 된 주요 원인이 아니었나 생각되기도 한다.

　아무튼 공부는 이러한 식으로 계속되었으며 시험을 2달 앞두고 서울에 올라와 고시원에 자리를 잡고 마지막 정리를 하려고 노력하였다. 요령있고 체계적으로 공부한다기 보다는 무작정 열심히만 하면 좋은 결과가 나오지 않겠느냐는 막연한 기대에 밤을 새우고 청소부 아저씨들의 새벽 청소하는 소리를 들으며 잠을 청했다. 그리고 11시 쯤에 일어나 다시 공부하는 생활을 2달 간이나 계속하였다. 옆자리에 앉은 분들과 우연히 과목별 토론을 해 보았을 때 내 실력의 부족을 절실히 깨달았지만 결과는 좋을 것이라는 막연한 기대를 시험 직전까지도 버리지 않았다.

　시험 첫날 국민윤리와 행정법을 보면서 내 실력의 한계를 다시금 깨닫게 되었으며 어떻게 나흘을 버텼는지 모르게 끝까지 시험에 응했다. 정신적·육체적으로 피곤함이 물밀 듯이 엄습해 왔고 이변이 없는 한 합격할 수 없다는 절망감은 근 한달을 또 다시 방황의 길로 몰아 넣었으나 다음 해를 기약할 수밖에 없다는 생각을 갖게 되었다.

　합격자가 발표되던 날 혹시나 하는 기대감으로 사서 본 신문에 내 이름은 없었다. 이 때부터 12월에 시험이 실시되는 서울대학교 행정대학원 입시준비를 하였으나 이 시험 역시 불합격으로 실패만을 하나 더 가산해 주었다.

　그 해 겨울은 집과 학교 도서관을 왕래하면서 금년에는 틀림없이 돼야 한다는 각오로 공부하였으나 갑자기 닥쳐온 결막염으로 인한 눈의 통증은 자리에 앉아서 30분을 버티기 힘들게 했으며, 또한 소화불량과 위장병으로 인해 고통스러운 1985년을 보내야만 했다.

　그해 1차 역시 건강으로 인해 약간의 차이로 실패하였고, 겨울에는 서울대 행정대학원에 재차 도전하였으나 또 다시 실패함으로써 절망으로 얼룩진 1985년을 마감하였다.

　1986년 새해를 맞이하여 "이번이 마지막이다"라는 각오로 다시 한 번 의욕을 가다듬었다. 종종 다른 사람들과의 대화 도중에 "나도 언젠가는 감당하지 못할 만큼 행운이 닥칠 것이다"라는 낙관론을 펴다가 비웃음을 한몸에 받은 적도 많았지만 그래도 미래에 대해 낙관적으로 생각했던 것은 사실이었다.

　남들의 나에 대한 객관적인 평가는 절하되고 있었음에도 이와 반비례하여 꼭 해야 할 일을 이루어야 한다는 당위성은 점차 높아져만 갔다. 양자 간의 괴리는 어떤 때는 나에게 말할 수 없는 슬픔을 가져다 주기도 했지만 내게 남은 마지막 오기와 자존심을 부추겨 주기도 하였다.

1986년 새해가 되자 제30회 행시 1차준비를 다시 시작하였는데 전회에 실패한 경험을 되새겨 이번에는 좀더 기간을 충분히 잡아 공부하기로 계획을 세우고 시험도 무난히 치렀다고 생각했다.

합격자 발표일에 합격도 확인할 겸 2차시험 때까지의 공부장소를 알아보기 위해 서울에 올라 왔으나 당연히 합격했을 것이라는 나의 기대와는 달리 고시원에 붙은 합격자명단에는 어디에도 내 이름이 보이지 않았다. 혹시 합격자 명단이 잘못되지 않았나 하는 어처구니 없는 생각과 멍청한 기분으로 신촌을 배회하다가 우연히 친구를 만나 위로주를 마시고 마음껏 취해서 대전으로 내려왔다.

이제 더 이상 아무런 희망도 생기지 않았으며 자신의 능력의 한계와 장래에 대한 회의감 등의 비관론이 고개를 쳐들었던 1986년 겨울은 나에게 정말 유난히도 외롭고 추운 겨울이었다.

• 기나긴 터널의 끝을 맞이하여

1987년 2월에 있었던 서울대 행정대학원 시험일은 여러 가지로 의미있는 날이었다. 시험 일자가 우연히도 나의 만 30회 생일과 같은 날이었으며, 또 이 날은 고시인생에 있어서 새로운 전기를 마련해 준 날이었기 때문이다.

이제 해가 바뀌어 30대를 맞이하게 된다고 생각하니 길을 바꾼다 해도 다른 취직자리를 마련하기가 힘들 뿐더러 고시를 위한 더 이상의 노력은 결실도 없이 주위의 실망만 안겨줄 뿐이라는 생각으로 마지막 기회라고 다지며 시험준비에 박차를 가했다.

그러나 면접 때 "취직이나 하지 무엇하러 왔느냐" "나이가 너무 많다"는 교수님의 꾸짖음을 뒤로 하며 다시는 관악 쪽으로 시험보러 가지 않겠다고 맹세하면서 서울을 떠나고 말았다. 그런데 틀림없이 떨어질 것이라고 생각했던 대학원 입학시험이었지만 뜻밖에 합격통지를 받게 되었다. 반신반의하는 생각이었으나 어떻든 재기의 발판은 마련되었으므로 서울에서의 대학원 생활이 시작되었다.

대학원에서 강의받고, 고시원에서 공부하고 잠을 자는 고달픈 생활의 계속이었지만 우수한 학우들과 같이 공부한다는 기분에서 강의에 열심히 참여할 수 있었다. 특히 오연천 교수님의 "경제분석" "세입론 강의"는 경제학·재정학 분야에 이론적으로 불비했던 나의 학문세계를 재정립해 주었으며, 재경직 분야의 공부에도 현실감각과 학문적 이론을 배양함에 있어서 많은 도움을 주었다.

제31회 1차시험에서는 학과공부를 따라 가느라고 1차준비를 소홀히 하여 많은 걱정을 하였으나 그동안 쌓여 있던 공부량과 대학원에서 좀더 넓은 시야를 가지고 공부한 덕분인지 다행히 합격할 수 있었다. 곧바로 있었던 2차시험에도 어느 정도의 가능성을 가지고 응시했지만 또 합격점에서 0.7점 정도 모자라는 점수로 실패하고 말았다. 그러나 이 때는 그렇게 크게 실망하지 않았다. 하나님께서 나에게 주신 대학원 2년간의 기간이 있으므로 이 기간 안에 합격해야겠다는 각오는 내년 1년을 마지막이라 생각하고 최선을 다하자며 새롭게 각오를 다졌다.

1학년 2학기부터 다시 본격적으로 2차공부에 몰입하였는데 학과공부도 소홀히 하지 않았다. 강의내용을 실제 시험에 응용할 수 있는 능력을 기르도록 하였으며 여태까지 혼자했던 공부방식에서 탈피하여 고시원에서 비슷한 입장에 있는 고시준비생들과 토론 및 그룹 스터디 등을 통하여 사고의 폭을 넓히려고 노력하였다.

이번 2차시험에서는 내가 아는 것은 남김없이 답안지에 쏟아 부어야겠다는 생각으로 어느 한 과목도 소홀히 하지 않고 특히 취약과목인 국민윤리 등은 여러 권의 책을 통독하면서 각 분야에 걸쳐 대비책을 마련하려 하였다. 그 결과로 2차시험은 전과목을 통해 별다른 무리없이 시험을 치를 수 있었고 잘하면 합격의 가능성도 있다는 생각을 하게 되었다.

시험을 치른 후 이제 나에게 주어진 고시기간은 모두 끝이 났고 결과만 기다린다는 생각을 하게 되니 오히려 마음의 평정을 얻을 수 있었다. 지나간 7년의 짧지 않은 기간이 후회만으로 얼룩져 있고 어느 누구에게도 자랑할만한 대목이 없음에도 불구하고 왠지 이 기간이 나의 전 인생에 걸쳐 가장 값진 기간으로 남을 것이라는 생각과 함께 영원히 후회하지 않을 기간으로 생각되어졌다.

2차 발표날 내가 합격하였다는 소식은 기쁨보다는 지나간 세월에 대한 감상을 먼저 일깨워 주었으며 문득 이 나이든 고시생을 위해 그렇게 고생하신 어머님을 먼저 떠올리게 되었다. 더군다나 생각지도 않았던 수석합격의 소식은 고시공부한다는 명목으로 결혼도 못한 어느 불효자식에 대한 어머님의 마지막 눈물의 값어치였으며 내 자신에게는 기나긴 터널의 끝을 빠져나온 마지막의 긴 안도감이었다.

• 글을 마치면서

고시란 어느 누구에게도 그렇지만 개인에게 한없는 매력을 주는 것이다. 그 매력이 사회적 평가에 의해서건, 자신의 사회봉사의 도구로서의 평가이건 또한 좌절을 아울러 주는 것이라고 생각된다.

나 개인의 경우는 남들처럼 정상적으로 대학과정을 거치지 못하였고 사회생활을 거친 만학도의 경험까지 가진 상태에서 수석합격의 영광까지 안았으니 더욱 그러한 희비의 강도가 컸었던 것으로 생각이 된다.

이제 어떤 의미에서 보자면 취직시험에 겨우 합격하였을 뿐이라는 마음으로 앞으로의 공무원 생활을 맞이함에 있어 나의 수험생활을 되새기고 나 자신의 발전의 행정지표로서 값진 경험으로 삼으려 한다.

앞으로 고시공부를 계속하시는 후학들에 대한 미력한 좌표가 될 수 없을까 하는 마음으로 이 글을 썼다.

나는 혹시 합격이 되지 못했다 하더라도 이 후회가 가득했던 기간 자체만은 후회하고 싶지 않다. 남들처럼 머리가 좋지 못하여 7년 간이나 끌었던 수험기간이 나에게 가장 가슴에 남는 이유는 무엇일까?

아무쪼록 이 글을 읽으신 여러분들께 신의 가호가 내려 합격의 기쁨이 같이 하시기를 바란다.

수석합격의 변

— 답안은 우리나라의 현실과 문제의식을 부각시키고
다소의 처방성있는 내용이 포함되어야 고득점 한다. —

이 창 양

- 제29회 행정고시 수석합격
- 1962. 9. 20. 경남 고성군 출생
- 마산고·서울대 정치학과 졸업
- 행정대학원 졸업
- 통상산업부 서기관

• **지금의 심정**

오랫동안 네 여며온 고의춤에 남은 것은 무엇인가
두 팔 들고 얼음을 밟으며
갑자기 구름 개인 들판을 걸어갈 때
헐벗은 옷 가득히 받는 달빛 달빛

-황동규의 달밤 중에서-

이제 작은 열매 하나 맺고, 지난날 가졌던 슬픈 여정들과 아득했던 기대를 싸안으며 지난 이야기를 쓰게 되니 온갖 생각의 조각들이 길길이 날아 마음 잡기 힘든 가운데 그저 지고 있던 바위를 벗어던진 해방감과 안도감이 또렷이 드러납니다.

특출할 것도 없고 그저 예사로운 지난 이야기를 엮어 가는 가운데 하나 둘 지금의 심정을 녹여 가면서 읽는 여러분께 사소한 도움이나마 되기를 바랍니다.

• 지금이 있기까지

(1) 고시이전

낮이면 멧새들이 소스라이 우짖고, 밤이면 멀리 여인의 옷 벗는 소리 들릴 만큼 고요했던, 경남 고성의 어느 산골에서 4남 3녀의 막내로 태어나 풋풋한 시골 생활의 형언할 수 없는 추억을 쌓으며 참으로 행복했던 어린시절을 보냈습니다.

국민학교 5학년을 마치고 아버님의 사업을 따라 마산(馬山)으로 이사를 와서 중·고등학교 시절을 보냈습니다. 시골에서의 어린시절이 가장 행복했던 시절이었다면 마산에서의 중·고 시절은 가장 암울하고 견디기 힘든 시간이었습니다. 아버님의 사업은 부진을 면치 못했고, 설상가상으로 철부지 어리광쟁이었던 나에게는 하늘 같았던 내 어머님을 잃었습니다. 열 다섯의 어린 나에게는 이 세상의 벼랑에 몰린 듯 했고, 구멍뚫린 마음 가눌길 없어 밤마다 하염없이 베갯잇을 적시곤 했습니다. 그러나 눈물방울 너머로 내 어머님의 애틋한 모습을 떠올리며 꿋꿋하고 명랑하게 살아 갈 것을 다짐했었습니다.

그렇듯 세월은 흘러 이과(理科) 출신이었지만 1981년 서울대 사회대에 무사히 합격했습니다. 합격 인사로 찾아간 고향의 산기슭에는 하얀 눈이 골골이 쌓여 있었고, 내 어머님 산소에 내린 한 줄기 겨울 햇볕의 따사로움 속에서 어머님의 기뻐하시는 모습을 보았습니다.

낯선 서울 생활이 큰 형님댁에서 시작되었고, 대학 1학년 때는 친구들과 무수히 어울려 다니며 사회대의 체질을 닦기 시작했고, 학교 공부는 저만치 밀려나 있었습니다.

1982년 학과 배정 때 정치학과를 선택했고, 곧바로 경제학을 부전공했습니다. 이 때 경제학을 부전공한 것이 오늘날 정책학에 관심을 가질 수 있는 계기가 되었고 고등학교 때의 수학적 기초를 바탕으로 보다 체계적으로 경제학을 공부할 수 있어 2차의 경제학은 어느 정도 자신이 있었습니다. 그러나 경제학 부전공으로 인한 학점 압박으로 법과목 등 다른 과목을 거의 수강하지 못한 것이 뒷날 심리학과 행정법을 다소 힘들게 했습니다.

(2) 고시 이후

2학년 1학기를 마치고 무덥던 7월 말의 어느날, 마산에서 가까운 밀양의 표충사로 여행겸 공부겸 떠났고, 거기서 법대와 공대의 형들과 어울려 보름

정도를 공부한 것이 고시 입문이었습니다. 집으로 다니러 가는 법대의 형에게 부탁하여 처음으로 헌법과 민총을 구입하여 멋모르고 읽기 시작했습니다. 10여일 동안 헌법과 민총을 1회독하고 나머지 시간은 숱한 에피소드를 만들며 보냈습니다. 도(道)를 닦느라 쏟아지는 폭포를 맞으며 밤을 지샌 일, 스님 몰래 술을 공수해서 먹던 날 새벽녘이면 영락없이 스님이 방문 앞에서 목탁을 두들겨 주시던 일, 휴일 밤이면 계곡에 널려 있는 텐트를 방문(?)하여 토박이들인 양 겁을 주고 갖가지 노획물(?)을 기증(?)받던 일, 소나기 한 바탕 쏟아진 뒤 절 뒷울에서 산허리에 감긴 구름고리를 넋잃고 바라보던 일….

8월 서울로 돌아와 마지막 남은 방학은 학교 도서관에서 보냈고 시험삼아 응시한 제26회 1차시험은 당연히 불합격이었습니다. 기대하지 않은 응시라 별 느낌없이 지나쳐 버렸고, 2학기에는 학과 공부를 하며 보냈습니다.

겨울 방학을 맞아 낙향하여 한 해의 엇바뀜을 보내고 상경했습니다. 지난 1차시험 실패가 은연 중에 오기를 솟게 한 것과 동료 선배가 있다는 이유로 무작정 83년 2월말 관악법우회관에 들어갔습니다. 고시를 해야만 한다는 처절한 각오도 없이 맞은 고시원의 삭막한 생활은 두 달을 보내기도 전에 막을 내렸고, 3학년 1학기를 맞았습니다. 1학기가 끝날 무렵 앞으로의 진로에 대한 나름대로의 고민이 닥쳐 왔고, 4학년 때까지 고시를 끝낸다는 각오를 하고 고시에의 결연한 도전장을 던졌습니다. 이 때부터 본격적인 고시공부를 시작했고, 학교 도서관에서 희, 태, 기 등과 함께 1차공부를 시작하여 제27회에 응시했습니다. 그런대로 시험을 치른 듯 했고, 합격을 기대했으나 불합격이었습니다. 이 때의 실망은 무척 컸고, 자신의 능력에 대한 약간의 회의와 함께 고시에 대한 새로운 각오를 했습니다.

3학년 2학기에는 행정법과 경제학을 공부하면서 보냈고 또 그렇게 겨울방학을 맞았습니다. 3학년 2학기의 겨울 방학은 몹시도 스산한 날씨였고, 사시를 준비하던 범과 함께 학교도서관에서 도시락을 2개씩 싸다니며 영어와 행정법・행정학・경제학을 공부했습니다. 한 해만 지나면 이 학교를 떠날지도 모른다는 생각은 더욱 더 눈쌓인 관악에 대한 애착을 갖게 했고 이른 아침부터 늦은 밤까지 하루도 빠짐없이 도서관을 찾게 했습니다.

1984년 4학년 1학기를 맞아 그럭저럭 도서관에서 공부했으나 4월 중순부터 과에서 준비하던 독도에로의 졸업여행 추진에 적극 참여하면서 다소 고시 공부에 소홀해졌고, 5월 11일부터 5박 6일 동안 졸업여행을 다녀왔습니다. 포항으로 가는 도중의 동해안의 푸른 바다와 울릉도로 가는 뱃길의 높은 파도, 뿌연 안개 속에 드러난 독도의 고고한 모습은 호연지기를 심어 주기에 충분했고 친구들과의 우정도 소록소록 쌓였습니다.

학기말 고사를 치르고 공부장소로 상당한 고민을 한 끝에 작년과는 달리 집에서 하되 밤과 낮을 뒤바꾸어 공부하기로 했습니다. 아침에 근처의 테니스 코트에 나가 한 시간 가량 테니스를 친 후에 오후에는 잠을 자고, 밤 8시부터 다음날 아침까지 공부했습니다. 밤에는 무엇보다도 시원해서 좋았고 정신집중이 훨씬 용이했습니다. 처음 며칠 간은 다소 적응에 어려움이 있었지만 한 달 동안은 다소 건강에 무리가 온다 해도 그대로 강행하기로 했습니다. 7월 21일 거의 탈진한 상태로 제28회 1차에 응시했고 다행히 합격이었습니다. 이 때의 기쁨은 말로 표현할 수 없었고, 2차 시험은 첫날만 치르겠다던 생각을 버리고 마지막 날까지 분투했습니다. 답안작성, 초안작성, 시간배분에 유의하면서 나름대로의 여러 독창적인 시도를 해 보았습니다. 이 때 나흘 모두 응시한 것이 오늘의 영광에 큰 밑거름이 된 듯합니다. 12월 말에 확인한 점수는 국민윤리 59.66점, 행정법 40.00점, 행정학과 경제학이 나란히 55.33점, 정치학 39.66점, 심리학 51점, 지방행정 64점이었고 그토록 고득점을 확신했던 정치학의 과락은 오랫동안 마음 한 구석에 자리잡고 괴롭혔습니다. 정치학의 큰 문제로 출제된 사회계약 이론은 학교 수업시간에 익히 다룬 부분이어서 누구보다도 자신이 있었지만, 홉스(Hobbes)의 리바이어던(Leviathan)을 J. Bodin의 그것으로 적어버리는 과오를 범한 것이 과락의 주범 같았습니다. 이제 그 때의 과락이 전화위복이 되었지만 잘 아는 문제일수록 침착한 수험태도가 필요하다는 것을 절실히 느꼈습니다.

연말과 연초, 2월의 졸업식 등으로 4학년 마지막 겨울방학은 가고 1985년 3월 대학원에 진학하여, 같은 행시를 준비하던 섭과 함께 대학원 열람실에서 공부했습니다. 3월과 4월에는 신입생 환영회 등 각종 모임으로 공부에 다소 소홀했고 4월 중순에야 공부에 전념할 수 있었습니다. 학기말 고사를 치르고 더위와 식사문제로 마지막 정리는 집에서 하기로 결정하고 손님이 오는 경우와 매너리즘에 대비하여 학교 앞 웅지독서실에 7월 한달을 등록했습니다. 마침 이번에 우수한 성적으로 합격한 친구 기가 있어 크게 도움이 되었습니다.

• 제29회 행정고시 2차

 7월 20일부터 마지막 정리에 돌입하여 시간의 부족을 뼈저리게 느끼며 8월 6일부터 나흘 간의 2차시험을 맞았습니다.
 ① 첫째날
 첫 날의 시험결과가 나머지 시험에 미칠 영향을 고려하여 충분히 공부했고 특히 행정법은 최대의 취약과목이라 여겨져 이틀 전부터 행정법과 경제학·국민윤리만 했습니다.
 국민윤리 큰 문제는 한국정치의 당면과제로서의 민주정치의 정착을 위하여 요구되는 것을 논하는 것이었는데 평소 생각해 왔던 것이었지만 정치학적인 시각으로 쓸 것인가, 국민윤리적으로 쓸 것인가를 놓고 상당히 고심했는데 서론 부분에는 우리나라 정치의 당면과제로서의 민주정치의 토착화에 대하여 체질개선론과 제도개조론을 간단히 설명하고, 본론에서는 이를 위해 요구되는 것을 주로 정치문화와 정치체계·정치제도와의 부합관계를 중심으로 설명했습니다. 작은 문제인 도덕적 책임의 정당화와 면책조건은 전혀 생소한 문제여서 순전히 논리적 유추로 썼습니다. 도덕적 규범, 도덕적 의무, 도덕적 책임의 순차적인 관계로 설명하고 도덕적 규범이 약화 또는 배제될 수 있는 조건들을 두루 썼습니다(70).
 행정법의 큰 문제는 하자있는 행정행위의 치유와 전환의 요건을 논하는 것이었는데 작년에 출제된 것과 중복된 문제였지만 평범한 문제라 생각되었고, 공용제한과 손실보상은 하권의 요점정리에서 상세히 해둔 부분이었고 특히 계획제한의 손실보상에 대해 수용유사침해 등을 동원하여 집중공략했고, 직무명령은 훈령과 비교해서 썼습니다(69.33).
 ② 둘째날
 첫 시간을 경제학으로 착각하여 아침에 경제학을 보고 있다 느닷없이 행정학을 치르는 실수를 범했고, 큰 문제인 '비교행정론적 입장에서 한국행정체제의 특징을 논하라'는 문제는 다소 독창적으로 행정체제모형을 도입하여 작성하였고, 나머지 작은 문제는 매우 평범한 문제였습니다. 올해 행정학 채점은 상당히 짠 편이었고 기대와는 엄청나게 다른 점수였습니다(53.66).
 경제학의 큰 문제는 합리적 기대이론에 따라 필립스곡선의 관계식을 이용하여 통화정책이 실물부분에 아무런 효과가 없음을 논하는 것이었는데 합리적 기대이론은 작은 문제로 예상했었지만 관계식 운운하는 통에 상당히 난감함을 느꼈으나 거시경제학의 흐름을 서론에, 필립스곡선과 물가예상에 의한 노동의 수요·공급을 본론에 설명했고, 결론에서 합리적 기대이론의 경제학에의 공헌·평가 등을 썼습니다. 작은 문제로 출제된 우리의 경제여건에서 금리인하가 경기에 주는 영향을 논하는 문제는 우리 경제의 상황인 저금리정책 등으로 인한 국내 저축부족과 중공업에의 과잉투자, 이로 인한 국제수지, 외채의 압박 등을 고려해서 금리인하가 단기적인 경기부양 효과가 있음을 설명하였습니다(64).

③ 셋째날

정치학의 큰 문제는 정치안정의 조건을 논하는 것이었는데 평소 충분히 생각한 부분이었고 정치문화 등 포괄적인 답안을 작성할 수 있었습니다. 작은 문제인 권력의 제도적 분배는 다소 논점이 엇갈릴 수 있는 소지가 다분한 문제였는데 3권분립 등을 약간 설명하고 자발적인 사회결사의 정치참여와 권력행사과정의 제도화 등을 집중적으로 논했습니다(71).

심리학의 큰 문제는 사회학습이론을 논하는 것이었는데 다소 분량이 부족한 듯했지만 생소한 문제는 아니었습니다. 작은 문제는 둘 다 의외의 문제여서 상당히 당황했습니다. 특히 지능의 이요인설과 다요인설은 기억이 거의 없었고 이요인설은 그런대로 적었지만 다요인설은 전혀 언급하지 못했습니다. 그러나 왜 지능을 이요인·다요인 등으로 구분하는가 하는 문제에 대해서 지능의 정의와 관련하여 집중 언급했습니다. 시험을 치른 후 과락을 다소 염려하기도 했으나 점수는 후한 편이었습니다(59.66).

④ 넷째날

지방행정의 큰 문제는 주민의 행정참여를 논하는 것이었는데 지방자치와 관련하여 예상했던 문제로 모범답안까지 작성해 본 문제였고, 인구문제나 미국의 헌장제도도 평범한 문제였습니다(69.66).

・행정고시 일고

공부방법이나 책의 선택은 각자의 상황에 따라 다르므로 일의적으로 논할 수 없으나 고시의 그늘을 떠난 그동안의 나름대로의 공부방법을 간략하게 소개하겠습니다.

① 1차의 중요성

행정고시 1차의 중요성은 아무리 강조해도 지나치지 않습니다. 갈수록 1차 경쟁이 치열해지는 것은 1차 커트라인이 계속 올라가고 있다는 것으로도 충분히 알 수 있습니다. 특히 대학원생 등 이른바 서너번씩 1차시험을 치르는 분은 1차시험의 통과 여부가 그동안 쌓아온 2차 실력을 발휘할 수 있는 관건이므로 3개월 정도의 충분한 시간을 할애해야 할 것 같습니다.

② 2차시험에 대하여

2차시험의 준비와 답안작성 등에 관하여 나름대로의 느낌을 간추려 보며 약간이나마 도움이 되었으면 합니다.

첫째, 논술형인 2차시험 준비에서는 우선 내용의 암기와 이해가 중요하겠지만 암기나 이해한 내용을 자신의 논리적 사고의 틀에 흡수하여 체계화하는 것이 필요하고, 다음으로는 시험에 임하여 자신의 논리적 사고의 틀에 들어 있는 내용을 시험문제가 요구하는 방향으로 논리적으로 전개하는 것이 중요하겠습니다. 특히 행정고시에는 대다수가 사회과학 과목들이므로 책 내용의 맹목적인 암기로는 좋은 답안은 커녕 예상하지 못한 문제에 융통성없는 답안을 작성하여 얻어 맞기 십상이겠습니다.

행정고시 공부의 두가지 요소를 공부방향(논리적 사고의 지향점)과 공부속도(진도량)로 대별한다면 시험준비생들 대다수가 너무 공부속도에 신경을 쓰는 경향이 있는 듯 합니다만 아무리 공부량이 많다 해도 공부방향이 잘못 잡혀 있다면 내용의 정곡을 꿰뚫을 수 없을 듯 합니다. 물론 고시공부에서는 공부량의 축적이 공부의 질로 전환됩니다만 평소에 공부내용의 방향에 주의를 기울여 자신의 논리적 사고의 틀을 형성하고 이를 뼈대로 공부량을 살붙이기 해야겠습니다.

공부란 어쩌면 '말'을 배우는 것이므로 특히 자기 나름대로의 용어의 정의를 확실히 하고 이들 중요한 용어를 중심으로 사고를 확장해 가는 것도 좋은 방법인 듯 합니다.

둘째, 평소에 공부할 때는 무작정 읽어가기 보다는 미리 책의 타이틀을 적고 그 중심내용을 적으면서 공부하는 것이 내용파악·암기·글씨 등에 좋을 듯하고, 이때 기본서 이외의 다른 책에 있는 내용을 부기하거나 필요하다면 기본서의 목차를 자신의 사고체계에 맞게 순서를 바꾸거나 새로운 타이틀로 설정해도 좋겠습니다.

 셋째, 답안작성에 있어서는 짜집기식 보다는 울거먹기식이 훨씬 나을 듯 합니다. 즉 관련되는 내용을 실꿰지 않은 구슬 뿌려 놓듯이 하지 말고 서론·개괄에서는 주어진 문제 주변의 개괄적인 범위와 그 범위 속에서의 문제의 위치·중요도, 자신의 논리전개 방향 등을 확실히 밝혀 채점자로 하여금 본론·결론에 대한 예측가능성과 관심을 집중시키고, 본론에서는 주어진 문제를 집중적으로 설명하되 관련되는 내용을 서론에서 제시한 논리전개 방향에 따라 제시하고, 결론 부분에서는 본론 내용의 핵심과 필요하다면 자신의 소견을 간단히 표시하는 것이 좋을 듯합니다. 또한 기본적으로 답안작성에는 단락나누기, 글씨, 한자 등에 주의를 기울여야 합니다.

 넷째, 모든 문제에 있어서 우리나라의 현실 또는 당면과제를 제시·규정하는 것이 문제의 답을 얻거나 다소 처방성이 있는 답안을 작성하는데 중요하겠습니다. 예를 든다면 국민윤리·지방행정·행정학·정치학 등에서 우리나라 국가발전의 기본적인 목표를 Huntington과 Nelson의 No easy choice에 따라 정치참여의 확대, 신속하고 지속적인 경제성장, 사회·경제적 평등의 확대로 대별하고 문제규정·접근의 틀로 삼는 것 등입니다. 따라서 평소 포괄적인 공부가 필요하고 한권의 책에 의존하여 맹목적으로 암기하는 것은 경박하거나 싱거운 답안이 될 듯합니다.

 다섯째, 평소 공부과정에서 전체적인 흐름의 파악에 유의해야 할 것 같습니다. 이는 구슬을 꿰는 실과 같은 것인데 거시경제학에서 예를 든다면 거시경제학의 기본문제를 물가(인플레이션)와 고용(실업)으로 대별하고 이를 해결하기 위한 고전학파, Keynes학파, 통화주의, 합리적 기대대가설 나아가 불균형거시모형 등을 같은 맥락에서 비교 공부한다면 거시경제학의 뼈대를 추스릴 수 있을 듯 합니다.

 끝으로 문제집으로 정리할 경우, 특히 정치학·행정학·지방행정의 경우에는 우선 문제집의 내용을 읽고 나서 자신이 답안을 작성한다고 생각하고 타이틀의 순서를 자신의 사고체계에 맞게 적당히 바꾸고, 다음으로 타이틀의 내용 중에서 암기해야 할 항목이 4~5개 항목을 초과할 때에는 중복·유사한 내용의 항목은 통·폐합하고, 중요도 및 인출용이도에 따라 적당히 배열함이 필요하겠습니다.

이상의 기술적인 요령 이외에도 어쩌면 가장 중요한 것이 될 수 있는 것이 있다면 합격에의 확신과 꾸준한 성실성, 맑은 마음자세와 체력이겠습니다.

• **고마운 이들에게**

이제 빛 바랜 내 어머님의 사진을 조용히 덮으며 항상 간직했던 어머님의 남기신 글을 다시 한 번 읽어봅니다.

'…너희들 곳곳에 흩어두고 엄마 혼이 너희들 있는 곳곳에 떠다니고, 등신같이 덩치만 남아 쓸데 없는 이 자정(慈情)과 부모 노릇 못한 일에 눈물밖에… 이곳 걱정은 말고 너희 앞길을 찾아 공부에만 정신을 쏟아 열심히 하여라. 그것이 너희들이 할 일, 복없는 부모 만나…'

낳으시고 기르신 부모님께 이제 조그만 보은의 마음을 바치며, 항상 막내를 걱정해 주신 형님들과 누님들께 감사한 마음을 전합니다. 특히 서울 생활 5년 동안 의지할 기둥되어 주시고, 뒷바라지 해주신 큰 형님과 형수님께 그리고 삼촌을 무척이나 좋아하는 네 살박이 상헌과 돌박이 내하에게는 그 고마운 마음이 더욱 간절합니다.

존경하는 정치학과 교수님들과 항상 호방하고 우의깊은 정치학과 친구들에게도 고마움을 전하며, 태윤·명구·삼룡·근섭·대희가 내년의 막차를 타기를 빌며, 가까이 있는 친구들과 독자 여러분께도 합격의 흰눈이 쏟아지기를 빕니다.

자기탁마의 결정

— 우물안 개구리는 바깥세상을 보아야 한다.
그것이 나의 합격을 불가능에서 가능하게, 최소한 수년을 앞당겨 주었다. —

권 태 호

- 제19회 사법시험 합격
- 1954. 5. 29. 충북 청원 출생
- 충주고 · 청주대 · 동대학원 졸업(법학박사)
- 청주지검 충주지청장
- 법무연수원 교수
- 제36회 사시 · 제39회 행시 2차시험위원
- 대검찰청 공안2과장
- 부산지검 형사 제1부장

• 머리에

　희망 아니 미래나 미지의 세계라도 좋다. 너야말로 유약한 인간을 웃기고 울리는 놈이다. 험난한 벽을 헐지 않고는 불가능한 너와의 해후(邂逅)를 인간들은 갈구한다. 그 대가로 너는 우리에게 많은 변화를 강요한다. 그리고 변화된 상황에 능동적으로 대처하는 자에게 웃음을 선물한다.
　그 웃음을 영구화시키지 않고 다만 완성 인간으로 향하는 도약대로 이용하는 너에게 매료된 우자(愚者)가 있었음을 알려준다.
　아득히 멀어진 추억들이 한꺼번에 뇌리를 엄습해 오는 한 시점에서 주체할 수 없는 희열에 떨고 있는 자신을 보며 수많은 도움과 격려를 주신 여러분에게 감사를 드립니다.
　합격 후 코페르니쿠스적 전회를 하는 많은 사람을 보아 온 나로서 합격수기 부탁을 받고 난 지금, 인격과 실력을 겸비하고 많은 연륜을 쌓으신 선배님들께 비례(非禮)를 범하지 않나 하는 의구심과 합격 후 흔히 범하기 쉬운 과거 수험생활의 미화 내지 과장의 우를 나 자신은 벗어날 수 있을까 하는 염려와 망설임 속에 같은 길을 걷고 있는 분들께 조금이나마 자극 또는 위안이 되었으면 하는 마음으로 수험과정의 제 생활을 솔직히 적어보고자 합니다.

• 올챙이 시절

그렇게도 갈망하던 S대 입학이 예기치 못한 병으로 좌절된 후 재수에 일루의 희망을 걸고 있었습니다. 건강회복을 위해 집에서 쉬면서 재수생활의 설계에 열을 올리고 있을 때 시골까지 친히 찾아 오셔서 재수를 만류하는 담임 선생님의 성의와 집안 사정을 고려하여 청주대학의 장학생 추가모집에 응했습니다.

갑작스럽게 변화된 환경에 대한 불만으로 구석 자리를 전세내고, 뒷길을 좋아하며 땅만 쳐다보는 맥빠진 생활이 서너달 계속되었습니다. 이러한 Complex를 해소하지 못한 채 연구실에 입실하게 되고 사시(司試)를 숙명처럼 받아들이게 되어 정신적 갈등은 더욱 심했습니다.

어인의(魚寅義) 교수님의 철저한 지도와 대선배님들의 위엄에 눌려 젊음을 마음껏 구가하는 데 제동이 걸렸지만 도량이 넓으신 선배님들의 보살핌 속에 따스한 인간애를 만끽할 수 있었습니다.

대학에서는 공부보다 주색잡기가 선행한다고 외치면서 Technique전수에 아낌없는 투자를 하시는 선배님들과의 공동생활이 저로 하여금 대학 4년을 한꺼번에 경험하게 한 것입니다. 뿐만 아니라 겹치기 출연을 한 circle활동이 고달픔을 가르쳐 주기는 커녕 개근으로 귀결되어진 Fresh-man시절이었습니다. 고시에 대한 피상적인 인식을 벗어나지 못하고 막연한 동경 속에서 헤맨 1년이었습니다.

거리에다 뿌리는 시간의 아까움과 경제적 안정을 위해 연구실을 떠나기로 했습니다. 기말시험 종료와 함께 입주 arbeit생활이 시작된 것입니다. 마음만으로의 고시 공부가 황금의 겨울방학까지 연장되어서는 안되겠다는 강박관념에서 고대하던 법서, 즉 헌법(문홍주), 민총(곽윤직)을 구입했습니다. 동도의 학교 선배, 동료들과 어인의 교수님의 민총특강(民總特講)을 듣는 것으로부터 실질적인 수험생활이 시작된 것입니다. 이 때 시간당 5page의 예습으로 30page 독파가 하루의 성과였습니다. 영어는 민총과 병행했는데 대입

용 참고서 한 권을 가지고 순번을 정하여 일일 선생을 하는 방식으로 공부하였습니다. 장소는 연구실이었는데 넓은 교실에 낡고 냄새나는 연탄 난로 두 개로서 몰아치는 북풍을 감당한다는 것은 도저히 불가능한 것이었습니다. 그러나 같은 처지의 동료나 선배님들의 총화된 열기에 기세를 부리던 강추위도 고개를 떨구었습니다.

• 우물안 개구리

　민총 3회독, 물권법 1회독, 헌법 2회독, 영어를 약간 보는 것으로 기나긴 겨울방학을 마쳐갈 무렵 뜻하지 않은 시련에 봉착했습니다. 종산벌채(宗山伐採)관계로 부친의 구속이라는 벼락이 떨어진 것입니다. 학비 전액 면제의 혜택을 입으면서도 arbeit를 해 온 저로선 어찌할 바를 몰랐습니다. 입주를 하고 있었기에 외면적인 급변이 없었던 것은 불행 중 다행이었습니다. 시골집 방문이 가뭄에 콩나듯 하였고 그것도 오후 11시가 넘어 도착할 때가 많았습니다. 그 때마다 훤하게 불이 켜진 마당에 비치는 어머님의 분주한 거동이 나의 눈시울을 뜨겁게 하곤 했습니다.
　모든 것을 팽개치고 흙과 씨름하면서 부모님의 고충을 함께 나누고 싶은 충동, 집 밖에서의 나태한 제 생활에 대한 양심적 가책이 저를 동요시켰습니다.
　저 때문에 중학 진학을 포기한 바로 밑 여동생을 비롯하여 어린 다른 세 동생을 생각하면서 평범한 생활을 박차고 어떠한 고행도 감수하리라 다짐했습니다. 이 당시의 극한 상황을 함께 나누며 가까이 지내던 친구 M군과 과우(科友) 그리고 친족들에게 감사드립니다. 이 때 읽은 「적극적 사고방식」「이기려면 버려라」라는 책은 부친의 문제(9월에 선의의 해결)는 물론, 피지도(被指導) 학생의 예측 불허한 외출 등 정규를 벗어난 행동, 오르지 않는 성적, 입주생의 고충을 감내하는 데 힘이 되어 주었으며 이러한 상황에서 공부할 용기를 얻었습니다.
　그해 겨울에 있었던 17회 1차에 응시할 용기가 어디서 나왔는지 모릅니다. 학교 강의와 관련하여 읽은 헌법 3회독, 지난 여름방학 내내 읽은 민법 2회독, 형총 5회독, 형법각론 2회독 정도로 기본법에 대한 이해도 부족할 뿐만 아니라 기타 과목도 기본서 1~2회독에 얄팍한 문제집 한 두권으로 대처하려 했던 우물안 개구리의 결과는 명약관화한 것이었습니다.

고시 경력 3~4년의 선배님에게나 알맞는 특유의 style을 초심자인 내가 그대로 모방한 것, 수향거사(守鄕居士)를 뵙겠다고 찾아오는 타향인사를 거절하지 못하는 개방적인 성격, arbeit 등으로 인한 충분한 시간확보(평균 11시간)도 하지 못한 것에 패인을 돌리며 새로운 돌파구를 모색하고 있었습니다. 이 때 지방 학생의 불리한 조건을 합심해서 극복하고자 행시 4명, 사시 4명 등 8명이 팔기회라는 모임을 1974년 11월 11일에 결성한 것입니다. 팔기회원들은 이후 거의 생활을 같이 하다시피 하고 좋은 책을 권하며 서로의 Counseller가 되어 고시여정(考試旅程)에 나타나는 어려움을 헤쳐 갈 기초공사를 다질 수 있었습니다.

· **열리기 시작한 門**

좁은 시야를 넓히고 지금까지의 얽매인 생활에서 벗어나고자 발버둥치다 보니 하나의 계기를 포착했습니다. 즉 홍신희 교수님, 어인의 교수님의 노력과 정석규 학장님의 배려로 2년 여를 계속해 온 아르바이트 생활에 종지부를 찍게 된 것입니다. 이 때가 1975년 5월이었습니다. 즉시 1학년 때에 나를 성장시켰던 청석고교 뒷편에 자리잡은 연구실에 들어 갔습니다. 이어서 펼쳐진 대학의 꽃, 축제에 참가하여 조그만 트로피를 차지하는 만용도 부렸습니다. 유난히도 더웠던 그 해 여름은 차갑기로 소문난 우물물로 맛사지를 하거나 금녀구역(禁女區域)에서 저절로 이루어지는 스트립쇼(?)를 하면서 보냈습니다. 한창 뜨거운 오후 2~3시 경에 있었던 친구 A군과의 탁구 시합도 더위를 잊는데 도움이 되었습니다. 달밤의 축구시합, 잦은 술자리와 진지한 인생토론, 2~3인조의 풍기순찰(風氣巡察) 등이 인상적이었던 연구실 생활이 타성화 되려하기에 장소를 변경할 생각을 했습니다. 그 뜻은 1975년 11월부터 다음해 2월까지 3개월간 서울 수유리에 있는 조양독서실에서 이루어졌습니다. 이 때의 생활은 제 수험과정에 있어서 가장 보람있고 순수했던 것 같습니다. 서울 생리의 체득과 고독한 전진의 위대성이 증명된 시기였습니다. 도보로 10분 정도 걸리는 숙부님댁에 기거하면서 독서실을 다녔습니다. 오전 6시 기상, 30분 정도 맑은 공기와의 대화, 그리고 1시간의 아침 공부를 마친 다음 독서실로 향한 발걸음은 마냥 가벼웠습니다. 점심 시간은 오후 3시였습니다. 한동안 지난 후에는 점심식사 동지가 생겼지만 처음에는 저 혼자였습니다. 그래서 소화를 돕고 자연스러운 분위기 조성을 위해 식사와 신문 보는 것이 동시에 끝나도록 계획을 짰습니다. 책상 위에서 약간의 잠을 청한 후 오후 10시에 독서실 문을 나설 때의 뿌듯함은 영구히 간직하고 싶은 것이었습니다.

그간에 각 과목 기본서 1회독, 문제집 2~3권을 3~4회독씩 마치고 자신감이 충만한 가운데 치른 18회 1차였습니다. 그러나 가까스로 합격한 것을 알았을 땐 시험 당일의 강추위에도 없었던 소름이 온몸에 끼쳐 올랐습니다. 어려운 여건 하에서 제 뒷바라지를 맡으셨던 숙부님 내외분께 깊이 감사드립니다.

이 때 2차를 응시하는 것이 사법시험을 모독하는 것 같아 포기하려 했습니다. 다음 기회를 위한 준비자료를 얻기 위해 1차 발표가 있는 다음 20여일간 단권으로 되어 있는 과목 몇 가지만 2회독씩 하고 법전을 참조하면서 실력 과시 아닌 성실표시(誠實表示) 같은 답안을 작성한 후 조금도 손을 대지 못한 것이 없다는 식으로 자위하는 어리석음을 보였습니다. 원래 모르는 것이 절대적으로 더 많은 시기였으므로 실패는 예정된 코스였지만 어쩌면 하고 요행을 바라는 유약한 인간의 욕망을 가졌으나 이것을 짓밟아버리는 공평한 결과엔 숙연해지지 않을 수 없었습니다. 그러나 과락없이 평균 48점이란 나에게는 분에 넘치는 소득이어서 19회 합격에 고무적인 결과를 얻었습니다.

당연한 실패임을 너무나 잘 아는 저에게 보내지는 주위의 눈초리가 두려웠습니다. 관념상 길게 느껴져야 할 6개월이 쉽게 지나간 것은 다행한 일이라고 할까? 그간에 세 번의 학교시험, 군대문제 해결, 졸업논문 작성, All night를 저에게 가르쳐준 여행이 있었습니다.

이 당시에 애독한 고 김홍섭 판사님의 유집(遺集) 「무상(無常)을 넘어서」는 저의 인격수양과 수험생활 등 모든 면에서 진실한 안내자가 되어 주었습니다. 법조인과 종교인들은 물론 수험생에게 일독을 권하는 데 주저하고 싶지 않습니다.

1976년 7월 10일, 다시 나그네의 길을 자청했습니다. 전에 효과를 본 조양으로 갔습니다. 전과는 다르게 밤공부로 바꾸었으나 15일 만에 환원하지 않으면 안 되었습니다. 전과목 1회독을 위한 몸부림이 빚어낸 눈병으로 인한

안과 신세만 지다가 청주로 내려오고 말았습니다.

　뜻하지 않은 복병의 출현에 고심하면서 가벼운 마음으로 행정법을 넘기던 중 법률과목에 대한 체계적인 인식을 어렴풋이나마 하게 된 것이 이 때였습니다. 안타까운 상황에서 얻은 이것이 19회 합격의 원동력을 이룰 줄은 꿈에도 몰랐습니다. 이 후부터는 전에 어렵던 부분의 이해가 잘 되고 항상 새로운 것을 대하는 지적 희열을 느끼곤 했습니다.

　조급한 마음에서 20여일 간의 부족한 휴양을 끝내고 공기 맑고 조용한 안양법률연구원에서 2개월을 보내기로 했습니다. 서울에서의 고전을 여기서 재연할 줄을 그 누가 알았으랴? 서울대학병원 신세를 지면서 1개월을 허비하고 나니 눈앞이 캄캄했습니다. 굳은 결심과 세밀한 계획을 세웠지만 상황이 이렇게 되고 보니 그것이 오히려 나에게 강박관념을 더해 주었습니다. 같이 공부하던 팔기동지(八起同志)들의 추상같은 호령과 아기자기한 격려, 각지에서 날아드는 친구들의 편지 세례 속에서 나머지 1개월 간 4과목의 기본서와 문제집을 정성들여 일독했습니다. 이 때 토론을 통해 많은 지도를 해주신 R형님의 애석한 실패를 통탄하며 차기 합격을 기원합니다(제21회 합격).

　시험 연기 발표 후 여유를 찾는다고 1주일을 소비하면서 서울대학 주최 학술논문발표대회에 참가, 가작 입선한 것은 나에게 합격에 대한 자신감을 더해 주었습니다. 경제사정 때문에 집에서 생활하기로 하고 하향하여 졸업시험을 끝냈을 때 갑자기 좋은 소식이 있었습니다. 어 교수님의 주선과 김기선 교수님의 각별한 배려로 해인사 원당암(海印寺 願堂庵)에서 공부할 수 있는 기회를 얻게 된 것입니다. 이 곳에서 명문 출신 선배들과 같이 공부할 수 있는 기회를 얻게 된 것입니다. 이 곳에서 명문 출신 선배들과 같이 하는 공동생활은 저의 안목을 넓히는데 결정적으로 기여했습니다.

　토론없는 자기위주 공부의 위험성을 실감하였고 냉철한 자기 반성만이 합격의 지름길이며, 화려한 과거의 영광에 사로잡혀 현재의 생활을 경시하지 말아야겠다는 것을 배웠습니다. 또 남에게 보이기 위한 것이 아닌 자신에게 부끄럽지 않은 성실이 객관적 지위보다 중요하다는 것을 인식했습니다. 여기서도 눈 때문에 고생을 했으나 같이 생활하던 선배・동료들의 따뜻한 보살핌과 혜은(慧恩)스님의 염려로 위기를 넘기고 전과목 문제집 1회독과 민법 기본서 1회독을 마쳤습니다.

그러나 해인사 생활이 고시합격과 인간도리의 갈등 속에서 끝을 맺을 때의 아쉬움은 이루 말할 수 없었습니다.

갑작스러운 청주(淸州) 귀환(歸還)으로 허둥대던 중 우암동(牛岩洞) 아주머님의 특별한 배려로 밝고 조용한 곳에서 마지막 정리를 할 수 있게 되었습니다. 졸업 전까지 3주 간의 방황이 있었지만 4일 간의 감기 공세를 마지막으로 나머지 1개월 간은 평균 15시간의 작전을 아슬아슬한 순간을 넘기면서 성공적으로 끝내고 Stand까지 서울로 수송하는 극성을 피우면서 치른 19회 2차는 소나기가 내리는 가운데 막을 내렸습니다.

• 군더더기 말

기라성같은 선배님들에게 저같은 애숭이가 무슨 할 말이 있겠습니까만, 천진난만한 3살 먹은 어린아이의 솔직한 대화에 귀를 기울여 주시길 바라면서 제 생활 단상을 적어 보겠습니다.

(1) 오뚝이 철학

수백 번을 넘어뜨려도 계속해서 일어나는 불굴의 의지로서의 오뚝이 철학을 얘기하려는 것이 아닙니다. 잠이 깬 후 일어날까? 말까? 생각하지 말고 오뚝이처럼 오뚝 일어나서 옷을 입고 밖으로 나가는 생활습관을 그렇게 명명하겠습니다. 특히 겨울에 이불 속에서 일어나느냐, 계속 누워있느냐 하는 사고투쟁에서 후자에게 승리의 월계관이 씌워지는 것이 인간이 지닌 약점의 하나라고 볼 때 이의 탈피에 오뚝이 철학은 특효약이 아닌가 생각됩니다.

(2) 규칙적인 생활

생활의 Rythme을 거슬리지 않으려고 노력했습니다. 전날 밤에 늦게까지 술자리가 마련되었거나, 인생상담소가 개설되었다 할지라도 다음날 기상 시간을 어기지 않으려고 몸부림쳤습니다. 또 아침 공부는 못할지라도 아침 운동은 거르지 않았습니다. 「잠자는 시간을 아까와 하지 말라! 눈을뜬 시간에 문제점이 있다」는 이모 판사님의 Advice를 신봉했습니다(매일 평균 낮잠 포함하여 7시간 자고 12시간 공부함). 저녁 12시가 취침 시간이었는데 좀더 공부하고픈 욕망을 억제하면서 잠자리에 드는 영단(英斷)을 내린 적이 한 두 번이 아니었습니다. 경제 사정이 여의치 못한 저에게는 아침 운동과 사이사이의 심호흡, 물구나무서기, 윗몸일으키기와 요가 중의 일부 동작을 흉내내는 것은 규칙생활과 함께 건강유지에 불가결한 것이었습니다.
 (3) 자기합리화 방지와 공부실적 기록
 매일의 시간을 새벽・오전・오후・밤으로 4등분하여 각 부분의 목표시간을 정해 놓고 그날에 공부한 시간과 공부량을 적어나갔는데 자기 생활 통제와 반성에 많은 공헌을 했습니다.
 또 자기합리화 방지에 주력했습니다. 지난 해 눈병으로 애태울 때 떨어져도 할 말이 있다는 안도감이 저를 엄습해 왔습니다. 그 때 저는 생각했습니다. 만약 실패할 경우 눈병을 변명의 구실로 삼지 않는다. 오히려 그러한 난관이 있었음에도 불구하고 합격하는 무서운 사람이 되어야 한다고 나 자신을 격려했습니다.
 특히 지방대생의 경우 지방이라는 핸드캡, 즉 교수진이 미약하고 출제위원이 서울에 편중되어 수험정보에 어둡다는 등 불평들을 하는데 이것은 잘못하면 자기기만이나 핑계 이상의 의미를 갖지 못하니 주의하십시오.
 (4) 생활의 단순화
 생활의 단순화는 절대 필요합니다. 그러나 지나친 생활의 단순화는 오히려 실패의 원인이 된다는 것을 명심하셔야 됩니다. 왜냐하면 고시공부와 인격도야는 병행되어야 올바르고 폭넓은 사고를 가진 법조인이 될 수 있기 때문입니다. 나는 고시공부를 하니까 모든 것에서 떠나야 한다고 주장하면서 행하는 과잉 자기통제가 비능률적일 수도 있다는 것을 경계하는 것입니다.
 (5) 기 타
 Warming-up이라는 생각을 버렸으면 합니다. 공부한 기간이 짧다, 실력이 모자란다는 등의 월권(越權)이 포함된 자기판단을 근거로 시험을 포기하거나 참가하는데 의의가 있다는 식의 응시는 삼가는 것이 바람직 합니다. 공부한 양의 다과(多寡)에 불구하고 그 때까지의 자기능력을 최대한 발휘해 보겠다는 자세로 시험에 응한다면 좋은 결실이 약속될 것입니다. 저의 경우 이번 시험에 많은 회의를 느끼다가 마지막 한 달을 남겨두고 전과(前過)를 뉘우치고 떨어질 때 떨어지더라도 「최선을 다하자」면서 자신감을 가지고 공부했는데 이것이 의외로 좋은 성과를 올렸습니다. 부끄럽습니다만 참고로 지난해 평균 48점이었던 제가 올해는 평균 57.87점으로 석차 20위로 합격한 것을 알려드립니다. 응시 경험은 차기 응시에 많은 도움이 됩니다만 타성화

되지 않도록 신중을 기하십시오.

• 맺으면서

　부채 많은 여정에 종지부를 찍고 수혜(授慧)로운 인생의 출발을 가능케 해주신 여러분들께 고마움을 전합니다.

　어려운 상황에서 못난 자식을 위해 밤낮이 없고 심지어 끼니를 거르면서 헌신하신 부모님들께 영광과 은공을 드립니다. 대학 4년 동안 변함없이 이끌어 주신 정석규 학장님 이하 법·행정학과 교수님들 특히 야전군 사령으로서 수고하시는 어인의 교수님께 감사드리고, 갑작스럽게 타계하신 이승옥 교수님 영전에 삼가 조의를 표합니다.

　모든 어려움을 함께 하며 서로가 수족(手足)이 되어 헌신적으로 도와준 팔기회원(八起會員)들에게 무한한 감사를 보내며 홍형의 합격을 축하하고 타 회원들의 애석한 실패가 차기의 합격으로 승화되길 기원합니다. 그리고 홍·이·우 군의 건투와 학교 후배들의 분발을 촉구합니다.

　변변치 못한 담담한 글을 끝까지 읽어 주시고 당돌한 저의 비례(非禮)를 너그러이 용서하시는 동도제형들의 소원성취를 굳게 믿으면서 글을 맺습니다.

기다림의 세월

— 중졸 · 대입검정고시, 사법행정요원시험합격이
독학으로서의 끈질긴 사시도전에 용기를 보태주었다. —

김 귀 건
· 제24회 사법시험 합격
· 1950. 4. 15. 경남 통영 출생
· 고입 · 대입 검정고시 합격
· 사법 · 행정 예비시험 합격
· 변호사(충무시 문화동 124-2)
· 전화 : (0557) 44-1633

· 글머리에

"창밖에 비가 내리듯, 내 가슴에도 한 줄기의 가느다란 비가 내리고 있다"라는 어느 시인의 싯귀처럼 가슴에 젖어오는 쓸쓸함과 고독감은 합격의 기쁨과 즐거움을 압도하고 있습니다. 후회와 회한으로 점철된 지난 세월들이 과연 합격기를 읽고 계시는 분들에게 얼마나 도움이 될지 염려스럽습니다. 제가 쓰는 이 글이 조금이라도 수험생활에 보탬이 될 수 있다면 그 이상의 기쁨은 없겠습니다. 더욱이 어려운 여건 속에서도 사시(司試)에 매진하고 있는 전국의 독학생들에게 이 글을 바치고 싶습니다.

· 거꾸로 박힌 생활

인간은 태어날 때부터 고독의 십자가를 짊어지고 이 지상에 나온다고 했습니다.
자기 자신을 거꾸로 박힌 활자에 비유한 키에르케고르, 모든 활자가 행을 따라 일정하게 배열되어 있는데 오직 한 활자만이 거꾸로 박혀 있다는 실존의 고독감, 이 실존의 고독감이 그를 철인으로 만들었듯이 외로움과 쓸쓸함을 극복한 것이 오늘의 저를 있게 하였습니다. 지나온 세월을 숨김과 보탬이 없이 씀으로써 저러한 사람도 사법시험에 합격하였는데 나도 좌절과 시련을 극복하고 노력하면 반드시 합격의 영광이 오리라고 확신을 가지신다면 저의 이 글을 쓰는 목적을 달성했다고 보고 싶습니다.

• 어린 시절

생각하기도 싫고 그리고 잊을 수도 없는 것이 어린 시절인 것 같습니다. 자의 반 환경 반으로 국민학교 5년을 수료하고 학교생활을 끝마쳐야 했던 어린 시절이라 남다른 감회가 없을 수 없습니다. 지금 생각하니 모든 것이 운명적으로 결정된 것이라면 독학의 가시밭길도 이미 운명적으로 어린시절에 결정되어 있었는지도 모르겠습니다.

"사랑과 가련함에도 물들지 않는 하나의 바위"가 되겠다는 청마(靑馬)의 고향 충무는 점점이 흩어져 있는 다도해처럼 사연도 많은 고장입니다.

엄격하신 아버님과 며칠에 한번 쯤이나 얼굴을 볼 수밖에 없었던 어머님은 어린 마음에 정신적 방황을 만들었고 급기야 국민학교 6학년을 다 마치지 못하고 5학년 수료라는 명예스럽지 못한 관을 쓰게 되었습니다. 그래도 5학년을 다닌 것은 분명한데 얼마나 사람이 안 되었다고 보았으면 만들어 놓았다는 졸업장을 찢어 버렸겠습니까? 국민학교 시절이 이러하였으니 저의 장래는 나락(奈落)의 심연으로 떨어질 것은 불을 보듯이 명약관화한 것이었습니다. 집에서 노는 것도 뭐하고 해서 야간 중학을 1년간 다니는둥 마는둥 하다가 이것도 그만 집어 치우고 집에서 할 일 없이 소일하였습니다.

• 뜻을 세우던 시절

운명의 장난이었는지 집에서 노는 것도 싫증이 날 무렵에 우연히 서울에서 발행되는 강의록을 처음 보게 되었습니다. 한달에 한권씩 1년에 12권이면 3년 과정을 전부 마친다는 말에 강의록을 구입하여 읽어 나갔습니다. 이 때부터 17년이란 기나긴 독학의 길은 그 막을 올리게 되었습니다.

"독학" 그것은 뼈에 사무치는 고독감과 수시로 찾아오는 좌절감, 알 수 없는 대상에 대한 그리움으로 정신의 황폐화를 만들기 쉬운 길이기도 합니다. 이 글을 읽고 계시는 독학생 여러분은 어느 정도 저를 이해 하시겠지만 전부는 이해하시기 힘들 것입니다. 저와 같이 국민학교 5년을 수료하고 처음부터 끝까지 철저하게 독학을 하신 분은 별로 많지가 않을 것이기 때문입니다.

강의록을 구입하여 공부하는 동안에 검정고시(檢定考試)라는 제도가 있는 것을 알았고 검정고시에 합격하면 진학의 문도 열린다는 것을 알았습니다.

요즈음은 학원이 많이 있어 검정고시에 합격하신 분들이 모두 독학생이라고는 볼 수 없습니다. 검정고시는 야간중학교, 기타 특수학교를 나오신 분들은 4과목만 치르면 되는데 저는 그렇지도 못하여 9과목 전부를 응시하여야만 되었습니다.

영어와 같은 어학은 중학교 과정에서 기초를 튼튼하게 구축하여야 하는데 이것을 혼자 독학으로 하였으니 이 때의 어학의 기초 부족은 먼 훗날 사법시험 1차에 연속 4번이나 떨어지는 불행한 결과를 가져오는 하나의 원인이 되었습니다. 이 글을 읽고 계시는 분들은 의아하게 생각하실지 모르지만 사법시험보다 고입 검정고시가 더 어려웠습니다.

음악과 물상이 어려워 수많은 밤을 고통으로 보내었고 수학의 공식을 얼마나 외웠으면 잠을 자면서도 헛소리로 수학의 공식을 말하더라고 누님들이 이야기를 하여 주었습니다. 어려운 환경 속에서도 "재산은 언젠가는 없어지기 마련이지만 한번 머리에 들어간 것은 영원히 없어지지 않는다"고 말씀하신 아버님, 빈 활명수 병에 기름을 부어 마개 가운데 심지를 만들어 밝힌 등잔불 밑에서 공부하던 시절이 모두가 지나간 잊을 수 없는 하나의 아름다운 추억이 되었습니다.

노력의 결과는 반드시 찾아오는 법, 1966년에 기다리고 기다리던 고입 검정고시에 합격을 하였습니다. 그러나 고입 검정고시에 합격한 후에도 고등학교에 진학할 가정 형편은 되지 못하였습니다. 그래서 기왕에 독학을 시작한 바에 대입 검정고시도 독학으로 마쳐야 되겠다는 신념 비슷한 것이 발동하여 공부를 계속하게 되었습니다.

검정고시를 준비하던 때인 1967년 8월에 한분 계시는 친형(김적승 고법판사, 현 대법원 재판연구관(현 부산지법 부장판사, 편집자 주))이 제8회 사법시험에 합격하시는 기쁨을 집안에 안겨 주었습니다.

집안의 기쁨도 잠시 머물고 어려운 여건은 전이나 마찬가지였습니다. 단지 정신적인 행복감은 충만하였지만 이 시기에 저를 가장 괴롭힌 것은 정신적인 방황이었습니다.

어떤 사물에 대해서도 가치를 부여하기가 힘들었고 허무한 감정과 고독감은 면도날을 목에 대는 사태로까지 발전하였습니다. 그러나 여기에서도 하나의 도리를 발견하였습니다.

모든 일에는 용기가 필요하듯이 자기의 생을 결단하는 데도 용기가 필요하다는 것을…. 용기 부족과 죽음에 대한 두려움은 이 일을 미수에 그치게 했습니다.

생을 결단할 수 있는 용기로 이 세상을 살아가자. 어차피 세상이란, 만자천홍(萬紫千紅)의 꽃동산도, 그렇다고 불행의 심연만도 아니지 않는가. 이러한 생각으로 대입 검정을 위한 노력은 계속되어 이듬해인 1968년 대입 검정고시에 합격하였습니다.

대학에 진학할 수 있을 무렵 형은 사법대학원 졸업반이었고 그 해 9월에 3년 간의 군법무관으로 임관하여야 했기에 집안의 어려움은 여전하였습니다. 이 때에는 이미 사법시험에 대해서는 어느 정도 알게 되었고, 얼마 만큼이나 공부를 하여야 된다는 것을 합격하시기 전의 형의 초췌하신 모습을 보고 알게 되었습니다.

대학 진학을 포기하고 독학으로 사법시험에 합격하자는, 말도 되지 않은 배짱이 그 때부터 생기게 되었습니다. 그 때만 해도 사법시험 응시자격에 학력제한이 있었기 때문에 사법행정요원 예비시험에 합격하여야 비로소 사법시험에 응시할 수 있었습니다.

예비시험 과목은 10과목이었는데 정규대학 교양과정의 과목이라 대학에 재학 중인 분들은 열심히 하면 대학 1·2학년에 합격할 수 있는 시험이었지만 독학생들에게는 그다지 쉬운 시험이 아니었습니다.

1969년에 있었던 10회 시험에는 실패하였고 다음 회인 11회에 예비시험에 합격하였습니다. 국민학교 5년을 수료한 저에게 있어서 중·고등학교 과정과 예비시험을 독학으로 통과하였다는 자부심은 오늘의 영광을 가져오는데 상당한 견인차 역할을 하였습니다. 이러한 내면적인 긍지라도 없었더라면 일찍 사시를 단념하지 않았을까 하는 생각이 들기도 합니다.

예비시험에 합격하던 해에 신체검사를 받고 이듬 해인 1971년 육군사병으로 입대하여 1974년까지 3년 동안 군복무를 하였습니다. 군 3년동안 틈틈이 시간나는 대로 법서(法書)를 읽었고 손바닥만한 법전을 조각내어 읽기도 하였습니다. 관물대 뒤에 민법총칙 책을 숨겨 놓아 관물대가 보기 싫게 되었다고 고참 상병에게 기합을 받은 기억은 좀처럼 잊혀지지 않습니다.

이러한 사정을 알게 된 중대장님의 배려로 공부할 수 있는 파견대로 옮기게 되어 군 3년동안 법서를 손에서 떼어놓지 않았습니다. 영하 7~8도를 오르내리는 추위 속에 양지 바른 곳을 찾아 형이 보내준 책을 읽던 기억과, 동정과 멸시를 동시에 동료들로부터 받던 기억 등 모든 것이 지금은 사라진 하나의 추억이 되었습니다.

군대라는 특수한 집단 속에서 공부를 한다는 것은 그만큼 복무에는 충실치 못하였다는 증거인데 지금 생각해도 상사와 동료들에게 미안한 감을 금하지 못하고 있습니다.

1974년에 제대를 한 이후에 사시 도전을 위하여 준비를 시작하였습니다. 평소에 어학과 글씨 연습을 하라는 형의 충고도 아랑곳 하지 않았던 것은 그 후에 오는 연속실패의 하나의 원인이 되었습니다. 어학실력 부족은 1차 연패에, 그리고 악필인 글씨는 2차 점수에 영향을 미치는 데 공헌(?)을 한 것 같습니다. 법서 이외의 교양서적 탐독도 합격을 지연시키게 한 원인이 되지 않았나 생각합니다. 지금 생각하면 모두가 필요한 것이었지만.

• 도전, 좌절 그리고 시련

1975년에 시행된 17회 사법시험은 처음부터 기대를 하지 않았지만 예상대로 1차에 실패하였습니다. 이 때에는 준비가 완전히 안 되어 있는 상태였기 때문에 점수를 알아볼 기분도 나지 않았고 곧바로 18회 사시 1차에 몰두하게 되었습니다.

전남 순천 선암사(仙岩寺)로 짐을 옮겨 3개월 간 공부를 하였지만 여러 가지 상념과 잡념 때문에 능률이 오르지 않았습니다. 그해 10월에 짐을 챙겨 싸들고 상경하여 관악법우회관으로 옮겨 본격적인 공부에 돌입하려 하였지만 외로움에 휩싸여 좀처럼 공부하기 힘들었고, 겨울날 산위에서 내려다 보이는 서울의 경관이 어찌나 그렇게 황량하게만 보였던지 제가 걸어온 길과 같은 기분이 들어 좀처럼 마음을 안정시킬 수 없었습니다. 도서관에서 20명 가량 1차에 응시하여 2·3명 밖에 합격하지 못했다는 말에 더욱 사기는 소침하여지고 닭장같이 밀폐된 공간은 내 마음을 더욱 암울하게 만들었습니다.

18회 사시 1차는 그런대로 무사히 치렀다고 생각하였는데 결과는 평균 1.5점 가량 부족하여 낙방하였습니다. 창피하기도 하였지만 실력부족인 것만은 부인할 수 없는 일입니다.

그 해 5월에 공주로 내려가서 5개월 동안 시골에서 공부하였지만 별다른 진척을 보지 못하고 연례 행사처럼 가을에 다시 도서관에 들어가 19회 사시 1차에 응시하였으나 결과는 18회 때와 마찬가지로 근소한 점수차로 또 다시 참패의 쓴 잔을 들게 되었습니다. 이렇게 되고 보니 아무리 독학생이라는 특수 여건을 감안한다 하더라도 주위 사람들과 가족들에게 면목이 없어지고 무엇보다도 중요한 것은 자신 스스로의 실력에 의문을 갖게 된 것입니다.

이러한 의혹에도 불구하고 형님의 무언의 격려로 20회 사시 1차에 응시하였으나 커트라인 80점에 점수는 평균 81점 가량 받았으나 영어가 32.5점으로 과락이 되어 또 다시 참혹한 실패를 맛보았습니다.

연속 4년간을 1차에 떨어졌으니 무엇으로 변명할 것인가. 아무리 학교를 다니지 못하고 독학을 하였지만 1차에 4년간 연속 실패한다는 것은 사법시험 응시자로서는 부적격이든지 그렇지 않으면 어디엔가 문제가 있는 것만은 부인할 수 없는 사실이었습니다. 1차 연속 4패의 원인은 역시 어학인 영어였습니다. 과락이 아니면 50점 이상을 받아 본 기억이 없었습니다. 중국어나 기타 어학으로 바꿔 보려고도 생각하였지만 하나의 외국어를 새로 공부한다는 것이 얼마나 어려운가를 몸소 체험했기 때문에 그렇게 하지도 못하였습니다.

정신적 방황은 끝이 없었고 형의 권고로 1978년 여름에 시행되었던 법원사무관 공채에 응시하였습니다. 1차에는 합격을 하였지만 2차에는 낙방하였습니다. 법원사무관 자체에 큰 의미를 부여하지 않았기 때문에 별다른 상처는 받지 않았습니다. 그러나 사무관 시험 1차의 합격은 저에게도 어느 정도 희미하나마 합격에 대한 서광으로 생각되어 21회 사시 1차에 정진하게 되었습니다.

1차에 실패하신 분들은 반드시 점수를 확인하여 다음을 대비하는 지혜를 가지셔야 될줄 믿습니다. 그리고 모든 과목이 부족한 데도 불구하고 시험에 떨어지면 어학에 원인이 있는 것 같이 말을 하시는 분들이 많습니다.

저의 생각에는 어학에서 60점 이상을 받고도 떨어지시는 분은 어학에서 실패의 원인을 찾는 것은 옳지 않다고 생각합니다. 저는 어학에서 50점 이상을 받아 본 일이 없습니다.

연속된 1차 실패는 심적인 부담감과 함께 깊은 좌절감을 안겨 주었지만, 햄릿의 독백 중에서 "가혹한 운명의 화살을 맞아도 참고 견뎌야 할 것인가, 아니면 밀려드는 재앙을 손수 싸워 막아내어 없앨 것인가"에서 전자와 후자 모두를 택하기로 하여 21회 사시 1차에 정진하기로 하고 착실히 준비를 하였습니다.

· 새벽이 오는 소리

영어에 노력을 가하여 과락이 나오지 않도록 경주한 결과 21회 사시 1차에 기적적(?)으로 합격하는 영광을 누리게 되었습니다.

너무 1차에 오래도록 매달렸고 심신이 지친 나머지 2차에 응시할 때는 정신적으로 이미 탈진한 상태였습니다. 결과는 예상한대로 국사 과락에다 평균 점수도 좋지 못하였습니다.

여기에서 한 가지 중요한 점은 오랫동안 1차에 실패하다가 합격을 하면 1차합격에 만족(?)하여 2차에 약간 느슨한 상태에 빠져들지 않나 하는 점입니다. 이것을 타개하기 위해서도 항상 1차에 역점을 두어 2년 이상 연속적으로 1차에 실패하는 잘못을 범하지 않도록 노력하시는 것이 필요할 것 같습니다.

22회 2차에 총력을 기울여 응시했으나「헌법의 특질」문제에서 유신헌법의 특질에 관하여 4장 반이나 쓴 결과 예상했던 헌법 과락에다 평균 점수도 좋지 않아 낙방하고 말았습니다. 다행히 함께 공부하던 생질(강현안, 광주지법 판사)이 합격하여 어느 정도 마음의 부담을 덜게 되었습니다.

23회 사시는 1차의 부담도 있고 하여 심리적으로 긴장되어 있는 데다가 80년 10월에는 학력제한 여부에 대한 논란이 지상을 통하여 거론되는 바람에 신경을 곤두세우게 되었습니다.

23회 사시 1차는 불안한 상태에서 응시하였으나 다행히 합격하였습니다. 1차에 불안하게 응시하여 발표일까지 2차 준비를 소홀히 하였고 2차시험 일주일 전에는 하숙집 딸의 결혼으로 서울로 올라가 2일 간을 사설 독서실에서 보내는 등 2차준비에 만전을 기하기에 부족하였습니다. 결과는 민소법 1문인 케이스 때문에 과락을 맞고 또 다시 낙방하였습니다.

23회 2차시험의 발표일인 1981년 6월 18일 새벽에 오랜 투병생활을 계속 해오던 아버님께서 타계하신 것은 저에게 2중의 아픔을 가져다 주었습니다.

아버님을 보낸 슬픔과 시험 낙방의 아픔은 형언키 어려운 상태를 작출하였고 삶과 시험과 저 자신에 대한 회의에 깊이 빠져 들었습니다. 독학생으로 사법시험에 응시한다는 것 자체가 과연 적합한가? 내 실력은 지금 어디까지 와 있는가? 끝이 없는 이 시험에 언제까지 젊은 청춘을 바칠 것인가? 생산적(?)인 생활인가? 몇가지 의문에 봉착하기도 하였습니다.

1년 가량 공부하던 산곡 마을을 뒤로 하고 내 인생의 전환점을 가져다 준 교산리로 장소를 옮겼습니다. 네 사람의 고시생만 공부하던 이곳에서 사시 2차를 준비하면서 임상순 형을 만나게 되었고 임형과 함께 나란히 합격하는 영광을 차지하게 되었습니다.

사시나 기타 고시를 마무리짓는 단계에서 교우 관계의 여하가 합격에 상당한 영향을 미치지 않나 생각합니다. 임형과 저는 담배를 즐기지 않는 편이고 기타 잡기도 좋아하지 않았기 때문에 시험에 응시하는 날까지 충실하게 공부하였다고 생각합니다.

여기서 한 가지 수험생들에게 당부하고 싶은 것은 건강관리에 만전을 기하라는 것입니다. 저 자신은 시험이 내일이라 하여도 하루에 7~8시간의 수면은 확보하여 건강에 항상 유의하였습니다. 지금의 체력도 공부하였던 사람의 체력같지 않게 건강한 편입니다.

이미 합격할 실력을 갖추고 있는데도 불구하고 신체 쇠약으로 몇 년간이나 고배를 마신 분을 여러 사람 보았습니다. 여하간 교산리에서의 10개월은 주인 아주머님의 심적·물적 배려로 실력양성에 정진할 수 있었으며, 마지막 단계의 마무리를 잘한 셈이 되었습니다. 여기서 시험 3개월 전인 4월 20일부터 하루에 2차 시험과목 전부를 보는 8과목 작전을 전개하였습니다.

이 방법은 반드시 하루에 8과목을 과목당 2시간씩 여의치 않으면 1시간 반 내지 1시간을 배당하여 8과목 모두를 조금씩이나마 보는 방법이어서 기억소멸방지에 다대한 효과를 주었고 자신감도 아울러 안겨주는 효과를 가져다 주었습니다.

한 과목을 본 후에 그 과목을 다시 보려면 적어도 2~3개월이 걸린다는 것을 생각하면 한 번쯤 고려해 볼만한 가치가 있지 않나 싶습니다. 단, 이 방법은 실력이 어느 단계에까지 도달하신 분만이 하여야 되지 실력을 연마하시는 단계에 있는 분들에게는 권할 방법이 되지 못한다고 생각됩니다.

24회 사법시험은 1차 부담이 없었기 때문에 최종적인 2차시험 마무리에 총력을 경주하였습니다. 7~8시간의 수면확보와 아침 저녁으로 조깅을 겸한 산책으로 신체를 단련시켰고, 2차시험 답안지를 옆에 비치하여 머리가 아프거나 복잡할 때는 글씨 연습겸 답안작성에도 신경을 썼습니다.

원서를 제출한 후에 마음가짐을 다시 단단히 하였습니다. 2차시험 응시 일주일 전에 발표된 1차 합격자 명단에는 주위에 아는 분들이 단 한 사람도 없었기에 다시 한 번 사시의 어려움을 통감하게 되었습니다.

시험을 이틀 앞두고 임형과 함께 시험장인 동국대 가까운 곳에 방을 정하였습니다. 시골이나 서울 근교에 계시는 분들은 시험 하루 전보다는 이틀 전에 시험장 가까운 곳에 방을 구하여 마지막 정리를 하시는 것이 좋지 않나 생각됩니다.

· 흰 구름 깊은 곳에 人家 두 세집

2차시험을 마치고 돌아온 뒤에는 대학병원에 입원한 조카의 수술 때문에 무거운 집안 분위기와 함께 제 마음도 차분하게 하는 요인이 되었습니다.

그 무덥고 긴긴 여름날에 집안에 닥쳐온 두 가지 시련을 과연 무사히 통과할 수 있느냐에 관하여 의구심도 가져보았지만 다행히 조카의 수술 성공과 예년과는 달리 시험을 마친 후에 꿈이 한 번도 꾸어지지 않은 것이 좋은 징후가 아닌가 하는 내 나름대로의 점도 쳐보았습니다. 2차시험 발표가 가까이 다가오자 초조감은 더욱 가중되었고, 스스로 채점해 보는 점수는 여름날의 날씨처럼 변화가 무쌍하였습니다.

최선이라고 생각하기에는 외람된 것이었지만 발표하기 전까지의 저의 심정은 "山窮水盡 疑無路, 白雲深處 有人家"(산도 다하고 물도 다한 곳에 길이 없는가 의심했더니 흰구름 깊은 곳에 인가 두 세집), 또 그 정도면 되지 않겠느냐고 저 나름대로 생각하기도 했습니다.

9월 2일 정오에 온양에서 임형과 함께 서울로 올라와 고시연구사에 전화를 걸었습니다. 5시에 다시 전화하라는 답변에 오늘이 바로 운명의 날이구나 하는 생각과 함께 가슴이 죄어오는 것은 어쩔 수 없었습니다.

오후 5시 경, 임형이 합격을 축하한다고 말하기에 이 사람이 농담을 하고 있겠지 생각하였으나 자기도 합격하였다는 말에 비로소 합격을 믿게 되었습니다. 2차 합격의 기쁨도 순간적으로 지나가고, 더욱이 신문지상에 2차 합격자 명단이 게재되지도 않아 합격을 실감할 수 없었습니다.
　23회 사법시험에서 거의 30명이나 되는 인원이 3차에서 탈락되었기 때문에 3차에 대한 불안감을 지워버릴 수 없었습니다. 3차에 대비, 기본 3법에 대한 이해만은 철저히 하자고 생각하였는데 마음대로 되지 않았습니다(3차는 7법 교수님 중에 어느 분이 자기 조의 시험위원이 될지 모르므로 기본 3법만 물어 보았던 옛날의 3차와는 다르다는 것을 명심하시기 바랍니다).
　9월 14일 상경하여 임형과 함께 3차에 대비하여 공부하였지만 머리에 들어오지 않았고 시험 하루 전에는 아침부터 저녁까지 청평으로 놀러가서 거기서 하루를 보냈습니다.
　3차시험 첫날인 16일, 형법의 모 교수님과 실무진에서 모 부장판사님이 나오셨는데 법률에 대해선 질문을 전혀 하지 않으시고 그동안 독학하느라고 고생하였다고 하면서 사법시험을 치르게 된 동기 등 몇가지를 물어 보시고는 그냥 가보라고 하였습니다.
　별로 물어보지 않았으니 좋은 징조같기도 하였지만 일말의 불안이 없을 수 없었습니다. 3차시험의 개별면접과 둘째 날에 있었던 집단토론은 시험위원이 주재하시기 때문에 첫날의 인상과 태도 등이 중요하다고 생각합니다. 그리고 많이 물어 보는 것보다도 적게 물어 보는 것은 좋은 현상이라고 나름대로 생각하고 있습니다. 둘째 날의 집단토론의 주제는 준법 정신의 제고 방안에 관해서였습니다. 부제로 부장판사님이 여러분은 앞으로 법조인이 되기 때문에 법조인으로서의 준법정신에 대해서 특히 듣고 싶다고 하였습니다.
　저의 순서가 되어 1~2분 쯤 발표를 하였는데 5분간 배당된 시간을 빨리 끝내서 불안하였으나 저의 조의 모든 분이 발표를 끝마친 후에 또 이야기할 분이 있으면 발표하라기에 그 동안에 메모하여 두었던 것을 발표하였습니다. 이렇게 하여 3차 면접시험을 마쳤습니다. 3차 집단토론에 있어서는 너무 혼자 말을 많이 하여도 곤란하고 너무 적게 하여도 곤란할 것 같습니다. 그리고 백지 한 장씩을 배당하는데 다른 사람이 발표하는 것을 그 사람의 얼굴을 보면서 발표의 요지 등을 적어 시험위원에게 성실감을 보여 주는 것도 하나의 좋은 방법이라고 생각합니다. 3차시험이 일단 끝났으니 마음은 홀가분하였지만 23회 때의 3차 탈락비율을 생각하니 심정이 그리 편하지만은 않았습니다. 커트라인 점수대에 있는 사람들을 탈락시킨다는 말에 일단 안심을 하였지만 발표날의 심적인 동요는 어쩔 수 없었습니다.

9월 24일, 최종합격자 발표를 보고 안도감과 함께 찾아오는 허탈감은 저만이 느끼는 감회는 아니었을 것입니다.

독학이라는 형극의 길을 걸어온 그 수많은 세월들이 달리는 차창에 지나가는 가로수처럼 뇌리를 스쳐 갔습니다. 국민학교 5년을 수료한 후 지금까지의 20년 간의 기나긴 세월들이…. 사법연수원 등록서류를 구비하기 위하여 최종 정규학교인 국민학교를 찾아갔습니다. 저의 이름이 졸업자 명부가 아닌 제적부 안에 있는 것을 보았을 때의 알 수 없는 생에 대한 비애감은 사시합격에 대한 긍지보다 뿌리가 없는 나무처럼 느껴지는 허전한 감정은 저만이 느끼는 감회였을 것입니다.

• 독학생 여러분에게

"어느 누구도 하나의 섬은 아니다…"

사람은 모두가 대지의 한 조각 이 땅의 한 부분…. 어떤 사람의 죽음이건 나의 생명을 줄이는 것, 나 스스로 인류의 하나이기에…. 그러므로 묻지를 마라. 종은 누구를 위하여 울리느냐고…. 조종(弔鍾)은 그대를 위하여 울리는 것이니…." <존·던>

고시를 지향하고 계시는 여러분들, 특히 독학생 여러분이 받는 고통과 번민은 저와는 무관할 수 없습니다. 나 자신 독학생이었고 앞으로 인생의 시련과 도전에 끊임없이 홀로 응전해야 하는 영원한 독학생이기 때문입니다.

내부적·외부적인 도전에 인간은 항상 능동적으로 응전하여 이를 극복하는 자만이 승리할 수 있습니다. 일단 고시에 도전을 한 이상 이를 극복하는 자만이 고시에 대해서도 비판을 가할 수 있습니다. 제도에 실패한 사람이 제도를 비판하는 것은 삼가야 될 줄 압니다.

현 고시제도가 독학생 여러분에게 여러 가지로 어려움을 안겨주더라도 이를 참고 견디는 수밖에 별 다른 도리가 없습니다.

다음은 독학생 여러분에게 권하고 싶은 말을 쓰고자 합니다.

공부방법에 관해서는 항상 말하여지듯이 합격을 하면 자기 방법이 최선이었다고 생각하기 때문에 방법론이란 자체가 하나의 말의 유희같기도 합니다. 그러나 말의 유희라도 참고 정도는 삼을 수 있으리라 믿습니다.

첫째는 권위있는 기본서 위주로 철저한 단권주의를 취하라고 권하고 싶습니다. 하나의 책에 정통하지도 못하면서 여러 권을 보는 사람을 많이 보았습니다. 요즈음 법서는 옛날과 달라서 최소한 600~700 페이지를 상회하고 있습니다. 이러한 책들을 여러 권 본다는 것은 시간과 정력의 낭비일 뿐만 아니라 그 과목에 대한 자신의 불안을 표현하는 것 이상일 수가 없습니다. 단권으로 하되 필요하고 부족한 것은 고시잡지나 기타 논문으로 보충할 수 있습니다. 더욱이 독학생들에게는 기본서 단권주의는 아무리 강조해도 지나치지 않습니다.

둘째는 선입견과 독단을 배제해야 할 것입니다. 노수험생들에게 간혹 보이는 폐단은 과거에 몇 회독했다는 선입견으로 고담준론(高談峻論)만을 일삼는 분들을 보았습니다. 구체적인 문제에 관해서 질문을 하면 개념 정도도 분명히 말하지 못하시는 분들이 많습니다. "베이컨이 자기 철학의 출발점으로 선입견의 배제"를 들고 나온 것을 깊이 음미해야 될 줄 믿습니다. 노수험생들도 지금 시작하는 재학생 중의 법학도와 같은 자세로 공부하시면 반드시 영광의 날이 오리라 믿습니다. 다음에 독학생들에게 보이는 폐단은 독선과 독단이 많다는 것입니다. 물론 저도 마찬가지입니다만, 독학생들은 자기 실력을 시험장 이외에서는 객관화시킬 수 있는 기회가 없기 때문에 자기가 알고 있는 것이 대단한 것이라고 착각에 빠질 때가 많습니다. 독단을 배제하기 위해서는 모르는 것이 있으면 같이 계시는 분들과 토론을 하든지 솔직히 물어보는 자세가 중요한 것 같습니다. 자연과학과는 달리 법학은 사회과학이기 때문에 독학이 가능하다 하지만 독학이 얼마나 어렵다는 것을 여러분은 누구보다도 잘 알고 계실 것입니다. 고시 학원에 나가 부족한 과목을 보충하시는 것도 좋지 않나 생각합니다. 그리고 학력제한이 없는데도 가끔 정규대학의 법대를 나오신 것 같이 행동하시는 독학생도 있는 것 같습니다. 있으면 있는 대로 없으면 없는 대로 살아가는 것이 인생의 지혜입니다. 구태여 학력을 속여가면서 공부하실 필요가 없는 것 같습니다. "남이 자기를 알아 주지 않아도 성내지 않는 것이 군자"라고 논어에서는 말하고 있습니다. 하나의 기만은 또 하나의 기만을 잉태합니다. 지금도 늦지 않으니 장소를 옮겨 새로운 환경에서 새로운 마음으로 공부에 정진하시도록 권하고 싶습니다.

셋째는 정독이냐 숙독이냐에 관해서는 처음 독학하시는 분들은 3·4회독은 필히 속독을 권하고 싶습니다. 모르는 법률 개념은 전체를 통관하고 나면 자연히 형성되기 때문에 처음부터 모르는 법률용어를 찾기 위하여 사전을 찾는 시간 낭비를 줄이기 위해서도 필요합니다. 3·4회독으로 틀이 잡히시면 다음에는 정독으로 들어가야 합니다. 독학생들은 하나의 개념을 알기 위해서는 수십번이나 읽고 암기해야 하기 때문에 정독의 중요성은 더 말할 것도 없습니다.

넷째는 1차의 중요성입니다. 제 자신 영어의 실력미달로 연달아 4번이나 1차에 실패하였습니다. 2차도 물론 중요하지만 1차에 합격하신 분들이 2차에 상대적으로 유리한 고지를 점령하는 최근의 추세로 보아 1차에 온 힘을 기울여야 될줄 믿습니다. 수험기간이 많으신 분들도 연이어 2회 이상 실패하신 분들은 1년간 1차에 전념하시라고 권하고 싶습니다. 순간적으로 생각하실 때는 불쾌하고 기분이 상할지 모르지만 결과적으로는 그 길이 합격의 영광을 빠르게 하는 방법이 아닌가 생각합니다.

마지막으로 여러분의 위치는 항상 독학생이라는 사실을 한시라도 잊지 말고 노는 시간에도 정진에 정진을 거듭하라고 말하고 싶습니다. 독서실 그리고 하숙집에서 정규대학을 나오신 분들과 어울려 시간 가는 줄 모르고 보내시는 분들이 적은 수가 아닌 것 같습니다.

결과가 좋으면 그것도 하나의 추억이 될지 모르겠지만 그렇게 생활하시는 분들 중에 합격하시는 것을 보지 못했습니다. 아무리 높은 이상도 성실하게 공부하는 자세보다 못하며, 지극한 성실함도 참고 견디는 인내심만 못합니다.

강인한 인내심으로 현실을 타개해 나가신다면 독학생 여러분들의 앞날도 밝아질 것입니다.

• 인간적인, 진실로 너무나 인간적인

한 송이의 국화를 피우기 위하여 봄부터 소쩍새는 그렇게 울어야 하듯이 한 사람의 사시 합격자를 배출하기 위하여는 본인 자신의 각고와번민은 말할 것도 없지만 주위에 계시는 분들의 초조감과 노고 또한 잊을 수 없습니다. 더욱이 정규학교를 나오지 못하고 독학을 한 저의 처지로서는 주위에 계시는 분들의 보살핌이 없었다면 오늘의 영광은 없었을 것입니다. 먼저 동생의 합격을 위하여 오늘날까지 뒷바라지를 하여주신 형님께 진심으로 감사를 드립니다. 이 분이 안 계셨다면 오늘의 저는 결코 있을 수 없었을 것입니다.

육친의 정이 깊다 하지만 형으로서 동생에게 베푼 정성과 노력이 이 만큼은 깊지 못할 것입니다. 좌절과 실의에 빠져 있을 때 위로와 용기를 불어 넣어 주셨고, 과거에 본인이 어려운 환경에서 공부했던 것을 생각하여 동생만은 경제적으로 어려움없이 공부할 수 있게 모든 세심한 배려를 아끼지 않았습니다. 무더운 여름 날 신장에서 교산리까지 걸어서 생활비를 손수 가지고 오실 만큼 동생에게 기울인 대단한 사랑과 열성을 결코 잊을 수 없습니다. 그리고 어려운 집안에 들어와 부모님을 모시며 시동생의 합격을 위해 노력하신 형수님의 고생도 잊을 수 없습니다.

형님이 합격하실 때까지 옆에서 보아 오셨기 때문에 사시가 얼마나 어려운가를 직접 목도하신 형수님이시기에 시동생의 실패도 참고 견디어 주셨습니다. 아버님의 병원 입원비와 시동생의 생활비 등 법관의 봉급으로 이리저리 쪼개쓰시느라고 골머리도 많이 아팠을 줄 믿습니다.

그리고 이 아들의 합격을 보지 못하고 돌아가신 아버님. 1차에 계속 떨어지니 1차만이라도 우선 합격하라고 격려하시던 말씀이 엊그제 같습니다. 100일 기도와 불공으로 세월을 다 보내신 어머님께도 감사드리며 마지막으로 누님 세 분과 매형 세 분께도 감사드립니다.

• 홀로 걸어온 길, 그리고 걸어갈 길

사시에 합격하였다고 오만할 필요도 없으며 떨어졌다고 실망할 필요도 없습니다. 사시도 하나의 제도인 이상 제도 자체가 지니고 있는 숙명적인 결합, 즉 모든 사람을 다 만족시킬 수는 없습니다. 그러나 남보다 더 노력을 기울여 제도를 하루 빨리 극복하는 것은 수험생으로서는 당연히 가져야 할 정신자세입니다. 지나온 길을 홀로 걸어 왔듯이 앞으로도 법조인으로서의 길을 홀로 걸어가겠습니다.

그러나 사명감을 가지고 그리고 남을 위한다는 정신자세를 가지고 살아가겠습니다. 시험에 실패하신 분들 중에 실력이 많으신 분들을 많이 보았습니다. 단지 그 분들 보다 운이 좋아 먼저 목적지에 도달하여 지나온 발자취를 더듬는 것이 외람되게 느껴집니다.

  두서가 없는 이 글을 끝까지 읽어 주신 여러분들께 하루 빨리 합격의 영광이 찾아올 것을 빌며 외롭게 항해하는 동안 친절한 길잡이가 되어 주었으며 또 이 지면을 내어 주신 고시연구사에 감사드립니다.

도전과 성취

— 2차의 패인은 나의 악필 때문이었다.
그리고 모의고사로 약점을 보충했던 것이 합격의 요체였다. —

송 인 만

· 제34회 사법시험 합격
· 1962. 12. 30. 충북 제천 출생
· 고입 검정고시 합격, 청주진흥고·
  동국대 법대 졸업
· 변호사(충북 제천시 의림동 21-1)
· 전화 : (0443) 48-1030~3

· 글머리에

　지금 이 순간에도 도서관이나 고시원, 산사 등에서 고시합격을 목표로 청춘을 불사르고 있는 수험생 여러분과, 역경 속에서도 희망을 잃지 않고 보람찬 미래를 위해 최선을 다하는 모든 분들에게 조그마한 위안이 되고자 이 글을 씁니다.
　인생이란 끊임없는 도전과 성취의 과정이라고 저는 생각합니다. 특히 젊은 시절에 어려운 환경 속에서도 뜻을 세우고 이에 도전하여 성취하는 과정은 아름답기까지 합니다. 더욱이 그 과정 속에서 실패와 좌절의 고통을 딛고 일어나 용기를 내어 재도전, 결국 성취하는 기쁨을 맛본다면, 감사하는 마음을 잊지 말아야 할 것입니다. 왜냐하면 맹자는 '하늘이 그에게 큰일을 맡기실 때는 먼저 그의 마음에 큰 고통을 주신다'고 하였고, 성서에도 '하나님은 그가 시련을 극복할 수 있는 능력이 있기에 그에게 시련을 주신다'고 말씀하시고 있기 때문입니다.

• 어린시절―가난의 철학

제가 태어난 곳은 충북 제천의 어느 시골로, 삼십여호가 옹기종기 모여 사는 조그마한 마을이었고, 소작농을 하시는 부모님의 4남 2녀 중 넷째, 아들로서는 차남이었습니다. 어려운 집안살림 속에 누님 두 분은 일찍 출가하였고, 아버지께서 중풍으로 쓰러지시자 형님은 어린 나이임에도 집안 일을 떠맡아야 했습니다.

매년 힘들게 농사를 지어 땅 주인에게 수확량의 반을 바치고 빚을 갚고 나면 남는 것이라곤 보리밥도 먹기 힘들 정도였습니다. 이때 형님과 어머니의 절실한 꿈은 어떻게라도 해서 아버지께서 진 빚을 모두 갚고 빚쟁이의 독촉을 받지 않고 사는 것이었습니다.

억척스런 어머니와 한마디 불평도 없이 꿋꿋하게 일하는 형님 덕분에 아버지께서 중풍으로 쓰러지신지 5년, 형님이 열일곱살 되던 해에 모든 빚을 다 갚을 수 있었습니다. 그러나 겨우 빚을 갚고 나자 땅 주인이 전답과 집을 다른 사람에게 팔게 되어 우리 가족은 할 수 없이 읍내로 이사를 하지 않을 수 없었습니다. 당시 어린 저로서는 집안이 아무리 가난해도 그것은 부모님과 형님의 문제일 뿐, 저와는 아무런 관계도 없는 것으로 여기는 철부지였습니다.

그러나 나중에 삼십여호되는 그 시골마을에서 우리집이 제일 가난했다는 말을 듣고서야 부모님과 형·누님의 고초를 다소나마 알게 되었습니다. 때로는 저도 집안의 농사일을 거들기도 했지만 어머니와 형님 덕분에 그런대로 공부도 하고 들로 산으로 놀러다니는 시간도 많았습니다.

국민학교를 졸업할 때 600여명 되는 졸업생 중에서 3등으로 학교를 나왔으나 가정형편상 남들이 다가는 정규 중학교에 입학할 수는 없었습니다. 비록 어린 심정이었지만 장래가 막막하게만 생각되었습니다. 그렇게 되자 6학년 때 담임을 하셨던 박병량 선생님의 권유로 고등공민학교에 입학하였는데 그 공민학교 3년과정은 저의 인생에서 결코 잊을 수 없는 보람된 시기였다고 생각됩니다. 비록 그곳에 모인 학생들 대부분이 가난하였으나 모두가 심성은 착하고 깨끗하였습니다.

이때부터 어머니께서는 파출부생활을 하게 되었는데 어머니가 남의 집에서 힘들게 일하시는 것을 보고 나면 가슴이 저려왔습니다. 어느 겨울날이었다고 기억됩니다. 어린 나이에 신문을 돌리다가 펑펑 쏟아지는 눈을 보면서 우리 가족을 위해 고생하시는 어머니 생각에 뜨거운 눈물을 하염없이 흘리기도 하였습니다. 그러면서 조용하게 앞날을 생각해 보는 기회도 가졌습니다.

이때 저는 여기에서 인생의 스승이신 이인명 선생님을 만날 수 있는 행운을 얻었습니다. 또한 이 시기에 교회에 나가 성서를 접하게 되었는데, 이인명 선생님의 말씀과 성경의 구절들은 그 후 저에게 시련이 닥쳐올 때마다 그 어려움을 이겨낼 수 있는 지혜와 용기를 준 결과가 되었습니다.

이러는 동안 나름대로 열심히 공부하여 고등공민학교 3년과정을 마쳤고, 응시했던 고입검정고시에서 충북지역 수석이란 영광을 안을 수 있었습니다. 그러나 고등학교에 진학한다는 것은 당시의 형편으로서는 도저히 실현될 수 없는 꿈과 같은 것이었습니다. 그렇지만 희망을 잃지 않고 새벽이면 교회에 나가 고등학교에 진학할 수 있게 해달라고 간절히 기도를 올렸습니다. 그러자 하나님께서는 저의 간절한 기도를 들어주셨던지, 신설되는 청주신흥고교에 3년장학생으로 입학하는 혜택을 입어 꿈속에서나 그려보던 고등학교의 학생제복을 입게 되었습니다.

고교 3년동안 유달리 고생하시는 어머니에 대한 연민의 정과 학업에 대한 열정으로서 심한 갈등과 번민 속에서 지냈지만 학업을 무사히 마칠 수 있었습니다.

• 뜻을 세우다―도전과 실패

대학에 입학하게 된 것은 저에게는 또 하나의 행운이었습니다. 그 때도 가정형편은 여전히 어려움에서 벗어나지 못해 학비조달을 생각할 수 없고 과외를 해서 돈을 벌 수 있는 길마저 봉쇄되어 있었으나 뜻이 있으면 길은 있는 법이라고 했던가, 학교에서는 등록금 전액면제의 장학생이 되었습니다. 그리고 마침 어머니가 일하시는 친척집의 배려로 그 집에서 어머니와 함께 생활하게 되었습니다.

대학생활 초년시절 남의 집에서 힘들게 일하는 어머니를 생각하면, 여자애들과의 미팅따위는 한낱 사치라고 생각되어 엄두도 내지 못했습니다. 대신 도서관에 틀어박혀 러셀의 서양철학사 등 책을 탐독하거나, 새로 사귄 대학 친구들과 이야기를 나누며 어설프나마 장래를 설계해 보기도 하였습니다.

이때 수강했던 교수님들의 교양과목 강의는 저의 시야를 넓혀주는 결과가 되었습니다.

2학년이 되면서부터 본격적으로 전공인 법과목 수강이 시작되었는데 무슨 뜻인지도 모르면서 민법총칙과 헌법교과서를 붙들고 읽기 시작했습니다. 그리하여 2학년 겨울방학 때까지 전법과목을 1회독할 수 있었습니다. 학교에서 강의를 들은 몇몇 과목은 책을 읽고나면 어느 정도 이해가 가능하였으나, 아직 강의가 시작되지 않는 과목은 한번 읽는 것만으로는 감도 잡히지 않았습니다.

대학 3학년 때 어머니께서 환갑을 맞이하였는데, 태어나면서부터 오늘에 이르기까지 고생만 하신 어머니는 몸 마디마디 아프지 않은 곳이 없다고 할 정도였습니다. 친척집에서 아픈 몸을 이끌고 힘들게 일하시는 어머니를 볼 때마다 고교시절의 괴로웠던 심정이 다시 뇌리를 스치곤 하여 견딜 수가 없었습니다. 특히 연로하시고 아픈 몸이어서 언제 쓰러질지 모르는 터라 차라리 내가 대학을 그만두고 어머니의 고생을 덜어주고 싶은 심정이 생길 때가 한 두번이 아니었습니다. 그러나 그런 의사를 표시할 때마다 어머니는 오히려 당신이 쓰러지는 한이 있더라도 그날까지 열심히 공부만 하라고 저를 격려하곤 하였습니다. 마음은 무척 아팠지만 이것이 저의 운명이라고 생각하고 그저 참을 수밖에 없었습니다.

3학년 2학기가 되어서야 비로소 저는 고시반에 들어갈 수 있었고, 이때부터 본격적으로 고시공부를 할 수 있는 여건이 마련되었습니다. 우선 학교측의 배려로 각 과목별 특강을 수강할 수 있는 기회를 얻었습니다. 특강의 장점은 학교 정식강의와 비교할 때, 짧은 시간안에 한 과목 전체를 논점별로 파악할 수 있어 법학공부에 필수적인 전체적 고찰을 가능케 하는 점이었습니다. 또한 특강을 한번 들어놓으면 나중에 혼자서 법서를 읽을 때도 방향을 잡아주는 길잡이가 됨으로써 많은 도움을 주는 것 같습니다. 특강을 열심히 듣고 학교강의도 빠지지 않고 충실히 들으면서 남는 시간을 이용, 고시반 열람실에서 1차 과목을 중심으로 집중적인 공부를 하였습니다. 특히 겨울방학 때는 오직 1차공부에만 전념하며 이를 악물었습니다.

드디어 4학년이 되고 1차시험 날짜가 서서히 다가왔습니다. 어학은 고등학교 때 충분히 기초가 되어 있는 영어를 선택했고, 다른 선택과목 하나는 법철학으로 결정하였습니다.

  1차시험에 응시하고 나서 나름대로 잘 치렀다는 생각이 들었습니다만 결과는 낙방이었습니다. 나중에 총무처에 알아보니 놀랍게도 문화사와 국사가 각각 17.5와 37.5점이어서 아연 실색했습니다. 이유는 문제책형을 답안지에 잘못 기입하는 우를 범했기 때문이었습니다. 그러나 나머지 과목은 합격선을 한창 넘은 점수였음을 알고, 땅을 치고 울고 싶었지만 다음 기회를 생각할 수밖에 없었습니다.

  4학년 여름방학 때는 소송법 교과서를 읽으면서 시간을 보냈고, 가을이 되면서부터 법학적 사고(legal mind)를 기르는 데 중점을 두고 전법과목을 일독하며 특강도 빠짐없이 들었습니다. 지금 생각해 보면 이 당시 공부해 놓은 것이 그후의 시험공부에 튼튼한 기초를 형성한 것 같습니다.

  졸업이 다가오면서 대학시절 미팅도 한번 못해보고 대학을 끝맺는다는 것이 훗날에라도 후회가 될 것 같아 처음이자 마지막으로 미팅을 하기도 했습니다. 하얀 눈에 덮인 겨울의 교정을 바라보면서 대학 4년간 내가 얻은 것이 무엇인가라고 생각하니 아쉬운 점도 많았지만, 그래도 모교가 불교대학으로서의 특성을 가지고 있다는 점과 친구 선태와의 대화를 통해서 그동안 기독교에 치우친 편협된 종교관을 극복하였음을 다행스럽게 생각했습니다. 또한 나 자신 앞으로의 인생을 어떻게 살 것인가에 대한 확고한 인생관을 확립했다고 생각하니 동국대를 졸업하는 것이 자랑스럽게 느껴지기도 하였습니다.

  아마 제가 다른 대학에 갔더라면 이런 귀중한 것들을 얻기는 힘들었으리라는 생각이 들었기 때문입니다.

  1985년 2월 졸업은 했으나 여전히 저는 고시생일 뿐이었습니다. 집안형편은 더욱 나빠졌고, 어머니의 병세 또한 악화일로를 걷고 있었습니다. 그러나 저로서는 다른 길이 있을 수 없었으므로 더 이를 악물어야 했습니다. 그 결과 졸업 첫 해인 1985년도 사법시험 1차에 합격하는 개가를 올릴 수 있었습니다. 1차 합격의 기쁨은 참으로 컸고, 이제야 비로소 본격적인 고시생이 된 느낌이었습니다. 물론 어머니께서도 무척 기뻐하셨습니다. 2차시험은 끝까지 포기하지 않는다는 마음으로 임했는데, 나중에 알아보니 과락은 없고 합격선에서 평균 0.5점 정도가 모자라는 점수였습니다.

  그당시 저의 글씨는 상당히 악필이었으므로 글씨만 잘 썼더라면 합격했을 거라는 생각이 들어 아쉬웠습니다. 이때 한 친구는 '네 글씨로 작성한 답안을 보고 채점위원이 그만큼이나 점수를 준 것이 신기하다'고 놀려댈 정도였으니까요. 그때만 해도 저는 글씨가 나쁜 것은 실력으로 대체될 수 있다고 생각하였습니다. 그러나 저의 이런 생각은 잘못된 것임을 그후의 거듭된 경험을 통해서야 알게 되었습니다. 글씨가 악필이어도 내용이 담겨있으면 과락은 주지 않지만, 악필인 답안은 내용이 좋아도 고득점이 나오지 않는다는 것을 뼈저린 경험을 통해 알게 되었습니다. 대부분의 합격생들은 고득점을 하는 과목이 한 두개 이상은 된다는 것을 수험생들은 명심해야 할 것 같습니다.

다음해 2차시험을 위한 공부장소를 정해야 했습니다. 마음 같아서는 학교 고시반에 남아 계속 공부하고 싶었지만 경제사정을 고려해서 충주 큰 누님집으로 내려갔습니다. 당시 큰 매형은 사업에 실패하여 무척 어려운 형편이었음에도 저를 따뜻이 맞아주시는데 대해 매우 고맙게 생각되었습니다. 지금 회고해 보면 1985년도 2차시험에서 합격수준의 점수를 받았다는 것이 오히려 역효과를 가져왔다는 생각이 듭니다. 조금만 더 하면 합격할 수 있다는 자만심은 순간순간 최선을 다하는 자세를 갖기는 커녕 그저 적당히 현실과 타협하려 하는 못된 자세를 길러주었던 결과가 되었습니다.

1986년도 2차시험을 치르기 위해 40일을 앞두고 상경하여 고시반 기숙사에 들어와서 다른 수험생들과 비교해 보니 저는 제자리 걸음만 하고 있었을 뿐 전진한 것이 없었다는 사실을 알게 되었습니다. 허둥지둥 나머지 40일이라도 최선을 다해야겠다고 생각하고, 병용 형님과 생활을 같이 하였습니다. 최선을 다하여 결전의 4일을 보내고나니 몸무게는 시험치르기 전보다 5kg이나 줄었고, 작년보다는 잘 치렀다는 생각이 들었습니다.

그러나 합격자발표일이 다가오면서 마음이 극도로 초조해졌습니다. 발표 전날 종로 3가 전철역 안에서 가슴설레며 전화로 확인하였습니다만 합격자 명단에 내 이름이 없다는 것이었습니다. 군입대문제, 집안사정 등을 생각하니 정신이 아득해왔습니다. 하염없이 전화통을 부여잡고 울다가 그만 정신을 잃고 말았습니다. 잠시후 정신을 차려보니 설상가상으로 지갑과 전철승차권이 모두 없어졌음을 알았습니다. 할 수 없이 종각역에 내려서 지하철 공무원한테 사정이야기를 하고 역밖으로 나왔으나 내몸에는 길을 걸을만한 기운도 없었습니다. 마침 친구 선태가 연락을 받고 나와서 위로해 주었고, 비후까스를 사주어서 그것을 먹고 겨우 기운을 차릴 수 있었습니다. 지금도 그 때의 참담함과 그 친구의 고마움을 잊을 수가 없습니다.

1987년도, 1988년도 2년간은 저에게 고시공부의 공백기간이었습니다. 두 동생들과 함께 셋이 동시에 영장이 나오는 바람에 가정형편상 저는 병역이 면제되었고, 2년동안 취직도 하고 아르바이트도 하면서 번 돈 일부는 집에 생활비로 보냈고 일부는 저축을 하였습니다. 하지만 고시에 대한 저의 열정은 결코 떨쳐버릴 수 없었습니다. 틈틈히 법서를 읽기도 하고 휴일에는 병용형님과 성호가 하는 Study에 동참하기도 하였습니다.

• 합격의 조건 – 재도전과 합격

1989년도가 되면서 고시에 재도전할 수 있는 여건이 마련되었습니다. 두 동생이 군대를 제대하고 돌아와 집안문제는 자기들이 책임질 것이라며 또한 형이 공부하는 데 필요한 생활비의 일부도 조달하겠으므로 형은 오직 고시공부에만 전념하라는 것이었습니다. 정말 이때 인세, 인걸 두 동생의 말이 눈물겹도록 고마왔습니다. 이렇게 되자 두 동생의 정신적·물질적 도움에 힘입어 오직 고시공부에만 전념할 수 있었습니다.

그러나 1989년도 1차시험에서 두문제로 떨어지는 불운을 맞았습니다. 1차의 시험준비기간이 짧았던 탓도 있었지만 어학을 영어로 선택한 것에 문제가 있다고 보고 독일어로 과감히 바꾸었습니다. 또한 그동안 수차례의 법개정이 있었고 새로운 학설·판례도 많이 나왔으므로 전과목 교과서를 모두 새롭게 구입하고 재도전의 각오를 다졌습니다. 가을이 되면서 신림동 세종고시원으로 자리를 옮겼습니다. 거기서 고교시절 가장 친한 친구 종률과 함께 생활하게 되었으며 나중에는 후배 재영, 민석과 병용형님도 함께 가세하여 다섯명으로 늘어났습니다. 1990년도 1차시험에서는 제대한지 얼마 안되어 시험준비가 부족했던 재영을 제외하고 우리 모두가 1차에 합격하는 개가를 올렸습니다. 저는 이때 독일어에서 90점을 맞았는데 이는 영어를 선택한 것보다 훨씬 유리한 점수였습니다.

1990년도 2차시험에서 병용 형님이 드디어 합격하게 되어 그동안 동고동락을 했던 저로서는 무척이나 기뻤습니다. 저의 경우 2차공부가 제대로 되어 있지 않아 별로 기대하지 않았는데 결과를 알아보니 합격선에서 평균 0.8점 정도 모자라는 아쉬움을 남겼습니다. 다음해 2차시험을 다짐하며 공부장소를 학교고시반으로 옮겼습니다. 그리고 이때부터는 교과서 뿐만 아니라 고시연구 등 각종 고시잡지에 나오는 논문 및 모범답안 등 최근 3년 동안의 자료까지 모두 참조하였습니다. 체력관리도 무엇보다 중요했으므로 아침 5시쯤 기상해서 남산순환도로를 거의 매일 조깅을 하였고 조깅 후에는 땀을 씻기 위해 반드시 샤워를 하였습니다.

  1990년도 7월에는 한 여인을 만났는데, 그녀와의 만남은 운명적이었습니다. 당시 대학원생이던 그녀와의 처음 만남에서 저는 그 선해 보이는 그녀의 눈에 반했고, 또한 몇마디 대화를 통해서 서로가 인생에서 무엇이 중요한가에 대한 합의점을 찾을 수 있었습니다. 무엇보다 그녀는 고시공부하는 저를 잘 이해해 주어 큰 힘이 되었습니다. 그로부터 저는 평일은 오직 공부에만 열중하였고, 휴일이면 그녀를 만나 데이트를 하면서 긴장감을 풀 수 있었습니다. 일요일 아침 10시쯤에 그녀를 만나 밤 10시까지 거의 12시간 정도를 걷거나 의자에 앉아 대화를 나누면서 시간가는 줄 모르고 재미있게 보냈으며, 헤어질 때는 그래도 서로 아쉬워 하였습니다. 참으로 순수한 젊음은 돈이 별로 들지 않고도 사랑을 만끽할 수 있음을 확인하였습니다.

  1991년도 2차시험이 다가왔습니다. 그동안 논문 및 모범답안 등을 참조하고 교과서도 충실히 읽어서 상당한 실력이 쌓였다고 자부하였습니다. 2차시험 장소는 한양대였는데 막상 문제를 받아보니 너무 쓸 내용이 많아 어떻게 써야 할지에 관해 곤란을 겪었습니다. 특히 문제유형이 작년과는 달리 어려운 문제보다는 평이한 문제가 주로 출제되었으므로 이런 경우에는 답안작성을 많이 해 보았거나 글씨를 잘 쓰는 사람이 유리한 입장에 서게 되는 것을 수험생들은 알아두어야 할 것입니다.

  2차시험을 모두 치르고 나서 생각해 보니 답안작성을 해보지 않은 것이 후회가 되었고 못쓰는 글씨체도 마음에 걸렸지만 그래도 합격에 대한 기대감은 버리지 못했습니다. 장장 두달 반 정도의 발표일을 기다리면서 친구 종률, 연순 등과 동방고시학원에서 아르바이트도 하고 일요일이면 여전히 경미와 데이트를 즐기곤 하였습니다.

  발표일이 다가오자 마음은 초조해졌고 동방고시학원에 나붙은 2차합격자 명단을 보고 불합격임을 확인하는 순간 몸에서 기운이 쭉 빠져 허탈해졌습니다. 당시 서울대생 6명으로 조직된 Study멤버 중 연순, 민석 등 5명은 모두 합격하였고 친구 종률만이 불합격이었는데, 종률은 처음으로 맛보는 불합격이어서 그런지 그의 괴로움은 더욱 컸으나 실패한 경험이 더 많은 저는 오히려 그를 위로까지 해줄 정도였습니다.

발표일 다음날이 추석이었는데 고향에 갈 염치가 없었습니다. 마음이나 달래려고 친구 종률과 인천 영종도를 다녀왔습니다. 불합격의 슬픔을 속으로 삼키면서 저는 2차 불합격을 확인한지 5일도 지나지 않아 신림동 고시원으로 들어갔습니다. 또한 불합격의 원인이 Study를 통한 답안작성 연습의 부족에 있다고 보고 종률과 함께 Study에 가담하였습니다. 일주일 후 형소법 모의시험이 있었는데 시험을 치르고 나서 서로 답안을 돌려보고 나서야 비로소 제 답안이 안고 있는 문제점이 무엇인지 확연히 알 수 있었습니다. 첫째는, 목차구성이 제대로 안되었다는 것이고 둘째는, 글씨가 너무 지저분해 보인다는 점 그리고 셋째는, 서론과 결론이 미약한 점 등이었습니다. 한마디로 말하면 답안작성 요령의 부족이었습니다. 지저분한 글씨체를 고치기 위해 경미의 강력한 권유로 펜글씨 학원에 다니기로 결심하였습니다. 그래서 우연히 찾아간 곳이 신림동의 백강서예학원이었습니다. 마침 그곳 원장님이 고시공부를 한 경력이 있는 분이라 고시생의 애로점을 이해하시고 친절히 가르쳐주어 한 달 반정도만에 그런대로 깨끗한 글씨체로 바꿀 수 있었습니다. 좀 더 글씨체를 교정하고 싶었지만 1차시험을 다시 치러야 한다는 중압감 때문에 원장님과 합의하고 펜글씨학원을 그만둘 수밖에 없었습니다. 나중에 2차시험 점수를 알아보니 평균 54.2점이어서, 합격선에는 2점 이상이 모자랐습니다. 제 답안의 문제점을 생각해보면 채점위원님들이 그나마도 고맙게 생각되었습니다. 반면에 친구 종률은 평균 점수는 수석정도의 고득점이었으나 형법이 39.66점으로 과락이어서 주위사람들의 마음을 안타깝게 하였습니다.

1991년 2차시험 실패 후 처음에는 경제적으로 많은 곤란을 겪었고 마음은 죽고 싶을 정도로 비참해 졌습니다. 그러나 고맙게도 차츰 고시반 장학금과 후배 영석 아버님의 후원, 그리고 경미와 장모님의 정신적·물질적 도움으로 안정된 마음으로 공부할 수 있었던 것은 평생 잊지 못할 것입니다. 아무튼 1991년 12월까지 2차과목 전부를 모의시험과 함께 한번 돌리고 1992년 1

월부터 본격적으로 1차공부에만 전념하였습니다.

　1월 7일에 양가 부모님의 허락을 얻어 혼인신고를 했고 결혼식을 가을쯤 올리기로 결정하고나서 더욱 고시공부에 박차를 가하였습니다. 2월 중순쯤 체력이 극도로 약해져 병용 형님의 권유로 보약 한재를 먹었고, 3월 말쯤에 장모님께서 다시 보약을 지어 주셨습니다. 저는 한약이 받는 체질이어서 많은 효과를 보았고, 덕분에 4월에 있은 1차시험은 자신있게 치를 수 있었습니다. 1차시험을 자신있게 치렀으나 만약을 대비해 군법무관 2차시험원서를 내놓았으므로, 곧바로 2차 준비에 매진해갔습니다. 다시 2차를 위한 Study를 구성하여 전과같이 모의고사를 치르거나 토론을 하기도 하였습니다. 6월 중순이 되자 저는 다시한번 체력의 한계를 느꼈고, 장모님은 경미를 통해 다시 정성들여 지은 한약을 보내주셨습니다. 한약을 먹고 다시 기운을 회복해 공부에 전념할 수 있게 되자 장모님이 눈물겹도록 고맙게 느껴졌습니다. 또한 경미를 통해 장모님께서 저의 합격을 위하여 1년동안 비가 오나 눈이 오나 하루도 빠짐없이 교회에 나가 새벽기도를 하셨다는 말을 들었을 때는 가슴이 뭉클해왔습니다.

　1차시험은 넉넉한 점수로 합격했고 바짝 다가온 2차시험을 위해 혼신의 힘을 다해 공부했습니다. 2차시험 일주일 전부터 마지막 치르는 날까지 평균 4시간 정도 수면을 하면서 전과목을 일별하였습니다. 마지막 시험까지 치르고 나서 이번에는 정말 최선을 다했다는 생각이 들었습니다. 발표일이 다가오면서 마음은 초조해지고 밤에는 잠을 이룰 수 없어 찬송가를 부르거나 기도를 하곤 하였습니다.

　발표 전날 동생 인세가 제일 먼저 합격소식을 전해왔습니다. 아! 꿈에서 그려보던 합격이었습니다. 고진감래, 수차의 실패와 고통과 좌절 다음에 오는 합격의 기쁨은 더욱 큰 법이었습니다. 사랑하는 아내와 두 동생이 함께 기뻐해 주었습니다. 시골에 계신 어머니는 형수님을 붙들고 눈물을 흘리셨고, 장모님도 감사와 기쁨의 눈물을 흘리셨습니다. 하지만 친구 종률의 또 한번의 실패는 너무나 의외였고 진정 저의 가슴을 아프게 했습니다. 그동안 고시공부하면서 종률에게 답안작성요령이나 자료제공 등 도움받은 것을 생각하면 정말 너무나 마음이 아팠습니다. 1993년도 2차시험에서는 친구 종률이가 우수한 성적으로 합격할 것을 간절히 기도하는 마음입니다.

• 글을 맺으며—미래에의 도전

  최종합격 소식을 접한지 이제 4개월이 되었습니다. 이 4개월은 저에게 있어서는 매우 이색적인 시간들이었습니다. 돌이켜 보면 저는 지금까지 제 삶을 되돌아볼 겨를이 없었던 것 같습니다. 마치 '외줄을 타는 곡예사' 같은 삶을 살아왔으니까요. 그런 제가 이 4개월 동안 처음으로 제 삶을 되돌아 보고, 또 새로운 삶을 예비하는 시간을 가질 수 있었습니다. 그동안 저를 도와주신 많은 분들을 만나 뵀습니다. 그리고 무엇보다도 사랑하는 아내와 결혼식도 올렸습니다. 결혼식날 웨딩마치에 맞춰 저를 향해 걸어 들어오는 순백의 신부를 바라보면서 저는 새삼 감개가 무량했습니다. 그리고 사랑하는 동반자와 함께 하는 희망의 서곡을 들을 수 있었습니다. 그렇습니다. 저는 이제 새로운 출발점에 서 있습니다. "인생 삼십이면 삶의 앞면과 뒷면을 모두 볼 수 있다"는 말이 새삼 떠오릅니다. 저 자신 비록 삼십을 넘기긴 했지만 아직은 부족한 것이 많습니다. 그러나 그동안의 도전과 실패, 좌절과 고통 그리고 재도전과 성취의 과정에서 겪었던 경험과 지혜를 되살리고 새롭게 노력하여 훌륭한 법조인으로 성장해 나가고자 합니다. 지금 이 순간도 도서관이나 고시원, 산사 등에서 고시 합격을 목표로 청춘을 불사르는 사랑하는 동기, 후배들 그리고 최선을 다하는 모든 수험생들에게 합격의 영광이 있기를 기원하면서 글을 맺고자 합니다.

  끝으로 저의 작은 영광을 부모님께 바쳐 평생을 가난 속에서 살아오신 그 분들에게 다소나마 위안이 되었으면 하는 마음 간절합니다.

제5부

정상에 핀 꽃

- 한 번의 좌절, 더욱 값진 열매
- 인생에는 연습이 없다
- 내 인생 내 어깨에 지고
- 불혹의 나이에 한 최악의 선택
- 첩첩 밀림에서의 비상

한 번의 좌절, 더욱 값진 열매

— 정말 두려워해야 할 것은 열심히 준비한 것 같지 않은데
너무나 좋은 결과가 나타날 때이다. —

이 동 현
- 제46회 사법시험
- 1981. 1. 12
- 서울대 법과대학 졸업

• 들어가며

 고시공부를 시작하고 또 합격을 위해 노력하였던 시간들 속에서 내 능력이 이것밖에 안되는가 하는 숱한 좌절감을 맛보았던 것 같습니다. 그런데 지금 이 시점에 이렇게 합격수기를 쓰게 될 수 있게 되었다는 것이 참 신기하게만 느껴집니다. 하루하루 최선을 다하려고 노력했지만, 그 노력이 실패하기도 하였습니다. 하지만 지난 3년간의 수험생활은 실패 속에서도 '희망'을 잃지만 않는다면 그것은 결코 실패가 아님을 다시금 배울 수 있는 좋은 시기이기도 했습니다. 다소 신변잡기적인 이야기들도 있지만, 이런 사람도 이런 과정을 거쳐서 합격하는구나 하는 열린 마음으로 읽어주셨으면 합니다.

• 고시공부를 시작하기 전

 전 본래 1999년에 서울대학교 경제학과에 입학하였습니다. 따라서 반드시 사법고시를 준비해야 하는가에 대한 의문이 있었습니다. 경제학 자체 또한 학문적인 매력이 매우 컸기 때문입니다. 따라서 학교에서 2학년 2학기까지는 경제학 공부에 전념하려고 노력했습니다.
 하지만 부끄럽게도 어떤 큰 뜻이 있어서가 아니라, 단지 사회적인 지위나, 공부 자체에 대한 자존심 등 몇 가지 현실적인 이유들로 인해 사법고시를

준비하고자 하는 마음이 차츰 생겨났고, 2001년의 3학년 1학기 기간 동안 경제학 과목들과 법학 과목들을 균형있게 수강하면서, 사법고시에 도전할 수 있을지를 탐색하였습니다.

이때까지는 교회에서 청년부 활동 등도 열심히 하면서, 공동체에 대해서 조금씩 배워갈 수 있었고, 또한 삶의 의미에 대하여 다시 정리해 볼 수 있는 좋은 시간을 종종 가지곤 했습니다.

• 2003년 사법시험 제1차 시험을 위한 공부시기

짧았던 탐색기가 지나고, 저는 결국 2002년 여름방학 때부터 본격적으로 사법시험 1차시험을 준비하기 시작했습니다. 1차 시험에 합격하는 것만을 삶의 목표로 정했고, 그 외의 모든 것을 포기한다는 마음가짐을 가졌습니다. 즐거웠던 교회에서의 청년부활동도 잠시 중단하기로 했으며, 핸드폰도 잠시 정지하면서 그 동안 자주 만나던 친구·선·후배들과의 연락도 단절하게 되었습니다. 더불어 그 동안 매우 즐겨보았던 영화나 공연 등도 자연히 멀리하게 되었습니다.

정말 스스로를 외롭게 만들었고, 그것을 통해 사법시험의 준비에만 전념할 수 있게 되기를 바랐던 것 같습니다. 마음이 맞는 친구 한 명의 소개로 그 친구가 다니던 독서실에 자리를 하나 잡고, 그 친구와 함께 식사하고, 그 친구와의 스터디를 통해 서로 잘 모르는 부분을 질문하고 답하곤 했습니다. 만약 그 친구에게 약속이 생기면, 혼자 식사하곤 하며 철저하게 시간을 아끼려고 노력했던 것 같습니다.

여름방학기간 동안 헌법, 민법, 형법에서 각각 가장 유명한 강사의 기본강의 테잎을 구입하여, 1회 수강하였습니다. 그리고 9월부터 시작하는 진도별 모의고사에 한 회도 빠짐없이 참여하려고 애썼고, 설사 맞은 문제라고 하더라도 지문 하나하나를 꼼꼼하게 정리하면서, 모르는 부분을 정확히 짚고 넘어가는 작업에 몰두했습니다. 진도별 모의고사가 끝난 후에는, 유명강사들의 '판례강의'를 강의 테잎으로 수강하였습니다. 또한 교과서를 보며 중요한 부분들을 모두 스스로 문제화하며 교과서를 정리하는 작업을 했습니다. 그리고 전범위 모의고사는 시간이 날 때마다 조금씩 풀어보았습니다.

짧은 1차준비기간이었지만, 판례위주의 시험준비가 2003년 제1차 시험의 경향에 잘 부합하였던 덕분에, 운 좋게도 2003년 1차 시험에 턱걸이로나마 합격할 수 있게 되었습니다.

• **2004년 사법시험 제2차 시험을 위한 공부시기**

1. 2003년 예비순환기(2003년 3월~2003년 7월까지의 기간)

1차 시험에 합격하기 위하여 지나치게 엄격한 생활을 했던 탓에, 이 시기에는 정말 쉬고 싶은 마음이 많았습니다. 그 동안 못 만났던 친구들을 만나고, 못 보았던 영화를 보며 시간을 보냈습니다. 또한 학교에서 법학과목 위주로 수강하면서, 법학의 기초를 다시 한 번 다져볼 수 있는 시간을 가졌습니다. 하지만 쉬고 싶은 마음이 너무 강했기 때문에 결국 예비순환을 알차게 보낼 수는 없었고, 후4법 중 형사소송법은 학원 강의 한 번 제대로 수강하지 못한 채 첫 번째의 2차 시험을 보게 되었습니다.

정말 도저히 제대로 답안을 쓸 수 없을 것 같다는 생각이 들었지만, 2차 시험에 응시하였고, 내년을 위하여 경험을 쌓기 위해서 버텨보자는 마음으로 7법 답안지를 모두 작성하여 보았습니다. 하지만 역시 실력이 턱없이 모자랐던 터라, 후에 확인해본 결과 평균 20점대 후반의 매우 저조한 성적을 얻게 되었습니다.

2. 2003년 1순환(2003년 7월초~10월말까지의 기간)

처음 응시하였던 2차 시험을 통해, 어떤 수험생들은 내년엔 꼭 합격할 수 있다는 자신감이 생긴다고들 합니다. 하지만 저의 경우엔 실력이 너무 부족했던 터라, 그런 자신감은 없었습니다. 다만 1차 시험을 다소 짧은 준비기간을 통해 합격하였던 터라, 1년의 시간이라면 7법 모두 합격할 수 있는 수준까지 끌어올릴 수 있을 거라는 자신감은 있었습니다.

이 시기엔 역시 가장 유명한 학원 강사님들의 강의 테잎을 구입하여, 모두 2회 이상 수강하였습니다. 하지만 답안을 단 한 번도 작성하여 보지 않았는데, 그로 인해서 2차 시험을 어떻게 준비하여야 하는지에 대한 감각이 매우 늦게 형성되었던 것 같습니다.

3. 2003년 2순환(2003년 11월초~2월말까지의 기간)

2순환에는 학원에서 모의고사 프로그램에 참여하여 매일매일 답안을 작성하여 보았습니다. 그리고 하루에 일정한 양의 강의를 테잎으로 수강하고, 그 부분을 스스로 요약·정리해보면서 다음 날의 시험에 대비하였습니다.

2순환 때에는, 거의 모든 과목에서 늘 25점에서 35점 정도의 좋은 성적을 얻을 수 있었습니다. 하지만 그것은 저의 실력이 좋았기 때문이 아니라, 학원시험이 A급의 매우 중요한 쟁점으로만 구성되었으며, 제가 그 중요한 부분만을 전날 정리해서 암기함으로써 다음날의 시험을 준비했기 때문이었습니다. 이런 공부 방법은 결코 바람직하지 않습니다.

그리고 이 시기에 경제학부에서 법과대학으로 전과를 하게 되었습니다. 전과를 한 것이 수험생활 자체에 큰 도움을 준 것 같지는 않습니다만, 법학 자체에 대한 약간의 주인의식이 생겨났고, 좀 적극적인 마음가짐으로 공부에 임할 수 있게 되었던 것 같습니다.

4. 2004년 3순환 이후(2004년 3월초부터~6월 중순의 시험 직전까지의 시간)

여러 가지 유형의 문제에 적응할 수 있어야 한다는 생각에, 2순환 때 다녔던 학원과는 다른 학원의 모의고사 프로그램에 참여하게 되었습니다. 이 때 학원에서 출제되는 문제들 중에는 비교적 덜 중요한 B급 혹은 C급 정도의 문제들도 많았습니다. 그런데 그 때마다 논리를 어떻게 세워가야 하는지 도저히 갈피를 잡을 수가 없었고, 채점점수 또한 15점~25점 정도로 매우 저조하였습니다.

그 때 저는 1~2순환기의 저의 실수를 깨닫게 되었습니다. 1~2순환시기에는 주로 A급의 문제만을 열심히 공부하고 정리하였습니다. 하지만 3순환 때 다른 학원에서 시험을 보면서, 실제 시험에는 A급의 문제만 나오지 않는다는 점, 요즈음의 2차시험 출제경향은 중요한 쟁점에서 뿐만 아니라, 교과서의 내용 전반을 정확하게 이해하고 암기하고 있어야만 온전한 답안을 작성할 수 있도록 출제되고 있다는 점 등을 깨닫게 되었고, 따라서 이때부터 마음이 매우 다급해지기 시작했습니다.

다급한 마음은 불안한 마음으로 이어졌고, 이에 따라 학원 모의고사에 참여하는 것이 매우 불규칙해지다가 결국에는 학원모의고사에 참여하지 않게 되었습니다. 또한 이때에는 불면증도 찾아왔습니다. 새벽 1시 정도에 잠을 청하면, 뒤척이다가 새벽 3·4시, 심할 경우 아침 7시까지 잠이 오지 않는 경우가 많았습니다. 잠을 청하려고 누우면, 코앞에 닥친 2차 시험에 대한 걱정과, 또한 몇 가지 개인적인 사정으로 인한 근심과 걱정들이 저의 마음을 눌러왔기 때문입니다.

결국 너무나 불안정한 상태 속에서 이대로 가다가는 2차 시험에 불합격함은 물론, 정말 정신이 이상해질 것만 같다는 생각이 들었습니다. 그래서 마음의 안정을 찾기 위해서 3월 중순 경에는 독서실에 있던 모든 서적을 집으로 옮기고, 집에서 공부하기 시작하였습니다.

집으로 공부장소를 옮긴 이후에는, 다시 마음을 다잡고 공부를 하려고 노력하였습니다. 시험 전 100일 정도의 기간 동안 실력이 부쩍 향상된다는 말을 많이 듣곤 했는데, 저의 경우에도 역시 그러했습니다. 그 전에 잘 이해하지 못했던 부분들도 이해할 수 있게 되었으며, 어느 정도의 암기도 이루어지고 있는 것을 느꼈습니다. 하지만 이제 2차시험을 대비하는 방법을 조금 안 것 같은데, 시간이 너무 촉박하게만 느껴졌습니다. '딱 한 달의 시간만 더 있다면, 충분히 공부하고 들어갈 수 있을 것 같은데…'하는 안타까운 마음이 너무나 많았습니다. 또 시험 직전까지도 민법과 행정법의 갈피를 잡을 수가 없었기 때문에 불안감은 더욱 커져만 갔습니다.

5. 2003년 제2차시험 응시

결국은 그렇게 불안하고 자신감 없는 상태에서 2차 시험에 응시하게 되었습니다. 하지만 모든 재시생들이 다 그럴 것이라고 스스로 위안을 삼으며 마음을 달랬습니다.

전 잠이 매우 많은 편이어서, 2차시험 기간이라고 해서 잠을 줄일 수는 없었습니다. 그래서 6~7시간 정도의 수면시간을 확보하여야만 했습니다. 그래서 시험 전날 공부할 수 있는 시간이 남들에 비하여 매우 적었고, 따라서 교과서에서 판례부분만을 다시 한 번 점검해 보는 방식을 택하였습니다. 심지어는 2차 시험 기간 동안에도 불면증으로 고통받지 않을까 걱정했었지만, 하루 4시간의 답안작성은 정말 저를 지치게 하였고, 덕분에 충분히 잠을 잘 수 있었습니다. 시험을 마치고 나오며, 다른 모든 과목은 그럭저럭 썼다는 생각이 들었지만, 민법과 행정법 두 과목에서 1문 사례문제의 핵심을 잡지 못하고 중언부언하고 나왔기에, 그 이후 그 두 과목이 매우 걱정되었습니다.

• 2003년 2차시험 후 합격자발표까지의 기다림과 합격자발표 당일

그 동안 수험준비로 인하여, 하나님과의 관계가 너무 소원해졌다는 생각이 들었습니다. 그래서 2차 시험이 끝난 직후부터 종교생활에 몰두하였습니다. 늦었지만 대학교의 기독교 동아리 활동에도 적극적으로 참여하였고, 교회의 청년부 활동 또한 다시 시작하였습니다.

그리고 2학기에는 학교에서 법학 전공과목들을 수강하면서, 법학에 대한 이해가 약간 더 깊어질 수 있었는데, 이 때 제가 아무것도 모르는 상태로 2차 시험에 응시했다는 사실을 깨달을 수 있었습니다. 그로 인해 민법과 행정법에 대한 과락의 두려움은 날로 커져만 갔습니다.

합격자 발표 당일은 기말고사 기간이었습니다. 불합격할 것 같은 불안한 마음에 이미 독서실을 잡아두고, 새롭게 공부할 1차 교재들을 모두 구입하여 두었습니다. 발표당일 아침에 신림동 고시촌에서 서성이고 있는데, 한 서점 앞에 커트라인이 42.96이며, 900명 정도만 합격하였다는 속보가 붙기 시작하였습니다. 그 전까지만 해도 교수님들이 점수를 비교적 잘 주셔서 민법·행정법에서 과락만 면하면 합격할 수 있을 것 같다는 생각이 들었었습니다. 하지만 컷트라인이 42.96이라는 사실은 누구도 과락으로부터 자유로울 수 없음을 의미하는 것이었습니다. 결국 그 불안함은 현실로 다가왔고, 전 평균 49.8에 행정법 39점, 민법 38점의 과락으로 불합격할 수밖에 없었습니다.

불합격의 사실을 알고는 군대에 가고 싶다는 생각을 정말 많이 하였습니다. 다시 이 시험에 도전한다고 하여 합격할 수 있을 것이라는 자신감이 저에겐 없었기 때문입니다. 이미 충분히 할 만큼 했다고 생각했고, 더 공부한다고 하여 점수가 나아질 것이라는 확신이 없었습니다. 합격자 발표 날에 연이어서 약 4개의 기말고사 시험도 있었지만, 정말 공부를 하고 싶은 마음은 조금도 없었습니다. 하지만 학교성적마저도 바닥으로 나오면 정말 너무 절망스러울 것 같아, 마음을 다잡고 기말고사를 준비하였던 것으로 기억합니다.

• 2004년 제1차 시험에 다시 도전하며

무사히 기말고사를 마친 후, 다시 마음을 다잡고 1차 시험공부에 돌입하였습니다. 전 이 때부터 규칙적으로 기도생활을 시작하였습니다. 매일 1시간 정도 기도를 했던 것 같습니다. 그 시간은 교재 하나하나의 선택에서부터, 공부의 순서와, 각 내용을 정리하는 방법 등 모든 분야에 걸쳐 하나님께 세세하게 여쭈어보는 시간이었습니다. 그 시간을 통해 전 아직 법학의 기본을 갖추지 못하고 있다는 것을 알게 되었고, 기본을 다져주는 것으로 유명한 강사님을 선택하여, 기본 3법의 기본강의를 다시 수강하기로 결심하였습니다. 2차 시험공부에서 배울 수 있었던 약간의 리걸 마인드를 가지고 다시 1차 공부를 하니 공부하는 것이 전보다는 매우 수월해졌음을 느꼈고, 또한 그 많은 내용이 매우 체계적으로 정리되는 것을 경험하였습니다. 그리고 틈틈이 전범위 모의고사 문제와 각종 OX문제를 풀어가면서 1차 문제풀이 감각을 익혀나갔습니다. 이 시기에야 비로소 전, 제대로만 공부한다면 1차 시험과 2차 시험의 경계가 분명하게 허물어질 수 있음을 깨닫게 되었던 것 같습니다.

그리고 이 시기엔 기도생활을 통하여 마음의 평안을 유지할 수 있었습니다. 불합격으로 인하여 매우 고통스러울 수 있는 상황에 접어들었지만, 이 시기에 전 항상 기뻤던 것 같습니다. 기도와 말씀으로 하루하루를 살아간다는 것이 얼마나 기쁜 일인지를 새롭게 깨달을 수 있는 귀한 시기였기 때문입니다. 법학지식 또한 가속도가 붙어가며 머리 속에 새로운 체계로 정리되기 시작하였기 때문에, 법학 자체에 대하여도 처음으로 흥미를 느끼기 시작했습니다.

비록 4개월이 조금 안 되는 매우 짧은 기간이었지만, 이런 이유들로 인해 전 매우 즐거운 마음으로 다시 1차 공부를 할 수 있었고, 그 덕분에 제46회 제1차 시험에서 조금은 여유있게 합격할 수 있었습니다.

• 2004년 제46회 2차시험에 다시 도전하며

1. 2004년 3월에서 6월 말까지의 기간

이 시기 동안에도 늘 기도생활을 하였습니다. 하루 1시간 정도의 기도는 분명 수험생에게 있어 많은 희생을 의미합니다. 하지만 저에겐 그 1시간의 기도로 훨씬 더 많은 것을 얻을 수 있다는 확신이 있었기 때문에 기도생활을 지속해 나갔습니다.

2004년 1학기 동안에는, 학교수업을 수강하면서 2차 시험을 준비하였습니다. 이 시기에는 강의 테잎을 들으며 공부하는 시간을 현저하게 줄이고, 혼자 공부하는 시간을 늘려갔습니다. 또한, 정말 많은 사례문제를 풀어보았습니다. 약 20분 정도의 시간을 정해 두고, 답안의 내용을 처음부터 끝까지 논리의 맥을 잡아 머리 속으로 전개해보는 방식으로 문제를 풀어보곤 하였습니다. 또한 판례의 중요성을 새삼 다시 느껴 모든 사고전개의 중심에 판례를 두곤 했습니다.

2. 2004년 제46회 2차 시험에서

이때에도 역시 하루 7~8시간의 수면을 취했던 것으로 기억합니다. 따라서 시험 전날에 시간이 부족하여 판례만 다시 숙지하고 다음 날의 시험에 임했습니다. 그리고 평소 먹어보았을 때 속이 편한 음식을 위주로 도시락을 구성하여, 몸이 편안함을 느낄 수 있도록 노력했습니다. 결국, 2차 시험에 3번째로 도전하여 감사하게도 합격할 수 있게 되었습니다.

• 마치며

1. 하나님께 모든 영광을, 부모님께 감사를

수험생활 기간 동안, "나는 포도나무요 너희는 가지니 저가 내 안에, 내가 저 안에 있으면, 이 사람은 과실을 많이 맺나니, 나를 떠나서는 너희가 아무 것도 할 수 없음이라"(요한복음 15장 5절)는 예수님의 말씀을, 몸으로 배울 수 있었습니다. 그러한 깨달음을 주신 하나님께 모든 영광을 돌리고 싶습니다. 앞으로도 무릎으로 섬기며, 하나님의 뜻에 따라 살아가고자 합니다.

그리고 3년의 수험생활 기간 동안 조금도 주저하시거나 망설임없이, 아들을 믿어주시고 물심양면으로 지원하여 주신 부모님께 진심으로 감사하는 마음을 전하고 싶습니다. 그리고 늘 옆에서 많은 신경을 써주며 도와준 형과, 병드셔서 힘든 몸으로도 항상 절 챙겨주신 할머니에게도 감사의 마음을 전하고 싶습니다.

2. 아직 시험을 준비하고 있는, 친구·선·후배들에게 격려를

수험생활을 하며, 정말 너무나 좋은 사람들을 많이 만날 수 있었습니다. 그 사람들과 대화하며, 그들의 풍부한 지식에 감탄하면서 지식의 물꼬를 틀 수가 있었고, 힘들고 어려운 일들을 함께 나누며 수험생활의 고단함을 달래

기도 하였습니다. 분명 합격할 수 있는 실력을 가졌지만, 몇 가지 주변의 상황들 혹은 불운함 때문에 아직도 공부할 수밖에 없는 친구들과 선·후배들을 진심으로 격려하고 싶습니다.

합격과 불합격의 차이가 지금은 매우 큰 것처럼 보이겠지만, 결국 우리 모두는 매일매일 나태해지려하는 자기 자신과 싸우며, 하루하루 살아나가는 한 연약한 사람임을 기억할 수 있었으면 좋겠습니다.

3. 용서를 구함

수험생활 기간 동안, 전 독서실을 많이 이용했습니다. 독서실 전체의 매우 조용한 분위기에도 불구하고, 다소 시끄러운 공부태도로 인하여 주위 분들에게 적잖은 피해를 주었던 것 같습니다. 그 분들 모두에게 용서를 구하고 싶습니다. 그리고 그 분들의 앞날에 축복이 가득하시기를 기도하겠습니다.

또, 수험생활 기간 동안 새롭게 알게 된 소중한 사람들도 참 많지만, 몇 가지 불미스러운 일들로 인해 소중한 사람을 잃기도 했던 것 같습니다. 그 사람들에게 제가 잘못했던 일들에 대하여, 지면을 빌어 용서를 구합니다. 상대방의 잘못으로 인해, 저의 잘못이 상쇄되는 것 같지는 않습니다. 언젠가 다시 얼굴을 맞대고 화목한 관계가 될 수 있기를 기도합니다.

4. 이 글을 읽어 주신 수험생 여러분들께

앞으로 자신이 나아갈 길이 분명하게 보이기 때문에, 이 시험을 준비하는 것 같지는 않습니다. 다만, 하루하루 최선을 다하여 공부하다 보니 어느 순간 너무나 많은 길과 기회가 자기에게 주어져 있음을 불현듯 깨닫게 되는 것이 수험과정인 것 같습니다.

학교 수업 시간에 제가 다니는 법과대학의 한 교수님께서 다음과 같은 말씀을 해주셨습니다. "정말 열심히 노력하였지만, 좋은 결과가 주어지지 않는 것은 두려워할 필요가 없습니다. 왜냐하면 언젠가 그에 대한 결실이 반드시 여러분들에게 주어지기 때문입니다. 정말 두려워해야 할 것은, 열심히 준비한 것 같지 않은데 너무 좋은 결과가 삶 속에서 나타날 때입니다. 왜냐하면 그러한 성공은 후에 돌이킬 수 없는 실패를 낳을 수 있기 때문입니다."라는 말씀이었습니다. 혹시 불합격으로 인해 분한 마음을 속에 품고 계신 분이 계시다면, 이 이야기로 조금이나마 위안을 얻으셨으면 합니다. 마지막으로 이 글을 읽어주신 모든 분들이 원하시는 바를 성취하시기를 기도합니다.

인생에는 연습이 없다

— 끝까지 포기하지 마세요! 관객들의 갈채와 스포트라이트 그리고
온몸을 관통하는 형언할 수 없는 카타르시스가 있으니… —

전 용 수
- 제47회 사법시험
- 1984. 2. 25
- 성균관대 졸업

• 아직 어림

"판사가 높은 사람이야~", "아~미치겠네. 검사가 더 높은 사람이라니까!" 중학교 1·2학년쯤 되는 학생 두 명이 말다툼을 벌이고 있었습니다. 그때 왜 그런 얘기가 나왔는지 제가 무슨 근거로 그런 주장을 했는지는 기억나지 않지만 어쨌든 판사·검사가 무엇을 하는 사람인지도 잘 모르면서 검사가 훨씬 높은 사람이라고 주장하던 아이가 합격수기를 쓰고 있다니 너무 부끄럽습니다. 그때나 지금이나 변한 것이 별로 없다는 제 자신에 대한 느낌이 결코 겸손이 아니라는 것을 저와 조금만 지내보면 알 수 있기 때문입니다. 그리고 여러 길들 중 저도 모르게 어느 한 길을 걸었을 뿐, 다른 길들이 어떠한지 잘 모르고 경험도 부족합니다. 그저 시력도 나쁜 제가 이러쿵저러쿵 하며 걸어온 길을 더듬어 보는 것이니, 살펴 읽어주시길 부탁드립니다.

• 공부의 시작

돌이켜 보면 대학교 1학년 때는 추억도 많고 재미있는 일도 많았던 것 같습니다. 차력사 흉내내기, 만취해 친구들 불편하게 하기로 얼룩졌던(?) 신입생OT, 그때 만나 지금까지 친하게 지내는 C-5조 친구들, 아직까지도 이들과 만나면 재미난 이야깃거리가 되는 조MT, 민사법학회 세미나·MT, 밤새

통화하고 낮에는 강의실에서 잠잤던 나날들, 가슴 벅찼던 2002월드컵 응원… 등등.

　제가 공부를 시작했을 때 그리고 공부하는 동안에도 적지 않은 사람들이 말했습니다. 대학 들어와서 놀아보지도 않고 그렇게 공부만 하는 거냐고, 대학교 1·2학년은 다시 돌아오지 않는 거라고, 그렇게 일찍 시작해서 열심히 하다가 합격 못하면 지쳐서 다시 일어서기 힘들다고… 물론 그분들이 저에게 어떤 해의를 가지고 하신 말씀이 아니란 걸 잘 압니다. 제가 걱정스러워 그런 말을 해주시는 것 그 따뜻함만으로도 저는 고마웠습니다.

　대학 공부에 대해서는 어떠한 계획도 없던 저는 아버지의 권유로 1학년 여름 방학때 저희 학교에 있는 '사마헌'이란 고시반에 들어갔습니다. 어릴적부터 열심히 하라고 강조하시고 많이 독려는 해주셨지만 구체적으로 어떤 제시는 않으셨던 아버지께서 사마헌이란 곳을 어떻게 아시고는 저에게 말씀해주셨을 때 그저 신기하기만 했는데 그곳이 사법시험이란 마라톤을 위한 든든한 신발이 될 줄 그때는 몰랐습니다.

　우석이형을 처음 만난 것은 그때쯤이었습니다. 당시 사마헌에서 1학년 학생들을 모아서 영어 스터디를 하도록 했었는데 막 2차시험을 치르고 난 뒤였던 형이 우리를 맡게 되었던 것입니다(실은 민법에 대해 설명해 주었지만). 그 당시에는 3학년때 2차시험을 치르고 발표를 기다린다는 것이 무엇을 의미하는지 몰랐습니다. 그냥 그런가보다 했는데 시간이 지나면서 그게 말처럼 쉬운게 아니란 걸 알았습니다. 또한 학교에서 합격자 강연회를 마련해 주었는데 그때 언젠가 나도 사법시험에 합격해야겠다는 마음을 다지게 되었습니다.

　그해 겨울 형은 2차시험에 합격했습니다. 그리고 크리스마스를 며칠 앞두고 여자친구와 헤어지게 되었습니다. 너무 기쁘고 너무 아팠습니다. 12월 31일 밤 친구들과 종각역으로 나갔습니다. 눈부신 불꽃, 사람들의 시끄러운 함성 속에서 새해가 되는 순간, 눈을 감고 두 손을 꼬옥 쥐고 다짐했습니다. 올 한해 정말 열심히 살아보겠다고!

• 1차 시험 공부

1. 1~3월 : 고향에 잠시 내려갔다 올라온 후 곧바로 시험 칠 준비를 시작했습니다. 책도 사고 강의 테잎도 샀습니다. 새 학기가 시작되기 전에 강의 테잎을 들으며 헌·민·형법을 한 번씩 읽는 것을 목표로 잡았습니다. 어차피 몇 번 봐놓으면 다음 학기 학교 다닐 때 편할 것이라 생각했습니다. 민법 테잎을 듣고 나서, 형법 테잎을 들으며 민법 복습을 하고, 헌법 볼 때에는 민·형법을 복습했습니다. 개강 때까지 다 보진 못했지만 3월말 쯤 되니 민법 2번·형법 1.5번·헌법 1번 정도 훑어봤던 것 같습니다.

처음 시작할 때는 어차피 아무것도 모르기 때문에 자세히 읽으려고 하지 않았고 강의테잎은 처음 보는 책이라 눈에 잘 안 들어오니까 초등학교 처음 등교할 때 엄마와 한 번 같이 가본다는 느낌으로 들었습니다. 그래서 듣다 졸리고 지겨우면 빨리 감아서 다른 부분을 들었습니다. 특히 당시에는 판례가 중요한 것인지 몰라서 판례 설명만 나오면 빨리감기를 해버렸는데 하루에 테잎 8개를 들은 적도 있습니다. 각자 공부 스타일에 따라 다르겠지만 지금 생각해보면 테잎은 후다닥 들어버리고 교과서를 정독하는게 저에게 맞았던 것 같습니다.

2003년 첫 3개월이 제 수험기간을 통틀어 가장 열심히 했던 때인 것 같습니다. 겨울바람이 왠지 더 차갑게 느껴질수록, 겨울 하늘이 왠지 더 허전하다고 느껴질수록, 더욱더 공부만 생각하려고 애쓰는 제 모습은 프로이드가 말했던 '승화' 마치 그것 같았습니다.

2. 4~8월 : 한 번씩 통독을 하고 난 후에는 하루에 두 과목씩(오늘 헌법·민법을 봤으면 내일은 형법·헌법을 보는 식으로) 계속 반복해서 보았습니다. 그리고 과목별로 문제집을 사서 조금씩 풀어보았습니다. 이때에는 그게 전부였던 것 같습니다. 책 읽고, 생각하고, 문제풀고, 모르면 물어보고……. 그리고 7월달부터는 고시반 숙소에 들어가서 생활했습니다. 공부하는 곳, 먹는 곳, 자는 곳이 모두 한 건물(비록 작은 건물이었지만)에 있어서 편했습니다.

3. 9~11월 : 진도별 모의고사를 풀었습니다. 봄·여름에 열심히 해놓은 탓인지 따라가는데 별 어려움이 없었습니다. 진도에 맞춰 전날 한 번 읽고 틀린 문제를 다시 보고 맞은 문제라도 모르는 부분은 책에 보충했습니다. 그날 시험지는 그날 충분히 보고 다시 보지 않았습니다. 선택과목은 국제법으로 해서 추석 때부터 꾸준히 보았습니다.

4. 12월~시험 : 전범위 모의고사도 풀어보고 그 동안 공부해온 것을 반복 또 반복해서 봤습니다. 모의고사 때 형법 점수가 잘 안 나와서 좀 어렵다는 문제집을 한 권 사서 풀었는데 그해 형법이 쉽게 나와서 괜한 고생을 한 셈이 돼버렸습니다.

그리고 이때에는 건강에 유의해야겠습니다. 저는 이 때 여러 번 감기에 걸려 꽤나 고생을 했는데 남들 공부할 때 몇 시간동안 침대에 누워 있다 보면 정말 공부가 하고 싶어집니다. 여기까진 좋은데 의욕에 불타 감기가 조금 낫자마자 무리하다 다시 몸져 누운게 몇 번 됩니다. 이때의 감기는 몸이 피로해서 걸리는 것이므로 충분히 쉬어 주는게 상책인데 고시생의 특성상 그게 쉽지 않죠.

시험 전날에는 일찍 잠자리에 들었습니다. 그런데 다음날 그만 도시락을 챙겨가지 않았습니다. 다행히 같이 간 형이 많이 안 먹는다고 해서 도시락을 나눠 먹긴 했는데, 제 평소 정신상태가 이 모양입니다. 시험을 모두 치르고 저녁에 목욕탕에 갔다 와서 TV를 좀 보다가 정답표를 출력해와서 채점을 했습니다. 어찌나 떨리던지… 점수를 확인하고는 너무 기뻐 조용한 연구실(고시반 공부하는 곳의 명칭)내를 뛰어다녔습니다. 부모님은 제가 서울에서 열심히 공부하는 줄은 아셨지만 벌써 사법시험 공부하는 줄은 모르셨기에 많이 놀라워하셨습니다.

• **2차 시험 공부**

1. 첫 번째 2차시험의 준비

잠시 고향에 다녀와서 바로 2차공부를 시작했습니다. 후사법의 경우 상법 중 회사편까지, 행정법 중 행정작용법까지는 그래도 학교시험 공부를 해서 조금 알았는데 그 외의 부분·과목들은 너무 낯설었습니다(그래도 새로운 도전이란 생각에 들떴었죠). 기본3법의 경우도 객관식 문제를 푸는 데 익숙해 있던 탓인지 case문제를 보면 답은 대충 알겠는데 그 과정을 풀어 쓴다는게 여간 힘든게 아니었습니다. 그리고 2차 시험은 성적이 중요하다는 얘기도 들리고 해서(지금에서야 알았지만 편차가 극히 작다는…) 이를 핑계 삼아 학교나 열심히 다니기로 했으나, 결국은 이도 저도 제대로 하지 못하고 여름방학을 맞이하게 되었습니다.

2. 두 번째 2차시험의 준비

(1) 이때부터는 몇순환 몇순환이라고 해서 일정과 진도가 대강 짜여져 있어서 그에 맞춰서 하루에 공부할 양을 정하고 이를 공부할 시간으로 나누어 계획을 세웠습니다.

(2) 1순환때에는 학교 고시반에서 강의를 마련해 주었기 때문에 그 강의를 듣거나 강의 테잎을 들으며 각 과목을 이해하려고 노력했습니다. 또한 스터디를 짜서 과목당 사례집을 정하여 하루에 하나씩 사례를 공부해 와서 간단히 설명한 후 의문점이 있으면 서로 물어보고 대답하기도 하였습니다. 다른 사람들과 같이 공부하는게 많이 낯설었지만 장을 맡은 누나가 스터디를 적극적으로 잘 이끌어 줘서 저는 편하게 따라갔던 것 같습니다.

1순환이라 하여 이해를 위주로 한다지만 외울 필요가 있다고 생각되는 부분들은 열심히 외웠습니다. 특히 며칠에 한 번씩 모의고사를 쳤기 때문에 1시간 동안 무언가를 쓰기 위해서는 어느 정도는 외울 수밖에 없었습니다. 무조건 외우는 것은 좋지 않지만 어느 정도 암기가 필요한 부분은 일찍부터 외우는 노력을 해야 금세 잊어버린다 해도 다음 순환 때 볼때 약간 기억이 나기도 하고 외우는 요령도 생기는 것 같습니다.

(3) 2순환때에는 강의는 없었고 교수님이 출제해 주신 모의고사를 풀었습니다. 그리고 이때 단문집을 보면서 부족한 부분을 교과서에 보충해 넣기도 했습니다. 어떤 부분이 너무 부족하다면 잘라서 끼워 넣었지만, 그렇지 않다면 교과서 목차를 수정하고 여백에 요약해서 적어넣는 방식으로 했습니다. 소위 '단권화'라는 작업을 할 때 너무 완벽한 책을 만들어야겠다는 욕심을 내지 않으셨으면 합니다.

이 시기가 제게는 2차시험 기간 중 가장 힘든 기간이었던 것 같습니다. 실제시험에서와 같이 2시간동안 시험을 쳤고 문제와 답안도 교수님에 의해 출제·채점되었는데, 이 때 점수가 잘 나오지 않자 실제 시험과 제 자신의 부족함에 대한 불안감에 시달려야 했습니다. 설상가상으로 점점 시간이 모자라고 글씨가 나빠지기 시작해 불안감은 더욱 커져갔습니다. 모든 것을 공부가 부족한 탓으로 돌리고 더욱 열심히 공부하려고 노력하는 것 외에 그 불안감·스트레스를 해소할 방법이 없었던 저였기에 이 때 체중이 5~6kg나 줄었습니다.

그리고 이 시기에 스터디 사람들과 함께 중요하다고 생각되는 주제를 선정해 목차와 대강의 내용을 외웠는데 저녁식사 시간에 주사위를 던져 걸린 사람을 상대로 임무(?)를 제대로 수행해 왔는지 검증하는 절차를 밟았는데 나름대로 재미있었습니다.

(4) 3·4순환때에는 점수가 조금씩 올라갔고 아빠·엄마 목소리도 자주 듣고, 내가 좋아했던 내 모습은 왠지 모를 자신감에 차있는 그런 모습이었음을 새삼 떠올리게 되면서 조금씩 마음의 안정을 찾아갔습니다.

3. 두 번째 2차시험 4일간

(1) 시험 치는 동안에는 평소 때보다 약간 늦게 자고 일찍 일어났습니다. 이때에는 시험이 임박해 있음을 내 몸이 이미 알고 있기 때문에 잠을 좀 줄여도 피곤한 줄 모릅니다(그렇다고 너무 무리하면 안되겠죠). 학교에서 시험장까지 버스를 운행해 주어서 이를 이용했습니다. 그리고 점심은 그냥 아침에 버스 타러 가는 길에 편의점에서 사간 김밥으로 때웠습니다.

(2) 시험 전날 두 과목을 봐야 하는데 정말 장난 아닙니다. 특히 첫째날부터는 시험치는 시간과 시험장소까지 왕복하는 시간을 제외하고 나면 정말 시간이 부족합니다. 정말 빠르게 보시는 분이라면 모르겠으나 저는 다 못 봤습니다. 중요한 것만 골라 보려고 마음먹었음에도 불구하고 좀 읽다보면 어느새 시간이 많이 지나가버려 후다닥 보고 다음날 아침에 정말 중요한 것 몇 개만 보고 시험에 임했습니다. 그래도 시간이 모자라 못 쓴 것은 있어도 기억이 안나서 못 쓴 것은 없는 것 같습니다. 시험치면 다 생각나게 되어있다고 선배들이 그러시던데 틀린 말은 아닌가 봅니다(다 보면 좋지만 그렇지 못했다하여 너무 불안해하지 마시라구 드리는 말씀…).

그리고 모의고사 볼 때 시간 내에 작성해서 제출하는 습관을 들이시기 바랍니다. 아니 어쩌면 습관이 아니라 노력해서 이뤄내야 하는 것이라 하는 편이 맞는 것 같습니다. 저는 모의고사 때 제한 시간에 딱 맞춰 내거나 늦게 내는 경우가 잦아서 잘 맞춰보려고 많은 시도를 해보았던 기억이 납니다. 문제를 빨리 파악·정리하는 것도 중요하지만 이 시간을 줄이는 것은 쉽지 않았습니다. 결국 글씨를 좀더 빨리 쓰고 미리 목차마다 분량을 대강 정하여 쓰는 도중 계속 시간을 체크하면서 시간이 촉박하면 해당 내용을 적절히 요약하거나 빨리 마무리 지어서 시간을 맞추는 것이 제가 찾은 방법이었는데,

실제 시험때에는 당황해서인지 이를 제대로 하지 못해 분량조절도 못하고 몇몇 답안을 끝까지 쓰지 못했습니다(적지 않은 분들이 그러셨을 것 같은데, 이번에는 시험 감독이 상당히 엄해서 선배들이 가르쳐주신 가드방법은 써먹을 엄두도 나지 않더군요.). 그래서 발표 때까지 은근히 저를 괴롭혔었는데, 지금은 한탄이 아닌 아쉬움으로 남게 되어 얼마나 다행인지 모릅니다.

4. 2차 시험 합격자 발표

올해는 채점 방식도 바뀌고 발표 날짜도 앞당겨져서 초조했지만 토익 공부를 해서 기대 이상의 점수도 나오고 복학해서 학교 수업도 듣고 그동안 못 만났던 친구들도 만나고, 아르바이트도 하고 해서 긴장이 조금 풀리긴 했습니다. 그러나 발표전날과 당일 아침에는 정말 긴장되는 마음을 어찌할 수가 없었습니다. 또 갑자기 찾아온 몸살감기가 나은지 얼마 안 되어 밖에 나가기가 힘겨웠습니다. 그래서 아침에 있던 수업에는 들어갔지만 오후 수업은 그냥 빠질까 하다가 들어갔는데 강의실에 들어가자 같이 스터디했던 형이 저를 보고 빙긋이 웃더니 "너 됐어~"라고 말해주었습니다. 순간 멍~해졌었지만 나오는 웃음을 참기가 힘들었습니다. 너무 후련했습니다. 아버지 어머니께 전화했습니다. 하숙집 아주머니가 알고 전화를 하셔서 이미 알고 계셨습니다. "고맙다, 용수야… 고맙다…"하고 흐느끼는 어머니 목소리를 들으며 눈앞이 흐려지고 목이 메어 말을 더듬던 그 순간을 저는 평생 잊지 못할 것 같습니다.

ㆍ덧붙이는 말

1. 교과서 : 저도 처음 공부 시작할 때 어떤 책을 보아야 하는지의 문제로 심각하게 고민한 적이 많았습니다. 그러나 지나고 나니 모두 괜한 고민이었다는 생각이 듭니다. 매년 2월과 6월 말쯤이 되면 전국의 몇만, 몇십만, 아니 수없이 많은 수험서들이 비슷한 정도의 내용을 담게 된다고 생각합니다. 중요한 것은 그 책을 보는 사람이 합격할 만큼의 의지를 가지고 노력하였느냐 하는 것이죠. 저는 그냥 남들이 많이 본다는 책을 봤습니다.

2. 공부장소 : 학교 고시반(사마헌)이 있어서 수험기간 내내 그곳에서 생활했고 여러모로 많은 도움을 받았습니다. 특히 수험기간 내내 매 시험의 성적이 표로 정리되어 잘 보이는 곳에 공시가 되었는데, 이는 정말 효과적인 자극제가 됩니다. 특히 학교에서는 다들 아는 사이이기 때문에 그 효과는 엄청

나죠. 또한 숙소(양현관)에도 있었기 때문에 밤에 형들과 방에 모여 TV를 보는 재미는 하루의 피로를 잠시 잊게 해주었습니다(물론 자고 싶을 때 못자는 약간의 불편함을 겪어야 할 때도 있었지만 재미있었기 때문에 그것도 추억으로 남아있죠).

3. 공부시간 : 저는 공부를 시작하면서 저를 놀게 만들 수 있는 환경적 요소들을 제거했고 공부하는 도중에도 그러한 요소가 생기지 않게 만들었습니다(지금 생각해보면 그게 너무 심해서, 마음이 흔들릴 때가 몇 번 있었는데 그걸 참느라 스트레스도 많이 받았습니다). 그리고 저는 주말에도 공부했습니다. 선배들이 주말에는 놀아줘야 한다고 했지만 이 역시 자기 스타일이라 생각했습니다(따라서 자기 마음이 편한대로 하는 것이 좋다고 생각합니다. 전 조금이라도 책을 봐놓는게 마음이 편했습니다). 또한 처음 공부하는 것들이 많아 남들에 비해 많이 부족하다고 생각했기 때문입니다. 물론 평일 때만큼 열심히는 (그렇게 하려고 해도) 안 되었던 것 같습니다.

그리고 1차 시험 공부도 그렇지만 특히 2차 시험의 경우, 그날그날 진도가 밀리지 않도록 해야 불안하지 않습니다. 만약 진도가 밀리더라도 다음날 커버할 수 없다고 판단되면 과감히 '제끼고' 넘어갈 필요도 있다고 봅니다. 저는 공부하던 도중에 이 속도라면 오늘 목표량까지 다 못 볼 것으로 판단되면, 중요도가 낮거나 중요해도 잘 아는 부분은 빠르게 넘기면서 본 뒤에 틈틈이 시간을 내어 다시 보거나 주말에 자세히 보았습니다.

4. 질문하기 : 간혹 제가 책보고 혼자 다 알게 된 줄로 아시는 분들도 있는데, 절대 아닙니다. 얼마나 반복해서 봤는지 모릅니다. 얼마나 선배들에게 많이 물어봤는지 모릅니다. 혼자 생각해보고 모르면 물었습니다.

• 뒤돌아보며

1. 이렇게 침대에 누워 벽에 기대어 합격기를 쓰고 있자니 모두 하룻밤 꿈만 같습니다.

항상 지나고 난 뒤에야 '시간이 참 빨리도 흐르는구나' 하고 느끼는 걸 보면 매일 숨을 쉬고 있으면서도 산소의 소중함을 의식하지 못하고 사는 것처럼 평소에(지금도) 얼마나 많은 시간을 무심코 헛되이 보내고 있었던가 하고 반성하게 됩니다.

2. 태어나서 처음으로 어떤 목표를 가지고 공부를 해봤습니다.

단지 '합격' 그 이상도 그 이하도 생각해본 적 없지만 그래도 그 목표는 제 아픔과 합쳐져 '오기'가 되어 어떠한 외로움·힘겨움도 느끼지 못하게 저를 마취시켜 주었습니다. 그러나 상처로 인해 생긴 오기는 그 상처가 아물면 힘을 잃나 봅니다. 그래서 2차 공부하는 동안 정신적으로 너무 힘들었지만, 여기서 쓰러지기엔 그 동안 열심히 해온 것이 너무 아깝다고 생각했습니다. 너무 비참할 것 같았습니다. 1차 때와는 달리 2차 시험 기간은 그렇게 버텨냈습니다. 마치 죽을 수 없어서 사는 것처럼.

3. 그래도 사법시험은 저에게 좋은 경험이었습니다.

그토록 한가지에 몰두한다는 것. 그 경험이 저는 자랑스럽고 시간이 많이 흘러도 그 때를 추억할 것 같습니다.

4. 인생에는 연습이 없다고 합니다.

마치 리허설 없이 바로 무대위에 올라선 배우처럼 우리는 하루하루를 살아간다고 합니다. 오직 한 번뿐이기에 비교할 수 없습니다. 아직 공연은 끝나지 않았고 관객들도 떠나지 않았습니다. 그런데 주인공이 주저앉으면 안 되겠죠. 어제의 실패는 극적인 결말을 위한 하나의 설정에 불과하다고 여기시고 끝까지 포기하지 마세요! 관객들의 갈채와 스포트라이트, 그리고 온몸을 관통하는 형언할 수 없는 카타르시스가 기다리고 있으니까요!

• 고마운 사람들

저의 합격은 너무나 많은 분들의 도움으로 이루어졌습니다. 모두가 한데 모여 아슬아슬하게 균형을 잡고 있어 만약 하나라도 빠진다면 오늘의 저는 있을 수 없습니다.

수능 쳐놓고 어딜 가야할지 모르고 있던 저에게 법학과를 권해주신 고1때 담임선생님이셨던 조성덕 선생님, 고1때부터 지금까지 변함없이 아껴주시고 칭찬해주시고 부산에 갈 때마다 맛있는 것 많이 사주신 김은경 선생님.

아무것도 모르는 대학교 1학년 시절, 법학과는 '도' 아니면 '모'라며 공부하라고 충고해 주시고 제가 나태해지지 않게 다그쳐 주신 하숙집 아저씨·아주머니.

처음 공부 시작했을 때부터 미래가 걱정될 때마다 든든한 힘이 되어주었던 우석이형(형~이제 됐죠? ㅋㅋ 군법무관 생활도 열심히 하시길).

1학년 겨울방학을 앞두고 내게 공부를 시작할 계기를 만들어준 아현이, 그리고 재미난 추억 많이 만들었던 관수, 기웅, 남일, 민정, 승욱, 오성, 용기, 우철, 은실, 장호, 충렬 등 OT조 친구들. 이들과의 추억이 있었기에 사람들이 뭐라 그래도 일찍 공부를 시작한 데 대해 전혀 후회하지 않을 자신이 있었습니다.

1학년때 사마헌 스터디로 만난 득범, 수정, 윤하, 인경, 준상, 철환. 1차 공부할 때 귀찮을 정도로 자주 찾아가 모르는 것 물어봐도 다 가르쳐주었던 차영이형, 역시 많이 물어보았고 숙소 생활도 같이 하고 술자리에서 항상 그 때 얘기하는 정익이형, 역시 숙소 생활 같이 하면서 많이 이뻐해 주고 먼저 연수원 가 계신 한별이형, 훈이형.

2차 시험 준비하며 같이 스터디 빡세게(?) 했던 성호형, 남훈형, 남구형, 인선이 누나, 미경이 누나. 귀찮을텐데 성의껏 저희 스터디 도와주신 경환이형, 각자 공부하기도 바쁜데 2차팀장 맡아 1년동안 고생하신 창현이형, 합격동기(?) 희영이 누나.

항상 잘 챙겨주시고 그리운 고향 생각나게 하는 종욱이형. 힘들 때 속마음 털어놓고 얘기할 수 있는 지훈이, 전혀 예의같은 것 생각하지 않고 편하게 얘기할 수 있는 친구 김현, 잊지 않고 연락해 주는 현승이.

마지막으로 제가 공부하는데 방해될까봐 회사 그만두신 것도 숨기셨던 아빠, 집에 내려왔을 때 제대로 챙겨주지 못한 게 내내 마음에 걸린다며 전화하시다 끝내 눈물을 참지 못하셨던 엄마, 많이 혼내기만 하고 같이 놀아주는 형이 되어주지 못해 항상 미안한 동생 용근이, 아무리 힘들 때에도 멀리 떨어져 있어도 제 생각해주는 가족의 목소리를 들을 때만큼은 힘이 났습니다. 누구보다 아끼는 제 가족입니다.

모두들 고맙습니다. 더욱 열심히 할게요. 이제 겨우 판사가 어떤 사람인지 검사가 어떤 사람인지 알게 되었을 뿐이니까요.

내 인생 내 어깨에 지고

— 고시 합격으로 가는 길이 멀고 험할지라도, 물 막히면 물 건너고
   산 막히면 산 넘어서, 그 환한 합격의 날을 그리는 염원 하나로... —

노 관 규

· 제34회 사법시험 합격
· 1958. 9. 24. 전남 출생
· 순천 매산고 졸업(최종)
· 세무서 9급 공무원(9년간)
· 서울지검 의정부지청 검사

· **처음에**

"이게 뭔가?"
"사직서(辭職書)입니다."
"자네, 무슨 일 있는가? 아니면 무슨 불만이라도 있나?"
"없습니다."
"그럼 왜 사직을 해?"
"공부 좀 해보고 싶습니다."
"공부라니 무슨 공부를?"
"「사법시험」에 한번 도전해 보고 싶습니다."
"그럼 평상시에 줄곧 준비라도 해왔다는 말인가?"
"아닙니다."

사표를 내던 그날, 쓸만한 친구라고 어릿광대 같은 서툰 몸짓 하나 하나까지도 감싸주고 이해해 주시던 분들의 어이없어 하고 걱정스러워 하시던 표정들을 잊을 수가 없다.

하기야 세칭 일류 법과대학을 다니는 친구들도 고시합격을 운7기3(運七技三)이라고 하는 마당에, 대학교육도 받지 못하였고 또 직장생활을 10여년 동

안 해오며 탁류(濁流)와 타성(惰性)에 물이 들대로 든 사람이 무모해도 한참 무모한(?) 결정을 내렸으니 그 감정 이해 못할 바도 아니었다.

어떻든 그날 이후로 접하는 모든 낱말 하나 하나가 「난생 처음」이고, 어쩌면 영원히 손에 쥐지 못할지도 모르는 합격이라는 미로를 찾아 5년여를 헤매야 했던 고독하고 설움많은 나그네가 되어야 했다.

보통 인간은 게으름을 즐기고 그날 그날의 생활에 보다 큰 의미를 두는 존재이기에 마지못해 글을 쓰는 것은 즐겁지만은 않다.

그러나 고시연구사의 뿌리칠 수 없는 원고 독촉으로 인하여 한번쯤 지난 시간을 잠시 돌아보게 되는 혜택도 입게 되었다.

이제 고시준비생이라는 딱지도 떼었고, 항시 계속되던 불안·불면과 긴장의 꼬리가 잘려졌지만, 신비한(?) 합격생이라는 부러움과 찬사 뒤에는 남모를 시련의 자국이 아직도 남아 있을지도 모르겠다. 너무나 뚜렷한 화인처럼….

고시 준비생이라는 너울을 쓰고 이순간까지 바쁘게 움직이실 여러 학형들께서 멀리 해야 할 합격기가 되지는 않을까. 그러나 타산지석으로 삼을 수도 있지 않을까 하는 온갖 망상이 또아리를 틀고 일어나지만, 이런 합격기가 있음으로써 정말로 가슴적시고 수험생활의 길잡이가 되는 합격기를 기대할 수도 있다는 명분과, 턱없는 현실의 벽에 가슴저리는 쓰라림을 느낀 이에게 조금이나마 위안이 될 수 있다면 얼마나 좋을까 하는 바램으로 두서없는 글을 시작해 볼까 합니다.

• **벽을 넘어서**

세상에는 반드시 성사되어야 할 일이 안되는 수도 있었다.

하나님의 「침묵」이었을까?

거듭되는 실패로 인해 좌절한 사업가, 가난한 농군의 아들로 태어났다는 족쇄를 풀기 위한 방법으로 공원(工員)으로부터 시작하여, 공부도 해가면서 돈도 벌어야 하겠다는 열정은 마땅히 다스려야 함이 옳았다.

훈련소를 거치지 않고 전쟁터에 내동댕이 쳐진 신병(新兵) 마냥 시작된 장갑공장 노동자의 생활은 서울 구로공단 맞은 편 철산리 언덕배기의 싸구려 자취방에서 부터였다. 지금은 번듯한 아파트촌으로 바뀌어 그때의 흔적을 찾을 수는 없지만….
 구로공단의 장갑공장에서 내가 하는 일이란 작두로 원단을 자르는 단순한 것이었다. 덕분에 얻은 별명은 盧「작두」였다.
 서울에 있는 몇몇 친척들이나 고향에 있는 부모님들로부터 한 직장에 진득하게 오래 있어야 좋은 대우도 받고 좋은 기술자가 될 수 있다고 누누이 들은 바 있었지만, 오른손 손가락 두개에 공원생활의 빛나는(?) 상처의 흔적을 남기고도 난 철저한 노동자가 되는 것은 이미 틀려져 가고 있었다.
 카메라 공장도 유리 공장도 며칠 가 일해 보았지만 그 알량한 월급은 잔업(殘業)을 계속해 봐야 겨우 생계유지가 가능했을 뿐 됫쌀 팔아먹는 날이 셀 수 없을 정도였다.
 빌어먹을 놈의 담배는 왜 배웠던지 전철 가리봉역에서 청량리역까지 매 정거장마다 오르내리며 비닐봉지에 가득 장초를 주어다가 태우는 꾀죄죄한 짓거리까지 해야 했다.
 「수출산업의 역군」이란 아름다운 말로 수식되는 직업은 실속이 없었다.
 서울 Dream의 첫 시도는 그렇게 부서지고 말았지만 짧은 공원생활에서, 10대 후반인 나에게 소중한 침전물도 적지는 않았다.
 추석 때나 설날, 허연 얼굴에 선물꾸러미 들쳐메고 고향에 오는 친구들의 이면(裏面)에 웅크리고 있는 나의 무기력의 의미….
 잘 배우지 못한 젊은이의 꿈은 한서린 가슴만 더 깊고 넓게 멍들어 가고 있었다. 잊지 않으리라. 1년여의 공원생활의 추억을….
 이불보따리 위에 양은솥단지를 뒤집어 묶어메고 양손에 큰 보퉁이를 두개씩 든채 종로통을 걷고 있는 내 잘난 모습….
 서울 생활에서의 첫번째 이사는 그렇게 시작되었다.
 길가던 사람들이 흘긋흘긋 내 몰골을 쳐다보고 연신 낄낄거리며 웃는 것을 탓할 수 만은 없는 노릇이었다. 지하철은 이삿짐 싣는 곳이 아니라는 역무원의 핀잔도 참아야 했다.
 1978년 겨울 어느날 나는 며칠 전에 봐둔 「순복음학생부활회」를 찾아가고 있는 중이었다.
 지금은 위치조차 찾기 힘들지만 아마도 반포 고속터미널 부근이었던 것 같다. 낮에 4~5시간 일하고 그 후의 모든 시간은 공부할 수 있으며, 숙식을 제공해 준다고 전신주에 붙어 있는 광고문을 보았기 때문에 큰 기대를 갖고 찾아갔다.

인자하신 운영자 되시는 분과 몇 마디의 대화 중에 알았지만, 하는 일은 제복을 입고 다방 등을 찾아다니며 주간지를 판매한다는 것이었다. 이 넓은 서울 땅에서 만났던 운영자 되시는 분은 내 모교인 매고(梅高) 뒤에 있는 성경학교를 나온 고향 선배분이고 또 고교동창인 S군의 숙부가 된다는 사실이었다. 세상 좁기도 하지.

껑충한 키에다 숫기를 털지 못한 목소리로만 부닥쳐 봤자 책 파는 재주가 도통없는 나로서는 판매실적이 엉망임은 물론이었다. 무엇보다 애인과 데이트 중인 아는 친구들과 종종 부딪칠 때면 그들이 자기 여자친구에게 나를 소개하기도 뭐해서 쭈뼛쭈뼛 할 때의 그 기분을 견디기가 어려웠다.

부적당한 일에 열중하는 것은 아무 것도 안하고 소일하는 것보다 오히려 여린 가슴에 더 상처를 주고 있다는 생각 때문에 한번 더 천박한 변덕에 내 자신을 맡길 수 밖에 없었다. 일을 시작한지 한 보름쯤 되었을 무렵 인사도 없이 도망치듯 그곳을 빠져 나오고 말았다.

경험의 부재로 인한 無知. 이를 자각하고 극복해 보려는 모순투성이인 나. 무엇이 나를 지탱하고 있는가?

외삼촌에게 부탁하여 또 한번의 이사와 함께 머무른 곳이 수유리에 있는 「○○우유 보급소」 총무자리였다. 월급 5만원에 방이 제공(보급소에 딸린 골방)되었지만 식사는 스스로 해결해야 했다.

우유는 신선도가 생명이기 때문에 중량교에 있는 본사에서 꼭두새벽에 공급되면 배달 아저씨들은 새벽 3시 30분쯤이면 벌써 나와 배달을 시작하였다. 여기서의 총무라는 자리는 이런 일들을 도와주며 가게를 지키는 일이었다. 주야가 바뀐 생활이었지만 책을 볼 수 있는 시간이 많아 참 좋았다.

짧은 기간 동안이었지만, 「나」라는 실체를 조금씩 알게 된 것은 사회생활에서 처음으로 얻어진 귀중한 것이었다. 더구나 행복을 얻는 데는 일정한 규칙이 있고 노력만이 행복을 뒷받침한다는 사실이 조금씩 자연 체득되고 있었다.

「先天性 幸運兒」 신드롬에 걸려 있는 나를 발견하기는 그리 어려운 일이 아니었다. 학창시절의 어줍잖은 독서 덕이었으리라.

밑바닥부터 시작해서 공부도 하면서 돈을 벌어 보겠다는 열정은 서너번의 경험으로 식어 버렸지만, 이제 무엇을 어떻게 해야 할지가 문제였다. 더욱이 가정 형편상 4명의 동생들 뒷바라지도 해야 하고, 아버지가 안고 있는 시골 부채정리도 맡아야 하는 어린 장남의 어깨는 너무 무거웠다. 그러나 부모 탓만 하고 있을 수도 없었다.

대학 다니는 친구들, 재수 삼수를 하는 친구들이 얼마나 부럽고 행복해 보였던지…. 그러나 대학을 갈만한 형편은 도저히 안되었다.

마침 공무원채용 공고가 나온 것을 신문을 보고 알았다. 그러나 국가직 지방직 구분은 물론 직종마다 하는 일이 어떻게 다른지도 모르고 있었다.

행정직·세무직 등 여러 직종이 시험 공고 중에 들어 있었는데 행정직은 시골에서 맨 마지막까지 초가집이었던 우리집 지붕을 강제로 걷어내던 면사무소 직원의 모습이 퍼뜩 떠올라 일찌감치 관심 밖이었고 법원·검찰직 등은 법과목 등의 시험을 치러야 하므로 내가 감히 도전할 만한 시험은 아닌 것 같았다.

그 언젠가 보급소에 찾아 와서 소장과 대화를 나누고 가던 세무공무원의 모습을 떠올려 가며 며칠의 고심끝에 내가 지금 이 나이, 이 학벌을 가지고 조금은 대등한 입장에서, 성공했다는 사람들을 만날 수 있는 곳이 어디인가라고 생각하게 되었다. 그리고 내가 직접적으로 몸담지 않고 어깨너머라도 많은 일들을 보고 경험할 수 있는 곳이 어디인가 등을 궁리한 끝에 9급 세무직을 응시하기로 마음 먹었다.

별 매력없는 소장에게 지나가는 말로 어떻냐고 물었다. 그 이유는 별로 상의할 만한 사람도 없었지만 소장이 세관원 출신이었기 때문이었다.

그 답변은 「괜찮은 곳이지(무엇이 괜찮은지 모르겠지만) 그러나 합격하기가 만만치 않다」는 것이었다. 그러나 우유보급소장은 내가 낮시간에 공무원 시험대비 학원에 나가게 해달라는 요청을 단번에 거절했다. 「총무 일이나 제대로 하라」는 거룩한 충고와 함께.

하기야 말이 총무지, 예전 같으면 머슴같은 놈이 공부하겠다니 기가 찼겠지! 어쩜 그렇게들 모두다 인색하고 비정할 수가 없었다.

이런 일이 있은 뒤 나를 소개시켜 준 외삼촌의 입장을 매우 곤란하게 만들면서 그곳을 그만두고 진출한 곳이 종로 중앙독서실이었다. 총무 일을 시작한지 석달만이었다.

　세무직 시험과목 중에는 수학 대신 상업부기가 들어 있었는데, 고등학교 때까지 농업을 선택과목으로 배운 관계로 독학할 수밖에 없었다. 그러나 원체 기술적인 과목이라 혼자서 하기는 너무 어려워 학원수강, 그리고 같은 독서실에서 CPA를 준비하던 지금은 이름도 기억안나는 형의 도움으로 해결하였다.

　두 달 정도 공부해서 치른 시험에서 꽤 우수한 성적으로 합격하여 많은 사람들이 원하는 서울지역에 배치받는 영광을 얻게 되었다. 이렇게 하여 또 다른 길목에 들어서게 되었지만 이제는 신분보장이 되는 곳이고, 또 맹목적이 아닌 조금은 정제된 어떤 뚜렷한 목적의식을 가지고 들어왔다는 것이 이제까지와는 큰 차이점이었다.

　10년만 하리라. 그리고 그 이후는 이곳에서 체득한 경험과 Know How로 무슨 사업이든 사업을 해보리라.

　1979년 늦가을 청량리세무서 조사과에서부터 시작된 세무공무원 생활 8년여는 나에게 우수한 인생의 에너지를 공급해준 기간이었다. 내 젊은 육신과 정신이 병들었다가 치유되기도 여러번 되풀이했다.

　청량리·도봉·종로 세무서 등을 거치면서 각양각색의 업종과 사람들에게서 보고 듣고 배운 것이 내가 처음 생각했던 것보다 훨씬 많았다.

　어느 업종 어느 사람을 조사하러 가든 방문하러 가든, 첫인상부터 사장의 관상, 매너, 자금관리, 원가관리, 자재관리, 인사관리 등등을 넌지시 유도하는 질문까지 해가며 꼼꼼히 기억하고 분석해 보는 작업을 세무공무원 생활을 마칠 때까지 멈추지 않았다.

　어떤 자는 명예를 우상으로, 어떤 자는 이익을 우상으로, 대부분의 사람들은 쾌락을 우상으로 떠 받들고 사는 각양각색의 모습에서 「돈」의 의미와 그에 대한 한은 상당부분 자연치유되었다. 다행스러운 일이었다.

　또 세상에는 길도 많고 가는 길도 다 다르지만 그 길을 가고 있는 사람들 속에는 똑똑하고 뛰어난 사람들이 모래알처럼 많은 곳이 내가 현재 서 있는 사회라는 사실을 알고는 놀란 적도 많았다. 그러나 그 보다는 모든 면에서 뛰어난 사람이 된다는 것은 곰이 사람되는 것보다 더 어렵다는 것도 느꼈다.

　그때 생각으로는 전문지식이 부족해서는 세무공무원 생활하기가 어렵다는 것이었다. 큰 회사를 조사하러 나갈 때마다 회계학과 재정학·무역학·세법 공부 등의 필요성을 절감했다. 그래서 허리에 병이 나서 석달 여 동안 입원 또는 통원 치료를 할 정도로 열심히 공부를 했다. 새벽에 학원도 다니면서 그렇게 책에 빠져 본 것은 처음이었다.

조직사회의 개별행동은 환영받지도 못하고 또 직장의 특성상 술자리가 좀 많은 편이었는데, 이것 저것 같이 병행하는 방법은 몸뚱아리 하나 믿고 잠을 줄이는 수밖에 없었다. 그 때문에 거의 매일 아침 코피를 쏟고, 편도선이 고름이 나올 정도로 부으면서 오는 몸살 때문에 숱하게 애를 먹어야 했다.

세무공무원생활은 1984년에 있었던 제1기 일반조사요원 교육 및 시험에서 3등을 차지하여 희망지 배치의 특혜를 받아 종로세무서 근무를 시작으로 가장 황금기(?)를 구가했다.

인격적으로 부족한 면이 많았겠지만 유능하고 똑똑한 젊은 직원으로 평가받는 것은 그에 따른 부수적인 소득이었고, 일상 매너에서 표정관리 하나까지 관심을 가지고 신경써 주시던 K·C 두 상사분들을 만나게 된 것은 내 인생의 커다란 행운이었다.

조직사회에서 상사의 관심을 받는 것은 또한 동료들에게 소외감을 주는 것이 필연지사(必然之事)인가, 적(?)들이 많을 수밖에 없다는 것은 어려운 지혜를 동원치 않더라도 육감으로 알 수 있는 일이었다. 그런데도 일의 재미에 빠져 큰 신경을 쓰지 못하고 있던 터에 나에게는 조금은 우스운 일 하나가 졸지에 발생했다.

· **내 인생 내 어깨에 지고**

사람의 운명은 정해져 있는데 우리만 그 사실을 모르고 버둥거리며 살고 있는 지도 모른다.

세무공무원생활을 해온 지도 8년이 흐른 어느날 퇴근 후 몇몇이서 한잔하는 자리에서였다.

K라는 선배가 던진 단 한마디「너 임마 어린 놈이 너무 까졌어」.

취중에 하는 말로 지나칠 수도 있었지만 언뜻 스쳐가는 생각이 있어 부글거리는 가슴을 진정시키기가 너무 힘들었다.

잘들 가시라는 인사도 하는 둥 마는 둥 하고 집에 도착해서 매번 하던대로 고 3인 넷째 동생방의 문을 열어 보았다. 내가 보기엔 자기의 능력과는 달리 도통 공부에는 흥미를 못느끼고 있는 애라서 여간 신경을 쓰고 있는 것이 아니었다. 나는 비록 여러 여건상 학업이 중단되었지만 내 동생들에게는 그런 길을 또 걷게 해서는 안된다는 것이 내 철칙이었고, 또 그 이유로 유별나게 간섭도 많이 했다. 한의 표출이랄까!

그날 동생이 읽고 있던 책은 분명 교과서는 아니었다. 책들은 읽어서 나쁘게 없지만 학과수업도 제대로 소화 못하는 주제에 소설책을 읽고 있는 것을 보고, 더구나 오늘 밖에서 있었던 일까지 겹쳐 잔뜩 화가 치미는 것은 어쩔 수 없는 일이었다. 심한 모욕적인 잔소리가 쏟아졌음은 말할 것도 없었다.

「형님, 너무 야단치지 마세요.」

선생님이 사서 읽어보고 소감을 써 오라고 했다는 것이다.

남들은 참 오래 전부터 생성된 훌륭한 동기로 사법시험을 시작했다던데 나는 아쉽게도 이날 동생으로부터 압수한 책「다시 태어난다 해도 이 길을」때문에 사법시험의 길로 들어서는 계기가 되었다.

그 책을 그날 밤 단숨에 읽어 버렸다. 이제까지 내가 상상하지도 못했던 사실들, 어떤 합격기는 내가 감성이 좀 풍부한 탓도 있었겠지만 콧등이 시큰해질 정도의 찡하고 처절한 삶의 편린들이 수도 없이 있었다.

무릇 동일한 현상도 그 현상에 처해 있는 사람의 처지에 따라 전혀 상반된 결과를 가져다 주는 것이었다.

이제까지 중심이 잡힌 듯 잡힌 듯 하면서도 무언가 허전했던 공허감이 단번에 채워지고 심한 열정이 꿈틀거림을 느꼈다. 다음날 직장에는 몸이 아파한 3일 병가를 내달라는 전화를 해놓고는 간단한 소지품을 챙겨 무작정 기차여행길에 올랐다. 남들에게 고시공부 하겠다며 뭔가의 충고를 구했다가는 정신나간 사람으로 취급받기 딱 알맞을 것이라는 속단을 하면서 30여년 숨가쁘게 부대끼며 어떤 때는 생활의 재미에 묻혀 자신마저도 종종 잊고 살아온 지난 세월들을 반추해 보는 시간을 갖기 위해서였다.

이제까지와는 달리 그 안정된 직장(?)을 그만 두고 또 한번의 홀로서기로 마음을 결정하기가 예전처럼 쉬운 일은 아니었다.

차창 밖에 스쳐가는 풍경보다는 어린시절부터 시작해서 이 순간까지 앞만 보고 살아온 꾀죄죄한 짧은 인생여정이 주마등처럼 뇌리에 떠올랐다 사라져

갔다.
 몰락한 지주·한학자 집안의 큰 손자로 나주(羅州)에서 태어났지만, 아버지의 객지(서울)에서의 사업실패로 졸지에 논 한마지기도 없고, 농사일도 잘 모르는 가난한 농군의 자식이 되어 외가댁이 있는 남도 끝 장흥 땅에서의 유년생활이 시작되었다. 「나는 왜 집에서 부르는 이름과 나이가 틀리냐」고 물어보기도 했는데, 그때 지지리 복도 없는 니 어미 때문에 어린 자식도 함께 고생하게 되었다고 한탄하시던 어머님 말씀이 스쳐갔다.
 국민학교 4~6학년까지 데려다 돌봐주시고 중학교 진학까지 도와준 정현태 은사님의 모습이 떠올라 이제까지 편지 한 장 못드린 마음이 아리어 왔다. 그 은사님께서 고사리손의 코흘리개가 무엇을 안다고 「검사와 여선생」 영화 이야기는 왜 해주셨을까? 내게 무엇이 되고 싶냐고 물었을 때 과학자가 되고 싶다고 대답했었는데!
 같은 반 애들 중에는 면서기 아들, 선생님 아들도 있는데 말표 검정 통고무신을 신은 나에게 웅변까지 시키고, 고전(古典)읽기다 뭐다 하여 시골 국민학교에 몇 권 안되는 책이지만 읽게 하시고 독후감을 꼭 받으셨을까? 5학년 때인가 처음 실시했던 I·Q검사 결과 때문이었을까?
 중학교 때는 덩치와는 달리 무척 조숙했던 것 같다. 2학년 때 돈이 없어 수학여행을 못보내 준다는 부모님 말씀에 「내가 돈벌어 가겠다」며 무일푼으로 가출하여 장흥읍내에 있는 짜장면집에서 석달동안 배달통을 메고 다녔던 일을 회상할 때는 배시시 웃음이 나온다.
 한 곳에 안주치 못하는 가출근성이 이때부터 생겼을까? 나만이 예외는 아니었지만 어쩜 우리집은 그리도 가난했었을까?
 고등학교 진학에 문제가 생겼다. 진학할 만한 형편이 못되었던 것이다. 이때 작은 아버지가 순천에서 보내주신 입학원서는 미션계인 순천 매산고였다. 그리고 그 곳에서 처음으로 종교교육을 받았다. 그러나 사춘기의 감수성이 너무 짙게 드리워진 시절, 아는 친구 한명도 없이 절해고도에 홀로가 있는 것 같았던 처음의 도회지 생활!
 매산교육의 우수한 질에도 불구하고 닥치는대로 교과 외의 책들만 읽은 나는 끝내 방황의 늪에서 헤어나지 못했다. 중학교 3학년 때 아폴로박사 등이 학교에 들러 강연해 주신 적이 있는데 그때 부터는 교수가 되는게 꿈이

기도 했다.

　도회지 학교에서의 공부는 처음이지만 해보니 성적도 잘 나왔다. 그러나 몇번씩인가 밀린 공납금 독촉 등에 시달릴 때면 대학이고 뭐고 일찌감치 포기할 수밖에 없었고 공상과 상상으로 소일하다 고교생활을 끝냈다.

　머리 좋으면 뭘해! 돈 없으면 개털인데.

　종강이 되자마자 시작한 공원생활, 그리고 세무공무원 생활이 나의 현주소로 남았지만 사회생활을 하면서 나는 무엇을 얻었는지 모른다. 돌이켜보면 마음편히 공부 한번 제대로 해본 적이 없는 나로서는 이제는 여동생 결혼도 시켰고 일곱식구의 가장노릇도 그만 둘 때가 되지 않았는가 싶었다.

　귀경하면서「평범한 사람들이 겪는 고뇌는 그들이 도처에 있으려 하다 보니 사실은 어디에도 안주치 못한다는 데 있다」는 것으로 생각을 정리하였다. 문제는 가족의 설득이었다.

　온가족의 노력으로 작지만 식구들이 살 수 있는 집도 있고, 시장통에 조그만 가게도 마련했기 때문에 이제 서울생활의 기반이 조금은 다져졌다고 생각되지만 막상 사표를 내고 고시를 하겠다고 했을 때 부모님을 비롯하여 가족들이 찬성할 리는 만무했다.

　그러나 수순이 결정되면 물불 안가리고 밀어부치는 것이 이 우직한「촌놈」의 습성임을 내가 더 잘 알고 있었다.

　부모님께는 일단 내부에서 문제가 생겨 도저히 더 계속할 수 없다고 말씀드리기로 작정하고 1987년 여름, 8년 공직생활에 과감하고 무모한 사표를 내던졌다. 나에게는 또다시「선천성 행운아」신드롬이 재발한 것이고 이제는 어쩌면 영영 돌아올 수 없는 다리를 홀로 건너고 있었던 것이다.

• 고시합격을 잡으려

　고시에 대해서 활자화된 것을 본 것은「다시 태어난다 해도 이길을」이란 책에서였다. 그 안에는 극기와 인내로 위대한 결실을 얻어낸 고시선배들의 많은 이야기가 들어 있었다. 어떤 글에서는 I·Q 120 이하는 하지 않는게 좋다는 충고가 있었고 체력과 정신력이 강해야 된다든가, 책은 무슨 책을 보았고, 내용을 어느 정도 쓰니 점수가 몇점 나왔더라는 이야기와 매너리즘이 어떻고 하는 조언들로 가득차 있었다.

책을 읽고 얻어진 내 주관적인 결론은 체력·경제력이 기본적으로 갖추어져 있어야 된다는 것이었다. 머리는 나름대로 믿고 있는 터였으므로 나에게 고시의 승부는 「방법론」에 있다고 생각했다.

1. 준비작업

우선 준비작업이 필요했다. 술과 유행성오락(?)에 찌든 몸상태부터 먼저 점검해 보기로 하고, 세무공무원 생활을 하는 동안 내내 괴롭혔던 편도선 수술을 하기로 하였다. 서울임상병리과에서 실시한 종합검진은 예상밖으로 「정상」이라는 판정이 나왔다. 그 동안의 무절제한 생활로 형편없이 망가진 몸인줄 알았는데….

「다시 태어난다 해도 이 길을」이란 책에서 합격생들이 보았다는 책들을 메모해 가지고 종로서적으로 달려갔다. 박일경·문홍주 헌법, 유기천·황산덕·정영석 형법, 곽윤직 민법시리즈 등을 고르면서 서점에 있는 아가씨에게 자문을 구해 보았는데 곽윤직 민법 시리즈만 빼놓고 다른 책들은 요즘 잘 안본다는 것이었다. 시작부터 처음 당해 보는 답답함이었다. 책 사는 것을 포기하고 집에 돌아와서 Kist에 있는 친척 동생에게 고시공부를 하거나 법과대학에 다니는 친구가 있으면 한 사람 소개해 달라고 했다. 그러자 왜 그러느냐는 반문과 함께 「형이 고시공부를 해 볼려고!」 말하는데 역시 놀란 목소리였다.

그때 소개받아 만난 고향 후배가 ○○였다. 그 후배는 성실성, 투지 등은 나무랄 데가 없는 데도 비전공자였기 때문에 두 사람 모두 오류가 있어도 쉽게 간과할 수밖에 없는 약점을 지니고 있었다. 그 후배가 소개해 준 책들은 많은 수험생들이 보고 있었던 것임에 틀림없었으나 공부가 조금 진행된 후에는 바꾸어야 할 책도 많이 있었다.

2. 깨어진 환상

부딪치는 모든 것이 새로왔고 호기심과 두려움이 혼재했다. 따배처럼 이어진 긴 터널을 지나며 이리저리 쭈뼛거리기 일쑤였다.

앞으로 닥쳐올 새로운 문제들과 부딪칠 때면 다시 태어나고 자라날 것이며 그 격랑에 기꺼이 내 몸을 던질 각오가 되어 있었지만 이방인에게 몰아치는 그 격랑은 쉽게 이겨낼 수 없는 고통과 답답함 그것이었다.

고시동료들과는 처음에는 솔직하답시고 나이·공부시간·대학 안나온 애기 등을 있는 그대로 말했었는데 모두는 아니었지만 일부 사람들은 예단을 가지고 무시하는 듯한 눈빛을 보이기도 했다. 이렇게 되자 그 어리석음에 서 글픔과 분노보다는 차라리 연민의 정이 생긴 적도 한 두번이 아니었다(이 사람들아 무지렁이처럼 사는 사람들도 남의 눈을 쑤실 막대기는 다 가지고 사는 법이라네…).

이후에는 합격할 때까지 신상문제에 대해 일체 이야기하지 않기로 하고 그런 이야기를 해야 할 상황에 처할 때마다 침묵으로 일관한 것은 나의 인위적인 습성이 되었다.

처해 있는 상황 자체가 극한의 고통 속에 인내를 요하는 것이어서 그런지는 몰라도 사회생활을 하면서 대하던 사람들과는 여러면에서 크게 다르다는 느낌이었다. 나 역시 그 무리속으로 자연스럽게 엄청난 빠른 속도로 동화되어 갔다. 처음부터 공부와 인간적인 면 두 가지를 병행하면서 상호관계를 맺기란 너무 어려웠다. 그래서 한쪽은 포기하기로 하였다. 내가 나의 진면목을 보여 주어도 상대방에게 그렇게 보이지 않고 상대가 내게 보여 준다고 해도 내가 볼 수 없었다. 이런 상황이 끝나야만이 매사에 고상하고 자유로운 매력을 풍길 만한 여유가 생기리라 생각하였다.

누구를 만나도 법에 대한 이야기를 했다. 이야기 해보고 질문해 보고 그럼으로써 독학자가 범하기 쉬운 오류를 점검해 보곤 했다. 이렇게 함으로써 상대의 수준을 파악할 수 있고 이와 견주어 봄으로써 나의 법학에 대한 수준을 감잡아 볼 수 있었기 때문이었다.

누구나 자기의 약점을 이야기하기는 역시 어려운 일이 아닌가? 특히 자존심 하나 만으로 버텨가는 고시생들에게는 더 심할른지 모른다. 알아도 모른 척, 몰라도 모른 척하는 경우가 많아 큰 소득을 얻기는 어려웠다.

모든 사람 속에서 바보로 있는 것이 혼자 현명하게 있는 것보다 낫다고는 하지만 바보 노릇을 하기도 결코 쉬운 일이 아니었다. 같이 공부할 만한 사람을 구하기가 그만큼 어려웠다. 그룹스터디가 아무리 좋다고 해도 나에게는 해보기가 힘들었다.

3. 공포의 1차관문
(1) 처음의 공포

나름대로 중무장했다고 생각하며 도전한 1989년 31회 1차는 낙방이었다.

오후 과목 모두가 시원찮았지만 형법과 독일어에서 참담한 패배를 당하고만 것이었다.

시험 전날 초조함에 잠이 오지 않아 한 숨도 자지 못하고 하루쯤이야 하고 시험장에 갔었는데, 오후 과목에서는 모르는 것도 꽤 있었지만 피로가 누적되어 우황청심환의 효력에도 불구하고 비몽사몽 간에 치러야 했다.

나중에 고시연구에서 재생되어 나온 문제를 보고 충분히 맞출 수 있는 것도 많이 틀렸다는 한심하단 생각이 들었다. 그나저나 외국어에 대한 공포증이 급속히 커지게 되어 이후 나의 큰 걸림돌이 되었다.

(2) 두번째의 공포

올해는 1차를 빨리 시작해 보리라 더욱더 철저하게 준비하리라고 다짐했건만 생각과는 달리 집안의 경제력이 무너져갔다. 사업경험이 없는 동생에게 맡겨 놓았던 가게가 신통치 않았고, 직장 그만둘 때 고시공부한다고 어머니에게 신신당부하여 꼬불쳐 놓은 공부자금까지 모조리 날려 버린 상태였다. 돈없이 공부하기가 요즘에는 쉽지 않다는 것은 알고 있는 터라 답답하고 신경이 쓰여 공부에만 집중할 수가 없었다.

언제나 이 조카에게 온갖 애정을 쏟으시는 광주의 작은 숙부님 도움으로 겨우 공부를 계속할 수 있었다. 그러나 웬걸, 법서에 매달리다 보니 겨울이 거의 가고 있었다. 외국어는 단 하루도 빼지 않고 꾸준히 한다고 했는데 도대체 보는 것마다 처음 대하는 것처럼 되어 남는 것이 없었다. 이런 와중에서도 1990년 32회 1차 시험날은 어김없이 다가왔다. 그러나 또 시험전날 잠자는 것은 실패했다. 우황청심환을 한번에 두알씩이나 먹고 버티었는데 오후 시험은 엉망이었다. 법과목에서 평균 90점 이상을 때리고도 실패한 것이다. 패인은 독어가 결정타였다.

괴로운 현실에 부딪혀야만 했다. 내 실망과 공포감도 크지만 부모님들과 가족 그리고 주위 사람들의 실망과 완곡한 만류가 더 괴로웠다.

「거봐라, 사법시험이 어디 쉬운 일이더냐? 명문 대학을 나와도 안되는 사람들이 얼마나 많은데 고등학교 밖에 다닌 적이 없는 네가 될 수 있는 일이냐?」 법과대학을 나온 똑똑한 친구들도 두어번은 떨어질 수 있다고 대꾸하기도 어려웠다. 그 사람들이 두어 번씩 실패하는 게 보통이라면 넌 몇번을 더 떨어져야 되겠느냐고 물으면 답변이 궁했기 때문이다. 예전보다 1차

합격이 훨씬 더 어렵다는 사실도 말할 처지는 못되었다.
  「상운아! 무엇 때문에 그렇게 힘들게 살려 하느냐, 그렇게 하고서도 끝까지 안되면 어쩔려고 그러느냐?」고생만으로 점철되신 어머님의 만류는 내가 가진 눈물이 바닥이 나도록 울어도 모자랄 만큼 내 가슴을 적셨다.
  「얼마나 긴밤을 지새야 푸른 불빛 고운 사람 만나 보나. 얼마나 큰 눈물 흘려야 환한 웃음 지어 보나」
  해서 되는 일이 있고, 해도 안되는 일이 있다는 말에 대한 솔직한 인정은 내마음 어디에도 담을 만한 여유가 없었다. 중도포기하고 어디로 간단 말인가? 공부자금은 내가 알아서 해결하면서 1년만 더 해보고 그때도 안되면 과감하게 포기하겠다며 부모님을 설득했다. 어려서부터 남보다 영민했다는 자식을 남들만큼 번듯하게 교육시키지 못한 죄(?)로 못난 아들의 억지를 체념으로 받아들이셨다. 세상만사 뜻대로 되지 않아 가슴에 응어리진 것이 많으신, 그래서 여느 시골분과는 달리 탁트이신 아버지의 격려 속에 다시 계속하기로 했다.
  그러나 저러나 무슨 수로 1년 동안의 공부자금을 조달한단 말인가? 순천에 있는 친구에게 자초지종을 이야기하고 통사정을 했다. 고맙게도 그 친구는 걱정말고 올라가서 공부나 열심히 하라는 것이었다. 그러고는 적지 않은 돈 2백 5십만원을 한꺼번에 보내 주었다. 매달 올려보내 주면 신경 쓰일까봐 한꺼번에 보낸다는 것이었다.
  친구야 고맙다. 정말 고맙다. 네가 나를 믿듯이 나도 꼭 합격으로 그 빚을 갚아주마.

  4. 나도 1차에 붙었다.
  처음으로 마석에서 고향 후배들과 그룹스터디란 것을 해보았다. 그 좋다는 그룹스터디에 대한 나의 기대는 엄청났다. 특히 처음으로 정통 법과대학을 나온 사람들과 같이 한다는 것 때문에 적잖은 설레임이 있었다. 실력도 쟁쟁한 후배들과 만난 것이다.
  내년 1차 때까지 함께 열심히 해보자고 철썩같이 굳은 약속을 했다. 고시원 밑에 있는 빈농가의 방까지 얻어 거창하게 시작했었는데, 나의 불찰로 그 그룹이 깨어지고 서로 깊은 상처만 안은 채 벼들이 익어가는 어느 가을날 나는 무거운 몸을 이끌고 다시 창동집으로 철수하고 말았다.

고시 합격으로 가는 길이 멀고 험할지라도, 물 막히면 물 건너고 산 막히면 산 넘어서, 그 환한 합격의 날을 그리는 염원 하나로 이겨 나가리라 마음을 다시 다졌다.

1991년에는 독어에 두 달간 집중투자를 하였다. 독어어휘연구, 초급독문해석, 독어구문연구, 이유영・오청자 문제집 등을 철저하게 본다고 보았다. 이렇게 되자 독일어에 대한 공포감을 조금은 덜 수 있었다.

시험 전날에는 신경안정제 두 알을 먹고 자리에 누웠다. 어머님이 그러다가 아침에 못 일어나면 어쩔려고 그러냐며 걱정하셨지만, 어차피 오전시험 망치나 오후시험 망치나 떨어지는 것은 매 한 가지라 생각하니 약이라도 먹고 잠을 자는 것이 더 좋겠다 싶어서였다. 이날은 천만다행으로 아침까지 푹 잘 수 있었다.

시험장이 한양대학 부근 동마중학교였는데 예전과는 달리 택시 대신 전철로 갔다. 택시로 폼내고 시험장에 가서 이제까지 떨어진 것이 아닌가 하는 생각이 들어서였다. 전철 속에서도, 시험장에 도착해서도, 점심시간에도 독일어책만 보았다.

오전 경제학 시험문제를 보고 얼마나 많은 식은 땀을 흘렸는지 등이 흠뻑 젖었다. 기출문제집 앞에 있는 요약부분만 보고 가는 불성실 때문에 당한 자업자득이었다(67.5점).

오후 시험지를 받고 맨 먼저 독어부터 펼쳤다. 먼저 훑어보았는데 모르는 것이 거의 없는 것 같았다. 하나님 고맙습니다. 그래도 결과는 다섯개나 틀렸다(87.5). 역시 외국어에는 재주가 없나 보다.

1차시험이 끝나고 며칠 쉰 후에는 조양고시원에서 만난 두 사람의 후배와 관주 그리고 나 네 사람은 공부장소를 용인 정원사로 옮겼다. 서울에 있으면서 1차에 관한 이야기를 들으며 불안한 나날을 보내는 것보다 넷이 함께 가서 2차 과목들이나 한번 훑어 보자는 의기투합이 되었기 때문이다.

건성 건성, 생판 모르는 2차과목을 시멘트 맨바닥에서 박치기하는 기분으로 보고 있자니 발표날이 내일로 성큼 다가와 있었다. 물론 수험생들이 재생한 기출문제는 절대 보지 않기로 했던 우리들의 약속은 오래 전에 깨지고 불안감이 최고조로 달해 있었다.

관주와 또 한 사람은 도저히 불안해서 못있겠다며 외출해 버렸고, 나와 B

형 그리고 정원사에서 만난 L 셋만이 남아 있었다. 발표 전날 저녁식사 시간에 고시잡지사에 전화해 보니 명단이 아직 입수되지 않았다는 것이다. 시험에 응시하지 않은 L이 확인해 보고 오겠다며 나간 사이 B형과 나는 고시원 출입구에서 연신 담배를 피우고 있는데 갖가지 상념이 꼬리를 물고 이어졌다. 작년 겨울에는 동생 교통사고로 거의 한달간 책을 못본 적도 있었는데 그것도 회상되었다. 얼마 후 확인차 갔던 L이 내려오고 있었는데 밝지 않은 표정이었다. 내가 먼저 물었다.

「어찌 되었소」
「한 사람은 합격을 확인했는데, 한사람은 명단에 없대요」
「누굽니까?」
「형님은 합격되었어요..」
「으와! 나도 1차에 붙었구나.」

마치 시험을 다 끝낸 느낌이 들 정도로 기분이 좋았으나 내색할 수는 없었다. 가슴이 저리도록 짜릿했다. 내가 33회 1차에 붙은 것이다.

5. 2차 너마저도

1991년 33회 2차는 어차피 합격은 생각할 수 없었고, 시험장 분위기나 파악할 요량으로 또 단 한번도 논문식 시험을 치러본 적이 없었으므로 응시하기로 했다. 도대체 내 말로 막 쓰면 어느 정도로 득점이 될 것이냐가 궁금해서 4일을 모조리 응시하였다. 기본 3법 외에는 여름에 대충 훑어 본 실력에 이것 저것 엮어서 썼는데 점수가 꽤 후하다는 느낌이었다. 물론 과락도 있었지만.

시험이 끝나고 일주일의 휴식을 가졌다. 1차 합격의 기쁨에 대한 포만감도 음미하면서 보낸 휴식이었다.

이제 내년 2차의 계획을 세워야 하겠는데 아는 사람들이 모조리 1차에서 전멸했기 때문에 스터디그룹은 만들 수가 없었고 거의 처음이다 싶은 2차과목들은 어떻게 할 것인지 아무리 머리를 짜보아도 묘안이 찾아지지 않았다.

그러나 그동안 숙달되어 온 이른바 사고훈련방식으로 공부하면 외국어나 암기과목 등이 있는 1차보다는 더 쉬울거라는 막연한 기대와 자위를 하면서 신림동 복사집에서 2차과목 특강테이프를 구입한 후 다시 용인 정원사로 들어갔다.

여름과 가을동안 엄청난 투자로 기초를 잡은 후 겨울에는 특강을 듣고, 봄에는 태학관 모의시험에 응시하여 답안작성 연습을 하겠다는 계획을 세웠다. 그러나 계획은 처음부터 지켜질 수 없는 운명을 가졌는지 모른다. 어느 하나도 마음대로 되지 않았다. 9월이 되자 불안하기도 하고 내가 있는 고시원에 2차 공부를 하는 사람이 나 혼자 뿐이어서 그런지 생활까지도 무기력해짐을 느끼고 집으로 철수하였다. 갈 곳은 조양고시원 뿐이었다.

10월이 되어 한번의 2차 경험이 있다는 O, 군법무관 2차시험을 준비하는 M과의 스터디가 성사되었으나, 단 한번의 모의시험을 치르고는 서로 간의 거리와 문제점만 발견한 채 스터디는 금방 무산되고 말았다. 나는 그 이후로 같이 공부할 수 있는 사람 만나기를 혈안이 되어 찾고 있었다. J형의 주선으로 11월에 김종선·전석수 두 분을 만나게 되는 행운을 얻었다. 그야말로 천운이었다. 인격적으로나 실력으로 고수들을 만나게 된 것이다.

같이 일정한 시간에 모여 진도를 정해 놓고 하지는 못하였지만, 식사시간을 이용해 틈틈이 서로 공부하고 있는 것에 대한 꺼리낌없는 토론, 서로가 힘들 때 다독거려주는 것들 모두가 얼마나 큰 도움이 되었는지 모른다.

그러나 아쉽게도 답안작성 연습은 해보지도 못하고 또 계획했던 특강은 강구철 교수님 행정법 5일, 김동희 교수님 행정법 2일, 차용석 교수님 형소법 1일로 마무리 지워진채 시험날을 맞았다. 기본 3법은 겨우 1회독만 하는 불안한 상태이기도 했다.

한양대에서 치른 34회 2차 4일 간은 하루에 두시간 정도의 수면으로 버티었다. 인간의지의 경이로움을 느낀 4일이었다. 잠을 못자도 객관식 시험과는 달랐다. 글씨 속도, 기술해야 할 양, 모든 것이 마음대로 되지 않았다. 답안작성 연습을 안해 본 것이 가슴을 칠 정도로 후회스러웠으나 후회해 본들 때는 이미 늦어 있었다.

3일째 민법시험을 치르고 포기할까도 생각했지만 매일 실험장에 태워다 주고 종일 기다리는 동생을 생각해서라도 버틸 수밖에 없었다.

형법은 「채무자가 채권자를 살해한 경우의 죄책」문제를 좀 멋있게 써보겠다고 폼 잡다가 논점이 빗나가 죽죽 긋고 다시 쓰는 한심한 일을 겪기도 했다.

맨 마지막 형소법만은 작은 문제를 먼저 쓰고 큰 문제를 나중에 쓰는 지혜를 발휘했다. 다른 7과목은 작은 문제 두개를 거의 한글만으로 골격만 추려쓰고 마는 우를 범하고 말았다. 또 초안 잡는 데만 30분씩을 소비하여 8과목 모두 7장 반 이상을 쓴 것이 없었다.
　3문제 중 한 문제 정도는 예상했던 문제가 나와야 합격한다던데 그런 행운도 물론 없었다.
　며칠을 휴식한 후 김종선 형의 권유로 B大 고시생들의 공부를 도와주면서 올해 시험은 Case가 많아 만만치 않았다는 풍문들을 위안삼아 발표날을 기다렸다. 형집행 날짜를 기다리는 사형수의 기분이 그랬을까? 불안·초조의 나날이었다.
　공식발표가 있기 전날 혜화동에 있는 하이텔베르그 호프집에서 긴장 때문에 초죽음이 된 상태로 김종선, 전석수, 그리고 나 모두가 합격임을 확인했다. 그 기쁨 어이 묘사할 수 있으랴.

「고등학교 졸업하고 서울 왔지.」
「물론!」
「공부하러 왔어, 돈벌러 왔어」
「이제 한 십 오년?」
　비슷한 그 시절 무일푼으로 함평서 몸뚱아리만 올라온 신림동 밤골 순대집 장씨가 나에게 이렇게 묻드라고.
「그래 집은 지반 좀 잡았습디여」
　기반? 이겠지.
　나는 막 웃었어.
「뭐, 기반이라구?」　　　　　　　　　　　 ―「황지우」나는 너다 중에서

· **나의 공부방법**

나는 체계적인 대학교육을 받은 적이 없고 더구나 누가 알려 주지도 않았으므로 특별한 방법이 있을 리 만무하지만, 나와 비슷한 입장에서 모든 것이 궁금한 사람도 있을지 모른다는 생각으로 적어본다.

나는 합격기를 통해 또 내 상상력에 의하여 엉성하게 방법들을 만들고 수정해 가면서 공부하였다. 처음 내게 책을 소개해준 후배 O에게 물으니 자기는 모르는 것이 있을 때는 다음을 기약하며 쭉쭉 읽어 나간다는 것이었다. 내가 다섯 살때 할아버지에게서 종아리 맞아가며 하던 천자문 읽는 방법과 비슷한 방법이었다. 그 방식으로 민총을 읽고 느낀 바는 내 능력으로는 도저히 그 많은 법서를 이해하고 기억한다는 것은 불가능하다고 생각되기도 했다.

나는 이 원시적인 방법으로도 이번 34회 2차에서 꽤 우수한 성적을 거두었다(평균 58.73, 올해 커트라인 52.04이고 58점 이상은 15명 뿐이다. 특히 민소와 상법은 각각 72점과 71점을 받는 영광을 누렸다).

처음 고시공부 시작할 때의 생각도 그랬지만 끝내고 나서의 지금 생각도 고시의 승패는 '공부방법론'에 있다고 믿는다. 누구든 자기의 장점을 하나만 제대로 가꾸면 가장 뛰어난 사람이 될 수 있다고 하지 않는가. 그러므로 자기 두뇌구조의 장점을 알아 거기에 맞는 방법을 계발해 볼 것을 감히 권하고 싶다.

1. 주변 학문의 섭렵

법학이라는 울창한 숲의 세계에 발을 들여 놓기 전에 마땅히 거쳐야 할 과정이 Side Science의 섭렵이라고 한다. 즉 사람들이 어떻게 사유하느냐(법학도에게 매우 유익한 매개개념의 체득을 위해)에 대한 「심리학」, 어떻게 사유하는 것이 옳으냐(법학도에게는 서술에 대한 이해를 논리적인 방법으로 접근해야 한다는 것이 거의 숙명적이므로)에 대하여는 「논리학」의 섭렵을 꼭 거쳐야 할 과제라고 생각한다. 또 규범의 학문인 법학의 심층적인 이해를 위해 사실의 학문인 「정치학」·「경제학」·「행정학」 등도 중요시된다고 본다.

법학도 결국은 인간의 행위를 규제하는데 그 목적을 두고 있으므로 인간의 본성과 그 identity를 아는 것이 크게 도움이 되는 것이므로 「문학」 등을 해야 한다는 것이다.

그러나 나는 심리학과 논리학은 유사한 척하기 위해 폼 잡으려고 직장생활을 하면서 건성건성 한 번밖에 본 적이 없고, 경제학은 재정학 공부를 위해 조금은 깊이있게(?) 했었지만 정치학, 행정학 등은 섭렵치 못했다. 문학이야 젊은 날 누구나 한번쯤 객기로라도 명작들은 읽었을 터이니 나 역시도 그 예외는 아니다.

돌이켜 보건대 나는 주변 학문을 체계적으로 공부하지 못했지만 짧은 기간 사회경험에서 체득한 것이 주변학문을 체계적으로 공부한 것 이상으로 도움을 주었다.

역시 일상 사물과 그 현상의 하나 하나를 관찰하는 습성이 중요하다는 교훈이었다.

2. 법학교재 독서의 방법

(1) 빨래줄의 원리

우리가 빨래를 널 때 먼저 빨래줄을 치고 그 위에 옷가지들을 걸친다는 것을 알고 있다.

법학의 독서방법도 먼저 그 과목의 원칙의 흐름을 알고 난 후 문장의 구조를 해하며, 소주제문을 발견하고, 그 보다 더 축소하여 핵심어휘(Key word)를 찾아 이들의 결합을 나의 언어로 만드는 것을 쉽없이 시도하였다. 그러기 위하여서는 한 번의 속독과 그 다음에는 다음에 기술한 방법들을 겸한 정독과 일련의 사고훈련을 꼭 하였다.

모든 과목에서 1장 1절을 중시하였는데 대부분 거기에는 그 과목의 원칙이 기재되어 있었기 때문이다.

(2) 개념노트와 도해식학습

아마도 법학토론을 하든 논문답안을 작성하든 그 첫마디 시작이 안되어 애를 먹은 경험이 있을 것이다. 이것은 정의에 대한 이해와 암기가 안되어서 그런다고 말할 수 있는데, 법학교과서를 보면 교수님께서도 이 정의 부분을 매우 중요시하고 심혈을 기울이고 있는 바, 그 이유는 당해 문제의 핵심이 그 짧은 몇마디에 요약되어야 할 것이기 때문이라고 생각한다. 나는 6하원칙을 원용하여 개념노트에 적고 암기하려고 하였다.

도해식학습은 이해를 위하여서도 유용하지만 그보다는 기억력 소멸방지에도 효과적이다. 우리는 영화를 보고 나면 그 줄거리는 물론 출연한 주인공의 몸짓 하나까지 생생하게 오랫동안 기억한다. 그러나 그 영화의 시나리오를 읽었다고 했을 때는 그러하기 힘들 것이다.

나는 어떤 때는 각종 도형들을 그려가면서 또 어떤 때는 희한하게 보이는 서툰 그림들을 그려보면서 문제들을 분석하였다. 물론 현재 문제되고 있는 부분이 사회생활하면서 어느 경우에 속하는지를 떠올려보면서.

그러나 너무 많은 그림들로 분석되면 산만해지므로 3분류(큰 것이든 작은 것이든)를 넘지 않으려고 했다. 인간 두뇌는 3분류를 가장 잘 기억할 수 있다 한다. 2차 준비를 하면서도 일부러 교과서의 목차를 암기하지는 않았다.

(3) 제도파악의 방법

법률체계는 하나의 제도와 그 설정체계라고 해도 과언이 아니라고들 한다. 모든 제도의 생성기원은 목적이므로 그 목적에 대한 인식을 확실히 하려고 하였다. 그것은

① 이 제도가 무엇을 말하는가? (정의)
② 이 제도는 무엇 때문에 생겼는가? (취지, 목적, 사회적 기능)
③ 다른 제도와는 어떠한 관계 및 차이가 있는가? (종합적 사고 요함)
④ 이 제도의 목적을 달성하기 위해 어떠한 요건이 있는가? (실천수단)
⑤ 요건은 목적달성에 충분한 것인가? (비판 및 개선방향)

(4) 과목간의 체계적인 연결

① 나는 허영 교수님의 헌법책을 읽고 얼마나 큰 희열을 느꼈는지 모른다. 어려워서 여러번 읽기도 하였지만 거기에는 마땅히 왜 그래야 하는지에 대한 해답이 제시되어 있었기 때문이다.

사실은 1차 공부를 하면서 법률과목은 하나 하나가 독립한 법역에 대한 실증적 연구를 기본으로 하지만, 필연적으로 서로 연관성을 가지고 있다는 것을 어렴풋하게 느끼고 있던 터라 2차 준비기간 동안 헌법으로부터 연결시켜 보려고 상당기간 노력하였고, 이 방법으로 시험 끝난 후에는 남들의 공부를 도와주었는데 효과적이었다. 통치구조가 무엇 때문에 존재하는지 알고 있다면 행정은 어떻게 해야 하는지 짐작할 수 있잖은가.

② 민법에서 법률행위를 공부하고 상법에서는 상행위와 어음행위를, 소송법에서는 소송행위를, 행정법에서는 행정행위를 공부하는데 그 기본은 민법의 법률행위이므로 이것들을 정확히 이해하고 다른 것들과 비교하여 보았다.

이 뿐만 아니라 상법의 회사법편을 공부하면서는 민법의 비영리법인과 비교하여 보고 또 형법의 법인의 범죄능력까지를 고려해 보는 무모함(?)도 시도하였다. 이 밖에도 서로 비교해 본 것이 많이 있었음은 물론이다.

(5) 종합적인 마무리 사고훈련

이러한 방법들로 공부하고 나면 자신이 붙었다. 마무리로는 법조문을 보면서 내 스스로 해설을 한 후 교과서를 펼쳐 교수님들이 해설하신 것과 판례 등을 비교해 보았다. 이때 상식만 믿고 적당히 하는 것, 너무 개념에 치우쳐 곡해할 염려가 있는지에 항상 주의했음은 물론이다.

(6) 보충적인 제언

혹시나 이런 방법으로 공부하실 분이 있으시면, 상대를 통해 그것들을 토론해 보면 그 효과가 배가되는 것을 느낄 수 있을 것이다. 내 경우 오랫동안 아끼는 관주가 상대역을 훌륭하게 해주었다.

또한 시간이 허락하는대로 재생, 오류는 없었는가 다른 방법으로 접근하는 길은 없었는가를 사고하는 것이 필요하다.

내 경우는 귀가시간, 고시원에 가는 시간(걸어서 30분쯤의 거리에 고시원이 있었다)을 활용하였다. 그러나 가벼운 경상이었지만 차에 두 번이나 부딪친 경험을 가지고 있다.

• 글을 마치며

짐이 무겁다고 탓할 수만 없는 현실 때문에 어금니를 악물고 걷다가 겨우 합격이라는 쉼터에 오게 되는 행운을 얻었다. 그러나 또 어떤 무거운 짐이 내 어깨에 얹혀질지 모른다. 다만, 이 순간 그 기쁨은 숨길 수 없는 사실이지만 그 곁에 벗하여 있는 구겨진 짐보따리들이 마음에 걸린다. 소심해서일까?

이 조그만 성취가 모두 다 나의 능력에서 비롯된 것이라고 생각하지는 않는다. 힘든 길을 걸을 때 원망도 많이 했던 부모님, 하지만 나 어찌 홀로 설 수 있었겠는가? 감사합니다.

또 숙부님들, 내 사랑하는 동생들, 독학자가 어려운 공부를 할 수 있도록 탄탄한 기초를 세워주신 은사님들, 어려울 때 등받이가 되어준 친구들, 직장 생활할 때 미숙한 저를 끝까지 감싸주신 고의정님, 최양섭님, 이 모든 분들께 진심으로 감사드립니다.

아끼는 후배 관주의 조속한 합격과 수험생 여러분의 건강과 행운을 빌겠습니다. 이 부족한 합격기를 읽어주신 여러분께 혹시라도 누가 된 점이 있다면 그것은 저의 불찰이니 너그럽게 용서바랍니다. 귀한 지면 할애해 주신 고시연구사의 무궁한 발전을 기원합니다.
 끝으로 수험기간 내내 내 책상앞에 걸려 있던 다음의 글로 합격기를 마칠까 합니다.
 「마음 속에서 우러난 소신을 가지고 있지만 결코 광신적이 아니며, 애정이 넘쳐 있으나 결코 감상적이 아니며, 상상력이 풍부하지만 결코 비현실적이 아니며, 두려움은 모르지만 결코 생명을 경시하는 일이 없으며, 규율에 순종해 가지만 결코 굴욕적이 아닌 사람들의 힘과 즐거움」

불혹의 나이에 한 최악의 선택

— 재학중에 제적·구속·퇴학을 거듭한 끝에
8년 10개월 동안의 노동법률상담소 상담역을 마치고 사시에 도전 —

박 구 진
· 제38회 사법시험(최고령) 합격
· 1953. 4. 9. 전남 강진 출생
· 광주상고·고려대 경영학과 졸업

· **합격기에 대한 변**

　최고령합격이라는 통지를 받고 우선 기뻤습니다. 불혹의 나이에 "최악의 선택"을 한 사법시험을 시작한지 3년만에 합격하였고, 우연히 최고령이라는 영예(?)도 함께 얻게 되어 기쁘기도 했지만, 한편으로는 법조인으로서 새로운 삶을 시작해야 한다는 점 때문에 책임감과 중압감을 느껴야만 했습니다. 특히 최고령이라는 점 때문에 매스컴에서 보도해 주고 많은 사람들로부터 분에 넘치는 축하를 받으면서 기쁨과 동시에 약간의 서글픔도 느꼈다고 하면 과장일까요.
　그런 와중에 고시연구사로부터 합격기를 부탁받았는데 나의 수험생활에 대하여 특별히 쓸 말도 없고 합격기의 유용성에 대해서도 의문이 들어 쓰지 않기로 작정하였습니다. 그러나 고시연구사 박주간님으로부터 진 빚(고시선배들로부터 받은 도움만큼 후배들에게 도움을 주어야 할 빚)을 갚기 위해서라도 합격기를 써야 한다는 권유를 받았고, 저와 비슷한 처지(나이가 많은 처지)에서 고시공부를 하고 계시거나 고시공부를 시작하려고 한다는 몇 분의 상담전화를 받으면서 나의 합격기가 적으나마 도움이 될 수도 있겠구나 하는 생각에 할 수 없이 본 합격기를 쓰게 되었습니다.
　합격기는 시험을 보기로 결정하는 과정에서 합격하기까지 겪은 체험을 자신의 입장에서 극히 주관적으로 정리한 글이기에 독자에게 도움을 줄 수도 있지만 해를 줄 수도 있다고 봅니다. 따라서 저의 의견보다는 제가 시험공부를 하겠다고 결정한 과정, 수험기간동안 생활해온 일정을 사실대로 살펴본 다음 공부하면서 느꼈던 몇가지 문제점들에 대하여 저의 의견과 체험을 개진해 보기로 하겠습니다.

• **최악의 선택(사법시험 공부)을 하기까지**

저는 1953년 4월 9일 전남 강진군 성전면 명산리 1224번지에서 5년 2남 중 장남(누나가 4명)으로 태어나 고향에서 수양초등학교를 마친 다음 광주남중학교(현재 무진중), 광주상업고등학교를 졸업하고 1973년 고려대학교 경영학과에 입학하였습니다. 1975년 4월 유신독재 철폐를 주장하는 교내시위를 주동하였다가 긴급조치위반으로 제적, 수배되었고, 도피생활을 하던 중 같은 해 6월 육군에 입대하였으며, 1978년 1월 만기 제대를 하였습니다.

그 후 농촌운동을 해보겠다는 결심을 하고 자신을 실험해 보기 위해서라도 우선 농부가 되기로 하였습니다. 그러나 겨울 내내 혼자 경운기로 객토를 하는 등 의욕만 앞서 무리하게 일을 하다가 1년도 못되어 디스크 증상이 발생함으로써 농부가 되는데 실패하고 무슨 일을 할 것인지 고민하고 있던 중 1979년 10월 26일 유신정권이 무너지면서 1980년 대학에 복학하였습니다.

1980년 광주민중항쟁을 겪고 2학기에 등교하였으나 광주민중항쟁의 희생자들에 대한 죄책감 등으로 1980년 10월 17일 개헌에 대한 국민투표반대 시위를 주동한 혐의로 계엄포고령 위반죄로 제적, 구속되었으며 항소심에서 집행유예로 풀려났습니다.

그 후 인삼판매업, 부동산중개업 등을 해오면서 1983년 4월 24일 결혼을 하였고, 1984년 다시 복학하여 같은 해 8월에 졸업을 하였습니다. 그 무렵에는 노동운동을 위해 노동현장에 들어가는 사람이 많았던 때였는데 방황하던 중 대학 선배인 이상수(李相洙) 변호사님(현 국회의원)이 법률사무소 내에 노동법률상담소를 개설할 예정이라는 소식을 접하게 되었습니다. 비록 현장에 들어가지는 못하지만 노동운동을 측면에서라도 돕겠다는 생각에서 같은 해 10월 1일부터 개소준비를 하여 1985년 2월 25일 중구 서소문동 배재빌딩에 한국노동법률상담소를 개소하고 상담간사로 일하게 되었습니다. 그러던 중

이상수 변호사가 국민운동본부 활동과 관련하여 대우조선 이석규 열사 장례식에 참석하였다가 장식위반혐의로 구속기소되고 나아가 변호사업무정지를 당하는 바람에 사무실 운영 및 유지에 문제가 발생하여 제가 상담소 일과 변호사사무실 사무장 일을 겸하게 되었습니다.

상담소를 개설한 초기에는 해고무효, 산업재해, 노동조합결성문제 등 노동운동의 일반적인 수요에 상당한 정도 기여하였으나 1980년대 후반 노동자들의 대항쟁 등을 거치면서 노동법률상담소에 대한 수요도 줄어들었고, 노동운동이 활성화되는 과정에서 현장노동자와의 유대관계형성 등 노동상담소로서의 제기능을 다하지 못하는 바람에 노동자들에게 실질적인 도움을 주기도 어려워졌습니다. 그때부터 저는 자칭 "실패한 상담소간사"라고 하면서 자신의 일에 대하여 불만을 느껴야 했으나 주어진 일이 너무 많았고, 특히 사무장 업무까지 겸하면서는 일을 배우는 기간동안 너무 바빠 불만을 느낄 여지가 없었습니다. 그러나 1991년 말경 사무장 업무에 대하여 익숙해지자 일을 배운다는 의미마저 없어져 버려 전업을 해야겠다고 결심하였습니다.

그러나 막상 전업하려고 하였으나 그 당시 내 형편으로 할 수 있는 일이라고는 아무 것도 없었습니다. 무려 1년 남짓 고민하였지만 특별한 전문지식이나 기술도 없을 뿐 아니라 나이도 많아 다른 회사에 취직할 수도 없고, 자본이 없어 사업을 시작할 수도 없다는 점을 깨닫고 심한 좌절감을 맛보아야 했습니다.

그러던 중 1992년 말이 되어 지금까지의 삶을 되돌아보고 앞으로의 계획을 확정하기 위하여 신정 연휴기간동안 2박 3일 일정으로 설악산 등반을 하였습니다. 오색약수를 출발하여 눈덮인 설악산에 올랐는데 산밑에서는 맑고 따뜻하였으나 대청봉에 오르자 눈보라 때문에 눈을 뜰 수 없었고, 특히 공룡능선을 종주하면서 건너다 보면 뛰어서 건널 수 있을 것 같은 산봉우리를 일곱 번이나 오르내리기를 반복하면서 인생의 무상함을 배울 수 있었습니다. 결국 우리의 삶이란 오르막이 있으면 내리막이 있고 내리막이 있으면 오르막이 있으며, 처음과 끝이 동떨어져 있을 수 없고 계속 연결되어 있다는 점을 깨달았습니다.

그 결과 나는 8년 10개월 동안 노동법률상담과 변호사 사무장으로 일해 온 경력을 활용하는 것이 최선이며, 법률전문가가 되기 위해 사법시험 공부를 해보자고 결정하였습니다. 그동안 내가 배운 것을 활용한다는 점, 연로하신 부모님의 한(장남인 나의 성공에 대한 기대)을 다소나마 풀어드릴 수 있다는 점 등 공부를 시작하는 당위는 여러가지 들 수 있었지만, 무엇보다도 1년 동안 고민하였으나 다른 전업의 대안이 없었다는 점에서 사법시험 공부를 하기로 한 것은 최후의 선택이며 최악의 선택이었습니다.

집에 돌아와서 처음으로 처에게 시험공부를 하겠다고 하였습니다. 그러자 처는 펄쩍뛰며 반대하리라는 예상과는 달리 "참 복도 없다"고 신세한탄을 할 뿐 알아서 하라며 상당히 쉽게 동의하는 것이었습니다. 제 처는 결혼 후 계속 어렵게 생활해 오다가 그 당시 5개월 전부터는 약간의 저축을 할 정도의 돈을 받아왔기에 그것을 복으로 알아왔는데 다시 공부를 한다고 하니 자기가 복이 없다고 하였던 것입니다. 처의 동의를 얻고 부모님께 말씀드렸더니 부모님께서도 쾌히 허락하시면서 시험에 실패하더라도 머리속에 쌓인 지식은 도망가지 않는다고 격려해 주셨습니다. 사무실에 출근하여 우선 이상수 변호사에게 동의를 구하고 이오영, 김진국, 이원제, 이찬진 변호사와 상의하였더니 늦은 감은 있으나 합격할 수 있을 것이라고 하면서 적극적으로 지지해 주었습니다.

사법시험에 합격한 변호사들의 격려는 나에게 커다란 힘이 되었습니다. 특히 그 당시 사법연수원에 다니던 양영태 시보(현재 변호사)가 시험공부방법을 브리핑해 주었는데 그 자료는 마지막 시험볼 때까지 저에게 큰 도움을 주었습니다. 결국 1993년 1월 1일 만 40세라는 소위 불혹의 나이에 할 수 있는 일을 찾지 못하여 "최악의 선택"으로 사법시험 공부를 결심하였고, 그 후 사무실 정리문제 등으로 같은 해 8월 1일부터 공부를 시작하였습니다.

• 고시공부 기간 중의 일정

(1) 첫번째 1차시험까지(1993.8.1.부터 1994.3.11.까지)

고시공부에 대해 양영태 시보로부터 설명은 들었으나 막상 공부를 시작할 때는 어느 과목부터 해야 할지, 어떤 방법으로 공부를 해야 할지가 막연하였습니다. 특히 외국어는 영어에 자신이 없어 독일어를 선택하고서는 1일 2시간 정도씩 집에서 강의테이프를 들으면서 책을 보았지만 실력이 붙지 않았고, 법률교과서도 읽을 때는 이해가 되는 듯 했으나 책을 덮는 순간 책을 제대로 읽지 않았다는 생각이 들었습니다. 그 결과 혼자서 공부하기는 어렵겠다는 생각을 하고 신림동 고시촌으로 옮겨서 학원에 다니기로 결정하였고, 8월 말까지는 민법총칙·물권법을 수강하였으며, 9월 1일부터 태학관 1차 종합반을 수강하였습니다.

그런데 공부의 기초가 제대로 갖추어져 있지 않은 상태에서 매일 일정한 범위를 예습한 다음 그 범위 내에서 40문제를 시험보고 난 뒤에 강의를 들었기 때문에 책을 정독할 수 없었으며, 제대로 이해할 수 없는 부분은 체크만 해놓고 넘어가야 했습니다. 특히 주어진 범위 내에서 출제된 문제이었지만 40점 미만을 받은 적도 있었고, 전후연결이 잘 안될 때에는 공부방법에 대한 회의가 들기도 하였습니다만, 시험범위(공부해야 할 양)가 얼마나 되는가라도 분명히 알자는 데에 목적을 두자고 자위하면서 꾸준히 학원의 진도를 쫓아가는데 최선을 다하였습니다. 3개월 10일 간의 1순환 과정을 마치고 과목별로 정독을 하여 정리할 것인지 아니면 앞으로 3개월 후에 있을 1차시험을 목표로 하여 2순환(강의 및 문제풀이반)을 수강할 것인지 고민이 되었습니다. 시간상으로 정독을 하게 되면 1차 시험장에 가는 것조차 어렵겠다는 생각에 2순환 강의를 듣기로 결정하고 매일 시험을 보고 문제풀이를 하는 1차 종합반 2순환 강의를 들으며 진도를 쫓아가는데 여념이 없었습니다. 시험보기 3주 전까지 학원강의를 듣고 3주 동안에 체크해 놓은 문제를 중심으로 문제집을 2회독한 다음 시험을 치렀습니다. 시험장에서 안절부절하는 바람에 답안지를 잘못 기재하여 3번이나 정정했던 경험은 정말 씁쓸했습니다. 이러한 사실은 준비정도에 관계없이 한번 시험을 치러본 경험이 얼마나 중요한가를 말해주는 것이 되겠지요.

(2) 1차시험 합격까지

시험 후 약 10일간 휴식을 취한 다음 4법(행정법, 상법, 민소법, 형소법)을 집중적으로 공부하겠다는 계획하에 2차준비 종합반에 진도를 맞추어 책을 보았습니다. 그러나 1차 시험결과는 나를 당황하게 했습니다. 성적을 80점 정도 예상하였으나 실제는 평균 68.4점이었습니다. 그래서 계획을 수정하여 2차과목은 포기하고 다시 1차과목 공부에 총력을 기울이기로 결정하였습니다.

특히 독일어가 문제였습니다. 하루 2시간씩 공부를 하는 데도 실력이 늘지 않았습니다. 그러던 중 "외국어공부를 하루 4시간씩 4개월 계속 했더니 그

후부터는 일정한 수준을 유지할 수 있었다"는 합격기를 읽고서는 나도 그런 방법을 써보기로 작정하고, 학원강의를 포함하여 1일 4시간씩 4개월 정도 독일어 공부를 하였습니다. 그러나 어느정도 실력이 늘었다는 느낌이 들었을 뿐 안정권에 들지는 못한 것 같아 시험볼 때까지 1일 1시간 내지 2시간 이상 공부해야 했습니다. 경제학은 책을 보면 이해가 되었으나 막상 문제를 풀려고 하면 정확하게 이해가 되지 않아 방학이 끝날 때까지 학원강의로 보충하였고, 나머지 시간에 기타 법과목을 교과서위주로 공부하였습니다.

 9월 1일부터는 학원 1차 종합반을 다니는 후배 영훈, 규현 등과 함께 학원에서 실시한 모의고사문제를 중심으로 1일 1시간 정도씩 스터디를 하였는데 진도는 학원의 진도와 맞추었습니다. 나는 학원강의를 듣지 않았으므로 교과서와 문제집을 정독할 수 있었습니다. 하루 동안 읽은 교과서 범위 내에서 출제된 문제들이었으나 정답에 대한 견해대립이 생겼고, 특히 소수설의 견해가 지문화되는 유형들을 익혀 두었으며, 자신의 견해를 서로 이야기함으로써 분명하게 정리해 주는 역할을 하였을 뿐만 아니라 입고픔(말하고 싶어 입이 간질거림)을 해소시켜 주는 기능도 해주었습니다. 그러나 스터디를 하는 구성원 사이에 진도차이가 나는 바람에 스터디는 오래 유지되지 못하였는데 끝까지 유지했더라면 하는 아쉬움이 큽니다.

 12월 초순부터는 교과서와 함께 이미 본 문제집 중에서 체크해 놓은 문제만 보았는데, 12월 말경 종합모의고사 결과 80점 이상 되리라는 나의 예상과는 달리 평균 71점이 나왔습니다. 큰 충격을 받고 나의 공부방법 및 실력에 회의가 들어 그 당시 2차공부를 하고 있던 후배 재철이와 상의를 하였습니다. 결국 교과서는 제쳐두고 문제집만으로 마무리 하기로 하고 2개월 반 정도의 기간에 문제집을 4회독(체크를 계속 줄여가면서 보기 때문에 회수가 거듭될수록 시간이 단축됨)하였고, 최종적으로 교과서와 문제집에서 중요사항을 16절지에 앞뒤면으로 나누어 메모하여 시험당일에는 법전과 메모지만 보았습니다. 이 과정에서 후배 재철이의 도움이 컸으며, 문제집으로 마무리 함으로써 2차시험까지 전체의 일정으로 보아 폐해가 있을지 모르지만 1차시험에 관한 한 지문을 읽는 속도라든가 자신감을 갖는다는 점에서는 좋은 방법이었다고 생각합니다. 특히 태학관에서 모의고사를 3회 실시했는데 최종모의고사를 보고 나서는 1차시험에 대해 자신감을 갖게 되었고 그 결과 최종마무리과정을 쉽게 할 수 있었으며, 시험결과도 여유 있게 합격할 수 있었습니다.
(3) 2차시험 합격까지
　1995년 3월 13일 1차시험을 마치고 1주일 정도 휴식을 취한 후, 행정법과 민사소송법 책을 한번 읽은 다음 재철이로부터 단권화해 놓은 책을 빌려 보았습니다. 거의 그대로 하되 목차와 다른 학설내용을 보충하는 방법으로 공부를 하였고, 단원별로 문제집의 문제를 선정하여 답안을 작성해 보니 방금 본 내용조차도 제대로 쓸 수가 없었습니다. 그래서 계획을 변경하여 기본 3법(헌법, 민법, 형법)이라도 답안을 제대로 작성해 보기 위하여 주어진 범위 내에서 매일 모의고사를 보는 2차 모의고사과정을 다녔습니다. 그 결과 답안작성의 기술은 익힐 수 있었지만 형사소송법, 상법 등을 정독할 수 없었고, 기본 3법조차도 정확히 기억되지 않았기 때문에 합격을 기대할 수 없었습니다. 시험 직전에는 실제시험을 체험해 보고 시험장 분위기를 익히는 것만으로도 의미가 크다고 자위하면서 편한 기분으로 시험을 치렀습니다. 첫번째 2차시험 결과는 예상한대로 합격권과는 거리가 먼 점수였습니다. 그러나 악필임에도 불구하고 제한시간내에 답안지를 채울 수 있다는 점과 1년 정도 공부하면 충분히 합격할 수 있다는 자신감을 얻을 수 있었습니다.
　2차시험이 끝나고 지쳐있는 몸을 추스린다는 명목으로 약 한달가량 쉬었는데 그 기간 중에 우리가족 5명이 3박 4일의 지리산 종주등산을 했습니다. 세살박이 정선이는 처가 업고, 초등학교 2학년인 태욱이와 5학년인 영은이도 각 3kg, 6kg의 배낭을 메었지만 내 배낭의 무게는 약 40kg 정도나 되었습니다. 나의 체력으로 완주할 수 있을지 걱정이 되었으나 할 수 있는 한 최선을 다하기로 작정하고 출발하였습니다. 처음에는 배낭을 메고 제대로 일어서지도 못하였으나 차차 익숙해졌는데 첫날은 태욱이가 자꾸 낙오하였고, 그 다음날은 영은이가 낙오하는 바람에 산행의 페이스를 유지하지 못하여 힘들었습니다. 그 결과 모두 지쳐서 천왕봉 등정을 포기해야 했습니다. 비록 천왕봉 등정은 포기했지만 약 60km를 걸음으로써 체력에 대한 자신감을 갖게 해주었고, 복잡해져 있던 머리를 맑게 정리해 주는 것 같아 기분이 좋았습니다.
　8월 초부터 후 4법(2차시험 보기 전에 베끼다시피 단권화해 놓은 책)을 정독하였습니다. 그러나 단권화해 놓은 내용이 제대로 소화되지 않고 마음에 들지 않는 것이 많아 그것을 고치느라고 더 많은 시간이 드는 것 같았습니다. 따라서 행정법과 형법각론은 교과서를 바꾸었고, 형사소송법은 다른 교과서를 다시 참조해야 했습니다. 단권화는 자기가 이해한 내용을 전제로 해야 하며 목차도 스스로 고민해 보아야 할 필요가 있다 하겠습니다.

9월 말까지 후 4법을 1회독씩 정독하고 10월 1일부터는 태학관 2차 종합반에 등록하여 매일 아침 8시부터 1시간씩 모의고사를 치른 다음 3시간 40분씩 강의를 들었습니다. 이 과정에서 후배 영풍이와 태형이를 만나 학원강의가 끝난 후 약 1시간 가량 당일의 범위 내에서 문제점을 검토해 보는 가벼운 스터디를 하였습니다. 이런 방법의 공부에 있어서는 매일 시험을 치르기 때문에 체력소모가 능률에 비하여 너무 많은 것이 아닌가 하는 점이었습니다. 그러나 3개월 간의 과정을 결석하지 않고 충실히 마치고 나자 자신감을 얻을 수 있었습니다. 1순환을 마치고 매일 2시간씩 모의고사를 치르는 2순환 과정을 따라 갈 것인지 아니면 각자 공부한 다음 일정한 날짜를 정해 스터디를 할 것인지 결정하기가 어려웠습니다. 영풍, 태형이와 상의한 결과 학원진도를 따라 가기로 하여 오전반에 등록을 하고 매일 2시간씩 시험을 치르고 문제에 대한 해설강의를 들었으며, 강의 후에는 영풍, 태형, 철완, 기일이와 함께 그날 범위에서 생긴 문제점들을 검토하는 방법으로 스터디를 하였습니다. 4월 초부터는 강의없이 매일 모의고사만 치르고, 시험 후에 같이 모여 시험문제 및 범위 내에서 예상된 단문을 정리하는 방법으로 스터디를 하고 마지막으로 과목당 3일 내지 4일씩 함께 정리하였습니다. 처음에는 학설명이나 내용이 제대로 정리되지 않았으나 계속 반복하여 읽고 써보고 정리하면서 나름대로 전 범위에 대하여 어느 정도는 쓸 수 있게 되었습니다.

(4) 시험에 임하여

시험은 말 그대로 시험이지 연습이 아닙니다. 제38회 시험결과에서 대부분이 쉬웠다고 했던 헌법에서 과락이 많았다는 점, 행정법에서 주어진 법조문을 잘못 읽은 사람이 과반수 이상이었다는 점, 최근 1~3년 내에 출제되었던 문제들이 사례를 약간 달리하여 다시 출제되었던 점 등은 시험이 아니면 설명되기 어려운 부분이 아니었나 생각합니다. 저도 행정법의 법조문을 3번이나 줄을 그어가며 읽었지만 법조문을 반대로 해석하는 바람에 큰 논점을 빼먹고 답안을 작성하는 실수를 범하고 상법시험까지 그 영향을 받았던 기억이 생생합니다. 시험보는 4일동안 이미 본 시험에 대해 이야기해서는 안된다는 말을 듣고 그렇게 실천하기로 사전에 약속하였으나 그 약속을 지키지 못하고 점심시간에 행정법시험에 대하여 이야기하는 바람에 그런 우를 범하게 되었습니다.

또한 시험에 임하여 과욕은 금물입니다. 과욕금지에는 두 가지가 있는데 하나는 시험기간 중 너무 무리하게 공부하지 않도록 주의해야 하며, 둘째는 시험시간 중 자기지식에 대하여 욕심부리지 말라는 것입니다. 시험 첫날부터 잠을 전혀 자지 않고 마지막날 비몽사몽 간에 시험치른 사람이 결코 좋은 결과를 기대할 수 없을 것이며, 시험전날 5시간 정도 더 공부한다고 해서 시험결과가 엉뚱하게 달라질 수 없다고 보면 잠을 잘 수만 있다면 충분히 자는 게 더 효율적이라고 생각합니다. 저는 수면여부에 관계없이 하루 5시간 이상 누워있겠다고 계획을 세워 그대로 실행하였습니다. 그럼에도 불구하고 4일째에는 지쳐서 제실력을 발휘하기 어려웠습니다. 또 시험문제의 여러가지 논점 중에서 어떤 특별한 논점에 대하여 자기가 알고 있는 지식을 전부 표현하려는 욕심을 부리면 답안이 균형을 잃게 될 뿐만 아니라 중요한 다른 논점에 대하여 소홀히 할 수밖에 없게 되어 좋은 점수를 얻을 수 없게 된다는 점입니다. 저도 형법 약술형문제 중에 뇌물죄에서의 직무관련성 문제에서 전·노 두 전직대통령에 대한 주관적인 감정이 개입되는 바람에 죄형법정주의라는 형법상의 대원칙에 대해 소홀히 하게 되었는데 이런 점들은 평소에 꾸준히 연습해야 할 필요가 있다고 봅니다. 또한 모든 문제를 보면서 출제자의 의도를 한번쯤 검토할 필요가 있습니다. 저는 민사소송법의 경우 부동산공유자의 소송에 있어서 자신의 견해를 밝히고 그 반대견해도 같이 설명하라고 하는 바람에 교과서 순서대로 필요적 공동소송이 옳다고 결론을 내리고 통상공동소송에서의 문제점을 주로 쓰는 방법으로 답안을 작성하였는데 겨우 과락을 면하는 점수를 얻었습니다. 평소 주의사항에 대하여 알고 있더라도 시험기간 중에는 당황하여 제대로 실천하지 못하는 경우가 많기 때문에 모의고사를 보거나 연습을 하면서도 실전과 마찬가지로 예상되는 모든 경우에 대비하는 훈련이 필요하다고 봅니다.

• **기타 시험공부기간 중에 주의할 문제점들**

(1) 주변정리

 공부는 자기자신과의 외로운 싸움이기 때문에 시작할 때 복잡한 인간관계 등 주변을 정리하는 것이 중요하다고 생각합니다. 따라서 저는 저와 관계를 갖고 있던 모든 사람들에게 공부를 시작했다는 사실을 가능한 한 많이 알리고 동의를 구하려고 하였습니다. 또한 환경을 바꾸기 위하여 혼자 신림동 고시원으로 들어갈 것인지 아니면 살고 있던 아파트를 처분하고 가족 모두 신림동으로 이사를 갈 것인지가 문제되었으나, 이제 갓 태어난 아기(막내딸이 1993년 6월 28일생임)도 있고 하여 후자를 택하기로 하고 그 당시 살고 있던 월계동 미성아파트(21평형)를 급매로 시세보다 싸게 팔고 9월 23일 신림 9동 건영아파트를 전세로 얻어 이사하였습니다. 주변을 정리하기 위해 급히 이사한 결과 큰 딸과 아들 녀석이 학교생활에 빨리 적응하지 못하여 고생을 하였지만 나는 공부하는 자세를 빨리 잡을 수 있었습니다.

(2) 몸만들기

 공부를 계속 해온 경우는 별로 문제될 것이 없으나 저처럼 사회생활을 하다 새로이 공부를 시작한 경우 장시간 책상에 앉아 있기가 쉽지 않았습니다. 따라서 우선 책상에 오랫동안 앉아 있어도 정신이 흐트러지지 않도록 몸을 만들어야 할 필요가 있습니다. 저는 키가 171.5cm인데 공부를 시작할 당시 몸무게가 79kg 정도이었습니다. 그래서 사상의학을 하는 한의사의 도움을 받아 제 체질(태음인)에 맞는 식사메뉴를 안내받고 아침식사 대신에 콩과 찹쌀미숫가루, 당근을 먹었으며 점심과 저녁식사도 주로 등푸른 생선을 위주로 하였습니다. 또한 신림동으로 이사한 다음부터는 무조건 학원의 1차종합반 과정을 따라가기로 하고 매일 오후 1시간 모의고사와 4시간 정도 강의를 들은 후 약 1시간 정도씩 삼성산의 약수터까지 등산을 하였습니다. 아침 일찍 등산하는 것도 좋았지만 저의 경우에는 강의를 듣고나면 머리가 멍해져서 땀을 빼지 않으면 그런 기분이 잘 없어지지 않아 일부러 학원강의가 끝난 다음 바로 등산을 하면서 땀을 빼도록 노력하였으며, 그 결과 약 4개월만에 몸무게가 67kg 정도로 줄어들었습니다. 평소에 술에 찌든 몸이 식사조절과 매일 등산하면서 흘린 땀으로 최단시간 내에 정상(?)으로 되었다고 생각합니다.

(3) 공부시간

하루에 몇 시간씩 공부하는 것이 좋을지가 문제입니다. 이 점에 대해서는 각자의 체력이나 성격 등에 따라 차이가 크다고 보여집니다. 나도 이 점에 대하여 2년 정도는 계속 신경이 쓰였습니다. 그러나 집중력과 관련하여 집중력을 유지할 수 있는 범위 내에서 자기자신의 조건에 맞게 정하고 다른 사람이 자기와 다르게 한다 하더라도 그 부분에 대해서 너무 신경을 쓰지 않아도 되리라 생각합니다. 하루 14시간 공부하는 것이 하루 12시간 공부하는 것보다 절대적으로 2시간 공부를 더한 것으로 볼 수는 없기 때문입니다. 이는 독자 여러분이 직접 실험해 보면 분명하게 느낄 수 있을 것입니다.

제 경우를 말씀드리면 공부를 시작해서 1년 정도는 1일 10시간 이상으로 하되 컨디션이 좋더라도 11시간은 초과하지 않는다는 목표를 세워 약 85% 정도 달성했고, 그 이후 약 2년 간은 11시간 이상 12시간 이하로 목표를 세워 약 85% 정도 달성했습니다.

흔히 고시공부를 마라톤에 비유합니다. 그렇기 때문에 공부시간을 결정할 때 과욕을 하면 지속적으로 유지할 수 없고, 매일 정해진 목표를 달성하지 못하면 스트레스와 슬럼프의 원인이 될 뿐만 아니라 자신감을 잃을 수 있고, 반면 목표를 조금 느슨하게 설정할 경우에는 나태해질 수 있고, 다른 사람들과 비교할 때 공부량이 너무 적다는 생각에 불안해질 여지가 있습니다. 여기에도 중용의 어려움이 있다 하겠습니다.

제 경우 1년 간의 적응으로 1시간을 늘릴 수 있었다고 보여지나 그것이 최선이었는지는 확신이 서지 않습니다. 결국 공부시간은 각자의 능력과 사정에 맞춰 조정해 나가는 수밖에 없다고 봅니다.

(4) 자신감

흔히 자신감이 없으면 성공할 수 없다고 합니다. 이 말은 진리라고 할 수 있습니다. 자신감을 갖더라도 실패할 수 있는데 믿지 못한 사람이 성공할 수는 없는 일입니다. 자신감을 가지시기 바랍니다. 적극적으로 생각하고 열심히 실천하는데도 하는 일에 자신감이 생기지 않는 분은 목표를 변경하시기 바랍니다. 자기의 적성에 맞지 않거나 목표를 달성하기 위하여 최선을 다하지 않기 때문입니다.

저는 시험공부하기 전에 공부하는 방법에 대하여 정확하게 안내를 받았지만 공부해야 할 양에 대하여는 신중하게 생각하지 않았습니다. 때문에 첫 번째 1차시험 점수를 받아 본 후에야 다시한번 공부해야 할 양이 방대함에 대하여 놀랐고 "내가 시험공부 시작하기 전에 이렇게 분량이 많은 줄 알았더라면 시작하지 않았을 것이다"라고 이야기한 적이 있습니다. 그러나 공부도 어느정도 하면 가속이 붙을 수 있으리라는 믿음에서 계속하였고 무식하리만치 떨어지리라는 점을 생각하지 않았습니다. 공부가 힘들다, 체력이 달린다는 말은 수시로 하였지만 못하겠다거나 떨어지면 어쩌지 하는 생각이나 말은 해본 적이 없습니다. 자기 스스로 결정한 일(공부)에 대하여 자신감을 가지시기 바랍니다.

(5) 휴 식

마지막으로 휴식이 중요합니다. 인간의 체력에는 한계가 있고 사법시험공부는 마라톤과 같은 장거리 경주의 일종입니다. 선조들은 자연계의 운동법칙에 따라 1일, 1주일, 1월, 1년으로 기간을 정해 기간별로 정리하고 다시 새롭게 출발하는 슬기로움을 배워주었습니다. 따라서 우리들은 1일 중의 일부는 잠을 자는 등 쉬어야만 다음 날 주어진 일을 건강하고 기분좋게 해나갈 수 있습니다. 그런데 일반적으로 일에 대하여는 1일, 1주일, 1월, 1년 계획을 아침, 월요일, 월초, 연초에 세우고 그대로 실천하려고 노력하지만, 휴식에 대해서는 미리 계획을 세우지 않고 그저 닥치는대로 그때 그때의 사정에 따라 보낼 뿐입니다. 그러나 휴식은 단순히 노는 것이 아니라 체력을 충전하고 마음을 정리함으로써 다시 일하거나 공부할 수 있도록 하는 것으로 매우 중요합니다. 만약 휴식에 대하여 계획을 소홀히 하거나 되는대로 보낸다면 정작 하고자 하는 일이나 공부도 제대로 할 수 없게 될 것입니다.

휴식도 사람에 따라 그 주기, 시간, 쉬는 방법 등을 달리해야 하는데 그것은 당연합니다. 그렇다고 아무렇게나 쉬어도 좋다는 것이 아니라 휴식에 대하여 생각하고 계획을 수립하여 자기자신에게 가장 잘 맞는 휴식방법을 정하여 그대로 실천하는 것이 중요하다 하겠습니다. 저는 1주일 중 일요일을 완전히 쉬었는데, 주로 2시간 내지 3시간 정도씩 관악산을 등산한 다음 약간의 막걸리로 피로를 풀었으며, 그 중 한달에 한번은 고등학교 선후배들과 등산을 하는 방법으로 휴식을 취했습니다.

• 맺는 말

 이상 제가 사법시험 공부를 하기로 결정한 과정, 공부기간 중의 일정, 공부할 때의 주의사항을 사실대로 기술해 보았습니다만 애초 생각했던대로 독자들에게 도움이 될 수 있을지 판단이 서지 않습니다.
 사법시험 공부를 시작하려고 하는 독자들께서는 사법시험 공부기간(빠르면 2년에서 늦으면 5년)과 연수기간 2년이라는 기회비용을 충분히 검토하여 비교해 본 후 결정하시길 바랍니다. 저의 경우에도 "최악의 선택"이라는 명제를 붙여서 시험공부를 정당화했으나 5년의 기회비용은 결코 만만한 것은 아니었습니다. 중간에 포기하거나 예상 밖으로 준비기간이 늦어질 경우에 그 기회비용은 더욱 더 크게 부각될 것이므로 신중하게 결정하시기 바랍니다. 시험공부를 하고 계신 분들, 특히 오랫동안 공부해 온 노장들께서는 자신감을 회복한 다음 마무리에 신경을 쓰시기 바랍니다. 후배 영훈, 태형이의 합격을 기원하며, 독자 여러분께 합격의 영광 있으시길 바랍니다.
 제가 시험공부를 할 수 있도록 많은 도움을 주신 이상수, 이오영, 김진국, 이찬진, 이원제 변호사님, 모든 시험정보를 제공해 주는 등 도움을 준 태학관의 강선생님, 물심양면으로 도움을 준 친구들, 특히 북한산 등산시마다 저의 스트레스해소성 방담을 마다 하지 않고 들어주신 북한산산우회 동지들에게 지면을 통해서나마 감사드립니다. 끝으로 평생동안 저를 믿고 뒷바라지 해오신 부모님께 거듭 감사드리며, 온갖 궂은 일을 묵묵히 참아내며 자녀들과 저를 도와준 처 봉립이에게 합격의 영광을 돌립니다.

첩첩 밀림에서의 비상

— 법원서기보 1년만에 사무관공채시험에 합격
사시에 도전, 매년 거듭하던 연중행사에 종지부를 찍고 —

하 승 완

· 제30회 사법시험 합격
· 1951. 8. 25. 전남 보성군 출생
· 고입·대입 검정고시 합격
· 조선대학교 법학과·대학원 졸업
· 법원사무관 공채 합격
· 변호사를 거쳐 현재는 전남 보성군수(민선)

· 처음에

 나이 탓인가! 합격에 대한 기쁨도 이제까지 방황에 대한 안도감도 그다지 절실하게 느껴보지 못한 가운데 제30회 사법시험에 합격하여 연수를 시작한 지도 벌써 4개월이 되었습니다.
 예년 같으면 마(魔)의 1차시험 때문에 몸이 조여드는 것 같은 강박관념에 사로잡혀 있을 요즈음 이 글을 쓰게 되니 더욱 감회가 깊습니다.
 저는 원래 자칫하면 자기 변명이 되거나 객관성을 결여하기 쉬운 자신의 이야기를 스스로 하는 것을 삼가야 한다는 생각을 가지고 있습니다만 여기에 제 이야기를 스스로 하려고 함은 지나온 제 과거를 겸허하게 뒤돌아 보고, 어쩌면 있을지도 모르는 지난 날의 저와 같은 처지에 있는 사람들이 자기의 행동방향이나 목표를 설정하는데 있어 조금이나마 도움이 되었으면 하는 바램이 있기 때문입니다. 다만 파란곡절이 많았다고 할 수 있는 저의 지난 날을 이 글의 성격 때문에 소상하게 적을 수는 없고 간략하게 과거를 반추해 보고 아울러 시험공부 시절의 이야기를 중심으로 경험담이나 해볼까 합니다.

• 빵을 구하던 시절

(1) 꿈도 없던 어린시절

저는 원래 고시하고는 어울리지 않는 환경에서 살았습니다. 전쟁의 와중에서 태어난 가난한 농촌출신 세대가 거의 그러하였겠지만 까까머리에 무명바지 저고리를 입고 검정 고무신을 신은 채 무명 책보에 책을 싸서 허리춤에 매고 십여리나 되는 학교를 뛰어 다니다가 휴일이나 방학 때면 집에서 농사일을 거들거나, 나무를 하러 다니던가, 소를 먹이던 것이 저의 어린시절의 전부였습니다. 당시 시골 사람들은 농사짓는 사람은 국문이나 깨우치면 되고 공부 잘하는 것보다 일 잘하는 것을 더 대견스럽게 여기던 터였으며 저 또한 그것을 당연한 것으로 받아들였습니다.

국민학교 5학년 때 아버님이 돌아가시고 해를 달리하며 할머니, 할아버지가 돌아가신 후 집안의 기둥이던 큰 형님이 입대를 하게 되어 가세가 기울었기 때문에 중학교 진학 같은 것은 생각해 보지도 않았습니다. 그런데 불행(?)하게도 비록 시골 학교이기는 하나 6년 동안 줄곧 우등생이었던 덕분에 농촌생활도 도시생활도 적응하지 못하는 방랑자가 되고 말았습니다.

(2) 도시에의 꿈

국민학교를 졸업하고 집에서 서너마지기 되는 농사를 짓거나 남의 일을 하면서도 그것을 비관적으로 생각하지는 않았었는데 당시 고등학교를 졸업하고 집에 있던 청년들이 개설한 야학(중학교 과정)을 다니면서 우리와는 다른 삶이 있다는 사실을 깨달았습니다. 농사지을 땅도 없는 농촌을 벗어나 도시에 나가면 어떻게든 공부를 하여 성공할 수 있을 것이라는 막연한 기대를 가지고 16세 되던 해 봄에 무작정 가출하여 말로만 듣던 도시, 광주로 갔습니다.

며칠 동안 일자리도 잠자리도 없이 거리를 배회하다가 어느 중국 요리집에 들어가 짐바리 자전거를 타고 배달하는 일을 하게 되었습니다.

어느 휴일날 배달용 자전거를 타고 놀러 갔다가 이를 도난당하는 바람에 그 값으로 3개월 동안을 무료봉사(?)하고 나니 주인에 대한 야속한 생각에 그 집을 그만 두고, 그때 알게 된 P형의 도움으로 신문배달을 하면서 마침 여름이라 아이스케키 장사를 하다가 신고도 않고 장사를 한다는 이유로 실컷 두들겨 맞고 보니 더 이상 광주에서 버틸 힘이 없었습니다. 그렇다고 집으로 가기도 싫어서 장흥에 사시는 고모부 댁으로 가서 농사일을 거들다가 고모부의 친구가 경영하는 보성극장 영사실 조수로 들어갔습니다. 보수는 거의 없다시피 했고 영사실 옆의 골방에서 기거하게 되었으나 이렇게 편한 세상이 있구나 할 정도로 즐거운 나날을 보냈습니다.

(3) 꿈에 그리던 서울

그 다음 해 음력 설 무렵 같이 극장에 있다가 서울에 갔던 C형이 함께 서울에 가서 장사나 하자는 제안을 받았습니다. 그때 우리들에게 서울은 대단한 매력을 가지고 있었고 서울 이야기만 들어도 가슴이 부풀던 터여서 주저없이 C형을 따라 야간 완행열차를 타고 서울역에 내린 것은 정월 대보름날 새벽이었습니다.

날이 밝자 C형의 하숙집인 창신동 마루턱에 있는 판자집으로 갔었는데 그곳에서 아래를 내려다 본 저는 아연했습니다.

동대문 근처에서부터 산꼭대기까지 다닥다닥 붙은 판자집이 성냥갑을 총총히 늘어놓은 것만 같았기 때문입니다. 한 평도 못되는 작은 방에서 7~8명이 웅크리고 자고 있는데다가 물도 나오지 않아 동대문 근처의 공동 수도에서 물지게로 져 날라야 했습니다. 말로만 듣고 동경의 대상으로 여기던 서울이 바로 이런 곳이라니…!

(4) 지워버리고 싶은 세월

며칠 후부터 C형을 따라 시작한 것은 수도 호스 장사였습니다. 적당량의 호스를 말아서 어깨에 메고 전차나 버스를 타고 가다가 시내 아무 곳에나 내려 골목길을 돌아다니며 「호스 사려」를 외치고 다니는 일이었습니다.

옛날 어느 선비의 소금장사 이야기가 생각났습니다. 몇 달 동안 그렇게 장사를 해 보았으나 적성 탓인지 장사가 잘되지 아니하여 하숙집 주인아저씨와 고급 술집 실내장식 일을 하러 다니다가 그것마저도 일감이 없게 되어 그 하숙집을 나와 정처없는 신세가 되었습니다.

(5) 건설현장의 노동자가 되어

약 1년 여를 목적도 방향도 없이 떠돌다가 우연히 알게 된 L형의 도움으로 현대건설 서빙고 공장의 하청업자 밑에서 일을 하게 되었는데 그 곳에서 하는 일은 현대건설이 시행 중인 제3한강교 건설공사에 필요한 barge선을 제작하는 하청업자의 잔심부름이었습니다. 거기에서 이제까지의 무절제한 생활 관념에서 벗어나 새로운 시각에서 세상을 보게 하는데 영향을 미친 L형의 친구 K형을 만나게 되었습니다. K형이 저에게 심어준 하나의 관념은 「하면 된다」라는 것이었습니다. K형은 명문 고교를 나와 현대건설에 입사하였다가 친구인 하청업자의 부탁으로 그 일을 총괄하는 위치에 있었으므로 물심양면으로 많은 도움을 받았습니다.

 barge 제작이 끝나고 현장조립을 위하여 제3한강교 건설현장에 나갔다가 K형의 충고로 제3한강교 공사가 끝날 때까지 그곳에서 일을 하고 다시 서울대교 건설공사장에서 일을 하게 되었는데 그 곳에서 알게 된 P형의 권유로 그 공사장에 투입된 트럭 조수 일을 하게 되었습니다. 그러나 몇 달 후 운전사가 없는 틈을 타 운전을 하다가 사고를 내는 바람에 트럭 조수도 못하고 다시 실업자가 되고 말았습니다.

 (6) 믿을 수 없는 세상

 용산의 하숙집에서 무료한 나날을 보내다가 J형의 도움으로 현대양행 안양 공장에서 난방 라디에타 제작 도급을 맡게 되었습니다. 비록 규모는 작았지만 남의 밑에서만 일을 하다가 직접 하청을 맡고 보니 천하를 얻은 것 같았습니다. 그러나 얼마 안 되어 회사가 그 일을 직영하게 되자 기약없는 공사판 떠돌이 생활을 면해야 되겠다는 생각에서 그동안 모은 돈 전부를 털어 안양 시장에 조그만 가게를 하나 얻어 생선 장사를 시작했습니다. 그런 일에 전혀 경험이 없었으나 그런대로 재미를 붙여가던 중 가게가 딴 사람의 것이라는 사실이 밝혀져 보증금을 날리고 끝내는 자전거를 한 대 사서 생선 행상까지 해 보았는데 자취방 연탄 피우기도 힘들었습니다. 돌다리도 두드려 보고 건너야 한다는 옛 말을 되새길 때 저는 또 다시 실업자가 되어 있었습니다.

 (7) 노동자의 꿈

 지금도 마찬가지겠지만 그 때는 더욱 일을 하고 싶어도 일자리가 없어 일정한 직장이 없는 사람은 항상 생계에 위협을 받지 않을 수 없었습니다.

 얼마 후 인천 율도에 건설 중인 경인에너지 건설공사장에서 일을 하게 되었는데 그 시공자는 미국 회사여서 처음으로 유급의 공휴일을 가질 수 있었습니다. 그러나 공사는 언제나 한시적인 것, 일정한 소속이 없는 노동자는 철새나 다름 없었습니다. 경인에너지 1차 공사가 끝날 무렵 감원이 되어 영종도에 있는 조선소에 들어가 일을 하였으나 그것도 잠시, 같이 일하던 친구 두 명과 함께 이곳저곳 공사판을 떠돌아 다니면서 과연 이런 생활이 언제까지 계속될 것인지에 대한 불안과 회의가 떠나지 않았습니다.

이 때의 가장 큰 소망은 안정된 직장을 구하여 고정 월급을 받아보는 것이었습니다. 그러다가 국내 유수의 철교 시공회사로 알려진 홍화공업(전 홍화공작소) 포항 공장에 들어가 포항제철 건설현장을 드나들면서 일을 하게 되어 안정된 직장생활을 하면서 제 생활의 새로운 전환을 모색하게 되었습니다.

• 현장, 그것은 다만 사람의 생활

(1) 희망은 어디에

사람이란 자기가 속하거나 자주 접촉하는 사람 또는 집단 외에는 잘 알지 못하는 경향이 있듯이 저도 노동자 생활만 계속하다 보니 다른 직업에 대해서는 잘 알지도 못하면서 항상 다른 직업에의 동경은 가지고 있었습니다.

체질에 맞지 않는 장사만 아니라면 무언가 다른 일을 하며 작업복을 벗고 싶었지만 다른 방면에는 문외한이어서 무엇을 해야 좋을지 몰랐습니다. 그런데 저로 하여금 공무원에의 꿈을 심어준 사람이 있었으니 그는 홍화공업 포항공장의 기숙사에 같이 있던 H선생이었습니다. 당시까지 저는 공무원이란 근본부터가 달라서 저와 같은 사람은 할 수 없는 것으로만 알았었는데 H선생은 지금은 공무원이 되는데 학력도 필요없으니 공부를 하여 희망없는 노동자 생활을 벗어나라고 충고하였습니다. 비록 안정된 직장을 가졌다고는 하지만 그곳의 나이 드신 노동자들을 볼 때 H선생의 말은 피부에 와 닿는 것이었으나 무엇을 어디에서부터 시작해야 좋은지 알 수 없었습니다.

(2) 교도관이 되다

H선생이 어느날 서울신문을 가져와 저에게 내밀었습니다. 거기에는 5급 을류(지금의 9급) 교정직 시험공고가 나 있었는데 약 한달 후에 시험이 시행되는 것으로 되어 있었습니다. 저나 H선생도 교정직이 무엇을 하는 것인지 모르면서 다만 교도소에 근무한다는 것 정도만 알고 있었습니다. H선생은 우선 연습삼아 이 시험을 보고 나서 자신이 생기면 앞으로 무슨 시험이든 볼 수 있다고 하면서 함께 서점에 나가 책을 사자는 것이었습니다.

서점 직원에게 물어 그 시험에 관련된 책을 몇권 사다가 낮에는 공장에 나가서 일하고 밤에는 기숙사에서 약 한 달간 공부를 하여 그 시험에 응시 하였는데 의외에도 상당히 좋은 성적으로 합격을 하게 되었습니다. 그 때의 시험과목은 국어·국사·일반상식·법제대의·경제대의였던 것으로 기억하는데 H선생을 비롯한 직원들과 함께 밤새도록 축배를 들었습니다.

그 무렵 병역도 보충역 편입을 받아 그에 대한 걱정도 덜게 되어 수원에 있던 법무연수원에서 4주간의 군대식 교육을 받고 나서 대구교도소에 근무를 하면서 제29회 사법시험에 합격한 동생을 대구상고에 진학시켰습니다. 그런데 근무한지 6개월 여만엔가, 지금 생각하면 아무것도 아닌 일에 감정이 상하여 사표를 내버렸습니다. 동생의 뒷바라지도 하지 못한 채 다시 실업자가 되었다가 울산 현대조선소에 일자리를 구했습니다.

이 때에야 저는 노동자나 공무원이나 하등 다를 것이 없는「같은 인간」이라는 것과 다만 사람은 그 처한 환경에 따라 다른 모습으로 비쳐질 뿐이라는 사실을 깨달았습니다.

(3) 날개없는 철새

정부의 지원 아래 현대가 심혈을 기울여 허허벌판과 갯벌을 메워 조성한 웅대한 규모의 현대 조선소에서는 당시 국내에서는 처음으로 20만톤 짜리 유조선 두 척을 만들고 있었습니다. 배 밑으로 떨어져 죽을 고비를 넘기면서 그런대로 안정을 찾아갈 무렵 근로자들의 대규모 시위가 일어났습니다. 지금 생각해도 그 시위의 발단은 아주 사소한 것이었습니다. 도리로 따진다면 좀더 배운 자 또는 좀더 잘 사는 자가 자기보다 못 배운 자, 또는 못 사는 자를 이해하고 도와주며 그들로 하여금 삶에 대한 용기와 희망을 심어 주어야 할터인데 이런 사정을 이해하기는 커녕 여자 사무직원까지도 근로자들에게 사람 대접을 하지 않았던 것 같습니다. 저는 시위에 직접 가담하지는 않았지만 그러한 부당한 차별대우의 실상을 한국일보에 투고했던 것이 빌미가 되어 본의 아니게 그곳을 그만 두고 다시 서울로 올라왔으나 일자리를 구하지 못해 임시 방편으로 월부책 장사를 시작했습니다. 몇 개월 동안의 외판원 생활은 저의 화술을 늘리는 데는 약간 기여했지만 생활을 해결해 주지는 못하였습니다. 역시 송충이는 솔잎을 먹고 살 수밖에 없다는 것을 새삼 느끼지 않을 수 없었습니다.

(4) 빵문제의 해결

 지금은 부자 동네가 되어 버린 사당동의 판자집에서 하숙을 하면서 주택건축 공사장에 다니다가 종암동에서 피혁가공기계를 생산·수리하는 산곡공작소(뒤에는 원당으로 옮김)에 들어가 일하게 되었는데 이때는 참으로 즐거운 마음으로 일을 했습니다. 대우도 괜찮은 편인데다가 전국 각지의 피혁공장에 새 기계를 설치하러 다닐 때는 가는 곳마다 색다른 풍물과 구수한 막걸리 장단이 세월가는 줄 모르게 만들었습니다. 그러던 어느날 전에 같이 일하던 동료 한 사람이 철도청 인천 공작소에서 제천에 화차 공장을 세우면서 사람을 모집하니 같이 가자고 하여 간단한 시험을 보았는데 그 친구는 떨어지고 저만 들어가게 되어 제천에서의 생활이 시작되었습니다. 그곳에서는 비록 공원이라고는 하나 공무원에 준하는 대우를 해주는 데다 비교적 한가한 물품창고 관리를 맡게 되어 시간적으로나 정신적으로 여유가 생겼으며 그렇게도 줄기차게 저를 위협하던 빵 문제가 해결되고 제 삶의 새로운 장을 여는 계기를 마련하였습니다.

• 공무원, 그 신기루를 쫓아

(1) 뜻이 있는 곳에 길이

 사람에 따라 다르겠지만 「말타면 경마 잡히고 싶다」는 속담처럼 빵문제의 해결로 만족할 것이냐에 대한 회의는 여전하였습니다. 가난 때문에 수많은 고생을 하였으면서도 돈을 벌어 어떻게 해 보겠다는 생각은 없었으므로 그런대로 평범하게 살 수 있는 길은 말단이나마 공무원이 되는 길밖에 없다고 생각했습니다. 그렇다고 아무데나 들어갈 수도 없는 노릇이어서 우선 5급 을류 시험에 대한 자료를 모아 보니 영어와 수학을 하지 않으면 안되겠기에 한동안 영·수 공부를 하여 5급 을류 행정직 시험에 응시했으나 보기 좋게 낙방했습니다. 단기간내에 영·수를 시험 수준까지 올린다는 것은 무리라는 생각이 들어 영·수가 들어 있지 않은 법원서기보 시험을 보기로 하였습니다. 당시 법원서기보 시험과목은 국어·국사·헌법·행정법·민사법·형사법이 1차이고 2차는 민사법·형사법을 논문식으로 과하였는데 법에 대한 지식이라고는 옛날에 법제대의를 한 번 본 것 외에는 공부가 안된 상태라서 법률공부를 한다니까 같이 일하던 사람들조차 비웃었지만 아랑곳 하지 않고 공부를 계속했습니다.
  (2) 미련스런 서브노트
  지금은 호주에 태권도 사범으로 가 있는 옛날 K형의 「하면 된다」는 교훈을 하숙집 책상 머리에 써 붙여 놓고 우선 법학개론을 달달 외울 수 있도록 반복하여 읽었습니다. 수험용 교재로 공부를 하여 1976년도 법원서기보 시험에 응시했으나 2차에 낙방하고 논문시험의 어려움을 절감하고는 지금까지의 공부방법으로는 안되겠다 싶어 사법행정학회에서 펴낸 주관식 문제집(편저자는 사시 합격생들이었음)을 구입하여 서브노트를 시작했습니다. 지금 생각하면 그 방법은 원시적이고 미련스럽기 그지없는 것이었는데 16절 갱지를 4면으로 접어 자른 후 한 장에 주관식 한 문제의 소제목과 요점을 적어 넣는 것이었습니다. 약 6개월에 걸친 6법(헌법·행정법·민법·민소법·형법·형소법)의 서브노트를 완성하고 나니 법에 대한 체계가 잡히기 시작했습니다. 밤에는 교과서로, 낮에는 호주머니에서 서브노트 몇 장씩 넣고 다니면서 막힐 때마다 꺼내보고 한 덕분으로 1977년 말경 시행된 법원서기보 시험에 합격할 수 있었으며 이 때의 공부가 그 후의 다른 시험을 볼 때도 많은 기여를 한 것으로 생각되었습니다.
  (3) 법원서기보 시절
  사법연수원(당시는 법원 일반직 교육도 함께 관장)에서 교육을 받으면서 제가 그 전에 사귀던 사람들과는 전혀 딴 세상에서 살았을 친구들을 만나게 되었는데 그 중에서도 지금까지 항상 힘이 되어 준 친구 이재선(현 대법관실 비서관), 박연오(서울고법에 근무하다가 저와 함께 법원사무관 시험에 합격한 후 다시 사법시험에 합격하여 현재 서울에서 변호사 개업 중)를 만난 것은 커다란 행운이었습니다. 교육을 마치고 1978년 5월 광주고등법원장실에서 법원서기보 임용장을 받으면서 이제 고생은 끝났고 착실히 근무하면서 홀로 계신 어머님께 효도나 하리라 다짐했습니다. 그런데 공무원 사회에 들어와 보니 비교적 계급을 따지지 않는 법원도 역시 계급사회에서 벗어날 수 없었고 계급의 상승은 자기의 노력에 의해서만 가능하다는 것을 느끼게 되었습니다. 더욱이 법원 일반직은 5급 갑류(지금의 8급)에서 4급 을류(지금의 7급)가 되려면 승진시험을 거쳐야 하는데 여기에 합격을 못하여 5급 을류로 정년퇴직하는 분들이 있음을 알았을 때 공부를 계속하지 않으면 안되겠다는 생각이 들어 내친 김에 그 얼마 후에 시행된 제2회 법원사무관 공채(전에는 없었는데 1977년도에 처음 시행)에 준비도 없이 응시했다가 근소한 점수차로 2차에서 낙방하자 오기가 생겨 본격적으로 법원사무관 시험공부를 시작하였습니다. 전의 서브노트를 활용하면서 모든 교과서를 새로 구입하여 공부를 새롭게 시작했지만 여건상의 제약 때문에 제대로 공부가 되지 않은 데다가 1979년 초 의사의 오진으로 급성 간염이 악화되는 바람에 40여일 간 입원을 하게 되어 같은 병실에서 사망해 나가는 환자들을 보면서 건강의 소중함과 인생에 대한 허무감 등으로 많은 생각을 하게 되었습니다. 「천하를 다 준다 한들 건강이 없으면 무슨 소용이랴!」

(4) 법원서기보에서 사무관이

퇴원을 하고 얼마 되지 아니하여 6~7월 경에 사무관 공채가 있을 것이며 다음부터는 매년 실시되지도 않고(실제로 그 뒤로 2년에 한 번 꼴로 실시됨) 시험과목도 변경될 것이라는(시험과목은 4회 때부터 변경됨) 얘기가 나돌았습니다. 이대로 단념해서는 안되겠다는 생각이 들어 책을 보기 시작한지 얼마 안되어 제3회 법원사무관시험 공고가 나왔습니다. 완전히 건강이 회복되지 않았던 터여서 제대로 식사를 할 수가 없었기 때문에 아침식사 대용으로 토마토 몇 개를 먹고 동국대학교의 1차시험장에 들어갔습니다. 오전 시간의 반쯤 지났을 때 화장실에 가고 싶어 견딜 수 없어 그 다급함을 호소하였으나 감독관은 막무가내였습니다. 그 야속함과 토마토의 신속한 이뇨성을 원망하면서 하는 수없이 급한대로 답안지를 작성하고는 시험 종료를 한 시간이나 남겨 놓고 시험장을 나와야 했습니다. 오후 시간도 체력이 달려서 대충 답안을 작성하고 말았는데 기대도 하지 않았던 1차에 합격을 하게 되었으며 법원연수원에서 있었던 2차시험의 마지막 과목을 치르고 나니 「하늘이 노랗다」는 말이 실감날 정도로 지쳐 있었습니다. 술좌석에서 어느 선배의 비아냥처럼 「꿈에서 깨어나야지, 서기보 일년 만에 감히 사무관…」.

합격자 발표는 제가 모시던 계장님의 승진시험 합격자 발표와 거의 같은 시기에 있었습니다. 법원행정처에 근무하는 서기보 동기에게 먼저 계장님의 승진시험 합격 여부를 알아봐 달라고 하였더니, 그는 「왜 너의 합격 여부는 알아보려고 하지 않고 남의 합격 여부만을 알아보려고 하느냐」는 것이었습니다. 시골의 땔나무꾼, 건설현장의 노동자였던 제가 꿈이 아니라 현실로 서기보 일년 여만에 서기관이 된 것입니다.

(5) 사무관 시절

4주간의 교육을 받은 후 10. 26의 충격이 채 가시지 않은 1979년 11월 16일 대법원 회의실에서 대법원장님을 대리한 법원행정처장님(사무관 이상의 임용권자는 대법원장)으로부터 법원사무관시보의 임용장을 받을 때의 설레임은 지금도 잊을 수 없습니다. 어려서 맨주먹으로 고향을 떠나 온갖 풍상에 시달리다가 이제는 제가 바라던 직장에서 생활의 터전을 마련하게 되었으나 저 같은 사람에게 이런 기회를 준 사회에 감사하며 이제부터는 무언가 남에게 봉사할 수 있는 사람이 되어야겠다고 스스로를 격려하면서 광주 지방법원 민사과에서 사건담당관으로 근무를 하게 되었습니다. 법원의 일반직은 1977년부터 사무관·주사보의 공채(주사보는 약 2년 시행되다가 중단됨)가 있었을 뿐 그 전에는 서기보 공채밖에 없었기 때문에 법원서기나 주사로 계시는 분들 거의가 법대를 나와 고시에 몇번씩 도전하다가 서기보로 들어오신 분들이어서 여느 부처 직원들 보다는 수준이 높고, 저는 피상적으로만 본다면 같은 건물의 3층에서 1층으로 옮긴 것 뿐인데다가 어제의 서기보가 오늘의 사무관이 되었으니 처신하기가 무척 힘들었습니다. 그러나 여러 선배·동료들의 도움으로 업무에 익숙해 가던 중 5.18의 와중에서 갈등이 심화되어 가는 것을 직접 보면서 이제까지 제 자신만의 생활을 위하여 허둥대었던 지난날이 부끄럽게 여겨지기도 하였습니다.

· **사법시험에의 도전**

(1) 고시병의 시작

구례등기소장을 거쳐 순천지원에 재직하던 1981년 사법시험 선발인원이 300명으로 늘어났습니다. 예전 같으면 생각조차도 하지 못할 시험이었는데 이렇게 되자 같이 근무하는 법관들까지도 사시에의 응시를 권하였습니다. 응시하는 것은 문제가 아니나 당시 나이 30이 넘었는 데다가 한 번 시작하면 소위 고시병이라는 덫에서 쉽게 헤어날 수 없다는 것을 익히 알고 있던 저는 막연한 기대감 같은 것은 없지 않으면서도 쉽게 결심을 할 수가 없었습니다. 게다가 개인적으로 심적 고통에 시달리는 일이 생겨 방황을 하게 되었고 「과욕은 죽음을 부른다」는 격언을 음미해 보면서 대학에나 갈까 하고 검정고시 준비를 위해 영·수를 다시 시작하면서 연습삼아 그 해의 사시 1차시험을 보았습니다. 그 결과 외국어만 제대로 한다면 그렇게 어려울 것도 없겠다는 결론에 이르러 본격적으로 사시 준비를 시작하였습니다.

(2) 대학에도 떨어지고

1982년도에 중·고등학교 검정고시에는 합격하였으나 상당한 기대를 걸었던 사시에는 1차에서 낙방을 한 데다가 체력장도 보지 않은 학력고사를 거쳐 조선대학교에 원서를 냈으나 보기좋게 낙방을 하였습니다. 대학 입시에도 떨어지는 실력을 가지고 무엇하랴 싶었지만 시험 두어번 떨어졌다고 그만 둘 수는 없는 일이어서 비교적 점수가 잘 나오는 것으로 알려진 독어를 선택하여 틈틈이 공부를 한 후 1983년도(제25회) 사시에 응시하였으나 역시 1차에서 낙방을 하고 말았습니다. 사무관 동기들이 하나 둘씩 합격을 해 나가자(이 해에 친구 박연오도 합격) 과연 내가 가능한 일을 하려고 하는 것인지, 나에게 그만한 능력이 있는 것인지에 대한 회의와 고시 공부한다는 사람이 1차에도 번번히 낙방하는 것을 비웃는 것만 같은 따가운 눈총을 어찌할 수 없었습니다. 그러나 이제 공부를 그만두고 현실에 안주한다 한들 그러한 패배의식을 가지고서 무엇인들 할 수 있겠는가 생각하여 다시 한 번 마음을 가다듬었습니다.「그래, 가다가 못가면 처음부터 아니감만 못하니라, 사나이가 한 번 시작한 일 가는 데까지 가보자」

(3) 직장·학교·시험공부의 삼중주

1차시험에 연달아 3번을 떨어진 시름을 안고 1984학년도 학력고사를 거쳐 조선대학교 법학과에 입학을 하고 근무처도 광주 지방법원으로 옮기게 되었는데 일이 바빠 마음과는 달리 차분히 공부할 시간을 갖지 못하게 되어 사시와는 점점 멀어져 가는 느낌이 들었습니다. 낮에는 직장으로, 밤에는 학교로 뛰어다니다 보니 시험공부할 정신적 여유조차 생기지 않았는데 그러면서도 이미 물들어 버린 고시병은 준비도 없이 제26회 1차시험장에 가게 만들었고 또 1차에서 낙방을 하고 나니 그 뒤에 오는 것은 허탈과 굴욕감 뿐이었습니다. 만약에 점수 차이나 크게 나서 떨어진다면 깨끗이 포기라도 하겠는데 꼭 cut-line에서 서너 문제가 모자라니 사람의 피를 말리는 것 같았습니다. 밤이면 대학의 108계단(조선대 본관 강의실을 가자면 108개의 계단이 있음)을 오르내리면서 왜 불교에서는 인간의 번뇌를 백팔번뇌라 하였는가를 심각하게 생각해 보기도 하였습니다.

(4) 1차시험 불능범

실의의 나날을 보내던 중 근무처를 다시 광주 고등법원으로 옮기게 되었고 제27회 시험 공고가 나자 마음을 가다듬고 다시 책을 잡았습니다. 이번에도 1차에 떨어진다면 정말 사시는 포기해야 한다는 각오를 가지고 응시했지만 역시 3문제가 모자라 또 낙방을 하고 말았습니다. 게다가 같이 공부하던 공채사무관 출신 중 3명이 1차에 합격하고(그중 1명은 그 해 2차에 합격하여 현재 광주법원 판사, 다른 한 명은 28회에 합격하여 현재 제주지법 판사) 저만 떨어지고 보니 정말 능력의 한계를 느끼지 않을 수 없었습니다. 몇 년 동안 1차에도 합격을 못한 자가 공부한다고 앉아 있으니 제 자신이 생각해도 가소롭기까지 하였습니다. 이제는 정말 무엇인가 하나를 선택하지 않으면 안될 처지에 놓이게 되었습니다. 왜냐하면 그 해의 사무관 동기 네 명이 서기관으로 승진하는 일이 생겼고, 서기관 승진을 위해서는 근무 평점이 좋아야 하는데 사법시험 본다는 사람의 근무평점이 좋을리 없었으므로 이러다가는 이도 저도 안되겠다는 생각이 든 데다가 연례 행사와 같은 1차에의 낙방은 몸과 마음을 함께 병들게 하였기 때문입니다.「나는 정말 사시 1차시험의 불능범인가?」

(5) 기회는 찾는 자에게만…!

방황과 번민의 나날을 보내던 1985년 12월 외국어를 바꾸어 한 번만 더 응시를 해보기로 하였습니다. 외국어에 상당한 투자를 하였는데도 60점 이상이 나오지 않았기 때문에 낙방의 원인은 외국어라는 결론에 다다른 데다가 막상 포기하자니 이제까지 노력한 것이 아깝고 억울하기까지 하였습니다. 외국어를 무엇으로 바꾸느냐는 것이 문제였는데 늦게야 영남대를 나와 고시원에서 공부하던 동생이 영어를 하다가 안되니까 불어로 바꾼다기에 불어쪽을 생각해 보았으나 역시 무리다 싶어 중국어를 선택하기로 하였습니다. 저는 한문을 체계적으로 배우지는 아니하였으나 어려서 신문에 나오는 한자를 혼자서 옥편을 찾아가며 익히는 등 한문에는 그런대로 흥미가 있었으며 또 중국어 기출문제를 구해 보니 그렇게 낯선 것 같지 않다는 느낌이 들었고 제27회 때 합격한 동료 사무관도 중국어로 바꾼 후에야 1차에 합격을 하였기 때문입니다. 그래서 우선 고등학교 중국어 자습서로 대강을 익힌 후

1986년 1월 한달 동안 학원에 나가 강의를 들었습니다. 방송통신대학 교재와 테이프 및 시중에 나와 있는 대학교재 중 참고가 될만하다 싶은 책은 모두 사다가 보는 한편 학원 선생의 충고에 따라 삼백자고사(三百字故事), 칠백자고사(七百字故事)까지를 섭렵했습니다. 다른 외국어를 공부할 때의 딱딱함과는 달리 중국 고전을 접할 수도 있었고 위와 같은 글 들 중에는 윤리적·도덕적으로 교훈이 될만한 것들이 많아서 배움의 깊이가 부족했던 저에게는 인격수양에도 커다란 도움이 되었습니다.

(6) 頂好! (띵호아!)

시험을 몇 달 앞두고 외국어를 바꾼다는 것에 대한 불안은 있었으나 그럴수록 더욱 철저하게 하려는 마음은 있으면서도 직장과 학교를 오가다 보니 계획대로 진도가 나가지 아니하여 두려운 가운데 제28회 1차시험에 응시하였습니다. 시험을 치르고 나왔으나 독어보다도 더 점수가 나오지 않을 것 같은 불안감으로 꿈속에서까지 낙방하여 절망하는 제 모습을 볼 수 있었습니다. 게다가 1차시험 직후에 갑자기 전셋집을 비우게 되어 다른 셋집을 구하지 못한 채 임시로 옮긴 거처에 책들을 묶어 한방 가득히 쌓아 놓으니 책을 볼 때마다 이제까지 헛된 고생만 하였구나 하는 자괴지심이 생겨 생활의 의욕마저 잃게 만들었습니다. 때문에 합격자 발표날에도 관심을 갖지 못한 채 지내다가 어느날 퇴근하여 집에 돌아오니 동생과 가족들이 환호하고 있었습니다. 기대도 하지 아니하였는데 저도 동생도 1차에 합격을 한 것이었습니다. 부끄러운 이야기지만 이 때만큼 시험합격에 기쁨을 만끽한 적은 일찍이 없었습니다. 사시에 응시하기 시작한지 여섯 번 만에, 중국어를 시작한지 5개월여만에 중국어에서 77.5점을 얻은 덕분으로 만년 1차 낙방생, 1차시험 불능범의 불명예를 씻을 수 있었습니다. 頂好! (띵호아!)

• 끝없는 절망의 심연에서

(1) 중요한 것은 마음가짐

2차에 대한 준비가 전혀 안된 상태에서 1차발표 후 공부할 시간적 여유도 없었지만 나이답지 않게 1차에 대한 합격의 기분에 젖어 이 때의 2차시험에 적극적이지 못했던 것은 지금도 아쉽습니다. 느긋한 마음으로 쌓아 놓은 책 중에서 몇 권을 싸서 동생과 함께 대한여행사 황평기 선배의 주선으로 동국대학교 부근의 타워호텔에 방을 하나 빌려 내년을 위한 연습으로만 생각하고 아무 부담없이 2차시험을 치렀습니다. 결과는 과락도 없이 낙방이어서 좀 더 철저하게 대비하지 못한 것을 후회하였지만 그렇게 비관적이지는 않았고 역시 낙방한 동생도 크게 실망하지 않았습니다. 내년에는 틀림없이 합격할 수 있다는 확신을 가지고 위안을 삼았지만 역시 마음가짐이 중요하다는 것을 다시 한 번 느낄 수 있었습니다. 기회는 자주 오지 않는 것이므로 무슨 일이든 가능성이 있을 때 조금 더 노력하는 것이 목표를 달성하는데 중요한 요소가 되는 것 같았습니다. 「다음에는 철저해야지」하는 식의 해이한 마음가짐은 모처럼 다가온 기회를 놓치고 목표에서 멀어져 가는 가장 경계해야 할 자기 변명이었습니다.

(2) 섬진강변의 고투

저는 제29회 사시에 배수진을 쳤습니다. 나이도 나이려니와 이제 다시 1차를 본다 한들 자신이 없었고 사무관 후배들까지 승진을 하는 마당에 되지도 않는 시험에 마냥 매달릴 수 만은 없었기 때문입니다. 처음으로 광주에 있는 남룡고시원에 들어가 그곳에서 출퇴근을 하면서 지내 보았으나 고시원에서 공부를 해보지 않은 탓인지 제대로 공부가 되지 아니하였고 마침 새로 이사도 하게 되어 한달 만에 고시원을 나와 집과 직장을 오가던 중 1987년 3월 곡성등기소장으로 전보 발령을 받았습니다. 당시 등기소에서는 등기부의 카드화 작업을 하고 있어서 기본 업무 외에 하루에 약 300필의 등기를 이기해야 했습니다. 수기(手記)한 구 등기부의 기재사항을 카드에 타자해 놓으면 그 상위 여부를 살펴 해당란에 날인을 해야 하는데 1필당 최소한 6번의 날인을 해야 하므로 하루에 1,800번 이상의 도장을 찍어야 했습니다. 퇴근 무렵이면 몸도 마음도 피곤하기 그지없는 나날이었으나 직원들의 헌신적인 도움을 받아가며 마지막 정열을 공부에 쏟았습니다. 이따금 섬진강변에 나가 머리를 식히면서 저 강물이 흘러 흘러 바다에 모이듯이 저 또한 이제까지의 노력이 쌓이고 쌓여 이번에는 반드시 합격하리라 다짐하기를 3개월, 2차시험 열흘 전에 휴가를 얻어 동생이 공부하고 있는 신림동 유영고시원에서 마지막 정리를 한 후 제29회 사시의 2차시험에 응시했습니다.

(3) 절망의「위험책임주의」

그런데 이것이 무슨 낭패인가, 셋째날 민법 시간에 중대한 실수를 범하고 말았습니다. 약술문제 중의 하나가 「위험책임주의」였는데 예상문제의 하나로 꼽았던 「위험부담」을 신나게(?) 쓰고 말았습니다. 답안지를 제출하고 나서야 그것이 잘못되었다는 것을 알았을 때 허탈한 마음을 가눌길 없었으나 다른 과목은 실수를 한 것 같지 않아 '민법에서 과락만 면한다면' 하는 기대를 할 수밖에 없었습니다. 나중에 시험위원의 채점소감에서 응시자의 3분의 1 이상이 「위험부담」을 썼고 이를 모두 0점 처리하였다는 것을 알았을 때 일종의 분노같은 것을 느끼기도 하였습니다. 2차 합격자 발표일이 이틀인가 남았을 때 퇴근을 하여 현관에 들어서니 동생이 「형님, 반타작은 했소」하는 것이었습니다. 처음에는 무슨 말인가 했으나 이내 그것이 동생만 합격하였다는 취지임을 깨닫고 그 자리에 털썩 주저앉고 말았습니다. 동생에게는 축하의, 저에게는 위로의 전화가 올 때마다 정말 웃어야 할지 울어야 할지 착잡하기 그지 없었습니다. 「과욕이지, 촌놈이 사무관했으면 됐지, 무슨 욕심으로 고시를…!」

(4) 절망의 철학

면접시험을 보러 간 동생이 전화로 불러준 점수는 역시 민법이 과락이었습니다. 평균 점수가 합격선을 훨씬 상회하는 것이었기 때문에 아쉬운 마음은 더했으나 어쩔 수 없는 일, 능력의 한계를 느끼며 운명은 나의 편에 서 있지 않음을 한탄했습니다. 못난이의 변명처럼 「고시가 인생의 전부는 아니지 않느냐, 그리고 세상만사 새옹지마가 아니더냐」하면서 마음을 달래 보았으나 좀처럼 안정을 찾을 수 없었습니다.

이제는 무언가 결단을 내리지 않으면 안 되게 되었습니다. 몸도 마음도 지칠대로 지쳐서 더 이상 시험을 볼 수도 없다는 생각에 다시 시험을 본다 한들 그 어려운 1차시험에 합격할 자신이 없었고 주위에서도 몸과 마음을 함께 병들게 하는 시험은 그만 보라고 권하였습니다. 이제까지 공부한 것이 아깝고 억울하기는 하였으나 그것만을 생각하다가는 정말 구제불능의 인간으로 전락할 것 같았고, 갑자기 한 두개씩 나기 시작하는 흰머리카락이 또한 마음을 약하게 만들었습니다. 그래서 직장의 어른들을 찾아 뵙고 이제 시험은 포기하고 근무나 열심히 하겠노라고 말씀드리면서 동생이 합격한 것만으로 만족하겠다는 변명을 곁들였을 때 눈물이 핑 도는 것을 어찌할 수 없었습니다. 「애초부터 오르지 못할 나무는 쳐다보지 말았어야 하는 건데…」

• 태산이 높다 하되

(1) 신데렐라의 동기부여

 등기부의 이기 작업이 모두 끝나고 낙방에 대한 상심도 거의 아물어 제자리를 찾으려는 마음을 다지고 있던 그해 12월경 제 앞에 신데렐라가 나타났습니다. 틈만 나면 한가로이 소설이나 잡지를 뒤적거리고 있는 저에게 어느 날인가 왜 공부를 하지 않느냐고 물었지만 그 대답은 계면쩍은 웃음으로 대신할 수밖에 없었습니다. 사나이가 한 번 실패했다거나 미리부터 가망이 없다고 희망을 포기하는 것처럼 어리석은 일이 없다는 것을 잘 알고는 있었으나 저의 경우는 이미 제 나름대로 마음의 정리가 된 상태였기 때문에 그냥 지나치고 말았지만 그는 제가 다른 사람들의 귀감이 될 수 있는 능력을 상실하였다는 것을 믿으려 하지 않았습니다.

 계속되는 그의 힐난과 종용은 마음 한 구석에 잠재해 있던 사시에 대한 미련에 고개를 들게 만들어 수없는 망설임 끝에 한 번만 더 시험을 보기로 하였습니다. 「좋다, 이미 수없이 당한 수치인데 한 번 더 당한들 그것이 무슨 대수이겠느냐, 태산이 높다 하나 하늘 아래 뫼이며, 고시가 어렵다 한들 사람이 하는 일이 아니더냐」

(2) 엉터리 도사를 위한 기도

 1988년 2월 중순 경, 짐을 싸들고 곡성으로 들어가 그 두려운 1차공부를 다시 시작했습니다. 대학가의 시위 때문에 졸업식도 없는 졸업장을 받은 후에는 일정이 촉박하여 불안한 마음부터 앞섰으나 마지막 시험이라는 것을 수없이 되뇌이며 어떤 영화의 한 장면을 떠올리면서 권토중래를 다짐했습니다. 도사 행세를 하다가 파출소에 잡혀온 한 엉터리 도사가 벽에 걸린 시계바늘을 손대지 말고 거꾸로 돌리면 보내주겠다는 순경의 말에 그곳에 잡혀와 있던 한 청년의 순수한 마음에다가 자기의 미숙한 도술을 합하여 시계바늘을 거꾸로 돌리던 장면이었습니다.

 「그래 엉터리 고시생을 위하여 기도해다오. 그러면 나도 그 영화 속의 엉터리 도사는 될 수 있으리라」

(3) 다시 한 번 기회가

 광주 여자상업고등학교에서 1차시험을 보고 난 저는 다시 의기소침해지고 말았습니다. 제29회 때의 1차 cut-line이 84.06점이었으므로 금년에도 그 정도는 될 것이라는 얘기들이 나돌았기 때문에 도저히 그러한 살인적인 점수 하의 1차시험 합격은 불가능할 것 같은 생각이 들었기 때문입니다. 그러나 운명은 이미 정해진 것, 저로서는 최선을 다했다고 자위할 수밖에 없었습니다. 예년 같으면 합격 여부를 알 수 있는 날 연락을 해주기로 한 곳에서 연락이 없어 당연하다는 생각이 들면서도 한편으로는 서글픈 마음을 가눌 길이 없어서 곡성경찰서에 근무하는 친구와 술잔을 놓고 착잡한 마음을 달랬습니다. 그런데 뜻하지 않게 그 다음날 오후 합격하였다는 연락이 왔습니다.
「엉터리를 위한 기도가 헛되지 않았구나」

그로부터 2차시험은 약 열흘이 남았지만, 수없는 실패를 거듭해온 지금 그렇게 서두를 필요는 없었습니다. 어차피 준비는 못한 것, 한 번쯤 2차는 더 볼 수 있다는 생각에다 이제 시험에 합격된들 그것이 얼마나 큰 의미가 있을까 하는 생각을 하면서도 동생에게 방을 하나 빌려 놓도록하여 시험 전날 국민대학교 부근의 정릉고시원에 자리를 잡았습니다.

(4) 정릉 골짜기의 궂은 비는…

저는 비가 오는 날이면 몸의 컨디션이 좋지 않아서 일이든 공부든 능률이 오르지 않는데 시험 첫째날과 둘째날 내내 비가 내려서 하늘이 저를 돕지 않는구나 하는 생각이 들었습니다. 더욱이 시험 때마다 스트레스 때문인지 식사를 제대로 할 수 없어서 체력이 달리는 데다가 평소에는 자정이 넘어도 잠이 오지 않는데 이때는 4일 내내 초저녁부터 쏟아지는 졸음을 감당하기 어려웠습니다.

게다가 작년에는 예상문제를 아홉 개나 썼는데 이번에는 한 문제도 쓰지 못한 데다 국민윤리와 상법을 그려놓고 나왔으니 가망이 없다는 생각이 들었습니다. 그러나 답안지는 이미 내 손을 떠난 것, 더 잘 쓰지 못했다는 것에 대한 미련도 후회도 없었습니다. 다만 저의 합격을 기원하며 격려하고 도와준 사람들에 대한 미안스러움만 가득할 뿐!

(5)「그래도 아빠는 고시에 붙었노라」

7월의 2차시험이 그렇게 끝나고 8월에 나주 등기소장으로 전임되었는데 10월부터 등기이전서류에 매도증서 대신 관인계약서를 사용한다 하여 사건이 폭주하는 바람에 분주한 나날을 보내게 되었습니다. 2차시험 합격자 발표 이틀 전날 저녁 퇴근하여 집에 가 있으니 동생이 들뜬 목소리로 합격을 알려 왔습니다. 어쩐 일인지 별로 기쁘지도 않았고 그렇다고 슬프지도 않았습니다. 그저 덤덤할 뿐이었습니다. 다만 저의 합격을 위해 애써준 사람들에게 합격의 소식을 전할 수 있어서 다행이다 싶었는데 주위 사람들은 진정으로 기뻐해 주었습니다. 면접시험을 보러 갈 때까지 3차시험에 낙방하면 어쩌나 하는 불안이 있었으나 면접시험장에 가서야 낙방은 아니라는 확신을 얻고 마음이 놓였습니다. 사법시험을 보기 시작한지 8년만에 남들은 20대에 이룬 일을 이제 40대를 바라보면서 겨우 이룰 수 있었다니 이것을 어떻게 설명해야 좋을지 모르겠습니다. 구태여 의미를 부여하자면 자녀들에게「그래도 아빠는 고시에 합격했노라」라고 말할 수 있는 것 외에 더 이상 무슨 의미가 있으랴!

- **맺으면서**

(1) 고마우신 분들

 저의 시험기간이 길었던 만큼이나 제가 합격하기까지에는 많은 분들의 도움을 받았습니다. 저의 가족들은 물론이고 이번의 시험을 보도록 용기를 준 신데렐라, 광주법원의 많은 직원들, 특히 물심양면으로 저를 도와준 송관형, 곡성등기소에서 특근까지 해가며 도와 준 김순곤·이오배·최미정 씨, 항상 힘이 되어 준 친구 이재선·박연오·서충식·조영제, 대학 등록금까지 보태어 주며 격려해 주시던 김선봉 여주지원장님, 만날 시간까지 정해가며 시간을 할애해 주시던 한대현 서울고법부장 판사님, 수없는 낙방에도 아랑곳 없이 순천에서부터 줄곧 힘이 되어 주신 김상욱 광주지법 부장판사님, 이용희 장흥지원장님, 신정식·김관재 광주고법 판사님, 박도영·장광환 판사님, 그리고 조선대학교의 교수님들, 좋은 책들을 항상 염가로 공급해 주신 광주 세종서림의 병청수 사장님, 이루 헤아릴 수 없는 많은 분들의 도움을 받았습니다. 그 분들의 성원과 격려가 없었던들 저의 오늘은 없었을 것입니다. 이 기회를 빌어 감사의 말씀을 드리면서 이제까지는 도움만 받고 지내왔지만 앞으로는 남에게 도움을 주면서 살도록 노력하고자 합니다.

(2) 새로운 미지의 문턱에 서서

 처음부터 특별한 목표도 없이 암흑의 첩첩 산중에서 길을 잃고 헤매다가 한줄기 희미한 불빛에 희망을 걸고 밤새도록 달려 동튼 새벽을 만났으나 쉴 틈도 없이 또 다시 거치른 광야에 던져져 미지의 세계에 대한 기대와 불안이 교차하는 지금의 제 마음은 어려서 무작정 가출할 때 가졌던 설레임과 다를 바 없는 상황에 서 있다는 것을 느낍니다. 따라서 지금의 제가 누구에게 무슨 말씀을 드릴 수 있겠습니까마는 고시를 준비하고 계시거나 지난 날의 저와 같이 어려운 처지에 있는 분들께 외람되나마 한가지 말씀드리고 싶은 것은 우리 사회가 어두운 면이 없는 것은 아니나 누구에게든 공정하게 기회가 보장되어 있기도 하기 때문에 자기의 현실에서 희망을 갖고 성실히 노력한다면 자기의 능력이나 이상에 상응하는 목표를 달성할 수 있다는 것입니다.

또한 저는 누구보다도 국가시험제도의 덕을 많이 본 사람입니다. 누구에게나 공정한 국가시험제도가 없었다면 어찌 저와 같은 사람의 오늘이 있었겠는가를 생각할 때 똑같은 기회는 누구에게나 열려 있다고 하겠습니다.

현재 자기가 어떠한 처지에 놓여 있던 희망을 버리지 않고 정진한다면 영광은 반드시 노력하는 여러분과 함께 할 것입니다. 끝으로 고시준비기간 동안 저같은 처지에 있는 사람에게 등불을 밝혀주시고 이렇게 귀중한 지면까지 할애하여 주신 고시연구사에 깊은 감사를 드리며 무궁한 발전이 있기를 기원합니다. 감사합니다.

제6부

외도자의 변

- 결단, 그리고 도전
- 잃은 만큼 얻고 얻은 만큼 잃는다.
- 선생님에서 사무관으로
- 40대 직장인의 고시연대기
- 외도자의 또 다른 경험
- 길고도 지루한 여행
- 엔지니어의 외도

결단, 그리고 도전

— 경찰에 사표를 내던지고 막다른 골목에서 시작한 사법시험,
우선 정보에 둔하고 원서 마감일자도 몰라 헛탕을 쳐야 했다. —

조 권 탁

- 제34회 사법시험 합격
- 1962. 8. 18. 전남 승주군 출생
- 전남 순천고등학교 졸업
- 경찰대(제1기)·서울대 대학원 졸업
- 서울지방검찰청 검사
- 광주지검 순천지청 검사

• 들어가며

「高者 先勝而後求戰, 下者 先戰而後求勝」
-고수는 먼저 승리를 생각한 뒤 싸우고, 하수는 먼저 싸운 뒤 승리를 구한다.-

무릇 인생에게 가치를 부여하는 것은 종국적인 승리가 아니라 투쟁의 과정일 것이다. 하지만 고시의 세계에선 승리만이 모든 노력의 과정을 미화시키고 의미를 부여합니다.

결국 소수만이 합격의 영광에 도달하는 사법시험이라는 경쟁의 장에서 승리에 대한 확신은 나의 수험전략의 시작이자 끝이었고, 2년이란 길지 않은 기간에 나를 합격의 길로 안내한 근인(根因)이었다고 생각합니다.

불과 1년 전만 해도 2차를 한달 앞두고서 안개속을 헤매던 제가 이제 필자의 입장에서 독자 앞에 설 수 있는 자격이 있는지 걱정이 앞섭니다. 솔직히 합격 전만 해도 나름대로 파란만장한 세월을 살아왔다는 생각을 하기도 했는데 얼마되지 않아 저보다 훨씬 교훈적이고 치열한 과정을 걸어 온 많은 동료선배들이 있다는 사실을 깨닫고 이내 겸손하게 됐습니다.

무릇 합격수기라면 마땅히 갖추어야 할 체험의 진실성 및 교훈성, 목표와 방법론에 대한 시각의 건강성 및 객관성, 타인에게 자신을 고백할 수 있는 겸허함, 그것을 올바로 알릴 수 있는 표현능력 등이 있어야 하는데 어느 것 하나 제대로 갖추지 못한 저입니다. 다만, 오늘의 합격이 있기까지 모든 이에게 감사하는 마음에서 이 글을 쓰기로 했습니다. 이 글을 "이런 합격기도 있구나"하는 정도로 생각하시고 커피 한잔 마신다는 가벼운 마음으로 읽어주시길 바랍니다.

• 흙의 아들로 태어나

(1) 시골뜨기 10대

  1962년, 전남 승주군 주암이라는 산골마을에서 태어났다. 아버지는 산중 논 세 마지기에 남의 논 소작을 하시고, 국민학교 때부터 쇠꼴 베고 쇠죽 쑤는 등 소먹이는 것은 나의 몫이었다. 시험 때에나 호롱·남포불 대신 촛불 밑에서 공부할 수 있었고, 전기불은 고 2가 되어서야 구경했다. 가방 대신 책보, 운동화 대신 고무신 그런 촌놈이라고 이야기할 수 있는 마지막 세대가 아닌가 싶다. 비록 지금은 서울 한복판에 서 있지만 그러한 고향을 간직할 수 있는 텁텁한 시골놈이란 걸 다행으로 생각한다. 두 분의 누님은 국민학교를 마치고 돈 벌겠다며(?) 모두 서울로 향했지만 주말연속극 "아들과 딸"의 귀남 격으로 태어난 덕분에 행운으로 중학교에 진학하게 되었다. 그 당시 우리 시골 중학에서는 공부좀 한다치면 의심의 여지없이 예정되었던 곳이 금오공고였는데 시골개척교회 목사님의 도움으로 극적으로 방향이 바뀌었고 인근 순천고로 유학하게 되었다.

  순천 인제동 산꼭대기에서의 자취생활로 지금까지 계속되는 객지생활의 막이 올랐다. 주말에 담구어 온 김치는 1주일 반찬이 되었고, 계란후라이 하나를 소금에 절이면 한끼 반찬이 되었다. 조회시간마다 현기증으로 쓰러지던 내가 안스러웠던지 담임선생님이 데리고 나와 영양보충을 시켜주셨는데 지금 생각하니 그것은 삼겹살이었다. 중위권을 맴돌던 성적이 고 3이 되면서 상위권으로 올라갔으나 그 해 과외금지 조치가 전격 발표되면서 나의 선택의 입지는 좁아졌다. 아버님과의 약속으로 서울법대가 아니면 국비 특수대학을 택하기로 했기 때문이다. 마침 그해 생긴 경찰대학을 응시했는데 그 해의 경이적인 경쟁률, 순천고에서 지원한 40여명 중 "나" 하나라는 이유 등으로 주위의 성원을 받으며 자연스럽게 진학이 결정되었다. 그후 살아오면서 수없이 받았던 질문이 있다. "경찰대학을 진학한 동기가 무엇이냐…"고, 그러나 한 인간의 장래는 계획된 의지보다는 그때 상황과 환경에서의 선택일 뿐이라는 걸 지금도 느끼고 있다.

(2) 경찰에서 보낸 20대

1981. 2. 갓 20세를 넘은 나이에 시작한 경찰대학 생활은 그 선택이 자의였든 타의였든지 간에 젊은 날 내게 주어진 하나의 운명이었다. 제복을 입는 조직에서는 필수적으로 요구되는 엄격한 생활규범, 질서위주의 획일적 단체생활은 자유분방하던 내 성격으로 인해 많은 기간 나를 방황하게 했다. 수없이 재수를 생각했지만 자퇴결단은 결국 아버님에 의해 종국에서 꺾이고 학교생활은 자연히 비참여적이고 비판적으로 변해가면서 학교에서 무슨 문제가 발생하면 그 주인공이 되곤 했다.

시간이 지나면서 경찰에 대한 애증은 또 다른 깊은 사랑으로 변해가고, 4학년이 되어서는 본격적으로 법률과목을 공부하기 시작했다. 사법시험에 대한 막연한 동경만 가지고 2개월 여의 준비로 치러 본 1984년 사시 1차시험은 이내 고시를 단념시키기에 충분했다. 사법시험의 그 방대한 공부량은 내 능력이나 그 당시의 여건으로 보아 불가능하다고 생각했다. 마침 학교에서는 대학원 진학지원 계획을 세웠고, 나 자신의 일반대학에 대한 미련 등으로 서울법대 대학원시험을 준비했다. 결과는 내가 합격하면 장에다 손가락을 지진다는 모 동기생의 말과는 달리 운좋은 합격이었다.

1985년 초에는 24살의 젊은 나이에 경위로 임관되어 동기생들은 전경대 소대장으로 시국의 최일선에 배치되고 나는 홀로 떨어져 나와 치안연구소에 근무하면서 대학원 공부라는 다른 길을 걷게 되었다.

• **고시라는 결단을 내리기까지**

졸업 후 사표를 내기까지 5년의 세월을 되돌아 보면 대체로 터무니 없는 자만과 그 자만에 바탕을 둔 나태와 무분별한 생활로 이어졌다. 그 자만은 오직 나의 앞길은 어느 정도 정해지고 보장되었다는 근거없는 믿음에서 나왔고 주위의 과분한 촉망으로 나는 그 자만의 어리석음을 깨닫지 못했다. 자만에 빠진 사람이 나태에 빠지고 장래에 대한 막연한 낙관적인 생각을 갖는 것은 당연하다고 생각된다. 지금도 마당발로 통하는 수많은 사람과의 만남, 두주불사형의 체질로 인해 서울의 향락거리를 두루 섭렵했다. 대학원시절 당시 음대 4학년이었던 지금의 아내를 만났고, 3년 간의 연애 끝에 88년 결혼식을 올렸다. 대학원 졸업 후 병역문제 해결을 위해 부산에서 전경대 기동대 소대장으로 근무하게 되었다. 6. 10항쟁, 울산의 현대중공업, 거제의 대우조선, 마창노련 등의 노사분규, 데모진압은 내가 가진 유일한 사회적 경험이고 또한 국가에 대한 기여(?)였다.

1988년 초, 서울의 태능경찰서에 발령을 받고 조사·형사반장 등으로 근무하면서 각양각색의 수많은 사람과 사건을 대하면서 많은 것을 느끼고 배웠다. 그러나 사건처리 과정에서 나의 왜소함과 무능함을 구체적인 사건에서 실감할 때마다 젊은 간부로서 많은 자존심의 상처를 받았고, 또한 과거의 나태에 대한 회한으로 이어졌다. 범죄와의 전쟁을 벌이던 그 당시, 계속되는 비상근무 등으로 가정은 나의 무관심으로 흔들리고 있었고 자신을 돌아볼 겨를이 없는 생활이 계속되었다. 그러던 중 1990년 2월 말 부하직원의 사건처리 문제로 검찰청에서 동년배 정도의 검사에게 직무 외의 인간적인 질책을 받던 때 나는 갑자기 불에 데인 듯한 충격을 받고 그날 밤 혼자서 많은 술을 마시면서 지금까지 살아왔던 날들을 반추하기도 하고 앞으로 전개될 내 앞날에 대해서도 생각하게 되었다. 그것은 누구에 대한 원망이 아니고 나 자신에 대한 회한이었다.

"벌써 내 나이 29세, 하나밖에 없는 인생의 반환점에 서있는 20대의 마지막, 한번의 열정을 바친 도전도 없이 체념 속에서 3·40대를 맞이하기엔 너무 아쉽지 않는가! 법률을 공부한 사람으로서 과거의 기회를 허송한 대가는 내 자신이 반드시 치러야 한다."

그후 내 갈등은 오직 고시와 사표여부로 모아졌는데 결론은 사법시험에의 도전이었다. 아직 기회는 늦지 않았다고 생각했기 때문이었다. 하지만 결혼생활 3년째, 세살된 아들놈이 있는 한 집안의 가장으로서 내 인생 뿐만 아니라 세 사람의 인생에 직결된 문제였으므로 아내의 전폭적인 지지를 받고 싶었다. 며칠의 고민 끝에 아내에게 운을 떼어봤다. 극구 만류하리라고만 생각했던 아내는 오히려 적극 찬성하면서 자기도 그런 생각을 가져왔다는 것이다. 이미 아내는 직장, 술, 친구밖에 모르고, 1주일에 한 두번 집에 들어오는 남편에게 지쳐 있었던 것이다.

2남 3녀의 장남으로서, 큰 아들 잘되기를 바라며 시골에서 농사지으시는 부모님, 대학 3년, 재수하는 동생들이 마음에 걸렸지만 이미 결론이 난 이상 사표제출 후 말씀드리기로 했다. 상의없이 저지른 나의 행동은 아버님께 큰 실망을 드렸고 그것은 합격 때까지 계속 부담이 되었다. 휴직을 할까도 생각했지만 그동안의 모든 것을 철저히 버리고 새로이 출발한다는 마음에서 사직을 하기로 결심했다.

"아무런 미련도 갖지 말고 더이상 도망칠 수 없는 막다른 골목에서 시작하자"

• 열정과 시련 그리고 도전

(1) 열 정

1090. 3. 사표를 제출한 후 다음과 같이 목표를 정하고 준비에 들어갔다.
- 1991년 1차, 92년 최종합격 -

내 자신과 주위 분들께 약속한 공부기간이 2년이었다. 평생 여한없이 2년만 공부하고 안되면 깨끗이 포기하기로 마음먹었다. 어떤 수단 방법을 쓰더라도 넘어야 할 목표, 고시합격에 내 인생을 걸기로 했다. "만약 안되면 어떻게"라는 물음은 그 이후의 문제였다. 우선 시급하고 중요한 것은 그동안의 방만했던 생활을 단순화시키고 가족 이외에는 모든 관계를 단절시키는 것이었다. 앞으로 2년 만큼은 고향에서도, 사회에서도, 친구들 사이에서도 나는 이 세상에 존재하지 않는 사람이 되어야 하고 그 외로움은 책속에서 달래고 합격으로 그 보상을 받으리라.

사법시험의 실체에 대해 아는 바가 별로 없었고 갓 사표를 낸 직후여서 끓어오르는 열정만이 가득찬 시기였으므로 이런 만용에 가까운 자신감이 가능했다. 하지만 구체적인 준비에 들어가면서 현실적인 문제들이 한두 가지가 아니었다.

우선 그동안의 공백기가 너무 길어서 시험에 대한 정보가 겨우 시험과목이 무엇이라는 것 외에는 별로 없었다. 보다 더 큰 어려움은 그것에 관해 묻고 상의할 사람이 아무도 없었다는 점이었다. 정말 외로운 수험기간이 시작되었다. 교재를 사기 위해 교보문고에 갔다가 다양해진 책종류, 엄청나게 불어난 교과서의 부피에 너무 놀라서 허둥대다가 그냥 돌아오기도 했다. 그 해 5월에 있은 1차시험에 경험삼아 응시해 보기로 하고 옛날 생각만 가지고 중앙청에 원서를 내러갔다가 헛탕을 쳤다. 총무처에 문의해 보니 현재는 접수장소가 방송통신대로 바뀌었고 또한 원서접수는 지난주에 마감되었다는 것이 아닌가. 대학다니던 동생이 접수날짜를 잘못 가르쳐 준 것이다. 참으로 한심한 일이었다.

다음은 그동안 사회생활에 너무 깊이 젖어 매일 술·담배·잡기 등으로만 살아온 체질을 공부체질로 바꾸는게 여간 쉽지 않았다. 의욕만큼은 대단해서 수시간 동안 책상에 앉아 있을 수 있었으나 도대체 머리에는 들어오지 않고 생각은 다른 데에 가있는 것이다.

집 부근 사직공원에 있는 시립도서관에 나가 지난 2년 동안의 고시잡지 합격기를 읽으면서 시험에 관한 정보와 수긍이 가는 공부방법 등을 메모하고 정리했다.

(2) 시 련

겨우 권영성 헌법학개론 한권을 마쳤을 무렵, 나에게 시련은 너무 빨리 찾아왔다.

그때까지 건강하게 자라던 아들놈이 갑자기 몸에 이상이 생겨 진찰을 받아보니 심장병의 일종인 신증후군이라는 희귀한 병이었다. 수술로는 치료가 불가능하고 약물로만 치료가 가능한데 완치에 대한 확신이나 치료기간 조차도 불확실한 상태라는 것이고, 사직을 한 직후였으므로 의료보험도 안될 때였다. 8개월 동안 5번의 입원을 하면서 매일 병원과 도서관을 반복하여 오가는 형편이었다. 병실에 들어서면 링겔을 맞고 있는 병석의 아들녀석, 장기간의 병간호에 지쳐있는 아내의 얼굴, 나는 그 모자에게 아무말도 할 수 없었다. 가장으로서 아무런 책임도 질 수 없는 무능력함이 절실하게 느껴질 때, 나는 벌써 많은 실업자 중에서 하나일 뿐이라는 사실을 뼈져리게 확인했다.

목련이 만개한 저녁 세브란스병원 잔디에 누워 살아온 지난 날들을 생각하니 눈물이 나왔다. "이렇게 내 인생이 저물어 가는 건 아닌지" 이젠 누구에게도 의지할 수 없고 어렵다고 하여 누구 앞에도 나타날 수 없다. 고개를 들어 보니 하늘의 별들이 땅으로 떨어지는 것처럼 느껴졌다. 대수롭지 않게

만 여겨왔던 나의 과거 위치가 엄청나게 커보였다. 아이가 한달만 빨리 아팠어도 사표는 안냈을 텐데, 그리고 내가 목표하는 합격은 너무 멀리 느껴졌다. 경제력에서 구멍이 나기 시작했다. 얼마간의 퇴직금은 고스란히 입원비에 충당되고 전세금을 올려주고 나니 2년 계획으로 미리 마련해 둔 학자금이 7개월만에 바닥이 날 줄이야.

(3) 도전 I

가을이 되면서 아들녀석은 아버지를 도우려는지 건강을 되찾았고, 아내와 나는 이 시련을 겪으면서 그동안 7년간의 만남 속에서 느끼지 못한 또 다른 서로를 발견했고 정신적인 부부애는 더욱 성숙하게 되었다. 어려울 때 더욱 힘을 내주는 여자일 줄은 이전에는 느끼지 못한 바였다. 그녀가 스스로의 자존심을 버리고 피아노학원 강사로 취직을 하면서 당장의 궁핍은 면하게 되었다.

이제부터는 본격적인 공부를 할 수 있는 여건이 조성됐다. 공부장소로 시립 종로도서관을 택했다. 주변의 사직공원, 인왕산길을 산책하며 그때 그때 공부한 것을 연상하고 암기할 수 있어 더욱 좋았다. 매일 아침 7시에 제일 먼저 도서관 자리를 잡았고, 재수생들 틈 속에서 하루를 보내다가 맨 나중에 도서관문을 나섰다. 하루 종일 한 마디의 말도 하지 않고 오직 공부만을 생각하는 침묵의 시간을 보내고, 밤 늦게 집에 돌아와서는 그날 공부한 내용을 법에 관해 아무 것도 모르는 아내를 상대로 열심히 설명하곤 했다. 매일 12시간 이상 책을 보는 강행군을 계속했다. 각 과목마다 과거에는 없었던 이론들이 많이 들어있는 것을 보고 그동안 세월이 많이 흘렀음을 실감했고, 고시 공부량도 많이 늘었다는 느낌이 들었다. 특히 헌법의 동화적 통합이론, 형법의 결과·행위반가치론, 객관적 귀속이론, 행정법의 여러 신이론 등을 혼자서 이해하는 데는 많은 노력이 필요했다.

9월까지 2차과목의 1회독을 끝내고 10월부터는 본격적인 1차준비를 시작했다. 가장 문제가 되는 과목이 외국어와 경제학이었다. 외국어의 경우 처음에는 영어를 선택했다가 6년여의 공백으로 인한 높은 벽을 실감하고 독일어로 바꾸었다가 다시 동생의 조언으로 인해 중국어로 최종 결정하는 혼란을 겪었다. 10월에 서울역 앞에 있는 대일학원에서 단과초급강의를 수강했다. 문외한으로서 처음 공부해 보는 중국어는 시중에 마땅한 교재가 나와 있지

않고 기출문제 등 그에 관한 정보가 부족하여 매우 불안했다. 그러나 중국어
는 단어나 문법 등에서 암기사항이 적은 편이어서 좋았고 상형문자이므로
감으로 풀 수 있는 문제도 있었다. 사성(四聲) 등의 발음은 처음부터 포기했
으므로 책을 읽을 줄 모르기 때문에 어학을 눈으로만 공부한다는 것은 답답
하고 코메디같다는 생각도 들었다. 경제학은 10여년 전에 대학에서 교양과
목으로 수강한 적밖에 없었으므로 나에겐 공포의 과목이었고 또한 가장 많
은 시간을 투자했지만 마지막까지 자신감을 가질 수가 없었다.

  1991년 1월에 외무고시 1차를 경험삼아 응시해 보기로 했다. 객관식 시험
을 치러본 경험이 없었으므로 시험장 분위기와 1차 감각을 익히는 것이 시
급했기 때문이었다. 약 1개월동안 사법시험과 공통되는 세과목(헌법, 국사,
문화사)을 실제 시험을 치르는 기분으로 실전과 같이 철저히 준비했다. 시험
후에 점수를 확인해 보니 90점 이상의 고득점이어서 나에게 커다란 위안이
되었다.

  시험을 2개월 앞두고서 집중적인 정리를 위해 신림동 고시원으로 옮겼다.
말로만 듣던 신림동에 첫발을 내디딘 것이다. 시험직전이라 잡념을 가질 틈
이 없었으므로 하루에 15시간 이상의 충분한 시간이 확보될 수 있었다. 또한
가장 불안하게 생각하고 있던 중국어를 학원의 문제풀이반에 들어가 마지막
정리를 할 수 있었다.

  시험을 20여일 남겨놓고는 1차 경험이 없다는 단점을 보충하기 위해 태학
관 1차 모의시험을 보기로 했다. 나는 미리부터 이날을 실제 시험일이라고
가정하고 대비를 해왔으므로 실전과 똑같은 마음자세로 시험에 임했다. 당
시 나의 실력에 내심 상당한 기대를 걸었었는데, 시험 후 채점을 해보니 겨
우 73점이었다. 그토록 공부한게 이 정도라니 그 충격은 매우 컸고, 나는 시
험에 대한 자신을 잃고 책을 덮어버리고 며칠 동안을 술로 보냈다. 얼마 후
성적공고를 본 한 친구가 내가 150여명 중에 1등을 했더라고 알려주었다. 나
는 당연히 꼴찌 부근일 것이라고만 생각했는데 이 말을 듣고 실제로 1차시
험에 합격이나 한 것처럼 기뻤고 자신감이 용솟음쳤다. 이젠 어떤 문제가 나
와도 풀 수 있을 것 같았고, 1차시험에 설령 한명만 뽑는다 해도 나는 합격
할 것 같았다. 그때부터 고시원에 틀어박혀서 막바지 정리에 모든 힘을 발휘
할 수 있었다.

시험 전날 밤, 내일 맑은 정신을 유지하기 위해 일찌기 자리에 누웠다. 그런데 전날 잠을 자지 않고 오늘 숙면을 취하기 위해 대비했는데도 불구하고 신경이 곤두서고 잠을 잘 수가 없었다. 자정이 가까워 오는 것을 보고 벌떡 일어나 약국을 찾았고 영업시간이 끝나 문을 잠그는 주인에게 사정을 말하고 수면제를 샀다. 두알만 먹으라는 약사의 권유를 무시하고 네알을 모두 먹었는데 그래도 새벽녘이 되어서야 잠이 들었다. 이 때의 상황은 참으로 참담했다.

결전의 날이 왔다. 예상대로 취약과목인 경제학·문화사 등이 어려웠으나 그렇게도 걱정되던 중국어를 받아보고 합격의 빛줄기를 발견한 느낌이 들었다.

시험장소인 광희중학교 교문을 나서며 다음과 같은 기도를 했다.

"하나님, 최선을 다하고 여한없이 싸웠습니다. 설혹 실패한다 해도 내 능력의 부족을 인정하고 깨끗이 승복하겠습니다."

그리고 6. 20일 서울신문사에 찾아가서 합격을 확인했다. 커트라인(78.75)에 12문제 상회한 성적(82.5)이었다.

(4) 도　전

실력을 갖춘 사람이 때로 불합격하는 경우는 있다. 그러나 실력이 부족한 사람이 합격하는 경우는 없다고 한다. 이는 실력있는 자만이 시험운을 이야기할 자격이 있다는 뜻일 것이다. 내년의 승리를 위해서는 하늘이 나를 도울 수 있도록 내가 먼저 스스로 최선을 다해야 한다고 결의를 다졌다. 나는 1차 합격 후 며칠동안 남해안 여행을 하면서 첫 도전의 성공으로 인해 생긴 "행운아 신드롬"과 "자만심"을 털어버리고 쇄진해진 정신력을 재충전시키고자 했다.

그해 2차시험은 내가 시험을 친다는 목적보다는 시험장의 각 방을 돌아다니면서 여러 수험생들의 갖가지 다양한 막바지 정리방법을 곁눈질하며 내년을 대비하는 기회로 활용했다.

7월 중순에 서강대에서 있은 고시특강을 수강할 때에는 친구의 학생증을 빌려서 대학도서관을 이용할 수 있었다. 여름기간동안 2차합격의 관건이라고 생각한 상법과 민소법을 집중 공부하기로 계획을 세우고 8월까지 특강내용과 연결시켜 연속 2회독을 할 수 있었다. 그러나 혼자서 공부하는 것이 1차시험을 준비할 때에는 가능했었는데 주관식의 2차 시험공부는 훨씬 힘들었고 토론할 상대가 없어 외로웠다. 대학의 수많은 학생들 중에 아는 사람이라곤 아무도 없고 나 혼자서 식사하고, 커피마시고, 담배피우는 것만이 유일한 대화상대였다. 마음에 맞는 동반자를 만날 수 있어서 동행을 한다면 보다 효과적일 것이라는 생각이 들었다.

추석이 지난 뒤 나혼자 외롭게 공부해서는 남들에게 뒤질 수밖에 없고 이래서는 합격이 불가능하다는 생각이 들어 같이 공부할 수 있는 동료를 찾기 위해 신림동 고시원으로 장소를 옮겼다. 그러나 고시원 친구들과 어울리려고 마음을 먹은 것이 잘못이었다. 그동안 가두어 두었던 외로움이 풀리고 특유의 사교 장기가 발동되어 매일 낮에는 바둑과 당구, 밤에는 술로 세월을 보내고 있었다. 어느덧 나도 여느 신림동 고시생 중의 한명이 되어 있었던 것이다. 술 친구는 유복하나 공부친구는 박복해서인지 구하고자한 동행자는 만나지 못하고 겨우 행정법 1회독을 마친 채 11월이 되어 1차준비 때 공부했던 시립도서관의 재수생들 틈속으로 철수했다.

이제 나의 선택은 오직 하나, 철저히 고독해지자, 누구도 내 공부를 대신해 줄 수 없다고 생각했다. 그때부터 해가 바뀌고 구정이 되어도 나에겐 의미가 없었고 오직 공부에만 매달렸다. 합격 전에는 고향에 가지 않기로 결심했으므로 구정 때에는 아내만 시골에 보냈다.

혼자서 공부했으므로 모의고사나 답안작성훈련을 하지 못해 불안했지만 다른 방법이 없었다. 이것을 극복하기 위해 저녁 늦게 집에 돌아와서는 그날 공부한 내용을 아내 앞에서 시험을 쳤다. 아내는 내가 미리 만들어 놓은 문제은행식 예상문제들 중에서 내가 정해준 범위중 한 문제를 찍어서 출제를 하고 나는 시험을 보는 식이었다.

1992. 3. 시험을 4개월 남겨 놓고 신림동 한성고시원을 2차시험을 위한 마지막 정착지로 정하고 이 방에서 기필코 합격해서 나가리라 다짐을 하고 짐을 풀었다. 고시학원 모의고사반에 들어갈까 생각도 했지만 여기까지 혼자 왔는데 계속 내 방식대로 나가기로 했다. 5월이 되는 데도 아직까지 부족하다고 생각되는 민사소송법과 국민윤리는 학원강의를 통해 보충하였다. 매주 주말에는 밤늦게까지 공부하다가 마지막 버스를 타고 아내와 강훈이가 기다리는 집에 다니러 가고 일요일은 가족과 함께 보냈다. 매주 토요일 밤에는 5살된 아들놈이 아빠가 오는 날이라고 자정이 넘었는 데도 잠을 자지 않

고 나를 기다리고 있었다. 자라면서 공부하는 아빠 모습만을 보아서인지 처음 배우게 된 말이 "아빠 공부"였었다. 그가 느끼는 부모의 상은 아빠는 공부하는 사람이고 엄마는 돈 버는 사람이었다.

「1992. 6. 25, 이제 시험이 5일 남았다. 체력의 한계를 느끼면서 눈이 흐려지고 집중이 잘 안된다. 65kg이던 몸무게는 5kg이나 줄었다. 오늘도 알부민 영양주사를 맞았다」 (일기 중에서)

어김없이 시험날은 찾아왔다. 시험시작 직전 1분까지 아껴서 책장을 넘기고, 한 줄이라도 더 쓴다는 각오로 결전에 임했다. 전날 밤에는 고시원에서 오후과목을 공부한 뒤 이른 새벽에 택시로 시험장인 한양대로 가서 오전과목을 준비했다. 3일째까지는 2시간 정도만 잠을 자고 버티다가 마지막 4일째에는 지쳐 쓰러져 잠이들어 깨어보니 아침이었다. 참담한 심정이었으나 막상 문제를 받아본 결과 전화위복이 되었다. 고시답안을 120분 동안 작성해 보는 것이 시험장에서 처음일 정도로 답안작성 훈련이 부족했으므로 매시간마다 시간안배에 실패하여 마지막 적은 문제는 10분 정도에 작성해야 했다. 급기야 마지막 형소법 case에서 답안구상을 잘못하여 20여분이 지난 뒤에야 답안지를 교체하는 우를 범했다. 답안작성 훈련이 부족했다는 점에 대해 후회도 했지만 전과목 모두 답안지 10장을 채웠다는 사실과 자신있게 썼다고 생각하는 case과목에 기대를 걸었다.

시험 후 전세값이 싼 곳을 찾아 상계동으로 이사를 하고 그해 여름은 매일 수락산 계곡을 찾아 바둑과 독서 등으로 발표를 기다렸다.

남들은 5년, 10년씩 걸리는 고시를 한번에 욕심내는 것은 과욕은 아닌지? 불합격한다면 약속대로 여기에서 깨끗이 포기할 것인가?

낙방의 꿈을 꾸고 난 어느날 일면식도 없는 모재벌기업 인사담당 간부를 찾아가 취업의 가능성을 타진해 보기도 했다. 최선을 다했는데도 불구하고 불합격일 것이라는 불길한 생각만이 내마음을 괴롭힌 것이다.

1992. 9. 발표일이 마침 예비군 훈련날이어서 헌혈을 하고 훈련을 면제받아 그동안 공부했던 신림동 골목을 헤매고 있었는데 땅거미가 질무렵 언론사에 근무하는 친구가 합격을 알려왔다.

하나님! 감사합니다.

합격은 쟁취하는 것인 줄만 알고서 싸워왔는데, 이렇게 당신께서 베푸시는 것이었군요.

• **나의 방법론**

고시공부에서 절대적인 방법론상의 명제는 없다고 봅니다. 다만 고시에 도전하는 사람이라면 기본적인 성실성, 지능, 체력 등의 전제조건은 누구나 어느 정도 갖추었다고 볼 때 방법상의 효율성이 차지하는 비중이 크다고 보며, 1차시험의 경우, 200여명 정도는 위의 전제 3요소가 워낙 뛰어나기 때문에 방법이나 운의 영향을 받지 않고 합격을 하게 되지만 나머지 합격생은 2,000명 정도의 수험생 중에서 방법론+α(운)의 싸움이라고 생각합니다.

저의 경우 단기간내에 부족한 공부량으로 합격이 가능했던 것은 교만일지는 몰라도 시간상의 집중성과 방법상의 효율성을 최대화하는 방향으로 공부했고 이것이 그 해의 시험경향에 주효했다고 보고 싶습니다.

여기에서는 객관적 공부방법을 논하는 것보다는 제가 공부하면서 중점을 두었던 점들을 그대로 소개해 보기로 하겠습니다.

1. 2차 시험

(1) 교재선택

어떤 책을 선택하느냐에 따라 공부방향·공부량 등이 결정되는 경우가 많습니다. 저의 경우 절대적인 공부량을 줄이기 위해 최소한으로 교과서의 수와 양을 줄였습니다. 교재선택의 기준은 정평있는 책보다는 자기의 기호에 맞는 것이 중요하다고 보아 저는 기술적인 목차가 잘 정리된 책보다는 설명이 풍부하고 문장이 수려한 교과서를 택했습니다. 또한 일괄구입은 삼가하고 필요할 때마다 1권씩만 구입해서 구입한 날부터 시작하여 바로 독파를 했습니다. 이를테면 민법의 경우 곽윤직 시리즈로는 단기승부가 불가능하다고 보아 사두면 부담만을 느낄 것 같아 구입하지도 않았고, 그대신 김준호 교과서에 문제집과 약간의 자료로 보충했고 헌법은 허영 교과서는 필수적이라고 보아서 거기에 양이 많은 권영성 원론보다는 개론을 택하여 보충하였습니다.

(2) 독서방법

기본적으로 정리되지 않은 지식은 실력이 될 수 없고 시험에서는 무력하다고 생각합니다. 이 점을 의식해서 나는 목표량(페이지수)을 정해 교과서 순서대로 읽어 나가기보다는 매일 그날 정리해야 할 테마를 논점별로 정해서 계획을 세우고(예를 들면 오늘은 민법상 대리, 다음날은 등기제도 등) 해당분야를 정독으로 1회독 하고서 다시 중요분야를 속독으로(전자의 5분의 1정도의 시간이면 충분) 한번 더 보아 연속 2회독을 한 다음 밤시간에는 교과서를 보지 않고 노트 위에 내방식대로 개괄적인 point만 정리하는 식으로 했습니다. 어느 한 분야를 이런 식으로 마치게 되면 기억은 훨씬 오래 가게 되고 항상 "나의 언어"로 표현이 가능했습니다. 서브노트 대신 방대한 교과서의 양을 압축해서 줄여 나갔습니다. 밑줄 등의 표시는 최대한으로 자제하고(page당 3군데 이하) 나머지 핵심어(key-word)에 동그라미 등으로 표시해서 전체가 핵심어를 연결고리로 하여 스크린 되도록 했고, 복잡한 학설·판례 등은 갱지에 요점을 정리하여 끼워 넣었습니다. 시험장에서 답안작성시에 필요없는 부분이나 연혁·입법예 등 몇 마디만 필요한 분야는 목차 옆에 시험장에서 적을 한 두마디만 적어 놓고 과감히 ×표 등으로 삭제했습니다. 저는 이런 방식을 통해 시험이 가까워 질수록 속독이 가능해져 2차시험 1개월 전에는 하루에 300~400page의 속독이 가능했으며, 시험전날에 전범위를 일별할 수 있었습니다.

또한 교과서를 읽어 나갈 때에는 항상 시험장에서의 답안작성을 염두에 두면서 다음과 같은 점에 중점을 두었습니다.

◎ 서론~답안작성시 어떻게 실마리를 찾아 전개할 것인가는 평상시의 구상과 준비가 없으면 매끄러운 답안작성이 어렵기 때문에 교과서의 중요문제마다 간략히 서론을 구상해서 메모를 해두었습니다. 시험은 당해 과목의 기본이념과 연결시키는 거시적 안목이 필요하고 유사한 내용을 가진 문제는 모아서 합동으로 서론부분을 준비할 필요가 있습니다.

◎ 개념·법적 성격·요건·효과~시험 문제에서 그 문제의 개념과 법적 성격은 가장 핵심이 됩니다. 일반적으로 개념은 법률요건과 연결되고 법적 성격은 법적 효과와 연결되므로 각자 따로 떼어서 공부하는 것보다 상호 연계시켜 하나로 정리해 놓으면 논리적인 답안을 작성할 수 있고 핵심논점을 빠뜨릴 위험이 없습니다. 또 시험장에서 법전에 의지해서 위 사항들의 추출이 가능한 문제와 따로 정리해서 암기할 필요가 있는 문제를 구별해서 대비했습니다.

◎ 학설·판례~학설을 공부할 때에는 수개의 학설들이 어느 점에서 구별되고 상호 어떤 기본적인 차이가 생기게 되는지 명확히 파악하는 것이 중요합니다. 또한 시험장에서 내가 지지할 학설을 미리 정해 놓을 필요가 있고, 그 취하는 학설의 근거(1~2개 정도)와 다른 학설에 대한 비판(한 가지 정도면 됨)은 미리 교과서에 수개의 사항 중에서 선택을 해두고 그것만 반복해서 공부했습니다. 또 답안작성시에 횡으로 나열식으로 설명하면 충분한 학설인지 종으로 의의·근거 및 비판까지 필요한 학설인지를 그 비중을 고려하여 생각해 둘 필요가 있습니다.

판례는 그 득점에 있어 현찰과 마찬가지라는 말이 있듯이 답안에서 판례를 소개하지 않고는 좋은 점수를 기대할 수 없다고 봅니다. 저의 경우 교과서에 나오는 각 판례를 답안에 구체적인 판례의 내용까지 반드시 들어가야 할 필수판례, 판례의 방향은 이렇다는 정도로 내용만 이해하면 되는 것, 답안작성시에 무시해도 되는 것으로 3분류하여 색깔로 구분하여 표시해 두었습니다. 그리고 중요 예상문제의 경우 미리 적어 줄 판례를 최소한 1개씩은 준비했습니다. 또 최근에는 헌법 이외의 과목에서도 헌법재판소 결정예를 응용할 수 있어야 된다고 봅니다.

(3) 답안작성

저의 경우 Group-Study나 모의고사 등의 답안작성연습을 해보지 못하고 시험을 치르게 되었는데 이 점은 시간부족에 변명을 두기에는 너무나 큰 실수였고, 시험이 끝난 후 가장 후회를 한 부분입니다. 그로 인해 초안작성 미숙으로 논점을 빠뜨리게 되고 시간안배가 전혀 안되어 매시간 애를 먹었습니다. 다만 채점교수에게 나는 이 문제를 확실히 이해하고 있다는 점을 보여주기 위해 기초적인 것부터 논리적으로 설명하는 방법으로 서술했습니다. 앞으로의 시험경향이 큰 문제는 전형적인 문제보다는 전분야에 걸친 종합적인 문제 혹은 case문제로 바뀌고 있으므로 준비된 모범답안식 공부로는 한계가 있다고 보며, 시험장에서 어떤 문제가 출제되더라도 간결하고 매끄러운 답안을 작성할 수 있는 실전적인 훈련이 필요하다고 생각합니다.

(4) 2차준비 1년의 과정

1차시험 합격 후 다음 해 2차까지 1년을 크게 다음 3기로 구분하여 계획을 세웠습니다. 제1기(7~12월)는 이해위주의 공부를 했으며 교과서를 내 스타일에 맞게 꾸미는 "기본서 내 책 만들기" 작업과 참고서를 한권씩 선택하여 공부폭을 넓혀 나갔습니다. 제2기(1~4월)는 정리위주의 공부를 하면서 점차 범위를 압축하면서 시험직전에 집중할 수 있도록 준비를 했습니다. 특히 이 기간에 불안함을 느낀다고 하여 논문·모범답안 등으로 공부범위를 넓히는 것은 종국에 소화불량증세로 자신감을 잃게 되고 시험을 포기하게 되는 원인이 된다고 봅니다. 제3기(5~6월)는 암기위주의 공부기간으로 그동안 정리된 교과서를 마음 속의 필름에 색인하는 스크린 작업과 외우지 않으면 안되는 기술적 문제의 암기, 소송법·상법 등의 법전의 조문정리, 필수판례의 점검, 그리고 각 문제별로 개념 및 요건 등을 일별해 보는 기간으로 하였습니다. 실제로 시험장에서 답안작성시 쓰는 내용의 대부분은 마지막 두달(제3기)에 공부한 내용이라는 사실은 1년계획을 세울 때 많은 것을 시사한다고 봅니다.

서브노트나 단권화 등은 비효율적이라고 생각하여 기본서 여백에 적어 넣어 보충하는 것 이외에는 하지 않았습니다. 다만 노트에 각 과목마다 그 과목에 있어 전체를 통할하는 이념, 원리 등 어떤 문제가 출제되어도 써먹을 수 있는 사항을 추출하여 멋진 문장으로 작성하여 암기를 했습니다. 저의 경우 이상의 방법으로 공부한 결과 case문제의 답안작성에 강점을 발휘하여 민법(62.0), 형소법(63.33), 민소법(66.66) 등의 케이스 과목의 성적이 좋아서 전형적인 문제가 출제된 과목의 좋지 않은 성적에도 불구하고 합격이 가능했습니다.

2. 1차시험

1차시험은 공부할 양이 방대하고 또한 기술적인 문제 등이 많이 출제되기 때문에 완벽한 준비는 불가능합니다. 저의 경우 기본서 통독, 기출문제 분석, 문제집 풀이, 시험직전의 암기사항의 암기 등 4단계로 준비했는데 공부에 정도는 없다고 봅니다. 과목별로 그 특징을 파악하여 그 특징에 맞게 공부방법을 택하였습니다. 저의 경우 역사과목은 기본서에 치중했고, 여타 과목은 문제집에 의존을 많이 했습니다.

8개과목 모두 같은 비중이지만 투입된 노력만큼 결과가 보장되는 과목에 더 많은 투자를 했습니다. 이런 과목이 외국어 외의 시험과목이라고 생각했는데 저의 경우 이 점이 주효해서 법률과목 평균이 90점을 상회한 것이 합격의 원인이었다고 생각합니다.

(1) 교재 및 독서방법

교재는 가장 정평있는 것으로 기본서와 문제집 1권씩을 택했습니다. 문제집은 4회독했는데 마지막 네번째는 하루면 1회독이 가능했습니다. 매회독마다 연필, 볼펜, 싸인펜 등으로 범위를 축소시켜 시험직전에는 싸인펜 부분만 반복해서 보았습니다. 초기에는 기본서를 읽은 다음 문제집을 보았지만 그 후에는 문제집을 먼저 본 연후에 기본서의 해당분야를 읽으면서 보충하는 방식을 택했습니다.

과목별로 노트를 준비하여 항시 틀리는 문제, 자칫 혼동되기 쉬운 문제, 지엽적인 암기문제 등을 적어 넣어서 시험 1주일 전에 막바지 정리로 이용했습니다.

(2) 외국어

중국어를 택했는데 그 이유는 문외한이 시작하여 가장 적은 노력으로 70점대의 득점이 가능한 과목이라고 보았기 때문입니다. 또한 단어나 문법 등의 암기사항이 상대적으로 적기 때문에 노장들에게는 유리하다고 생각됩니다. 다만 단점이라고 생각하는 것은 교재 및 기출문제 등 정보가 부족하고, 웬만한 공부로는 90점 이상의 득점이 상대적으로 어렵고, 소수만이 선택하므로 변수가 작용할 우려가 많다는 점이라고 봅니다. 저의 경우 방통대 교재, 부민출판사 문제집, 고등학교 자습서 등으로 6개월 정도 공부하여 기대 이상의 성과를 거두었습니다(점수 75.5).

(3) 1차시험 전 40일

1차 320문항 중에는 미리 자기가 공부했던 문제보다 이것을 응용해서 문제당 40초 정도의 짧은 시간의 분석으로 답을 골라야 하는 경우가 더욱 많다고 봅니다. 이런 문제에 대비하기 위해서는 시험직전에 8개과목 모두 최상의 감각을 유지할 수 있도록 준비를 해야 된다고 생각합니다. 이런 이유로 1차시험을 "40일 전쟁"이라고 부를 만큼 이 기간의 활용은 그 성패를 좌우합니다.

저의 경우 이 기간 만큼은 잠자는 시간 이외에는 오직 시험만을 생각하는 집중적인 공부를 했습니다. 그리고 이 기간에는 그 이전부터 자기가 익히 알고 있는 사항에 대한 비능률적 반복학습으로 시간허비가 없도록 주의를 기울였습니다. 매일 조금씩 공부하지 아니하면 감각이 무디어지는 중국어와 경제학은 식사 후의 시간과 잠들기 전에 매일 조금씩 보았으며 나머지 6개 과목만을 반복해서 회독수를 최대한으로 늘렸습니다.

• 글을 마치며

 합격 후에 부산에 여행을 갔었는데 그곳에 근무하는 어느 친구가 아직 합격소식을 모른 채 묻기를 "너 입산했다는 소문이던데 언제 하산했느냐?"며 나의 사회복귀를 놀라워 했습니다. 부산에서는 내가 불교에 귀의한 걸로 알려져 있었던 것입니다. 그렇습니다. 지난 2년은 입산수도(入山修道)하는 마음으로 지내온 세월이었습니다.

 오늘의 영광 뒤에는 많은 분들이 계신다는 사실을 잘 알고 있습니다. 시골의 부모님, 장모님, 어려울 때 일수록 더욱 굳센 동지가 되어 준 아내와 아들 강훈이에게 이 영광을 바칩니다. 오늘도 국민의 안녕을 지키기 위해 영일(寧日)이 없는 동기·후배 그리고 친구들에게 감사드립니다.

 전국의 각처에서 내일을 꿈꾸고 오늘을 준비하고 계신 수험생 여러분, 젊을 때 몇년의 고생은 당신의 인생을 바꿀 수 있습니다. 자신감을 가지십시오. 합격을 확신하십시오.

잃은 만큼 얻고 얻은 만큼 잃는다.

― 시험준비 중에 동생에게 간의 일부를 떼어주는 일을 겪고도
끝내 합격의 영광을 차지한 주인공 ―

이 정 국
· 제48회 행시(검찰사무직) 합격
· 1975. 2. 28.
· 동국대 경찰행정학과 졸업

· **시작하면서…**

저는 전라북도 진안 산골짜기의 가난한 농가에서 7남매 중 여섯째로 태어났고, 그곳에 몇 년 전 댐이 건설되는 바람에 현재는 대전에 이주하여 살고 있습니다.

먼저 단지 운이 좋아서 먼저 합격한 것뿐이란 점에서, 이번 시험에서 실패하신 분들께 죄송한 마음이 앞섭니다. 저도 여러 번의 실패경험이 있기에, 그 마음을 다는 아니지만 어느 정도는 이해할 수 있기 때문입니다. 다들 아시다시피 합격을 위해서는 어느 정도의 실력에 도달해야 하지만, 실력이 갖추어 졌다 해도 반드시 합격하는 것은 아닙니다. 따라서 일정한 수준에 도달하기까지는 진지한 노력이 필요하고, 그 단계 이후 합격까지는 진지한 기다림과 인내가 필요하다고 봅니다. 인생이라는 긴 여행에서 지금은 단지 짧은 오르막길에 불과합니다. 피할 수 없다면 즐기라는 말을 해주고 싶습니다.

저도 빨리 합격한 편은 아니며, 혹 실력으로 붙었다면 긴 수험기간 덕분에 내공이 쌓인 것뿐일테고, 혹 운으로 붙었다면 여러 번의 응시 덕분에 운이 닿은 것일 뿐입니다. 따라서 부족한 저의 공부방법론은 간략하게만 소개할 것이고, 오히려 수험생이 범할 수 있는 오류나 수험생활 중 힘든 과정을 극복하는 방법을 중심으로 소개할까 합니다. 수험생에게 공부방법론만큼, 아니 그 이상으로 슬럼프 극복방법도 중요하기 때문입니다.

• 1·2차 공부방법론

　1999년도에 과 친구 혜현이가 전체수석을 했다는 소식을 접하고 기쁨과 함께 위기의식을 느끼기까지 했습니다. 그래서 그해 12월 무작정 신림동에 들어가 3개월을 죽은 듯 공부했고 이 짧은 기간은 그전의 1년보다도 훨씬 중요했습니다. 학교 도서관에서 3~4년 전의 기본서로 공부하던 저에게 신림동은 충격이었습니다. 자료의 풍부함과 더불어 12월에 느끼는 긴장감이 저를 자극하기에는 충분했습니다. 자료의 풍부함이 오히려 독이 될 수 있고, 긴장감도 사실은 거품이었다는 것을 나중에는 깨달았지만, 그 당시에는 저에게 큰 도움이었고, 우물 안 개구리였던 저에게 자격지심을 느끼게 하기에 충분했습니다. 1차 시험은 양을 줄이는 것이 핵심이므로, 지명도 있는 기본서와 문제집을 택하여, 계속 반복하여 자기 것으로 만들되, 한번 맞힌 문제는 제거하여(처음 맞힌 문제는 다시 풀어도 맞히므로 다시 볼 필요가 없음) 시험 직전에 가까울수록 양을 점차 최소화 시켜야 합니다. 영어의 경우 하루에 2~3시간 꾸준히 반복하여 감을 잃지 않는 것이 중요합니다. 한국사의 경우 정통기본서를 택하여 반복하여 읽어 뼈대를 완성한 후, 다른 자료로 살을 붙여야 합니다. 헌법의 경우 양이 적지 않으므로 외우기보다는 자주 보아 익숙해지는 것이 필요합니다.

　객관식의 장점이자 핵심은, 만약 1번이 정답이라면, 1번만이 옳기 때문에 정답인 것이 아니라 다른 것이 덜 옳기 때문에 정답이란 점을 활용해 공부를 해야 합니다. 따라서 정확한 암기보다는 자주 반복하여 옳을 것 같다는 느낌을 유지·암기하는 것이 더 중요합니다.

　1차 시험에서는 금전관계로 학원 강의는 전혀 듣지 않고 테입만 활용했습니다. 테입의 경우 집중력은 실강보다 떨어지지만 반복청취가 가능하며 저렴하다는 장점이 있습니다.

　그 다음해 바로 1차를 붙고 2차를 보았는데, 동차여서 완전히 망쳤을 거라 생각했던 시험에서 형법(63점) 형사소송법(66점)에서 고득점을 받고 단지 행정법만 과락이라는 결과에 저 자신도 놀랐으며 자신감을 가지게 되었습니다. 그러나 이러한 자신감은 자만심으로 변질되어 저의 수험생활이 길어지는 요인이 되었습니다. 당부 드리고 싶은 말은 2차 점수는 반드시 참고해야 하지만 절대로 얽매어서는 안 된다는 것입니다. 채점위원은 매년 바뀔 뿐만 아니라 교수님은 자신이 보는 교재나 저술하신 책 이외에는 거의 비중을 두지 않는다는 점을 기억해야 합니다. 단지 우연히 채점교수님의 성향과 일치하여 고득점을 받았다 하더라도 다음해에는 바뀔 수밖에 없기 때문입니다. 다만 객관적으로 우수한 답안은 항상 존재하게 되므로 수험생은 여러 가지 교재나 합격기를 참조하여 실력을 객관화하는 것이 필요합니다.

그 뒤에 2번 1차를 붙고 4번의 2차를 보게 되었는데, 시험을 보면서 느끼는 것은 1차는 한번 붙으면 계속 붙는다는 사실과 2차는 도대체 어떤 기준으로 채점이 되느냐 하는 의구심이었습니다. 아마 2차에서 자신의 기대와 다르게 점수가 나오는 이유는 채점위원이 다르다는 점과 신림동이나 교재의 획일화로 자신이 쉽다고 생각하는 문제는 다른 사람도 그만큼 쉽게 접근하는 문제이므로 차별화에 실패하기 때문입니다. 여기서 제가 감히 권하고 싶은 것은 2차는 '모'아니면 '도'라는 생각으로 접근해야 한다는 것입니다. 남들과 같은 어중간하고 평준화된 공부는 불쌍한 낙방(1~3점 차이로 떨어짐)을 낳을 뿐입니다.

고시는 잔인하게도 합격자와 불합격자라는 두 가지 평가만을 합니다. 즉 불합격자 중에도 실력이 상당하거나, 아깝게 떨어지거나, 평균은 높은데도 과락으로 떨어지거나 하는 등 운 좋게 합격한 보통사람보다도 더 뛰어난 사람들을 단지 불합격자로만 분류합니다. 따라서 떨어지면 모든 것이 아무런 의미가 없어집니다. 따라서 내공(실력)을 쌓는 것과 더불어 과감한 차별적 투자전략도 필요합니다. 너무 내공 쌓기에만 집착하여 모든 부분에 다 욕심을 내면 오히려 합격과 더 멀어집니다. 한 과목 정도의 전략과목이 필요하고, 과감한 차별화와 객관화전략이 병행·조화되어야 합니다.

형법·형사소송법은 사법고시를 그대로 따라가면 됩니다. 특히 아무리 고수라도 모의고사는 반드시 보기 바랍니다. 2차는 실력이상으로 시간안배스킬도 중요하기 때문입니다.

교정학은 법학과 사회과학의 중간영역으로서 어느 쪽에도 치우쳐서는 안 됩니다. 아직 양자의 입장이 명확히 정리된 통합서는 없으므로 스스로 잘 정리해야 합니다. 그리고 배점기준표는 제가 알기로 '논문'이라고 들었으므로 논문을 많이 참고하시길 바랍니다. 교정이나 교정연구에 논문이 많이 실려 있으므로 이를 참고하시기 바랍니다. 저도 수험시절 교정학이 점수가 잘 나오지 않아서 불합격의 주범이 교정학이라고 해도 과언이 아니었습니다. 근데 이번에는 교정학 점수도 잘나왔습니다(제가 법학적 서술은 자신이 있는데 이번엔 숭실 대 법대 정모 교수님이 채점하여 후하게 점수를 준 것 같습니다). 통계치를 암기하여 답안지에 쓰는 것도 고득점요소라고 들었습니다. 올해의 채점 평을 보니 체계적인 사고도 중요 하지만 모든 내용을 빠짐없이 열거(심하게 말하자면 논리에는 다소 어긋나더라도 모든 아는 내용을 모두 열거)하는 것이 더 중요한 듯 합니다. 다만 채점자에 따라 다르므로, 얇고 넓은 서술보다 굵고 깊은 서술이 더 고득점 전략일수는 있습니다.

  행정법은 2권 이상의 기본서를 독파했습니다. 행정법이 과락의 주범으로 자리잡아 가는 만큼 암기보다는 이해위주, 특히 케이스나 단문의 경우 기존의 요약집을 외우기보다는 정통기본서(교수님이 저술한 교재)를 이해위주로 읽어나가며 스스로 목차를 만들어 가는 것이 중요합니다.

  선택과목의 경우 저는 처음에는 노동법을 선택했는데, 당락은 선택과목에 좌우된다고 믿어 엄청난 시간과 노력을 투자했으나 점수는 그 반대였습니다. 그래서 법의학으로 바꾸었습니다.

  우리 검찰사무직 2차에서 범할 수 있는 오류중 하나는 첫째, 선택과목이 당락을 좌우한다는 믿음입니다. 그러나 제가 알아본 바로는 기존의 여러 합격자의 경우 형법, 형소법, 행정법의 고득점이 합격의 중요요인이었습니다. 둘째, 투자한 시간과 비례하여 고득점을 얻는다는 믿음입니다. 물론 어느 정도의 상관관계는 있지만 과도한 욕심은 금물이며 특히 선택과목에 대한 과도한 투자는 자제하시길 바랍니다. 셋째, 오직 한우물만 파는 것입니다. 한우물만 고집하여 운 좋게 일찍 붙는다면 모르지만 대부분은 2순환 정도를 돌게 되는데 이 정도의 노력이라면 차라리 사시를 하는 게 나을 거라는 생각이 들 것입니다. 이런 딜레마가 검찰직에 있어서는 가장 의욕을 상실케 하는 요인입니다. 제가 권하고 싶은 것은 검찰직에만 집착하지 말고 사시나 다른 시험을 병행하는 것이 현명하다고 봅니다. 특히 기득권 2차 시험을 마치고 발표를 기다릴 때까지는 다른 시험을 준비해야 합니다.

· **힘들었던 시간들**

　아마 수험기간동안 어느 한 순간만 꼬집어 힘들었다고 말하기 어려울 정도로 고통의 연속이었을 것입니다. 특히 예감이 좋았던 때에 떨어지면 그 좌절감은 말로 다 표현할 수 없으며, 저의 경우 '신은 없다. 혹 있다면 직무유기를 하고 있다 그렇지 않다면 이렇게 불공평 할 수는 없다'라고 하며 울분을 토했습니다. 노력과 당락이 비례관계만은 아니라는 것을 아마 주위에서 많이 경험했을 것입니다. 그러나 인생은 길며 빠른 합격만이 신이 주는 축복의 전부라거나 참모습은 아니라는 점에서, 좀더 인내를 갖고 기다리기를 바랍니다(예를 들어 합격을 늦춤으로써 더 큰 불행을 막아준 것일 수도 있습니다. 그렇게 기뻤던 제 동생의 의대 합격이 결국 동생의 생명까지 위험하게 만든 상황과 연결되는 것과 같은 이치입니다. '새옹지마'라고나 할까요).

　고시생에게 경제적인 문제가 발목을 잡게 되는데 배수진을 치는 것도 의미 있다고 봅니다. 일단 죽도록 열심히 노력하여 1차를 합격한 후 이 합격을 담보로 친한 친구에게 1년 치 비용을 무이자로 빌리십시오. 떨어지면 모든 것을 잃는다는 각오로 노력하십시오. 하늘을 우러러 최선을 다했다면 누구도 잃지 않을 것입니다. 또한 일상을 단순화하여 수험생이 쉽게 빠지기 쉬운 소비성 습관을 최대한 차단하십시오. 음주 등 파괴적인 스트레스 해소법보다는 운동과 같은 건설적인 스트레스 해소법을 이용·개발하십시오. 어느 합격기에서 슬럼프 극복의 가장 좋은 방법은 그냥 앉아서 공부하는 방법이라고 했습니다. 스트레스란 놈은 욕심쟁이라서 한번 풀어주면 다음엔 더 큰 모습으로 나타나 더 큰 해소법을 요구합니다. 따라서 첨부터 건설적인 해소법을 개발하거나 아예 그냥 참는 것이 그놈의 버릇을 고치는 것입니다. 저는 초등학교 운동장을 뛰거나 점심을 먹고 관악산을 산책하여 운동을 꾸준히 해 주었습니다.

　저에게는 특별한 위기가 있었는데 이미 언론에서 접하셨듯이 작년 11월에 2차를 네 번째 실패하고 동생마저도 병원인턴생활의 과로와 주사기에 의한 감염으로 간염에 걸려 발병, 인지 후 48시간 안에 간을 이식받지 않으면 생명이 위태로운 상황이 되었습니다. 누구나 자기의 동생은 소중하겠지만 제 동생은 제가 대학 다닐 때부터 아르바이트한 돈을 저에게 용돈으로 붙여주고 수험기간에도 자신의 돈을 아껴가며 보내준, 저에게 너무도 소중한 존재였기에 저는 망설임 없이 고시를 포기하고 수술을 결심했습니다. 특히 동생이 보낸 준 돈은 힘든 인턴생활의 대가이고, 이 때문에 간염이 악화된 것이라는 생각은 저를 더욱 부끄럽게 했습니다. 기독교 신자인 영혼이(저는 종교가 없습니다만)를 불러 같이 기도하면서 제 모든 것을 포기 할테니 제발 동생만을 살려달라고 애원했습니다. 저나 동생이나 뭔가 의미 있고 소중한 삶을 살고자 하는 이유는, 어쩌면 잃을 수 있었던 삶을 다시 찾은 까닭일 것입니다. 11시간에 걸친 수술은 성공적이었고, 저나 동생이 다시 세상을 보게 되었다는 것이 그 이후의 육체적 고통을 감소시켜주는 진통제이었습니다. 저에게 무료할 정도로 아무 일 없는 오늘 하루가 이리도 다행으로 느껴지는 이유도 아마 이것 때문일 것입니다.

수술실에 들어가기 직전이나 합격소식을 들은 직후 정말 많은 것이 머릿속을 지나갔습니다. 제가 인생에서 저의 부모님의 눈물을 본 것이 딱 두 번뿐인데, 그것이 작년 수술 때와 올해 합격했을 때입니다. 둘 다 기쁨의 눈물이었고, 자식으로서 이러한 크나큰 효도의 기회는 자주 주어지는 것이 아니라는 점에서 저는 참 복이 많은 놈입니다. 동생이 혼수상태에서 2~3분 간격으로 발작을 할 때 너무 크게 소리를 지르고 심하게 움직여, 움직이지 못하도록 묶어 놓고 눌러주어야 하는데, 제가 이틀 밤을 새고 계속 간호를 하다보니 너무 피곤하고 힘이 없어서 서 있지도 못할 정도였습니다. 저는 그 상태에서 간이식수술에 들어갔는데, 이제는 잠을 잘 수가 있다는 생각에 오히려 나았습니다. 아들 두 명을 수술실에 보내는 부모님이나 가족의 무너지는 심정은 아마 경험하지 못하고서는 상상도 못할 겁니다. 그냥 초상집 분위기 그 자체였으며, 그런 동생의 상태를 보고 어머니가 실신을 할까봐, 엉엉 울기만 하시는 어머니에게 동생의 얼굴도 보여주지 못했습니다. 다만 동생이 지르는 소리가 너무 커서 병동전체를 울리는 바람에 어머니도 그 소리를 듣고 동생의 상태를 직감하고는, 어린아이처럼 그냥 엉엉 울기만 했습니다. 저는 수술 후 이틀 만에 깨어났는데 배가 너무 당기고 답답한 병원환경에 적응할 수가 없어 잠을 잘 수가 없었고, 동생의 상태를 물으면 아직은 기다려볼 수밖에 없다고만 하여 마음은 더욱 답답했습니다. 단지 1년이 지난 지금, 건강한 동생과 저 그리고 부모님을 보면 그저 신기하기만 합니다.

병원에서 퇴원 후 2개월 정도 집에서 쉬다가 올해 1월 중순 이후부터 1차를 준비했는데, 저도 시험을 치르는 것에만 의의를 두자는 심정으로 응시했는데, 영어가 저를 구해주었습니다. 뜻이 있는 곳에 길이 있다는 말은 맞나봅니다. 1차 시험 후 며칠 쉬다가 바로 2차를 준비했는데 쉽게 피곤함을 느껴 아침에 독서실을 나가 오후에는 집에서 누워서 지내고 저녁에 다시 독서실을 나가는 식으로 공부했고, 점심 후에는 관악산으로 산책을 했습니다. 술을 마실 수 없는데 늘어나는 스트레스를 감당할 수 없어 담배는 피웠습니다. 2차 시험 치르는 기간동안은 걱정에 잠도 제대로 잘 수가 없었고, 피로는 쌓여 시험을 보고 나면 눈이 뻘겋게 충혈 되었고, 시험이 끝나면 '잘 본 것인가'라는 걱정보다 무사히 치른 것이 다행이라는 생각만 가득했습니다. 육체적으로는 무척 힘들었지만, 그 무엇과 비교할 수 없고 그 누구도 쉽게 할 수 없는 큰일(동생을 살리는 장한 일)을 했다는 자긍심에 정신적으로는 오히려 편안했고, 이것이 저를 지탱시켜준 버팀목이었습니다. 고통과 시련은 상대적인 것입니다. 따라서 이것을 도약의 계기로 삼느냐, 나태·안주의 정당화수단으로 삼느냐는 여러분의 몫입니다.

다만 작년 11월에 수술을 하고서 올해 1월말까지 쉬다가 2월에 1차 준비를 했는데 처음에는 수술을 공부회피의 합리화로 이용했습니다. 즉 조금이라도 피곤하면 건강상 이유로 집에 가서 쉬어버렸습니다. 그래도 집에 누워서 테입을 듣거나 책을 보기는 했습니다.

• **마치면서**

저의 합격은 단지 제 노력의 결과만이 아닌 주위사람의 도움이 합작되어 이루어진 모자이크입니다. 시골에서 농사만 지으시며 여섯째아들 녀석 고시공부 뒷바라지만 하시다가 효도받기에는 이미 너무도 늙어버리신 듯한 우리 부모님, 물가에 내 놓은 듯 항시 걱정이 앞서고 간을 절반만 떼어주는 것이 오히려 부끄러울 정도로 나에게 정신적·물질적 지원을 아끼지 않았던 사랑스러운 동생 정길이, 아들만 위하는 가정에서 태어나 평생 고생만하는 우리 경숙, 안숙, 민숙이 누나 그리고 물심양면으로 도와준 정석 형, 정민형 등 가족의 사랑은 아마 평생 갚아도 갚지 못할 것입니다. 병원에서 힘들어 할 때 가장먼저 찾아와 힘이 되어준 영훈이, 광윤이와 혜현이, 찬수, 유민, 연구, 태우 형 등 동국대 경찰행정학과 동기 및 후배들, 대전고 동기인 상길이, 우택이, 자강이 및 대전고 선배·후배와 동기들, 친구 은희 그리고 여기에 일일이 열거하지 않았지만 내가 알고 나를 알고 있는 모두, 내가 사랑하고 나를 사랑하는 모두에게 감사드리고 싶습니다. 또한 아직도 수험생활에 여념이 없는 민철이와 홍두, 판기형, 재선이 및 지인들의 합격을 기원합니다.

공부하면서 내가 합격해서 합격기를 쓴다면 이런 내용을 쓰겠다고 생각했었는데 막상 펜을 드니 쓸 말이 없고 두서가 없습니다. 이 몇 자의 글로써 저의 고시생활을 표현하기는 역부족일 것이지만, 덜 쓴 부분은 있을지 몰라도 더 쓴 부분은 없는 진실임을 말하고 싶습니다.

삶은 공평해서 잃은 만큼 얻고, 얻은 만큼 잃습니다. 얻기 위해서는 그만큼 잃을 각오부터 해야 하며 잃을 것을 아까워하지 말아야 합니다. 얻는다는 기쁨을 기대하며 잃는 것에 아쉬워하지 말아야 하는 것처럼, 잃었거나 잃을지 모른다는 두려움에 얻는 것에도 자만하지 말아야 합니다. 제가 합격의 기쁨 앞에서도 어느 정도 겸손해지는 이유는, 얻은 만큼 잃었거나 앞으로 잃을지 모른다는 조심스러움 때문이며 더 잃지 않기 위해 노력해야 함을 알기 때문입니다.

선생님에서 사무관으로

— 잘못 끼운 첫단추 탓에 11년의 긴 어두운 터널을 빠져나와
합격의 영광을 쟁취한 주인공의 이야기 —

이 주 현

· 제48회 행시(일반행정) 합격
· 1969년 10월 28일 출생
· 서울시립대학교 건축공학과 졸업

· 들어가며; 행정고시를 시작하기까지

1. 프롤로그

대부분의 고시생들이 수험생활 동안 수 많은 합격수기를 읽으면서 "나도 합격하면 수기를 써야지"라는 생각을 할 터이고 저 또한 똑같은 생각을 했었습니다.

우선, 성적이 뛰어나지도 못하고 나이가 어리지도 않은 제가, '현직공무원 합격자'라는 프리미엄으로 인해 과분한 주목을 받게 되었다고 생각하며, 저에게 합격수기를 쓸 수 있는 행운이 주어짐을 저를 아시는 모든 분들께 감사드립니다.

그리고 지금 이 시간에도 학교·독서실·고시원에서 원대한 목표를 향해 정진하고 계시는 여러 학우들께서, 어줍잖은 제 글을 읽으시고 작으나마 힘과 자극을 얻으셨으면 하는 것이 저의 작은 소망입니다.

다만, 수험교재라든지 공부방법론 등은 다른 훌륭한 합격생들의 몫으로 남겨두고, 여기서는 행정고시를 합격하기까지 제가 살아 온 어리석고 부끄러운 사생활을 공개함으로써 저와 비슷한 상황에서 공부하시는 분들에게 타산지석을 제공하고자 합니다.

2. 잘못 끼운 첫 단추

전 그야말로 평범한 가정(아버님은 공무원이셨고, 어머님은 전업주부)에서 3남매중 장남으로 태어나 초·중·고등학교를 대오 없이 마치고 1987년 서울시립대학교 건축공학과에 진학하게 되었습니다.

그러나 제인생의 패착은 여기서부터 시작되었고 그것이 잘못 끼운 첫 번째 단추였습니다. 학력고사 성적이 기대에 많이 못 미치게 나와서 당시 담임선생님과 부모님은 재수할 것을 권유하셨지만, 전 그저 지겨운 고3생활을 다시 하기 싫다는 일념(?) 하에 학과에 대한 충분한 정보와 고민 없이 잘못된 선택을 하게 되었습니다.

거기다가 대부분의 사람들은 전공이 적성에 썩 맞지 않더라도 대체로 적응하여 그 방면의 직업에 종사하는 것이 보통이지만, 건축공학의 특성상 그리고 저의 소극적인 성격으로 인하여 적응하기 힘들었고 이때부터 저의 기나 긴 방황이 시작되었습니다.

3. 군생활의 기회를 놓친 아쉬움

저의 대학생활은 이렇게 방황으로 시작되었고, 학교생활에 적응해 보려고 ROTC에 지원하여 최종 합격했으나, 그마저 학교 다니기가 싫어서 마지막 순간에 포기서를 냈고 결국 2학년을 마치고 휴학을 하게 되었습니다. 그리고 찾은 것이 KATUSA였으며 약 2주간 준비해서 시험을 쳤고 다행히 합격하여 용산 41st 통신대대에 배치 받게 되었습니다.

지금 와서 돌이켜 보면, 소위 말하는 인생에 있어서 3번의 기회 중 하나가 그때였나 봅니다. 당시 KAT USA들은 3~4명이 한 방을 썼었는데, 그때 저와 같은 방을 썼던 한 분은 시간을 쪼개 새벽 등을 이용해서 행정고시를 준비하고 있었으며, 제대 2년 후 제37회 일반행정직에 합격하였습니다.

역사나 인생에 있어서 만약은 없지만 만약 그때 제가 그분에게 자극 받고 행정고시를 준비했었더라면 저의 인생은 많이 달라졌을 지도 모릅니다.

그러나 전 2년간의 군생활을 영어공부도 제대로 못하는 등 미군부대 근무의 장점인 넉넉한 여유시간을 제대로 활용하지 못했습니다.

그리고 제대할 즈음에는 전공을 아예 포기하고 공무원 시험을 보기로 마음먹었으나, 어리석게도 행정고시에 지레 겁먹고 7급시험을 준비하였습니다. 그리하여 1993년 총무처와 경기도 시험에 모두 합격하였고, 경기도에서 먼저 발령이 났으나 임용을 포기했습니다.

그러나 당시 YS정권이 들어선 후 조직개편의 와중에서 임용이 계속 늦어져서 약 2년간의 귀중한 시간을 확보할 수 있었으며, 아마도 그때가 제 인생에 있어서 또 하나의 기회였던 것 같습니다. 즉, 그때 전 이미 7급시험에 합격하면 행정고시에 도전하겠다고 마음먹고 있었으므로, 7급시험 합격 이후 1차시험을 나름대로 열심히 준비해서 시험을 쳤으나 2년 연속 아깝게 떨어지고 공보처(현 국정홍보처)에 발령받게 되었습니다.

• 현실에의 안주 ; 배부른 아마추어 고시생

1. 잘못 끼운 두 번째 단추

1995년 6월 공보처에 발령이 나서 첫 출근 하던 날 광화문청사 게시판에서 1차 시험 합격자 명단에 제 이름이 없음을 확인하게 되었으며 이렇게 전 인생의 두 번째 단추도 잘못 끼웠던 것입니다.

그런데 통상 공무원들의 대부분이 모나지 않은 사람들이고 제가 발령받은 과의 직원들도 대체로 그러해서 일단은 소속과에서 무난하게 생활해 나갔습니다. 그러나 출근한 지 일주일째 정도 되던 날 과장님으로부터(적어도 제가 보기에는) 불합리한 꾸중(인간적으로 모멸감을 느낄 정도로)을 듣게 되었고, 그때라도 그것이 나의 길이 아님을 깨닫고 박차고 나왔어야 했으나, 타고난 우유부단함으로 인해 실행에 옮기지 못했습니다.

2. 타락의 극치

당시 소속과의 업무와 제게 주어진 업무가 그리 바쁘지 않아서 직원들과의 '퇴근 후 한잔'이 일상화 되었고, 현실에 안주하여 극도로 나태해진 저는 한잔이 두잔 1차가 2차로 이어지면서 일주일에 사흘 이상을 술 마시고 새벽에 귀가하는 어리석은 생활로 아까운 20대 후반을 허비하고 있었습니다. 그러고도 1997년에는 아무런 준비 없이 의무감에서 1차를 응시하는 무모한 짓을 하기도 했습니다.

3. 만시지탄(晚時之歎)

그러던 중 DJ정부가 들어서면서 공보처가 해체되었고 전 약 3달간 공무원이지만 자리 없이 광화문청사 대기실로 출근만 하다가 1998년 4월 기획예산위원회(현 기획예산처)가 출범하면서 기획예산위원회로 옮기게 되었습니다.

기획예산위원회로 옮기면서 많은 것을 느끼게 되었습니다. 특히 공보처와 달리 기획예산위원회는 고시출신의 비율이 현저하게 높아서 비고시(7급 내지 9급) 출신의 과장을 찾아보기 힘들 정도였습니다.

어차피 7급이 과에서 최하위직인 것은 어떤 중앙부처나 마찬가지지만, 공보처에서는 7급이 그런대로 조직에서의 역할을 어느 정도 가지는 반면, 기획예산위원회에서는 그 업무가 거의 정책적인 것으로서 7급의 역할이 극히 한정되어 있어 복사 내지 과 살림 정도밖에는 할 수가 없었습니다.

그런데다가 나이가 점점 들수록 저보다 나이 어린 새내기 공채 사무관들이 많아지게 되었습니다. 이런 환경이 조성될수록 제 가슴은 조직에서의 소외감과 저 자신에 대한 자괴감으로 황폐해져 갔습니다.

그러나 전 그런 생각을 하면서도 점차 그러한 생활에 적응하여 안주하게 되었고, 나이도 이미 서른이 넘어 집안의 장남으로서 결혼을 생각하게 되었습니다. 그렇다고 행정고시를 완전히 포기하지도 못하고 늘 시험공고와 합격자발표가 있을 때마다 우울해지는 그야말로 배부른 아마추어 고시생이었습니다.

• 또 다른 시작 ; 새로운 도전

1. 가장이 되는 것과 포기한다는 것

그런데 의외로 빨리 그리고 운 좋게도 지금의 아내와 만나 만난 지 4개월 만인 1999년 4월 결혼하게 되면서 자연스럽게 "7급 합격 후 고시에 도전한다"는 막연한 꿈은 실제로 막연하게 접게 되었습니다. 어쩌면 결혼해서 접게 된 것이 아니라 접기 위해서 결혼을 했는지도 모릅니다.

현실에의 안주와 결혼, 여기서 저의 우유부단한 성격은 다시 한 번 나타났습니다. 즉 맞벌이를 할 수 있는 사람과 결혼해서 향후 언젠가는 안정된 상태에서 고시에 재도전한다는, 집안의 가장으로서는 무책임한 생각 말입니다. 그러나 의식만 있었지 막상 신혼의 단꿈에 젖어 그러한 생각은 거의 잊고 지냈습니다.

2. 어머니에게 굴복(?)

그러던 중 저에겐 너무나도 고맙고 소중한 어머니께서 저로 하여금 정신을 차리게 해 주셨습니다. 애당초 7급시험을 볼 때 부모님과 "7급합격 후 행정고시에 붙는다"는 약속을 했었기에, "그 약속을 지켜야 하지 않겠느냐"는 어머님의 질타는 마냥 편하기만 했던 저를 해묵은 고민에 빠지게 했습니다.

집사람이 옆에 있는 상태에서 들은 꾸지람이었기에 저는 더욱 몸 둘 바를 몰랐으며, 그 자리에서 저는 "고시는 포기했으니 더 이상 고시를 강요하지 말라"는 말씀으로써 어머니의 가슴에 비수를 꽂고 말았습니다.

그러나 말씀은 그렇게 드렸지만 그때까지도 제 가슴 한 구석에는 행시에 대한 미련이 남아 있었기에, 일주일쯤 고민을 한 후 전라북도 부안의 채석강으로 주말여행을 가서 집사람에게 고백을 한 후, 집에 돌아와 어머니께 말씀드렸습니다. "넉넉잡고 3년만 기다려 주시라고".

그 다음날부터 직장-학원-독서실-집으로 이어지는 고단한 나날들이 계속되었으며, 그 날이 마침 결혼한 지 꼭 5개월이 지났을 때였습니다.

3. 무모한 시작과 반전

그러나 제가 소속된 기획예산처는 DJ정부로부터 개혁의 선도부처로서 밤낮없이 일하는 곳으로서 이런 직장을 다니면서 행정고시 준비를 한다는 것은 거의 불가능에 가까운 것이었습니다. 거기다가 공부를 다시 시작할 즈음 저의 소속과로 새로 부임하신 과장님께서는 제가 공부하는 것에 대해 별로 협조적으로 대해주지 않으셨기 때문에 많이 힘들었습니다.

결국 공부량이 절대적으로 부족한 상태에서 2000년에 다시 1차시험을 응시했고 예상한 대로 참여하는데 만족해야 했으며, 저 하나를 바라보고 하루하루를 사는 가족들에게 정말 낯을 들 수 없었습니다.

거기다가 2000년 6월에는 저와 아내의 사랑의 결실로서 큰아들 규태가 태어났고, 그 시점에서 전 뭔가 특단의 방법을 강구하지 않으면 고시고 뭐고 죽도 밥도 안 되겠다 싶어 마침내 휴직과 행정고시에의 올인을 결심하게 되었습니다.

이후 휴직하고 응시한 2001년 1차시험에서는 여유 있는 성적으로 합격하여 체면을 세울 수 있었지만 이제는 2차시험이 문제였습니다. 2차시험을 위해 또다시 휴직을 할 수는 없었으며, 결국 그해와 이듬해에 응시한 2차시험에서 어이없는 점수차로 낙방의 고배를 마셔야 했습니다.

• 길고 어두운 터널을 빠져나오며; 영광스러운 마무리

1. 시행착오의 반복, 그리고 오기와 끈기

2차시험에 두 번째 떨어지고 난 이듬해인 2003년에 직장을 다니며 응시한 1차시험에 다시 합격하였고 그해 7월의 3번째 2차시험에서 또다시 낙방하였습니다.

이렇게 되자 어머니께서는 더 이상 행시를 고집하지 않으셨습니다. "엄마의 욕심이 아들과 며느리까지 고생시키는구나. 이젠 더 이상 고생하지 말고 마음 편히 살아라"고 하시면서…

그러나 이제는 제가 오기가 생겼습니다. "왜 나는 남들이 20대에 합격하는 행정고시에 이 나이 먹도록 붙지 못하고 헤매고 있는가" 또는 "내가 직장에서 마주치는 사람들보다 못난 것이 뭐길래 주눅들어 살아야 하는가" 등등.

그래서 또다시 부모님과 아내에게 "이번이 정말 마지막입니다, 밀어 주세요"라고 말씀드리고 2003년 11월부터 공부를 다시 시작했고, 2004년 1월 휴직을 한 후 다시 신림동으로 갔습니다.

그리고 매일 계속되는 공부가 힘들 때는 부모님, 아내 그리고 두 아들(규태와 규광)의 얼굴을 떠올렸고, 그래도 정 견디기 힘들 때엔 비정기적으로 집에 가서 쉬고 오는 식으로 해서, 2~3주에 한 번 가족을 보는 생활이 7월 초 2차시험 볼 때까지 계속되었습니다.

정말 최선을 다했습니다. 진도가 밀릴 때엔 어떤 날은 밤을 새우기도 하고 어떤 날은 3시간 정도만 자고 종일 공부에 매달리기도 했습니다. 종전과 달리 이번에는 독서실에 가지 않고 원룸에서 공부했으며 시간이 아까워서 특별한 운동도 하지 않았습니다.

운동량 없이 불규칙적으로 극도의 스트레스 속에서 생활해서 그런지 2차시험을 2달여 남긴 5월쯤에는, 신경 쓰여서 공부에 집중할 수 없을 정도로 왼쪽 눈두덩이가 계속 떨리는 이상한 증상이 생겼고, 약국에서 환약·피로회복제 등을 시험 때까지 계속 사먹었으나 별로 호전되지 않았으며 이 증상은 2차 합격자 발표 때까지 계속되었습니다.

2차시험 때까지 병원에는 못 가봤고, 약국에서는 피로누적과 스트레스 때문이라고 했었습니다만, 2차시험이 끝나고 한약을 먹었는데, 한약 덕인지 아니면 합격했기 때문인지 신기하게도 이 증상은 2차합격자 발표와 거의 동시에 없어졌습니다.

2. 뜻밖의 영광스러운 종지부

2차시험이 끝나고 좀 쉬었다가 7월말에 복직을 했고 지금의 소속과로 배치 받았습니다. 예산심의가 한창인 기간에 복직을 하게 되어 거의 매일 12시 넘어 퇴근하고 주말에도 출근하는 등 직장에서 너무 바빠서 2차 발표 때까지 정신없이 지나갔습니다. 어쩌면 초조한 마음으로 어중간하게 결과를 기다리는 다른 수험생들보다는 오히려 행복한 나날이었는지도 모르겠습니다.

다행히 2차시험에 합격했고, 강화된 3차 면접시험에 대비하기 위해 스터디를 구성했습니다. 그리고 신림동에 모여서 주요 시사주제에 대해 토론하고 발표하는 면접 실전연습을 했고 많은 도움을 받아, 면접시험을 본 후 최소한 면접 때문에 떨어지는 일은 없을 것이라는 확신을 가질 정도로 면접을 잘 치렀습니다.

면접이 끝나고 최종 합격자 공식발표 일주일 전, 면접 때 적어냈던 특이사항(현직공무원)에 대한 구체적인 질문을 인사위 관계자로부터 받으면서 합격을 직감했지만, 오히려 전화를 받기 전보다 더욱 초조했습니다.

그런데 최종 합격자 공식발표 전날 연합뉴스 기자로부터 인터뷰를 하자는 제의를 받으면서 최종 합격했음을 알게 되었고, 몇 가지 일간지에 인터뷰 기사가 보도되고 특히 KBS 라디오 인터뷰를 통해 저의 목소리가 전국적으로 방송을 타는 등 과분한 주목을 받기도 했습니다. 또한 공부한다고 10년 이상 소식을 끊고 지냈던 지인들로부터 축하전화를 받기도 하는 등 그야말로 구름 위에 뜬 상태에서 11월을 보냈던 것 같습니다.

3. 2차시험에 관한 소고

지난 7월 2차시험이 끝난 후 거의 전과목에서 시험 직후엔 잘 썼다고 느꼈으나, 시간이 지날수록 저의 실수와 무지함이 속속 생각나서 솔직히 합격 : 불합격의 가능성을 49 : 51로 생각했습니다.

그러나 모든 것이 끝나고 점수를 확인해 본 결과 저의 경우, 어떤 과목은 의외로 높은 점수를 받았고, 또 어떤 과목은 생각보다 약간 밑도는 점수를 받았습니다.

아마도 석차는 중상 정도 될 것으로 짐작됩니다만, 결론은 행정고시 2차시험은 주관식인지라 자신이 받을 점수는 누구도 사전에 알 수 없다는 것입니다. 혹자는 행정고시 2차시험은 로또라고도 하지만 단순히 그렇다고만 할 수는 없을 것 같습니다. 즉, 흔한 말로 열심히 해도 떨어질 수는 있지만, 열심히 하지 않은 사람이 붙는 시험은 아니라는 것이지요.

• 나가며; 인생을 허비하는 저의 전철을 밟지 않으시길…

1. 인생을 허비한 죄

제가 읽은 합격수기 중 "인생을 허비한 죄"라는 것이 있었습니다. 제가 행정고시에 발을 들여놓은 후 무려 11년의 세월이 흘렀고(순수하게 공부에 전념한 기간은 4년 남짓 이지만) 그 동안 수많은 마음고생과 시행착오를 겪으면서 인생을 허비했습니다.

이제야 잘못 끼워진 첫 단추를 제대로 맞추었고, 가슴위에 놓여 있던 큰 바위를 치워버린 듯 홀가분합니다. 또한 아들로서 남편으로서 아버지로서의 도리와 체면을 조금은 찾은 듯 합니다.

2. 어리석은 선배의 노파심

이번 합격을 계기로 주위에서 직장과 수험의 병행에 대해 문의하시는 분들도 계시고, 2차 스터디를 같이 했던 아끼는 한 동생도 얼마 전 저같이 7급을 붙은 후 행시를 다시 하겠다고 한 적이 있습니다. 물론 제가 극구 말려서 설득했습니다.

혹시라도 제 글을 읽고 직장과 수험을 병행하려는 분이 계시다면 다시 한 번 신중히 생각해 보시길 부탁드립니다. 7급은 행정고시가 끝까지 안됐을 때 해도 충분합니다만, 행시는 바로 지금이 아니면 저와 같은 전철을 밟을 수도 있다는 것을 명심하셔야 합니다.

고시는 한 번 발을 들여 놓으면 합격해야만 빠져 나올 수 있는 늪과도 같습니다.

3. 인생의 은혜에 대한 감사

이제 길고 어두운 터널을 빠져 나온 저에게 제가 합격하기까지 무엇으로도 보답할 수 없는 은혜를 베풀어 주신 여러분들께 지면으로나마 감사의 인사를 드리고자 합니다.

　직장생활과 수험생활을 병행할 수 있도록 여러 가지로 배려해 주신(지금은 외국에 계신) 이수원 국장님, 김윤석 과장님 특히 김주민 사무관님께 감사를 드립니다.

　그리고 가장 중요한 분들인 저를 낳아주시고 바른 길로 이끌어 주신 어머님과 아버님께 감사를 드리고, 저 하나만을 믿고 오랜 세월 기다려 준 아내 건경에게도 사랑의 말을 전하며, 우리 두 아들 규태, 규광이와도 이젠 많은 시간을 함께 하렵니다.

　마지막으로 지금도 내년의 영광을 위해서 정진하고 있을 같이 공부했던 문혁·찬민·경남·순영이 그리고 명훈·순정·혜진씨에게도 행운을 빕니다.

4. 에필로그

　이제 제 글의 제목에 대해서 의아해 하시는 분들께 설명을 드리고자 합니다. 전 이제까지 남들을 가르쳐본 적도, 지도해본 적도 없습니다. 그러나, 공보처에 발령받던 날부터 전 '이선생님'으로 불리웠고 현재도 마찬가지입니다(중앙부처에서는 6급 이하의 직원들은 ○사무관, ○서기관, ○과장 등이 아닌 ○선생님으로 호칭됩니다).

　내년 이맘때부터는 '이사무관'으로 불리우겠지요. 그 긴 세월의 마음고생의 댓가가 '사무관'이라는 호칭은 아닐 것입니다. 그 댓가는 국가, 조직, 가족에서, 그리고 한 인간으로서 뭔가 더 의미 있는 존재가 되는 것일 겁니다.

　앞으로는 적어도 제가 지금까지 해온 10년의 공무원생활보다는 훨씬 나은 위치에서, 인생을 허비하지 않고 나머지 단추들을 제대로 끼울 것을 다짐하면서 이 글을 마치려 합니다.

40대 직장인의 고시연대기

― 책은 사다 놓았으나 처음보는 책들을 무조건 읽어가는 것보다는
관련되는 법조문을 미리 익힌 뒤에 시작하는 것이 효율적일 것 같았다. ―

진 행 섭
· 제14회 행시, 제22회 세무사, 제22회
  공인회계사, 제32회 사법시험 합격
· 1946. 6. 1. 전북 익산시 출생
· 서울대 공대 화공과 졸업
· 재정경제원 서기관, 세무대학 교수
· 변호사(서울 서초구 서초동 1573-1)
· 전화 : 523-5252~4

· 머리에

　1990년 10월 30일 오후 강의를 마치고 교수휴게실에 들어섰을 때, 여직원인 미스 공으로부터 "신문사에서 전화가 왔었는데, 내가 무슨 시험에 합격하였으므로 인터뷰를 하고 싶으니 연락해 달라"는 부탁이 있었다는 말을 듣고 곧바로 연구실에 올라가 고시잡지사에 전화로 문의하니 이번 사법시험은 2차합격자 전원이 최종 합격하였다는 것이었다. 약간이나마 불안했던 최종합격의 고비까지 넘어섰다는 안도의 순간이었다. 그날 오후 늦게 라디오와 TV뉴스에 내가 최고령 합격자(만 44세)로 보도되었다는 말을 들을 수 있었으며, 이튿날 신문에는 송구스럽게도 국가고시 4관왕이라는 내용의 기사까지 포함되어 있었다.
　남몰래 준비해온 시험이라서 예상치 못했던 동료·친구·학생들 모두가 의외라는 반응으로 늦은 나이에 맞은 사시 합격을 진심으로 축하해 주었으며, 내 자신도 비길 수 없는 보람과 기쁨으로 받아들였다. 돌이켜 보면 그 전의 행정고시, 세무사 및 회계사시험 합격, 그리고 외국유학의 경험도 잊지 못할 일들이었지만 이번 사법시험 합격이 더욱 감격적이었던 이유는 아마도

너무 늦은 나이에 특별히 힘들게 치러낸 일이기 때문일 것이다. 화공과 출신의 공학도가 마흔이 넘은 나이(만 41세)에 시작했던 사법시험 공부가 얼마나 어려웠을지 쉽게 이해할 수 있을 것이다.

• 마흔살까지

(1) 행정고등고시

1970년 서울공대를 졸업한 후, 미래에 대한 기대 속에 충주에 있는 비료공장에 입사하였다. 그러나 겨우 1년이 조금 지날무렵 공장생활이 적성에 어울리지 않는다는 것을 깨닫고 다른 길을 찾고 있었는데, 마침 1971년 초에 있은 총무처 발표에서 앞으로는 행정고시 합격자수를 대폭 늘리겠다는 것이었다. 나에게는 시험과목 모두가 생소하고 논문형 시험의 경험도 없었지만 노력하면 가능하리라는 생각이 들어 고향 부모님들과 상의 한 결과, 부모님들은 나의 가능성을 믿으셨는지 그 길로 나가기를 적극 권유하시는 것이었다. 당시 검사로 근무하던 큰 형님에 비해 비료공장 말단사원인 나를 심히 불만족스러워 하시던 분들이라서 고시에 합격하여 고급 공무원으로 나간다는데 반대할 이유가 없었던 것같다. 회사에 사표를 제출하고 시골 집으로 오는 길에 행정고시에 필요한 책들을 구하러 서울의 서점으로 갔다. 교재선택에 대하여 도움을 청할 사람도 없었고 외부에 알리고 싶지도 않았기 때문에 독단으로 고시 안내책자 등을 참조하고 비교적 잘 팔리는 듯한 책들을 구입하여 시골집에 쳐박혔다.

처음에는 딱딱하고 어렵기만 하던 헌법·행정법·행정학·경제학·재정학 등이 회독수를 더해갈수록 머리속에 들어오고 시험에 대한 자신도 생겼다. 결국 2년 여의 고생 끝에 73년 하반기에 발표한 제14회 행정고시에서 전체 합격자 중 2등이라는 우수한 성적으로 합격할 수 있었다.

특히 잊을 수 없는 것은 2차시험 선택과목으로 경제정책과 사회정책을 택하였는데 평균점수는 합격할 수 있는 수준이었음에도 불구하고 한 번은 경제정책, 또 한 번은 사회정책에서의 과락으로 낙방하고 마침내 선택과목을 회계학과 통계학으로 변경한 후에야 곧바로 합격할 수 있었다는 점이다. 아무튼 "선택과목"의 과락여부가 당락을 결정하는 시험제도에 문제가 있다는 생각은 지금도 변함이 없다.

또한 논문형 시험의 경험이 없어서인지 1차 객관식 시험은 무난히 합격할 수 있었으나 2차 주관식은 고전을 면할 수가 없었다. 공과대학에서는 주관식 시험이라도 주로 수학처럼 문제를 풀어가는 것이었지, 논문형 시험은 행정고시에서 처음이었다. 그래서 논문형 답안작성연습 삼아 시작한 서브노트의 작성이 도움이 되었는데, 서브노트는 답안작성연습은 물론이고 그 작성과정에서 지식을 얻고 산만한 지식들을 체계적으로 연결하여 정리하는 기회를 제공하여 준다는 점에서 비록 시간은 많이 걸렸지만 고득점에 크게 유리하였다고 생각된다. 또한 완성된 서브노트가 요약 정리된 교재로서의 기능을 하였던 것도 물론이다.

(2) 국비 외국유학

　행시에 합격하고 1974년의 공무원 수습을 거쳐 1975년 1월 1일자로 공업진흥청에 사무관으로 발령받아 그곳에서 3개월 정도 근무하다가 재무부로 자리를 옮겼다. 재무부 관세국에서 관세율 조정, 국제관세 협력업무를 담당하였는데 비록 봉급은 적고 밤늦게까지 업무에 시달렸지만 일은 재미가 있었고, 배우는 것도 많아서 남다른 긍지와 자부심으로 업무에 열중할 수 있었다.

　1979년 말, 총무처 주관의 공무원 국비유학생으로 선발되었는데 영어실력을 필요로 하는 국제회의 참석, 국제관세 문제 등의 업무 때문에 평소 영어에 신경을 써왔던 덕택으로 무난히 선발될 수 있었다. 유학은 1980년 7월 미국 캘리포니아주에 위치한 스탠포드대학교 대학원 경영학과에 입학하여 1981년 6월에 석사학위를 취득하고, 1982년 4월에 박사예비시험에 통과하였으며, 1982년 6월에는 학위논문을 빼고는 박사과정을 사실상 끝낼 수 있었다. 그러나 박사학위에 대한 미련을 버리고 1982년 6월에 귀국하여 재무부에 복귀해야만 했다. 유학을 계속하고자 한다면 공무원을 퇴직하고 장학금도 반환하여야 되는 상황이어서 그 정도까지의 희생을 감수할 생각은 없었기 때문이다.

(3) 세무사시험

　귀국하여 다시 관세국에서 근무하다가 1983년 3월에는 같은 재무부 안의 국세심판소로 옮겼다. 업무는 세무서의 과세처분이 위법·부당하다고 주장하는 심판청구를 심사하여 처분이 잘못된 경우에는 취소·변경하는 것이었는데 조세법령이 비교적 복잡하고 한 개의 과세처분이 수많은 법조문에 관련되기 때문에 업무를 제대로 처리하기 위해서는 조세법에 관한 해박한 지식이 필수적이었다. 특히 나의 경우는 내국세법 업무경력이 없었던 터라 업무능력을 빨리 향상시킬 욕심으로 내국세법 전 분야를 대상으로 법률, 시행령 및 시행규칙 등 관계조문을 빠짐없이 공부하고 최대한 많은 수의 관련사례를 찾아 응용능력을 기르고자 하였다. 그 결과 1년 정도가 지나자 조세법 실력이 크게 향상되었음을 느낄 수 있었고 세법지식의 사회적 유용성이 매우 크다는 사실도 알 수 있었다.

한편 주위에서는 세무사시험에 관심을 두고 시험준비를 하는 동료들이 몇 명 있었는데 까다롭기로 소문나 있었으나 일단 합격하면 당시 각광을 받기 시작한 세무사 자격증을 얻을 수 있음은 물론이고 승진에도 유리하였기 때문에 마음이 쏠렸다. 시험과목은 세법(13과목)·회계학 및 재정학이었는데 세법은 업무처리와 관련되는 공부로 충분하고 재정학은 이미 행정고시를 준비할 때 공부한 바 있으므로 회계학만 별도로 하면 될 것 같아 세무사시험에 응시하기로 결심하고 남들 모르게 시험준비를 시작하였다. 사무실에서는 지금까지와 같이 법조문을 익히는 것 외에 각종 예규, 세법참고서도 파고 들었으며 집에서는 회계학에 관하여 주로 영어원서로 된 회계원리, 원가회계 관련 책들을 읽어 나갔는데 영어로 된 서적을 선택한 것은 그동안 공부해온 영어지식을 잃지 않고 조금이라도 향상시키고자 하였기 때문이다.

시험을 며칠 앞두고는 객관식 문제집도 구하여 문제풀이 중심으로 최종정리를 끝낸 후 1985년 5월 초, 1차시험에 임하였는데 160분 안에 풀도록 주어진 160문제가 16절 시험지로 80페이지도 넘게 빽빽이 채워져 있었다. 객관식 시험에는 자신이 있다고 자부하여 왔는데도 시간이 엄청나게 모자라서 재정학 40문제와 세법 80문제는 허겁지겁 그런대로 답을 고를 수 있었으나 가장 믿었던 회계학 40문제는 절반밖에 손을 대지 못하였다. 1주일 정도 지난 후 3,000명의 응시생 가운데 1차에 30명만이 합격했다는 소식에 보나마나 낙방한 것으로 알았으나 의외로 합격했다는 말을 듣고 얼마나 기뻐했는지 모른다. 대부분이 재정학과 회계학 과락으로 고배를 마셨으며, 회계학은 94%가 과락이었는데 내 경우도 40점으로 간신히 면과락하였음을 뒤늦게 알았다.

1985년 6월의 2차 논문식시험에 대비, 세법지식은 서브노트를 작성하여 주관식시험 위주로 정리하였고 회계학은 세무회계 중심으로 문제풀이에 치중하였다. 2차시험은 1차 합격자 30명 중 2차면제자(세무경력 10년 이상자) 6명을 제외하고 24명이 치르게 되었는데 수험생들 대부분이 전에도 몇번 만났는지 서로 아는 사이였다. 시험은 대체로 무난한 편이었으나, 다만 세법 2부에서 25점짜리로 출제된 "공익사업에 출연한 자산"은 출제가능성이 없다고 보아 관심을 두지 않았던 것이라서 당황했으나 기본적인 윤곽 정도는 그려냈기 때문에 부분 점수라도 얻을 것 같았다. 학원에서 공부한 다른 수험생들은 충분히 예상한 문제였다는 말을 듣고 걱정했으나 뜻밖에도 9월에 있은 발표에서 내가 2차시험 최고득점으로 합격하였음을 알게 되었다. 재미있었던 것은 최고득점의 원인이 회계학 점수가 다른 수험생들보다 월등하였기 때문이었는데 1차 객관식에서는 40점으로 꼴찌한 과목을 불과 1개월 후의 2차시험에서는 1등할 정도로 시험점수가 믿을 수 없다는 사실이었다.

(4) 공인회계사시험

공인회계사법은 기업회계, 직접세, 세무회계, 회계감사 등의 업무에 일정기간 이상 종사한 사람들에게는 1·2차 시험을 면제하고 실무수습없이 3차 시험만으로 회계사자격증을 주도록 하는 제도가 있었으나 합격자가 1년에 한명이 나올까 말까 할 정도였으므로 자격요건을 갖춘 사람들이 많은 편인데도 응시는 꺼리는 것이었다. 시험과목은 1·2차 합격자들과 함께 보는 회계감사실무, 세법실무, 경영진단의 세 과목과 이에 더하여 회계이론과 원가회계의 2과목을 합한 2과목이었다. 회계이론, 원가회계를 별도로 더 보는 이유는 1·2차 시험을 면제받는 대신 3차에서 사실상 회계사 2차 시험과목을 병행하여 테스트하기 위한 것이 아니었는가라고 생각된다. 1·2차 합격으로 실력이 상당수준에 올라 있는 수험생들과 경쟁해야 하는데, 우선 2과목을 더 볼 뿐만 아니라 회계감사실무 및 경영진단은 2차시험 과목인 회계감사 및 경영학과 유사하기 때문에 2차 합격자들에 비하여 극히 불리하였고 따라서 합격자가 없는 것은 당연한 일이었을 것이다(2차 합격자들은 대충 2명에 1명 꼴로 합격하지 않았나 한다).

1986년 3월 국제심판소로 옮긴지 3년이 되어 3차 시험만으로 회계사자격을 딸 수 있는 요건을 갖추게 된 후에는 이러한 제도의 이점을 활용해 보고 싶었고, 한편으로는 세무사시험 준비과정에서 회계학 실력의 기본은 되어 있었고 특히 가장 어렵다는 원가회계가 자신이 있었기 때문에 합격가능성을 믿고 밀쳐야 본전이라는 생각으로 시작하였다. 그런데 회계학 관련과목은 수학을 풀어가듯 쉬운 편이었으나 회계감사실무 및 경영진단이 어려워 걱정이었지만 일단 응시원서를 제출하였다.

1986년 11월 첫날 시험에서 회계감사실무와 세법실무는 괜찮았으나 경영진단에서 횡설수설하여 틀림없이 과락일 것 같았기 때문에 다음 날의 2과목을 포기하고 싶었지만 끝까지 최선을 다한다는 각오로 다음 날에도 시험장에 갔다. 시험장에는 1차 면제자들 20여명이 있었는데 그 전부터 몇번씩 만난 구면들인지 서로가 잘 아는 듯 하였다. 첫 시간의 회계이론은 보통수준의 답안을, 둘째 시간의 원가회계는 고득점을 자신해도 좋을 우수답안을 작성한 것 같았다. 경영진단 때문에 비관적이었으나 다른 많은 수험생들도 같은 과목에서 과락을 걱정하는 분위기였기 때문에 반반의 확률은 되리라는 기대 속에 조만 간에 있을 시험결과발표를 기다리고 있었는데, 1986년 12월 말경 같은 재무부에 근무하는 옆방 사무관이 미리 알고 내가 최고령으로 합격(만 40세)한 사실을 축하해 주는 것이었다.

· **마흔을 넘기고**(司法試驗)

(1) 사법시험 준비의 시작

세무사·공인회계사 시험을 위해 공부한 세법과 회계학의 지식은 국세업무에 필수적이었으므로 업무처리에 많은 도움이 되었으며, 또한 외부의 연구소에서 의뢰한 조그만 원가계산 프로젝트도 맡아서 처리할 수 있는 등 보람을 느낄 수 있었다. 한편 1987년 상반기 동안은 서기관 승진문제로 불안하고 초조하였으나 7월중에는 늦었지만 승진과 함께 같은 재무부 소속의 세무대학(수원소재) 세무학 교수요원으로 발령을 받았다.

마침 여름방학 기간이어서 2학기 강의준비를 위한 충분한 시간적인 여유가 주어졌는데, 지금까지와는 달리 개인 연구실이 있었기 때문에 남의 눈을 의식하지 않고 자유롭게 강의준비와 연구활동을 할 수 있었다. 종전에는 근무중에 여유시간이 생겨도 동료들의 시선 때문에 낭비할 망정 개인적으로는 이용하기 어려웠으나 개인 연구실에서는 여유시간을 항상 유용하게 활용할 수 있는 잇점이 있었다. 국세기본법과 국세징수법 강의를 준비하면서 세법을 제대로 이해하고 강의하기 위해서는 민법·민사소송법 등의 일반 법률을 상당수준까지 공부해야 한다는 사실을 깨닫게 되었다. 세법에는 전세권·저당권·채권자대위권·양도담보·압류 등의 용어가 자주 등장하는데, 물론 단편적인 이해는 하고 있었고 지금까지의 업무처리에는 그 정도의 지식으로도 충분하였으나 학생들에게 강의할 수 있는 수준에는 크게 미달하였기 때문이다. 1987년 7월 말쯤 민법(곽윤직 지음) 교과서 4권과 민사소송법(이시윤 지음)을 구입하여 민법총칙부터 읽어가기 시작하였다. 민법총칙은 전에 행정고시 1차 시험과목이었으므로 몇번 읽은 경험이 있어서 비교적 이해하기 쉬웠고, 물권은 생소하고 딱딱하였지만 그 내용이 논리적이고 일상생활과 밀접한 연관을 가지고 있어서 흥미 있었으며 또한 상식으로도 필요한 지식이라고 생각되었다.

8월말 강의가 시작되고 바빠졌으나 물권편의 독서가 끝나가는 9월에는 사법시험에 관심을 갖게 되었는데 사법시험의 1차시험 과목은 헌법·민법·형법·국사·문화사·경제학과 선택 2과목으로서 2차 시험보다 오히려 1차 시험 통과가 어렵고 1차 시험과목 중에서도 외국어 선택과목과 경제학이 가장 난관이라는 소문이었으나 내 경우는 영어는 외국유학 그리고 경제학은 행시준비 및 외국 유학으로 실력이 있다고 믿었으므로 1차 시험의 통과는 큰 문제가 아닐 것 같았다. 또한 사시를 합격하면 사법연수원 입교를 위해서 퇴직해야 하는 것이 아닌가하여 사법연수원에 문의한 바 휴직한 상태에서도 가능하므로 행정공무원의 신분을 그대로 유지할 수 있다는 것이었다. 드디어 응시하기로 결심하고 기본적인 법률서적을 몇 권 구입하였는데 사시 안내책자를 참고로 하고 주로 많이 팔린 책을 중심으로하여 헌법은 전에 행시 준비에서 이미 공부한 문홍주 씨의 것을, 형법은 이재상(총론)씨와 진계호(각론)씨의 것을, 형사소송법은 백형구씨의 것을 선택하고 상법은 얼마 전에 친구로부터 얻은 상권(정희철 지음)이 있었으므로 하권도 정희철씨의 것으로 선택하였다.

책은 사다 놓았으나 처음보는 책들을 무조건 읽어가는 것보다는 관련되는 법조문을 미리 익힌 뒤에 시작하는 것이 효율적일 것 같았다. 특히 조세법조문을 많이 경험한 바 있으므로 일반법도 법률조문을 익히면 기본적인 윤곽을 파악할 수 있다고 생각하고 민법·형법·민사소송법·형사소송법·상법의 각 법률조문을 제1조로부터 하나하나 읽어가기 시작하였다. 처음에는 너무 딱딱하고 지루하던 것이 차츰 이해되어 갔고 11월 중순 쯤이 되어 조문 3회독이 끝나는 시점에서는 기본서에는 어떻게 설명되어 있을지 궁금하여 빨리 읽어보고 싶은 생각이 간절하였다. 이제는 기본서를 민법으로부터 형법·상법·민사소송법·형사소송법의 순서로 읽어가기 시작하였는데 민법·형사소송법과 상법은 비교적 수월하였으나 민사소송법과 형법은 대단히 어려웠다. 서울에서 수원으로 출퇴근하는데 2~4시간, 식사에 3시간, 수면 8시간, 강의준비 및 강의시간 4시간 정도를 빼고 남은 시간 중에서 실제로 책을 볼 수 있는 시간은 3~4시간에 불과했다. 1시간에 30~40페이지의 속도로 월~금요일은 매일 100~150페이지, 토요일은 150~200페이지, 일요일은 200~300페이지 정도의 독서가 가능하여 결국 12월 중순까지는 5과목의 1회독이 끝나게 되었다. 처음보는 생소한 과목을 속독으로 일관하였기 때문에 민사소송법과 상법은 전혀 읽지 않은 것과 마찬가지이며 형법은 앞부분이 심히 난해하여 이해된 부분은 극히 적었지만, 앞으로 회독을 거듭하면 실력도 늘고 최선의 노력으로 합격할 수 있다고 믿게 되었다.

(2) 1차시험의 도전과 합격

12월 중순에 겨울방학이 시작되는데 입학시험관리, 기말고사 채점, 졸업식 준비 등으로 한가한 것은 아니었으나 비교적 시간이 여유있게 주어졌다. 이제는 1차시험 준비를 시작하기로 하고 세계문화사 및 국제사법 기본서와 객관식 문제집, 그리고 헌법·민법·형법·영어·국사·경제학의 객관식 문제집을 구입하고 국사 및 경제학 기본서는 세무대학 도서관에 있는 책을 빌려서 보았다. 방학 중 강의부담이 없어진 관계로 정신집중하여 책을 볼 수 있는 시간도 길어지고 독서의 속도도 빨라져 갔는데, 아침에 출근하여 커피 한잔 마시고 즉시 연구실에 직행하여 다음 학기 강의준비시간을 제외하고는 하루의 대부분을 1차 시험준비에 전념할 수 있었다. 헌법·영어·경제학은 시험보기 1~2개월 전에 시작해도 괜찮을 것으로 생각하고 우선 민법·형법·국제사법·국사·문화사 등 5과목에 매달려 겨울방학 중에 기본서 2회독을 끝마칠수 있었다.

그런데 12월 말경 학교에 배정된 연구 프로젝트를 1년 동안에 끝마치는 조건으로 담당해야 하는 피하지 못할 사정이 생겼다. 프로젝트에는 시간이 많이 소요되는데, 강의준비·교재작성·각종 회의참석·강의 등으로 소요되는 시간을 빼고 나서 틈틈히 남는 시간에만 사시준비를 해야 하는 여건인데도 프로젝트를 맡아서 작업을 진행한다면 사실상 사시준비를 포기해야 하는 것을 의미하기 때문에 이 핑계 저 핑계로 회피하려 했으나 불가능하였다. 사시준비 중이라는 사실을 알리고 양해를 구하면 면할 수도 있겠으나, 마흔이 넘은 나에게 사시준비를 한다면 미친 사람이라고 할 것만 같아서 울며 겨자먹기로 수락할 수밖에 없었다. 그러나 프로젝트작업을 곧바로 개시한다는 것은 1차시험 준비를 불가능하게하므로 1차 시험이 끝난 후에 시작해도 계약된 1년의 기한 내에 프로젝트를 완성할 수 있다는 생각으로 그 전에는 기초자료만을 수집하면서 1차 시험준비를 계속하기로 하였다.

　겨울방학이 끝나고 1차시험 2개월을 남겨 놓은 시점에서 시험삼아 1차 기출문제를 풀어본 결과 자신 있다고 믿었던 영어·경제학도 새로 공부해야 되지 않나 걱정해야 할 형편이었고 헌법도 예상보다 어렵게 느껴지는 등 실력이 전반적으로 수준 이하인 사실을 알고 실망하지 않을 수 없었다. 시간은 2개월밖에 남지 않았는데, 더구나 강의도 지난 학기에 했던 과목 대신에 소득세법과 부가가치세법으로 바뀌는 바람에 새로운 내용의 강의준비를 해야 하는 등으로 이것 저것 빼고 나면 실제로 공부할 수 있는 기간은 2개월 보다 훨씬 적었다. 어름어름 하다가는 불합격할 수밖에 없다는 위기감 때문에 앞으로는 1초의 시간도 헛되이 보내지 않는다는 각오로 화장실에서는 신문 대신 반드시 책을 보고 출근해서도 휴게실에 들르지도 않고 곧바로 연구실에 직행하는 등 5분만 시간이 나도 어김없이 책에 매달렸다. 특히 어려웠던 것은 시험준비 사실을 주위에서 눈치챌까봐 강의 등 학교일도 못지 않게 열심히 하여야 했기 때문에 시간 내기가 더욱 곤란했던 점이다. 주로 문제풀이 중심으로 공부하면서 민법·형법·헌법·국제사법은 조문을 외우다시피 여러번 읽었는데 이것은 법률학 객관식 시험은 대부분 조문을 알면 풀 수 있다고 믿었기 때문이다. 경제학은 조순씨의 책을 대충 한 번 읽고 박홍립씨의 객관식 문제집을 처음부터 끝까지 풀어 보았으며 영어는 고시용 객관식 문제집을 3분의 1정도 읽고 더 이상 공부해야 별 효과가 없을 것 같아 그만두었다. 문제는 국사와 문화사로 회독수가 제일 많았는데도 암기는 쉽지 않고 대부분 외우는 것이라서 가장 자신이 없었다.

1988년 5월초 혹시 아는 사람이라도 만나면 어쩌나 하고 쭈빗거리며 치른 1차시험에서 다른 과목은 그런대로 괜찮았으나 예상대로 국사와 문화사가 어려웠고 특히 문화사는 교재의 구석구석을 뒤져도 찾아내기 어려운 말단지엽적인 암기문제가 포함되어 점수가 아주 나쁠 것 같았다. 그래도 영어·경제학을 잘 보았으므로 문화사만 과락이 아니면 합격하리라는 기대를 하고 있었는데 결국 6월말에 있은 발표에 내 이름도 포함되어 있어서 안도할 수 있다.

(3) 1년 후의 2차시험 도전과 불합격

1차합격 후 곧바로 2차 응시는 생각할 수 없었다. 그 이유는 2차과목 준비가 전혀 안되어 있는 상태이고 밀려 있는 학교일 때문이었다. 6월까지 2학기에 사용할 소득세법 교재를 집필하였고 7월부터는 미뤄놓은 프로젝트작업을 개시하였는데 최단시일 내에 끝내고자 노력하였으나 그것도 틈틈히 시간을 내서 하는 일이어서 그런지 7~11월의 5개월이 걸렸고 12월 초에 인쇄물이 나와서 그 대가인 연구비 500만원도 수령하였다. 그동안 2차준비를 거의 할 수 없었던 것은 물론이다.

12월이 되어 본격적으로 2차시험 준비에 들어갈 수 있었는데 남은 7개월의 여유를 잘 활용하면 반드시 합격한다는 믿음으로 방학 중 하루 300페이지 이상의 독서를 강행하여 국민윤리를 제외한 전 법률과목의 기본서(헌법은 기본서를 권영성씨의 것으로 바꿨음)를 1회독하는데 1개월 정도, 민사소송법·형사소송법 및 상법을 1회독을 더 하고 전 법률과목의 문제집을 1회독하는데 또 1개월 정도가 소요되어 2월 초를 맞게 되었다. 이제는 어느 정도의 윤곽은 잡혔으나 논문식답안을 쓸 수 있을 정도의 체계적 이해는 부족하였으므로 2차과목 전부에 대한 서브노트를 작성하기 시작하였다. 문제집의 내용을 기본 골격으로 하고 부족한 것은 기본서에서 찾아 보충하였는데, 하루에 문제집 70페이지도 나아가기 어려울 정도로 힘들고 지루했지만 노트에 기재한 지식은 빠짐없이 정리되고 체계적인 이해가 가능하였다고 생각된다. 중간에 국민윤리 교과서와 문제집도 구입하여 6월 15일 경에는 8과목 전부에 대한 서브노트 11권을 완성할 수 있었는데 대부분의 필요한 내용을 수록하였고 또한 4개월이 넘는 장기간을 소비하였지만 공부한 분량에 비하면 오히려 짧은 기간이었다고 믿는다. 7월초 시험이 있기까지 20일 정도의 기간에 이미 작성한 서브노트의 1회독만이 가능하였으나 그래도 이 정도면 합격할 수 있다는 예감으로 2차 시험장에 들어섰다. 시험은 예상보다 쉬웠던 것 같았고 이제는 합격통보를 기다리는 일만 남은 것 같았다. 크게 잘보지도 못했지만 아주 잘못본 것도 없었기 때문에 아무래도 합격점수는 나오리라는 기대를 가질 수 있었다. 그러나 9월에 있은 합격자 발표에서 내 이름이 빠져 있는 사실에 눈앞이 캄캄하였고, 10월 말경 총무처에 알아본 점수가 너무 낮은 사실(헌법 과목은 과락이었다)에 놀랄 수밖에 없었다.

(4) 재도전, 그리고 합격

최선의 노력이었다고 자부하고 합격을 자신하였던 까닭에 실망은 더 컸고 내 시험공부 때문에 시달려온 아내와 아이들에게도 면목이 없었다. 아내는 잃은 것이 없으니 상심하지 말라는 위로와 함께 시험은 이제 그만두라는 이야기였고, 나 자신 아무리 노력해도 가망이 없으리라는 판단에 따라 포기하기로 결심하였다. 그러나 시간이 지날수록 아쉬움은 더하고 허전하고 불안한 마음 속에 한 번만 더 도전해 보고 싶은 유혹을 참아내기 어려웠기 때문에 11월부터는 그동안 치워두었던 책을 꺼내 조금씩 읽어보게 되었다. 그런데 독서를 시작한지 하루도 지나지 않아서 내가 그동안 얼마나 큰 착각 속에 빠져 있었는지를 깨닫게 되었다. 내 판단으로는 합격할 수 있을 만큼 공부도 많이 하고 실력도 충분한 것으로 믿고 있었는데 이것은 도대체 이해가 되지 않는 부분, 체계가 잡히지 않는 부분, 전혀 생소한 부분투성이로 완전히 새로운 과목을 처음부터 시작하는 기분이었다. 이 정도의 실력수준으로 판단하다 보니 형편없이 치른 시험인데도 잘본 것으로 오판하고 합격을 기대하였던 것이다. 이것을 알고난 후로는 재도전의 욕망을 억제할 수가 없었다. 그것은 당초 시험을 포기하기로 한 이유가 실력은 충분한데 답안구성의 능력부족으로 낙방하였다고 믿고 그렇다면 아무리 노력하여 실력을 쌓아도 답안작성을 잘못하여 점수가 안 나오리라고 판단하였기 때문이었는데, 사실은 실력부족으로 떨어진 것이었으므로 남아 있는 기간동안 실력을 충분히 향상시킨다면 합격할 수 있다고 새롭게 생각되었기 때문이었다.

그러나 이번에는 아내가 포기하라고 반발하고 나서는데, 지금의 지위로 무엇이 부족하여 나이들어 사서 고생이며 집에서도 가장의 역할은 팽개치고 오로지 책상 속에 처박혀 식구들이 받는 온갖 스트레스는 생각지 않느냐는 것이었다. 그렇지만 며칠 간의 냉전 끝에 아내도 드디어 체념하는 것 같았기 때문에 12월부터는 마음놓고 시작하게 되었다. 문제는 1차시험을 또 보아야 하는 것이었지만 이미 한 번 합격한 경험이 있으므로 시험기간 바로 전에 2~3개월 준비하기로 미뤄둔 채 2차 준비에 들어가서 1월까지 기본서 1회독, 2월까지 주관식 문제집 1회독을 끝마쳤다. 3·4월의 1차 시험준비는 문화사·국사·국제사법에 비교적 많은 시간을 할애하고 경제학·민법·형법·헌법은 객관식 문제집만을 1회독하였으며, 영어는 객관식 문제집 일부만을 읽고 시험에 임박하여 최종정리삼아 기출문제로 테스트해본 결과 전과목 평균 90점 정도의 수준이 되는 것 같았다. 90년 5월에 있은 1차시험에서 걱정하던 문화사는 생각보다 쉬웠고, 국사·국제사법에서 손해보았으나 영어·경제학·형법에서 틀린 것이 거의 없어 줄잡아 평균 90점 정도가 될 것 같았기 때문에 그 정도면 안심해도 좋으리라 여기고 곧바로 2차 시험준비에 들어갔다.

시간이 지날수록 1차에 낙방할 것 같은 불안감이 더해 갔으나 설사 1차시험에 떨어진다 해도 공부해 놓아서 손해볼 것 없으므로 마지막의 최선을 다한다는 심정으로 2차준비에 혼신의 힘을 기울였다. 전에 만든 서브노트와 문제집을 책상 위에 함께 펴놓고 읽어가는 방식으로 전과목을 1회독하는데 한 달 정도가 걸렸다. 학교에서의 강의부담, 출퇴근부담 등을 고려하면 믿을 수 없는 속도였으며 집중된 정신노동이었다. 시험일을 20일 정도 남긴 상태에서 서브노트만으로 1회독에 10일 정도씩 2회독을 마쳤고, 그동안 1차시험에 합격된 사실을 알고 용기백배하여 "마지막"으로 예정된 시험에 임하였다.

국민대학에서의 2차시험, 문제가 그리 까다롭지는 않은 것 같아서 답안지를 그럭저럭 메꿀 수 있었다. 헌법시험을 망친 것 같았기 때문에 걱정하였으나 불안과 초조감 속에 맞이한 9월 15일의 2차 합격자발표에 내 이름이 포함된 사실을 알고 더할 수 없는 환희를 맛보았고 10월 31일의 최종합격뉴스에 기쁨을 감출 수 없었다.

· 여 론

시험합격에는 노력과 집중력 이외에 특별한 비결이 있을 수 없고, 또한 각자의 개성과 생활습관이 다르기 때문에 내 경우가 다른 수험생들에게 큰 도움이 될 수는 없는 것으로 생각되지만 궁금해하는 수험생들을 위하여 그동안 수험생활에서 몇 가지 경험하고 느낀 바를 소개하고자 한다.

(1) 고령자와 시험

나의 경우 세무사시험은 만 39세, 회계사시험은 40세에 합격하고 사법시험은 41세에 시작하여 44세에 끝마쳤다. 모두 40세 근방에서 시작하였는데 머리가 굳어서 어렵다고 느낀 적은 없다. 다만 직장일로 시간내기가 어려웠고 가끔 체력이 부족하다고 생각한 적은 있다. 20대에 비하여 기억력은 약간 감퇴된 듯하였으나 반면에 이해력과 체계적으로 종합하는 능력이 발전되어 어느 면에서는 오히려 유리하였다는 생각이 든다. 직장, 가정으로부터의 스트레스를 극복해야 하고 건강관리에 특히 신경써야 하는 부담이 따르지만, 집중력과 끈기있는 노력으로 계속할 수만 있다면 나이가 큰 문제는 아닌 것 같다.

(2) 건강문제

몸이 아프면 귀중한 시간을 허비하고 잘못하면 건강만 잃고 시험을 포기해야 하기 때문에 제일 신경쓰이는 문제였다. 수면시간 7~8시간을 반드시 유지하고(시험기간 중에도 마찬가지였다) 이틀에 하루씩은 아침 일찍 근처 실내수영장에 들려 약 1km씩 수영하는 습관을 지속하였으며 결코 무리하지 않고 식사도 거르지 않으며 머리속은 항상 신선한 상태로 유지하고자 최선을 다하였다. 좋은 건강상태에서 맑은 정신으로 최대의 집중력을 발휘하여 1시간 공부하는 것이 멍한 상태로 3시간 공부하는 것보다 많은 것을 이해할 수 있었으며 특히 직장생활의 시간부족 문제를 해결해 주었다고 생각한다.

(3) 시험과목 비전공자의 응시

공과대학 화학공학과 출신이었으므로 행정고시에서의 헌법·행정법·행정학·경제학·재정학·경제정책·사회정책, 회계사시험에서의 회계학, 그리고 사법시험에서의 법률학과목은 대학시절은 물론 고등학교에서도 대해 본 적이 없는 생소한 것들이었으며 논문형시험의 경험도 없었으나 처음에는 딱딱하고 지루하던 과목들이 회독을 거듭할수록 풀려나갔다. 또한 서브노트를 하면서부터는 논문형시험에도 적응되어 갔으며 비전공자로서 불리한 점은 별로 느끼지 못하였다. 세무사시험의 경우는 업무내용이 주로 세법이었으므로 법률학 전공자보다 오히려 유리하였다고 생각된다.

경쟁이 치열한 수준높은 국가고시에서 전공자가 유리한 것은 말할 필요가 없겠지만, 비전공자라 할지라도 확신을 가지고 전공자 이상의 노력을 하는 경우라면 결코 불가능하지 않을 것이다. 전공자라 해도 대학강의를 통해 공부하는 것은 고시공부에서 해내야 할 분량의 일부분에 불과하고 대부분은 혼자의 노력에 의하는 것이라고 생각되는데, 그렇다면 비전공자가 강의를 듣지 못해 손해보는 공부는 전체 고시공부의 일부에 불과하여 이를 극복하는데 드는 노력이 그리 대단한 것은 아닐 것이기 때문이다. 그러나 무턱대고 아무 시험에나 도전하는 것보다는 자기의 적성에 따라 유리한 시험을 선택하여야 할 것이다. 예를 들면 수학적인 계산문제에 약한 사람이 원가회계가 난관인 회계사시험에 응시한다거나 끈기가 부족한데 엄청난 분량의 독서를 요구하는 사법시험에 응시한다면 거의 100대 1의 치열한 경쟁을 뚫고 합격의 영광을 차지할 확률은 적을 수밖에 없다.

(4) 직장생활과의 조화문제

세무사·회계사시험의 경우는 직장의 업무가 시험공부와 밀접히 관련되어 있었으므로 자연스럽게 조화되었고 조금은 시간여유도 있었는데, 기본적인 모임에는 참석하고 어쩌다 집안식구와 나들이 하는 재미도 있었다. 물론 모임도 2회 있으면 1회만 참석하고 나들이에도 식구들이 밖에서 노는 동안 차속에서 책을 보거나 화장실에도 가능하면 책을 들고 간다든지 사무실에서 커피타임에도 커피만 마시면 곧바로 일어서는 등으로 5분의 시간도 아끼려고 노력하였다. 그런데 사법시험준비 중에는 시간은 턱없이 부족하고 공부할 분량은 엄청나서 시간확보전쟁을 치러야 했다. 친구들 모임은 이 핑계 저 핑계로 빠지고, 화장실에 신문가져가는 유혹을 없애기 위해 신문도 끊고, 바깥 나들이는 생각도 못할만큼 빡빡한 생활의 연속이었다.

바쁜 직장생활에서의 시험공부, 특히 분량이 많은 사법시험은 무리라고 여길지 모르나 직장에 따라서는 본인의 끈기 있는 노력으로 가능하다고 보며, 불리한 점만 있는 것은 아닌 것이 직장을 확보하고 있기 때문에 밑져야 본전이라는 여유로 스트레스를 적게 받고 계속할 수 있다는 장점도 있다. 물론 직장업무에 지장을 준다면 상사·동료들에게 나쁜 인상을 줄 것이므로 주위에서 모르면 더욱 좋고, 눈치챈다 해도 업무에 남보다 더욱 열심히라는 평가를 받는 것이 미래를 위한 지혜일 것이다. 직장에서 미움받고 시험에도 떨어지면 "밑져야 본전"이 아니기 때문이다.

(5) 교재의 선택

소문날까 우려하여 혼자서 고시안내 책자 등을 검토하여 비교적 많이 팔린 책을 선택하였는데 교재 내용은 대차가 없고 많은 수험생이 보는 책이라면 무난할 것이라고 생각되었기 때문이다. 그러나 이렇게 책을 고르다 보니 시간이 한참 지난 뒤에 책을 교체해야 하는 때도 있었으므로 시간적으로 손해였고 주관식시험에서 기본서를 바꾼 것도 나쁜 영향을 주었던 것 같다. 교재는 평이한 문장의 것을 고르되, 한 번 선택한 것을 교체해야 하는 불상사가 없도록 경험자의 조건, 기타 가능한 모든 정보를 동원하여 신중하게 선택해야 할 것이다.

(6) 서브노트의 효용성

행정고시, 세무사시험, 사법시험의 논문형 시험대비를 위해 거의 모든 과목에 서브노트를 작성하였는데 항상 투자한 시간 이상의 성과를 올렸다고 생각된다. 시간이 많이 걸리는 것은 사실이지만, 노트작성과정에서 답안작성 연습이 된 것은 물론이고 지식의 체계적인 이해와 정리, 종합화에 대단히 유리하였고 또한 일단 작성한 노트는 정리요약된 교재로서 시간절약에 도움이 많이 되었다.

(7) 예상문제의 발췌

예상문제를 발췌해 본적은 없고 전분야를 대상으로 서브노트를 작성하고 서브노트에 있는 것은 어느 것이 나오더라도 보통수준의 답안은 작성할 수 있도록 유의하였는데, 발췌한 예상문제만을 집중적으로 공부한다면 예상치 못한 문제가 출제될 경우 과락의 위험이 있었기 때문이었다.

(8) 학원 수강문제

학원 수강의 경험은 없는데 우선 학원 왕복시간이 낭비되는 것 같았고, 학원의 산만한 분위기에서 강의를 듣는 것 보다 조용하고 정리된 분위기에서 혼자 집중된 노력을 하는 것이 더욱 능률적이라고 생각되었다. 혼자 이해하기 곤란한 부분도 많았으나 회독수를 거듭하면서, 또한 서브노트를 작성하는 과정에서 모두 해결되었다.

외도자의 또 다른 경험

— 낙방의 쓴 잔을 마실 때마다 나이의 벽은 과연 넘을 수 없는
것이 아닌가 하는 회의와 실망감에 휩싸일 때도 많았다. —

홍 병 의

· 제28회 변리사시험 최고령 합격
· 1946. 1. 7. 황해도 출생
· 인천 제물포고, 서울대 법대 졸업
· 변리사(서울 강남구 역삼동 736-6)
· 전화 : 501-8884

· **변리사란?**

  변리사는 산업재산권에 관한 전문직업인으로서 현대첨단산업사회에서 매우 유망한 직종으로 각광을 받고 있다.
  특히 산업재산권의 국제화 추세와 출원건수의 급증, 빈번한 기술이전, 특허권·상표권의 침해에 따른 분쟁의 빈발 등으로 변리사의 역할이 전문화·다양화하게 됨에 따라 변리사의 인기가 점차 상승하고 있으며 일본의 경우 직업에 대한 선호도 조사결과 변리사가 제일 선호도가 높은 직업으로 부상했다고 한다.
  우리나라에서는 최근에야 비로소 변리사에 대한 인식이 높아가고 있는데 이것은 최근 변리사시험 응시자수의 폭발적인 증가와 고학력화 경향이 단적으로 말해주고 있다. 불과 10년 전만 해도 변리사시험의 응시자수가 100명을 조금 넘는 정도에 불과하던 것이 금년에는 2,500여명으로 급격히 늘어났으며 합격자 수도 변리사의 수요증대를 반영하여 종전의 15명 수준에서 금년에는 30명 수준으로 대폭 증가하였고, 이러한 추세는 앞으로도 계속될 것으로 보여진다.

• **고시실패와 외도**

 필자는 법과대학을 나와 고시준비를 시도했으나 역부족으로 실패하고 외국인업체에 근무하다가 해외에 발을 들여 놓게 되어 10여년 간 해외생활을 하게 되었다. 미국인회사 근무를 거쳐 중동의 해외건설업체에서 수년간 해외공사계약 관련업무와 현장관리업무 등을 맡아 보다가 5년 전에 귀국하였다. 우연한 기회에 변리사시험 준비를 하게 되어 몇차례 실패 끝에 지천명(知天命)의 나이에 접어든 금년에야 겨우 합격하게 되니 자랑보다는 부끄러움이 앞설 뿐이다. 그러나 나의 수험기가 변리사시험에 뜻을 둔 여러분, 특히 노장들에게 조금이나마 참고가 될 수 있기를 기대하는 마음에서 간단히 적어보고자 한다.

• **변리사시험에의 도전**

 5년 전 귀국할 때까지만 해도 나는 변리사라는 게 무엇인지 조차 모르고 있었다. 귀국 후 1년간은 우리나라 산천의 맑은 물과 공기에 중동에서 묻어 온 풍진을 말끔히 씻어버려야 되겠다는 생각에서 등산과 낚시에 모든 시간을 할애하였다. 생활이 무절제했던 이때 폭음과 폭식 탓인지 초겨울에 접어들면서 튼튼하던 위장에 이상이 생겨 몇 달간 병원치료를 받았다. 그러나 회복기미가 없어 휴양삼아 찾아든 곳이 풍광좋은 잣나무숲 언덕에 세워진 마석의 솔바위 고시원이었다.

 병원대신 고시원에 입원한 격이었다. 여기서의 규칙적인 식사와 약수에 의한 치료가 병원치료보다 나았던 탓인지 일주일도 지나지 않아 위장의 통증이 사라지고, 주변에서 열심히 공부하는 젊은이들을 대할 때마다 부러운 생각과 함께 이제는 나도 한 번 공부를 해보자는 생각이 머리를 들기 시작하였다.

 법대를 졸업했으나 고시에의 뜻을 이루지 못하고 전업(?)을 해야만 했던 많은 사람들에게 공통적으로 나타나게 마련인 고시증후군(?)이 때도 모르고 되살아나기 시작한 것이다. 처음에는 사법시험에 관심이 있었으나 예전에 없던 문화사·국사·경제학 등이 1차시험에 포진하고 있었고 과목 수도 많아져서 만만치가 않았다. 마침 그곳에서 변리사 사무소에 근무하다 휴직하고 변리사 시험준비를 하던 J씨를 만나게 되었고 그를 통해 변리사 시험이 매년 실시된다는 것과 시험과목, 변리사의 업무와 전망 등에 관하여 알게 되었다.
　의사나 변호사처럼 자격증만 있으면 평생직업이 될 수 있는 전문직인데다가 시험과목이 비교적 간단해서 나와 같은 초노장(超老壯)이라도 공부하기가 수월할 것 같았다. 1차시험(당시는 1차시험이 주관식시험이었음)까지는 4개월이 남아 있어서 도전해 보기로 하였다. 3월 초에 이수웅 저 공업소유권법과 양승두 저 공업소유권법을 구입하여 읽기 시작하였다. 처음에는 우선 감을 잡아야겠다는 생각에 속독을 하였고 2회독하고 난 뒤부터는 정독으로 들어갔으나 유기적인 이해에는 어려움이 있었다.
　다행히 그곳에 변리사시험 준비생이 4, 5명가량 있어서 오후에는 토론식으로 공부할 수 있었기 때문에 이해에 많은 도움이 되었다. 어느 정도 이해가 된 후에는 K와 둘이서 타이틀 위주의 암기를 하였고 시험 1개월 전부터는 기출문제를 중심으로 답안작성 연습도 해보는 등 빠른 속도로 기초적인 준비만을 마치고 첫시험에 임하게 되었다. 이틀 간에 걸쳐 5과목의 시험을 마치고 나서 생각하니 합격은 바라보기 힘들 것 같았다.
　특허법 제2문(물질특허와 제법특허의 비교)은 우리나라에 물질특허제도가 처음 도입되는 단계에 있었고 비교적 난해한 문제라 출제되지 않으리라고 판단했던 것이 잘못이었다. 9월 초에 30명의 합격자 발표가 있었고 결과는 예상대로 낙방이었다. 점수를 알아보니 평균 57.8점이었고 과락을 염려했던 특허법은 의외로 56점이 나와 있었다. 이때 내심으로는 조금만 더 공부하면 반드시 합격할 수 있다는 용기를 얻었다. 그리하여 다시 고시원으로 가려는 생각을 하던 차에 모 변리사사무소로부터 전화연락이 왔다. 한 번 방문해 달라는 것이었다. 난생 처음 변리사사무소를 방문해 보니 상상했던 것보다 훨씬 규모가 컸다. 직원수도 80여명에 이르고 소장실, 비서실, 서무부, 특허부, 상표부, 전산실, 타자실, 번역실 등이 빌딩 3개층을 널직널직하게 차지하고 있는 우리나라 굴지의 특허사무소였다. 소장 및 미국인 직원과의 간단한 면담을 한 후 그곳에서 일하기로 결정하였다. 변리사사무소 근무는 실무경험이 변리사시험준비에도 도움이 될 것이라는 생각을 했기 때문이다.
　상표부에서 상표의장 관련 국제사건에 관한 업무를 보게 되었는데 업무가 매우 재미있어서 2년 가까이 일하다 보니 그간 시험제도도 바뀌어 공부할 과목은 많아졌다. 그러나 맡았던 업무가 상표부를 총괄하는 업무였기 때문에 공부할 시간을 내기가 어려워 공부와는 점점 멀어지게 되었다. 결국 시험준비에 전념하기 위하여 사무소를 사직하였고 이 때부터 고시원, 독서실 등을 전전하는 고된 변시행로가 시작된 것이었다. 그러나 시험준비에 전념한다는 것도 쉬운 일이 아니었다. 고시원에 등록해 놓고도 고시원에서 공부하는 날보다 집에 나와 있는 날이 항상 더 많았을 정도로 집중적인 수험준비가 뜻대로 되지 않았다. 이런 상태에서 2년간 시행착오를 계속했다.

낙방의 쓴잔을 마실 때마다 나이의 벽은 과연 넘을 수 없는 것이 아닌가 하는 회의와 실망감에 휩싸일 때도 많았다. 무모하게도 시험준비에 달려든 것이 후회스러울 때도 있었다. 그러나 이미 시작한 일, 몇 년이 더 걸려도 물러설 수는 없었다. 될 때까지 해 보리라 작정했다.

제28회 변시 1차시험이 2개월 앞으로 나가오고 있었다. 집근처의 고덕시립도서관에 나가 오전에는 2차시험의 선택과목인 민사소송법과 저작권법을 공부하고 오후에는 1차 시험과목인 특허법·민법개론의 문제집을 풀어본 후 자연과학개론에 많은 시간을 할애하였다.

6월 중순 1차시험을 끝내고나니 무난할 것 같아 바로 마석에 있는 고시원에 혼자 입소하여 2차시험 총정리에 들어갔다. 2차시험인 8월말까지는 70여 일의 시간이 남아 있었다. 나와 같은 노장이 한여름의 더위를 무난히 극복하자면 무리한 공부는 피하고 컨디션 조절에 유의하는 일이 매우 중요하다고 생각되었다. 저녁에는 항상 일찍 자고 새벽에 일어나서 아침식사 전까지 3시간 이상을 확보하였다. 점심식사 후에는 냇가에 나가 1시간씩 수영을 하였다. 그리고 오후에는 책상에 앉아 있기가 답답하고 능률도 잘 오르지 않을 때마다 노트를 들고 숲속을 거닐면서 이미 알고 있는 내용들을 반복하여 기억해 보았다. 이 기간 동안에는 거의 아무도 만나지 않았으며 속도는 느리지만 꾸준하게 준비를 계속해 나갔다.

시험 전날 밤 책을 싸들고 집에 돌아와서 예상문제만 한 번 훑어보고 3시간 정도 수면을 취한 후 시험에 임했다. 시험을 치를 때 항상 느끼는 것은 준비가 너무 부족하다는 것이다. 그러나 포기하지 말고 끝까지 버티는 것이 중요하다는 것을 절감했다. 첫시간 특허법 제2문(특허청구범위의 구성요건적 기능, 보호범위적 기능)은 내 지식을 모두 동원해도 특별히 쓸만한 내용이 생각나지 않는 의외의 문제였다. 희미한 기억을 더듬어 기본적인 것만 써서 겨우 2장을 채우고 나니 더 이상 쓸 수가 없었다. 게다가 제1문 마저도 확실하게 써주지 못하여 이번에도 틀렸구나 생각했다. 특허법 문제가 어려웠던 때문인지 내가 응시한 교실에서는 둘째시간에 결시자 수가 많아졌고 다음날 시험에는 첫날 대비 30% 정도의 결시율을 보였다.

다음 시간부터는 나중에 점수라도 알아보자는 생각으로 임했는데 나머지 4과목은 크게 실수하지 않은 것 같았고 그중 선택과목인 민사소송법과 저작권법은 비교적 높은 점수가 나올 것 같았다. 그러나 특허법은 분명히 과락을 면치 못할 것 같았고 설사 과락을 면한다 하여도 그 점수의 공백을 메우기는 불가능한 일일 것으로 생각되었다. 그러나 주변에서 하는 말이 이번 시험은 전반적으로 어려웠기 때문에 커트라인이 낮을 것이라는 말을 듣고 혹시나 하는 기대감도 없지는 않았다. 그러나 발표일이 가까이 다가오면서 마음은 점점 불안해지기 시작했다. 낙방의 확율은 90% 이상인데 이번에도 또 낙방하면 수년동안을 매일 새벽마다 교회에 나가 기도하시는 어머니와 아내를, 그리고 실망할 아들과 딸을 어떤 표정으로 대면할 것인지 대책이 서지 않았다.

발표일 전날은 아침을 일찍 먹고나서 이번에도 안된 것 같으니 고시원을 알아보러 나가야겠다고 말한 뒤 곧 차를 몰고 덕소, 월문리, 마석, 대성리, 청평 등지의 고시원을 찾아 나섰다. 하루 종일 돌아 다니다가 저녁 무렵에 집에 돌아와보니 매년 같이 공부하면서 나에게 힘이 되어 주던 Y로부터 우리 두 사람 모두 합격했다는 뜻밖의 소식이 와 있었다. 믿어지지가 않았다. 그러나 확인해 보니 사실이었다. 온 집안 식구들이 기뻐하는 것을 보면서 나는 주변에서 항상 나를 염려해 주시고 성원해 주시던 모든 분들에 대한 감사하는 마음이 뭉클 솟아오르는 것을 느꼈다.

• **수험대책**

(1) 1차 시험준비

1차 시험과목은 특허법, 민법개론, 자연과학개론, 외국어 등 4과목인데 인문계 수험생들, 특히 노장들에게는 자연과학이 제일 큰 문제이다. 그러나 사시나 행시 등과는 달리 4과목 평균 60점 이상이면 합격되는 절대평가제이므로 최소한도 과락만 면하면 되고 내 경험으로 봐서 그리 어려운 것은 아니라고 생각된다. 변시전문학원에서 수강한 인문계 응시생들 중에는 자연과학에서도 고득점하는 경우가 많다고 들었다. 나는 학원강의를 수강한 적이 없고 비교적 이해가 용이한 방통대 교재와 문제집 중심으로 공부하였으며 어려운 것은 이공계출신 변시준비생인 K와 Y의 도움을 많이 받았다.

특허법은 조문을 암기하고 황국환 저 객관식문제집을 한번 풀어 보았으며 민법은 박길룡 저 기출민법을 한번 풀어 본 후 틀린 문제만 표시해 두었다가 시험 당일 한번 훑어 보는 것으로 해결하였다.

영어는 사시나 행시와 비슷한 수준이라고 하며 어휘력과 독해력을 묻는 문제가 주로 출제된다는 점에 특색이 있다고 할 수 있다.

(2) 2차 시험준비

특허법 : 특허법은 국내 서점에 여러 가지 교재가 나와 있으나 길등행삭의 특허법개설(김원호 외 2인 공역)이 제일 내용도 정확하고 이해도 쉬웠다. 특허법은 의장법·상표법·실용신안법 등 공업소유권법의 모법이라 할 수 있고 또한 의외의 문제가 출제되는 경우가 많으므로 구석구석 확실히 이해하고 준비해야 하나 나의 경우는 항상 특허법이 문제과목이었다.

의장법 : 윤종엽 역편저 의장법해설을 주로 보았으나 최근 조영원 외 1인의 의장법연습(문제집)이 산뜻하고 간결하게 나와서 이를 많이 참고하였다. 특히 의장법에서는 특허청 심사기준을 완전 암기하는 것이 필수적이므로 금번 개정된 심사기준의 암기에 많은 시간을 할애하였다.

상표법 : 시중에 있는 몇가지 책을 사서 보았으나 모두 조금씩 부족한 것 같았다. 결국 동료 변시준비생 Y가 일본문헌을 포함한 많은 참고자료를 사용하여 방대하고 깊이 있는 Sub-note를 작성하였는데 이를 많이 참고하였고 박희섭의 간결한 「상표법 서브노트」도 많은 도움이 되었다.

민사소송법 : 이시윤 저 민사소송법 타이틀을 모두 암기한 다음 소항목을 암기하고 다시 내용을 요약하여 암기하는 등 철저히 암기하려고 노력하였다. 변시에서는 법조문을 참조할 수 없으므로 조문의 타이틀 정도는 모두 암기해 두었다. 작년도 시험 때부터 민소법을 선택하게 되었는데 비교적 높은 점수를 받아 합격에 이르는 계기가 된 것 같다.

저작권법 : 한승헌 저 저작권의 법제와 실무, 황적인 저 저작권법, 허희성 저 저작권법 축조해설, 송영식 외 2인 공저 지적소유권법의 저작권편을 보았

고 저작권법의 법조문과 UCC제네바 조약 등의 중요 조문도 기억해 두었는데 마침 이번 시험에 작은 문제(25점)로 제네바 조약이 출제되어 비교적 충실하게 기술할 수 있었다.

(3) 답안작성시 유의점

변시에서는 매 과목당 시험시간이 100분씩이므로 시간 안배가 매우 중요하다. 답안을 작성할 때 깊이 있고 상세하게 기술하다 보면 한 문제의 결론을 맺는 것이 지연되어 다른 문제를 쓸 시간이 없는 경우가 많은데 나도 해마다 그런 실수를 범하곤 했다. 그러므로 필기속도가 아주 빠른 사람이 아니라면 아는 것도 때로는 과감히 생략하고 가급적 간략하게 써야 중요한 논점을 빠뜨리지 않고 제한된 시간내에 다 쓸 수 있을 것 같다.

· **변리사시험제도**

이 글을 읽으시는 분들 중에 혹시 변리사 시험에 관심이 있는 분들을 위해 우리나라 변리사 시험제도에 관하여 간략히 설명드리고자 한다.

변리사시험의 시행기관의 장은 특허청장이며 시험시행에 관한 구체적인 사항은 특허청 지도과에서 주관하고 있는 바, 시험시행계획은 연초에 특허청장이 공고하며 매년 1회씩 시행한다. 시험출제 수준은 4년제 대학졸업 정도로 하고 있고 1차시험은 객관식으로 매과목 100점을 만점으로하여 과락(40점 미만)없이 전과목 평균 60점 이상을 합격기준으로 하며 2차시험은 논문식으로 합격기준은 매과목 100점을 만점으로 하여 매과목 40점 이상 득점자 중 성적순으로 선발예정인원을 합격자로 한다. 종래의 절대평가제에서 금년 1991년부터는 상대평가제로 바뀐 것이다. 시험과목은 1차시험이 특허법, 민법개론, 자연과학개론 및 외국어(영어, 독어, 불어, 일어, 중국어, 서반아어 중 1과목 선택) 등 4과목이고 최종시험인 2차시험의 시험과목은 특허법, 의장법, 상표법과 선택과목 2과목 등 5과목이다. 선택과목의 비중이 매우 높은 것이 특징이다. 1991년도 변리사시험은 3,404명이 지원하여 2,471명 응시했고 1차시험에서는 726명이 합격하였으며 2차시험에서 30명(이공계 22명, 인문계 8명)이 최종합격했다(cutline는 52.1). 합격자는 국제특허연수원, 특허청, 변리사사무소 등에서 1년간 연수와 실무수습을 받은 후 변리사사무소를 개업하거나 특허사무소에 취업할 수 있다.

돌이켜 보건대 오늘 나의 합격은 나 혼자만의 힘으로 된 것이 아님을 나는 잘 알고 있다.

그간 조금도 흔들림이 없는 신념으로 나를 믿어주시고 채찍질해 주신 어머니, 매일 아침 새벽기도로 스트레스를 이겨낸 나의 사랑하는 아내, 그리고 K, Y의 도움이 없었다면 나의 합격은 절대로 불가능했을 것이며 이 지면을 빌어 다시 한 번 감사를 드리고자 한다.

또한 그동안 나를 염려해 주시고 성원해 주신, 일일이 열거할 수 없는 많은 분들을 잊을 수 없으며 모두에게 진심으로 감사를 드린다.

길고도 지루한 여행

— 위기에 처했을 때 대부분의 사람들은 앞의 위(危)자에
치중하여 쉽게 좌절해 버리지만, 현명한 사람은 뒤의
기(機)자에 중점을 두어 새로운 기회를 찾는다. —

조 성 훈
· 제30회 사법시험 합격
· 1964. 8. 6. 전남 승주군 출생
· 순천고·경찰대 법학과 졸업
· 서대문경찰서 전경대 소대장
· 인천 용호파출소 소장
· 경찰청(본부) 법무계장
· 서울동부경찰서 수사과장

• 처음에

 길게만 느껴졌던 수험생활이 마침내 끝났다. 마치 어두운 긴 터널을 지나온 기분이다. 돌이켜 보건대 나의 수험생활은 시간과 나와의 싸움 그것이었다. 부족한 시간과 해야 할 많은 분량의 공부 사이에서 허둥거리다 마침내 여기까지 오게 되었다.
 별로 화려하지도 않은 나의 수험생활에 대해서 글을 쓴다는 것에 대하여 송구스럽게 생각하며 한편으로는 나와 같은 처지에서 열심히 시험공부를 하고 계시는 수험생들에게 조금의 위안과 보탬이 되기를 바라는 마음에서 감히 펜을 들게 되었다. 넓은 아량으로 읽어 주시기 바란다.

• 학교생활과 첫 출발

 (1) 고등학교를 졸업하고 경찰대학(警察大學)이라는 조금은 특수한 대학을 선택했다.
 어떤 확고한 신념이나 가치정립이 안된 미숙한 상태에서 선택한 대학생활

은 나에게 견디기 힘든 것이었다.

학교의 성격상 "문(文)" 뿐만 아니라 "무(武)"도 배워야 하는 생활이었고, 제복을 입고 개인보다는 단체의 구성원으로서의 제약이 따를 수밖에 없는 생활이었다.

엄격한 학사일정에 따라 점호·학과수업·특수과목(무도·운전교육·사격훈련·타자교육·수영실습 등)의 이수 기타 경찰실무 및 실습 등이 자유분방함을 바랐던 나의 성격에는 쉽게 적응하기 힘들었다.

일학년 때는 거의 방황과 좌절 그리고 미래에 대한 불확실성 등으로 공부는 뒷전이었다. 배우는 과목이 다양하고 많았으므로 개인적인 시간을 확보한다는 것은 쉽지가 않았다. 목표를 설정하고 추구하는 적극적인 삶이 아니라 수동적이고 소극적인 생활의 연속이었다. 자연히 어떤 '틀'속에 '내'가 끌려가는 듯한 생활이 계속되었다.

(2) 이러한 생활 속에서 많은 고민을 했고 방황도 했다. 그러던 중 아는 선배님의 주선으로 어느 출판사 사장님을 찾아 뵌 적이 있었다. 여기서 그 분이 들려주신 말씀이 나의 생활에 큰 변화를 주었다. 그 분은 나의 고민을 들으시고 백지에 '위기(危機)'라는 글자를 쓰시며 다음과 같이 말씀하셨다. "위기에 처했을 때 대부분의 사람들은 앞의 '위(危)'자에 치중하여 쉽게 좌절해 버리지만 현명한 사람은 뒤의 '기(機)'자에 중점을 두어 새로운 '기회'를 찾는다. 어려운 위기(危) 상황 속에서도 더 나은 기회(機)는 있는 것이다"라고.

나는 여기서 내 자신을 돌아보게 되었다. 지금까지의 허송세월을 청산하고 무엇인가 목표를 설정하여 끝까지 노력하고 추구해 보자고 결심했다.

이것이 나의 사법시험 생활의 시작이었다. 그리고 앞에서 말한 고마우신 분의 말씀이 나의 수험생활에 크나 큰 힘이 되었다.

• **수험생활**

(1) 2학년 여름방학 때부터 본격적인 시험준비에 착수했다. 방학이라 해야 4주일밖에 안되었다. 그러나 그 기간이 학교생활의 틀에서 벗어나 나만의 시간을 가질 수 있는 유일한 시간이었다. 그렇지만 공부해야 할 분량에 비하면 너무나 부족한 시간이었다. 어쨌든 나의 여건은 이미 결정된 것이고 주어진 여건에 최선을 다할 뿐이었다.

방학을 하자마자 책을 싸들고 집 부근의 조그만 암자로 향했다. 암자에서 스님 두 분과 생활을 하면서 낮에는 막연히 법서를 뒤적이고, 밤에는 스님의 말씀에 귀를 기울이며 방학을 보냈다. 물론 어떤 깊이 있는 공부를 한다기보다는 나름대로의 공부하는 방향과 분위기를 조성한다는 데 더 큰 의미를 두었다. 방학이 한달 가량 되었으나 그동안에 헌법·민법·형법을 한 번씩 통독하는 데 그쳤다. 많은 공부는 못했지만 내 인생에 있어 커다란 성숙의 시기였다. 방학을 마치고 학교에 돌아와서는 학과수업이 끝나는 대로 도서관에서 공부에 열중했다. 이수해야 할 과목이 많았으므로 완전히 학과수업이 끝나는 시간은 오후 5시 경이었고, 이 때부터 시험준비에 들어가야 했다. 그러나 학교의 특성에 따라 단체생활을 해야 했으므로 나의 개인적인 문제에만 신경을 쓸 수는 없는 것이었다.

아침 기상과 더불어 아침 점호에 참석해야 했으므로 아무리 야간에 늦게까지 공부를 했다고 하더라도 아침에 일어나는 시간은 정확해야 했다. 이것이 어떤 면에서는 나에게 더욱 좋은 계기가 되었다. 늦잠을 잘 수가 없었기 때문이다. 아침 일찍 일어나서 새벽 공기를 마시면서 구보와 함께 하루의 일과가 시작됐다. 학교수업이 9시에 시작되면 오후 5시 경에 끝나고, 6시에 저녁식사, 9시에 일석 점호, 그리고 밤 10시에 취침이라는 규칙적인 생활이 계속되었다. 내가 확보할 수 있는 시간은 점호가 끝난 후부터의 야간 시간이었다. 남보다 시간이 부족했으므로 여러 종류의 책을 두루 독파하기는 어려웠다. 좁지만 깊게 공부하는 수밖에 없었다. 오로지 1차시험에 중점을 두고 참고서와 문제집으로 시험준비에 열을 올렸다.

결과야 어찌되든 간에 어떤 목표를 설정하여 추구한다는 것은 보람된 일이었다. 지루하기만 했던 학교생활이 시간가는 줄 모르고 빨리 지나갔다.

(2) 3학년 때 사법시험 1차시험에 응시했다. 첫 도전이었다. 난생 처음 사법시험이라는 시험에 응시하는 기분은 묘한 흥분까지 느끼게 했다. 그러나 너무 당황해 하다가 실수를 범하고 말았다.

오후에 영어 문제를 풀고난 뒤 답안지에 옮기는 과정에서 한 칸을 비우고 기재를 해버린 것이다. 답안지 수정이 불가능했으므로 알고도 틀리는 수밖에 없었다. 정말이지 등에서 식은 땀이 흘렀다. 착잡한 심정으로 시험장을 나섰다.

(3) 6월부터 학교에서는 정식 학과수업이 모두 마무리 되고 Summer School이라는 특별교육이 있었는데 여기서는 운전실습을 하면서 보냈다. 그리고 일주일 간 전투경찰대 실습을 전라북도 어느 해변으로 떠났다. 여기서 해안선을 바라보면서 1주일을 보냈다. 실습을 마치고 귀교하는 길에 중간 휴게소에서 신문을 사들었을 때, 거기에 내 이름은 없었다. 내 인생에 처음으로 패배를 맛보는 순간이었다. 부족한 시간이었지만 나름대로 최선을 다 했는데 막상 결과가 실패로 나타나자 실망은 컸다.

나의 여건으로는 사법시험이 불가능하게 느껴졌다. 주위에서도 사법시험보다는 과목이 적고 공부할 분량이 적은 행정고시를 지향하는 것이 우리와 같이 시간이 부족한 상황에서는 적절하다고 말하는 사람이 있어 나를 회의에 빠뜨리게 했다. 그리고 내 주변에 사법시험 공부를 하는 동료들은 거의 없었다. 실패의 좌절은 컸으나 오히려 그만 두기에는 나의 자존심이 허락하지 않았다.

(4) 다시 전력을 가다듬어 시험준비를 했다. 실패의 요인을 분석하여 나의 실정에 맞는 시험준비 계획을 실행했다. 확보할 수 있는 최대한의 시간을 확보하고 중요한 사항은 요점 정리하여 Sub-note를 작성했다.

당시는 시간의 확보도 어려웠으나 학교생활이 월요일부터 토요일까지 학교 안에서 숙식을 해야 했고 토요일 오후에 외출과 외박이 실시되었으므로 외부와의 교류, 시험정보 수집 등은 더욱 어려웠다. 오로지 고시잡지에 의존하여 수험정보를 얻고 독학할 수밖에 없었다. 4학년이 되면서는 최고 학년이라 어느 정도 자유가 주어져서 나름대로 시간확보를 할 수가 있었다.

4학년 때 다시 1차시험에 응시했다. 3학년 때의 경험을 살려서 신중히 그리고 천천히 문제를 풀어 나갔다. 막히는 문제도 간혹 있었으나 잘 하면 합격할 수 있겠다는 생각이 들었다. 결과는 합격이었다. 할 수 있다는 하나의 가능성이 나에게 용기를 북돋아 주었다. 그러나 2차시험은 시험장 분위기나 익히고 내년에 치르기로 마음먹었다. 단국대학교에서 시험 첫날 국민윤리·헌법 시험만 응시한 채 내년을 기약하며 시험장을 나오고 말았다.

(5) 2차시험 준비하느라 4학년 시절은 시간가는 줄 모르고 보냈다. 수업이 끝나면 곧장 도서관으로 직행해서 시험준비를 했다. 도서관에는 대학원 입학시험을 준비하는 동기들이 많아서 공부하는 데 외롭지는 않았다. 겨울방

학 전까지 2차과목을 통독하고 방학과 함께 곧장 서울 이모댁으로 가서 짐을 챙겨 청평에 있는 고시원으로 향했다. 그 해 겨울은 유난히도 추웠다. 연탄난로 하나를 사이에 두고 밥먹는 시간을 제외하고는 책과 씨름했다. 방학이라야 5주 정도였으므로 천천히 그리고 여유를 부리며 공부할 수 없었다. 방학이 조금만 더 길었으면 하는 아쉬움이 항상 남아 있었다.

짧은 고시원 생활이었으나 같은 처지에 있는 수험생 틈에서 강한 의지와 끈기를 배웠다. 그리고 고시원을 나올 때는 그래도 뭔가 열심히 했다는 기분이 들어 흐뭇했다.

(6) 2월부터는 졸업식 준비로 바빴다. 내가 몸담았던 4년의 보금자리를 떠나야 한다는 아쉬움과 어깨 위의 계급장(무궁화 하나)이 유난히도 크고 무겁게 느껴졌다. 이제 나에게 남겨진 것은 2차시험이었다. 그러나 졸업 후가 더욱 어려웠다. 우리는 졸업하면 곧 논산 훈련소에 가서 4주간의 기초 군사훈련을 받아야 했고, 그후 3개월간 초급간부전술 과정에서 경찰실무 등을 습득해야 했다. 훈련이 끝나는 시기가 8월 초순이었으므로 교육기간중에 2차시험을 치러야 했다.

앞으로 더욱 어려운 미래가 놓여 있었지만 어쩔 수 없어 아쉬움만 간직한 채 졸업장을 들고 학교를 떠났다.

• 졸업과 수험생활

(1) 논산 훈련소에서 4주간 기초 군사교육을 받았다. 훈련소에서 시험공부를 한다는 것은 무리였다. 심신이 너무나 피곤했다. 그러나 고달픈 훈련 속에서 자기를 배운 것은 큰 수확이었다. 4주간의 훈련을 마치고 경찰종합학교에 입교하여 3개월간 간부 전술과정에서 군사훈련 및 경찰업무 실습에 들어갔다. 하루 7시간씩 꽉찬 학사일정이 2차시험준비를 하는 나에게는 큰 어려움이었다.

입교하자마자 2주간의 유격훈련이 실시되었다. 산과 바위를 오르내리며 육체적 끈기를 실험했다. 학과가 모두 끝나는 시간이 오후 5시, 몸을 씻고 공부할 수 있는 시간은 오후 7시 정도였으나 육체적으로 피곤한 상태여서 책상에 앉으면 나도 모르게 졸고 있었다. 그러나 어쩔 수 없는 형편이었다. 오로지 최선을 다할 수밖에···.

짧은 시간 때문에 다독을 할 수는 없었다. 오로지 속독이었다. 전과목을 대충 한 번 훑어보는 정도로 2차 시험장에 들어섰다. 이런 상태에서 합격을 기대한다는 것은 무리였다. 이렇게 나의 고달픈 고시생활은 이제 끝나는가 싶었다.

(2) 교육을 마치고 8월에는 서대문경찰서에 전경대 소대장으로 발령을 받았다.

나의 첫 경찰생활은 돌과 화염병, 그리고 최루탄이 난무하는 속에서 시작되었다. 대학가와 도심지에서 나의 젊음은 돌과 화염병, 최루탄의 눈물로 뒤범벅이 되었다. 때로는 현실에 대한 불안과 가치관의 혼란, 나의 위치에 대한 회의감 등이 나를 괴롭혔다. 내 젊음을 이렇게 보내기는 아쉬웠다.

주위에서 동료들도 지금까지 공부한 것이 아깝지 않느냐며 다시 한 번 시도해 보라고 했다. 정말 고마운 분들이었다. 이 분들의 무언의 격려가 없었다면 고시에 대한 미련만 남긴 채 나는 영원히 방황했을 것이다.

(3) 이제 마지막이라 생각하고 다시 책을 잡았다. 데모가 없는 날은 철망이 쳐 있는 버스안에서 사과탄 상자로 책상을 만들어 공부를 시작했다. 그러나 언제 어떤 일이 벌어질지 알 수 없었다. 시위가 있으면 언제나 출동해야 했고 소대장으로서 내 소대원의 안전은 내가 책임져야 했기 때문이다. 책을 덮어 두고 뛰어가서 돌·화염병 그리고 최루탄을 맞이해야 했다. 자연히 공부의 리듬을 유지하기에 힘들었다. 그러나 좌절하지 않았다. 항상 인생은 비교급이라 생각했다.

「나보다 환경이 나은 사람도 있고 나보다 더 어려운 사람도 있는 법이며 중요한 것은 내가 행복에 넘칠 때는 여기서 만족하지 말고 더욱더 나은 발전을 위해 노력하고, 내가 불행에 처했을 때는 좌절하지 않고 나보다 어욱 불리한 처지의 사람도 있다는 것을 생각하며 스스로 위안을 삼아 재기의 방법을 찾아야 한다」는 나의 인생을 중심으로 상하의 또 다른 인생을 비교하면서 생활의 안정과 위안을 삼았다.

(4) 이번에는 1, 2차를 동시에 끝내려고 마음먹었다. 중대장님을 비롯하여 동료 경찰관들이 많은 도움을 주었다. 끝까지 용기를 잃지 말라고 해주신 격려가 내게는 커다란 힘이 되었다.

1987년 제29회 사법시험 1차 시험에 응시했다. 막연히 합격할 수 있겠다는 생각이 들어 곧바로 2차 시험준비에 들어갔다. 내가 할 수 있는 모든 것을 해야 했다. 방독면 주머니에 서브노트한 것을 넣고 다니면서 휴식 시간에 꺼내 보는 등 가능한 모든 방법을 동원했다. 그러나 일정이 순조롭지만은 않았다. 6월에 접어들면서 6. 10민주화 운동이 전국을 휩쓸었다. 이런 와중에서 나는 일선 경찰진압부대 소대장으로서 진압임무를 수행해야 했다. 명동성당으로, 대학가로, 밤낮없이 거리의 아스팔트 위에서 숙식을 하며 보내야 했다.

국가적인 위기상황이었고 위험한 순간의 나날이었다. 이렇게 되자 모든 것이 포기상태였다. 그러던 중 1차 합격소식을 들었다. 위기상황 속에서 나에게는 커다란 희망이었다. 그러나 2차시험은 내년으로 미루기로 했다. 계속되는 시위와 혼란, 그리고 경찰관인 나의 형편으로는 거의 책을 접하지 못했다. 절대적인 공부시간 부족이었다.

(5) 6. 29 선언과 함께 사회는 조용해졌고 시위도 없어졌다. 그러던 중 8월에 다시 부산시경 산하 기동대 소대장으로 전출발령을 받았다. 서울에서 책을 챙겨 부산으로 내려갔다. 근무지 이동이 있을 때마다 더블백에 가득찬 책이 유일한 나의 이삿짐이었다.

이제 사회도 조용해져서 다시 시험준비를 할 수 있었다. 부대에서 소대원들과 같이 생활을 하면서 정문 입초대 옆에 조그만 방을 하나 마련하여 본격적인 2차 준비에 들어갔다.

기본서와 문제집을 병용하면서 철저한 단권화 작업을 시도했다. 새로운 문제, 학설 등은 고시잡지를 정기구독하면서 보충하여 간략하게 메모한 것을 항상 주머니에 넣고 다니며 시간날 때마다 메모지를 보고 익혔다. 처음에는 계획대로 잘 진행되었으나 8월 중반부터 노사분규가 봇물 터지듯이 일어났다. 노사분규 현장에 매일 출동해야 했다. 따라서 시간의 확보가 거의 불가능했다. 무더위 속에서 진압복과 방독면을 쓰고 있으면 절로 땀이 비오듯이 흘러내렸다. 그만 두고 싶은 생각도 간혹 들었으나 끝까지 공부를 계속할 수 있었던 것은 주위의 격려와 협조 덕분이었다. 정말 영원히 잊지 못할 고마움이었다.

12월에 접어들면서 대통령 선거, 국회의원 선거, 연말연시 비상근무 그리고 갖가지 사건 속에서 남달리 바쁜 겨울을 보냈다.

1988년 3월 쯤에 가서야 본격적인 시험준비에 들어갈 수 있었다. 목표를 세워 매일 100~200페이지를 독파했다. 시간이 충분하지 못했기 때문에 많은 종류의 책을 볼 수는 없었고, 최소한 단권화 작업으로 대처했다. 그러나 시위가 벌어지는 날은 목표했던 분량을 끝낼수가 없었다. 이런 날은 괜히 짜증스럽고 초조했다. 그 다음날은 어제 못했던 부분을 보충해야 했으므로 나에게는 시간 확보가 무엇보다도 중요했다.

이렇게 시간에 쫓겨가며 차분히 시험준비를 해나갔다. 시험을 2주일쯤 앞두고 속독으로 전과목을 한 번 통독했다. 이제 앞 뒤 생각할 겨를도 없었다. 그러나 이 과정에서 물심양면으로 도와주신 동료 경찰관, 그리고 아무 사고 없이 무사히 나의 임무를 마치게 해준 나의 사랑스런 소대원들 모두가 나의 큰 힘이었다. 시험을 2~3일 앞두고 책을 챙겨서 서울로 향했다.

· **마지막 도전과 합격**

(1) 7월에 국민대학교에서 시험을 치렀다. 천호동 이모댁에서 4일간을 오가며 시험을 치렀다. 장마철이라 비가 자주 내렸다. 천호동에서 국민대학교까지 오가려면 상당한 시간이 소요되었다. 이모님이 매일 새벽에 일어나셔서 내 밥을 지어야 했다. 정말이지 이 조카 때문에 많은 고생을 하셨다.

첫째날, 국민윤리 시험은 논술형 문제의 논점을 잡기가 어려웠다. 특히 첫 과목이라 조금은 흥분된 상태에서 시험을 치렀다. 헌법은 그런대로 무난하게 치를 수 있었다.

둘째날, 행정법 시간에는 조금 당황했다. 큰 문제의 논점을 파악하느라 힘들었고, 상법은 '보험계약의 의의'라는 문제가 예상 밖이었다. 나머지는 어려움 없이 끝냈다.

셋째날, 민법 시험은 가장 고전을 겪었다. 큰 문제는 조금 빗나간 논리를 전개했고, 작은 문제 '신뢰이익'도 정확히 답하지는 못했다. 그러나 '등기청구권' 문제는 시험 시작 전에 보아둔 문제여서 막힘없이 쓸 수가 없었다.

마지막 날 형법은 작은 문제 2개가 예상 못한 문제였고, 형사소송법은 어려움없이 끝냈다. 마지막 시험을 치르고 나오면서 그런대로 치른 것 같다는 생각이 들었다.

(2) 이제 나의 주어진 여건에서 최선을 다 했다고 생각하니 미련도 없었

다. 합격하든 실패하든 이제 고시생활은 안녕이었다. 또 다시 시작할 용기도 가능성도 없었다. 시험을 마치고 부산에 와 보니 인천 중부경찰서로 발령이 나 있었다. 다시 짐을 챙겨 인천으로 향했다. 졸업 후 2년 동안 여기저기 떠돌아 다니는 생활만 한 셈이다.

인천에서 첫 보직으로 파출소장을 맡았다. 경찰의 최일선인 파출소의 장으로서 직무를 수행하는 동안 또 올림픽 준비로 바쁜 나날을 보내야 했다.

합격자 발표 하루 전날 궁금해서 서울로 갔다. 마침 올림픽 성화가 광화문을 통과하고 있었다. 타 오르는 성화가 아름답고 뿌듯하게 느껴졌다. 이리저리 영화관을 방황하다가 저녁 8시쯤 신문사에 전화를 했다. '합격'이라는 한 마디가 유난히도 크게 들렸다. 막상 합격임을 알았을 때는 기쁨보다는 허탈감이 먼저 들었다. 막연히 앞만 보고 뛰다가 종착지에 도착한 기분이었다.

(3) 2차시험 발표 후 올림픽 경비 근무 때문에 아주 바빴다. 따라서 3차 면접시험은 특별한 준비없이 응해야 했다. 면접위원께서는 부동산 이중매매에 대하여 간략하게 물으시고 기분이 어떠냐고 하셨다. 내가 초조하다고 하자, 나의 시험성적을 귀뜸해 주시며 초조해 하지 않아도 되겠다고 말씀하시는 것이 아닌가. 아! 이것으로 고달펐던 고시생활은 종지부를 찍는가 생각하니 만감이 뇌를 스쳐갔다.

• 마무리

이제 뒤돌아 보니 많은 일들이 스쳐 지나간다. 돌과 화염병, 최루탄과 눈물, 한여름 무더위 속에서 진압복을 입고 흘린 땀방울, 기동대 버스안에서 재채기 하면서 보았던 책들, 데모가 끝난 후 도로가에 앉아 있는 내 자신이 처량하게 느껴졌던 순간들, 그리고 서울에서 부산, 이곳 인천까지 잦은 근무지 이동 때마다 항상 함께 했던 무거운 책가방도 이제는 한낱 추억 속에 묻혀 버렸다.

나의 수험생활에서 가장 어려웠던 것은 시간확보와 정보부족이었다. 그러나 시간이 부족한 반면 더욱더 집중력을 높일 수 있었고 정기구독했던 고시연구는 나에게 각종 정보를 제공해 주는 유일한 벗이었다. 누구나 만족할 만한 여건을 가진 사람은 없을 것이다. 중요한 것은 주어진 여건 속에서 최선을 다하는 것이리라. 지금도 외로이 하나의 목표를 달성하기 위해 꿋꿋이 노력하시는 모든 분들에게 건투를 빈다.
 끝으로 어려움 속에서도 나를 지금까지 키워주신 고향의 부모님, 시험기간 중 따뜻이 보살펴 주신 서울 이모님, 나의 잔심부름을 도맡아 해준 동생 성희, 그리고 언제나 나의 큰 힘이 되었던 경찰대학 선후배·동기생 여러분께 감사를 드리며 합격의 영광을 돌린다.

엔지니어의 외도

— 남이 발명한 것을 형식에 맞추어 특허출원하는 단순직으로 보이나
어학과 전공실력을 갖춘 사람이라면 도전할 가치는 충분하다. —

김 삼 수

· 제33회 변리사시험 합격
· 1963. 5. 11. 생
· 경동고·연세대 전기공학과 졸업
· KAIST정보 및 통신공학과 졸업

합격기를 써 달라는 부탁을 받고 사실 많이 망설였다. 수험기간 중 남들에게 내세울 만큼 공부를 하지도 못했거니와 없는 글솜씨에 읽고 도움이 될만한 내용마저 없이 괜히 수험생들의 시간을 뺏는 것이 아닌가 하는 염려 때문이었다. 그렇지만 나도 수험기간 중에는 다른 사람들의 합격기를 읽으며 많은 정보를 얻기도 하고 또는 새로운 힘을 얻기도 하였으며, 합격기를 읽는 것이 고된 수험기간 중에 작으나마 어떤 청량제 역할도 된다는 점에 용기를 얻어 합격기를 쓰게 되었다. 이 글이 혹시라도 나와 비슷한 처지에서 수험생활을 하는 분들에게 조금이라도 위안이 되고 도움이 된다면 하는 마음으로 이 글을 쓴다.

· **변리사 시험과의 만남**

내가 변리사라는 직업을 알게 된 것은 회사에 입사하여 특허를 출원하면서부터였다. 약 11년 전 정도로 생각이 되는데, 기업체 연구소에 엔지니어로서 입문한지 얼마되지 않은 시점이라 우리나라의 산업기술 발전에 이바지하겠다는 생각, 그리고 엔지니어로서 익히고 배울 것이 너무도 많다는 생각에 젖어있던 나로서는, 남이 발명한 것을 단지 형식에 맞추어 명세서를 작성하고 특허청에 출원하는 것을 대리하는 변리사라는 직업에 별로 호감을 가질 수 없었다. 물론, 그 당시의 그러한 인식은 어느 정도 잘못된 것이었지만, 그

당시에는 정말 발명내용을 파악하지 못하고 단지 형식에만 맞추어 출원인이 작성한 명세서를 그대로 출원하는 사무소가 많았으며, 그러한 점이 특히 변리사에 대한 호감을 가질 수 없었던 이유이기도 하였다.

따라서 그 후로도 수년간은 변리사가 되어 보겠다는 생각은 전혀 하지 않았으며, 엔지니어로서의 역할을 충실히 수행하고자 노력하였다. 그러나 내가 예전에 생각했던 것과는 달리 엔지니어에 대한 회사의 대우는 그다지 좋은 편이 아니었으며, 특히 월급과는 상관없이 우리나라의 산업기술 발전에 이바지하겠다는 신념으로 일해 오던 나에게 회사는 시간이 오래 걸리는 기술개발보다는 당장 수익을 올릴 수 있는 외국제품이나 외국기술의 수입에만 힘쓰는 것처럼 느껴졌다. 게다가 회사의 형편이 나빠지자 나이 많은 과부장들이 타의에 의해 회사를 떠나는 것을 보고는 직장생활에 회의를 느끼게 되었다.

이 무렵 나는 무언가 새로운 활력을 얻기 위하여 시간제로 대학원에 진학하게 되었는데, 입학 후 1년이 지났을 때 변리사 시험준비를 하던 대학동기 한명이 같은 대학원에 진학하게 되어 그 친구로부터 변리사시험에 대한 내용을 듣게 되었다. 마침 회사 경영상태가 악화되어 결국에는 같은 그룹내의 모기업에 합병되게 되는 등 회사 사정이 극도로 나빠지고 있었고 나 자신도 엔지니어로서의 미래에 대해 불안감 내지는 불만을 가지고 있었던 터라 귀가 솔깃하게 되었다. 처음에는 그 길로 나갈 수도 있겠구나라고 생각되던 것이 차츰 현재의 상황을 바꾸기 위해서는 무언가 모험을 하여야 할 것이라는 생각으로까지 발전하게 되었다. 게다가 영어는 자신이 있었고, 전공과목도 대학원 자격시험을 위해 어느 정도 준비한 상태라서 단기간내에 승부를 볼 수 있을 것이라는 생각이 들었다. 이러한 생각이 어느 정도 구체화되자 아내에게 넌지시 의향을 물어보았고, 나의 고민을 알고 있던 아내는 쾌히 승낙하여 어려운 수험생활에 접어들게 되었다.

• **변리사시험의 준비**

변리사시험에 대해서는 별로 정보가 없었고 또 어느 정도의 공부를 해야 하는지도 몰랐기 때문에 먼저 변리사시험에 대한 안내책자부터 구입하여 거기에 적혀있는 수험안내와 수록된 합격기를 읽어보았다. 법과목이 좀 문제가 될 것 같았지만, 나도 충분히 해낼 수 있을 것 같아서 우선 특허법에 관한 책을 한권 사서 읽어보기로 하였다. 이 때가 1994년 7월이었다.

그러나 일주일에 4일은 회사에 근무하고 이틀은 학교에 나가던 나로서는 하루에 10페이지 이상을 읽기가 어려웠으며, 읽어도 무슨 내용인지 머리에 들어오지 않았다. 게다가 8월 중에는 리비아에 출장을 다녀오게 되어 거의 진도가 나갈 수 없었다. 그래서 9월부터는 회사 근처에 독서실을 잡아서 하루 3시간을 목표로 본격적으로 공부를 시작하였고, 회사에는 올해 말까지만 다니겠다는 사의를 표명하였다. 사실 사의를 표명하면서도 팀장을 맡고 있던 처지라 당장 내 뜻대로 되기는 힘들 것이라고 생각하였고, 부장도 회사합병 후에는 형편이 나아질지 모르니 조금만 참아보라고 만류하여 일단 사직하는 것은 보류하기로 하였다. 따라서 시간이 없는 관계로 일단 1차만을 목표로 특허법과 민법을 중심으로 공부를 시작하였다. 특허법은 황종환 저 "특허법"을 구입하여 공부하였고, 민법은 "민법입문"이라는 책으로 주로 지하철에서 읽어나갔다. 그러나 회사업무와 대학원 공부관계로 하루 3시간의 공부시간을 지키기가 어려웠으며, 법공부를 처음하기 때문에 용어도 익숙치 않아 전혀 이해가 되지 않았다. 그래도 계속 읽다보면 이해가 되겠지라는 생각에 꾸준이 읽어 나갔고, 이렇게 12월이 되자 진도는 원래 목표만큼은 나가지 못했지만 어느 정도는 용어에 익숙해졌다.

그러나 여전히 전체가 파악이 되지 않았으며 이해도 되지 않았다. 이렇게 공부하다가는 떨어지겠다는 불안감이 엄습하여 12월부터는 학원에 등록하여 가장 어렵게 느껴지는 민법을 수강하였다. 학원강의를 들으니 비로서 이해할 수 없었던 것을 이해할 수 있었고 공부에 재미를 느낄 수 있었다. 그러나 시간은 이미 상당히 지나가 있었고, 앞으로 내가 해야 할 것은 너무나 많이 남아 있었다.

이렇게 2월이 되자 변리사 시험공고가 있었는데 이렇게 해서는 죽도 밥도 안되겠다는 생각이 들었다. 게다가 합병 이후의 회사상황은 단기간의 실적 위주 경영방침에 따라 보고서 작성, 회의 등이 늘어나면서 밤늦게까지 업무를 보아야 하는 등 전혀 사정이 나아지지 않고 오히려 악화되고 있었다. 그래서 3월 초에 정식으로 사표를 제출하고 4월부터는 본격적인 수험생활에 접어들게 되었다.

• **본격적인 수험생활 - 32회 1차 및 2차 시험**

　회사를 그만두고 나니 시간도 많이 생겼을 뿐만 아니라 정신적인 스트레스도 줄어들게 되어 공부하기가 훨씬 수월해졌다. 학교에 나가는 이틀을 제외하고는 독서실에서 하루 10시간 정도씩 공부를 하고 학원에도 나가서 강의를 듣고 하니까 어느 정도 감을 잡을 수 있었다. 시간이 없는 수험생의 경우 학원강의는 무척 도움이 되는 것 같다. 혼자 책으로 공부하면 사고범위가 좁아질 염려가 있으나 학원강의를 들으면 전체가 파악이 되고 공부하는 방법도 익힐 수 있어 무척 도움이 되었다. 그러나 회사를 그만 둔 시점이 1차 시험을 2달 정도 남겨 놓은 시점이라 시간이 부족하였다. 그래서 생각한 것이 문제풀이 위주의 공부방법이었다.

　민법의 경우에는 권용우 저 객관식 민법문제집을 구입하여 문제를 풀고 모르는 내용이 있으면 기본서를 참조하는 방식으로 공부를 해나갔다. 이때 문제는 3문제씩 건너뛰며 풀었다. 이는 유사한 문제들이 연이어 수록되어 있으므로 같은 날에 이들을 다 푸는 것은 의미가 없고 며칠 걸러 푸는 것이 더 효과적이었기 때문이다. 그렇게 모든 문제를 푸니까 결국 4번 본 것과 비슷한 효과가 있었다. 그리고 나서는 틀렸거나 중요하다고 표시해 놓은 문제들만 풀었다.

　이런 식으로 시험전까지 3번을 볼 수 있었으며 마지막에는 모의고사 문제집 등을 풀어보았다. 처음에는 약 60% 정도만 맞았으나 시험 전에는 약 85% 정도를 맞출 수 있었다. 특허법이나 자연과학도 같은 방법으로 공부하였다. 그리고 문제를 풀 때도 단순히 답을 암기하기보다는 왜 그렇게 되는가를 이해하려고 노력하였다. 단순한 암기로는 약간의 응용문제에도 대처할 수 없기 때문이다. 그러나 이렇게 문제집 위주로 공부했음에도 자연과학의 4과목은 그 분량이 너무 많기 때문에 제대로 다 공부하는 것은 불가능하였다. 그래서 예전의 문제를 보고 출제경향을 파악하여 잘 나오지 않는 부분은 과감히 제외하였다. 특히 화학은 고등학교 시절부터 자신이 없었던 터라 주요 공식과 수치만 외우고 유기화학 부분은 건너뛰었다. 영어의 경우에는 어느 정도 자신이 있었으므로 고시영어문제집을 구입하여 문법과 단어 위주로 하루에 한시간 정도 공부하였다. 그리고 4월에는 2차과목 중에서 시간이 많이 든다는 상표법 강의를 수강하였다. 단기간의 합격을 목표로 하고 있었기 때문에 1차시험 후 2차시험 전까지의 두달만에 상표법을 완독할 수 없다는 생각에 무리를 하여 공부하였으나, 지금 생각해 보면 1차시험 공부할 시간도 없는 상태에서 너무 욕심을 부린 것이 아니었나 하는 생각이 든다.

이렇게 혼자서 공부를 해나가다 보니 나의 실력이 객관적으로 어느 정도에 속하는지를 알 수가 없어서 무척 불안하였다. 그래서 학원에서 실시하는 모의고사에 3차례 응시하였다. 처음에는 30% 정도의 등수에 들었으나 마지막에는 15% 정도의 등수까지 올라갈 수 있었다. 3,000명의 응시자 가운데 1차에서 약 220명 정도가 합격하므로 15%의 등수는 1차 합격선에 못미치는 것이었으나 모의고사에 응시하는 수험생들은 어느 정도 준비가 되어 있는 부류일 것이므로 이 정도면 합격이 가능한 수준일 것이라고 애써 자위하였다.

1차시험은 한양대에서 있었다. 한양대에는 한번도 가 본적이 없었기 때문에 1주일 전에 미리 답사해 보았다. 시험당일 당황하지 않기 위해서였다. 시험 전날은 제대로 잠을 잘 수 없었다. 변리사 시험준비를 한다고 주위의 만류에도 불구하고 회사를 나와서 1차도 제대로 합격하지 못한다면 얼마나 망신이겠는가 하는 생각에 잠을 이룰 수 없었다. 그렇게 긴장된 마음으로 시험지를 받아 보았다. 그런데 이게 웬일인가, 남들과는 반대로 자신있는 과목인 영어부터 자연과학, 특허법 그리고 제일 자신없는 민법의 순으로 문제를 풀던 나는 평소에 30분 이내에 풀던 영어에서 40분이라는 시간을 소모한 것이다. 게다가 민법은 너무 어렵게 출제되어 제대로 푼 문제가 별로 없었다. 다행히 특허법과 자연과학은 무난하게 풀 수 있었으나 영어와 민법 때문에 1차 합격자 발표일까지 마음을 조일 수밖에 없었다.

1차시험이 끝나고 1주일 정도를 쉰 뒤에 2차 시험공부를 시작하였다. 1차 시험 준비시에 이용한 독서실이 공부 효율면에서 떨어진다는 판단에 따라 역삼동의 한 고시원에 들어가기로 하였다. 역삼동을 택한 것은 변리사시험 학원이 그 근처에 있었기 때문이었으나 여러 가지 정보면에서는 오히려 신림동이 나았을 것이라는 생각이 든다. 2차 시험일까지는 시간이 많이 남아 있지 않았으므로 기본 3법은 예상문제를 중심으로 암기와 이해를 병행하면서 공부하였고 전공선택은 문제풀이 위주로 공부하였다. 시간이 없었기 때문에 서브노트의 작성은 엄두를 내지 못하였고 학원수강을 하면서 이해를 하는데 주력하였다.

1차시험 합격자 발표일이 다가오자 불안해져서 제대로 공부가 되지 않았다. 발표일 전날에는 잠도 오지 않는데다 삼풍백화점 붕괴사고까지 발생하여 TV를 보면서 꼬박 밤을 지새웠다. 아침이 되어 불안한 마음으로 서울신문을 사서 합격자 발표를 보았다. 내 이름이 있었다. 아마도 이때가 수험기간 중 제일 기뻤던 것 같다. 그러나 합격의 기쁨에 취해 있을 수만은 없었다. 한달 남은 기간동안 최대한 공부를 하여야 겨우 2차의 모든 범위를 한번 볼 수 있을 정도 밖에 공부가 안되어 있었기에 예상문제를 중심으로 요약하여 그것을 외우기 시작하였다. 그런데 시험이 한달 정도 남은 상태에서 올해부터는 케이스 문제를 내겠다는 발표가 있었다. 그래서 부랴부랴 케이스대비 특강반을 수강하였고 가뜩이나 부족한 시간에 암기할 시간은 더욱 줄어들게 되었다. 이렇게 한달동안 각 과목당 20개 미만의 문제를 외우고 나머지는 이해만 한 상태에서 시험을 치르게 되었다.

첫날 특허법 시간에는 긴장하여 글자가 흔들렸지만 어느 정도 지나자 안정이 되었다. 다행히 두 문제는 내가 쓸 수 있는 문제였고, 25점짜리 한 문제는 예상밖의 문제였지만 1차 시험준비할 때의 기억을 더듬어 어느 정도는 쓸 수 있었다. 이어지는 의장법 시간에도 쓸 수 있는 문제가 출제되어 열심히 10장을 채웠다. 내일도 이렇게만 나온다면 합격할 수 있을 것 같았다.

다음날 상표법은 내가 준비하지 않은 심판분야에서만 두 문제가 출제되었다. 아는데까지 열심히 적었지만 부족하다는 느낌을 떨쳐버릴 수 없었다. 전공과목도 회로이론은 50점 짜리 문제가 까다롭게 나와 고득점은 힘들 것으로 생각되었지만 대부분 풀었으므로 어느 정도는 점수가 나올 것으로 생각되었다. 통신공학은 상당히 어렵게 출제되었지만 다행히 50점짜리 문제가 회사에 있을 때 다루었던 분야에서 나왔기 때문에 역시 어느 정도 점수를 얻을 수 있을 것으로 생각이 되었다.

회로이론과 통신공학의 문제를 모두 풀고 나니 시험종료가 약 10분 정도 남아 있었다. 예전 같으면 10분 동안 더 쓸 것이 없는지, 틀린데는 없는지 계속 살펴보았을 터이지만 한여름에 이틀 동안의 시험을 본 관계로 체력이 떨어져서 더 이상 답안지를 붙잡고 있기가 싫었다. 그래서 10분을 남겨놓고 그냥 나와 버렸으나 그 후에 그 10분동안 최선을 다했어야 했다는 아쉬움이 내내 가슴에 남아 있었다.

• 33회 2차시험과 합격

 그동안 시험준비에 지쳐 있었고, 또 어느 정도 시험을 잘 보았다고 생각을 했기 때문에 내년을 위해서 바로 시험준비에 들어가고 싶지 않았다. 그리고 생활을 위해서 취직을 해야겠다는 생각이 들었다. 그래서 2차시험이 끝나고 나서 이력서를 들고 특허사무소 몇 군데를 둘러 보았다. 아직 학교를 다니고 있던 입장이라 전일제로 근무할 수는 없었으므로 시간제로 근무하기 위해서 돌아다녔는데 한 사무소가 마음에 들었으므로 합격하는 경우 계속 근무하겠다는 조건으로 일주일에 이틀씩 근무를 시작하였다.
 이렇게 근무하면서 졸업논문 준비를 하다보니 발표일이 다가왔다. 불안한 마음은 있었지만 60점 정도는 나올 것이라고 예상했으므로 합격의 가능성이 높다고 보았는데 예상 외로 불합격이었다. 점수를 확인해 보니 61점으로 점수는 예상대로 나왔으나 합격선이 61.6점으로 작년보다 3점이나 올라간 것이다. 평균 0.6점 때문에 떨어졌다고 생각하니 마지막 시간에 10분을 남겨두고 나온 것이 못내 아쉬웠다. 다시는 시간을 남겨두고 나오지 않으리라 다짐을 하면서 아쉬움을 달래야 했다.
 합격자발표가 있었지만 바로 시험준비에 착수할 수 없었다. 졸업논문 준비 때문에 1월이 다 지나서야 비로소 시험준비를 시작할 수 있었다. 그러나 사무소에는 계속 다니고 있었으므로 일주일에 4일씩 집에서 공부를 하기 시작하였다. 법과목의 경우 마지막 2개월의 암기가 중요하다고 생각이 되었으므로 우선 서브노트를 작성하기로 하였다. 그런데 일반 노트에 서브노트를 작성하는 경우 수정사항이 생기면 부기를 하거나 새로 작성해야 하는 등 불편하기 때문에 PC에 입력하기로 마음을 먹었다. 그래서 먼저 예상문제에 대해서 대강 서브노트를 작성하고 책이나 논문을 읽으면서 계속 추가 또는 수정해 나갔다.
 그리고 혼자 공부하는 것보다는 여러 사람이 모여서 하는 것이 나을 것 같아서 그룹스터디를 하기로 하고 학원을 통해 스터디를 같이 할 사람을 구하여 3월부터 같이 공부를 시작하였다. 같이 공부를 하다 보니 내가 잘못 생각하고 있었던 것을 발견하거나 새로운 사실을 알 수도 있었으며, 무엇보다도 여러가지 정보를 교환하고 이야기를 나누는 것이 좋았다. 4월부터는 다니던 사무소에 휴직계를 내고 집 근처 독서실에서 본격적으로 공부에 전념하였으며 1차 합격자 발표가 있고 나서는 공부장소를 서초동 국립도서관으로 옮겼고 스터디도 매일 한과목씩 모의고사를 보는 방식으로 공부방식을 바꾸었다. 그리고 시험이 3주 정도 남은 시점에서 스터디를 종료하고 각자 마지막 정리를 하기로 하였다. 나는 작성된 서브노트의 암기에 중점을 두고 마지막 정리를 하였다.

시험일이 예년보다 앞당겨진 관계로 비교적 무덥지 않은 날씨에서 이틀 동안의 시험을 치렀다. 미진한 점도 있었지만 어느 정도 최선을 다했다는 생각이 들었다. 법과목은 모두 10장을 채웠으며 전공과목도 통신공학에서 25점짜리 문제를 하나 놓친 것을 제외하고는 무난하게 풀 수 있었다. 그 후 석달 반이라는 지루한 시간이 지나고 합격자 발표가 있었다. 68.6점이라는 예상 외의 고득점이었다. 합격소식을 들었을 때에는 무척 담담했다. 1년의 실무기간동안 변리사라는 직업이 처음 시험준비를 시작했을 때에 생각했던 것만큼 화려한 직업이 아니며 많은 노력을 필요로 하는 직업이라는 점을 잘 알고 있었기에 합격소식에 마냥 즐거워할 수는 없었다.

• 마치면서

변시는 결코 만만하지도 그렇다고 아주 어렵지도 않은 시험이다. 변리사라는 직업이 바깥에서 보는 것처럼 화려한 것도 대단한 것도 아니기 때문에 현재의 상황에 불만을 느끼고서 그 탈출구로서 변시를 생각하고 있는 분이라면 신중히 생각해야 한다. 만만한 시험이 아니므로 단기간에 합격을 장담할 수가 없고 따라서 그동안의 경제적·심리적 부담을 안고 공부를 해야 하는 사람이라면 과연 위험을 무릅쓰고 변리사라는 자격증을 딸 필요가 있을 것인가를 심사숙고하기 바란다. 더욱이 변리사에 대한 수요는 기계나 전기전자 전공자에게만 몰려 있으므로 이 점도 잘 고려해야 한다. 물론 변리사로서의 장래는 자기 노력에 따라서는 현재의 위치보다는 많은 가능성을 지니고 있음은 사실이다. 따라서 어학 및 전공실력을 갖추고 있고, 계속해서 열심히 공부할 다짐이 되어 있는 사람이라면 한번 도전해 볼만한 가치가 충분히 있는 시험이며, 바로 그러한 분들의 도전을 기다리고 있는 시험이라고 감히 말할 수 있겠다.

마지막으로 시험에 합격하기까지 어려움을 참고 견디어 준 아내와 아들의 합격을 기원해 주신 부모님께 감사드린다.

제7부

수석합격으로 가는 길

- 내 가장 소중했던 시간
- 아빠, 딸 계선이가 수석이래요
- 물리학도의 방향전환, 기뻐하시는 부모님에게 효도한 느낌
- 언제나 좌절 후에는 그 다음이 있다.
- 선택의 연속
- 기대 이상의 결실
- 별이 빛나던 밤에…
- 암흑 속에서 찾은 소중한 빛
- 아름다운 꿈의 실현

내 가장 소중했던 시간

— 시험공부는 우연을 바라는 도박이 아니고 과학이다.
스터디 운명은 전체과목 모의시험의 일정을 확고하게 세워야... —

황 승 화

· 제38회 사법시험 수석합격
· 1968. 10. 12. 부산 출생
· 경북고·서울대 법대 공법학과 졸업

• **수석합격의 소식을 듣고**

 2차시험을 치르고 난 후 과연 내가 쓴 답안으로 합격할 수 있을까 걱정하던 제가 2차시험에 합격했을 때 그 기쁨은 이루 말로 할 수 없었습니다. 그런데 수석합격이라는 소식을 접하면서 '아! 사법시험 수석이라는 것도 나와 같이 평범한 사람에게 주어지는 영광이구나'라는 생각이 들면서도 지난 날의 독백이 떠올라 웃지 않을 수 없었습니다. 시험을 약 2개월 앞두고 신경을 많이 써서 그런지 뒷머리카락이 한움큼 빠져서 놀란 일이 있는데, 빠진 머리카락 하나가 1점이라면 수석하고도 남겠다라고 중얼거린 말이 기억납니다.
 시험준비과정에서 저는 가끔 사법시험은 평범한 사람이 접근할 수 없는 '괴물'이 아닌가라는 생각을 했었는데 결코 그렇지 않다는 사실이 충격과 같이 느껴졌다는 것이 제 솔직한 생각입니다. 어둡고 긴 터널을 막 벗어난 지금 돌이켜 보면 너무너무 힘들고 어려웠지만 그 모든 시련을 통해 오늘의 기쁨이 더욱 크고 지금의 영광이 더욱 빛나는 것이겠지요. 저를 위해 새벽마다 기도해주신 어머니, 그리고 그 어머니의 눈물의 기도를 들어주신 하나님께 영광을 돌립니다.
 합격수기를 청탁받았을 때 적잖이 부담도 느꼈습니다. 하지만 고시공부라는 동일한 목표하에서 생활하는 사람들에게는 어느 정도의 생활의 동질성과 그에 기초한 공감대가 자연스레 형성되어 있다는 생각에 그다지 유별난 얘기거리가 없어도 충분히 공감하고 느낄 만한 부분이 있으리라는 믿음에 이 글을 씁니다.

수석합격 후 그 비결이 무엇이냐고 또는 어떤 방법으로 공부했느냐 라는 질문을 가끔 들을 때마다 솔직이 곤혹스러운 면이 있었습니다. 잘 아시다시피 서로 다른 조건과 환경과 가치관에 기초하여 상이한 생활방법과 공부 style이 있는데 수많은 사람들에게 누구나 그렇구나라고 고개를 끄떡일 모범답안이 과연 존재할 수 있을까라는 생각 때문입니다. 그럼에도 불구하고 제나름의 견해를 밝히는 이유는 그 구체적인 생활경험 속에 분명히 일반화시켜낼 수 있는 공통분모가 녹아 있으리라는 믿음 때문입니다. 그러므로 취할 것은 취하시고 버릴 것은 과감히 버리는 취장보단(取長補短)의 자세를 가지고 이 글을 읽으시기 바랍니다.

• **고시공부를 시작하기까지**

1. 대학진학에 이르기까지

저는 부산에서 출생하였지만 어린시절과 학창시절의 거의 전부를 대구에서 보냈습니다. 대구 효목국민학교(지금은 초등학교), 오성중학교, 경북고등학교를 졸업했습니다. 집안형편이 그리 넉넉하지 못한 이유로 제 학창생활은 학업과 학비라는 두 마리 토끼를 잡아야 하는 생활이었습니다. 특히 기억에 남는 선생님 두 분이 있습니다.

중학교를 졸업하면서 저는 빨리 기술을 배워 취직해서 집안경제에 보탬이 되겠다는 생각에 공고를 진학하려고 결심하고 부모님의 동의를 받아내기에 이르렀는데 막상 원서를 쓰기 위해 어머님을 모시고 학교에 갔지만 선생님께서 한사코 원서를 써주실 수 없다고 하여 결국 인문계를 지원했던 일입니다. 그때 만약 내가 근시안적인 생각을 고집했다면, 선생님께서도 그에 동의하셨다면 그 이후의 제 인생이 어떻게 전개되었을런지는 결코 알 수 없지만 적어도 이 글을 통해 여러분을 만나는 영광은 없었을 것이라는 생각이 듭니다.

또 한 선생님은 고등학교 일학년 때 담임선생님입니다. 저는 중학교 2학년 때부터 줄곧 조간신문을 배달한 후 학교에 등교하였는데(잠이 많기로 자타가 공인하는 저에게는 지금 생각해도 기적과 같은 일이라는 우스운 생각이 듭니다),

비내리는 어느날 일일이 비닐에 담은 신문뭉치를 한 짐 자전거에 싣고 배달하는 도중 자전거가 고장나는 바람에 오도가도 못한 채 고치느라 한 시간 정도 허비한 적이 있습니다. 비를 맞으면서 어린 마음에 서러워 눈물을 흘린 기억이 납니다. 결국 등교시간이 훨씬 지나 등교하게 되었는데 담임선생님께서 나무라는 어투로 왜 늦었느냐고 물으셔서 앞서의 사정을 말씀드렸더니 '니 신문돌리나'라고 한마디 하시더니 다음부터는 저의 등교시간에 대해 거의 간섭하시지도 않고 대구시에서 지급하는 장학금을 추천해 주셔서 많은 도움을 받았던 기억이 납니다. 고마우신 분들입니다.

저는 문과를 수석으로 졸업한 후 막연한 자신감을 가슴에 품고 대학생활의 낭만을 동경하며 서울로 올라왔습니다.

2. 대학에 진학해서

세상모르고 공부만 하던 저에게 대학의 첫인상은 살벌하기 그지 없었습니다. 합격자발표 공고를 보기 위해 서울대학교 정문에 갔을 때 마침 박종철열사 고문살해규탄을 위한 학내집회가 열리고 있었고 대학주위는 투구를 쓴 전경들이 겹겹이 에워싸고 있었습니다. 그때 형과 같이 올라왔었는데 형을 큰소리로 부르는 제 목소리를 집회선동자의 선창인 줄로 알고 전경들이 제가 있는 쪽으로 험악하기 그지없는 시선을 보내더군요. 물론 벌써 몇몇 선배들은 줄줄이 엮여가고 있었구요. 그때서야 나의 대학생활이 낭만으로 가득 찬 순탄한 대학생활이 아닐 것이라는 것을 느낄수 있었습니다.

실제로 1987년도를 더듬어 생각하면 참으로 우리사회의 격동기였습니다. 호헌조치와 이에 반발한 6월항쟁의 함성, 이한열 선배의 죽음, 대통령선거 등 순수한 마음으로 사회의 아픔에 동참하고자 했던 동시대 대학생들과 더불어 평범한 저 자신도 어느새 그 함성의 한 가운데 서 있었던 것으로 기억합니다. 1학기에는 중간고사를, 2학기에는 기말고사를 거부한 관계로 학점은 형편없었습니다. 2학년 때까지도 비록 전공이 법이었지만 '법 없이도 살(학교다닐) 수 있는' 법대생이었습니다. 하지만 3학년에 접어들면서 막연하나마 졸업 후의 진로를 고민하게 되면서 법률전문가로서의 자아실현과 생활의 방편으로서 사법시험을 생각하였습니다.

3학년 2학기에 휴학을 하고 말 그대로 고시공부라는 것을 처음 했습니다. 당시 고시공부를 한다는 것, 도서관에서 공부한다는 것이 왜 그렇게도 부담스럽고 힘들었던지. 제 자신의 선택이 과연 옳은 것인지 회의도 들었습니다만 적어도 나의 인생이 순수한 감정만으로는 해결될 수 없는 부분이 있다는 말로 스스로를 달랬습니다. 약 6개월의 공부기간으로 운 좋게도 1차시험에 바로 합격했습니다.

• 한번의 실패(?)

강의를 충실히 들은 것도 아니고 그렇다고 오랜 기간 시험공부를 한 것도 아닌 사람으로서 2차준비를 한다는 것은 역시 쉬운 일이 아니었습니다. 1987학번 동기 7명이 모여 약 일주일에 한번정도 스터디를 했는데, 다른 친구들이 내가 보지 못한 교과서를 참고해 가며 내가 알지 못하는 교수님의 견해를 얘기하는 것을 들으면서 참으로 나에게 시험을 칠 실력이 있는지 많은 열등감을 느꼈습니다. 게다가 스터디 역시 느슨하게 운영되고 있었던 관계로 자주 빠지게 되고, 결과적으로 스터디가 가져다 줄 수 있는 상향평준화가 이루어지지 못했던 것으로 생각합니다.

2차시험을 약 석달 남겨두고 학교도서관 대신 하숙집 근처 독서실의 방 하나를 이용했는데 그 크기는 한 사람이 앉아서 공부하기에 딱 맞는 좁은 공간이었습니다. 의자를 책상 위에 올리면 쪼그리고 누울수 있는 정도였습니다. 시험에 대한 자신감을 상실한 사람에게 주어진 최소한의 공간, 그 공간은 결코 자기발전과 도약의 공간이 아니라 자기학대와 고독의 공간, 아니 차라리 감옥과도 같은 공간이었습니다. 물론 책상 위에는 2차시험과목 교과서가 놓여 있었지만 제대로 눈에 들어오지도 않고 나중에는 보고 싶지도 않게 되더군요. 불을 끄고 자그마한 카세트에서 흘러나오는 노래를 한없이 반복해 들었습니다. 하숙집에는 새벽 1시 내지 2시쯤 아무일도 없었던 것처럼 들어가 잠을 청하는 생활의 반복이었습니다. 그러므로 그 해 2차시험에서 낙방은 불문가지의 사실이었고 제가 할 수 있는 일이라곤 그 예정된 실패를 담담하게 기다리고 받아들이는 것이었습니다.

낙방 후 대학원에 진학해서 다음 해에 시험을 보라는 부모님의 설득을 단호하게 뿌리치고 제가 선택한 것은 군입대였습니다. 저는 어릴 때 중이염을 심하게 앓았는데 그 병력으로 인해 방위병판정을 받아 둔 상태였습니다. 18개월 동안 주어지는 군대생활 이외에는 아무 것도 하지 않아도 문제없다는 그 사실이 너무나 유혹적이었습니다. 한 번 불에 덴 아이의 심정과 같았다고 할까요. 결단코 다음 해에 다시 사법시험준비를 할 수 있을 것 같지가 않았으니까요.

군입대 전 영장을 기다리면서 9개월, 군대생활 18개월, 결국 현역병의 기간을 다 채우고 말았는데, 그 동안 저는 한번도 법학교과서를 보지 않고 철저히 외면했습니다. 주로 사회과학서적과 소설을 탐독하거나 군대 선후배들과 술을 마시면서 소일했습니다. 군대생활기간 중 가장 기억에 남는 것이 있다면 물론 제 아내와의 만남과 열애였습니다. 평생의 반려자가 되기 위해 서로에게만 충실할 수 있는 시간을 허락받은 우리는 열심히 만났고 그 결과 결혼을 약속하기에 이르렀습니다.

• **다시 새로운 마음으로**

약 2년 반에 걸친 휴식아닌 휴식은 저에게 새로운 시작을 위한 마음의 여유와 자신감을 불어넣기에 충분했던 기간이었습니다. 1994년 1월에 제대하고 바로 서울에 올라온 후 얼마 지나지 않아 1차시험이 있었는데 칠까 말까 고민하다가 시험경향도 알아보고 내년을 위한 연습으로도 충분히 의미가 있다고 보아 응시했습니다. 확실히 시험의 전반적인 경향이 어려워졌다는 사실, 특히 경제학과 독일어가 만만치 않다는 사실을 느끼고 마음 단단히 가져야겠다는 생각으로 시험을 치른 다음 날부터 학교도서관에 등교하면서 본격적으로 시험공부에 들어갔습니다.

약 4개월동안 주로 헌법, 민법, 형법과 같은 기본과목의 교과서를 읽는데 치중하다가 학교가 여름방학에 들어갈 무렵 과선배의 권유로 1차 스터디그룹에 참여하게 되었습니다. 다섯명으로 구성된 스터디였는데 1차시험합격을 당면목표로 한 아주 열심히 하는 스터디였습니다. 하루 일과, 스터디 일정, 각 과목 일정, 교재선택 등 모든 면에서 아주 계획적이었고 일단 정해진 사항은 끝까지 밀고 나가는 뚝심있는 스터디였는데 그런 점에서 저같이 새로운 의지로 시작한 사람에게는 더할 나위 없이 좋은 모임이었습니다. 외국어는 본고사독일어(고등학교문법 참고서), 초급독문해석, 오청자 문제집 세권을 매일 매일 1시간 정도 공부하고, 경제학은 현대경제학원론과 조정조 문제집을, 헌법은 권영성 선생님 교과서와 김학성 문제집, 민법은 곽윤직 선생님 교과서와 김종률 문제집, 형법은 이재상 선생님 교과서에 김일수 선생님 문제집으로 공부하였습니다. 경제학과 헌법, 민법, 형법을 11월까지 반복적으로 학습했습니다. 매과목을 공부할 때 범위를 정하고 그 범위내에서 교과서를 읽고 문제집을 푼 다음 함께 모여 의문나는 문제중심으로 서로 묻고 답하고 토론하는 방법으로 스터디를 진행하였습니다.

12월 들어서는 암기과목이라고 일컬어지는 국사, 문화사, 국제사법을 공부하였는데 특히 국사, 문화사는 그 양이 방대하면서도 교과서나 문제집의 귀퉁이에서 소홀하게 다루어지는 문제도 출제되곤 해서 적잖이 부담을 느끼는 과목이라 식사후 약 30분 정도 스터디원 전원이 산책삼아 학교를 걸으면서 국사, 문화사를 얘기하는 시간을 가졌는데 그 때문에 우리 스터디는 '소요학파'라는 별명까지 얻게 되었습니다.

다음 해 1차시험에서 비교적 여유있는 성적으로 합격하였습니다. 이제 한번의 실패를 거울삼아 다시 2차의 그 험난한 길을 도전해야 할 운명이 저를 기다리고 있었습니다. 그러나 그 길을 힘들게 한번 가본 경험이 이미 있는 저로서는 그 길이 어렵다는 것을 너무나 잘 알고 있었기에 마음 한 구석에는 일말의 불안감이 없지 않았던 것으로 기억합니다.

• 결 혼

1차 시험을 치른 후 한달 뒤인 1995년 4월 5일 아내와 결혼했습니다. 시험공부중에 있는 제가 결혼하겠다고 했을 때 부모님께서는 결혼하면 공부 못한다. 현실의 생활에 안주해서 시험동기가 사라진다는 등의 이유와 경제적인 문제를 들어 결혼에 반대하셨는데 저는 부모님과 반대로 결혼을 하게 되면 생활이 오히려 안정되고 현실에 안주하는 것이 아니라 가정에 대한 책임감으로 더욱 열심히 공부하게 된다는 취지로 결혼을 주장했고, 또한 경제적인 어려움은 피할 수 없으나 서로가 이를 받아들일 의지가 있음을 보여줌으로써 결국 동의를 얻어내고 말았습니다. 결과론적으로 우리의 결혼이 아름다운 열매(딸의 출생과 수석합격)를 맺은 것은 사실이지만 그 때 결혼문제로 부모님의 마음을 아프게 해드렸던 점을 이제라도 사과드립니다.

흔히 저는 고시공부와 연애는 양립할 수 없다는 얘기를 들어왔습니다. 하지만 그것은 필연적인 결론이 아니라 당사자들의 의지와 노력에 따라 달라질 수 있는 문제라고 생각합니다. 짧게는 2년부터 길게는 4~5년 이상이 걸리는 수험생활 속에서 사랑하는 사람이 있다는 것과 그 사람의 존재가 나에게 힘이 된다는 사실은 그 무엇보다 든든한 수험생활의 버팀목이 될 수 있다는 생각이 듭니다. 다만 주객이 전도되어 자신의 수험생활이 중심이 되는 것이 아니라 연애가 중심이 되고 공부가 주변부로 밀려난다면 그것은 잠깐의 안락함과 만족을 위해 상대방의 가능성과 생활을 무너뜨리기 쉽겠죠.

하여튼 저는 결혼 후 설악산으로 2박 3일의 신혼여행을 다녀온 뒤 1차합격 발표를 접하였습니다. 연애시절 서로가 서로를 만나고 헤어지는데 들였던 많은 시간과 비용없이도 얼마든지 보고싶은 사람을 매일 볼 수 있는 특권 속에서 편안한 마음으로 공부할 수 있었습니다. 그러던 그해 9월 처가 임신했다는 사실을 알고 내심 당황스러웠습니다. 처의 직장생활로 나름대로 해결해 오던 경제문제가 이제 임신과 출산으로 인해 여의치 않게 된 점과 단칸방에서 세 식구가 생활하면서 제대로 공부할 수 있을까 하는 점 등 여러가지 생각이 들었고, 새생명 탄생이라는 축복과 경이로움을 마음껏 집안식구들에게 드러낼 수 없는 점도 힘들었습니다. 임신 6개월까지 직장생활을 하던 처는 그 후 집에서 쉬게 되었고 덕분에 우리는 경제적으로 누군가에게 의존하지 않으면 안되는 삶이 되었지만 철저한 내핍과 빚으로 생활할 수밖에 없었습니다.

해가 바뀌어 이듬해 3월, 처는 출산을 위해 친정인 부산으로 내려가고 저는 신림동 독서실로 공부장소를 옮긴 뒤에 잠은 근처 친구 전세방에서 해결했습니다. 아무래도 시험이 다가옴에 따라 학교도서관을 다니는 시간도 부담스럽고 안정된 공부장소가 필요했던 것입니다.

4월 13일 아내가 출산을 하려고 한다는 소식을 접하고 부랴부랴 부산으로 내려갔는데 오후에 도착해 보니 아내는 이미 딸 예지를 출산하고 하혈이 심해 수술을 받고 침실에 누워 있었습니다. 장모님의 얼굴은 눈물로 붉어 있었고 어머니의 얼굴도 근심으로 침통한 표정이었습니다. 이틀 동안 아내 옆에서 간호했는데 아내의 건강은 조금씩 회복해 갔고 다행히 옆침대가 비어 있었던 관계로 공부도 할 수 있었습니다. 이틀 정도 같이 지낸 후 병원에 여전히 누워있는 아내를 뒤로 하고 다시 서울로 올라올 때의 심정은 미안한 마음에 착잡하기 그지 없었고, 이 마음의 빚을 갚기 위해서라도 더욱 열심히 공부하는 길밖에 없다는 생각을 했습니다. 아내와 저는 시험칠 때까지 약 4개월 기간동안 별거(?)를 했습니다.

  스터디를 중심으로 2차시험을 치기까지 - 공부방법을 중심으로

  결혼 후 2차시험까지 약 3개월의 기간동안 기존의 스터디원 중 1차시험에 합격한 사람을 중심으로 해서 후 4법이라고 일컬어지는 행정법, 상법, 민사소송법, 형사소송법을 2회독 정도 하였습니다. 물론 동차합격을 염두에 둔 것은 아니지만 이때의 공부가 2차시험 후의 본격적인 공부에 많은 도움이 되었다는 생각이 듭니다. 그 이유는 첫째, 나름대로 2차시험을 준비한 후에 시험을 치르게 되므로 2차시험이 나와 무관한 시험이 아니라는 생각에 열심히 치를 수 있고 둘째, 내가 공부한 것에 비해 점수가 어느 정도 나오는지 가늠해 볼 수 있어 다음 시험준비에 어느 정도 방향을 제시해 줄 수 있으며 셋째, 후사법을 미리 개략적으로 보아 둠으로써 본격적인 2차공부에 필요한 시간과 노력을 어느 정도 덜어줄 수 있다는 점입니다. 한가지 아쉬운 점이 있다면 개인적으로 동차합격은 언감생심 생각지도 않은 연유로 좀더 욕심을 가지고 치열하게 스터디에 참여하지 않았다는 점이며, 이 때문에 그 해 2차시험 평균에 약 2점이 모자라는 성적으로 불합격하고 말았습니다. 여러분들께서는 1차시험과 2차시험 사이에 주어지는 시간을 동차합격에 필요한 최소한의 시간으로 생각하시고 좀더 적극적으로 그 시간을 활용하시라고 꼭 권하고 싶습니다. 매년 동차합격자가 수십명 나온다는 사실은 어느 정도의 가능성을 보여주고 있습니다. 그건 바로 여러분의 몫이 아닐까요?

  2차시험을 치르고 난 후 약 열흘 정도의 휴식시간을 가진 스터디모임은 7월 중순부터 제38회 사법시험을 목표로 한 대장정에 돌입하였습니다. 어떻게 보면 너무 이르게 시작하는게 아니냐는 생각이 들지 모르지만 저는 결코 이른 시간이 아니라고 보며, 오히려 빨리 시작하는 것이 절대적으로 부족한 시간에 대한 강박관념을 어느 정도 덜어줄 수 있는 방법이라고 생각합니다.

  1. 스터디성원의 구성

  저희 스터디는 애초에 6명으로 시작하였다가 나중에 2명이 추가되어 총 8명이 함께 공부하였습니다. 법대생 4명, 사회대생 2명, 인문대생 2명 등 다양한 전공과 경험을 가진 사람들이 결합하였습니다. 학번 구성은 79학번부터 87학번까지였습니다. 처음 시작한 6명으로 한동안 잘 굴러가던 스터디에 2

명이 결합한다고 할 때 이를 허용할 것인가를 놓고 토론하였었는데 인원이 많아서 효율적인 스터디가 되기 어렵지 않느냐는 우려와 새로운 사람이 가입함으로써 기존의 안정감이 무너지지 않을까 하는 등의 우려도 있었으나 새로 가입할 성원을 소개하는 사람이 그 성원의 의지와 노력을 담보하기로 하고 결합을 허락했습니다. 전에 한번 실패할 때의 스터디와 다른 점은 여러 학번의 사람들이 결합하여 선·후배 사이의 어느 정도 위계에 따른 긴장감과 인간적인 친근감이 적절히 조화를 이루어 스터디일정을 함부로 무시할 수 없는 구속력이 생기면서도 어느 정도 인간적인 융통성이 허용되는 점이었습니다. 또한 스터디에는 적어도 한 사람 이상이 모임을 철저히 계획하고 주도해야 할 것 같습니다. 지칠줄 모르는 열정을 가진 사람이 옆에 있는데 스터디에 소홀하기란 쉽지 않은 일이고, 따라서 그 사람을 따라가기 위한 자연스러운 노력을 하다 보면 전원합격이 가능하지 않은가 합니다.

2. 스터디의 진행

시험공부는 도박이 아니라 과학입니다. 처음부터 끗발과 운에 기대는 자는 실패하기 마련이고 철저하게 계획하고 실천하는 자는 이미 공부와 동시에 합격에 대한 물권적 기대권을 가질 수 있습니다. 스터디일정은 시험공부 시작부터 다음 해 2차시험까지의 전체 일정과 매회독 일정, 매과목 일정, 모의시험 일정, 공식 3회독이 끝난 후부터 시험치기 전날까지의 일정 등으로 구성되는데 스터디를 시작할 때 이 모든 일정에 대한 계획을 세우고 이를 공유한 후 공부를 시작했습니다.

물론 시험공부과정에서 이 모든 일정은 거의 준수되었습니다.

1) 3회독 일정

7월 중순부터 12월 초까지 윤리를 제외한 전과목 1회독, 12월부터 3월 초까지 2회독, 3월부터 4월까지 3회독으로 잡았습니다.

2) 모의시험일정

과목마다 조금씩 다른데 이는 그 과목에 배정되는 기간이 다르기 때문입니다. 예를 들어 민법의 경우 민총, 물권, 채총, 채각과 친상 네 부분으로 나눈다고 볼 때 1회독 때는 각 부분마다 한번, 2회독의 경우 두 부분마다 한번, 3회독 때에는 전체에 한번 정도 모의시험을 보았습니다. 상법도 이와 유사합니다. 소송법의 경우에는 1, 2회독 때에는 각각 두번, 3회독 때에는 한번 시험을 보는 식으로 하였습니다. 모의시험일정은 적어도 일주일에 한번은 시험을 보는 것을 원칙으로 하여 스터디의 전체일정에 맞추어 탄력적으로 배정하는 것이 타당하다고 봅니다. 다만 학원강의를 수강하시는 분은 거의 매일 시험을 보므로 별 문제가 없으리라 여겨집니다. 다만 매일 매일 시험본 문제를 자기 것으로 소화해 내는 자기 자신의 방법을 만드는 것이 중요하다고 생각합니다(예를 들어 매일 시험본 문제를 과목별로 문제와 논점중심으로 사례노트를 만들어 다음 회독 때에는 그 노트를 다시 한번 보는 식).

3) 하루 일정

매일 매일 스터디를 하였는데 조금 드문 경우가 아닌가 생각합니다. 보통 이틀 내지 사흘에 한번 정도 모이는 것으로 알고 있는데 각각 장단점이 있다고 봅니다. 매일 하는 경우 스터디성원의 생활이 스터디중심으로 꾸려질 수 있어서 좋다는 생각을 합니다.

점심시간을 11:30 정도로 하여 식사전 약 30분 정도 공부하는 과목의 사례를 논점중심으로 시험장에서 초안을 자세히 잡는다는 기분으로 풀어보고 토론하는 시간을 가졌습니다. 과목에 따라 발간된 사례문제집이 있으면 사례문제집을, 그것이 없을 경우에는 고시잡지에서 사례를 뽑아 나름대로 문제집을 만들었습니다. 8명이 돌아가면서 발제와 사회를 맡아 사례내용 발제 후 간단한 문제제기와 토론형식으로 진행하였습니다.

오후 4:30 정도에는 다시 모여 그날의 공부범위 내에서 발제를 맡은 두 사람이 교과서내용을 개괄적으로 발제하고 의문나는 사항이나 심화시켜 논의해야 할 사항, 교과서 이외의 판례 등을 토론하는 방식으로 진행하였습니다.

스터디에 배정되는 시간 외에 자기 개인시간으로 1일 8시간 노동(학습)을 원칙으로 하고 이를 달성하는데 노력하기로 결의하였습니다. 학원을 수강하시는 분도 반드시 학원수강에 필요한 시간을 제외하고 개인적으로 공부할 수 있는 시간을 최대한으로 잡아본 후 적어도 그 시간의 80% 정도를 목표로 설정하고 매일 매일 달성하도록 노력하는 것이 중요하다고 생각합니다.

4) 3회독이 끝난 후의 일정

3회독이 끝나고 나면 약 50일 정도 남도록 계획을 잡고 3-2-1 시스템을 사용하기로 하였습니다. 즉 매과목을 3일에 1회독하여 24일을 배정하고, 다음에는 과목당 2일로 하여 16일을, 마지막에는 과목당 1일씩 하여 8일을 배정하는 방법입니다. 이러한 시스템은 3회독까지 어느 정도 모든 과목을 소화해 낸 경우에 가능한 일정이며 개인적으로 특별히 어느 과목이 부족하다면 그 부분에 좀더 치중하는 것도 불가피하다고 봅니다.

5) 교재선택

교과서를 선택할 때에는 수험생들이 가장 많이 보는 책을 위주로 하여 선정하였고, 사례문제집이 있는 과목의 경우에는 사례문제집을 보고, 그렇지 않은 경우에는 고시잡지에서 교수님께서 출제하고 푸신 문제를 모아 사례문제집으로 이용하였습니다. 저희 스터디에서 교재로 삼은 책을 열거하면 다음과 같습니다.

헌법-한국헌법론(허영), 주관식헌법(원희룡, 양영태)
행정법-행정법Ⅰ・Ⅱ(김동희), 주관식 행정법(김남진, 김중권)
상법-상법학 上・下(정희철, 정찬형 공저), 임재동 사례문제집
민법-민법 上・下(서동우, 오관석), 민법학강의(이은영), 길안사 사례문제집
민사소송법-민사소송법(이시윤), 길안사 사례문제집
형법-형법Ⅰ・Ⅱ(이재상), 형법사례연습(이재상)
형사소송법-형사소송법(신동운), 형사소송법(이재상), 형사소송법연습(백형구)

판례의 중요성은 매 시험마다 실증적으로 증명되고 있습니다. 판례내용을 숙지하고 나름대로 비판할 수 있기 위해서는 기본적으로 고시잡지나 법률신문을 통해 제공되는 판례내용을 간단하게나마 파악을 해야 하며, 나아가 판례평석을 읽어봄으로써 교과서에서 추상적으로 논의되고 있는 내용이 구체적 사례와 결합하여 어떠한 결론이 도출되는지를 알아보고 최선의 결론을 위해 나름대로 판례를 비판적으로 보고자 노력해야 합니다. 하지만 한 개인이 모든 과목의 모든 판례와 그 평석을 모두 접하는 것은 힘든 일이므로 스터디성원끼리 판례자료를 배분하여 검토하고 나중에 중요하다고 생각되는 판례를 공유하는 작업이 필요하다고 봅니다. 저는 개인적으로 법률신문을 정기구독하면서 판례평석을 과목마다 분류해 모아 두었다가 해당 과목을 공부할 때 이를 복사하여 성원들에게 나누어 주고 간단히 제가 그 내용을 이야기 해주는 방식으로 자료를 공유하였습니다. 또 민법과목의 경우 판례평석을 모아 1, 2회독에 걸쳐 전부 읽어보고 그 내용을 간단히 교과서에 보충하는 방식으로 공부하였습니다.

3. sub-note의 작성과 활용

3회독을 하는 과정에서 각 과목마다 서브노트를 만들었습니다. 매과목의 첫날은 각자 배당된 문제의 모범답안을 작성하는데 투자하고 다음날 모여 자신이 작성한 노트를 복사하여 다른 성원에게 배부하여 그것을 전부 모으면 한권의 서브노트가 되었습니다. 교과서를 충분히 이해하는 것이 서브노트작성의 전제이므로 1, 2회독은 교과서 중심으로 공부하다 3회독에 이르러 작성하게 되었습니다. 서브노트라는 것은 자신이 스스로 문제의식과 논리체계에 따라 목차와 내용을 구성하는 것이 가장 이상적이지만 한정된 시간내에 혼자서 만드는 것은 거의 불가능하다는 점에서 8명의 분업과 협업은 상당히 효율적이었습니다. 남이 만든 서브노트는 자신의 것으로 소화하기 전에는 오히려 짐이 되기 십상이지만 8명이 그동안 토론한 것을 중심으로 작성하였고, 그 노트를 가지고 3회독 스터디를 진행함으로써 토론과 수정·보완을 통해 자기 자신이 만든 것과 거의 유사한 느낌이 들어 시험직전까지 아주 많이 활용할 수 있었습니다. 노트의 내용은 각종 고시잡지에서 예상문제로 찍히는 문제를 중심으로 하면서도 거의 교과서내용에서 빠지는 문제가 없도록 하여 위험부담을 최소화하도록 하였습니다.

문제선정은 매과목당 1인이 맡되 그 1인이 선정한 문제를 미리 간단한 토론을 통해 수정·보완하여 문제선정에 있어서 나름대로 객관성을 갖추도록 하였습니다. 3회독 이후부터 시험치는 날까지는 서브노트를 중심으로 보면서도 서브노트가 대신해 줄 수 없다고 여겨지는 부분이나 미진하다고 여겨지는 부분은 여전히 교과서를 보면서 공부하였습니다. 서브노트로 공부하면서 항상 생각해야 할 것은 문제를 보고 먼저 자신의 머리로 문제점과 목차, 중요한 학설·판례를 머리속으로 미리 구상해 보고 이를 확인하는 식으로, 대화식으로 공부하여야지 무미건조하게 외우려 달려들어서는 안된다는 것입니다.

또 한가지 유의할 것은 서브노트의 문제와 시험장에서의 문제가 유사하면서도 조금은 출제의도나 문제제기방식이 다른 경우 노트 속의 목차에 얽매여서 실제문제의 답안이 아닌 서브노트의 베껴쓰기가 되지 않도록 유의하여야 한다는 점입니다. 그러기 위해서는 문제를 꼼꼼히 읽는 습관을 기르고 문제를 접하면서 아무런 선입관을 가지지 않아야 한다고 봅니다. 제 개인적으로는 이번 헌법시험에서 "통일에 관한 우리 헌법태도를 논평하라"는 문제가 출제되었는데도 서브노트로 준비한 영토조항과 통일조항의 관계를 중심으로 답안을 작성하여 후회한 경험이 있습니다.

· **답안작성요령**

 시험의 당락은 답안작성요령에 달린 것이 아니라 주로 내용의 이해와 그 내용을 논리체계적으로 서술할 수 있는 능력에 달린 것임에도 불구하고 목차구성에 따른 깔끔한 답안작성이 득점에 영향을 미치지 않을 수 없다는 점에서 어느 정도 요령과 틀이 필요하다는 생각에서 저 나름의 요령을 적어봅니다.

 (1) 개 괄

 필기구는 자신의 손맛에 맞는 것을 선택하여 지금부터 시험장에서 사용할 것으로 계속 사용하는 것이 좋습니다. 자신의 글씨가 선천적으로 악필이라 하더라도 최소한 남이 어려움없이 읽을 수 있도록 배려해 가면서 쓰겠다는 마음가짐이 중요합니다. 목차, 학설이름, 판례는 가능하면 한자로 쓰고 나머지 본문내용은 한글로 쓰되 중요한 핵심어휘는 한자로 표기하여 부각시켰습니다. 답안의 여백은 좌로 2~3cm, 우로 1cm 정도를 주었고, 10점당 답안지 1장을 기준으로 하여 점수대로 배분하면서 주어진 점수내에서는 논점의 크기와 중요성, 출제의도 등을 고려하여 나름대로 배분량을 조절하였습니다.

 (2) 초안작성

 초안작성은 이후의 서술을 체계적으로 구상하는 작업이므로 큰 논점중심으로 목차를 구상하면서 서론부터 결론까지 완결지어야 합니다. 초안작성에서 완결짓지 못한 내용으로 답안을 작성하기란 여러분도 아시다시피 이정표 없이 낯선 곳을 찾아 헤매는 것과 동일한 것입니다. 특히 사례문제의 경우 문제를 꼼꼼히 읽도록 주의해야 합니다(사실관계를 마음대로 바꾸거나, 갑을병정 등을 문제와 달리 인식하지 않도록). 모의시험을 통해 한번 풀어본 적이 있는 문제이거나 유사한 문제라고 해서 예단을 가지고 옛날의 기억만을 되살리려고 하지 말고 다시 처음 푸는 기분으로 풀려고 노력해야 합니다. 초안작성에 저는 약 15분 정도의 시간을 배당하였습니다.

(3) 답안체계

1) 서 론

사례문제의 경우 적어도 3~5개의 논점은 있다고 보았습니다. 논점의 배열은 설문해결의 논리적 순서대로 하고 특히 설문의 구체적인 사실관계를 추상적인 법률적 논점으로 승화시키는 방법으로 문제제기를 하였습니다. 서론에서 제기하지 아니한 논점이 본론의 서술과정 중에 뒤늦게 생각나는 일이 없도록 신중히 하였고, 출제자가 무엇을 묻는지 문제의 마지막 물음에 밑줄을 그어 주의하였습니다. 단문의 경우 단순한 의의의 서술로 족한 문제인지 나름대로 문제의식을 가지고 문제제기를 하는 것이 필요한 문제인지 구별하여 목차를 구성했습니다.

2) 본 론

서론에서 제기한 문제점에 대해 그 순서대로 쓰면서 각 논점마다 학설과 판례를 언급하는데 치중했습니다. 학설에 따라 사례해결이 달라지는 경우이면 자세히 논하지만 그렇지 않은 경우에는 학설을 언급하는 정도로 쓰고 판례는 될 수 있으면 별도의 목차로 구성하여 부각시켰습니다. 판례를 쓸 경우 단순히 판례가 어떤 설을 택한다는 식으로 기술하지 않고 적어도 어떠한 사안에서 무슨 근거로 어떠한 입장을 취했는지 기술하도록 했습니다. 학설과 판례의 기술은 반드시 교과서의 서술내용을 그대로 재연해 주는 것이 좋습니다(따라서 공부할 때에도 핵심단어나 표현, 문장을 가능한 한 기억하려고 노력해야 합니다). 학설과 판례를 소개한 후 가능한 한 검토목차를 두어 자기의견을 제시했습니다. 사례문제의 경우 반드시 "설문에의 적용" 내지 "사례의 검토" 목차를 두고 추상(학설)에서 구체(사례)로의 포섭과정을 기술하면서 논점을 일단락지었습니다. 사례문제를 논술식으로 적는 것은 금물이므로 사례해결과 직접적으로 관계없는 논의는 되도록 피하는 것이 좋습니다.

3) 결 론

사례문제의 경우 서론에서 제기하고 본론에서 상술한 내용을 요약합니다. 비록 중복되는 느낌이 들더라고 본론의 내용을 꼭 요약했습니다. 결론은 가능한 한 다수설과 판례를 따르도록 하되 다수설 또는 판례가 부당하다고 생각되어지면 자신의 결론을 적되, 반드시 다수설과 판례에 의할 경우를 첨언했습니다. 서론에서 제기한 논점의 일부를 빠뜨리거나, 서론에 없는 내용을 적지 않도록 했습니다. 단문의 경우 서론부분이 문제의 제기형태라면 결론이라는 목차를 두어 자신의 문제해결과 견해를 밝혀야 하지만 서론이 문제의 제기형태가 아니라면 관련문제로서의 여론 내지 입법론으로 목차를 구성하는 것이 좋습니다.

• 시험 이후을 돌아보며

올해 시험은 응시자와 합격자가 늘어난 관계로 시험과 발표 사이에 5개월이라는 적지 않은 간격이 있었는데 마냥 발표만을 기다리기에는 꽤 긴 시간이었습니다. 시험공부 중에는 가고 싶은 곳, 보고 싶은 비디오, 읽고 싶은 책이 그리도 많아 시험이 끝나면 그 무엇이든지 할 수 있을 것 같았지만 막상 시험을 치르고 나니 합격 때까지 마음을 놓을 수도 없고 경제적인 능력도 따르지 않아 잘 되지 않더군요. 대신 시험공부를 명분으로 경제적으로 가정에 아무런 도움을 주지 못했던 죄책감에서 아르바이트를 몇개 하였고, 같이 공부했던 스터디성원들과 함께 민법수험서를 최재천 변호사님의 도움으로 만들었습니다. 이 작업 덕분으로 무의미하기 쉬운 시간들이 바쁘면서도 보람있게 또 빨리 지나갔습니다. 여러분들도 공부하시면서 시험이 끝나고 하고 싶은 일들을 구상해 보는 시간을 가끔씩 가져 보시기 바랍니다. 별 달리 재미있을 것도 없이 힘든 수험과정 속에 이러한 구상은 약간의 즐거움과 기대감을 주어 긴장해소와 공부의욕의 고취에 많은 도움이 될 겁니다.

• 글을 맺으며

지금까지 두서없는 저의 글을 읽어주신 여러분께 감사드립니다. 수험과정은 타인과의 경쟁이라기 보다는 자기 자신과의 싸움이라는 생각이 듭니다. 그만큼 자신에 대한 자신감과 신뢰를 가지는 것이 중요합니다. 내가 과연 시험에 합격할 수 있을까 하는 생각이 들기 쉬운데 그러한 생각이 건전하고 발전적인 수험생활의 채찍이 되도록 하여야지 자기 자신에 대한 근거없는 열등감으로 변하지 않도록 끊임없이 자신을 추스려야 합니다. 물론 이러한 심리적인 문제는 단순히 마음먹기에 달린 문제만은 아니고 자신의 실생활이 건강하고 열심이어야 해결가능한 문제라는 것은 오히려 지금 치열하게 수험생활을 하고 계신 여러분이 더 잘 알고 계시리라 생각합니다.

산이 높으면 골도 깊은 법입니다. 합격의 영광이 있기까지는 패배와 좌절도 있을 수 있고 슬럼프의 나락도 있을 수 있습니다. 그러나 이러한 어려움이 나만의 것이 아니라 수험생활을 하고 있는 주위의 모든 사람들에게도 정도의 차이가 있을 뿐 없는 사람이 없다는 생각으로 위안받으시고 시험 때까지 건강에 유의하여 모두들 소망하신 일들이 이루어지시는 복된 한 해가 되시길 진심으로 기원합니다.

　감사드려야 할 분들에게 제 마음을 전하는 일로 이 글을 마칠까 합니다. 늘 저를 위해 기도하신 어머님, 어려운 집안을 위해 묵묵히 일하신 아버님 고맙습니다. 저의 현재보다 장래를 보시고 딸을 선뜻 주시고 수험기간 중 도와주신 장인어른과 장모님, 공부만 하는 남편을 위해 자신을 희생하며 수고한 처 은미에게 특히 고마움을 전합니다. 당신의 수고가 헛되지 않도록 노력하는 남편이 될 것이라는 말로 당신에게 진 빚을 일부나마 탕감받을 수 있을지. 부족한 저와 함께 공부하며 늘 도와준 여러분에게 고마움을 전합니다. 특히 2차시험에 합격하시고도 신분문제로 최종합격하지 못하시고 다시 힘겨운 수험생활을 감내하고 계시는 기형이 형, 부디 힘내시고 올해에는 모든 문제가 잘 해결되시기 바랍니다. 내가 힘들 때 늘 편안히 포용해 준 동문친구 경모와 지로에게도 고마움을 전합니다. 시험공부에 지친 우리 스터디성원 모두에게 제주도의 푸근한 아름다움과 참치잡이의 즐거움을 마련해 주셨던 기석이 형에게도 이 자리를 빌어 감사의 마음을 전해 드립니다. 이 모든 분들이 올 한해동안 건강하시고 소원이 성취되시길 기원합니다.

아빠, 딸 계선이가 수석이래요

— 땀흘려 공부하지 않고 요행으로 합격을 줍는 경우란 없으며,
합격의 영광에는 반드시 그 대가를 치르게 마련입니다. —

정 계 선

· 제37회 사법시험 수석합격
· 1969. 8. 2. 충북 충주 출생
· 충주여고 · 서울대 법대 공법학과 졸업
· 서울지방법원 판사

• 합격소감

　수석합격의 소식을 듣던 날, 저는 난생 처음으로 사후에도 삶이 있다는 생각이 들었습니다. 아니 그렇게 믿고 싶었는지도 모릅니다. 돌아가신 아버지가 이 사실을 아시지 못한다면, 그리고 기뻐하시지 못한다면 더 이상 기쁨일 수 없는 소식이었기 때문입니다. 생전에 지긋지긋하게 속만 썩여 드렸는데 아버지, 보고 계시죠? 저 계선이예요. 아빠 딸 계선이가 수석이래요.
　올해는 1969년생 닭띠에게 삼재가 든 해라고 합니다. 평소에 믿는 편은 아니지만 신경이 쓰여서 새해 초부터 사소한 일들은 악재라고 치부하면서 빨리 액땜을 하기를 바라고 있었습니다. 그런데 갑자기 아버지가 돌아가시고, 생각지도 않은 수석합격이라고 하니 제 액운을 거둬 가려고 아버지가 그리 급히 가신 것인가 하는 생각에 눈물이 앞을 가립니다. 물릴 수만 있다면, 정말로 물릴 수만 있다면……. 아빠, 부끄럽지 않은 딸이 될게요. 언제까지나 지켜보아 주세요.

• 고시공부를 시작하기까지

　저는 충북 충주시에서 태어나 고등학교를 졸업하기까지 줄곧 그 곳에서 자랐습니다. 집안 형편이 그리 넉넉한 편은 아니었지만 성격이 낙천적이고

친구들과 잘 어울렸던 탓에 별 어려움을 못 느끼고 즐겁게 학교생활을 하였던 것으로 기억됩니다.

고등학교를 졸업하던 해에 대학에 진학하였으나 갑작스럽게 큰 도시에 나와 똑똑하고 여유로와 보이는 친구들 사이에서 왜소하게만 보이는 자신을 추스리지 못하다가 돌연 재수를 결심하게 되었고, 재수를 하면서 이과에서 문과로 바꿔 1988년 서울대 법과대학에 들어왔습니다.

대학에 들어와 고시공부를 시작하기까지 4년 여의 기간은 사회현실과 학생운동에 대해 관심이 많았습니다. 돌이켜보면 내세울 만큼 뚜렷이 한 일도 없고 엄청난 개인적인 희생을 치른 바도 없지만, 그 당시에는 우리 사회가 안고 있는 문제들을 풀어나갈 책임을 모두 우리가 짊어지고 있는 것 같은 무거움으로 고민하였습니다. 집안문제나 진로문제와 같은 것은 되도록 외면하고 회피하려고 했기 때문에 부모님과의 마찰이 가장 심한 시기이기도 했으며 이후에 졸업을 앞두고 한꺼번에 그런 문제에 부딪혀 어려움을 겪기도 했습니다.

왜? 고시공부를 시작했냐고, 어쩌면 법대에 진학했으면 다시는 듣지 않아도 좋을 질문을 스스로도 그리고 다른 사람들도 던지게 된 이유가 거기에 있는 것 같습니다. 글쎄, 여러가지 의미에서 좋은 직업이기 때문에 많은 분들이 젊음을 투자하여 얻고자 하는 것이 아닐까 합니다. 문득 고등학교 윤리 교과서에 실린 직업의 역할이라는 대목이 떠올랐습니다. 세가지 중 어느 부분에다 방점을 찍느냐는 개인차가 있겠지만 생계수단으로서, 자아실현의 수단으로서, 그리고 사회봉사의 수단으로서의 만족도가 다른 직업에 비해서 높은 직업이란 생각이 들더군요. 지금은 막연한 생각이지만 직접 일을 하면서 가슴으로 느낄 수 있다면!

이제부터는 1992년 7월부터 1995년 6월까지 만 3년에 걸친 제 수험생활에 대하여 쓰려고 합니다.

저는 평소에 마음이 해이해지거나 노력해도 책이 머리에 들어오지 않을 때는 서점에 가서 합격기를 많이 읽었습니다. 다른 사람의 개인체험를 엿보는 재미도 있거니와 수험생들만이 이해할 수 있는 생활과 고민을 통해서 합격자와의 동질감으로 묘한 안도감을 느끼기도 하고, 때로는 그 처절함에 덩달아 비장해져 자리로 돌아오기도 하였습니다. 막상 합격기를 지면에 발표

하는 기회를 갖게 되니 제 합격기도 누구에겐가 그런 힘이 되었으면 좋겠다는 기대를 갖게 됩니다. 특히 제가 특별한 사람이 아니고 이 글을 읽는 여러분들과 같이 자신의 생활태도와 능력에 대해 끊임없이 회의하면서, 다만 내일은 오늘보다 좀 낫게 생활하겠다는 몸부림으로 고시라는 터널을 지나온 한 사람이라는 점이 이해된다면 더 바랄 나위가 없겠습니다. 흔히 자기 이야기를 쓰게 되면 은근히 자기자랑을 늘어놓거나, 부끄러운 부분은 감추거나 각색을 하게 되는 속성이 있다고 하는데 저도 그에 대한 예외가 될 수는 없으므로 그 점은 감안하고 읽어주시기 바랍니다.

• 고시생활

1. 1차시험을 처음 보기까지

1992년 1학기가 끝나고 여름이 본격화되면서 저는 곽윤직 선생님의 민법총칙을 들고 도서관에 자리를 잡았습니다. 하루에 100페이지씩만 읽자고 다짐했지만 책을 몽땅 외워야 하는 것인지, 도대체 어디부터 가닥을 잡아야 하는 것인지 몰라 속만 끓이다가 책 한권을 한달 내내 가방 속에 넣고 다녔습니다. 이러다간 민법 한번 읽고 시험치러 가겠다는 생각에 민총을 덮어 놓고 이재상 교수님의 형법총론을 샀습니다. 하지만 점입가경이라고 분명 한글로 씌어진 책인데도 왜 그렇게 이해가 안되는지 채 20페이지를 넘기지 못하고 친구들에게 답답한 심정을 하소연하면서 하루 하루를 보내던 것이 기억에 선합니다.

2학기가 시작되어서는 이래서는 죽도 밥도 안되겠다는 생각 때문에 초조해지기 시작했습니다. 생활을 좀 규칙적으로 해야겠다는 생각에, 그리고 가르치던 학생이 고 3이었던 까닭에 과외하던 집에 입주를 시작했습니다. 4년 동안을 쭉 해왔던 집이라서 정도 들고 여러가지 배려를 해주셔서 큰 불편없이 생활을 할 수 있었습니다. 새벽 5시 30분쯤에 법대 도서관에 도착하였습니다. 당시는 법대 도서관에 공부하는 분들이 많아 늦게 학교에 가면 자리를 못잡고 메뚜기를 하기 일쑤였지만 그 이후 3년을 통틀어 그 시기만큼 열심히 한 적이 없다는 생각이 들 만큼 비장한 각오로 공부에 몰두했습니다. 책을 보는데도 속도가 붙고, 또 채권각론과 물권법을 청강하게 되면서 법학에 어느 정도 재미도 느끼게 되었습니다. 정확한 기억인지 자신할 수는 없지만 형법・민법을 각각 2회독씩 하고 경제학・헌법을 한번 읽고 섭외사법도 한번 훑어본 후 새해를 맞았으니 지금 생각해도 장했던 한 시기였습니다.

1993년 들어서는 법과목도 문제집 위주로, 문화사・국사・독일어도 한번씩은 읽고 들어가야 되겠다는 생각으로 공부를 했습니다. 하지만 법과목과 경제학을 위주로 했던 까닭에 아쉽게도 문화사・국사・독일어를 채 한번도 다 보지 못하고 시험을 맞이하게 되었습니다. 결과를 보니 공부를 열심히 했던 과목은 비교적 점수가 좋은 반면, 그렇지 않은 과목은 정말 형편없는 점수가 나왔습니다. 한편으로는 하면 된다는 자신감을 가지게 된 계기가 되었지만 다른 한편으로는 좀더 균형있는 자세로 2교시 과목에 공부시간을 배정하지 못한 것이 두고 두고 후회가 되는 첫 시험이었습니다.

2. 1차시험에 합격하기까지

1993년에 들어서자 막내도 대학에 입학하여 서울로 올라와 세 남매가 함께 살게 되었습니다. 동생 둘이 대학에 다니는 데다가 그 해 2월에 졸업한 저는 이제 공식적으로 백수라서 부모님의 고생이 이만저만이 아닌 한 해였습니다. 그에 따라 저의 자괴감도 깊어 갔지만 알아도 모르는 척 할 수밖에 없는 처지였습니다.

요즈음 주변을 보면 첫해 1차시험에 실패했을 경우 8~9월까지 4~5개월 동안은 2차과목을 공부하고 나서 다시 1차공부를 시작하시는 예가 많습니다. 그리고 다음 해에 1・2차 동시합격하시는 비율도 꽤나 높은 것으로 알고 있습니다. 하지만 저는 1차 시험공부를 완벽하게 하는 것이 급선무라고 생각했으며 그 대신 헌법・민법・형법을 1차 시험기간 중 심도있게 공부해 두면 2차 시험에도 도움이 되겠거니 하는 막연한 생각으로 따로 2차과목을 공부하지는 않았습니다. 그러나 그 기간동안 민법은 이영준 변호사의 교과서를 일독하고 권오승 교수님의 민법의 쟁점과 양창수 교수님의 발표논문들을 모아 공부를 했습니다. 형법은 이재상 교수님의 형법연습을 교과서와 함께 보았으며, 헌법은 허영 교수님의 교과서를 한번 읽어봄으로써 각 과목별로 쟁점사항들을 파악하고 이에 대한 이해도를 높이려고 노력했습니다.

그리고 8명이 1차 스터디를 시작했습니다. 일주일에 두번씩 객관식 문제를 풀어보는 방법을 택했는데 몇 과목에 치중되지 않는 균형있는 시간안배와 진도 맞추기가 첫번째 목적이었습니다. 그리고 무엇보다 모인 사람들이 너무 좋아 힘든 시험기간을 힘든 줄 모르고 지낸 것 같습니다. 지금 이 시간에 2차를 준비하시는 분들도 있고, 다시 1차 공부를 하시는 분들도 있는데 모두들 건강하시고 하루 빨리 좋은 결과를 얻으시기 기원합니다.

이와는 별도로 독일어 스터디를 4명이서 꾸렸는데 1992년부터 갑자기 독일어의 난이도가 높아진 관계로 이전보다 독일어에 투자하는 시간을 늘려야겠다는 생각에서였습니다. 현대독일어, 초급독문해석, 문제집 두권을 차례로 그리고 꾸준히 공부했습니다. 그럼에도 불구하고 다음 해 독일어 점수가 썩 좋지 않았던 것을 보면 이제 독일어를 전략과목으로 선택하는 것은 좀 위험하지 않나 하는 생각이 듭니다. 그리고 다른 과목은 교과서 한권, 문제집 한권을 기본으로 하고 과목에 따라 기출문제집을 풀기도 하였는데 공부량을 한정하고 쏟아져 나오는 새로운 책과 문제집들에 대한 미련을 버리는 것이 무엇보다 중요하다고 말씀드리고 싶습니다. 시험을 치르고 나서 항상 아쉬움이 남는 부분은 다른 책에만 있었기 때문에 틀린 것들이 아니라 자신이 공부한 바로 그 책에 나와 있는 문제임에도 불구하고 틀린 것들입니다.

94년 3월에 1차시험을 치르고 나서는 발표 전까지 충주에 내려가 생활했습니다. 법서가 있는 쪽으로는 얼굴도 돌리기 싫을 만큼 진저리가 쳐졌고 몸도 마음도 극도로 지쳐 있었기 때문입니다. 엄마가 해주는 밥을 먹으면서 운동도 하고 보고 싶던 책도 몇권 읽으면서 지냈습니다. 어느만큼 합격을 예상하고 있었기 때문에 비교적 여유있게 지낼 수 있었고 덕분에 몸도 많이 좋아졌습니다.

3. 2차 수험기간

합격자 발표가 있은 후 서울로 올라와 연줄연줄로 해서 탄탄한 스터디에 낄 수 있었습니다. 하지만 편하게 지내면 지낸 만큼 보복이 따르는 지라 스터디하시는 분들과 실력차이가 너무 나서 견디기가 힘들었습니다. 무슨 이야기인지 알아들을 수가 있나, 진도를 제대로 따라가기를 하나, 그렇다고 특별나게 성실하기를 하나, 몇주를 엄청난 스트레스 속에서 지진아 노릇을 하다가 잠정적으로 스터디를 빠져나오게 되었습니다. 결국 소송법은 1회독 반 정도를 하고 상법·행정법은 다 보지도 못한 채 2차시험을 치르게 되었습니다. 한 과목 중 하나씩만 아는 문제가 나왔으면 좋겠다는 소박한 바람도 깨어지기 일쑤였습니다. 꼭 붙어야 한다는 부담감이 없었기 때문에 그 자리에서 관련조문을 찾아 답안지를 메우면서 두시간을 보내는 것만으로 만족하며 나흘 간의 시험을 끝낼 수 있었습니다. 그래도 중간에 포기하지 않고 시험을 끝까지 치르고 나니 무언가를 해냈다는 뿌듯함이 전신에 고루 퍼져나가는 것을 느낄 수 있었습니다.

  2차 시험공부를 본격적으로 시작한 것은 1994년 2차시험이 끝난 직후부터 입니다. 8월 말경부터 스터디를 다시 시작하기로 합의했었으므로 한달 반 정도의 기간을 어떻게 보내느냐에 따라서 계속 지진아로 머무느냐가 결정되리라는 생각에 그 무더위 속에서도 꼬박꼬박 학교에 나가서 책과 씨름하였습니다. 의욕은 앞서고 책장은 넘어가지 않는데 날씨는 너무 더워서 밤잠은 설치고 하는 날들이 계속되니 두통이 생기더군요. 그래서 삼일만에 방을 보러 다니고 이사를 해버렸습니다. 가끔은 극단적인 처방이 삶에 활력이 될 수 있다고 생각했습니다. 신림동 산등성이 바로 밑에 방을 얻으니 그 더위 속에서도 밤이면 시원한 바람이 솔솔 불어 천국이 따로 없구나 하는 생각이 들 정도였습니다. 그리고 나서 스터디를 시작하기 전에 민사소송법과 형사소송법을 1회독하고 행정법 I과 어음수표법을 다 볼 수 있었습니다. 그러니까 1차 합격 후 소송법과 행정법 I을 2회독하고 상법을 1회독한 상태에서 스터디를 하게 된 것입니다.

  중간에 숭실대에서 하는 특강 중에 형사소송법과 민사소송법을 들었으나 워낙 바탕이 없는 상태에서 집약된 강의를 들었으므로 큰 도움은 받지 못한 것 같습니다. 테이프, 학원강의, 특강 등을 잘 활용하면 공부의 효율을 높일 수 있겠지만 먼저 스스로 책을 읽고 이해하려는 노력없이 그것에만 의존하려 한다면 별 효과를 거두지 못하는구나 하는 생각을 그때부터 갖게 되었습니다.

  저희는 8월 22일부터 스터디를 다시 시작하였습니다. 기존의 멤버 중에서 한 분이 동차합격의 영광을 안고 나가셨고 다른 분이 들어오셔서 7명으로 출발하게 되었습니다. 그리고 저는 후배와 함께 행정법연습과 어음수표법·형법연습을 청강하였습니다. 행정법은 특히 사례문제를 보면 논점이 무엇인지 전혀 감이 잡히지 않는 경우가 많았고, 어음수표법은 난해한 과목이라고 들었기 때문에 강의를 듣는 것이 좋겠다는 판단을 했었는데 결과적으로 큰 도움을 받았습니다. 학교수업과 시험공부는 배치된다고 생각하는 분들이 계시다고 하는데 특히 2차시험에 있어서는 수업을 통해서 이해하는 것이 깊고 오래 남는 듯 합니다.

시험 전까지의 전체적인 계획은 12월 말까지 1회독, 3월 중순까지 2회독, 5월 10일 정도까지 3회독을 하고 나머지 약 50일 동안은 각자 마지막 정리를 하는 것이었습니다. 처음 시작할 때는 일요일은 쉬는 날로 계산하고 계획을 잡았는데 2회독부터는 불안한 마음에 일요일까지 공부시간으로 넣고 휴식은 각자 알아서 취하기로 하였습니다. 한번 계획을 세우면 거의 오차없이 시행되었는데 그 뒤에는 스터디 내 최고학번 선배님의 성실함과 단호함이 숨어 있었기 때문이었습니다. 덕분에 모의시험이 미루어지리라는 일말의 불안을 떨칠 수 있었고, 공부가 안될 때도 거의 머리 속에 책을 구겨넣는 심정으로 자리에 앉아 몇 시간이라도 견딜 수 있었던 것 같습니다. 정 공부가 안될 때는 자리를 다섯번도 넘게 옮기면서 마음을 잡아보려고 하기도 하고, 밖에 나가 벤치에 앉아 중얼중얼 거리면서 공부하기도 하였습니다. 3월 초에 아버님이 돌아가셨기 때문에 보름정도 학교에 나가지 않았는데 이때 두번을 빼고는 모의시험에 빠진 적은 한번도 없습니다. 시험은 준비가 완벽하게 되었을 때 보는 것이 아니라 무작정 닥쳐 보는 것입니다. 누구에게나 피하고 싶은 잔이지만 피할 수 없다면 달게 받는 것이 낫다는 생각으로 시험시간 중에는 최선을 다했습니다.

마지막 정리기간 동안의 정리방법은 스터디 성원마다 달랐는데, 저는 후배와 함께 1994년 수석을 하신 분의 조언대로 과목마다 똑같이 3일, 2일, 1일을 배정하여 3회독을 하였습니다. 계획된 시간내에 다 보지 못해 전체적으로 본다면 2회독 정도 한 셈이지만 되도록이면 계획을 지키려고 노력을 했습니다. 회독수가 절대적으로 중요한 것은 아니지만 기본적인 이해가 되어 있다면 마지막 정리기간 동안 좀 타이트하게 기간을 잡아 여러번 정리하는 것이 긴장감을 유지하면서 자신감을 갖게 하는 것 같습니다.

4. 2차 시험기간 중의 생활

2차 시험기간 중 저는 성균관대 근처에 방 하나를 얻어 생활하면서 성대 도서관에서 공부하였습니다. 처음에는 신림동에서 왔다 갔다 할까도 생각해 보았으나 평소에 차를 많이 타지 않아 쉽게 피로해지리라는 예상과 되도록이면 공부시간을 많이 확보하자는 계산으로 시험보기 불과 며칠 전에 어렵게 결정하였습니다. 다행히 직장에 출퇴근하기가 매우 불편한데도 불구하고 동생이 같이 와서 생활해 주어서 환경의 변화를 크게 못느끼고 정신적으로 편안하게 닷새를 보낼 수 있었던 것이 많은 도움이 된 것 같습니다.

4시에 시험이 끝나면 집으로 돌아와 씻고 저녁을 먹은 후에 한 시간 정도 눈을 붙인 다음 6시쯤 도서관으로 가서 새벽 2~3시까지 공부하였습니다. 밤잠은 평균 3시간 정도 잔 것 같습니다. 6시쯤 다시 일어나 아침을 먹고 도서관에서 공부하다가 시험을 보러 교실로 들어가는 생활을 제법 규칙적으로 해내었습니다. 시험기간 동안 잠은 몇시간이나 자야 하느냐는 질문을 많이 받고 또 저 역시 묻기도 했었습니다만 정신적·육체적 균형을 유지하는 선에서 최소한의 시간을 자신의 상태에 맞게 결정해야 한다고 말할 수 있겠습니다.

저는 신림동에서 짐을 싸서 성균관대 앞으로 옮길 때 매일매일 볼 자료와 책을 미리 네 보따리로 나누어 두었던 덕분에 대부분 정해진 시간 안에 계획대로 마지막 정리를 할 수 있었습니다. 시험 전날은 헌법과 행정법을 보고, 시험보는 첫째날 아침에는 전통윤리 부분을 집중적으로 공부했습니다. 둘째날은 주로 상법을 꼼꼼히 보아 두었습니다. 셋째날, 넷째날은 소송법만을 보고 민법과 형법은 특별히 외워야 할 부분만을 보았습니다. 소송법은 아무래도 수험생들에게는 보다 낯선 과목이라 그 전날에 공부를 해두지 않으면 적절한 용어구사가 힘든 과목이라고 판단했기 때문입니다. 한편 그러한 특성 때문에 조금만 매끄럽게 그리고 빠짐없이 쓴다면 고득점이 가능한 전략과목이기도 합니다.

생각지 못한 문제가 나왔을 때 의지할 수 있는 것은 평소에 그리 중요하지 않다고 생각되는 문제라도 빠짐없이 보아두는 태도와 책상 위에 놓여 있는 법전, 그리고 자신감입니다. 전날의 공부는 여러가지 의미에서 중요하다고 지적됩니다. 곧바로 본 문제가 '뜬'다면, 그리고 그런 문제가 많으면 많을수록 합격에 가까이 간다는 것은 말할 나위가 없겠습니다만 그것보다는 저의 경우 심리적인 면에 더 큰 의미를 두고 싶습니다. 이번 민사소송법 문제는 참으로 의외의 문제였고 교과서를 꼼꼼히 공부하신 분이라도 답안을 쓰기가 힘들었던 것이 사실입니다. 문제를 받는 순간 여기저기서 한숨소리가 터져 나오면서 팽팽한 긴장이 교실 전체를 엄습했습니다. 저 역시 순간 당황했지만, 동료수험생들의 그런 태도가 저에게 어떤 안도감을 주는 것 같았습니다. '내가 모르면 남도 모른다' '한 문제만 제대로 쓰면 과락은 면한다'고 스스로를 어르고 달래면서 답안지를 메워 나갔습니다. 여기에는 그 전날 민사소송법 교과서를 거의 정독하다시피 하였기 때문에 갖게 되는 자신감이 가세되었다고 생각합니다. 차분한 마음으로 생각하기 시작하니 의외로 논점이 떠오르더군요. 한 문제를 더 찍었느냐 하는 것보다 의외의 문제를 받아든 그 시간에 얼마나 평정을 유지하느냐 하는 것이 점수에 미치는 영향이 더 크지 않을까 하는 생각을 개인적으로 가져 봅니다.

그리고 시험기간의 불문율로 통하는 것이 이미 끝난 시험에 대하여 연연하지 않고 서로 거기에 대하여 언급하지 않는다는 것입니다. 저도 스터디 멤버들과 사전에 그에 대해 철저히 약속을 하고 시험에 임했습니다. 그런데 상법시험을 보고 나서 스터디 후배가 3번 문제에 대해서 어떻게 썼느냐고 묻더군요. 무의결권 주식은 강학상의 용어라 후에 강평을 보니 의결권이 제한되는 주식의 내용을 쓴 분도 꽤 된다고 하던데 저도 의결권이 제한되는 경우에 해당되는 조문을 찾아 열심히 쓰고 나왔습니다. 하지만 그때는 서로 이야기하는 과정에서 저만이 맞게 썼다고 둘 다 생각했습니다. 그러자 후배가 굉장히 속상해 하는 표정을 지어 어쩌면 다음 시험에 영향을 끼쳤을지 모르겠습니다. 지금도 만약 그때 제가 잘못썼다는 것을 알았더라면, 하는 생각을 하면 아찔합니다. 적어도 지금과 같은 좋은 결과는 얻지 못하지 않았을까 하는 생각이 생깁니다.

시험이 끝난 후 방에 돌아와 짐을 싸면서 두시간을 엉엉 울었습니다. 막상 합격이 된 지금은 끝이 아니라 시작이라는 생각 때문에 후련함보다는 두려움이 더 앞서지만 그 당시의 심정은 말로 표현할 수 없는 해방감이었습니다. 억제되었던 슬픔으로부터의 해방, 끊어질 것 같던 팽팽한 긴장감으로부터의 해방, 기계같은 생활로부터의 해방! 진인사대천명(盡人事待天命)이라는 옛말이 떠올랐습니다. 저의 수험생활의 최고는 아니었을 지언정 참으로 최선이었으므로….

• **공부방법**

1차시험에 대한 기억은 희미하고 또 특히 좋은 점수를 얻지 못했으므로 1차대비 방안에 대해서는 앞의 글로 대신하려 합니다. 다음은 주로 2차준비를 하면서 제가 느낀점과 공부방법을 서술하겠습니다.

1. 답안작성

제가 저보다 실력이 월등히 나은 분들보다 좋은 결과를 얻은 원인이 있다면 열장짜리 답안지를 보다 잘 활용했기 때문이라는 생각이 듭니다. '답안지는 나의 유일한 싸움터'이며 '답안지를 통해서만이 나를 표현' 할 수 있고 따라서 '답안지를 통해서 어떻게 잘 보일까'를 끊임없이 연구했습니다. 다음 글을 읽으시면 너무나 당연하고 원칙적인 것이라고 실망하실 분들도 계실지 모르겠습니다만 중요한 건 그 원칙들을 실천하는 것입니다.

형식적인 면에서 본다면 첫째, 글씨를 깨끗이 쓸 것 둘째, 앞뒤 줄을 맞추어 쓰고 세줄을 기준으로 한칸씩 띄어쓰되 될 수 있으면 문장을 끝내고 띄울 것 셋째, 되도록이면 배점에 맞게 양을 조절하여 10장을 다 쓸 것(즉 50점, 25점, 25점으로 세 문제가 나오면 5장, 2장 반, 2장 반을 쓰는 것)입니다. 어렵죠? 글씨 때문에 고민하는 분도 계실테고, 속도 때문에 고민하는 분도 계실 것입니다. 또 글씨가 악필이신 분들은 덩달아 속도도 느린 경우가 많기 때문에 한숨이 저절로 나오실 것입니다. 주변에서 그런 분을 지켜 볼 기회가 있었는데, 노력한 만큼 확실히 개선이 되더군요. 자신이 처한 악조건 속에서도 포기하지 않고 형식적인 면에 힘을 기울이신다면 적어도 평균 1~2점은 올릴 수 있지 않나 생각합니다. 채점위원들의 채점평을 보면 글씨나 답안의 정돈상태에 의한 점수차이를 없애려고 많은 애를 쓰신 것을 알 수 있습니다. 하지만 채점도 사람이 하는 일인지라 전혀 영향을 주지 않을 수는 없다고 봅니다.

내용적인 면에서 본다면 첫째, 관련조문을 빠짐없이 쓸 것 둘째, 학설의 검토를 풍부하게 할 것 셋째, 각 과목의 특성에 맞는 답안을 작성할 것 넷째, 강약이 있는 답안을 작성할 것입니다.

첫째, 우리가 하고 있는 공부는 실정법의 해석학이기 때문에 특정 조문을 반드시 써주어야만 바른 공부가 되었다고 평가받게 됩니다. 둘째, 학설의 검토에서는 적어도 자기 자신을 설득할 수 있는 근거를 가지고 자신의 언어로 서술해야 합니다. 학설대립이 있는 부분에서 가장 조심해야 할 점은 교과서의 근거를 그대로 썼더라도 암기해서 서술했다는 인상을 주는 것입니다. 흔히 학설대립이 있으면 1설, 2설, 3설, 그리고 판례를 빠짐없이 써주었느냐에 중심을 두는 것을 보는데 저는 결국 답안에 대한 평가는 전체적으로 이루어지므로 설혹 학설 하나를 빼먹더라도 설득력있게 자신의 논지를 펴는 것이 채점자에게 호감을 주어 전반적인 상승효과를 일으킨다고 생각합니다.

셋째, 각 과목의 특성(물론, 학문적인 특성이라고 하기 보다는 채점위원들이 원하시는 답안내용이 나름대로 가지는 특성을 가리키는 것입니다)은 채점평이나 고시잡지에 실리는 모범답안의 강평부분을 보다 보면 어느 정도 감으로 터득하게 됩니다. 제가 생각한 것은 다음과 같습니다.

헌법은 사회과학과 법학의 중간 쯤에 존재하는 학문으로서, 사회적으로 초미의 관심사가 되었던 것이 주로 문제로 출제되고, 출제위원들께서 원하시는 답안도 헌법을 법전 속에, 혹은 어떤 이론틀 속에 가두어 두지 않고 현실을 향해서 헌법적 시각을 열어두고 있는 답안이 아닐까 합니다. 따라서 서론과 결론을 통해서 헌법현실에 대한 논평을 가하는 것이 득점요소라고 봅니다.

행정법은 총론적인 단일법령이 존재하지 않으므로 흩어져 있는 법률에서 관련조항을 찾는 것이 매우 어렵습니다. 시간도 많이 걸리고요. 그만큼 관계조문을 적시할 경우 얻게 되는 것이 많다고 해야겠죠. 또한 아직 행정법은 교수님들마다 쓰시는 용어부터 다르기 때문에 여러 책을 보다 보면 자신도 모르는 사이에 언어사용에서부터 자기당착에 빠질 위험이 크다고 할 수 있습니다. 따라서 위험을 극소화하기 위해서는 하나의 교과서를 선택하여 익숙해질 때까지 보고, 정 이해가 되지 않는 부분만 다른 견해를 참조하는 정도로 욕심을 버려야 합니다. 그리고 간혹 사례문제를 보면 법전에 수록되지 않은 법령에 대한 사례이면서 참조조문을 소개하지도 않아 곤혹스러운 경우가 특히 많은 것 같습니다. 물론 사법시험에서 그런 문제가 출제되어서는 안 되겠지만 만약을 대비해서 사례의 기본유형을(주로 문제되는 사례) 익혀두는 것이 중요합니다. 행정법에서 사례문제가 출제되기 시작한지는 얼마 되지 않은 만큼 주로 문제화되는 것이 다른 과목에 비해서는 한정적이기 때문입니다.

상법은 조문수가 많기 때문에 평소에 법전을 열심히 들여다보는 습관을 기르면, 그래서 관련 조문을 잘 찾아 쓸 수 있다면 그것만으로도 답안의 50%는 완성할 수 있습니다. 또한 상법은 본래 회사와 관련되거나 어음거래와 관련된 이들의 이해관계를 조절하는 학문이므로 각 문제에서 제기되는 이해관계의 충돌지점을 서론부분에서 적시하면 매우 호감을 주게 됩니다.
　민법은 워낙 방대하고 역사가 오래되어 학문의 발전수준도 높다고 할 수 있으므로 고득점을 목표로 공부하는데는 많은 무리가 있습니다. 모든 문제를 완벽하게 쓰겠다고 생각하면 공부량이 무한대로 늘어나는 과목이므로 이해위주로 공부를 하고, 그 내용과 법전의 조문을 이어서 서술할 수 있는 정도면 족하다고 봅니다.
　소송법과목은 아무래도 실무와 밀접한 관계가 있으므로 각 제도의 운용실태에 대해 써주고 이에 대한 비판적인 안목으로 답안을 시작한다면 그 이상 좋을 수가 없겠습니다. 그리고 꼭 하나씩은 흩어져 있는 조문을 찾아 쓰는 문제가 출제되므로 평소에 조금 귀찮더라도 책을 덮고 스스로 조문을 찾아보는 습관을 기르시기 바랍니다.
　마지막으로 형법에 관해서 말씀드리자면, 가장 사례다운 사례가 출제되므로 사례문제의 중요도가 다른 어떤 과목보다 높다고 할 수 있습니다. 따라서 사례문제의 논점을 정확히 잡고 끝까지 일관된 시각으로 서술하는 것이 고득점의 관건입니다.
　넷째, 강약이 있는 답안이란 주로 단문에서 문제되는 것입니다. 교과서나 모범답안을 보면서 공부하다 보면 자칫 특색없고 평면적인 답안이 되기 일쑤입니다. 전형적인 문제가 나올수록 고득점이 힘들다고 하는 이유가 바로 거기에 있는 것 같습니다. 전형적인 문제라는 것은 많이 예상되었던 문제를 말하므로 평소에 서론에서 좀 '튈' 수 없을까, 특히 강조점을 두어 많이 서술할 부분은 없을까, 남이 안 쓰는 판례 하나라도 더 써볼까, 하는 점을 염두에 두면서 공부를 하신다면 많은 도움이 될 것입니다. 물론 답안에서 요구하는 것을 차분히, 빠짐없이 쓰는 것이 가장 중요합니다. 하지만 똑같은 내용을 쓰더라도 어느 부분에 무게를 두고 쓰느냐, 목차를 어떻게 잡느냐에 따라서 점수차이가 난다면 평소에 5분쯤 더 생각해 보는 것이 고득점에 유리하지 않겠습니까?

(2) 슬럼프

　슬럼프가 찾아왔다면, 가장 현명한 방법은 그 자리에서 버티는 것입니다. 어느 코메디 프로의 대사처럼 연신 '참아야 하느니라. 견디는 방법밖에 없다'고 되뇌이면서 살아온 3년이었습니다. 지금 생각해도 구체적인 극복방안이 있을 것 같지 않습니다.

　슬럼프의 원인은 여러가지가 있겠지만 공부 자체로부터 오는 경우가 많습니다. 해야 할 공부량이 너무 많은데 비해서 자신의 지식은 너무 짧다라든지, 진도가 계속 밀려서 보충할 기약이 없다든지, 다른 답안과 비교해 보았을 때 자신의 답안이 너무 빈약해 보인다든지 하는 생각들이 갑자기 밀려들어서 계속 공부해 보았자 도저히 붙을 수 없을 것 같은 기분이 드는 것입니다. 특히 이런 경우에 기분전환을 위해 어떤 쌈박한 슬럼프 극복방안을 찾게 되면 돌이킬 수 없는 지경에 이르게 될 수도 있다고 봅니다. 이때는 책상 앞에서 버티면서 마음을 고쳐먹고 각각의 문제점에 대한 구체적인 해결방안을 찾는 수밖에 도리가 없습니다. 자신이 스스로 생각하는 자신의 수준보다 더 한심한 것은 자신감의 상실이라는 마음의 병이기 때문입니다.

　다른 원인은 신상의 변화입니다. 합격이라는 결과를 얻는다 하더라도 회복될 수 없는 사실들이기 때문에, 갑작스런 일이 생긴 경우에 충분히 고민할 수 있는 시간이나 정신적 여유가 주어지지 않기 때문에 '고시생의 비인간성'에 대해서 회의하고 '이렇게 살아야 하나'하는 자괴감으로 어찌할 바를 모르게 되는 것입니다. 제가 겪은 슬럼프는 주로 이런 경우였는데 스스로 던져놓은 물음에 대한 답을 찾기란 처음부터 무망한 것이기에 문제의 심각성이 있습니다. 그럴 때면 저는 며칠간 집에서 쉬면서 자신에게 관대해지려고 노력했습니다. 여행도 좋은 방법일 수 있다는 생각이 듭니다. 자신이 겪고 있는 어려움을 절대 과장하지 않는 것, 허점투성이인 인간이기에 인생에 어찌할 수 없는 부분이 있다는 것을 납득시키는 것은 근본적인 치유책은 아니지만 효과적인 해결방안입니다.

　그밖에 과목이 바뀐 다음 날은 공부가 잘 안된다든지, 2·3일 집중하면 집중력이 흐트러진다든지, 계속 피곤하고 졸린다든지 하는 현상은 그러려니 하고 덤덤하게 받아들이시면 됩니다. 고시생이라면 누구나 겪는 거니까요.

　저는 특히나 아침잠이 많은 편이라 거기에서 오는 스트레스가 많았는데 저

뿐만 아니라 많은 분들이 잠과의 투쟁으로 아침을 허비한 경험이 있으실 것입니다. 잠자는 시간이 계속 늘어나는 데는 두가지 원인이 있는데 그 하나는 만성피로요, 다른 하나는 눈뜨기 싫은 부담스런 아침입니다. 저는 둘 중에 무엇이 주가 되는지 정확히 파악을 해서 알맞은 처방을 내리려고 했습니다.

　도서관 자리도 맡아야 하고, 공부시간도 최대한 확보해야겠다는 욕심에 7시까지 학교에 도착하기 위해 애쓴 때가 있었습니다. 그렇지만 그렇게 도착한다 하더라도 오전시간 내내 비몽사몽의 상태로 시간만 보내는 경우가 많았고, 예정된 시간에 일어나지 못하고 늦잠을 자게 되면 자포자기 상태로 오후까지 내리 자버리는 것이 반복되었습니다. 그래서 다음에는 9시로 등교시간을 잡고나자 생활도 좀 여유로와지고 전반적으로 집중력도 향상되어 보다 능률적으로 공부를 할 수 있었습니다. 고시공부는 장기전이므로 적당한 수면이 필수적이라고 생각합니다. 학교에 와서 세번 이상 잔다든지, 한번 자면 30분 이상을 잔다든지 하시는 분들은 수면시간이 자신의 상태에 비해서 너무 부족하지 않나 자문해 보시기 바랍니다.

　한편 충분히 잤는데도 불구하고 계속 졸립고 자고 싶은 때가 있습니다. 그것은 마음이 시험에 대한 혹은 생활에 대한 중압감에 허덕이면서 해이해지고 있는 상태이기 때문에 오히려 아침에 일찍 학교에 나오려고 애썼습니다. 동생과 혹은 스터디 성원들과 8시까지 등교하지 못하면 500원, 하는 식으로 유치한 방법까지 동원하면서, 물론 한번도 따보지는 못했습니다. 그렇지만 그 내기가 지속되는 동안은 아주 단순해지기 때문에 딴 생각은 덜 하게 되고 생활력을 회복하는 효과가 있었던 것 같습니다.

　3. 스터디

　저는 1차와 2차준비를 하면서 각각 스터디를 했습니다. 2차 스터디의 중요성에 대해서는 대부분 동의하지만 1차 스터디의 필요성에 대해서는 의견이 분분합니다. 마음씨 좋고 성실한 사람들이 곁에 있어 준다면 하는 생각이 듭니다. 예전에는 진도에 맞춰 각 성원이 책임부분을 정하고 발제해 와서 그 내용을 숙지하는 형식으로 진행되기도 한 것으로 알고 있으나 요즈음은 대부분 문제풀이식으로 진행되는 것 같습니다. 스터디의 장점으로는 정해진 진도대로 공부할 수 있다는 것, 의사소통을 통해서 의문나는 점을 풀어갈 수 있다는 것, 동병상련의 사람들끼리 모여서 서로 위로하며 수험생활을 할 수 있다는 것을 들 수 있습니다. 따라서 스스로 판단해 보았을 때 혼자 공부하는 경우 자꾸 진도를 뒤로 미루는 습성이 있는 분, 학교에서 법학공부를 체계적으로 받지 않은 분, 사람들과 어울리는 것을 좋아하시는 분에게는 스터디를 권하고 싶습니다. 다만 스터디 성원들끼리 똘똘 뭉쳐 노는 것은 금물입니다.

 2차 스터디의 경우, 저는 수험생활의 80% 정도를 차지하지 않았나 하는 생각이 들 정도로 의존도가 높았습니다. 스터디를 구성할 때 성실하신 분, 2차에 경험이 있으신 분, 학교수업을 충실히 들은 분, 친화력이 남다르신 분이 적어도 한사람씩은 있어야 하고, 구성원은 연령·성별에 있어서 좀 다양한 것이 좋겠다라고 생각했는데 우연히도 바랬던 대로 이루어져서 서로 많은 도움이 되었고 끝까지 결속력을 가지고 지속될 수 있었습니다.

 저희는 매일매일 점심과 저녁식사를 같이 했습니다. 점심식사 후에는 주로 우유팩을 차거나 산책을 하였고, 저녁식사 후에는 사례풀기를 하였습니다. 사례문제는 진도에 맞추어 한사람씩 돌아가면서 출제를 하였으며, 이에 대해 간단히 목차를 잡고 생각하는 시간을 가진 다음 토론하는 형식으로 진행하였습니다. 이는 각자가 보는 자료를 한 곳에 모으는 효과를 가져왔고, 3회독을 할 때는 거의 출제할 문제가 없을 만큼 사례를 많이 접했기 때문에 큰 문제에 대한 부담감을 덜 수 있었습니다. 또한 사례는 거의 학설의 대립분야에서 나오므로 혼자 공부할 때보다 학설에 대한 이해수준을 높일 수 있었으며, 한번 치열하게 토론한 것은 기억에도 오래 남는 결과를 낳았습니다.

 모의시험은 평균적으로 일주일에 한번씩, 토요일 저녁에 치렀습니다. 1, 2회독째는 먼저 합격한 후배들이 돌아가면서 출제하고 강평을 해주었는데 답안의 틀을 잡고 문제마다 강조되어야 할 논점들을 찾는 감을 익히는데 많은 도움을 받았습니다. 지면을 통해서나마 그 수고에 대한 고마움을 전하고 싶습니다. 3회독은 스터디 성원들끼리 돌아가면서 출제하고 이야기하는 것으로 대신했습니다. 3회독을 하는 시기는 연수원생들이 매우 바쁜 기간이기 때문에 새로 나오는 고시잡지들을 뒤적거려 따끈 따끈한 문제를 선정하기가 힘든 반면, 직접 공부하는 분들은 2회독을 막 끝내고 문제의 중요도라든가 새로운 출제경향에 대한 감을 어느 정도 익히는 시기이기 때문에 스스로 출제를 하는 것도 좋겠다는 생각에서였습니다.

저희는 모의시험을 보고 난 후 답안지를 서로 돌려보고 토론하는 과정을 중시하였습니다. 타인의 답안지를 보면 자신의 수준을 객관화할 수 있고, 채점자의 입장에서 사고할 수 있는 기회를 가지게 됩니다. 그리고 각자의 답안 중 서술이 잘된 부분만을 모아 놓으면 어느 모범답안 보다도 생생하고 풍부한 답안을 구성할 수 있게 됩니다. 시험을 치르고 나면 지치고 지루하여 이 과정을 생략하고 싶은 유혹이 강하게 다가오는데 과감히 그 유혹을 뿌리치고 다만 30분이라도 서로의 답안을 검토하는 것이 다음 날 두시간 더 공부하는 것보다 낫다고 믿습니다.

3회독이 끝나고 마무리 기간 중에 저희 스터디는 약술형 대비로 과목당 예상문제를 뽑아 정리하기로 하였습니다. 생각보다 시간이 많이 걸리는 어려운 작업이었지만 그만한 성과도 있었다고 보여집니다. 다시한번 각자가 가진 정보와 자료를 취합하는 계기가 되었고, 점심・저녁식사를 위해 왔다 갔다 하는 시간을 이용해서 내용을 암기하고 정리하는데 이용되었습니다.

이상으로 저희 스터디의 운영방법에 대해서 말씀드렸습니다만, 무엇보다 중요한 것은 팀웍입니다. 자신이 가진 의문점이나 자료를 늘 타인에게 제시하고 개방하려는 자세를 가져야 합니다. 상부상조는 전원합격의 지름길이며, 배타적 태도는 공도동망의 지름길입니다. 자신의 스터디 성원은 경쟁자가 아니라 공동이해관계자라는 점을 명심해야 합니다. 그리고 연령이 높으시거나 마땅한 스터디를 찾을 수 없는 분, 성격상 사람들과 긴밀한 유대관계를 가지는 것이 오히려 공부에 방해가 되는 분들은 학원강의가 스터디 대용으로 활용될 수 있다고 생각됩니다.

4. 교과서와 문제집의 선택

교과서를 볼 것인가, 문제집을 볼 것인가 또는 어느 교과서를 볼 것인가 하는 문제는 수험생들을 무척이나 괴롭히는 문제입니다. 저도 고민을 가장 많이 했던 분야이기도 합니다. 저는 주교재의 선택에 있어서 세가지 원칙을 세웠습니다. 되도록이면 교과서를 볼 것, 가장 많이 보는 책을 선택할 것, 한번 선택한 책은 믿고 의지할 것이 그것입니다.

첫째, 되도록이면 교과서로 보려고 한 것은 50점짜리 문제가 주로 사례로 출제되고 있는 점을 감안했기 때문입니다. 교과서는 중간 중간 사례와 함께 서술되어 자연스럽게 사례를 익히도록 하는 장점이 있는 반면, 문제집은 단문이면 단문, 사례면 사례 하는 식으로 좀 단절적으로 서술되어 있다는 느낌을 받았습니다. 그리고 문제집으로 볼 때보다 교과서로 보는 경우 기억에 오래 남는 장점이 있습니다. 문제집은 각각의 문제마다 100점짜리로 서술되어 있지만 그것을 자기 것으로 만들기 위해서는 몇배의 노력이 필요한 것도 사실입니다. 또한 사법시험에서 요구하는 것은 100점짜리 답안이 아니라 60점짜리 답안이므로 교과서를 보는 것으로 충분하다는 어느 분의 말씀에서 시사받은 바 있었습니다.

둘째, 가장 많이 보는 책은 이미 선배 수험생들에 의해 수험서로서의 가치가 검증되었다고 생각되었습니다. 이런 안전제일주의는 새로운 견해의 유통속도를 더디게 하고 결과적으로 학문의 발전을 가로막는 발상일 수도 있습니다. 하지만 수험생의 입장에서는 빠짐없이 무난하게 서술된 책이 가장 좋은 책이라고 볼 수밖에 없겠습니다.

셋째, 한번 선택한 책은 절대 바꾸지 않는 이유는 그것이 가장 경제적이기 때문입니다. 주로 빠진 부분이 많다든지, 서술이 마음에 안든다든지 하는 이유로 중간에 주교재를 교체하는 경우가 있는데, 완벽한 책이 있을리 없어 십중팔구는 후회를 하더군요. 낯선 언어로 씌어진 새로운 책을 읽는 수고로 빠진 부분을 보충하고 마음에 안드는 서술을 바로잡는다면 스스로 원하는 수험서를 얻게 될 것입니다. 이를 흔히 단권화라고 하는데 다음 장에서 말씀드리겠습니다.

5. 단권화와 서브노트

서브노트를 고려해 보기 위해서는 학교수업을 착실히 들었거나 공부기간이 오래 되어 각 과목의 흐름을 꿰뚫고 있어야 합니다. 그렇지 않다면 서브노트 작성에 엄청난 노력이 소모될 뿐 아니라, 공들여 만들어 놓아도 평면적인 요약집에 그치게 되어 교과서에 줄친 부분만 보느니만도 못할 것이기 때문입니다. 그래서 저는 초심자라면 서브노트를 고려대상에서 제외시키기를 권합니다.

앞서 말씀드렸듯이 단권화란 빠진 부분을 보충하고 마음에 안드는 주교재의 서술부분을 자기 마음에 들게 고치는 작업을 말합니다. 그러나 과욕을 부리게 되면 교과서보다 잘 되어 있다고 생각되는 자료들을 모조리 끼워넣고 주체하지 못해 쩔쩔매는 결과를 가져오기도 합니다. 따라서 가장 간단하고 깔끔한 방법을 선택해야 합니다.

저는 우선 몇년간의 예상문제, 각 학교의 중간고사와 기말고사의 기출문제 등의 자료를 이용하여 그 중요도를 파악하고 조금이라도 출제의 가능성이 있는 문제는 모조리 체크를 해두었습니다. 그 다음에는 고시잡지의 모범답안을 검토하면서 교과서에 완전히 빠져있는 부분은 끼워 넣되, 조금이라도 서술이 잘된 부분은 교과서의 흐름을 파괴하지 않으면서 여백에 필요한 부분을 써넣는 방법을 취했습니다. 주로 써넣게 되는 것은 관련판례, 개정안의 내용 등과 학설대립이 있는 부분에 있어서 나름대로 생각하는 설득력있는 근거였습니다. 같은 문제가 반복되는 경우는 하나의 모범답안을 주로 하되 교수님들의 강평부분은 빠짐없이 읽어 두었습니다. 2회독까지의 기간동안에 이런 작업이 개략적으로 완성되었습니다. 이와 함께 판례는 노란색, 통설은 파란색, 소수설은 빨간색… 하는 식으로 색깔을 정하여 색연필로 그어 주었는데 나름대로 재미도 있고 시각적으로 눈에 탁탁 들어오기 때문에 마무리 정리를 하는 데도 도움이 될 것 같습니다.

합격자 중에 단권화가 아니라 단권으로 공부를 하셨다는 분의 이야기도 들었습니다. 자료에 대한 강박관념을 극복한다면 단권으로도 충분히 합격할 수 있다는 이야기였고, 저도 그에 공감합니다. 새로운 학설이나 판례 등은 학원강의, 학교수업, 또는 스터디를 통해서 자연스럽게 접해지는 경우가 더 많으며 또한 그것만 해도 넘칩니다. 자료는 적을수록 좋습니다.

• 맺는 말

앞으로 살아가면서 시험만큼 정직한 것을 만나기란 매우 어렵지 않을까 하는 생각이 듭니다. 땀흘려 공부하지 않고 요행으로 합격을 줍는 경우란 없으며, 합격의 영광에는 반드시 그 대가를 치르게 마련입니다. 하고 싶은 일을 하지 못한다든지, 주위 사람들에게 소홀해져 우정이나 사랑이 멀어진다든지 하는, 젊은 날 일시적으로라도 버리기 힘든 것들을 말입니다. 따라서 곰곰히 생각해 보아서 우선순위를 정하고 나머지는 잊어버리는 미덕을 가질 것이 요구되는 것 같습니다.

그리고 부디 자신감을 가지십시오. 시험보기 전에 마음 속으로 수없이 패배를 곱씹는 분이라면 설사 좋은 성적을 얻을 만큼의 노력이 선행된다 하더라도 합격이라는 기쁨이 그 분을 찾아가기를 주저할 것입니다. 자신감, 가지려고 한다고 가져지는 것인가? 그만한 능력이 있어야 생기는 것이지, 라고 생각하시는 분들도 계실지 모르겠습니다만 저는 자신감은 일종의 자기최면으로 노력의 산물이라고 믿고 있습니다. 모두들 건강하시고 좋은 결과를 얻으시기를 진심으로 바랍니다.

마지막으로 주변 분들에게 고마움을 전하고 싶습니다. 지금도 열심히 한복을 짓고 계실 어머니, 수험생활에서 오는 모든 짜증을 다 받아주었던 계현이와 병호, 스터디를 함께 하며 고락을 같이 했던 무송이 형, 상근이 형, 그리고 옥형이와 광현이 모두 고맙습니다. 아버님이 돌아가셨을 때 음으로 양으로 도와주었던 많은 분들, 대학생활을 헛되게 하지 않았구나 하는 생각에 얼마나 큰 힘이 되었는지 모르겠습니다. 그 때는 경황이 없어 인사말도 제대로 하지 못했는데 살아가면서 두고 두고 갚을 날이 있겠지요.

두서없는 제 합격기를 읽어주신 분들에게도 감사를 드립니다.

물리학도의 방향전환, 기뻐하시는 부모님에게 효도한 느낌

— 물리학도가 왜 방향전환을 했느냐는 질문에, 심오하고 거대한 학문앞에 내자신이 초라하게 보였기에, 실제생활에 쓰이는 학문을 하고 싶어서 —

이 시 열

· 제39회 사법시험 수석합격
· 1968. 7. 13. 출생
· 서울대 물리학과 · 서울대 자연대학원 졸업
· 서울대 법대 졸업

· 들어가며

　처음 수석합격이라는 소식을 들었을 때는 정말 믿어지지가 않았다. 최종발표 전날에 신문사로부터 인터뷰 요청을 받고서야 비로소 수석합격임을 실감케 되었는데, 평소 수석이라면 뛰어난 재능을 가진 사람이 차지하는 자격으로 믿었으나 나같이 부족한 사람에게 수석의 영예가 주어진 사실에 어리둥절할 뿐이었다. 많은 사람들이 수석은 뭔가 남다른 점이 있을 거라고 기대하지만, 시험 전에는 시간은 모자라는데 공부할 양은 많아 항상 불안하고 초조했으며, 시험을 마친 후에는 과락 공포에서 자유롭지 못한 하나의 수험생에 불과했음을 이 자리에서 분명히 밝혀 두고자 한다. 아무튼 2차합격 소식에 연이어 수석합격 소식에 기뻐하시는 부모님을 보면서 모처럼 효도 한번 했구나 하는 생각이 들었다.
　지금까지도 많은 사람들에게 질문받는 것이 바로 왜 물리학을 하다가 사법시험으로 바꿨는가라는 것인데, 그 중에서도 석사학위를 받았던 경력이 있다는 점이 사람들을 더 궁금하게 하는 것 같다. 사법시험으로 방향을 전환하게 된 데에는 단순하게 설명할 수 없는 복합적인 사유와 결코 짧지 않은 시간 동안의 고민이 있었는데, 이를 공개적으로 밝히자니 부끄러움이 앞선다. 결국 학문에 대한 생각의 전환이 가장 큰 원인이라 볼 수 있는데, 학문 그 자체를 위한 학문보다는 실제 생활에 쓰일 수 있는 학문을 하고 싶었다. 학부시절에는 앞으로의 진로나 장래에 대한 고민을 별로 하지 않아서 흥미를 가지고 공부할 수 있었으나 대학원 진학 후 실험실에서 연구활동을 하면서 느끼게 된 것이 연구의 목적이 실생활과는 간격이 있다는 사실이었다. 또한 심오하고 거대한 학문의 세계 앞에서 나 자신은 한없이 초라하고 보잘 것 없는 존재로 느껴졌다. 과연 내가 학자로서 얼마나 성장할 수 있을까라는 회의적인 생각이 내내 대학원 시절의 나를 사로잡았다. 결국 물리학 외에 다른 길을 모색하게 되었는데, 그 중 가장 매력적으로 보인 것은 변호사란 직업이었다. 어렵긴 하지만 사법시험을 통과하면 과거의 경력을 묻지 않는다는 점, 노력 여하에 따라서 단기간에 끝낼 수 있다는 점, 그리고 어릴 때부터 시험이라면 붙을 자신이 있다는 자부심 등을 바탕으로 도전해 볼 용기를 가지게 되었다.

• 1차시험 준비

사법시험을 보겠다고 굳게 마음을 먹고 기본서를 보기 시작한 때는 제37회 1차시험을 4개월여 앞둔 시기였다. 기본서 및 문제집의 선정은 이미 자료수집을 통해서 파악한 상태이었다. 합격기를 통해 어느 정도 공부해야 시험에 붙을 수 있는가를 가늠해 보았고, 고시에 합격한 법대 친구로부터 공부방법에 관한 조언을 들을 수 있었다. 특기할 만한 것은 일단 법대에 학사편입하기로 스스로 결정한 것인데, 그 이유는 법학공부의 기본은 법대강의에서 얻을 수 있다고 생각했고, 혼자서 공부하는 것보다 수업을 듣는 것이 합격에 지름길이라는 조언을 들었기 때문이었다. 학사편입 시험이 1995년 2월경에 있었던 것으로 기억나는데, 법과목 2개와 영어, 제2외국어가 시험과목이었다. 애초에는 37회 1차와 학사편입 시험을 같이 붙겠다고 목표를 잡았으나, 초심자로서 기본서를 읽는다는 것 그 자체가 결코 만만치가 않았다. 특히 형법총론이 1회독 하기 가장 힘들었던 것으로 기억되는데, 책을 끝까지 한번 읽어 내는 것만도 대단한 인내가 필요했다.

두달 동안 기본 3법의 기본서를 2회독하기로 한 계획에는 턱없이 모자라는 회독수를 기록하게 되어 다가오는 1차시험에 자신감을 잃고 말았다. 며칠 동안을 시험을 포기할까 고민하다가 마음을 굳게 먹고, 이번에 실패하더라도 끝까지 최선을 다해서 시험을 마치면 다음번 시험에 좋은 경험과 반성의 계기가 될 것이라고 생각하여 남은 두달 동안 최선을 다했다. 문제집은 다 보지도 못하고 기출문제들을 건드려 보는데 만족해야 했고 기본 3법 이외의 과목들은 1회독만 하고 시험장에 들어갔다. 시험문제지를 받고 의외로 조금 쉽다고 생각되어서 시간이 좀더 있었더라면 하는 아쉬움을 느꼈다. 합격자 발표날 불합격 사실은 예상했던 바라서 큰 충격은 받지 않았다. 다만 성적이 예상외로 잘 나와서 아깝다고는 생각했으나, 만일 이때 붙었더라면 고시를 만만히 보게 되어 지금의 결과를 얻을 수 없었을 터이므로 지금 생각으로는 떨어진 게 나에게 오히려 약이 된 것 같다. 고시의 높은 벽을 실감케 되었고, 정말로 열심히 하지 않으면 안된다고 스스로 재차 다짐하였다.

 1995년 1학기에는 기본 3법을 중심으로 법과목을 수강하면서 기본서를 정독하였다. 다시 법대 3학년이 된 기분으로 기초부터 다진다는 생각으로 공부했는데, 수험생활 중 가장 재미있게 공부한 때이었다. 수업 중 모르는 부분이 있으면 수업을 마친 후 교수님에게 묻고, 칠판에 써주신 판례를 일일이 찾아서 꼼꼼히 읽어 보았는데, 이 시기에 기본 3법의 틀을 다지게 되었다. 혼자서 공부할 때는 기본서의 전 범위가 평면적으로 보였으나, 한 학기를 수강한 후에는 기본서 내에도 강약이 있다는 사실을 알게 되었다. 38회 1차시험에 대한 본격적인 대비는 여름방학 때부터 시작하였는데, 먼저 일주일 동안의 기간을 정해 놓고 기본 3법의 기출문제집을 쭉 훑어보았다. 그리고 틀린 문제를 표시한 후 기본서 각 단원별로 틀린 문제의 개수를 적어 놓아서 어느 부분이 취약한 지를 알기 쉽게 하여 기본서를 읽을 때 취약한 부분은 특히 주의해서 읽어 내려갔다.

 서브노트는 이 때 만들기 시작했는데, 완전히 내 손으로 서브노트를 만드는 것은 엄청난 시간이 소요되므로, 잘된 것으로 정평이 나 있는 서브노트를 바탕으로 기본서와 비교해 가면서 부족한 부분은 보완하고 필요없는 부분은 과감히 지워버리는 방법으로 내 것으로 만들어 나갔다. 헌법은 김학성, 민법은 김종률, 형법은 신호진을 서브노트로 삼았다. 그리고 한 단원을 읽고 문제집을 풀면서 틀린 부분은 반드시 표시해 놓아서 마지막 정리때 요긴하게 활용하였다. 38회 1차까지는 경제학이 필수과목이었으므로 학원강의를 들으면서 경제학도 같은 방법으로 서브노트를 만들었다. 여름방학 두 달 동안은 짧은 기간이었으나 기본 3법과 경제학의 기본서와 문제집을 1회독하고 서브노트를 작성하였다는 소기의 성과에 스스로 만족해했다. 2학기에도 강의를 착실히 들으면서 기본 3법을 중심으로 보면서 문화사, 국사도 1회독할 수 있었다.

38회 1차시험이 90일 앞으로 다가오자 공부장소를 학교도서관에서 집 근처 독서실로 옮기고 공부방법도 바꾸었다. 이제부터는 짧은 시간 안에 반복해서 여러 번 보아야 하므로 서브노트를 기본으로 삼아 서브노트를 보면서 내용을 떠올려 보다가 잘 이해가 안되는 부분은 기본서 해당 부분을 찾아서 해결하는 방식을 택했다. 헌법은 3일, 형법은 3일, 민법은 4일, 그리고 기타 과목은 10일로 잡고 영어는 매일 90분 정도를 내어 문제집을 풀었는데, 총 20일에 1회독함으로써, 80일 동안 4회독 나머지 10일 동안 2회독하는 계획을 세웠다. 그리고 하루 공부계획 중 짬을 내어 법전과 고시잡지의 부록으로 나온 헌재판례집을 숙독했는데, 실제 시험에서 많은 도움이 되었다. 이 때가 수험기간 중 가장 열심히 한 때가 아닌가 하는데, 하루에 13시간 정도를 공부했다고 생각된다.

고 3들을 위한 독서실이라 오전 9시에 문을 열고 밤 1시에 문을 닫는 시스템이었는데, 한달 정도를 하루도 어김없이 문을 열 때 들어와서 문을 닫을 때 나가니까 하루는 독서실 아주머니께서 나를 부르더니 도대체 무슨 공부를 하느냐고 물으셨다. 사실 아주머니가 아침에 20분 정도 늦게 나오셔서 독서실 앞에서 문 열기를 기다리는 경우가 많았는데, 사법시험 준비를 한다는 것을 아시고는 아예 독서실 열쇠를 나에게 맡기시면서 아침에 내가 문을 열고 들어올 수 있도록 허락해 주셔서 무척 고마웠다.

매일 매일 엄청난 분량의 공부에 체력이 달리는 것을 느꼈는데, 매끼 식사 후 30분간의 취침으로 버틸 수 있었다. 또한 집 근처에 야트막한 산이 있어 시간이 있을 때마다 오르곤 했는데, 기분전환이 되었다. 스스로 세운 계획을 지키지 못하면 이미 싸움에서 한번 지고 들어가는 것이라고 마음을 야무지게 먹었으므로 80일 동안의 4회독 계획은 하루만 지체된 채 달성하였다. 1차시험을 9일 남기고는 7일동안 1회독하면서 서브노트에서 잘 기억이 나지 않는 부분과 많이 틀린 문제에는 post it을 붙였는데, 각 과목당 100여개 정도가 붙게 되었다. 나머지 2일은 post it을 붙인 부분만을 보면서 마지막 정리를 하였다. 계획한대로 공부를 마치고 나니 시험장에 들어가서도 자신감을 가지고 문제를 풀 수 있었다. 헌법이 조금 어렵게 느껴졌으나 다른 과목들은 무난하게 잘 보았다고 생각되어 조심스럽게 합격을 예상했는데도 합격자 발표날은 무척 떨렸다. 전화로 상원서적에서 합격을 확인한 순간은 고시공부를 시작한 후 가장 기쁠 때였다. 9문제 차이로 합격한 것으로 기억하는데, 뛰어난 성적이라 할 수는 없으나 노력만큼의 결실을 얻었다는 점에서 마음이 흡족했다.

• **2차시험 준비**

1차시험이 끝난 후에는 회사법, 행정법, 민소법, 형소법의 학교 강의를 들으면서 후 4법의 기본을 익혔다. 시험이 끝난 후라 정신적·시간적 여유가 있었으므로 잘 이해가 안되는 부분은 논문도 찾아보고, 기본서에 나온 전원합의체 판결은 찾아서 전문을 읽어 보는 등으로 재미있게 공부할 수 있었다. 38회 2차 시험에는 나홀 모두 응시하여 시험장의 분위기를 익혔는데, 1차 면제자들이 시험시작 5분 전까지도 복도에 나가 책을 넘기는 모습은 살벌한 분위기와 함께 마지막까지도 최선을 다해야 한다는 교훈을 주었다.

2차시험 직후 법대 다니는 사촌 동생 덕분에 알게 된 92, 93학번 후배들과 스터디 그룹을 결성하게 되었다. 나까지 포함해서 모두 6명이었는데, 나보다 적게는 네 살, 많게는 여섯 살 아래였다. 나이가 많다는 이유만으로 모두 나를 깎듯이 형님 대접해 주어서 무척 고마웠는데, 모두 착하고 공부 잘하는 애들이었으므로 이들과 스터디 그룹을 결성할 수 있었다는 것이 큰 행운이라고 생각된다. 외람되지만 우리 스터디를 자랑하자면 2차시험 전원 합격에 법대 차석 졸업까지 배출하였다. 스터디 공부는 9월부터 시작하는 것으로 계획을 세웠으므로 7, 8월 두 달간 혼자 공부할 수 있는 기간이 있어서 어떻게 활용할까 고민하다가 한림학원 예비반에 들어갔다. 2차 공부 방법에 관해서는 전혀 무지에 가까웠으므로 공부범위를 정하는 방법과 단권화 요령을 배울 목적이었는데, 좋은 강사분들을 많이 만나서 기대 이상의 성과를 거두었다고 생각한다. 처음에는 두달 동안 후 4법만을 들을 생각이었으나 프로그램이 괜찮은 것 같아서 스터디 공부와 병행하면서 기본 3법 강의도 마저 들었다. 학원강의는 하루만 빼먹고 모두 출석하였는데, 상당히 빡빡한 일정이라 체력적으로 달리는 것을 느꼈다. 그래서 일요일은 아무리 진도가 뒤쳐져 있더라도 푹 쉬는 습관을 들였는데, 한 주일을 새 출발하는 상쾌감을 주고 체력을 유지할 수 있으며 슬럼프 예방에 효과적이라고 생각된다.

스터디 공부는 9월부터 시작하여 12월 중순까지 1회독하는 계획을 세웠다. 스터디 공부 방법은 정해진 진도에 맞추어 공부해가면서 모의시험을 치고, 점심식사 후에는 케이스 한 문제씩을 같이 풀었다. 모의시험 출제는 38회 2차를 본 학생들이 맡아서 강평까지 해주었는데, 이 자리를 빌어서 모두에게 감사를 드린다. 그리고 케이스 풀이는 발제자(發題者) 한 사람이 복사해 준 문제를 15분 정도 각자 풀어본 뒤, 발제자가 풀어주고 그 내용에 대해 상호 토론하는 방식을 택했다. 토론이 길어질 경우 1시간 이상 스터디를 하는 경우도 있어서 휴식시간이 없다고 불평들이 많았으나 1회독을 할 때까지 점심식사 후 케이스 풀이는 계속되었다. 2월부터 시작되는 학원 모의고사반에 스터디 전원이 참가하기로 계획을 잡았으므로, 12월 중순부터 1월 말까지는 각자 부족한 과목을 보완할 기간을 가졌다. 1월말까지 과목당 회독수를 살펴보면 회사법, 어음수표법, 행정법 上, 민소법을 3회독했고, 기타 과목은 2회독을 했다.

기본 3법의 회독수가 적어서 조금 걱정이 되었으나 1차 볼 때 열심히 한 것이 있고, 또 정독으로 1회독할 수 있는 기회가 남아 있다고 생각되어 조급하게 마음을 먹지 않았다. 단권화는 이 때까지 2/3 정도를 했는데, 그 방법은 고시잡지 모범답안과 주관식 문제집, 학원에서 받은 자료 중 기본서에서 부족하다고 생각되는 부분을 오려서 붙여 넣는 방식이었다. 또한 참고서를 기본서와 병행하여 읽어가면서 기본서에는 설명이 부족하나 참고서에는 자세히 있는 내용을 백지에 요령있게 요약하여 기본서에 붙이거나, 아니면 참고서 해당 페이지를 뜯어서 붙이기도 했는데, 어느 방법이나 자신이 그 내용을 쉽게 알 수 있기만 하면 상관이 없다고 생각한다.

학원 모의고사반은 2월부터 시작 4월말까지 1회독하면서 사흘에 이틀 꼴로 시험을 보는 일정이었다. 처음에는 시험에 한번도 빠지지 않고 전부 참가

할 작정이었으나, 진도를 따라가는 문제 그리고 체력적인 문제가 겹쳐 약 60~70% 정도 참가한 것으로 기억된다. 이 기간이 시험을 앞두고 마지막으로 정독을 할 수 있는 기회라고 생각되어 꼼꼼히 보면서 책을 상당히 빨리 볼 수 있었는데, 그 이유는 단권화가 상당히 완성되어 있었고, 책의 내용을 소화할 단계에 이르렀다는 데에서 찾을 수 있다고 생각한다. 답안작성 요령도 이 기간에 체득할 수 있었는데, 시간조절과 분량배분에 있어서 거의 동물적인 감각을 길렀다. 강행군으로 치러지는 시험일정을 정신없이 좇아가다 보니 어느새 4월이 다 지나가고 5월이 다가왔다. 이제야말로 마지막 정리를 할 때로서 한 해 농사를 지은 것을 거두어 들인다는 기분으로 공부해야 될 시기라고 생각하였다. 6-2-1로서 3회독하는 계획을 세웠는데, 이 때 만큼 공부가 가장 힘든 시기가 없다고 생각된다. 과목당 6일간 1회독 시에는 하루에 기본서 200~300페이지 가량을 독파해야 했는데, 육체적인 피로는 물론이고 정신적인 스트레스도 심했다. 기본서에 밑줄 친 부분과 특별히 부각시킨 부분을 중심으로 읽어 나갈 수밖에 없었으므로 과연 이렇게 보고도 시험장에서 답안을 쓸 수 있을까 항상 불안하였다.

마음이 항상 뭔가에 쫓기는 기분이어서 학교에서는 저녁에 공부가 잘 안되었다. 그래서 저녁을 먹은 뒤 한 시간정도 공부하다가 귀가하여 샤워로 몸을 가뿐히 한 후 잠이 올 때까지 공부하였다. 이 기간 중 특기할 만한 것은 고시잡지에 나온 예상문제와 평소 중요하다고 생각되는 문제를 기본서 순서대로 배열한 뒤, 시험장에서 출제되었다는 기분으로 노트에다가 목차를 잡아 봤는데, 초안보다는 자세하게 썼으나 서브노트라고 하기에는 빈약한, 이를테면 준서브노트를 만들었다는 점이다. 6일간 1회독 후 두꺼운 7권의 노트가 만들어졌는데, 그 다음 회독에서는 노트를 보면서 기본서 내용을 떠올려 보고 잘 생각이 나지 않으면 기본서 해당 부분을 찾아 확인하는 방법으로 활용하였다. 그리고 시험장에 가서도 노트를 넘기면서 초조한 마음을 달랬다.

마지막 정리기간인 두 달도 물흐르듯 지나버리고 드디어 2차시험 날이 밝았다. 첫째 날은 그 전 이틀을 헌법, 행정법에 할애하였으므로 시험 전날은 무리하지 않고 5시간 정도의 수면을 취해서 가뿐한 상태였다. 헌법시험의 경우에는 케이스가 복잡했으나 문제에서 이미 논점이 잘 정리되어 있었으므로 크게 어렵지는 않았다는 생각이 들었다. 그러나, '지방자치, 연방국가, 국가

연합의 본질과 차이점'을 약술하는 문제는 불의타(不意打)라고 할 수밖에 없었다. 우리나라가 연방국가가 아니어서 평소에 소홀히 다루었기 때문에 자세히는 알지 못했다. 20점 문제였으므로 10점이라도 확보하자는 생각으로 1차 때 공부한 기억을 되살려 답안지 2장을 채웠다. 행정법시험에서 약술형 두 문제는 예상문제로 많이 찍히던 것이라서 여유있게 답안을 작성할 수 있었다. 다만 '하자승계' 문제에서는 평소에는 통설로 결론을 맺는 준비를 해두었으나, 시험장에서는 출제위원이 소수설 쪽일 것이라고 머리를 굴려 국민의 권리구제의 확대라는 다소 빈약한 논거로 소수설로 결론을 맺었는데, 나중에 출제위원이 모두 통설지지자인 것을 알고는 당황했다. 어느 학설이든 설득력있는 논거로서 자기 입장을 취하면 배점에서 불이익이 없으며, 자기 소신대로 밀고 나가야 한다는 점을 일깨워주는 대목이라고 하겠다.

둘째 날 시험은 가장 방대한 양의 민법과 상법이었으므로 그 전날 4,000페이지나 되는 기본서를 전부 본다는 것은 불가능하다고 보았다. 따라서 시험 전날 보지 않으면 잘 쓸 수 없는 친상법, 보험해상법, 어음수표법 약술형 문제를 중심으로 보면서 남은 시간은 평소에 잘 잊어먹는 부분을 post it으로 표시해 놓은 것을 볼 수 있는 데까지 보았다.

셋째 날 시험이 가장 힘들었는데 이틀간 시험을 본 피로가 극에 달했으므로, 그 전날은 형법각론만 보고 일찍 자고 아침에 일어나서 민소법을 보았는데 반 정도 밖에 보지 못했다. 민소법 케이스 문제에서는 문제를 잘못 파악하여 나중에 답안지를 대폭 수정하는 추태를 보여서 가장 못 친 시험으로 보았는데, 뜻밖에도 가장 성적이 좋게 나와서 고시는 참 알 수 없다는 것을 새삼 느꼈다.

넷째 날은 7과목 중 가장 분량이 적은 형소법이었으므로 시험전날 전 범위를 훑고 증거법 부분은 2회독할 정도로 여유가 있었다. 시험 문제도 평이하게 출제되어 가장 자신있게 친 시험이 아닌가 한다.

시험을 마친 뒤에는 법대 졸업을 위해 한 학기를 더 다녀야 했으므로 수업을 들으면서 스터디그룹 후배들과 야구장에 가는 등 재미있게 지냈는데, 될 수 있는 한 시험생각은 잊으려 했다. 항상 고시는 뚜껑을 열어봐야 안다는 생각을 가지고 있어서 섣부른 자만은 금물이라고 생각했다. 합격자 발표 날은 아침부터 좌불안석이었는데, 몇 번이나 상원서적에 전화를 걸어 명단이 나오지 않았나 물어 보았다. 오후 4시쯤 명단이 나왔다는 소식에 상원서적으로 내려가는 발길은 엄청 무거웠다. 떨리는 마음으로 명단에서 내 이름을 확인하고는 정말 뛸듯이 기뻤다. 게다가 스터디그룹 이름이 모두 명단에 있으며, 함께 공부한 현수, 오석이의 이름도 있어서 기쁨이 배가되었다.

• 2차공부 방법에 관하여

1. 공부의 기본자세

먼저 나흘간의 2차시험을 끝까지 견뎌내는 것은 대단한 인내력과 마음의 평정을 요구하는 것이라는 점을 강조하고 싶다. 하루에 두 과목이라는 방대한 범위에다가 누적된 피로감과 긴장감으로 평소 모의시험을 볼 때보다 제 실력을 발휘하지 못하는 것이 오히려 정상이라고 본다. 따라서 다소 시험을 못쳤다 하더라도 끝까지 최선을 다하여 시험을 마치는 자세가 필요한데, 이렇게 자기 마음을 다스릴 수 있는 힘은 평소 공부습관에서 길러진다고 믿는다. 놀고 싶어도 꾹 참고 그 날 계획한 공부를 마치고, 모의시험을 볼 때 예상하지 못한 문제가 나와도 최대한 머리를 굴려서 답안지 장수를 채워 내는 노력을 한다면 2차시험 나흘을 꿋꿋이 견뎌낼 수 있을 것이라고 생각한다.

2. 케이스 풀이에 관하여

39회에도 케이스 문제가 많이 나왔지만, 앞으로도 케이스의 비중이 더 확대될 것이라고 예측된다. 흔히들 케이스에 대비해서 공부하는 데 있어서 오류를 범하기 쉬운 것이 사례를 가져다 놓고 '이 사례에서는 논점이 무엇 무엇이다'라고 하고 사례풀이를 끝내 버리는 경우이다. 물론 구체적 사실 관계를 확정한 후 논점을 찾아내는 것도 사례풀이의 중요한 부분이다. 그러나 논점을 찾아내는 것만으로는 케이스를 반밖에 풀지 않은 것이다. 항상 사례를 출제하신 교수님들은 구체적인 결론을 요구하신다는 점을 명심해야 한다. 이는 38회 민법 시험에서 각 당사자의 구상액을 계산하기를 요구했다는 양창수 교수님의 채점평에서도 알 수 있다. 곧 케이스 문제는 학설·판례를 쓰기 위한 것이 아니라, 학설·판례는 구체적 결론을 얻기 위한 도구임을 깨닫고, 평소에 사례풀이를 할 때에도 A학설에 의하면 a라는 결론이, B학설에 의하면 b라는 결론이 나오지만, 나는 C학설을 지지하므로 c라는 결론을 얻게 된다는 식으로 항상 구체적 결론을 도출하는 습관을 들이는 것이 중요하다.

3. 답안작성에 관하여

답안작성의 형식적인 면에 있어서는 어느 정도 기본만 갖추면 된다고 생각한다. 알아볼 수 있는 글씨와 목차정리, 그리고 읽기 편할 정도의 줄 바꿈 등이 기본이라고 보는데, 지나치게 형식적인 면에 집착할 필요는 없다고 본다. 그리고 내용면에 있어서 자기가 알고 있는 지식을 남에게 전달한다는 자세로 쉽고 간결하게 쓰면 된다고 본다. 사법시험은 자신의 법률적 주장을 피력하는 시험이며, 항상 법률적 주장에는 그에 따르는 실정법적 근거, 법이론적 근거 등의 논거를 요구한다는 점을 인식해야 한다. 나 같은 경우는 각 학설당 그리고 결론에 쓸 설득력있는 논거 2개씩을 익혀서 답안에 활용하였고, 판례를 쓸 때에도 판례의 결론 뿐 아니라 판결 이유도 간략히 씀으로써, 같은 내용이라도 답안을 보다 풍부하게 작성할 수 있었다고 생각한다.

• 맺음말

여기까지 합격기라고 쓴 글을 쭉 훑어보니 정말 공부 얘기밖에 쓴 것이 없는데, 합격의 비결은 이러한 공부에 대한 집중력과 성실성에서 찾을 수 있지 않을까라는 생각이 든다. 지난 수험생활을 돌이켜 보면 인생에 있어서 보다 중요한 문제를 모두 유보시켜 둔채 시험 하나에 매달린 생활이었는데, 이러한 생활이 결코 바람직하다고 할 수 없으나 현행 사법시험제도 아래서는 어쩔 수 없다는 식으로 타협을 해버리고 너무나 자연스럽게 받아들인 것이 아닌가 한다. 비록 사법시험에서 조그마한 성공을 거두었다고는 하나 앞으로 부딪혀야 할 훨씬 어려운 일이 많기에 자만하지 말고 항상 고시 공부하던 때의 어려움을 생각하면서 모든 일에 최선을 다해야겠다고 스스로 다짐한다. 보잘 것 없는 글을 여기까지 읽어 주신 독자들에게 감사를 드리며, 항상 자신에게 맞는 공부방법은 자신이 더 잘 알고 있으므로 여기에 소개한 공부방법은 다만 참고적으로 활용하시기를 당부드린다.

• 감사의 글

언제나 당신의 아들을 믿어주시고 가고자 하는 길에 격려를 아끼지 않으신 부모님께 감사를 드립니다. 스터디 그룹인 귀환, 우증, 동칠, 주철, 준성이에게는 아무리 고맙다는 말을 해도 부족할 것 같습니다. 이들이 없었다면 오늘의 영광은 없을 것이라고 감히 말할 수 있습니다. 동차 합격한 현수, 오석이와도 기쁨을 함께 나눌 수 있어 기분이 좋았고, 사의, 진호, 정민, 호선, 그리고 창희의 조속한 합격을 기원합니다. 그리고 모자라는 동생을 걱정스럽게 지켜봐 준 형님과 형수님에게도 감사를 드리며, 언제나 격려가 되어 준 사촌 동생 희정이와 윤정이, 그리고 후배 영철이에게도 고맙다는 말을 전합니다. 마지막으로 공부방법에 관해 조언을 아끼지 않으신 이웅희 선배님과 민법을 가르쳐 주신 이용우 선배님께도 이 지면을 빌어 특별한 감사를 드립니다.

언제나 좌절 후에는 그 다음이 있다.

― 비록 몸은 아파도 자신감, 즉 내가 할 수 있으리라는
믿음 하나는 끝까지 놓지 않았다 ―

장 혜 정

· 제39회 외무고시 수석합격
· 1981년 10월 8일 출생
· 대구 외국어고·서울대 영어교육과 졸업

• 들어가며…

 7월 7일 오전 11시… 예정된 합격발표보다 3시간 이른 시간이었다. 혼자 집에서 TV드라마를 보고 있던 나에게 한통의 전화가 걸려왔다.
 "혹시 장혜정씨 계세요?"
 "전데요…"
 "안녕하세요. 연합뉴스 기자 ○○○입니다. 제39회 외무고시 수석합격하셨더군요. 인터뷰 잠깐 해주실 수 있으시겠습니까?"
 "아… 네…"
 어안이 벙벙하다는 표현이 어울리리라. 연합뉴스 기자와 진행된 약 15분 간의 인터뷰에서 무슨 말을 했는지 기억이 나지 않는다. 그 후 인터넷 뉴스 기사를 읽은 친구들로부터 원성이 자자했다. 기사에 따르면 내가 무지 성실하고, 머리가 뛰어나며 어학에 능통한 사람같이 표현되어 있지만, 실제의 나는 이에 해당되지 않는 사람이다. 그것을 제일 잘 아는 친구 한 녀석이 합격발표가 있은 지 20여일이 지난 지금에도 나를 놀려댄다. 그리고 어서 빨리 진실을 만천하에 공개하란다.
 난 항상 내가 운이 없는 아이라고 생각했다. 특히 아주 중요한 시험 운은 항상 안 따랐다. 중3때 치는 연합고사, 고3때 치는 수능 그리고 수능 실패 이후 1년 재수 후에 친 수능… 재수 때 친 수능은 오히려 고3때보다 전국

상위 퍼센트가 오히려 더 떨어졌다. 고 3때 내가 원하던 서울대 외교학과를 들어갈 점수가 못되어 재수를 선택했으나, 재수를 해서 성적이 더 안 나왔으니 별 수 없나. 내 팔자라고 생각하고 영어교육과에 들어갔다. 따라서 애초에 선생님이 되고 싶은 생각은 없었다. 그런데 집에서는 여자 영어 선생보다 시집가기 좋은 직업이 없다고 기업에 취직할 생각일랑 꿈에도 꾸지 말고 선생이 되라고 했다. 나는 왠지 교사라는 직업이 따분하게 느껴졌다(현재 교사에 재직하는 분께 죄송한 말씀이며, 이는 아직 교사 경험이 없는 미흡한 나의 개인적인 생각일 뿐이다). 교사를 택하면 항상 그 자리에 머물러서 매일 다람쥐 쳇바퀴 돌 듯 똑같은 생활의 반복이라는 생각이 들었다. 집에 말씀드렸다. 부모님께서 안정된 직장을 원하시면, 공무원이 되면 될 것 아니냐고. 2년만 내 뒷바라지를 해주신다면 나는 기필코 합격할 거라고 호언장담했다. 외무고시는 고시 중에서 내가 내 적성에 가장 맞다고 생각한 직렬이었다.

· 수험공부과정···

2003년 2월··· 드디어 고시계에 입문했다. 그 때 내가 처음 들었던 수업이 윤경철 선생님의 국제정치학이었는데 방대한 고시 공부량에 좌절했던 기억이 난다. 처음 한달은 4시간이라는 긴 수업시간에 질려 수업 듣고 집에서 논문 한 두편 읽는 것 말고는 아무것도 할 수 없었다. 고시계로 입문한 지 딱 한 달 만에 고시를 만만하게 봤던 내 자신이 부끄럽게 느껴졌다. 내가 직접 이 길을 택하기 전까지는 TV에서 우스꽝스럽게 묘사되는 고시생의 이미지가 나에게 강하게 각인되어 있었는데, 내가 직접 고시라는 어려운 관문에 들어서니 신림동에 거주하는 모든 고시생들이 존경스러웠다.

2003년도 1학기는 고시공부와 학교수업, 거기에다 영어 스터디를 병행하자니, 아무것도 제대로 되는 게 없었다. 그래서 2학기부터는 고시에 합격할 때까지 학교에 복학하지 않겠다는 굳은 결심으로 과감히 2년간의 장기간 휴학을 했다. 애초에 고시공부는 무조건 2년 만에 끝낸다는 각오로 덤벼들었다. 난 원래 무엇이든 재미있는 것을 좋아한다. 대학다닐 때도 사람들과 어울려 노는게 재미있어서 술마시며 날밤 새는 일도 허다했으며, 각종 스포츠를 비롯해 수많은 활동을 하며 나름대로 인생을 즐기고자 했다. 그런데 막상 외교관이 되려면 고시라는 관문을 통과해야 하고 고시공부는 이제까지 살면서 가장 재미없는 일인데 오래끌 수는 없는 일이었다.

　2003년도 2학기에 휴학을 하고 나서, 본격적으로 고시공부를 시작했다. 애초 계획은 2004년에 2차를 포기하고 1차공부에 계속 중점을 둘 예정이었으나, 학원 선생님과 상담한 결과 그래도 2차 경험을 한 번 해보는 게 낫지 않겠냐고 하셔서 2004년에 2차를 보기로 결심했다. 1차 공부경험이 전무해, 헌법, 한국사, PSAT 공부에 약 3~4개월을 투자했다. 그때는 어차피 1차에 붙어도 2차를 공부해 둔 것이 없어서 시험에 떨어질 것이 뻔하므로 마음 편히 1차에 응시했다. 1차는 운좋게도 합격했으나 2차는 낙방. 당연한 결과였다. 국제경제법, 국제경제학을 하나도 안보고 들어갔으니 말이다. 그러나 예상외로 2차 성적이 좋게 나왔다. 그때까지 답지작성 연습을 한번도 해보지 않고 시험장에 들어갔는데, 오히려 2차 시험장이라는 실전에서 나의 부족한 점은 뭔지, 앞으로 공부방향을 어떻게 잡아야 할 지 감을 잡고 나왔다. 처음 2차 시험을 보면서 내가 했던 생각은 나에게 입력되어 있는 지식과 답지에서 출력되는 내용이 큰 차이가 난다는 것이었다. 따라서 앞으로는 답지 쓰는 연습에 중점을 둔 공부를 해야겠다고 시험장에서 마음먹었다.

　처음 2차 시험을 치룬 후, 6월달부터 본격적인 2차공부에 돌입했다. 앞으로 내가 잡은 수험기간 데드라인이 채 1년이 남지 않았기에 되도록이면 공부량을 축소시키고자 했다. 각 과목당 기본서 1권씩만 잡고 그 이외에 심화내용은 학원 강의에서 보충해주는 것으로 하기로 했다. 6월달부터 12월달까지는 2차공부를 했는데, 학원 수업과 개인 공부를 병행하였다. 이 기간 동안 영어와 국제정치학, 국제법 스터디를 했다. 모두 일주일에 한번씩 만나서 답지쓰기 중심으로 진행했는데, 스터디를 통해 꾸준히 답지 쓰는 연습을 하니 어느 정도 답지쓰는 감을 잡은 듯했다.

　1차공부는 작년에 좀 해둔 바 있어서 다른 수험생들에 비해 늦게 시작했다. 거의 1월중순까지 황종휴 경제학 3순환을 들었기 때문에 1차공부할 시간이 매우 촉박하였는데, 주위 사람들은 나보고 무슨 배짱으로 1차 공부를 하지 않느냐고들 했다. 그러나 나는 작년에 1차에 붙은 후 2차 공부를 해둔 것이 없어 막막하던 기억이 떠올라 2차공부에 좀더 매진하기로 결정하고, 1차를 한달반 만에 끝내자고 승부를 걸었다. 그래서 내가 택한 1차 공부방법은 PSAT는 어차피 단기간에 점수가 오를 수 없는 과목이므로, 공부 비중을 적게 두고 헌법과 한국사에서 고득점을 받는 것이었다. 다행히도 이 방법은 성공하여, 비교적 우수한 성적으로 1차에 합격했다.

　1차에 합격한 후 2차까지는 약 두 달 밖에 없었다. 1차를 끝내고 체력적, 정신적으로 매우 힘든 상태에서 2차 공부를 바로 시작하는 것이 매우 부담스러웠다. 또한 2차공부가 별로 되어있지 않아서 다른 수험생들은 2개월 동안 그간 공부한 내용을 정리한다지만, 나는 그럴만한 상태가 아니었다. 국제법, 경제학, 국제정치학을 보면 볼수록 내용이 새로워서 상당한 좌절감에 빠지곤 했다. 막막했지만, 내용을 입력하는 것보다 글로 출력하는 것이 더 중요하다는 신념 하에, 최병권 경제학, 신희섭 국제정치학, 안진우 국제법 최종 순환을 모두 수강하며 한번도 빠지지 않고 모두 답안을 작성해냈다. 국제법을 제외하고는 모강성적이 그리 좋은 편은 아니었다. 최고답안을 보고 '나는 왜 이렇게 못써내지'하며 매번 자책했던 기억이 난다. 그리고 최고답안을 철저히 분석하며 다음번에는 나도 이렇게 써내고자 노력했다. 최종순환을 모두 마치니 남은 기간은 한 달이 채 안되었다. 이 기간 내에 모든 내용을 섭렵하기란 불가능하다고 생각해서, 학원 강의 내용을 복습하며, 다시 기본서 내용을 철저히 이해, 암기하고자 했다. 합격생들의 합격수기를 읽어보면 그 기간에 이미 서브노트가 완성되어 서브를 봐가며 정리를 했다지만, 나는 학원 강의 필기를 정리해둔 것 외에 서브노트가 없었다. 따라서 필기노트에다가 부족한 부분을 보충해가며 시험 전날에 볼 나름대로의 서브노트를 마련해두었다.

　드디어 2차시험날이 다가왔다. 첫째 날은 영어와 국제정치학. 영어에서 작문은 시사적인 내용이라 비교적 평이했는데, 독해와 예상치 못한 주제 때문에 에세이가 어려웠다. 그런데 문제는 국제정치학이었다. 1번문제가 자기가 선택한 이론으로 동북아의 갖가지 국제정세를 설명하는 것이었는데, 도저히 감을 잡을 수 없어서 그냥 펜 흘러가는 대로 쓰고 나왔는데, 나는 아직도 내가 무슨 내용을 쓰고 왔는지 기억하지 못한다. 둘째 날은 국제법과 제2외국어. 나는 일본어를 선택하였다. 국제법은 내가 철저히 '중요 조문은 무조건 암기'라는 모토 하에 공부해왔기 때문에, GATS 16, 17조를 평석하라는 제1문에서 조문 내용을 거의 다 암기해서 옮겨 두었다. 외교관계협약과 관련된 제2문에서도 조문이 몇 조인지, 또한 조문의 내용을 거의 그대로 옮겨 두었다. 그래서인지 올해 다른 합격생에 비해 국제법 점수가 괜찮게 나온 것 같았다. 일본어는 원래 자신 있던 과목이기에 비교적 난이도가 있었으나, 수월하게 써 내려갔다. 셋째 날은 경제학. 경제학은 원래 나의 주력 과목이었다. 경제학을 결코 잘해서 그런 것이 아니라, 경제학은 공부를 하면 점수를 충분히 얻을 수 있는 과목이라고 생각했기 때문이다. 따라서 수험 공부할 때도 경제학에 가장 많은 시간을 투자했다. 그래도 학원 최종 모강 때 다루었던 몇몇 심화된 문제들이 나오지 않을까하는 두려움-그런 문제들은 이해가 안돼서 그냥 포기했다-이 있었으나, 다행히도 올해 경제학이 평이하게 출제되어 수월하게 해결하고 나왔다.

  2차를 마치고 난 후 난 작년보다 시험 난이도가 훨씬 어렵다고 생각했다. 특히 국제정치학을 너무 두서없이 쓰고 나왔기 때문에 합격에 대한 자신감이 그다지 없었다. 2차 발표 하루 전 날… 나는 공식 발표일보다 하루 전 날에 합격자 발표가 난다는 사실을 모르고 있었다. 집에서 드라마를 보고 있었는데, 아는 후배에게 전화가 왔다. 누나 이름이 2차합격자명단에 있다고. 2차 합격자 명단에서 내 이름을 보는 순간 정말 온몸에 전율이 느껴졌다. 이 때가 수석합격이란 사실을 알았을 때보다 기쁨이 더 컸다.

• Behind story

  앞에서도 언급했지만, 나는 나 스스로 운이 없는 사람이 생각한다. 고시에 붙은 이후로 이런 생각이 조금 줄어들었을지는 몰라도, 적어도 수험공부기간 동안에는 내가 얼마나 운이 없는지를 여실히 보여준 일화가 있다.

  2005년 2월에 친 1차는 내가 내 생애의 마지막 1차 시험이라고 생각하고 치른 시험이었다. 1차 시험을 딱 4일을 남겨두고 나는 태어나서 처음으로 식중독에 걸렸다. 그것도 매일 먹는 고시식당에서 친구와 함께 저녁을 먹었는데, 친구는 멀쩡하고 나만 독한 식중독에 걸린 것이다. 병원에 가서 주사, 링겔을 맞고도 전혀 나을 기미를 보이지 않았다. 매일 이어지는 복통과 두통에 시험치기 전 날까지 책 한 페이지도 못보고 시체처럼 누워있었다. 그전에 공부를 완벽하게 해둔 것도 아니고, 앞에서 언급했듯이 1차를 한달반만에 끝내겠다고 겁 없이 덤비던 나였다. 나홀 내내 서러움에 떨며 누워있었지만 누구 하나 원망할 사람이 없었다. 다행히 시험 전날 오후 5시쯤부터 호전되기 시작해, 겨우 시험보러는 갈 수 있었다.

2004년 5월에 친 2차 역시 내가 내 생애에 마지막으로 생각한 2차 시험이었다. 시험 전날 항상 가던 고시식당에 가지 않고 갑자기 따끈한 국물이 생각나 설렁탕을 먹으로 갔다. 먹고 나서 독서실 책상에 앉아 살짝 잠을 청했는데-난 항상 점심을 먹고 난 후 1시간 정도 엎드려 잤다 - 갑자기 먹은 게 체했다. 그 전에도 가끔 체하긴 했지만, 시험 전 날이라는 급박한 상황이 아니기 때문에, 운동을 가거나 집에 가서 쉬거나 했다. 그러면 한 사흘쯤 후에 괜찮아 지곤 했다. 그렇지만 시험 전날까지 내 고질병이 나를 괴롭힐 줄 몰랐다. 아마 2차 시험을 나만큼 악조건에서 친 사람은 없을 것이다. 사흘에 걸쳐 하루에 먹는 것이라고는 고작해야 김밥 3~4개와 죽 한 그릇 정도였다. 그리고 나는 체하면 답답해서 책상에 잘 앉아 있지 못한다. 그래도 당장 내일이 시험인데 공부를 안 할 수는 없는 노릇이어서 책상에 앉았다 섰다 그리고 방안을 쿵쿵 뛰어다녔다 하며 근근이 책을 봤다. 정말 사흘 동안 눈물이 날 만큼 서러웠다.

내가 이런 얘기를 솔직하게 털어놓는 것은 '얘는 이런 일을 겪고도 수석합격을 하는구나'라는 부러움에 섞인 시선을 받고 싶어서 그러는 것이 아니다. 그리고 모 고시관련 카페에서내 인터뷰 기사를 스크랩 해놓은 글에서 '이 분은 만 스물세살에 수석합격하시다니 정말 열심히 공부하셨겠네요'라는 리플을 보았는데, 솔직히 말해 공부를 어느 정도 한 건 맞지만, '정말' 열심히 하진 않았다. 아침잠이 많아서 스터디하는 날 빼곤 독서실에 오전 9시까지 가 본 역사가 없다. 그리고 쉽게 지치는 체질이라 적어도 2주일에 한번은 몸살이 났다. 부끄럽지만 일본드라마 광이라서 주말에는 정말 주구장창 일본드라마를 다운받아서 봤다(그래서 내가 일본어 점수가 잘 나왔나 보다). 내가 어느 정도 공부했다고 말할 수 있는 것은 적어도 술 안마시고, 연애질(?)을 안 했으며, 즉 남자문제 때문에 고민한 적은 없으며, 내가 공부한다고 앉아 있는 동안에는 최대한의 집중력과 효율성을 발휘해 공부하려고 했던 점에 있는 것 같다. 나는 항상 집중이 되지 않는 타이밍에 한 공부는 아무런 소용이 없다고 생각했다. 그렇게 한 공부는 어차피 머리에도 안 남고 더더구나 2차 답안지에는 쓰지도 못할 건데 그런 시간에 공부한다고 독서실에 앉아 있는 건 단순한 자기만족에 불구하고 생각했다. 그래서 저녁 늦게쯤 도저히 공부를 할 수 없는 집중력의 한계가 왔다고 느껴질 땐 운동을 가거나 집으로 귀가했다. 운동을 하거나 집에 와서 잠시 쉬다가 다시 공부를 시작하면 머리가 좀 식혀져서 다시 집중할 수 있었다.

　나를 가장 잘 아는 내 친구는 나를 '타고난 고시 운빨'이라고 했다. 내가 어떻게 고시 공부를 해온지 알면 충분히 이런 말을 할 수 있을 것이다. 나도 이번 시험에 운이 큰 역할을 했다는 것은 부인할 수 없다. 아마 내가 이제까지 시험 운이 없었던 것은 이런 큰 행운을 한번 얻기 위함일 수도 있다. 그렇지만 운에다가 한 가지 덧붙이자면, 나는 고시 기간 내내 실패를 생각한 적이 없었다. 항상 자신감에 가득 찬 내 성격 탓일지는 몰라도 내가 맘먹고 도전한 분야는 해낼 수 있을 것 같았다. 이 글을 읽는 독자는 내가 이제까지 살아온 인생도 짧고 큰 실패를 맛본 적이 없기 때문에 이런 말을 쉽게 할 수 있을지 모른다고 생각할 수도 있으리라 짐작한다. 그러나 실패는 모두 받아들이기 나름이라 생각한다. 나도 24년이라는 짧은 인생을 살면서 나름대로의 좌절을 많이 겪어봤지만, 이를 내 인생의 실패라고 규정지어본 적은 없다. 언제나 좌절 후에는 그 다음이 있고, 그 다음에는 내가 해낼 수 있다는 믿음을 지니고 있었다. 어찌보면 모든 일은 사람 마음먹기에 달린 것 같다. 마음먹기에 달렸다는 것은 너무나도 평범한 진리이지만, 사람들은 이를 종종 망각하는 것 같다. 나는 반드시 고시에 합격한다는 나 자신에 대한 믿음이 어찌보면 내가 밝힐 수 있는 합격 비법의 전부인 것 같다. 내가 뜬금없이 1·2차 시험 전날에 겪었던 시련을 앞에 서술한 이유도 이의 연장선상으로 파악할 수 있을 것 같다. 비록 몸은 아프지만 자신감, 즉 내가 할 수 있으리라는 믿음 하나는 끝까지 놓지 않았다.

• **마치며**

　합격을 하기 전에는 합격만 하면 마냥 기쁠 줄 알았다. 그런데 막상 합격하고 나니 이제 겨우 인생의 한 고비를 넘겼다는 생각이 든다. 어떻게 보면 한 고비 한 고비를 넘겨가는 인생이 허무하게 느껴지기도 하지만, 고비를 넘길 때마다 그 나름의 재미를 느끼는 것이 인생인 것 같기도 하다. 끝으로 내가 전화를 걸어 힘들다고 불평할 때마다 묵묵히 받아주신 부모님과 내 남동생에게 감사하다는 말을 전하며, 그리고 힘들 때마다 나랑 놀아준 내 둘도 없는 친구들 소현이와 영림이에게 정말 고맙다는 말을 전하며 이 글을 마치고자 한다.

선택의 연속

— 고시공부를 하다보면 시행착오가 있게 마련이다. 이러한 시행착오를 했을 때
이를 반복하지 않도록 교훈을 얻는 것이 중요하다 —

김 제 중

· 제40회 외무고시 수석합격
· 1982. 8. 27. 출생
· 대전 외고 영어과 · 고대 영문학과 졸업

• 들어가며

　수험기간 공부가 힘들 때마다 절 지탱해 준 것은 밝은 미래에 대한 상상이었습니다. 제가 외교관이 되었을 때의 모습을 생각하며 나중에 성취할 일들을 머릿속에 그리는 것이 힘든 고시공부를 견딜 수 있게 도와준 가장 큰 힘이 되었습니다. 우리나라 협상대표로 국제기구에 참석하여 당당히 의견을 피력하는 모습, 고된 장시간 협상을 거쳐 결국 우리나라에게 크게 이득이 되는 결과를 얻어내는 모습, 여러 나라를 돌아다니며 직무를 수행하는 모습 등을 생각하자면 그때 만큼은 고시공부가 주는 부담감을 벗어나 즐거울 수 있었습니다. 이러한 즐거운 상상 중의 하나가 합격을 한 후 합격수기를 쓰는 것이었습니다. 저 역시 수험공부를 하면서 많은 합격수기를 읽고 공부 방향을 설정하고 위안을 얻은 적이 많았기에 나도 언젠가 유익한 합격수기를 쓰리라고 마음먹은 일이 기억납니다. 하지만 막상 합격수기를 써달라는 부탁을 받고 나자 남보다 특별히 다르지 않은 평범한 고시 생활을 돌이켜 보면서 수험생들에게 도움이 될 만한 합격수기를 쓸 수 있을까 하는 부담감이 생기게 되었습니다. 하지만 제가 이전에 도움을 받았던 경험을 생각해서 용기를 내어 부족하나마 저의 수험생활을 돌이켜 보고자 합니다. 부족한 글이나마 제 글의 조그만 부분에서라도 도움을 받는 분이 있으시다면 다행이겠습니다.

• 인생은 선택의 연속

  인생은 무수한 선택의 연속입니다. 우리는 인식하고 있든지 못하든지 간에 무수한 선택의 순간에 직면하게 됩니다. 그리고 그 중에는 앞으로의 인생의 방향을 결정할 정도의 중요한 선택도 있습니다. 인생의 방향을 정하는 선택이란 여러 것이 있겠지만 진로에 한정해서 생각해 보자면 제 첫 번째 선택은 고등학교 진학 이전으로 거슬러 올라갑니다. 저는 고등학교 입학을 앞두고 과고로 갈지 아니면 외고로 갈지에 대해 고민하고 있었습니다. 이전부터 과학도의 꿈을 갖고 있었기에 과고에 진학할 생각이었으나 입학원서를 쓸 때 즈음 막연하게나마 생긴 외교관에 대한 관심으로 외고에 가기로 마음을 먹게 되었습니다. 그 때를 돌이켜 보면 왜 갑자기 생각이 변했는지는 아직도 모르겠으나 적어도 그 때의 결정은 제 진로를 상당부분 변화시켰습니다. 외고에 들어가서 다양한 외국어를 공부하면서 외국어에 흥미를 가지게 되었고 장래 희망 중의 하나로 외교관을 생각하게 되었습니다. 두 번째 중대한 선택은 대학에 진학하기 이전이었습니다. 아버지의 뜻을 따라 한의사를 생각했었으나 결국에는 고려대학교에 입학하기로 결정하였습니다. 아마 한의대에 갔었다면 지금쯤 한의학을 공부하고 있었을 텐데 지금도 가끔씩 가지 않은 길에 대해 생각해 보곤 합니다. 그 후 대학입학과 함께 학교생활을 즐기면서 한편으론 진로에 대한 고민을 하게 되었습니다. 성실하고 묵묵한 제 성격을 보았을 때 공무원이 저의 능력을 펼치기에 좋지 않을까 하는 생각을 가졌고 공무원 중에서도 일을 완수했을 때 느끼는 성취감이 가장 클 것으로 생각된 외교관이라는 직업이 나의 관심을 끌었습니다. 그리고 북핵문제와 FTA 등 우리나라를 둘러싸고 펼쳐지는 국제경제정세가 우리나라의 운명을 좌우할 수 있다는 생각은 외교의 최전선에서 국민들의 귀와 입이 되어주는 외교관이 되고 싶다는 생각을 더욱 키워주었습니다.

• 모든 선택에는 기회비용이 따른다

  이러한 선택에는 항상 기회비용이 따릅니다. 즉 선택하지 않은 것들을 포기해야 합니다. 그렇기에 선택을 함에 있어 신중하게 올바른 결정을 내려야 하며 일단 선택을 하였으면 다른 것들을 포기하고 결정한 만큼 자신이 선택한 바를 얻어내기 위해 최대한 노력을 해야 할 것입니다. 고시공부라는 선택은 참으로 많은 기회비용을 요합니다. 가장 큰 비용은 시간입니다. 한창 젊을 때에 하고 싶은 것을 하는 데 보내도 부족한 소중한 시간에 언제 끝날지 모르는 고시공부에 매달려야 한다는 것은 큰 부담이 아닐 수 없습니다. 게다가 공부하는 데 들어가는 비용 또한 무시할 수 없고 고시말고도 얼마든지 좋은 진로가 있는데 이러한 것들을 다 제쳐두고 고시공부를 하기로 마음을 먹었다면 뒤를 돌아보지 말고 고시 한 가지에만 매달려야 합니다. 고시공부를 마음먹었다면 붙는 것이 목표이므로 합격을 위해 노력을 최대한 경주하여야 하며 합격 이외의 것은 언제나 부차적이 되어야 할 것입니다. 대인관계도 적절하게 관리하여야 하며 공부 이외에 신경을 쓰게 하는 다른 부분들을 최소화해야 할 것입니다. 너무 딱딱하고 재미없게 들리겠지만 다른 것들을 포기하고 선택한 만큼 빠른 합격만이 이를 보상해 줄 것이기 때문입니다. 저 같은 경우도 하루에 한 번 부모님께 전화를 드려서 생활한 것을 말하면서 내 생활을 돌아보고 하루를 정리한 것 말고는 나머지는 공부에 집중을 하였습니다. 물론 주말마다 친구를 만나 대화도 하고 영화도 보면서 스트레스를 풀었지만 어디까지나 수험이 주가 되도록 신경을 썼습니다.

· 시행착오를 통한 교훈

내 수험기간을 돌이켜 보면 시행착오를 통해 하나하나 배워나간 과정이라고 말씀드릴 수 있습니다. 나의 합격 수기는 단지 하나의 공부방법일 뿐이며 이것이 절대적인 것은 아닙니다. 각자에게 맞는 공부방법이 있고 고시 합격에 이르는 단 하나의 길이란 있을 수 없습니다. 정해진 하나의 길이 있을 수 없기에 고시공부를 하다보면 시행착오를 겪게 됩니다. 이러한 시행착오를 겪었을 때 이를 반복하지 않도록 교훈을 얻는 것이 매우 중요합니다. 수험기간 동안 무수히 많은 시행착오를 겪으며 이를 고치려 애써왔는데 여기서는 두 가지 커다란 시행착오를 소개하고자 합니다. 첫 번째 시행착오는 고시공부를 막 처음 시작하였을 때입니다. 고시공부를 시작한 것은 2003년부터였고 처음 1년 반 동안은 학교를 다니면서 고시준비를 하였습니다. 이 당시에는 학교를 다니며 고시공부하기 이전과 마찬가지로 친구들과 어울려 놀고 술자리에도 많이 참석하였습니다. 고시공부하면서도 이러한 것들을 병행할 수 있다고 생각했었는데 돌이켜보면 소중한 시간을 잘 활용하지 못한 것 같아 후회스럽습니다. 물론 공부에 도움이 될 정도로 적절히 노는 것이라면 좋겠지만 한 번 놀게 되면 계속 놀고 싶은 것이 사람 마음인 것 같습니다. 어차피 고시 공부하는 기간에 논다고 하여도 마음 편하게 실컷 놀지는 못합니다. 따라서 적절한 휴식을 취하는 선에서 고시 하나에 전력 투자해야 할 것입니다. 즉 내가 시행착오를 통해 얻은 커다란 교훈 중 한 가지는 고시공부를 하기로 마음먹었다면 이를 위해 전력 질주해야 한다는 것입니다. 그리고 또 다른 중요한 교훈은 첫 2차에 들어갔을 때입니다. 2004년에 처음으로 2차를 보게 되었는데 그 당시에는 1차를 볼까말까 막판까지 고민하다 보아서 붙었던 터라 2차공부도 거의 안 되어 있었습니다. 하지만 부족하나마 시험장 분위기를 접하고 앞으로의 공부 방향에 도움을 얻기 위해 들어가서 답안지를 끝까지 채우려 노력하였습니다. 이 당시 느낀 것이 결국에는 답안지 하나로 내 실력을 평가받는구나 하는 단순한 사실이었습니다. 실제 시험장에서 답안지에 표현하지 못하면 소용이 없다는 것을 깨달았으며 그렇다면 내 실력을 평가받는 유일한 잣대인 답안지를 어떻게 써야 채점위원들에게 좋은 인상을 받을 수 있을까 하는 생각이 이후 나의 고시 생활 내내 따라다녔습니다. 똑같은 내용이라도 형식을 보다 깔끔하게 다듬을수록, 수많은 답안지를 시간의 압박 속에서 채점하시는 교수님들에게 보다 좋은 점수를 받을 수 있을 것입니다. 또한 공부를 함에 있어서도 하루 몇 시간 공부했고 몇 페이지 공부한 것이 중요한 것이 아니라 오늘 공부를 통해 내가 실제 시험장에서 답안지에 얼마나 표현할 수 있을까가 중요한 것입니다. 이러한 교훈을 통해 나는 이후 수험기간 내내 답안지를 형식상, 내용상으로 어떻게 포장할 수 있을까를 늘 궁리하였고 지금 돌이켜 보았을 때 결과적으로 커다란 도움이 되었다고 생각합니다.

• 과목별 공부방법론

1) 영　어

외무고시에서 영어가 차지하는 비중은 절반 이상이라고 할 수 있을 만큼 상당합니다. 대부분의 수험생들이 영어와 제2외국어의 중요성을 알면서도 의외로 많은 시간을 투자하지 않는 것으로 알고 있습니다. 하지만 제가 합격자들이나 불합격자들의 점수를 보았을 때 영어점수에 따라 당락이 좌우되는 경우가 많았습니다. 따라서 수험기간 내내 영어실력을 어떻게 향상시킬 수 있을지에 대해 늘 고민하고 부단히 연습하셔야 할 것입니다. 일단은 자신의 영어실력이 어느 정도인지 파악하는 것이 선행되어야 할 것입니다. 2차를 한번이라도 경험하신 분이라면 영어점수를 통해 어느 정도 파악할 수 있을 것입니다. 논문과목의 점수가 높아서 합격하시는 분들도 있지만 대부분의 경우에 합격을 하기 위해서는 80점 이상을 맞아야 하며 80점 중후반이면 만족할 만한 점수인 것 같습니다. 그리고 주변을 보았을 때 1년에 올릴 수 있는 영어점수는 10~15점이 최대인 것으로 보이기 때문에(물론 예외도 있겠죠) 이 점을 고려하여 자신의 영어점수가 합격선에 못 미친다고 판단되는 경우에는 남들보다 훨씬 많은 노력이 뒤따라야 할 것으로 생각합니다. 저 같은 경우도 2005년 시험에서 썩 만족스럽지 못한 77점을 받았습니다. 기대보다 성적이 좋지 않아 합격의 관건은 영어와 제2외국어에 있다고 생각하고 이에 대해 투자를 많이 했습니다. 작년 하반기에는 학교를 다녔기 때문에 신림동 강의를 듣지 못했습니다. 대신 동영상 강의를 들었고 통역대학원 입시반을 두 군데 다녔습니다. 영어를 전문적으로 하시는 분들이라 얻을 것이 나름대로 많았으며 첨삭을 통해 부족한 점을 인식하고 고쳐나갈 수 있었습니다. 그리고 2005년에 영어점수가 저조한 원인 중에 하나가 방심하고 자만한 나머지 수험 막바지까지 영어공부를 철저히 하지 않았다는 점입니다. 그래서 이번에는 1차가 끝난 후 2차가 있기 전 두 달 동안 논문과목 공부가 부족한 감이 있더라도 영어와 제2외국어 공부에 적어도 4~5시간은 꾸준히 투자했습니다. 그 결과 올해 영어시험에서 88점을 맞았습니다. 어학과목은 무엇보다 꾸준함이 중요하므로 매일 직접 번역을 해보고 제가 쓴 것을 다시 보며 더 세련된 방법으로 표현할 수 없을까 고민을 하였습니다. 그리고 에세이는 일단 서론, 본론, 결론의 형식을 파악한 후 여러 주제에 대해 직접 글을 써보고 자신보다 잘하는 사람에게 첨삭을 받는 것이 좋은 듯 합니다. 처음에는 막연하실 수도 있지만 일단 15~20편 정도 써보면 어느 주제가 나와도 써내려 갈 수 있을 것입니다. 가능하다면 일주일에 1~2편은 꾸준히 써보시는 것이 좋을 듯합니다.

2) 국제정치학, 외교사

국제정치학은 특별한 수험서가 정해져 있는 것도 아니고 방대한 내용을 가지고 있기 때문에 수험생의 입장에서 접근하기 어려운 과목입니다. 하지만 오히려 일정한 답이 없는 과목이라는 점에서 사회과학의 특성을 알고 논리적이고 일관적인 서술을 보여준다면 수험적으로는 좋은 점수를 받을 가능성이 충분히 많다고 생각합니다. 저 같은 경우도 국제정치학에는 다른 과목에 비해 많은 투자를 못했고 실력도 미약했지만 의외로 작년과 올해 점수가 좋게 나왔습니다. 저는 일단 국제정치 패러다임에 대한 기본적 이해를 하고 세세한 부분보다는 중요한 이론들에 대해 핵심을 파악하고 기억하려 했습니다. 교수님들이 보시기에 외시생들이 아무리 공부를 했다고 하여도 부족한 점이 많을 것이라 생각했기 때문에 알고 있는 것을 많이 보여주어 현학적인 인상을 주기보다는 전체적으로 일관성 있고 읽기 편하게 쓰려고 노력했습니다. 그리고 채점하시는 교수님이 보기 편하도록 답안지를 구성하려고 노력했습니다. 전체적인 답안지 구성도 깔끔하게 보이려 했고 서론에는 문제의식이 부각되도록 서술했습니다. 그리고 중목차에 부제(sub-title)를 꼭 달았습니다. 그래서 부제만 봐도 그 문단 내용이 무엇인지 알 수 있도록 함축적이고 핵심적인 표현을 하였습니다. 사실 별다른 점이 없다고 생각할 수 있지만 200부가 넘는 답안지를 채점하시는 교수님 입장에서는 한눈에 문단 내용이 들어오고 글의 체계가 보이는 답안지가 편하게 느껴질 것입니다. 그래서 지금 공부하시는 수험생 분들도 어떻게 하면 내 답안지가 교수님이 보기에 편할까를 항상 염두에 두는 것이 옳다고 생각합니다. 외교사는 강의를 통해 커다란 구도를 잡고 책과 요약서를 반복해서 보았습니다. 커다란 체계를 잡고 나면 수험적으로는 의외로 시간이 적게 드는 과목인 것 같습니다. 또한 고시실에 모의고사 강평자료가 꽤 많이 있는 것으로 압니다. 교수님이 직접 나눠주신 강평 내용도 더러 있고 고시연구에 실린 것도 있는 만큼 그것들을 찾아 읽어보고 교수님이 채점하실 때 중요하게 생각하시는 부분이 어딘지를 파악해야 합니다. 이것은 앞으로의 공부방향을 제시한다는 점에서 상당히 중요한 일이라 생각합니다. 이것은 모든 과목에 해당합니다.

3) 국제법, 국제경제법

국제법은 수험생활 초기에는 가장 흥미가 있던 과목이었으나 방대한 분량으로 저에게 있어서는 점점 부담을 주는 과목으로 인식되었습니다. 다른 과목도 마찬가지지만 특히 국제법에 있어서는 제 실력이 미약하기 때문에 공부방법을 조언하기가 어렵습니다. 다만 학원강의를 들으며 논리적으로 사고하려 노력했습니다. 더불어 기본서를 앞뒤를 오가며 반복해서 읽었습니다. 물론 국제법에서 조문의 중요성을 빼놓을 수는 없을 것입니다. 늘 근처에 조문집을 두고 틈틈이 중요조문을 확인하는 것이 필요하다고 봅니다. 국제경제법은 학원에서 하는 기본강의와 학교특강을 통해 공부하였습니다. 학원에서 하는 기본강의만 숙지해도 80%는 커버된다고 보기 때문에 이를 반복해서 공부하였고 조문을 외우고 논문들을 챙겨 읽었습니다.

4) 경제학, 국제경제학

경제학은 수험기간 내내 가장 큰 부담이었습니다. 워낙 양이 많은데다 최근 대학 모의고사 문제 중 어려운 문제들이 나오지 않을까 하는 불안감이 늘 있었습니다. 일단은 기본서가 제일 중요합니다. 저는 미시는 이영환 교수님, 이준구 교수님 책을 보았고 거시는 정운찬 교수님, 이우헌 교수님 책을 보았습니다. 여러 권을 반드시 보아야 할 것 같지는 않고 하나의 기본서를 정하고 꾸준히 정독하는 것이 필요합니다. 경제학은 양이 방대하고 처음에 체계잡기가 어려우므로 학원 강의를 통해 도움을 받는 것도 하나의 방법이라 생각합니다. 이론들에 대한 기본이해가 어느 정도 되었다면 문제풀이를 해보아야 합니다. 경제학은 이론공부와 문제풀이가 연결되어 있으면서도 서로 다른 작업인 것 같습니다. 따라서 문제를 읽고 파악하는 훈련, 자신이 알고 있는 것을 문제풀이에 적용하는 연습, 응용문제에 대처하고 시간배분을 조절하는 연습이 꼭 뒤따라야 할 것입니다. 그리고 너무 어려운 문제에 매달리지 말고 핵심적인 문제를 깔끔하게 풀어낼 수 있어야 합니다. 국제경제학은 김인준 교수님 책을 기본서로 하였습니다. 혼자서 읽어 내려가기에 시간이 오래 걸려서 학원강의를 듣고 필기한 내용을 서브로 하여 그것을 중심으로 기본서를 보았습니다. 외시 국제경제학은 한 문제 나오고 주로 기본적인 내용을 물어보았습니다. 따라서 너무 깊게 하기보다는 기본적이고 핵심적인 내용을 충실히 공부하는 것이 옳은 방향이라 생각합니다. 남들이 풀지 못하는 문제를 풀려고 애쓰기보다는 다른 사람들이 풀 수 있는 문제가 나왔을 때 남보다 더 깔끔하게 쓸 수 있도록 준비하는 것이 현명한 방법입니다.

5) 제2외국어

저는 제2외국어로 불어를 택했습니다. 제2외국어 선택문제는 자신이 공부하고 싶은 외국어를 택하는 것이 원론적인 대답이지만 옳다고 생각합니다. 제2외국어도 합격권에 이르기 위해서는 최소 30점대 후반이나 40점대 초중반이 나와야 하므로 이에 대해서도 신경을 많이 쓰셔야 합니다. 이 과목 역시 꾸준히 하는 것이 제일 중요한 관건입니다. 그리고 자신이 직접 써보고 첨삭을 받는 과정이 매우 중요하다고 생각합니다. 2차시험 직전까지 시간을 꾸준히 투자하는 것도 중요합니다. 저의 경우에는 3~4월에 모의고사를 통한 실전연습이 제일 중요하다고 생각되어 약간 무리인 것 같았지만 모의고사 강의를 두 개 들었습니다. 결과적으로 시간배분 연습 측면에서 도움이 컸다고 생각합니다.

6) 3차 공부방법

① 협　상

외무고시에서 면접이 차지하는 비중이 점차 늘고 있습니다. 그리고 확실하지 않지만 2차성적 순으로만 결정되는 것이 아니라는 이야기가 많습니다. 작년 행시의 경우도 zero-base로 시행되었다는 이야기가 있는 만큼 면접준비가 이제 외시 수험생들에게 커다란 고민으로 떠오를 것 같습니다. 제도가 또 바뀔지도 모르겠지만 올해를 기준으로 간략하게 살펴보겠습니다. 협상은 오전에 1시간 30분 동안 진행되었습니다. 올해의 경우 협상주제는 제2차 한미FTA였습니다. 한국대표 네 명, 미국대표 세 명해서 진행되었습니다(면접에서 조는 외교통상직렬이 7명씩 1조에서 4조까지 4조로 짜여졌고 영어능통자 직렬이 3명으로 5조에 배치되었습니다). 협상에 대한 간략한 설명과 함께 각각 속한 국가가 양보해서는 안 될 bottom-line을 정해주었습니다. 안내문에는 협상의 결과보다는 협상을 이끌어 가는 과정을 중요하게 본다고 하였습니다. 협상준비에 있어 일단 최근 이슈가 되고 있는 주제에 대해 기본적인 배경지식을 파악하는 것이 중요하고 실제 협상기술은 2차가 끝난 후 스터디를 조직하여 실제 연습을 해보면서 느끼는 것이 좋다고 생각합니다. 저 같은 경우도 2차가 끝난 후 사람들과 스터디를 조직하여 협상, 프리젠테이션, 역량(개별)면접을 실제로 해보고 다른 사람들이 서로 이에 대해 부족한 점을 지적하고 조언을 해주는 식으로 진행하였습니다. 이를 하면서 느낀 점은 실제로 해보는 것이 참으로 중요하다는 점입니다. 외무고시 3차 면접이라는 최종관문에서는 떨려서 자신의 실력을 발휘하지 못할 수도 있는데 그러한 우려를 불식시키기 위해서는 최대한 많은 연습을 해보는 수밖에 없습니다. 많은 연습을 통해 고민하고 고쳐나간 부분이 실제 시험장에서 좋은 모습으로 나타날 것으로 보입니다. 제가 들은 협상의 4대 원칙을 말씀드리면 다음과 같습니다. ① 협상은 상대방에 비해 자신이 많은 몫을 챙기려는 데 중점을 두는 positional game이 아니라 상호 mutually beneficial interest를 찾아가는 과정입니다. 실제 시험에서도 면접관들에게 자신이 다른 사람에 비해 논리적으로 지지 않는다는 것을 보여주기 위해 서로 대립각을 세우는 경우가 많습니다. 이 경우 양국의 입장을 정리해 주고 보다 가시적인 성과를 얻을 수 있도록 새로운 제안을 통해 논의를 진전시키는 모습이 좋은 인상을 줄 수 있다고 생각합니다. ② separate people from the problem입니다. 협상주제에 대해서만 논의해야지 이를 대인관계에도 적용해서는 안 될 것입니다. ③ 수험적으로도 중요하다고 생각되는 것이 협상과정에서 서로에게 도움이 되는 창의적인 제안을 하는 것입니다(invent creative options). 이를 함으로써 논의를 주도하는 인상을 주고 양국에게 실질적으로 도움이 되는 것이기 때문에 중요합니다. ④ 객관적 기준을 적용하여 자신의 주장을 개진하여야 합니다. 이를 염두에 두고 준비하면 어느 정도 도움이 될 것이라 생각합니다.

② 프레젠테이션과 역량면접

올해 프리젠테이션은 국제정치이슈보다는 사전조사서를 통해 개인적인 경험에 대해 하는 것이었습니다. 자신의 장점이라고 생각하는 덕목을 물어봤는데 선택지가 리더십, 열정, 문제해결능력, 전문성이었는데 선택한 자질에 대해 문제가 각각 나왔습니다. 개인적인 경험을 들어 설명하는 것이라 자신의 경험을 솔직하고 다양하게 이야기하는 것이 좋습니다. 프리젠테이션은 전달하는 과정이 중요한데 면접관과 eye-contact을 잘하면서 떨지 않고 당당하게 이야기하는 것이 좋습니다. 그리고 일부 조는 영어로 시켰다고 들었는데 외시 3차 면접이라면 영어로 얼마든지 물을 수 있으므로 이에 대한 대비 또한 필요하다고 생각합니다. 시중에 영어 프리젠테이션 책이 많이 있으므로 참고하는 것이 좋을 듯 합니다. 그리고 여건이 되신다면 개인적으로 선생님을 구해 연습을 반복하는 것도 하나의 방법입니다. 역량면접은 한국어와 영어 동시에 진행되는 경우가 대부분으로 압니다. 이것 역시 외교관이 되고자 하는 이유, 외교관으로서 일하고 싶은 분야, 자기 소개 등 기본적인 질문에 대해 미리 생각해보고 연습을 해보는 것이 꼭 필요합니다.

• 글을 맺으며

　고시생활 중에서 가장 힘들었던 점은 미래에 대한 불확실함이었습니다. 내가 가고 있는 방향이 맞는 것인지에 대한 의구심과 불안이 수험기간 내내 따라 다녔습니다. 여러분들도 그런 걱정을 갖고 계시리라 생각합니다. 하지만 불안하고 초조해하기보다는 하루하루 성실함을 저축한다는 생각으로 꾸준히 하시라는 원론적인 말밖에는 못 드리겠습니다. 처음에 공부방법을 올바르게 설정하고 전략을 잘 짰다면 꾸준히 함으로써 꼭 목표에 도달할 수 있을 겁니다. 건승하시기를 진심으로 바랍니다. 그리고 저를 정성껏 뒷바라지해주신 부모님께 감사의 말씀을 드리고 싶고, 공부할 때 큰 힘이 되어준 성일이와 혜진이, 은아누나에게 고맙다는 말을 전하고 싶습니다. 그리고 지금도 열심히 공부하고 있을 성원이형, 유진, 미영, 승은이에게 힘내라는 말을 전하고 싶습니다.

기대 이상의 결실

— 더 크게 성장하기 위해서는 작은 것을 버릴 줄 알아야 한다.
일단 고시에 뜻을 두었다면 앞만 보고 전력투구해야... —

조 인 형
・제12회 군법무관시험 수석합격
・1969. 1. 27. 충북 단양 출생
・제천고・한양대 법대 졸업

・서

정축년 새해가 밝았습니다. 수험생 여러분 새해에 바라시는 일이 모두 이루어지기를 기원합니다. 새해를 맞이하여 수험생 여러분께 지면으로나마 인사드리게 된 것을 기쁘게 생각합니다. 합격기란 것은 나와 전혀 상관이 없는 일로 생각하고 있었는데 이렇게 내가 합격기를 쓰게 되니 세상일이란 것이 역시 그 변화를 종잡을 수 없는 것인가 봅니다. 합격기를 써 달라는 부탁을 받고 참 많이 망설였습니다. 미루다 미루다 시간이 촉박해서야 겨우 펜을 들게 되었습니다. 그것은 지금도 열심히 공부하고 계신 수험생 여러분들 앞에 내가 이렇게 공부했고 이렇게 수험생활을 했다고 자랑할 만한 것이 없다는 것을 스스로 잘 알고 있기 때문입니다. 다만 먼저 합격이란 결과를 얻었다는 것 하나로 이렇게 여러분 앞에 섰을 뿐입니다.

합격기는 보통 2가지 측면이 기술되어야 한다고들 합니다. 하나는 어떻게 공부하는 것이 나름대로 성과를 거두는 요인이 되었는가 하는 것과 다른 하나는 각자 처한 환경이 다른 사람이 겪은 수험생활의 과정입니다.

그러나 지금 생각해 봐도 첫번째 것은 막연하지만 열심히 하는 것 이외에 다른 특별한 방법이 있겠는가라는 생각이 듭니다. 그러므로 저는 저의 수험생활을 중심으로 제가 지금까지 경험한 바를 사실 그대로 기술하는 것으로 그치고자 합니다.
 저의 글이 여러분들의 수험생활에 도움이 된다면 더 없는 영광이겠지만 이는 부질없는 욕심일 뿐 차 한잔 마시면서 쉴 때 기분전환하는 기분으로 가볍게 읽어 주시면 감사하겠습니다.

• 고향시절

 먼저 나의 어린 시절에 관한 이야기부터 시작하겠습니다. 나의 고향은 충북 단양입니다. 단양팔경으로 유명한 정말로 물좋고 산좋고 인심좋은 지방입니다. 특히 내가 태어난 곳은 골 깊은 두메산골이라 다른 농촌마을보다도 한 동네가 한 가족처럼 지내곤 했습니다. 누구나 고향을 생각하면 그때가 그리워 상념에 젖어들곤 하지만, 저도 가난하게 살던 때였으나 그때는 서로간에 정이 넘치던 때라 지금 생각하면 오히려 그때가 그리워집니다. 특히 지금은 그 마을이 수몰지구라 사람이 살지 않고 폐허로 변해 가끔 아버지 산소가 있는 그 곳을 갈 때면 더욱 아쉬움이 남습니다.
 저는 그런 시골마을에서 어린시절을 산과 들을 뛰어다니며 보냈습니다. 그러던 것이 공부에 관심을 가지게 된 것은 지금의 초등학교 졸업 때였던 것 같습니다. 그것은 당시까지만 해도 학교공부에 별 관심이 없었는데 졸업식 날 같은 동네의 내 또래 3명 중 나혼자만 상을 타지 못한 것입니다. 어린 나이였지만 스스로 창피하다는 생각이 들었고 또 부모님께 미안한 생각이 들었습니다. 그래서 그때 중학교 졸업식 때는 반드시 부모님을 기쁘게 해드리겠다고 결심했습니다. 그리고 실제로 중학교에 들어가서 공부를 열심히 하려 했던 기억이 있습니다. 그러한 결과인지 중학교 졸업식 때는 3명 중에 저 혼자만 상을 타 부모님을 기쁘게 해드린 기억이 있습니다. 그때 느꼈던 것은 나도 열심히 노력하면 충분히 내가 바라는 목표를 달성할 수 있다는 것이었고, 아마 이러한 가능성에 대한 경험에 기쁨을 느꼈던 것 같습니다. 이것은 사소한 것이지만 나의 인생에 있어서는 중요한 계기였습니다. 저는 이때부터 노력한 만큼 얻으리라는 말을 믿기로 하였고 지금까지도 이것을 믿고 있습니다.
 그리고 이것은 나의 인생에 실천으로 옮겨졌습니다. 고등학교는 충북에서 명문 중의 하나인 제천고를 갔는데 처음에는 시골중학교에서 간터라 성적이 좋지 않았습니다. 당시 집도 시골이고 촌놈이었지만 시내 아이들에게 지지 않겠다는 마음은 있어 3년간 학교 앞에서 혼자 자취하면서 열심히 공부한 기억이 납니다. 특히 공부할 장소가 마땅치 않아서 학교 교실에서 했는데 조명이 안좋아서 그때 결막염이 생기는 바람에 시력이 많이 떨어져 안경을 쓰게 되었습니다. 이러한 노력의 결과로 고3 초 모의고사에서 전교 등수 안에 드는 성과를 얻어 선생님과 주위 친구들의 놀라움을 받은 적이 있습니다. 이것 또한 노력한 만큼 그 성과가 주어진다는 평범한 진리를 깨우쳐 준 것이었습니다. 그리고 저는 제가 기대한 것 이상으로 얻은 경우도 종종 있었지요. 아마 이번 시험합격도 그런 경우의 하나가 아닌가 하는 생각을 하게 되었습니다.

돌이켜 보건대 저의 성격의 장점은 아마 소처럼 꾸준히 밀고 나가는 것이 아닌가 합니다. 소는 느리지만 변함없는 걸음걸이로 천리를 갈 수 있습니다. 과정은 둔하고 요령이 없어 미련해 보이지만 결국은 그런 사람이 좋은 결과를 얻는 것이 아닌가 생각되고, 나의 주위 사람들을 보더라도 그렇게 남에게 소처럼, 곰처럼 공부한다는 이야기를 듣는 사람이 대부분 좋은 결과를 얻는 것을 자주 봅니다. 요령껏 공부하는 것은 단기간 내에는 효과가 있을지 모르지만 장기적으로 볼 때는 결코 좋은 결과를 얻을 수 없다고 봅니다. 특히 올해는 소띠 해인 만큼 소처럼 성실하게 꾸준히 자신의 목표를 향해 정진하는 자가 아마 올해 더 좋은 결과를 얻는 사람이 될 것이라고 믿습니다.

• 고시준비기

(1) 법대에 들어감

내가 법대에 들어가게 된 것은 순전히 나의 선택이었습니다. 그리고 그 당시는 나에게 맞는 것은 오직 법대 뿐이라는 생각을 했습니다. 이는 특별한 동기가 있어서가 아니라 단지 막연한 생각에 그런 것인데 지금 생각해 보면 다른 학과에 대한 정보가 부족했고 그 당시 법대를 다니고 있던 사촌형이 있어 아마 그 영향이 컸던 것 같습니다. 고등학교에 다닐 때 내가 지망했던 대학은 육군사관학교였습니다. 군인이 나의 성격이나 적성에 어느 정도 맞는 것 같고 또 중요한 것은 없는 살림형편을 감안하더라도 이러한 특수대학밖에 갈 수 없다고 여겼기 때문입니다. 그런데 고2 때 시력이 갑자기 나빠지는 바람에 육사를 포기하게 되었는데 이와 유사한 계통으로 법대를 선택한 것이기도 했습니다.

내가 고시에 뜻을 둔 것은 대학에서 법학을 선택한 때부터였던 것 같습니다. 물론 제대로 알고 한 것은 아니지만 막연하게나마 법대를 가는 이유가 고시에 도전하기 위함이라고 생각했기 때문입니다. 다른 사람처럼 처음부터 훌륭한 법조인이 되고자 했다거나 정의를 실현하기 위함은 아닙니다.

단지 그 당시 가난한 삶에서 벗어나는 방편으로는 가진 것 없는 자에게도 공정한 경쟁이 보장되는 고시가 제일 적합하다고 생각했기 때문입니다. 그러나 이러한 생각은 대학에 들어와 수험생활을 시작하면서 하나의 장애물이 되었던 것 같습니다. 수험생활은 단기간에 끝나지 않습니다. 그리고 그 기간은 정말 자신과의 끝없는 투쟁의 기간입니다. 그런 싸움에서 자신만의 이기적인 생각은 나를 더욱 나약하게 만들곤 했습니다 그래서 수험생활기간 동안 끊임없이 왜 내가 이렇게 공부해야 하는가를 자문하곤 했는데 그 때마다 나를 위안케 한 말은 "나를 필요로 하는 사람들에게 좀더 큰 힘이 될 수 있도록 지금은 준비하는 기간이다"라는 것입니다. 사람이 자신의 마음을 평온하게 할 수 있는 것은 자신의 이익보다는 다른 많은 사람들의 이익을 위해 내가 무엇을 할 수 있는가 고민할 때가 아닌가 생각합니다. 나의 수험생활 동안 내가 살고 있는 이 사회를 보다 더 살기좋은 사회로 만드는데 일조할 수 있는 능력을 키울 것을 바란 것처럼 앞으로는 정말로 그런 생각을 실천할 수 있는 사람이 되도록 노력할 것입니다.

(2) 공부환경 조성

고시에 본격적으로 뛰어들기 전에 먼저 공부에만 전념할 수 있도록 환경을 만들어야 할 것입니다. 나도 나에게 당면한 문제를 고시를 시작하기 전에 미리 해결했는데 그 당시 나의 문제는 ① 경제문제, ② 군문제, ③ 정신적인 자세였습니다. 그 중 가장 큰 것이 등록금 문제인데 처음 대학입학시 등록금은 형님과 누님이 마련해 주었지만 계속 의지할 형편이 아니었기 때문입니다.

처음 대학에 들어가서부터 항상 마음 한 구석에는 고시공부를 해야 한다는 생각은 가지고 있었지만 대학을 들어가자마자 바로 시작해야 하는지 고민했는데 아직 대학이 무엇인지도 제대로 모르고 사회경험이 부족해 사회에 대한 관심과 불안감 등이 있어 대학 1년간은 고시를 생각하지 않고 사회경험을 많이 하기로 했습니다. 그래서 대학 1년간은 고시와 관계없이 일반대학생처럼 미팅도 하고 서클에도 기웃거리고 축제 등에도 적극적으로 참여하고 친구들과 틈만 나면 어울려 소주집을 찾곤 했었습니다. 그리고 틈틈이 아르바이트도 하고 도서관도 자주 찾는 장소 중의 하나였습니다. 공부하기 위해서라기 보다는 그동안 고팠던 마음의 배를 채우기 위함이었습니다. 주로 소설책이나 사회과학서를 뒤적이면서 시간을 보냈습니다.

그렇게 대학 1년이 지나갈 때쯤 되니 이제 현실을 생각하게 되었는데 오랫동안 나의 진로에 관해 곰곰히 생각해 본 결과 바로 군에 가기로 결정했습니다. 이는 등록금이 해결되지 않았고 또 그 당시 마음자세가 되어 있지 않았고 이왕 갈 군대라면 빨리 갔다 오는 것이 더 나을 것이라는 생각에서였습니다. 지원입대하여 강원도 철원의 전방지역에서 무사히 3년의 군복무를 마치고 제대했는데 군생활에서 얻은 것은 사회에 나가서 하지 못할 일이 없을 것이라는 적극적인 마음자세였습니다. 군을 제대한 후 복학 전까지 나머지 3년간의 등록금을 벌기로 마음먹고 닥치는대로 일을 했습니다. 막노동도 했고 세차도 하고 수퍼마켓에서도 일하는 등, 그리고 남는 시간은 틈틈이 공부를 했습니다. 그렇게 약 1년간을 하니 등록금과 얼마정도의 돈을 저축할 수 있었습니다. 그런 아르바이트를 복학 후 2학년 1학기까지 했는데 2학년 여름방학에 모든 일을 그만 두고 본격적으로 고시에 몰두하기로 했습니다.

(3) 신념을 찾음

누구나 대학생활 중 삶을 어떻게 살아야 하는지 또 내가 왜 태어났는지 등 인생의 본질적인 측면에 관해 깊이 생각해 본 때가 있을 것입니다. 나는 이런 고민이 대학 1학년 2학기 때부터 시작되었는데 이는 아마 현실적인 고민과 겹쳐서 그런 것 같습니다.

여기에 대한 답을 찾기 위해 도서관의 사회과학서를 거의 전부 뒤져 읽곤 했는데(물론 일부만 보다가 그 만둔 것이 대부분이지만) 그에 대한 명확한 해답을 얻지 못했습니다. 그런 고민 중에 군대를 갔는데 이 문제는 군에서도 항상 지니고 있었습니다. 그러나 제대를 하고 집에서 며칠간 쉬는 동안 서정주님이 쓴 수필을 읽은 적이 있습니다. 그때 그분의 말씀 중에 나의 가슴에 와닿는 말이 있었는데 이것이 지금까지 나의 신념이 되고 있습니다. 전력투구하는 자세로 최고의 목표를 향해 최선의 노력을 다하자라는 것입니다. 현재

주어진 여건하에서 최고의 목표를 선택해 최선의 노력을 다 한다면 결코 그 결과가 어떠하다 하더라도 후회하지 않는 시간이 될 것이기 때문입니다.

• 고시의 길에 들어서서

(1) 1차 공부

고시를 시작하면서 가장 어려웠던 것은 인간으로서의 도리를 다하지 못한 점입니다. 친구들과의 만남, 가족·친지간의 방문 등에 소홀하게 되었습니다. 그러나 이런 것들은 나중에 만회할 생각으로 감수하기로 했습니다. 그리하여 2학년 여름방학부터 헌·민·형 기본3법에 매달리기 시작했습니다.

그때부터 나의 생활은 집과 도서관 두 군데만 왔다 갔다 하게 되었지요. 새벽처럼 일어나 도서관에 자리를 잡고 도서관 문닫는 12시 막차를 타고 집에 와서 다시 1시간 정도 공부하다 잠자는 식으로 1분 1초가 아깝다는 생각으로 매진했습니다. 당시 생각은 다른 친구보다 1년간 뒤진다는 생각과 장기간 공부할 수 없다는 생각에 긴장했던 것 같습니다.

여름방학이 끝나도 나의 생활은 변함이 없었습니다. 단지 도서관, 집, 강의실로 바뀌었을 뿐입니다. 어떤 친구들은 고시공부를 위해 수업시간에 강의를 듣지 않는 것 같은데 이것은 별로 바람직한 방법은 아니라고 봅니다. 스스로 공부해 깨닫는 것보다 강의를 들어서 깨닫는 것이 더 빠르고 쉬운 방법이라 생각합니다. 또 대학생으로서 강의를 듣지 않는다면 설사 그 시간을 더 값지게 보냈다 하더라도 결코 바람직하지 않은 방법이고 나중에는 결국 후회하게 될 것이라고 생각합니다. 저는 강의를 거의 빠짐없이 꼬박꼬박 들었는데 책을 이해하는 데 많은 도움을 주었고 지금도 보람되게 생각하고 있습니다.

3학년 1학기에 사시문제가 얼마나 어려운가 그리고 시험장분위기나 답안체크 요령 등을 알아보기 위해 응시했는데 예상외로 점수가 좋아(물론 커트라인에서 한참 아래지만) 다음 해에는 좀더 공부하면 자신이 있을 것 같더군요.

1차시험을 보고 바로 그 다음날부터 공부에 매달렸습니다. 물론 합격은 생각도 하지 않았기 때문이지요. 정말 지금 생각해도 그 때는 후회되지 않을 정도로 열심히 했습니다. 1분 1초가 아깝다고 생각하며 몸이 부서져라 했지요. 그러다 보니 몸이 많이 약해졌는데 어떤 때는 의자에 앉아 있지 못할 정도로 허리가 아파 며칠 쉬곤 했습니다. 그래서 여러 책을 뒤져보니 허리운동을 하면 좋다고 하여 그때부터 윗몸일으키기를 하루에 20번씩 거르지 않고 했습니다. 그 외 방안에서 간단히 할 수 있는 운동도 했지요. 이런 운동은 지금도 꾸준히 하고 있는데 지금까지 몇 년간 의자에 앉아 있어도 별 탈이 없었던 것은 바로 이 운동 덕이라고 생각합니다.

 4학년 1학기 두번째 사시 1차 도전 때에는 열심히 했다는 점에서 어느 정도 자신을 가지고 기대를 했지만 마지막 정리가 제대로 되지 못한 점이 마음에 걸렸는데 역시 사시 1차는 몇 문제 차이로 떨어지고 군법 1차만 합격했습니다. 다음 해 사시를 계속 볼 것인가 고민했는데 어차피 군법 2차는 2년간 시간이 있으므로 사시 1차준비를 1년 더 하기로 했지요.

 그런데 이때부터 졸업도 하고 친구들 중 취직하는 사람도 나오고 하다보니 예전같이 공부하지는 못하였습니다. 물론 강의실, 집에 있는 시간 외에는 도서관에 가서 내 자리는 지켰지만 정성을 다하지는 못하였습니다. 더구나 이때부터 친구들과도 자주 어울려 술을 여러번 마신 것 같습니다. 그러나 마음 속에서는 자만심이 있어 내년에는 꼭 붙을 것이라 생각했지요. 또 주위 친구들도 당연히 붙을 것이라 했고, 그러니 공부가 적극적으로 되지 못하고 소극적으로 보았던 것을 다시 훑어 보는 격이 되었습니다. 공부능률도 안 오르고 정리도 제대로 하지 못한 채 시험을 봤는데 역시 전과 동일하게 근소한 점수 차이로 또 떨어졌습니다. 그러나 이때 시험을 본 후에는 붙을 거라고 생각이 들었는데 막상 떨어지니 실망이 매우 컸습니다. 결과적으로 나의 정성이 부족한 것이라는 생각이 들어 수긍할 수 밖에 없었습니다. 이때 심정은 정말 참담했습니다. 다른 친구, 후배들은 다 붙었는데 나만 떨어졌다는 느낌 때문이었습니다. 1차발표 후 이제 사시는 그만 하기로 결심했는데 이는 가정형편을 고려할 때 더 이상 공부를 계속 할 여건이 되지 못하는 데다가 나 자신 그리고 가족들에게 1996년까지 공부한다고 약속했기 때문이었습니다.

 (2) 2차 준비

 1995년 1차발표 후부터 본격적으로 2차준비에 들어 갔는데 이때는 각오가 대단했습니다. 나머지 1년간이 실패하든 성공하든 나의 고시생활의 마지막이 될지 모른다는 생각에 정말 모든 것을 바쳐 열심히 하기로 했습니다. 9월경부터 선배와 동기 몇명이 모여 그룹스터디를 결성하여 주로 2차과목만 했지요(상·행·민소·형소). 방식은 강독위주였는데 범위를 정하여 그 부분에 대해 빠진 부분을 보충해 주고 주제별로 내용설명하고 질문하는 식이었습니다. 이는 이러한 과목에 대한 기본지식이 부족했기 때문이었습니다. 이렇게 단권화를 시작한 것 같습니다. 저는 다른 사람보다 자료도 부족하고 교과서를 읽고 가기도 바빠서 강독시간에 다른 친구가 책에 없는 내용을 이야기할 때 체크해 두고 나중에 찾아 보충하는 식으로 따라가는 편이었지요. 그렇게 해서 웬만큼 국민윤리를 뺀 전 과목을 두번 이상 보니 12월이 다가왔습니다.

답안작성요령이나 글쓰기가 부족해 학원에 가기로 했습니다. 그래서 신림동에 방을 정하고 태학관 2순환에 들어갔는데 이는 2시간 시험강의 순서로 매일 답안지 쓰는 연습을 하게 되었습니다. 학원에서 처음에 하는 과목들은 정말 열심히 답안을 작성했는데 학원에 다닌지 한달 반이 지나니 이제 힘이 들기 시작하고 몸도 약해지기 시작하더군요. 그래도 열심히 쓰기는 했는데 항상 3문제 중 한 문제를 쓰지 못하곤 했습니다. 그러나 학원강의는 빼먹지 않고 들었지요. 그렇게 3개월 과정을 마치고 3월경에 기숙사로 돌아왔습니다. 나중에 생각해 보니 이때 학원에서의 답안작성요령이나 연습이 실전에 많은 도움을 준 것 같습니다. 학원강의를 마치고 돌아온 후로는 그동안의 자료를 대부분 단권화하는데 정성을 들였고 그러면서 회독수를 늘리도록 노력했습니다. 그리고 이때부터는 더 이상 다른 자료는 찾지 않고 새로운 판례나 정보에 관심을 가지고 주로 단권화한 교과서와 case집만 보았습니다.

시험 한달을 앞두고 16. 8. 1 작전이니 하는 것을 나도 해 보려고 했는데 책을 느리게 읽고 더구나 꼼꼼히 다 읽는 성격이라 진도가 제대로 맞지 않게 되었습니다. 그래서 결국 상법, 행정법, 민소법, 민법은 한번씩 보았는데 시험 3일을 남기고서는 형소·헌법·윤리를 모두 봐야 했습니다. 윤리와 헌법에 하루씩 배정하고 나머지 하루동안 형소와 형법을 다 봐야 했는데 형소에 치중해 보았지만 역시 시간이 부족해 시험 마지막 날까지 불안했습니다. 그러나 마지막날까지 최선을 다해 전분야를 한번씩이라도 보려고 노력했지만 마지막날 과목이 역시 제일 힘들었던 것 같습니다.

마지막 시험을 끝내고 나올 때 기분은 왠지 좋았습니다. 몇 문제를 제대로 쓰지 못한 것이 마음에 걸렸지만 과락까지는 가지 않을 것 같았습니다. 그리고 시험이 끝났다는 것과 최선을 다 했으니 결과에 수긍하겠다는 마음이었습니다.

• 공부방법에 관한 나의 견해

(1) 공부방법에 관해 저의 견해를 말씀드리겠습니다. 먼저 공부하는 장소 문제에 관해서는 어떤 수험생은 집에서, 어떤 수험생은 고시원에서 하는 것이 좋다 하는데 그것은 자신의 성격에 따라 결정하면 족하다 봅니다. 저는 주로 학교 중앙도서관을 이용했는데 주위의 공부하는 모습에서 나 자신이 나태해질 때 새롭게 몸을 추스릴 수 있었고, 혼자할 때 특히 공부의 기복이 심한데 그러한 것이 적었다는 점이 좋았던 것 같습니다. 다만 도서관은 여러 친구들을 만나기 때문에 같이 어울려 놀 수 있는 기회가 많다는 점이 문제입니다.

(2) 그룹스터디의 경우 일반적으로 도움이 된다고 생각합니다. 특히 저같이 2차과목이 처음이고 다른 정보도 부족했던 경우 도움이 되고 진도도 맞출 수 있어 좋았던 것 같습니다. 다만 형식적인 경우 오히려 시간낭비가 될 수 있으므로 스스로 판단하여 어울리는 사람끼리 하여야 할 것입니다.

(3) 가장 중요한 것은 제 수험경험에 의하면 전과목을 단권화하는 것이라 생각됩니다. 가능하면 단권화를 빠른 시간 내에 하고 이것에 대한 회독수를 늘려 시험 전날 모두 볼 수 있을 정도가 되어야 한다고 봅니다. 시험에 임박해서 새로운 자료들을 모으는 것은 불필요하다고 생각되고, 시간이 많을 때에도 새로운 정보는 완전히 소화시켜 단권화한 책에 정리해 두지 않으면 역시 시험장에서 소용이 되지 않을 가능성이 많음을 생각해야 합니다. 결국 정성들여 단권화해서 가능한 한 회독수를 늘려 자신의 입맛에 맞는 책으로 만드는 것이 가장 효과적인 공부방법이 아닌가 생각합니다. case문제에 대한 대비는 평상시에 미리 준비해야지 시험 바로 전에 보는 것은 무리라고 생각됩니다.

(4) 그 외 답안작성 요령이나 글쓰기가 미흡하다고 느끼시면 학원에 가서 열심히 연습해 보고 배우는 것도 도움이 되리라 생각합니다. 저같은 경우 학원에서 많은 도움을 얻었다고 생각합니다. 저는 특히 글씨에 자신이 없어서 걱정을 했는데 사시나 군법에서는 못알아 볼 정도만 아니면 당락에는 크게 지장이 없는 것 같습니다.

• **마지막 인사말**

　두서없이 저의 수험생활에 관해 쓰기는 했는데 오히려 쓰고자 한 것을 못 쓰고 다른 이야기만 쓰다 만 것같은 느낌이군요. 마지막으로 수험생 여러분께 드리고 싶은 말은 묵묵히 소처럼 열심히 하다 보면, 특히 스스로 최선의 노력을 다 했다 느끼면 합격이란 결과는 꼭 얻을 수 있다고 생각합니다.

　더 크게 성장하기 위해서는 작은 것을 버릴줄 아는 자가 되어야 한다고 봅니다. 그런 의미에서 일단 고시에 뜻을 두었다면 그 수험생활동안 만은 앞만 보고 전력투구하십시오, 옆이나 뒤를 돌아보며 가다가는 분명히 남보다 뒤지는 삶이 될 것입니다. 전력투구하는 자세로 최고의 목표를 향해 최선을 다하는 인생이 되시기를 바랍니다.

　끝으로 공부한다는 핑계로 가족이나 친지, 친구분들께 소홀히 한 점 이 자리를 빌어 용서를 빌며, 오직 자식 잘 되기를 불철주야 기도하신 늙으신 어머님께 감사를 드립니다. 가정에서 내 역할을 대신해 준 동생 재형이에게 고맙다는 말을 전하고 싶고, 그 외 수험기간 동안 잊지 않고 도움을 준 친구들에게 감사함을 전합니다. 그리고 수험생활동안 경제적인 걱정없이 공부할 수 있도록 배려해 주신 모교에 깊은 감사를 드리며, 모교의 무궁한 발전을 기원합니다.

　그리고 지금도 수험준비에 여념이 없는 친구 상호, 한형이의 건투를 진심으로 빌고, 아직 수험준비를 하고 있는 선・후배 여러분들의 좋은 결과를 기원합니다.

별이 빛나던 밤에…

— 후회없는 1년의 공부로 안되는 경우라면 나의 길이 아니라 생각하고
95년의 1년은 365일의 시한을 가진 임산부가 되기로 했다. —

이 문 희

· 제30회 외무고시 수석합격
· 1972. 1. 17. 대구 출생
· 대구능인고 · 고려대 영문과 졸업

1996년 3월 百武(히야쿠타케)혜성이 아름다웠던 밤, 전화선을 타고 들려온 기계음이 내 귓속을 파고 들 때 나는 새로운 짐을 꾸려야 할 시간이 다가왔음에 안도감과 두려움이 섞인 가벼운 한숨을 내쉬었다. 무턱대고 시작한 나의 또 하나의 여행은 이렇게 끝이 났다. 처음 이 길을 걸어보기로 작정하고 종로서적에서 김철수 저 헌법학원론을 산지 약 28개월 만의 일이었다. 그동안 적지 않은 시행착오가 있었고 좌절과 희열이 뒤섞여 있었다. 같은 목표를 가진 사람들과의 만남이 있었고 불꽃튀는 경쟁과 격려가 있었다. 이젠 아득히 멀어져 보이기만 한 나의 지난 여행의 장을 여러분 앞에 펼쳐보고자 한다. 진부해 보일 수도 있지만 또 합격기의 속성상 자기과장이나 자기합리화가 있을 수 있다는 점에서 걱정되기도 한다. 그러나 내가 겪은 일들이 같은 길을 걸으며 노력하는 분들의 전도에 자그마한 보탬이라도 되었으면 하는 바램이다.

· 길없는 길에서의 방황, 그리고 외시로의 결정

1990년 2월 대구 능인고등학교를 졸업하고 서울로 유학을 떠나면서 나는 나의 첫번째 가방을 꾸려야만 했다. 태어나서 처음으로 어머니 곁을 떠나 아무도 기댈 사람이 없는 낯선 타향으로의 여행이었다. 1990년 3월, 나는 아무 것도 모르는 촌스런 지방학생에 불과한 평범한 신입생이었다. 대학에 처음 입학할 당시, 나는 적지 않은 고민을 해야만 했다. 전공을 선택함에 있어서

거의 환경에 떠밀려 어쩔 수 없었던 선택이었기에 나의 앞길에 대한 심각한 회의가 엄습하고 있었다. 무엇보다도 4년 간의 대학생활을 뚜렷한 목표도 없이, 고등학교 생활에서 해방되었다는 그 기분에 따라 그냥 흘려보내야 할지도 모른다는 생각이 나를 괴롭힌 것이다. 고등학교시절 생활을 나태하게 보냈고 그로 인해 원하던 목표를 이루지 못했다고 생각했고 그러한 생각은 나에게 자괴감과 커다란 회의를 안겨 주었던 것이다.

그러나 아직 나이도 어린데다가 18년 간의 생을 학교와 집이라는 울타리 안에서만 맴돌던 나로서는 나아가야 할 바를 쉽게 결정할 수 없었다. 아직도 진로에 대한 결정을 내릴 수 있을 만큼 성숙하지 못했다는 것을 뼈저리게 느끼고 있었다. 1990년 정기 고연전이 열기를 더해가던 10월, 일단 군문(軍門)에 들어가기로 결정을 내렸다. 너무도 종잡을 수 없었기에 일단 한걸음 물러서 보기로 한 것이다.

겨울바람이 차가와지던 안암 석탑의 뜰에 군입대 휴학원을 제출하던 날, 눈이 내렸다. 내 기억으로는 그 해의 첫눈이었던 것 같다. 지금 돌이켜 보건대 아마 서설(瑞雪)이었을 것이다. 나이가 아직 어렸고 신검도 받지 못한 상태라서 입대예정일은 더위가 한창일 1991년 7월로 결정되었다. 이미 휴학원을 제출한 상태라서 반년 간의 휴식기간을 가질 수 있었다. 이 반년이 나에게는 지금까지 보냈던 가장 한가한 시간이 아니었나 생각된다. 영어공부나 좀 해놓고 싶었지만 역시 범인일 수밖에 없었던 나는 결국 그냥 흘려보낸 아쉬운 시간이 되고 말았다. 이렇게 하여 나는 두번째 가방을 꾸릴 시간을 맞이해야만 했다.

그해 7월 나에게 다가온 새로운 세계는 이질감 그 자체였다. 논산에서의 첫 기억은 장마철의 습기가 가득하고 어두웠던, 수십명이 함께 쓰는 내무반이라는 곳에서 시작되었다. 무척이나 무더웠던 여름, 그토록 뜨겁게 보냈던 훈련소에서의 10주였다(나중에 안 이야기지만 우리 기가 앞 기와 겹쳐지는 바람에 대기하는 기간이 길어져 훈련소에 남들보다 장기간 머물렀단다). 편하게만 보내던 사회에서의 생활과는 전혀 다른 별천지였지만 나름대로 까마득한 선배들과의 동고동락은 즐겁기도 하고 힘들기도 했던 시간들이었다. '어차피 끊어진 시간, 이 시간이 다시 이어지는 날 나의 또다른 여행은 시작되리라…'

가을비가 부슬부슬 내리던 날, 내가 나의 가방을 푼 장소는 용산에 있는

미 8군 본부였다. 평택에서 서울로 오던 수송버스 안에서 창밖의 가을비 사이로 '어서오십시오, 서울'이라는 톨게이트 표지를 보았을 때의 반가움은 차창에 맺힌 빗방울과 함께 지금도 생생한 기억으로 남아 있다.

나는 운좋게도 속칭 '꽃보직'이라고 일컬어지는 미 8군 공보실에서 신문기자로 활동하는 행운을 맞게 되었다. 이때부터 시작된 3년 간의 생활이 나에게는 무척 소중하고 귀중한 시간으로 기억된다. 나와 같이 근무했던 선임병이나 후임병들은 무척이나 뛰어난 사람들이었다. 컴퓨터와 영어에서 뛰어났고 자기연마에 충실하며 옳지 못한 일에는 분노를 참지 않았던 병용이 형, 고시가 무엇인지 처음 길을 보여준 연오 형, 남자로서의 길이 무엇이며 함께 사는 세상이 무엇인가를 몸소 보여준 혁빈이 형, 그리고 누구보다 나를 아껴주며 돌보아 주었던 승용이 형 등… 이들과의 만남과 헤어짐 속에서 군복을 입고 있다는 국방색의 우울함이 한결 산뜻한 추억으로 남을 수 있었다.

군생활을 하면서 아쉬운 점이 무척 많았다. 내 보직의 특성상 인터뷰할 기회가 많았기에 인터뷰 대상자를 따라 각 방송국으로, 정부기관으로, 서울시내 호텔로, 각 군부대로 뛰어다녀야 했고 활동하는 시간 역시 일정하지 못했기 때문에 공부하고자 했던 바램은 이루지 못했다. 더욱이 일면 화려해 보이는 생활이었지만 한글신문들 제작하는 일을 맡았기 때문에 영어실력 배양이라는 당초의 목표는 그야말로 그림의 떡이 되고 말았다.

다만 판문점에서 제주도까지, 논산 연무대에서 전역교육장까지, 5천의 동료들을 위해 누빈 길과 만난 사람들은 후일 내 인생에 큰 도움이 될 것이라는 것을 믿어 의심치 않기에 후회는 없었던 30개월의 군생활이었다. 특히 인터뷰를 위해 만난 사람들 중에는 인기가 높던 브라운관이나 스크린의 스타들도 있었고 성공한 사람들도, 힘들게 사는 사람들도 있었다. 이들과의 만남은 책으로는 배울 수 없었던 것들, 또다른 경험으로 내 인생의 깊이를 더욱 심화시킨 것이라 믿는다.

제대할 무렵 다시 닥쳐올 현실이 나를 괴롭혔다. 그 당시까지도 아직 마음을 결정하지 못한-아니, 잠시 미래를 잊고 지냈다는 편이 옳을 것이다- 상태였기 때문에 무력감에 하루하루를 보내야 했다. 약 1주일 간의 장고 끝에 외시로 방향을 결정했다. 군대에서의 경험이 큰 요인으로 작용한 것이었다. 무엇보다 넓게 보고 크게 행동해 보고 싶어서였다. 세계 각국의 엘리트들과 국가이익, 인류 전체를 위해 마음껏 걱정해 보고 울고 웃으며 뒹굴어보고 싶었던 것이다. 역시 넓고 할 일이 많은 것은 지구라는 생각이 든 것이다. 이 결정 하나만을 가슴속에 품고 제대파티의 소주잔을 기울이며 세번째 가방을 꾸려야 했다. 정말, 아무도 모르는 전혀 새로운 길이 이제 시작된 것이다.

• **제28회의 시험과 제29회의 1차합격**

1993년 11월, 제대하자마자 고향에 돌아가 잠시 휴식을 즐기던 나는 12월에 다시 상경하여 복학준비로 한달을 보냈다. 해가 바뀌어 1994년 1월의 28회 시험이 다가왔다. 복학하기 전에 장난삼아 쳐보기로 작정한 나는 약 보름간 김철수 저 헌법학개론을 통독하고 이극찬 저 정치학을 반쯤 읽고 시험장에 들어갔다. 헌법은 알 듯 모를 듯, 정치학은 무슨 소린지 모르는 상태에서 치른 시험이었다. 성적은 헌법이 72.5점, 정치학이 52.5점, 영어와 문화사가 82.5점, 국사가 70.0점이었던 같다. '뭐, 나쁘진 않군'이라고 생각했었는데 나중에 만난 친구들의 얘기는 그게 아니었다. 고시라는 것이 누구나 풀 수 있는 문제가 일정부분 이상이 되기 때문에 내가 받은 점수에서 상승하기란 여간 어려운 것이 아니라는 사실이었다. 기를 죽이는 소리였다. 그래도 일단 시작한 이상 철저하게 내년을 대비하기로 했다.

먼저 잡은 것이 경제학이었다. 이만우 교수님의 강의와 다른 한분의 강의를 병행해서 학교에서 수강을 했다. 이만우 교수님은 어려웠지만 맥을 짚어 주셨고 다른 한분은 젊은 강사로 3인 공저 현대경제학원론의 미시부분을 아주 자세하게 가르쳐 주셨다. 1994년 1학기는 이렇게 미시만을 공부하면서 보냈다. 이때 잡은 미시경제학의 기초는 뒤에 상대적으로 수월한 2차준비와 조기합격으로 이어졌다.

여름방학이 시작되면서 본격적인 29회 1차대비에 돌입했다. 고향인 대구에 돌아온 나는 당시 고 3이었던 남동생과 집앞 독서실에 다니면서 같이 공부했다. 아침 10시쯤 가서 밤 12시에 돌아오는 생활의 반복이었다. 여전히 헌법은 김철수 교수님의 책을 보았고 여기에 김학성 교수님의 문제집과 권영성·민경식 교수님의 문제집을 보충해서 보았다. 나는 책 보는 속도가 그다지 특출나지는 않고 여간해서는 책에 가필을 하지 않는 묘한 습성이 있어서 남들이 보기에는 공부를 그다지 열심히 하는 것으로 보지 않았다. 그러나 나는 책을 되도록이면 사진을 찍는다는 기분으로 보려고 했고 남들보다 연상에 의존하려고 많이 노력했다. 예를 들면 기본권 이론부분에서 헌법조문 전체가 머리에 떠오르도록 먼저 공부하고 조문순서에 따라 책의 각 목차와 세부사항을 하나 하나 연결해 가는 식으로 정리해 갔다. 길을 걷다가도 하나의 조문이 떠오르면 거기에 따른 세부사항이 꼬리에 꼬리를 물도록 스스로 연습한 것이었다. 이것이 1차 대비용으로는 별로 좋은 방법이 못될지라도 이런 식의 훈련은 공부량이 그리 많지 않았던 나에게 나중에 2차시험 대비로는 아주 적격이었다.

2학기 개학과 더불어 다시 서울로 돌아온 나는 서울대로 가서 친구들에게 약간의 정보를 의뢰했다. 거기에서 나는 내가 책을 상당히 특이하게 선택했고 공부도 유별나게 했다는 것을 처음 알았다. 서브노트라든지, 단권화라든지 하는 용어는 그때 처음 알았고 그런 것도 없이 합격하는 사람은 드물다는 것도 알았다. 걱정이 된 내가 그때 구입한 책이 합격기와 외무고시가이드였다. 이 두권을 대충 읽고 나니 내가 좀 색다르게 공부했구나 하는 생각이 들었다. 나는 모의고사라는 것도 보지 않았고, 서브노트도 없었다. 그렇지만 별로 바꾸고 싶은 생각도 없었다. 100명의 수험생이 있다면 공부하는 방법은 1,000가지라는 것이 내 지론이었으므로… 다만 교과서 선택은 신중하기로 했다. 국사책도 고등학교 국사책에서 양영환 저 한국사강의로 바꾸고 기출문제집을 조선과 고려시대만 보았다. 연세대에서 하는 특강을 듣고 신림동에서 하는 헌법강의도 한달 간 수강했다. 문화사는 시간이 없었으므로 조좌호 저를 두번 읽고 대학입시 때 선택했었음을 위안으로 삼았어야만 했다. 마땅히 볼 만한 책이 없었던 정치학은 하늘에 맡기기로 하고 책 보기를 포기했다. 기출문제만 국내에 출판된 것을 모두 풀어보았던 것으로 기억난다. 이젠 1차과목에서 없어졌지만 당시 정치학이라는 과목은 사람 이름이나 이론 이름 등 소위 짜증나는 문제가 많은 편이라 비전공자인 나로서는 제대로 공부하기가 힘들었다. 그래서 반쯤 포기했던 것이다. 영어는 워낙 Vocabulary나 문법공부를 싫어하는 형편이라 22,000이나, Graduate English니 하는 책은 엄두도 못내고 다만 Korea Herald를 읽어보는 수준에서 마무리했다. 말이 영문과 학생이지 전공수업은 거의 듣지 못한 형편이라 영어가 걱정되기도 했지만 시간이 없었다.

1995년으로 해가 바뀌자 나는 남은 20일을 효과적으로 이용하기 위해 과목별로 우선순위를 정했다. 헌법에 5할, 국사에 4할, 문화사에 나머지를 투자하기로 하고 영어와 정치학은 기본실력으로 버티기로 했던 것이다. 한계비용과 한계점수를 고려한 고육지책(苦肉之策)이었다. 결과는 성공이었다. 헌법과 국사가 투자한 만큼 보답을 했고 정치학이 암기위주의 문제를 지양하고 이해를 위주로 한 문제가 주로 출제되는 바람에 고득점할 수 있었다. 헌법 92.5점, 국사 85점, 정치학 82.5점, 영어 80.0점, 문화사 77.5점으로 cutline을 무난하게 넘겨 합격할 수 있었다. 버릴 것은 버리고 챙길 것만 챙긴 얌체식 공부가 성공한 것이었다. 생각지도 못한 합격에 기뻐하며 제대로 쉬지도 못하고 그 해 2차시험장에 들어가 잘 놀다가(?) 돌아왔다.

• 1995년의 2차준비

제29회가 대충 마무리되고 나는 1996년의 30회를 대비해야 했다. 장소는 우리 학교에서 1995년에 개관한 행정고시동으로 정하고 난생 처음으로 고시반이라는 곳에 들어갔다. 우선 놀라웠다. 즐비한 고시잡지들, 그동안 선배들이 남겨 놓은 서브노트, 말로만 듣던 단권화된 교과서들, 많은 시사잡지, 그리고 초췌한 모습의 고시생들… '참, 별난 곳도 다 있구나!'하는 것이 솔직한 내 심정이었다. 입실이 상대적으로 늦어서 자리는 별로 좋지 못한 곳을 차지했지만 워낙 그런 데는 무감각한 성격이라 별 어려움은 없었다. 오히려 주위가 산만한 나로서는 사람들이 꺼리는 시끄럽고 열악한 자리가 더 좋았는지도 모르겠다.

2차를 시작하면서 나는 딱 1년만 후회없이 공부하기로 하고 30회에 모든 것을 걸기로 마음먹었다. 주위 여건상 내가 고시공부에 몇년씩 묶여 있을 여건이 못되었던 점이 나를 절박한 경지로 몰아넣었다. 무엇보다 후회없는 1년의 공부로 안되는 경우라면 나의 길이 아니라 생각하고 1995년의 1년은 365일의 시한을 가진 임산부가 되기로 했다. '그래, 1년 뒤에 옥동자를 낳는거다, 옥동자를…' 2차를 준비하는 1년은 정말 해산을 준비하는 산모의 길과 다를 바 아니라는 생각에서 힘들지만 참아야 하는 운명이라 각오했다.

3월과 4월 두달 동안은 거시경제학에 집중투자하기로 하고 먼저 이지순 저 거시경제학을 보았다. 우리 학교 이종화 교수님의 훌륭한 강의가 거시의 기초를 형성하는데 많은 도움을 주었다. 그러나 이지순 교수님의 책을 학교 강의에 따라 2회 정독하고 나니 후회가 들었다. 아직 IS/LM곡선도 제대로 이해하지 못한 내가 합리적 기대를 이해하겠다고 덤빈 것 자체가 무리였다. 그래서 선택한 책이 정운찬 저 거시경제학이었다. 거시경제학의 기초가 전무했던 나에게 정운찬 교수님의 책 1~8장이 많은 도움이 되었던 것으로 기억난다. 3번 정도를 꼼꼼히 읽고나니 전통적인 거시이론의 기초가 잡히는 것을 느낄 수 있었다. 거듭 밝혀두지만 내 경우 경제학 만큼은 철저한 이해를 중시했다. 미시든 거시든 이해가 되지 않은 부분은 절대 그냥 넘어가지 않았다. 수학적 지식이 많이 요구되는 부분은 수식을 이해하여 말로 풀어 쓸 수 있을 때까지 암기와 이해를 반복했던 것으로 기억된다.

정운찬 저 거시경제학을 끝낸 다음에는 다시 미시로 돌아와 이준구 교수님의 미시경제학 책을 읽어 내려갔다. 알려진대로 이 책은 아주 쉽게 풀어 쓴 책으로서 전에 보았던 이만우 교수님의 책과 훌륭한 짝이 될 수 있었다. 미시는 워낙 많은 시간을 할애했던 과목이라 이번에는 상당히 빠른 속도로 나갈 수 있었다. 이때가 5월이 막 시작되는 시기였다.

계절의 여왕이 고시실 창가로 화려한 자태를 뽐내던 무렵, 나는 또 다른 강적인 국제법과 맞부딪쳐야 했다. 5월 초, 학교에서 시작된 국제법 특강을 시작으로 나와 국제법과의 인연은 시작되었다. 그 이후 시험이 끝나는 그 순간까지 국제법 교과서와 문제집은 항상 나의 가장 가까운 곳에 놓여 있는 책이 되었다.

맨 먼저 선택한 책이 당시 처음 출판된 성재호·김정균 공저 국제법이었다. 학교 특강과 맞추어 2회독했으나 어휘가 너무 어렵게 나열된 책이라 별로 도움을 얻지 못하였다. 다만 case에 대한 접근과 환경법, 국제경제법 등 몇몇 부문에서 기초적인 지식을 습득할 수 있었음을 위안으로 삼을 수 있었을 따름이었다. 선배들의 조언으로는 이병조·이중범 공저 국제법신강이 제일 많이 보는 책 같았지만, 워낙 편집이나 인쇄상태가 마음에 들지 않았고 문체에 내가 익숙하지 못한 것 같아 최근의 경향을 가장 잘 반영하고 상대적으로 이해하기 쉬운 유병화 교수님의 책을 선택했다. 유병화 교수님의 책은 그후 약 7, 8회독했고, 주관식 문제집은 3~4회독 정도 했다. 조약집은 따로 준비를 해서 항상 조문을 참고하고 암기했었는데 국제연합 헌장, 국제연

맹 규약, 국제사법법원규약, 조약법 조약, 그리고 외교관계 비엔나 협약과 해양법은 교과서에 언급되는 부분은 거의 모두 마음대로 쓸 수 있을 정도로 암기했었고 판례도 성재호 교수님 책과 2인 공저, 김문달 교수님 책에서 보충했다. 29회 외무고시 국제법에서 큰 문제로 직무보호에 관한 case문제가 출제된 것을 고려해 볼 때 여기에 대한 철저한 대비가 필요하다고 생각하고 학교에서 하는 국제법연습을 열심히 수강하고 나중에 모의고사도 여기에 중점을 두어 풀어보았다. 비록 30회에서는 case문제가 출제되지 않았지만 앞으로 지속적인 대비가 필요할 것으로 생각된다. 되도록이면 교과서에 수록된 판례는 암기하고 많은 사례를 접해보는 것이 최상의 대비책이라 생각한다. 국제법의 경우 답안을 작성할 때 목차구성이 중요하다는 소리를 많이 들었다. 그런 점에서 2인 공저가 목차구성에 도움이 된다고 했지만 일부러 천편일률적인 구성을 피해야 할 것이라는 생각에 특정책의 목차에는 그렇게 의존하지 않았다. 수험생들이 보는 책이 비슷비슷할 것이고, 그렇다면 과락을 피할 수 있을지는 몰라도 고득점은 어려울 것이라는 것이 당시의 내 생각이었다. 지금 돌이켜보면 이런 약간 황당하고 건방진 생각이 도움이 된 과목도 있었고 실패한 과목도 있었다. 그러나 대체로 결과는 만족할 만한 것이었다.

　유병화 교수님의 책을 대충 마무리 하고나니 어느새 가을이 깊어가는 10월로 접어들고 있었다. 국제법에 자그마치 5개월 이상을 투자한 셈이다. 물론 이때 국제무역과 국제수지를 병행하기는 했지만 너무 한 과목에 치중한 것이 아닌가 하는 걱정도 생겼다. 그러나 워낙 방대한 과목이라 경제학에 지난 2년 여를 투자한 것에 비교해 볼 때 별 것 아니라 자위하면서 최종마무리 계획을 세웠다. 국제무역은 학교수업과 특강을 듣고 남종현 저 국제무역론과 김인준 저 국제경제학, 은병훈 저 국제경제학을 보고, 국제수지의 경우 은병훈 저 국제경제학으로 기초를 세우고 성범용 저 국제금융의 이론과 정책, 그리고 김인준 저 국제경제학을 정독했다. 경제학은 나름대로 체계가 세워져 있다고 생각하고 있었지만 국제경제 공부는 상당히 힘이 들었다. 특강과 수업을 빠짐없이 듣고 선배들도 많이 괴롭혀 보았지만 상당한 기간-구체적으로 9월 정도까지-을 어렴풋이 이해하는 상태로 보냈다. 따라서 위에 소개한 책들은 모두 최소한 3번 이상씩 보았고 김인준 교수님의 국제경제학의 국제수지편은 거의 암기하다시피 했다. 회독수가 많다는데 의심이 가기도 하지만 완전하게 이해하지 못하는 책의 경우 빨리 여러번 보는 편이 나을 것이라는 생각에 속도를 더했을 뿐이었다. 9월 말쯤에 김인준 교수님의 목차에 따라 나름대로 그래프와 설명을 붙이는 정도의 수준에 도달할 수 있었고, 경제신문에 기고된 글을 별 무리없이 읽고 이해할 수 있었다. 경제신문은 동아일보, Korea Herald와 함께 1년간 거의 매일 본 신문이었는데 이것은 현실적인 관심의 미비를 극복하는데 많은 도움을 주었다.

내 경우 선택과목은 재정학과 정보체계론이었는데, 원래 공부하던 일어가 작년에 없어진다는 소식을 듣고 고민 끝에 선택한 과목들이었다. 나중에 일어가 그대로 선택과목으로 남아 있다는 소식을 들었을 때 얼마나 당황했던지 지금도 그때만 생각하면 아찔하다. 지금에야 이런 이야기가 가능한 것이지만 고등학교 때 독어를 공부했던 내가 일어를 1~2년만에 다른 전공자 수준으로 끌어올리기는 불가능한 것이었다. 또 워낙 외국어 공부에 특출난 재주가 있는 것도 아니고 단순반복적인 암기를 싫어하는 형편이라 차라리 전화위복의 기회가 된 것 같다.

10월로 접어들면서 고시동에서 모의고사 일정이 나왔고 나는 여기에 맞추어 선택과목과 국제정치를 공부하기로 했다. 10월에야 선택과목과 국제정치를 공부한다는 것은 상당히 늦은 감이 있었지만 처음 2차를 준비하는 사람이고 경제학과 국제법을 처음 봤던 사람이라면 어쩔 수 없음을 이해할 수 있을 것이다. 그당시 세운 계획은 아침에 영어와 경제학을 공부하고 오후에는 선택과목을, 그리고 밤에는 국제법을 보기로 한 것이었다. 선택과목을 공부하면서도 경제학과 국제법은 매일 꾸준히 계속했고 이것이 결국은 성공한 계획이었음이 판명됐다.

재정학의 경우 경제학과의 시너지효과를 위해 선택한 것이었고 정보체계론은 Computer에 낯설지 않은 나의 장점을 살리기 위해 선택한 것이었다. 정보체계론은 안문석 교수님의 강의를 듣고 안문석 저 정보체계론, 조병일 저와 방석현 저 행정정보체계론을 2회독 정도 하고 신문, 잡지 스크랩을 열심히 한 정도였다. 양이 그렇게 많지도 않고 컴퓨터에 익숙한 사람이라면 선택해 볼 만한 과목이다. 물론 컴퓨터지식과 시험과는 직접적인 연관이 전혀 없음을 밝혀둔다. 다만 용어 자체가 컴퓨터를 잘 아는 사람이라면 별 부담감

없이 이해할 수 있는 정도이다.

　재정학은 상당한 두려움을 갖고 선택한 것이었지만 의외로 공부하는데 어려움은 없었다. 이준구 교수님의 재정학을 서너번 정독하고 김동건 교수님의 책을 읽어 보강하고 이만우 교수님의 공공경제학을 특강을 들으면서 보강한 정도였다. 아마 내 생각에는 김동건 교수님의 책을 차라리 포기하고 이만우 교수님의 책에 좀더 투자했었으면 더욱 좋지 않았을까 했지만 워낙 주위에 아는 사람이 없었던 관계로 어쩔 수 없었던 시행착오였다.

　국제정치는 깊이 공부하려면 한정없는 분량을 자랑하고 있으나 반대로 줄이려면 책한권과 논문 몇편이라는 말을 믿고 줄이기로 했다. 가장 얇은 교과서였던 현대 국제정치이론을 1~3장까지만 2~3차례 읽은 것이 교과서를 본 것의 전부였다. 그대신 학교에서 강성학 교수님의 국제관계이론과 외교사 강의를 듣고 정외과 대학원 형들을 식사시간이나 휴식시간에 졸졸 따라다니며 논쟁을 벌였다. 그리고 잘된 논문 10여편 정도를 대학원 형들에게 부탁해 책으로 만들고 열심히 읽었다. 너무 형편없었던 독서량이었던지 모의고사 국제정치학 점수는 경악할 만한 것이었고 이 때문에 열람실 뒷자리에 있던 후배가 준 강성학, 현인택 두분 교수님의 강의노트는 정말 구세주와 같은 것이었다. 정말 강의 필기는 잘해야 한다는 것을 뼈저리게 느낀 순간이었다. 1996년 1월 한달의 밤시간 중 일부는 이렇게 노트읽기로 보냈던 것이다.

　모의고사를 보면서 느꼈던 것은 수험생들이 채점한 것과 교수님들이 직접 채점하는 것에는 큰 차이가 있고 모르는 문제가 나오더라도 논리적인 구성으로 체계적인 접근을 시도한다면 대충 과락은 면할 수 있을 것이라는 자신감을 얻을 수 있었다. 모의고사는 또한 2차를 처음 치러보는 나에게 커다란 두려움과 자신감을 동시에 제공해 준 좋은 기회가 되었다. 자신감은 나도 두시간이라는 시간안에 답안 열장을 채울 능력이 있다는 것이었고, 두려움은 과락과 관계된 것이었다. 솔직히 말하면 군생활을 기자로 보낸 것은 없는 말을 늘리는 재주라든지, 글의 체계를 잡는 데에 많은 도움이 되었다. 이것은 모의고사 결과를 보면서 내가 체험할 수 있었던 것이다.

　대충 부족한대로 마무리를 끝내고 1996년 30회 2차를 맞이했다. 첫시간 영어를 워낙 황당하게 친 관계로 두번째 시간의 국제정치까지 거의 제정신이 아닌 상태로 보냈다. 특히 국제정치학의 작은 문제였던 '비엔나 회의에서 영토보상을 통한 세력균형'은 전혀 예상하지 못했던 문제라 정말 과락이라는 생각이 오락가락했던 것으로 기억된다. 아마 너무 긴장한 탓이었던 것 같았다. 다음날 치렀던 정보체계론은 상당한 고득점을 기대했으나 결과는 그리 만족할 만한 것이 못되었고 이틀 간의 휴식기간을 가지게 되었다. 올해 처음으로 선택과목이 10과목 중 2개를 자유롭게 선택하게 되었던 까닭에 시험기간이 1주일이나 되었고 결과적으로 나는 가장 어렵다는 국제법과 경제학을 보기 전에 2일 간의 여유를 가질 수 있었다. 이틀동안 남들은 그동안 준비해 온 서브노트라든지, 단권화된 책을 보는 것 같았지만 그런게 없었던 나는 그저 가장 손에 익숙한 교과서를 목차만이라도 확인하자는 생각으로 일독했다. 유병화 교수님의 국제법 1 · 2권, 김인준 교수님의 국제경제학이 이때 본 책이었다. 그리고 당시 한참 시끄러웠던 독도문제를 친구의 도움을 받아 따로 정리하고 경제신문 중 자본자유화와 중앙은행의 외환시장개입에 관한 부분을 정리했다. 국제법은 한자를 몇자 틀리게 쓰는 정도에서 대충 마무리했고 경제학은 별 어려움없이 넘겼다. 결과도 별로 나쁘진 않은 편이었다. 이날 시험이 끝난 사람들이 대다수였는데 나와 몇몇 선배만이 돌아와서 나머지 선택과목을 준비하며 적막한 밤을 보냈다. '이런 서글픈 인생이… 내가 무슨 부귀영화를 누려보겠다고…' 당시 연습장 한 귀퉁이를 장식했던 자조어린 낙서였다. 당시는 텅빈 고시실이 왜 그렇게 허전하고 외로워 보였던지… 워낙 외로움을 잘 타는 성격이라 공부하던 동료들의 크나큰 함성이 울리던 독서실이 갑자기 썰렁해지자 견디기 힘들었던 모양이었다.

마지막 남은 재정학 시험은 이준구 교수님 책을 그 전날 완전히 2회독 했고 역시 별 어려움없이 잘 넘겼다. 다만 답안을 다 작성하고 15분 정도 남기에 괜히 한두마디 첨가한 것이 종량세와 종가세의 구분을 모호하게 만드는 사족이 되어 점수를 깎아먹은 것이 못내 아쉬울 뿐이었다.

• 여행의 끝에서 또 다른 짐을 꾸리며…

합격자발표가 있던 날 어머니 곁에 있었다. 물론 어머니께서는 눈물을 흘리셨다. 지난 2년 간 누구보다도 나를 걱정하시고 늘 기도해주셨던 분이 어머니라는 걸 잘 알고 있기에 이번 여행의 끝은 어머니곁에서 맞고 싶었던 것인지도 몰랐다. 그리고 아버지, 때로는 눈물로 때로는 엄격함으로 자식들에게 항상 등불과 수호자로 남아 계셨던 분이시기에 이번 여행의 종착을 무척 기뻐해 주셨다.

　친구, 친지들의 축하 속에서 새로운 출발을 다짐하며 또 다른 짐을 꾸린다. 큰 여행으로는 네번째의 가방이 될 것이다. 외교관이라는 직업… 늘 새로운 곳으로 향하는, 출발이 곧 종착이며 종착은 또 다른 출발을 의미하는 뫼비우스의 띠… 그 직업이 결정되던 날, 방랑의 별인 혜성이 가장 빛났다는 것이 필연이라면 지나친 비약일까? 앞으로 얼마나 많은 짐을 꾸리고 얼마나 더 많은 여행을 떠나야 할지 모른다. 다만 수많은 선배들이 걸어갔고 앞으로 수많은 후배들이 걸어올 길을 내가 선택해서 걸었고 또한 자그마한 흔적을 남길 수 있었음을 다행으로 생각한다.

　내 곁에서 늘 함께 기쁨과 슬픔을 나눈 친구들에게 깊이 감사하며 같이 공부한 고시동 사람들, 그리고 꿈을 가진 자들에게 조속한 합격의 영광이 있기를 기원한다.

암흑 속에서 찾은 소중한 빛

— 서울 공대 출신의 엘리트가 맞는 사회에서의 좌절
그 돌파구로 기술고시에 도전 합격을 얻어내기까지… —

성 백 문
· 제32회 기술고시 수석합격
· 1964. 3. 13. 충북 영생 출생
· 충주운호고 · 서울대 제어계측공학과 졸업

무엇이 합격과 불합격으로 갈라 놓는지, 피가 멎고 가슴이 터질듯한 두 상황을 만드는 것이 무엇인지에 대하여 저는 아직도 모르겠습니다.

불합격되었을 때와 합격되었을 때의 저의 본래 모습은 그대로인 것 같은데 이렇게 합격기를 쓰는 것처럼 외적인 확연한 변화는 순간의 판단과 우연에 의해 삶이 정해지는 것 같아 못내 두렵기도 하고 서글퍼지기까지 합니다.

고시의 험난한 길을 걷고 계시는 분들 중에 어느 누가 성실하지 않고 최선을 다하지 않는 분이 계시겠습니까?

단지 우연에 의해 입혀진 외투로 가식과 무례함이 생겨 순간순간 쓰러질 듯 휘청거리며 목표를 향해 힘겹게 걸어가고 있는 고시동지 여러분에게 순풍이 되지는 못할망정 돌부리나 되지 않을까 염려하면서 제가 좌절을 느낄 때 힘겹게 합격하신 분들의 합격기를 읽고 용기를 얻었던 은혜를 다시 갚는다는 마음으로 성심성의껏 저의 부끄러운 지난날의 모습을 보여드리겠습니다.

◆ 기술고시에 뜻을 두기까지

대학입학 후의 청사진을 그려놓지 않은채 서울대학만 진학하면 무언가 이뤄지는 줄 아는 착각 속에서 내디딘 대학생활의 첫단계는 당연히 방황이 되지 않을 수 없었습니다.

대학졸업 후 진로를 선택함에 있어서 여러 사정상 KAIST에 진학을 하기로 하였습니다. KAIST에 가면 공부도 계속하고 산학을 하여 얼마간의 급여도 받을 수 있었기에 4학년이 되면서 KAIST 진학준비를 하였으며 다행히 합격하였기 때문에 졸업 후 곧바로 기업에 취직해야 하는 원치 않는 일은 피할 수 있었습니다.

이때까지도 뚜렷한 미래상을 정해 놓고 KAIST 진학을 한 것은 아니었습니다. 저의 여러가지 형편도 그러했거니와 주위 동료들이 그렇게 하니까 그 행렬에서 이탈하면 큰 일이 나는 것같아 다수의 동료들이 가는 길에서 이탈하지 않으려는 단순한 생각이었습니다.

KAIST에서 통신분야 석사학위를 취득하고 산학을 하였기에 저의 의지와 관계없이 아쉽지만 박사과정은 후일을 기약하며 회사로 들어가게 되었습니다.

이 때는 어렴풋이 제가 하는 일에 대해 흥미도 있었고 나름대로 의욕도 가질 수 있었습니다. 세계적이고 독창적인 기술을 개발하겠다는 허무맹랑한 풍선같은 꿈에 회사일에는 욕심이 앞섰고 열심이었으나 현실은 너무나 초라했습니다.

외국에서 개발해 놓은 제품을 우리나라에서 판매하려면 한글이 지원되도록 해야 하는데 그 한글화작업을 하는 것이 제가 하는 일이었습니다. 새로운 제품을 창조해 내는 것도 아니고 외국에서 만들어진 제품을 해석하는 것도 힘에 겨워했는데 외국에서 파견된 보통기술자가 쉽게 해결하는 것을 보고 저의 자존심과 꿈은 여지없이 무너져야 했습니다.

이때 냉철한 이지로 현실을 바로 보지 못하고 감정만 앞세워 외국유학을 결심하게 되었습니다. 이 시점은 저의 군대겸 회사의 의무복무기간 3년을 5개월 남짓 남겨둔 때였습니다.

이런 심정의 변화는 당연히 행동의 변화로 나타나 회사 여러분들에게 죄송스런 마음을 간직한 채 의무연한 3년을 마치자마자 사직하고(1992년 3월) 국비유학 시험을 보려고 했습니다. 그러나 국비유학제도도 바뀌어 미국 쪽에는 단 1명밖에 뽑지 않는다는 것이었습니다.

그래서 퇴직금만 가지고 외국유학을 가겠다는 무모한 생각으로 영어공부를 하고, 얼마간의 유학비용을 벌기 위해 일을 하면서 93년 가을학기를 목표로 준비하였습니다.

그러나 유학은 대학교 입학 때부터 계획해야 한다는 사실을 너무나 뼈저리게 깨닫고 그동안 영어를 공부한 것으로 만족해야 했습니다(청취력이 약한데도 TOEFL 성적 : 607점). 그리하여 1993년 3월 중순 과감한 결단을 하지 않을 수 없었습니다.

유학서류 작성에 필요한 은사님 추천서까지 받아 놓은 터에 다시 뵐 용기도 나질 않았습니다. 이 때의 결단은 워낙 선발인원이 적고 헌법같은 생소한 과목이 마음에 걸리긴 했지만 저의 상처받은 자존심과 꿈을 실현할 수 있는 가장 적합한 길이 기술고시란 것을 깨달았습니다.

이것은 이기적으로 자기 혼자만의 행복을 추구하며 사는 것보다는 물질적으로 풍부하지는 못하더라도 제 자신의 노력과 봉사로 여러 사람들에게 만족을 줄 수 있고 그 봉사가 댓가를 바라고 하는 장삿속이 아닌 순수한 마음에서 우러나는 것이라면 고귀하고 값진 의미있는 길이 아닌가 하는 확신이 있었기 때문입니다.

비록 고달픈 고시행로 속에서 좁은 현실을 많이 반영하여 작은 것의 소중함과 아름다움을 가슴깊이 새기곤 했습니다. 처음 가졌던 꿈은 지금도 살아있고 앞으로도 계속되도록 자양분을 주고 보듬어 가꾸어 나가겠습니다.

의도적으로 시간구분을 달력과 같이 1월~12월로 한 것이 아니고 기술고시는 매년 12월 말에 2차성적 발표와 함께 막을 내리기 때문에 다음과 같이 구분하여 서술합니다.

• **제29회 기술고시(1993년 3월 중순~1993년 12월)**

늦게 고시를 시작했으므로 상처받은 자존심을 만회하기 위해 빨리 합격해야겠다는 조급함으로 그해(제29회)에 모든 것을 끝내겠다는 무모한 생각으로 임했습니다.

제가 공부하기에 익숙한 과목들은 전기직보다는 통신기술직이었기에 직렬은 통신기술직으로 정하였습니다. 그해의 통신기술직 최종선발인원은 10명이었습니다. 모르면 용감하다고 했듯이 동시합격하려니 1차 걱정보다 2차 걱정이 앞섰고 전기자기학의 Hayt책부터 시작하였습니다.

Hayt책을 1회독한 후 1차시험 3개월 전부터 1차과목에만 집중적으로 시간을 할애하였습니다. 그중 헌법과 국사에 집중투자했고 영어는 많은 시간 공부하지 못했지만 유학준비 때문에 나름대로 수준에 와 있었으며 물리는 원래 익숙했던 과목이었고, 정보체계론은 제가 컴퓨터 관련 공부를 했고 회사일도 그런 분야였기에 쉽게 생각하였는데 실제로 시험을 치르고 나서는 무척 당황한 과목이었습니다.

고시를 처음 시작하시는 분께선 1차를 너무 쉽게 생각하시지 말았으면 하는 뜻으로 자랑아닌 자랑을 늘어놓는 것입니다. 결과적으로 저는 1차를 1년 넘게 준비한 셈이 됩니다. 제29회 1차 합격인원은 46명이었고 저는 합격선보다 평균 5점 정도 높은 점수로 합격하였습니다.

1차시험을 치른 후 곧바로 2차시험에 몰두했습니다. 이런 수험태도는 끝까지 지키려고 애썼고 어느정도 지켜진 것 같습니다. 그러니까 1차시험은 시험이 끝난 고시장에서 모든 것을 떠나 보내고 그 시간부터 2차에만 몰두하려고 했습니다.

1·2차를 동시에 끝내겠다는 각오로 임했던 제29회 2차시험은 시험이 끝나자 합격했다는 착각 속에 빠져들었습니다. 이렇게 냉철하지 못하고 감정적으로 흘렀기에 문제점을 정확히 찾지 못하고 제가 작성한 답안을 비교할 수 있는 기회를 가져보지 못한 채 제 자신의 세계속에서만 칩거했습니다. 뒤늦게 시험성적이 밝혀진 후에야 추측으로 답안을 재생하여 문제점을 찾으려 애썼던 것이 과오였습니다.

이때 느낀 보완점으로 지적되는 것은 답안을 작성하여 동료끼리 비교·토론해 보는 것이 필요하다는 것이었습니다(그러나 저는 알면서도 그렇게 하질 못했습니다). 그리고 수험서는 한 가지로는 안되고 과목당 여러권을 보아야 한다는 것이고 새로운 기술(예 통신이론과목에서 CD MA기술)에 대한 정보도 중요하다는 것이었습니다.

아울러 고시를 주관하시는 분들께 제언을 하고 싶습니다. 번거로우시더라도 불합격된 사람과 합격된 사람을 분리하여 성적을 즉시 알려 주셨으면 합니다. 합격된 사람은 종전처럼 대하더라도 불합격된 사람에게는 불합격자 발표와 동시에 성적도 통지해 주실 수 있지 않을까 생각합니다. 불합격 사실을 통보해주는 0시의 무시무시한 자동응답의 차가운 기계음("00번은 합격자 명단에 없습니다")도 엄청난 아픔인데 무엇이 문제인지를 알기까지는 무려 한달여가 걸려야 하므로 지리하고 소화불량이 함께 하는 그 기간은 얼마나 가혹한 고통입니까?

  결국 지리한 한달여의 기다림 끝에 발표된 저의 2차성적은 다음과 같았습니다.

  국민윤리 : 52.0, 전기자기학 : 44.33, 통신이론 : 46.0, 회로이론 : 92.66, 디지탈공학 : 63.66, 평균 : 59.73, 합격선 : 65.4

  이 날은 이제 2차를 1년만 더하면 되겠구나 하는 안도감과 자신감을 가질 수 있었습니다.

• 제30회 기술고시(1994년 1월~1994년 12월)

  1994년 1월 초 총무처 시험공고에서 통신기술직의 선발인원이 3명으로 줄었다는 사실은 추운 겨울날씨에 뼈속까지 춥게 만드는 충격이었습니다. 예년에는 격년제로 시행되어 아예 시험이 없을 수도 있었는데 3명이나마 있어서 다행이라고 자위하면서도 두렵고 가슴떨림은 어쩔 수 없었습니다.

  제29회 2차성적을 분석하고 전기자기학, 통신이론, 국민윤리를 집중적으로 공부했습니다. 이 때의 심정은 2차만 하면 된다는 생각에서 시간이 많은 것으로 착각하여 치밀하게 계획을 세우지 않고 그저 열심히 하면 되겠지 하는 생각이었습니다. 여기서 잠시 열심히 하라는 말을 생각해보면 늦은 나이에 고시를 시작해서 그런지 스스로가 부끄럽고 하여 사람들과 만나는 것을 피하게 된 이유도 있었지만 화장실 가는 시간조차 아까와 할만큼 했던 것을 말합니다. 그리고 고시공부 외적으로 낭비되는 시간을 될수록 적게 하려고 했습니다(경제적인 이유로 토요일 오후와 일요일은 일을 해야 했고, 술과 담배는 안했습니다).

  고시준비 전기간에 해당되는 사항이지만 슬럼프란 것에 대해 말하고자 합니다. 제 경험에 비추어 볼 때 그 날의 공부목표량과 실제 진척도에 차이가 날수록, 공부진도가 상대적으로 느려질 때 초조함이 누적되어 나타나는 정신적인 탈진상태가 슬럼프가 아닌가 합니다.

  개념이 명쾌하여 하루에 100쪽을 나갈 수 있는 것이 있고, 개념이 모호하여 일주일에 1쪽을 나갈 수도 있는 것이 있는데 실제로 진도가 안나가면 답답해지더군요. 이럴 때일수록 더 집중을 하여 시간에 구애받지 말고 과감하게 공략하여 모호한 개념을 명확히 하는 것이 슬럼프에서 벗어나는 첩경이라 생각됩니다. 반대로 공부 외적인 것으로 슬럼프를 해결하려 하면 오히려 시간만 낭비되므로 스트레스가 가중되는 것 같습니다.

10개월 여의 2차준비 후 10월 중순에 있은 2차시험이 끝나자 합격할 것 같은 예감이 들었습니다. 그러나 작년과 같이 반복되는 "00번은 합격자 명단에 없습니다"란 싸늘한 기계음과 함께 축 처지고 말았습니다. 힘들고 짜증만 나는 한달간의 고시잠을 설친 후에 파악된 2차성적은 저로 하여금 고시 이외에는 도저히 생각할 수 없게 만들었습니다.

제30회 기술고시 2차 성적

국민윤리 : 64.0, 전기자기학 : 94.66, 통신이론 : 77.0, 회로이론 : 51.33, 디지탈공학 : 61.33, 평균 : 69.66, 합격선 : 70.6

2차 선발인원 : 3명, 3차 최종선발인원 : 3명.

• 제31회 기술고시(1995년 1월~1995년 12월)

이제 1차의 면제혜택도 없고 다시 고시여정의 처음 상태로 되돌아왔다는 사실이 나를 괴롭고 힘들게 만들더군요. 그렇다고 2차성적을 보면 안할 수도 없었습니다. 2차성적이 합격선에 가까웠다는 사실은 용기를 주었지만 1995년 1월 초의 총무처 시험공고는 또한번 긴장하게 만들었습니다.

통신기술직 최종선발인원 3명, 이제 1차가 걱정이었습니다. 고시가 무엇인지도 모르는 상태에서 얼떨결에 치른 처음의 29회는 최종선발인원이 통신기술직의 경우 10명이어서 46명을 합격시켰으나 이번에는 1차에서 많이 뽑아야 15명에 불과할 것 같았습니다.

하지만 저의 의도와는 무관하게 나이가 먹어가는 상황에서 1·2차를 따로 생각할 여유가 없었습니다. 실제로는 1차가 큰 문제인데도 불구하고 2차만 크게 확대되어 투영되었습니다.

이 무모함 뒤에는 29회 때 1차성적이 합격선보다 평균 5점 정도 높았다는 착각이 작용했던 것 같습니다. 그리하여 2차에만 생각이 미쳐 2차 실패원인을 생각하고 보강한 것이 약 20일 정도 시간을 투입하여 대학도서관에서 시험과목과 관련된 과목의 모든 책들의 목록을 만들고 제가 가지고 있고 또 보았던 책에 나와 있지 않은 부분을 모두 복사하는 것이었습니다.

그리고 난 후 제가 모르는 부분의 개념을 익혀나갔습니다. 이때 오전 2시간 정도는 매일 영어에 투자했습니다. 왜냐하면 제30회는 2차만 집중했기에 영어의 감각을 되살리는게 필요하다고 판단했기 때문입니다. 2차 과목과 영어를 공부해오다 1차시험 3개월 전부터는 모든 시간을 1차에 전념하였습니다. 이때 시간이 부족함을 절감하면서 초조함을 달랬습니다. 그러나 합격선에서 평균 2점 정도 높은 점수로 1차 15명의 합격자에 끼어 들 수 있었습니다.

1차시험을 치른 후 지난 일은 생각해 보았자 전혀 되돌릴 수 없는 어쩔 수 없는 일이라고 자기최면을 걸면서 2차에 몰두했고, 1차발표일이 있던 주일의 약간의 흔들림 외에는 2차공부를 지속할 수 있었습니다.

10월 중순에 2차시험을 치른 후 이번에는 확실히 합격할 수 있으리란 느낌이 들었습니다. 하지만 역시 0시의 차가운 기계음에 피가 멎고 그 자리에 시체처럼 쓰러지게 만들었습니다. 제 뇌리에는 온통 자식 때문에 주름살이 늘어가고 깊어만 가는 연로하신 부모님 생각에 가슴이 메이는 것 같아 눈물만 흘렸습니다.

제 운명이 어디로 갈 것인지 기가 막혔습니다. 도저히 무엇 때문에 불합격되었는지 모르는 상황에서 더이상 어떻게 공부를 계속해야 할지 막막하기만 하고 고시에 대한 용기가 나질 않는 등 속수무책이었습니다. 답답한 한달이 지나고 확인한 제31회 2차성적에 또한번 아연실색하지 않을 수 없었습니다.

제31회 기술고시 2차성적

국민윤리 : 67.66, 전기자기학 : 88.66, 통신이론 : 70.0, 회로이론 : 48.33, 디지탈공학 : 69.0, 평균 : 68.73, 합격선 : 69.0

2차 선발인원 : 3명, 최종선발인원 : 3명.

불합격한 원인이 있었습니다.

고시는 이전 성적과의 상관관계가 그렇게 크지 않다는 것입니다. 이전에 고득점했다고 다음에 고득점한다는 보장이 없고 오히려 반대일 수도 있다는 것입니다. 따라서 모든 과목을 균형있게 공부해야 한다는 뼈저린 사실을 깨달았습니다.

• 제32회 기술고시(1996년 1월～1996년 12월)

　이제는 정말로 마지막 시험이라는 생각이 가득할 정도로 지쳐 있었으나 전해(31회)에 통신기술직 1차에 합격하였기에 2차만 하면 된다는 안도감이 그나마 저를 지탱해 주었습니다. 그러나 1996년 1월 초에 나온 총무처 시험공고는 저를 아찔하게 만들었습니다. 미친듯 피가 역류하는 울분, 운명을 탓할 힘도 없었습니다. 그나마 3명을 뽑던 통신기술직이 이번 32회에는 아예 시험조차 없어진 것입니다. 믿기지 않아 얼마나 미친듯 찾았는지 모릅니다.
　멍한 상태로 며칠이 지난 후 다시 취업할까 하는 생각도 들어 원서를 작성해 보며 방황하였습니다. 하지만 왜 그런지 눈물이 펑펑 쏟아지는 것입니다. 지나온 뼈저린 시간이 너무나 아까웠기 때문이었습니다.
　결국, 다시 고시의 길로 들어선다는 방향으로 선회하여 직렬을 바꾸어 전기직으로 응시하기로 했습니다. 다행히 전자회로와 디지탈공학이 전기직에도 선택과목으로 포함되어 있었기 때문에 선택과목 하나는 디지탈공학, 다른 하나는 제어공학으로 정했습니다.
　제어공학은 학부 때 공부했던 과목이어서 생소하진 않았지만 10여년의 공백기가 있었기에 그간의 변화추이를 모르고, 기출문제를 몰랐기 때문에 어려움이 있었습니다.
　또한 1, 2차를 따로 분리한다는 것은 의미가 없다고 생각했습니다. 32회는 통신기술직이 없으니까 33회에는 있을 확률이 높고 33회까지 연장한다면 통신기술직 1차합격이 유효하므로 2차만 치르면 되는데 전기직에 1차만 합격될 경우 전기직과 통신기술직을 놓고 고민할 것 같아 모험을 할 수밖에 없었습니다. 결국 2차 제어공학을 집중적으로 투자하여 어느정도 이해를 한 후 통신기술직을 택했던 분들이 저와 비슷한 생각을 가질 것이므로 1차시험이 이전보다 배나 어려울 것이라는 예측이(실제 응시인원이 예년에 비해 배나 되었음) 나를 괴롭혔습니다. 따라서 1차에 불합격되면 모든 것이 허사라는 중압감도 작용하여 1차에 눈이 자꾸만 끌렸습니다.
　그리하여 자연스럽게 1・2차 과목을 동시에 공부하게 되었는데 2차과목은 새롭게 택한 제어공학을 우선으로 하고 다른 과목도 모두 공부했습니다. 이렇게 1・2차 모든 과목을 공부해 오다 1차시험 1개월 전부터는 1차에만 몰두했습니다. 그러니까 실제로 1차에 많은 시간을 투자한 셈이 됩니다.

1차시험은 예상대로 많은 응시인원에 중압감을 느끼면서 치렀는데 1차합격자 20명 중에 포함될 수 있는 행운을 잡았습니다(평균 : 80.0, 합격선 76.87).
　1차합격자 발표 후 이번에는 꼭 합격해야 한다는 의지가 너무 강해 공부장소를 변경하였는데 불면증에 시달리는 고통이 따라 2차시험 20여일을 남겨두고 다시 집으로 돌아오는 초조함도 겪어야 했습니다. 이 때는 잠을 잘 수 있었으면 하는 바램 뿐이었고 시험일까지 버틸수만 있었으면 하고 기원했습니다.
　이 과정에서 얻은 교훈은 부담스러운 시험에 임박해서는 너무 급격한 환경변화를 주지 말아야 한다는 것입니다. 또한 시험에 임박한 기간이 중요하다는 얘기를 많이 하기 때문에 더욱 더 긴장하게 되는데 이 기간을 너무 중요하게 생각하여 심리적 압박감을 가져서는 안된다고 봅니다. 그러니까 이전 기간에 차곡차곡 쌓아온 것이 하루아침에 없어지는 것이 아니고 그것이 실력이 되어 시험일에 표현되지 않나 생각합니다. 2차시험을 어머님과 형님의 극진한 보살핌 속에서 치른 다음 무난하게 치른 것 같은 생각은 했지만, 이전의 연이은 2차 실패 경험은 도저히 합격을 확신할 수 없게 했습니다.
　2차에서 6명을 뽑았고 최종 5명이 선발된다는 사실은 끝까지 피를 말리게 했습니다. 3차시험 때까지 가슴조리며 꼴찌라도 붙기를 바랄 뿐이었기에 최종 수석합격이라는 소식이 도대체 믿어지지 않았던 것은 당연한 일이었습니다.
　제32회 기술고시 2차시험
　전기자기학 : 77.66, 회로이론 : 87.0, 제어공학 : 81.33, 디지탈공학 : 84.0, 평균 : 82.5, 합격선 : 69.5
　2차합격인원 : 6명, 최종합격인원 : 5명

· 여　언

　고시합격이란 집을 짓는데는 각 고시마다 재료가 다를 뿐 그 과정은 같으리라 믿기에 기술고시 전기직에 한정된 특수한 경우는 가급적 피해보려고 했습니다.
　특수재료인 수험서적 같은 경우는 이전에 합격된 분들이 많이 언급하였을 것이고 저에게 특별한 것은 없습니다. 다만 책값은 아까와 하지 말고 과감해지라는 말씀을 드리고 싶습니다.

  며칠 전까지 사람을 만나는 것조차 두렵고 전화 걸려오는 것도 두려울 정도로 은둔과 칩거상태에 있던 제가 무엇 때문에 이렇게 합격기를 쓰는 입장이 되었는지를 확실히 알지 못하면서 감히 젊은 날의 고생은 어떻고 하는 것을 운운할 용기가 나질 않습니다.

  다만 가끔씩 이러저러한 이유로 고위공직자가 구속되는 것을 보면서 비난의 화살을 던지기보다는 숨이 멎고 살떨리는 고통을 겪으면서 고시를 합격하신 분일텐데 하는 생각에 가슴이 답답하고 연민의 정이 앞서는 것은 고시의 험난한 길을 경험했기에 느끼는 심정이라 생각합니다.

  제가 행운을 맞았다는 말은 할 수가 없습니다.

  저의 합격의 대가로 치른 수없이 많은 이름모를 고시동지 여러분의 불합격으로 인한 한숨과 눈물이 연상되기 때문입니다. 감히 얼굴도 못들고 죄송하다는 말과 용기를 잃지 마시라는 말밖에 드릴 수가 없습니다.

  고시 이외의 길을 가시는 분들로서 저에게 도움을 주신 분이 너무도 많았습니다. 여기에 기록함으로 인해 오히려 그 분들의 고마움이 가볍게 여겨질 것 같아 기록하진 않지만 가슴깊이 감사드리고 있습니다.

  고시의 길을 먼저 걸었기에 그 고통을 누구보다도 더 많이 이해하고 도와준 용수 형, 연모에게 고맙다는 말보다 언제나처럼 함께 있었으면 좋겠다는 저의 욕심어린 바램과 순종 형의 합격을 소망합니다. 그리고 기영 형의 결실을 축하드립니다. 또한 귀찮은 질문에도 친절하게 대해 주신 선배 합격자분들에게 감사함을 전합니다.

  편안함을 평생 모르고 살다 가셨지만 늘 손자 잘 되길 기원하면서 인자하신 표정을 잃지 않으셨던 할머니, 이 세상에서 가장 낮고 고된 일을 하시면서도 자식들만은 가장 높고 고귀한 데 놓으시려고 무던히도 참아 주시고 믿어주시고, 저절로 자식으로 하여금 평생 갚아도 못갚을 것 같은 고마움을 간직하게끔 하시고, 자식을 위해서 부모는 그렇게 희생하셔야 하는가라는 감동을 갖게끔 하신 부모님, 정을 빼면 가족이란 의미가 무색한 누님 내외분, 형님 내외분, 동생 내외, 예쁘고 착한 막내 춘희 그리고 사랑스런 우리 조카 5.5명 이 분들에게 이 처절한 암흑 속에서 찾은 소중한 빛을 드립니다.

아름다운 꿈의 실현

— 공무원으로의 작심은 아버지의 바램 때문이었다.
그러나 대입에서의 연패, 나를 강하게 만들었고 합격으로 유도했다. —

강 전 관

· 제31회 기술고시 수석합격
· 1969. 6. 1. 충남 대덕군 출생
· 남대전고 · 연세대 화공학과 졸업

• 글을 쓰며

　어떤 한 청년이 아름다운 꿈을 꾸었다. 그것은 다름아닌 고시에의 합격에 대한 꿈이었다. 1995년의 해가 저물어가는 12월, 그 청년의 꿈은 마침내 실현되었다. 그것도 수석합격이었음을 알았을 때 그 청년은 한없는 기쁨의 눈물을 흘렸다. 그 청년이 바로 연세대 화학공학과 3학년에 재학 중인 강전관(姜銓官)이었다.

　고시를 시작한지 3년 만에 수석합격이란 통지서를 받았을 때 정말로 기뻤다. 그동안 공부하면서 찾아왔던 수많은 시련과 역경들이 한폭의 수채화처럼 느껴진다.

　먼저 정신적으로 지탱해주신 부모님, 연세대 기술고시방인 기연제를 만들어주신 김우식 교수님, 기연제 동료들 그리고 같은 과 학우들의 도움이 있었기에 오늘의 영광이 있다고 생각하며 위 여러분들께 감사하는 마음 금할 수 없다.

　나 자신도 여러 합격자들의 수기를 통해 고난과 시련을 이겨내고, 고시에 대한 집념을 굳게 가질 수 있었기에 수기를 써 달라는 부탁을 받았을 때 기술고시를 공부하고 계신 여러 선·후배님들에게 조금이나마 도움이 될 수 있기를 바라는 마음에서 기꺼이 승락을 하였다.

• 대학생활 전(前)

 나는 1969년 6월 1일, 뒤에는 조그만 산이 있고 앞에는 시냇물이 졸졸 흐르는 시골마을인 충남 대덕군에서 공무원생활을 하시는 아버님과 가사일을 돌보시는 어머님 사이에서 4남 2녀 중 다섯째로 태어났다. 내가 태어난 곳은 아름다운 경치를 가진 곳으로 대부분의 동네 사람들은 농업을 주업으로 하여 생계를 이어가고 있었다. 현재는 많이 개발되었으며 몇해 전에 대전광역시로 편입된 곳이다.
 형들이 모두 공부를 잘했기 때문에 동네 사람들은 우리집을 매우 부러워했다. 어렸을 적부터 아버지께서는 경제적으로 힘들더라도 너희들이 공부만 잘 하면 어떤 일이 있어도 대학교까지 가르쳐 주겠다고 종종 말씀하셨다.
 아버지께서는 특히 나한테 거는 기대가 크셨다. 초등학교에 들어가기 전부터 아버지께서는 나에게 장차 사법시험에 합격하여 판사를 하라고 말씀하셨다. 중학교 때까지도 이러한 아버지의 바램은 변함이 없으셨다.
 이러한 가족의 분위기 속에서 국민학교와 중학교를 그 시골마을에서 다녔으며 1985년 마침내 대전 시내에 있는 남대전고등학교에 입학하게 되었다.
 그 당시 나는 그 시골마을에서 대전까지 통학을 하였는데 통학시간이 무려 두시간 정도가 걸렸다. 그래도 하면 된다는 신념하에 공부를 열심히 하여 나의 학교성적은 상위그룹에 속했다. 고2 때가 중요하다고 판단을 하셨는지 아버지께서는 가족회의를 열어 결국 내가 고등학교 1학년이던 1985년 10월, 대전으로 이사를 하셨다. 이러한 아버지의 큰 뜻에 어긋남이 없도록 하기 위해 학업에 열중했다. 고1이 끝나갈 무렵 문·이과를 결정해야 했다. 적성검사결과는 문과로 나왔지만 정작 내가 관심있고 재미있어 했던 과목은 수학과 과학이었다. 아버지께서는 대학에서 법학을 전공하기를 바라고 있었지만 결국 나의 적성을 고려하여 양보하셨다. 그날 저녁에 홀로 술을 드시는 아버지의 모습을 훔쳐보며 더욱 더 아버지의 뜻에 어긋남이 없는 아들이 되어야겠다는 생각을 하였다.
 1988년, 어느덧 나에게도 대학입학고사의 시련이 다가왔다. 서울대를 쳤으나 실패하였다. 이때 가장 마음이 아팠던 것은 나한테 큰 기대를 갖고 계신 아버지를 실망시켰다는 죄책감이었다. 더욱 분발하여 재수를 하였으나 또 실패를 하였다. 결국 3수의 길에 올랐으며 3수 끝에 1990년 3월 지금 현재의 연세대학 화학공학과에 입학하게 되었다.

　나의 대학생활은 불과 20일 정도였다. 나이 때문에 군대를 가야 했기 때문이다. 대학생활도 맛보지 못한 채 나는 군대라는 또 다른 삶을 경험하여야만 했던 것이다.

　1990년 4월 9일, 공주에 있는 신병교육대에 입소하여 4주 간의 교육을 받고 육군본부에 배치되었다. 육군본부에서 비서실로 보직을 받게 되어 그 곳에서 행정병으로 여러 장교들과 생활을 같이 하였다. 이렇게 군생활을 하면서 내 자신의 장래문제에 대하여 생각을 많이 하게 되었다. 본교 출신의 많은 선배들이 비서실에서 근무하였기 때문에 여러가지 충고를 많이 받기도 하였으며 그곳에서 생활하면서 내가 가야 할 인생의 방향을 결정하였다. 그것은 바로 평범한 회사원으로 살겠다는 것이었다. 그때는 단지 경제적으로 기업체 사원이 공무원보다 유리할 것이라는 판단이었던 것 같다. 이러한 마음의 결정이 있은 후부터 나는 세계화·국제화시대에 부응하여 기업에서 요구하는 첫번째 요건은 '외국어 회화능력이 우수한 사람'이라고 생각을 했다. 그래서 영어잡지 강독 및 AFKN청취 등을 시간나는 대로 하였다. 91년 10월, 1년 6개월의 군생활을 마친 나는 더욱 더 영어공부에 열을 올렸다.

· 고시에의 결심

　(1) 1993년 1차시험과 2차시험

　1992년 3월에 복학하여 대학생활을 하기 시작했다. 군대를 가지 않은 동기들은 3학년이 되었는데 나는 학교를 20일 정도 밖에 다니지 않았기 때문에 거의 동기들을 알지 못했다. 단지 복학생이던 91학번 준형이와 몇몇의 92학번들 그리고 고등학교 동기 등과의 생활이 나의 행동반경의 전부였다. 대학생활을 하면서 사회현실을 조금씩 알게 되었다. 시간에 쪼들려 사는 많은 기업체 사람들을 보면서 몇년 후 내 삶의 모습을 그려보았다. 몇년 후 내 삶의 모습이 눈앞에 그려지는 순간 인생의 방향을 바꿔야겠다는 생각이 머리를 스쳐갔다. 그때가 아마 1992년 10월 경이었던 것 같다. 그때부터 나는 공직생활을 해야겠다는 생각을 천천히 하게 되었다. 경제적으로는 넉넉하지 않은 봉급이지만 국민에 대한 봉사자로서의 길을 가는 것이 사기업에서 개인의 이익을 위해 일하는 것보다 삶의 보람과 자부심을 가질 수 있다고 생각했기 때문이었다.

 또한 이는 아버지의 바램이기도 하였기 때문에 효도하는 길도 된다고 생각을 하였다. 그래서 먼저 공무원시험에 대한 정보를 얻기 위하여 여러 고시잡지와 공무원 수험서 등을 찾았다. 거기서 나는 기술고시를 공부해야겠다는 생각을 하였다. 그런데 막상 공부를 시작하려 하니 화공직에 대한 정보가 거의 전무한 상태였다. 특히 1차과목인 화학공학개론의 내용이 무엇인지, 어떤 식으로 출제되는지에 대한 정보가 없었기 때문에 상당한 시행착오를 거쳤다. 다행히도 1월달 고시잡지에 화공직 합격자 중 최고령자인 채차희(35세)씨의 전화번호가 기록되어 있어서 그 분한테 전화를 걸어 1차시험 과목에 대한 정보를 얻을 수 있었다.

 행운의 여신이 나한테 미소를 짓는 것 같았다. 이때부터 나의 본격적인 고시공부가 시작된 것이다. 복학 후 처음에는 수원에 사는 형집에서 학교를 다니다가 1992년 10월 경에 오류동에 있는 철도직원 자녀기숙사에서 학교를 다녔다. 1차과목 중 헌법이 가장 어렵게 느껴졌는데 그것의 방대한 내용과 많은 한문들이 나를 압도해 버렸기 때문이었다. 당시 그 곳에서 행정고시를 준비하고 있던 만영씨와 성규를 만나 도움을 많이 받았으며 고시공부에의 적적함을 달랠 수 있었다.

 1학년 겨울방학인 1월, 2월 달에는 영어와 화학공학개론을 위주로 공부하여 개강이 되었을 때에는 이 두 과목에 대한 자신이 생겼다. 영어의 경우 Vocabulary Workshop, 아카데미토플, 이재옥 고시영어를 보았고, 화공개론은 기사문제집과 7급공무원 문제집을 보았다. 3월 달에 권영성 교수의 '헌법학원론'을 구입하여 천천히 읽어나갔다. 교과과정상 2차 전공과목은 모두 다 3·4학년에 배우게 되었으므로 수강신청을 할 때 3·4학년 과목 중 2차시험 과목을 청강할 수 있도록 유의하였다. 지금 생각해 보니 이렇게 한 것이 1994년과 1995년에 2차를 공부할 때 매우 도움이 됐다고 생각된다. 공부해 본 사람은 알겠지만 학교공부하면서 고시공부하는 것이 여간 어려운 것이 아니었다.

 2학년 1학기 기말고사가 끝나기 직전까지 내가 1차시험을 대비하기 위해 해놓은 것은 영어·화공개론과 헌법학원론을 600page 정독한 것 이외에는 아무 것도 없었다.

5월 경에 정부체계론과 국사문제집을 샀으나 학교공부에 밀려 손도 대지 못했다. 기말고사가 끝나자마자 먼저 헌법학원론의 남은 부분을 읽었다. 물론 기억에 남는 것은 하나도 없었지만 1차시험이 8월 22일로 다가오고 있었으므로 남은 기간은 60일 정도였다. 시험일 10일 전까지 헌법문제집(김학성)을 5번, 국사문제집(문수홍)을 3번, 정보체계론 참고서·문제집(조병일)을 각각 2번, 5번, 화공개론은 기사문제집과 공무원문제집을 2번 보았고 영어는 어휘중심으로 공부했다. 이때는 하루에 약 15시간씩 공부하였다. 남은 10여일 간은 그동안 공부하면서 정리했던 것을 외웠다.

8월 22일 무사히 시험은 끝났지만 정보체계론이 너무 어려워서 과락이 나올 것 같았다. 나중에 확인해 보니 헌법 92.5, 국사 85, 정보체계론 65, 영어 72.5, 화공개론 72.5로서 평균 77.5, cutline 68.0이었다.

2차시험이 10월 달에 있었는데 전공지식이 거의 없었기 때문에 어떤 유형의 문제들이 출제되는지 파악하기 위해 시험장에 갔다. 시험장에서 본교출신인 지수, 운만, 창윤, 승삼 선배와 동기인 종옥 그리고 후배인 남규를 만나게 되었다. 이 29회 시험에서는 우리학교에서 운만 선배와 동기인 종옥이가 합격을 하였다.

(2) 1994년 2차시험

2학년 겨울방학 때부터 본격적인 2차공부를 시작했다. 본교 기술고시방인 기연제에 들어가서 선배인 지수, 창윤, 승삼, 후배인 남규와 함께 study하면서 공부를 하였다. 당시 2학년까지의 전공지식이 고작이었으므로 전공과목을 공부하기 위해서는 무엇보다도 시간이 많이 필요하다고 판단하여 3학년 1학기 초에 휴학을 결정했다. 고시공부에 있어서 성패는 시간을 얼마나 효율적으로 사용하느냐에 달려 있다고 결론을 내리고 먼저 12월부터 시험달인 10월까지의 월별계획표, 주간계획표, 일일계획표를 작성했다.

12월부터 3월까지는 전공과목에 대한 기본적인 지식을 쌓는데 역점을 두었고 4월부터 5월 중순까지는 각 과목별로 중요내용 암기와 문제풀이에 중점을 두었으며 5월 중순부터 7월 중순까지는 각 과목별 subnote를 정리하였다.

7월 중순부터 시험보는 당일까지는 정리한 subnote를 위주로 하여 암기와 중요문제 풀이에 매달렸다.

시험공부장소는 주로 철도직원 자녀기숙사의 지하독서실, 오류동 새마을 도서관을 많이 이용했으며 화공직에 같이 응시한 선배인 지수, 창윤, 승삼, 후배인 남규와는 나 자신이 기연제에 적응을 잘 하지 못하여 모의고사를 보는 경우를 제외하고는 많은 접촉을 하지 못했다. 10월 2차시험을 다 마친 후 서로의 답안을 비교해 보았다. 비교해 보니 대략 지수, 창윤 선배와 후배인 남규가 합격할 것 같았다. 나 자신은 화공양론에서 15점짜리를 놓쳤기 때문에 어려울 것이라고 생각했다. 2차시험이 끝난 후 '다음 기회를 노리자'라는 생각하에 반응공학과 이동현상을 공부했다. 2차시험 결과는 예상대로 본교 출신 3명이 모두 합격하였고 내 점수는 아래와 같았다.

국민윤리 63.0, 단위조작 84.33, 화공열역학 89.0, 공정제어 64.0, 화공양론 63.33, 평균 72.73, cutline 74.73

이때가 바로 두번의 대입 실패 이후 내인생에 있어서 쓰라림을 맞은 세번째였다.

그러나 이러한 쓰라림은 나를 더욱 강하게 만들어 주었다.

1994년 12월 말경에 혼자 전철을 타고 인천 앞바다로 향했다. 평일인데다 날씨가 몹시 추웠기 때문에 전철 안에 사람들이 적었다. 달리는 전철 사이를 비껴가는 도시의 풍경들이 어찌나 쓸쓸하고 황량해 보였는지 모른다. 인천역에서 내려 버스를 타고 월미도에 도착했다.

차가운 바닷바람을 맞으며 나의 인생의 방향을 다시 결정해야 했다. 고시를 포기할 것인가 아니면 다시 할 것인가를 결정해야만 했다. 왜냐하면 나는 평소에도 어떤 일을 할 때 항상 목표나 계획을 세운 후 실천에 옮기는 습관이 있었기 때문이었다. 결국 나는 다시 한번 해보기로 결심하고 기숙사로 돌아와서 구체적인 계획을 세웠다.

(3) 1995년 1차시험

1월 초에 총무처 시험공고를 보니 1차시험일은 7월 말, 2차시험일은 10월 초로 되어 있었다. 따라서 약 2개월 간 2차공부를 할 시간이 있었으므로 시간을 적절히 이용하면 동시에 합격할 수 있을거라는 확신하에 구체적인 계획을 세우기로 마음먹었다. 우선 계획에 앞서 전년도에 내가 떨어진 이유를 분석해 보니 아래와 같은 것 때문이라고 결론을 내릴 수 있었다.

첫째, 지나친 자신감과 자만심 때문이었다. 2학년 때까지 내 학점은 4.0 만점에 3.85였다. 특히 전공과 관련된 성적이 상위 3% 이내에 들었는데 이와 같은 자만심이 전년도 2차시험에서 불합격의 원인이 되었다고 생각된다.

둘째, 기연제에서 체계적인 study에 참가하지 않았다는 점이다. 내 자신의 기연제에서의 적응부족으로 2차공부를 주로 혼자서 하였는데 이것이 또 하나의 실패원인이 되었다고 본다.

셋째, 기연제에 있는 화공직에 응시하는 선후배들과 모의고사를 보았는데 2차시험 직전까지 본 횟수는 7회 정도에 불과했으며 참가도 많이 하지 못했던 점을 들 수 있다.

위와 같은 전년도의 실패를 합격의 전화위복으로 삼으면 된다는 신념아래 전년도와 마찬가지로 월별계획표, 주간계획표, 일일계획표를 작성했다. 먼저 월별계획표를 다음과 같이 짰다.

1월부터 2월까지는 1차 시험과목의 3회 정독, 3월에는 1차 시험과목의 2회 정독, 4·5월에는 1차과목 1회 정독과 2차과목 2회 정독, 6·7월 1차 시험일까지는 1차 시험과목 정독, 8·9·10월에는 2차과목 공부, 그리고 주간계획표와 일일계획표는 학교수업과 맞춰서 유동적일 수 있게 하였다.

3월에 3학년 1학기로 복학을 했다. 우선 수강신청을 2차 시험과목 위주로 하고 4학년 과목도 2과목이나 신청을 했다. 사실 복학하면서 교수님과 동료들 보기가 매우 민망하고 괴로웠다. 가능하면 동료들과도 말을 하지 않고 조용히 고시공부에만 열중했다. 다행히 수강과목을 모두 전년도에 2차공부할 때 공부했었기 때문에 학과공부에는 큰 부담을 느끼지 않고 고시공부에 많은 시간을 할애할 수 있었다.

1차시험을 대비하기 위한 교재는 전년도에 보던 것을 주로 이용했으며 새로 산 책은 정보체계론 5권, 국사 1권, 영어 1권, 헌법 1권이었다.

대부분 그렇듯이 계획한 대로 진도가 잘 나가지 않았다. 책상 앞에 붙여진 여러장의 계획표들이 수시로 바뀐 적이 한 두번이 아니었다. 하지만 내가 불안에 떨지 않고 시험을 무사히 마칠 수 있었던 것은 바로 이러한 계획표 때문이었다고 본다. 1학기 기말고사가 끝나자 1차시험 볼 때까지는 약 40일 정도가 남아 있었다. 기술고시를 공부해 본 사람은 누구나 알겠지만 6·7·8월이 결정적 시기이다. 찌는 듯한 무더위를 피하기 위해 가능하면 외출을 삼가고 기숙사에서 선풍기를 이용하여 더위를 몰아내며 공부를 했다. 그리고 건강을 유지하기 위하여 일주일에 2번은 꼭 육류를 사먹었다. 마침내 시간이 흘러 7월 말에 1차시험을 치렀다. 시험을 치른 후 대충 점수를 계산해 보니 평균 70점 정도가 나올 것 같았다. 이번 1차시험에서는 영어와 국사가 전년도에 비해 훨씬 어려웠기 때문에 cutline이 내려갈 것이라고 생각하고 곧바로 2차시험 공부를 시작했다.

1차 발표날 확인해 보니 합격이었고 점수는 아래와 같았다.

헌법 87.5, 정보체계론 80, 국사 75, 영어 55, 화공개론 72.5, 평균 74.0, cutline 65.0

(4) 1995년 2차시험

3학년 1학기 개강 전에 전년도에 합격한 지수, 창윤 선배와 후배인 남규의 subnote를 받아 내가 중요하다고 판단되는 부분과 내가 공부하지 않은 부분을 copy하였다.

1차 공부하면서 이것들과 전년도에 내가 subnote한 것을 3번 정도 정독하였다. 1차시험이 끝난 직후 기연제에 들어가서 2차공부를 본격적으로 했다.

같은 직렬의 2차시험을 공부하고 있는 동기인 길채, 홍대출신의 성수씨와 함께 study를 하였다. study 내용은 주로 모의고사였다. 7월 말부터 9월 초까지 일주일에 3번 모의고사를 봤다.

나의 모의고사 결과를 검토해 보면 8월 중순까지 논하는 문제의 경우에는 체계적으로 잘 쓰지 못했으며, 계산문제의 경우에는 문제는 풀 수 있으나 답안구성내용이 엉성하였다. 이때 나한테 필요한 것이 바로 시간이었다. 가능하면 많은 시간이 필요했다. 그래서 1차합격 후 곧바로 학교 옆에 있는 고시원에 들어갔다.

9월 1일부터 고시원에서 생활을 했는데 이때부터 나의 행동반경은 기연제, 고시원, 학교였다. 9월 중순이 되니까 답안지작성에 자신이 생기기 시작했다. 그리고 '합격할 수 있겠다'라는 자신감도 이때부터 강렬히 생기기 시작했다.

사실 2차시험 보기 직전까지 가장 불안했던 과목은 국민윤리였다. 왜냐하면 내가 공부한 것은 기연제에 있는 여러 동료들의 모의고사 모음집과 전년도 subnote를 한번 읽은 것 밖에 없었기 때문이었다.

어느덧 결전의 날이 왔다.

10월 9일 국민윤리와 단위조작을 치렀다. 동기인 길채와 답안을 비교해 보니 국민윤리는 비슷하게 쓴 것 같고, 단위조작에서는 나는 모든 문제를 해결했는데 길채는 20점 짜리를 놓쳤다는 것이었다.

10월 10일 화공열역학과 화공양론을 치렀다. 역시 길채와 비교해 보니 화공열역학은 모두 풀었고 화공양론의 경우 나는 다 풀었는데 길채는 10점 짜리를 놓친 것이었다. 첫째날과 둘째날까지의 시험결과를 대충 파악해 보니 화공직렬에서 내가 1등일거라고 판단되었다. 따라서 10월 11일 마지막 과목인 공정제어만 잘 보면 분명히 합격하리라는 생각을 갖게 되었다.

10월 11일 문제지를 받는 순간 이번 시험만큼은 분명히 합격이라고 확신할 수 있었다.

2차시험이 끝난 후 다시 한번 내가 쓴 답안지를 check해 보았다. 일단 모든 문제를 해결했고, 그 나름대로의 논리성과 체계성있는 답안을 구성했다고 생각되어 합격하는 데에는 별 어려움이 없을 거라고 판단되었다. 2차시험이 끝난 후 기연제에는 이상한 소문이 돌기 시작했다.

그것은 다름아닌 내가 '이번 제31회 기술고시에서 수석합격할 것이다'라는 것이었다. 나와 같이 시험을 친 동기인 길채가 소문을 냈기 때문이다. 또한 같은 과 학우들 사이에서도 위와 같은 소문과 함께 화공직렬에서 내가 1등, 길채가 2등이라는 소문까지 퍼지게 되었다.

2차시험이 끝나고 합격하리라는 확신이 있었기 때문에 3차 면접시험에 대비하기 위해 신문사설모음집, 과학기술정책론, 행정개혁의 신화와 논리, 공무원 면접수험서, UR·GR과 관련된 서적, 각종 정부출판물 등을 도서관에서 찾아 읽었다.

12월 9일, 2차시험 발표일이다. 사실 어느정도 합격에 대한 확신을 하고 있었지만 막상 전화를 하려 하니까 떨렸다. 심호흡을 한 다음 내 수험번호 2000052를 눌렀다. 합격이었다. 또한 예상대로 동기인 길채도 합격하였다. 내 점수는 아래와 같았다.

국민윤리 61.33, 단위조작 82.0, 화공열역학 98.0, 화공양론 96.33, 공정제어 77.0, 평균 82.93, cutline 77.26

(5) 1995년 3차시험과 최종합격

2차시험에서 선발예정인원대로 3명만 합격되었기 때문에 3차시험이 크게 부담스럽지는 않았다. 또한 2차시험이 끝난 다음 여러권의 책을 읽었으며 전년도에 합격한 선·후배를 통해 경험담을 들어 보았다. 면접시험에서는 어느 부서에 가고 싶냐? 화공직과 관련된 정부부서에 대해 말해보라. 우리 사회에서 가장 시급히 해결해야 된다고 생각하는 것은 무엇인가? 핵폐기물처리장이 안전하다는 것을 공학도로서 주민들에게 어떻게 설득하겠는가? 최근 읽은 책은 무엇인가? 전공중 관심있는 분야는 무엇인가? 공무원의 자세, 지망동기 등을 물어 보았는데 한 문제도 제대로 답변하지 못한 듯했다.

집단면접에서는 과거의 화학공업과 현재의 화학공업 그리고 앞으로의 화학공학이 나아갈 방향에 대한 주제를 주었다.

개별면접은 개인당 약 15분에서 20분 정도가 소요되었으며 집단면접에서는 20분 정도 소요되었다. 이렇게 하여 면접시험도 끝나고 28일이 최종합격자 발표날이었다. 난 27일 아침 일찍 나가서 영화 두편을 보며 불안한 마음을 잠재웠다. 저녁 6시쯤에 기숙사에 돌아왔는데 기숙사에서 일보시는 아저씨가 수석합격이라는 연락이 왔었다고 알려주었다. 그 말을 듣는 순간 이제야 끝났구나 하는 안도감과 함께 기쁨의 눈물이 흐름을 느낄 수 있었다.

· **고시준비 방법**

1. 교재의 선택

고시합격에의 관건은 어떤 책을 선택하여 공부했느냐라고 감히 말할 수 있다.

특히 2차시험의 경우는 더욱 그러하다고 본다. 1996년부터 1차시험과목에서 헌법과 정보체계론이 없어지고 대신 각 직렬별로 하나의 전공과목이 추가된다. 또한 2차시험에서도 기존과목이 없어지고 새로 추가되는 과목이 있다. 이러한 점을 감안하여 내가 공부했던 교재와 공부하여야 된다고 생각되는 교재들을 적어보기로 하겠다.

(1) 1차 시험과목

○국사 : ① 한국사신론(이기백), ② 고등학교 교과서, ③ 고시기출문제집(고시연구사), ④ 한국사문제집(문수홍)

ㅇ 영어 : ① 아카데미토플, ② 이재옥 고시영어, ③ 고시기출문제집(고시연구사), ④ Vocabulary workshop

ㅇ 화학공학개론 : ① 화공기사 문제집, ② 7급공무원 문제집, ③ 각종 전공서적

(2) 2차 시험과목

ㅇ 이동현상 : ① Fundamentals of Momentum, Heat and Mass transfer(Welty 외 2인), ② Transport phenomena(Bird 외 2인), ③ Momentum, Heat and Mass Transfer(Bennett 외 1인)

ㅇ 화공열역학 : ① Introduction to chemical Engineering Thermodynamics [Smith of Van Ness], ② Chemical of Engineering Thermodynamics [Sandler], ③ Schaum series, ④ 화공열역학요론(유만형)

ㅇ 반응공학 : ① Chemical Reaction Engineering[Levenspiel], ② Elements of Chemical Reaction Engineering[Fogler], ③ 반응공학(조영일), ④ 반응공학(설수덕)

ㅇ 공정제어 : ① Process systems Analysis and Control(Koppel 외 1인), ② Chemical process control(Stephanopoulos), ③ Process Dynamics and control(Seborg 외 2인), ④ 공정제어(이승무)

1996년에는 화공직을 뽑지 않으나 내년에는 뽑으리라고 믿으며 화공직에 응시하는 분들께 조금이나마 도움이 되기를 바라는 마음에서 2차과목에 대해 간략히 서술하고자 한다. 나는 화공양론과 공정제어를 선택했기 때문에 실제로 위 과목 중 시험을 보는 것은 필수과목인 화공열역학과 선택과목인 공정제어였다.

화공열역학의 경우는 Smith of Van Ness 책을 주교재로 하고 Sand-ler 책을 부교재로 하였으며 나머지 책들에서는 문제위주로 공부했다.

공정제어의 경우는 Stephanopoulos 책과 학교 교재인 공정제어(이승무) 책을 주교재로 하고 Koppel 책과 Seborg 책은 문제위주로 공부했다.

이동현상과 반응공학은 내가 직접 시험을 보지 않았지만 이동현상의 경우는 Welty와 Bird 책을 필히 보아야 하며 반응공학의 경우는 Levenspiel과 Fogler 책을 필히 보아야 한다고 생각한다. 그리고 선택과목으로 분리공정과 공업화학이 있으나 이에 대하여는 교재선택이나 공부할 내용이 어렵고 막연하므로 반응공학과 분리공정을 선택하는 것이 유리하다고 생각된다.

2. 학습방법

고시를 시작하는 사람에게 있어 중요한 것은 첫째, 정신자세라고 할 수 있다. 먼저 자신이 합격할 것이라는 확신과 자신감을 갖는 것이 중요하다. 이러한 정신자세로 공부를 한다면 다가오는 시험일에 대한 강박관념을 잠재울 수 있으며 편안한 마음으로 공부할 수 있기 때문에 공부에 능률을 올릴 수 있다.

둘째, 월별·주간별·일일별 계획표를 작성하는 것이 중요하다. 모든 일이 그렇겠지만 특히 고시의 경우는 시간의 절약이 중요하다. 얼마나 주어진 시간을 효율적으로 사용하느냐에 따라서 합격이냐 불합격이냐의 성패가 좌우된다고 본다.

셋째, 공부하면서 오는 스트레스를 푸는 나름대로의 방법을 찾는 것이 중요하다. 나 같은 경우는 음악감상과 기연제 동료들과의 족구시합 등을 통하여 스트레스를 풀었다.

넷째, 공부할 때 Study 그룹을 만들어 공부해야 한다. 나 같은 경우는 기연제에 있는 선·후배들과 study를 하였는데 이것이 합격에 가장 큰 영향을 주었다고 생각한다.

다섯째, 각 과목별 subnote 작성을 필히 해야 한다.

나는 각 과목별로 3권 정도의 책을 기본서로 하여 한권으로 subnote하였는데 이 작업은 필수적이라고 생각되며 작성시기는 5월 중반부터 6월 말까지가 최적기라고 생각한다.

여섯째, 기출문제와 주요대학의 학교시험문제를 구해서 풀어 보는 것도 중요하다고 본다.

3. 답안작성

답안구성과 작성을 어떻게 하였는가에 따라서 약 5점에서 10점 정도의 차이가 있는 것 같다. 나는 전공과목에 있어 공통적으로 개요-주어진 문제와 관련된 식의 유도-문제풀이-결론의 순서로 답안을 구성했다.

개요에서는 주어진 문제와 관련된 내용을 개론적으로 약술했다. 문제풀이에서 이용되는 그림이 있는 경우에는 자를 이용하여 그렸으며, 글씨는 잘 쓰지는 못했으나 채점위원이 알 수 있도록 명확하게 썼다. 만일 풀 수 없는 문제가 나오는 경우에는 그 문제와 관련된 내용이라도 쓰는 것이 약간의 점수를 얻는 방법일 수 있다고 본다.

결론에서는 문제풀이에서의 계산결과를 다시 적어주고, 문제와 관련된 응용부분에 대하여 약술했다. 답안지 분량에 있어서는 주어진 문제와 관련된 내용을 가능하면 많이 쓰는 것이 유리하다고 생각된다. 참고적으로 말하면 나는 모든 과목을 9장 반 정도 썼다.

답안구성과 작성에 있어서 가장 중요한 것은 논리성과 체계성을 일관되게 유지하여야 한다는 점이다. 논리성과 체계성을 갖춘 각기 나름대로의 방식을 채택해 답안구성과 작성을 미리 연습해 두는 것이 좋은 점수를 얻는 방법일 것이다.

· **글을 맺으며**

모든 사람들에게는 평생동안에 세번의 천재일우의 기회가 온다고 합니다. 어떤 이는 세번의 기회를 모두 만나는가 하면 어떤 이는 그 기회를 인식하지도 못한 채 인생을 마감하기도 합니다.

이런 기회와의 만남은 결코 우연히 얻어지는 것이 아니며 투철한 목표의식과 부단한 노력이 뒤따를 때 다가온다고 생각합니다.

저는 이번 고시합격이 세번 중의 첫번째 기회의 만남과 이에 대한 도전으로 얻어진 것이라고 생각하고 있습니다. 또한 나머지 두번의 기회를 얻기 위하여 항상 목적의식을 갖고 생활할 것이며 모든 일에 있어서 최선을 다해 노력할 생각입니다.

고시공부를 준비하시려는 분들, 그리고 현재 고시공부를 하고 계신 분들 모두에게 투철한 목표의식과 부단한 노력만이 합격에의 지름길이라고 말하고 싶습니다. 마지막으로 오늘의 제가 있도록 도와주신 많은 분들께 감사의 마음을 전하며 이 글이 기술고시를 공부하시는 분들께 조금이나마 도움이 되었으면 합니다.

감사합니다.

다시 태어난다 해도 이 길을

1982년 5월 25일 초판 발행
2015년 5월 25일 제25쇄 발행
2021년 3월 23일 제30쇄 발행
2022년 10월 20일 제31쇄 발행
2023년 10월 11일 제32쇄 발행

편저자 고시연구사 편집부

발행인 이윤구

발행처 고시연구사

서울시 관악구 신림로 90, 2층

등록 1975년 2월 21일(제11-34호)

ISBN 978-89-8496-003-9

전화 737-7771~2

FAX. 735-8666

정가 20,000원